François Guizot

A História das Origens do Governo Representativo na Europa

François Guizot

A História das Origens do Governo Representativo na Europa

Traduzido do Francês para o Inglês por
Andrew R. Scoble

Introdução e Notas de
Aurelian Craiutu

Tradução
Vera Lucia Joscelyne

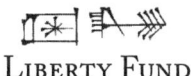

Histoire des origines du gouvernement représentatif en Europe
Introduction and notes © 2002 by Liberty Fund, Inc.
Introdução e notas © 2002 Liberty Fund, Inc.
© 2008 Topbooks para a edição em língua portuguesa
1ª edição brasileira: março de 2008

Editor
José Mario Pereira

Editora-assistente
Christine Ajuz

Projeto gráfico e capa
Victor Burton

Revisão
Clara Diament
Fernanda Pedrosa
Maria Alice Paes Barretto

Índice remissivo
Joubert Brízida

Editoração e fotolitos
Arte das Letras

*Gerente do programa editorial em
português do Liberty Fund, Inc.*
Leônidas Zelmanovitz

Todos os direitos reservados pela
TOPBOOKS EDITORA E DISTRIBUIDORA DE LIVROS LTDA.
Rua Visconde de Inhaúma, 58 / gr. 203 — Rio de Janeiro — RJ
CEP: 20091-000 Telefax: (21) 2233-8718 e 2283-1039
www.topbooks.com.br / topbooks@topbooks.com.br

Impresso no Brasil

Sumário

Introdução à Edição do Liberty Fund

9

Nota do Editor Americano

27

Prefácio

29

Sumário Original

35

Parte I

INSTITUIÇÕES REPRESENTATIVAS NA INGLATERRA, NA FRANÇA E NA ESPANHA, DO SÉCULO V AO SÉCULO XI

Palestras 1-26

Parte II

ENSAIOS SOBRE O GOVERNO REPRESENTATIVO NA INGLATERRA, DESDE A CONQUISTA ATÉ O REINADO DOS TUDORS

Palestras 1-25

Índice Remissivo

803

O direito ao poder tem sempre a razão como fonte, nunca a vontade. A legitimidade do poder tem como base a conformidade de suas leis com a eterna razão.

Guizot

Introdução à Edição do Liberty Fund

"Em toda a minha vida, acho que nunca conheci um francês que fosse liberal", observou certa vez o crítico literário Émile Faguet, com ironia. O que hoje parece um paradoxo era um lugar-comum na França um século atrás; tanto a esquerda quanto a direita rejeitavam a sociedade liberal, considerando-a inadequada e hipócrita, e o liberalismo era considerado um oxímoro ou uma excentricidade exótica. Felizmente muitas coisas mudaram em Paris nas últimas três décadas do século XX, quando o liberalismo tornou-se a ideologia política dominante. Os liberais franceses contemporâneos baseiam-se na rica tradição do pensamento liberal francês do século XIX, que foi ignorado ou sistematicamente distorcido por comentaristas contrários.[1] Como é possível, então, explicar esse renascimento liberal?

É bem verdade que o fenômeno liberal na França sempre teve uma qualidade enigmática e misteriosa que intrigou os estudiosos de língua inglesa durante o último século. O complexo legado da Revolução Francesa e suas contradições internas podem talvez explicar por que os liberais franceses do século XIX lutavam com um

---

[1] Para uma apresentação dos novos liberais franceses, veja a antologia *New French Thought*, org. Mark Lilla (Princeton: Princeton University Press, 1994).

conjunto específico de questões e por que suas soluções pareciam ser pouco ortodoxas e não-convencionais se comparadas àquelas propostas pelos liberais ingleses do outro lado do Canal. Os dilemas específicos que os liberais franceses enfrentavam – como "terminar" a Revolução Francesa e como reconciliar ordem e liberdade em uma nação dividida por uma longa guerra civil – desafiavam-nos a repensar suas idéias e os faziam plenamente conscientes da complexidade de seu mundo social e político. Essas questões também instilavam nos franceses certo sentimento de moderação e os convencia de que a luta por novas liberdades e direitos envolvia uma série infinita de acordos políticos nos quais a contingência podia ser tão importante quanto a vontade humana. Assim, o que nasceu do debate sobre a natureza da sociedade francesa pós-revolucionária foi um tipo original de doutrina liberal que vale a pena explorar como alternativa ao liberalismo deontológico dos círculos acadêmicos contemporâneos.

Não é nenhuma surpresa, portanto, que de todas as correntes políticas na França do século XIX, o liberalismo tenha sido o menos compreendido pelos estudiosos anglo-americanos. Durante muito tempo, o liberalismo francês foi associado a Alexis de Tocqueville, cujo *Democracia na América* ganhou, quase a partir do momento de sua publicação, em 1835, o *status* de obra-prima da sociologia política, sendo considerado uma fonte inesgotável de inspiração para estudantes da democracia liberal. Mais recentemente, uma tradução dos escritos políticos[2] de Benjamin Constant ampliou

---

[2] Benjamin Constant, *Political Writings*, org. Biancamaria Fontana (Cambridge: Cambridge University Press, 1988).

nossa compreensão do liberalismo francês. Apesar disso, qualquer representação desse liberalismo estaria incompleta se continuássemos a ignorar uma terceira figura de grande importância na história do pensamento político francês do século XIX: François Guizot, o representante mais famoso do grupo dos doutrinários.[3]

François-Pierre-Guillaume Guizot nasceu em Nîmes em 4 de outubro de 1787, em uma família protestante; seu pai, que era girondino, foi condenado à morte na guilhotina durante o Terror de 1793-94, como muitos de seus inocentes conterrâneos. Depois desse episódio trágico, toda a família Guizot mudou-se para Genebra, onde o jovem François recebeu uma educação sólida em história, literatura, filosofia e línguas clássicas. Em 1805,

---

[3] Inicialmente, o grupo dos doutrinários incluía François Guizot (1787-1874), Pierre-Paul Royer-Collard (1763-1845), Prosper de Barante (1782-1866), Victor de Broglie (1792-1867) Hercule de Serre (1776-1824) e Camille Jordan (1771-1821). Outros membros importantes, tais como Charles de Rémusat (1797-1875), Jean-Philibert Damiron (1794-1862), Theodore Jouffroy (1796-1842) e Pellegrino Rossi (1787-1848), só entraram para o grupo mais tarde. A palavra *doutrinário* em si é inapropriada; foi dada a Guizot e a seus colegas não pela suposta rigidez de sua doutrina e sim por seu tom profissional nos debates parlamentares. Para uma apresentação de Guizot e dos doutrinários franceses, veja C.-H. Pouthas, *Guizot pendant la Restauration* (Paris: Plon, 1923), Luis Diez del Corral, *El liberalismo doctrinario* (Madri: Instituto de estudios políticos, 1956), Douglas Johnson, *Guizot* (Londres: Routledge and Kegan Paul, 1963), Pierre Rosanvallon, *Le moment Guizot* (Paris: Gallimard, 1985) e Gabriel de Broglie, *Guizot* (Paris: Perrin, 1990). Veja também Larry Siedentop, "Two Liberal Traditions", in *The Idea of Freedom*, org. Alan Ryan (Oxford: Oxford University Press, 1979), pp. 153-74; Siedentop, *Tocqueville* (Oxford: Oxford University Press, 1994), pp. 20-40; e Siedentop, "Introduction" to Guizot, *History of Civilization in Europe* (Londres: Penguin, 1997). Para uma análise detalhada do pensamento político doutrinário, veja Aurelian Craiutu, *The Difficult Apprenticeship of Liberty: Reflection on the Political Thought of the French Doctrinaires* (Lanham, Md.: Rowman & Littlefield, Lexington Books, no prelo).

Guizot foi para Paris estudar Direito. Com o estímulo da rica vida cultural parisiense, seus muitos talentos brotaram cedo; seu primeiro artigo, publicado em 1807, marcou o início de uma carreira intelectual longa e prodigiosa que se estendeu por mais de seis décadas. O jovem Guizot conseguiu ficar rapidamente conhecido nos círculos parisienses. Evidência de seu sucesso foi o fato de ter sido designado professor titular de história na Sorbonne em 1812, com apenas 25 anos de idade, uma façanha importante mesmo pelos padrões daquela era romântica. Foi na Sorbonne que Guizot conheceu Pierre-Paul Royer-Collard, um renomado professor de filosofia e membro eminente do grupo dos doutrinários. Durante a restauração dos Bourbons, Royer-Collard tornou-se um político importante e um mestre da retórica política cujos discursos parlamentares exerceram influência importante em muitos de seus contemporâneos, inclusive em seu discípulo mais jovem, Alexis de Tocqueville, com quem Royer Collard manteve uma correspondência significativa.

A carreira política de Guizot começou em 1814, quando ele aceitou um posto no governo como secretário-geral do Ministério do Interior. Após a queda de Napoleão e o retorno de Luís XVIII, Guizot ocupou outras posições nos altos escalões do Ministério da Justiça e no *Conseil d'État* que lhe deram oportunidades incomparáveis para acompanhar alguns dos debates políticos mais importantes de sua época ou até de participar deles. A primeira publicação importante de Guizot, *On Representative Government* (1816), colocou-o nas fileiras dos seguidores da monarquia constitucional e do governo restrito. Entre 1817 e 1819, Guizot e os outros doutrinários desempenharam um papel fundamental na aprovação de leis liberais importantes — antes de tudo, a lei da imprensa e a lei eleitoral —, que consolidaram as liberdades civis incorporadas à Carta Régia de 1814. Foi durante esse período (julho de 1817 a dezembro de 1818) que Guizot organizou uma publicação importante, *Philosophical, Political and Literary Archives*. Em seus artigos, ele comentava os escritos políticos de seus contemporâneos e desenvolveu uma agenda política original que tinha como base a premissa de que a tarefa da nova geração era constitucionacionalizar as liberdades de 1789 e construir novas instituições liberais.

O assassinato do herdeiro do trono, o duque de Berry, em fevereiro de 1820, fez com que o governo se inclinasse para a direita; a posse do governo Villèle, ultraconservador, significou o fim do "momento doutrinário". Guizot foi exonerado do *Conseil d'État* e suas palestras sobre as origens do governo representativo foram canceladas. Embora expulso da arena política, Guizot não abandonou a política. Apesar do clima hostil, conseguiu publicar dois livros importantes, que consolidaram sua reputação como pensador político original: *On the Government of France* (1820) e *On the Means of Government and Opposition in the Current State of France* (1821). Durante esses anos, também trabalhou em um tratado, *Political Philosophy: On Sovereignty*, que nunca terminou, um texto filosófico de trinta e sete capítulos, importante e de difícil leitura, que fornece uma nova teoria de governo representativo baseada em dois conceitos-chave: a soberania da razão e a capacidade política. Como sempre, o tom de Guizot era afirmativo, nunca puramente negativo, e ele constantemente buscava soluções e propostas racionais. Seu interesse em estudar as origens do governo representativo e sua admiração pela monarquia constitucional inglesa começaram naquela época. Sem dúvida, Guizot colecionou um número enorme de documentos relacionados com a história da França e da Inglaterra. Em 1823, começou a publicação de uma série admirável de documentos, com trinta volumes, relacionados com a história da França, e mandou imprimir outro livro importante, *Essays on the History of France*. Três anos mais tarde, publicou uma história da Revolução Inglesa, precedida por outra série impressionante de vinte e cinco volumes de documentos relacionados com os eventos que levaram à queda de Carlos I em 1649.

A fama de Guizot como historiador atingiu seu auge em 1828, quando lhe permitiram recomeçar a ensinar. Deu então uma série de palestras famosas sobre a história da civilização na Europa e na França, que atraíam um público enorme de estudantes entusiasmados; Tocqueville assistia às palestras de Guizot, fazia inúmeras anotações e compartilhava a admiração por seu professor com Gustave de Beaumount, que iria acompanhá-lo em sua viagem à América três anos mais tarde. *History of Civilization in Europe*, de Guizot, logo se tornou um dos livros mais populares na França do século XIX, um verdadeiro *best-seller* que lhe deu uma reputação merecida como historiador e especialista de alto nível em filosofia da história e da civilização. Uma obra-prima de escritos históricos, o livro – segundo um comentarista, "a história geral da Europa mais inteligente de todos os tempos"[4] – introduziu uma série de assuntos, tais como a luta de classes, o conceito de civilização, o papel do antagonismo na sociedade e a diferença entre ordem

---

[4] Larry Siedentop, "Introduction", in François Guizot, *The History of Civilization in Europe* (Londres: Penguin, 1997), p. vii.

social e ordem política, vários dos quais foram utilizados mais tarde por outras figuras importantes como Tocqueville, Marx e John Stuart Mill.

Eleito para a Câmara de Deputados no início de 1830, Guizot apoiou a Revolução de Julho e passou a ser uma das figuras políticas mais importantes da Monarquia de Julho. Durante o reinado de Luís Filipe (1830-48), ocupou várias posições ministeriais e demonstrou ser um especialista em administração parlamentar, cujas habilidades eram reconhecidas tanto por seus amigos íntimos como por seus críticos mais ferozes. Como ministro da Educação de 1832 a 1837, Guizot foi o autor da Lei das Grandes Escolas de junho de 1833, que criou um sistema de escola primária nacional para a França. Em uma carta enviada aos professores, ele esboçou sua visão política: "Nenhum espírito sectário ou partidário em sua escola. O professor deve elevar-se acima das brigas passageiras que agitam a sociedade".[5] Nomeado embaixador francês em Londres no começo de 1840, Guizot foi chamado de volta a Paris em outubro do mesmo ano para ajudar o rei a formar um novo governo cuja missão era pôr fim a uma longa crise ministerial. Foi o começo do novo gabinete Soult-Guizot,[6] que durou (com algumas mudanças) até 1848, rompendo, assim, todos os recordes de longevidade ministerial na França (tinha havido quinze governos entre 1830 e 1840).

---

[5] "Biographical Notice of M. Guizot", in François Guizot, *The History of Civilization from the Fall of the Empire to the French Revolution*, vol. I (Londres: Bohn, 1894), p. xvii.
[6] Durante esse período, Guizot foi ministro das Relações Exteriores e principal porta-voz do governo na Câmara de Deputados.

A Revolução de 1848 marcou o fim da carreira política de Guizot. Após sua queda do poder em 1848, ele foi para a Inglaterra, de onde fez uma última tentativa para voltar à vida política um ano mais tarde. Derrotado nas eleições, decidiu abandonar a política parlamentar após publicar um último livro, *On Democracy in France* (1849). Guizot passou o último quarto de sua vida meditando sobre questões religiosas, ativamente envolvido com os círculos protestantes, escrevendo história e terminando suas memórias. Em 1851, mandou para o prelo *The History of the Origins of Representative Government in Europe*, que continha as palestras sobre governo representativo que ele ministrara no início da década de 1820. Nas duas últimas décadas de sua vida, Guizot continuou sendo um escritor incansável. Publicou um estudo histórico de George Washington, reflexões sobre o legado da Revolução Francesa e oito volumes de memórias, além de meditações religiosas e textos sobre a Revolução Inglesa. Quando o venerável doutrinário faleceu, em 1874, aos 87 anos, a França perdeu um grande liberal e um homem de Estado experiente, o último representante de uma eminente tradição liberal do século XIX.

Um breve exame da situação política vigente durante a Restauração dos Bourbons explica por que Guizot decidiu escrever sobre a origem e os princípios do governo representativo. "Pela primeira vez desde 1792", afirmou ele uma vez, "a Revolução Francesa e a antiga sociedade francesa se encontraram cara a cara, discutiram e lutaram uma contra a outra, em total liberdade".[7] Sob aquelas

---
[7] François Guizot, *Mélanges de l'histoire et de politique* (Paris: Ladvocat, 1869), p. xiii.

circunstâncias, escrever sobre governo representativo e defender seus princípios passou a ser um instrumento poderoso para promover uma agenda política (reformista) específica. Não é nenhuma surpresa que durante a restauração dos Bourbons os textos históricos tenham passado por um verdadeiro Renascimento; deixaram de ser uma ocupação acadêmica para se transformar em uma ferramenta política que oferecia uma arena ideal para batalhas políticas disfarçadas.[8] Aqueles que alimentavam os nobres ideais de 1789 compreenderam que a melhor maneira de promover e legitimar os princípios da Revolução Francesa diante de uma aristocracia vingativa e dos dedicados radicais de esquerda era mergulhar na história da França e da civilização européia, a fim de demonstrar que tanto a Revolução quanto o governo representativo tinham fortes raízes no passado e eram os resultados inevitáveis de uma longa evolução política e social.

Assim, historiadores liberais como Guizot recorreram a uma leitura mais ou menos seletiva do passado, que insistia nas continuidades e em padrões de longo prazo. Para esse fim, deixavam claro que, na França, bem como na Europa, a liberdade era antiga, enquanto o despotismo era moderno. Como muitos de seus contemporâneos, Guizot também acreditava que o conhecimento do passado poderia e deveria ser utilizado para defender objetivos políticos daquele momento e para modelar o futuro.

---

[8] Para uma discussão mais abrangente sobre o tema, veja Stanley Mellon, *The Political Uses of History: A Study of Historians in the French Restoration* (Stanford: Stanford University Press, 1958). Mellon também foi o organizador de uma seleção importante dos escritos de Guizot – *Historical Essays and Lectures* (Chicago: University of Chicago Press, 1972) – que incluía alguns capítulos de *The History of the Origins of Representative Government in Europe*.

Escreveu, então, uma história da civilização na Europa que elogiava abertamente as virtudes do constitucionalismo inglês e a tradição de autogoverno; ao mesmo tempo, Guizot descreveu a Revolução Francesa como o clímax da grande revolução européia de liberdade que teria antecedentes significativos na história da Europa. A mesma visão apóia a história das origens do governo representativo de Guizot. Nesse livro, ele examinou as antigas raízes da liberdade e a legitimidade do governo representativo fazendo um levantamento da longa evolução das instituições representativas na Europa. "Aquilo que agora é revelado", escreveu Guizot, "vem se esforçando há mais de doze séculos para se manifestar".[9] Ainda mais importante, ele argumentou que tanto o espírito da nova era quanto a nova condição social exigiam governos representativos. Por isso, a tarefa do historiador era buscar os germes das instituições representativas, por mais rústicas e imperfeitas que pudessem ser; determinar quais influências tinham sufocado seu progresso; e acompanhar seu desenvolvimento.

Apesar disso, a importância e originalidade de *The History of the Origins of Representative Government in Europe* não podem ser compreendidas se nos transportarmos apenas ao contexto histórico em que foi escrita. É importante observar que, quando refletia sobre as origens do governo representativo, Guizot introduzia um novo vocabulário político e um método investigativo que faziam parte de uma filosofia política original. Ele deu ênfase à dependência

---

[9] François Guizot, *A História das Origens do Governo Representativo na Europa*, p. 429; veja também pp. 70-71. Todos os números das páginas se referem a esta edição.

das instituições políticas das condições sociais e argumentou que, para se entenderem as instituições políticas de um determinado período ou país, é necessário explorar as várias condições sociais, a condição das pessoas e a natureza das propriedades.[10] A visão política de Guizot era tão ousada quanto original. Ele foi um proponente da teoria do *juste milieu* que defendia o governo representativo e a monarquia constitucional com base nas noções de capacidade política, publicidade e a doutrina da soberania da razão. Quanto ao seu *método* de escrever história, Guizot buscava entender e explicar a natureza real e os estímulos propulsores ocultos das instituições de governos representativos. Ao seguir esse método, Guizot combinava um gosto por narrativas grandiosas a um talento particular pelas generalizações filosóficas e uma tendência à instrução política. Gostava, também, de propor visões filosóficas amplas e idéias gerais sobre o destino da raça humana; ao mesmo tempo, suas conclusões sempre retinham um forte conteúdo político enquanto lutavam para conseguir um equilíbrio sólido entre a imparcialidade e o comprometimento. Vale a pena observar que sua imparcialidade não era aquela imparcialidade "fria e inútil" que com freqüência é o produto da indiferença e da falta de visão, e sim aquela "imparcialidade

---

[10] Ibid., pp. 99-100, 208-11. Escreve Guizot: "Quando estamos a ponto de falar sobre as instituições de um país em um período determinado, precisamos primeiro entender qual era a situação das pessoas naquele país, naquele período... A primeira questão a ser resolvida, portanto, é a da situação das pessoas; devemos entender exatamente quais são as classes que realmente figuram na história" (ibid., p. 99). O fato de as instituições políticas dependerem da condição social também é enfatizado em *Essays on the History of France* de Guizot (1823).

enérgica e produtiva que é inspirada na visão e na admiração da verdade".[11]

Com efeito, um breve exame do sumário de *A História das Origens do Governo Representativo na Europa* mostra a originalidade deste livro pouco comum. *A História* combina longos capítulos narrativos, repletos de detalhes históricos, com capítulos teóricos nos quais Guizot reflete sobre os princípios, metas e instituições dos governos representativos. A segunda parte do livro analisa a arquitetura do sistema representativo inglês que foi elogiado e admirado por todos os liberais da Restauração, desde Madame de Staël até Benjamin Constant. Aqui, Guizot explica os vários padrões seguidos pela Inglaterra e pela França, pesquisando as diversas alianças entre o poder real, os nobres e o povo. *A História* de Guizot trata também de outros temas igualmente importantes, tais como o constitucionalismo e o poder restrito, a soberania da razão, bom governo, o relacionamento entre capacidade política e direitos políticos, a evolução do Parlamento (na Inglaterra), os pré-requisitos de um sistema eleitoral sólido e o papel da religião no progresso da civilização européia.

Além disso, ao mesmo tempo que reflete sobre a origem do governo representativo, Guizot discorda de algumas das idéias de seus antecessores mais famosos. Fez comentários, por exemplo, a respeito das deficiências da teoria de Montesquieu sobre a separação dos poderes, que, segundo ele, não distinguia entre a soberania de fato e a soberania de direito. Guizot discutiu tam-

---
[11] Guizot, *A História das Origens do Governo Representativo na Europa*, p. 66. Veja também pp. 56-61, 430-37.

bém, e com muitos detalhes, as idéias políticas mais relevantes de Rousseau, sobretudo suas idéias polêmicas sobre representação política e contrato social. Em umas poucas páginas memoráveis, Guizot rejeitou a teoria do contrato social e opôs-se à ênfase dada por Rousseau à vontade do indivíduo, indicando que este último nunca poderia ser a base da legitimidade e do direito político.[12] Para Guizot, as únicas fontes legítimas do direito e da soberania eram a razão, a verdade e a justiça, e estas nunca podemos alcançar totalmente na Terra.

O núcleo do livro é a análise de Guizot dos "verdadeiros" princípios do governo representativo, que também contém uma vigorosa defesa da liberdade política. No coração da teoria de Guizot sobre governo representativo estão sua oposição ao poder arbitrário e absoluto e a idéia de que nenhuma vontade individual (humana) é infalível. O leitor irá se lembrar de que, para Guizot, o debate da Restauração dava-se entre aqueles que queriam dar um fim à Revolução Francesa (constitucionalizando as liberdades de 1789 e construindo um governo representativo viável) e aqueles que tentavam fazer voltar o relógio da história ou que queriam continuar a revolução. Guizot partiu da premissa de que a doutrina da soberania da razão era o único meio eficiente de evitar a tirania e a usurpação do poder por políticos cruéis. Em sua opinião, o princípio mais importante do governo representativo era justamente a destruição de toda a soberania do direito permanente; a soberania *de facto* é garantida apenas com a condição de que deve ser constantemente justificada pela

---
[12] *Ibid.*, pp. 135-49.

conformidade das ações do soberano aos princípios da razão, da verdade e da justiça. Segundo essa visão, o governo representativo não reconhece a soberania de direito como um atributo intrínseco de qualquer pessoa ou corpo coletivo; ao contrário, espera-se que todos os poderes lutem para descobrir e satisfazer todos os princípios da razão, da verdade e da justiça que devem governar suas ações. Devido à imperfeição radical da natureza humana e porque a soberania de direito pertence unicamente à razão, cada apropriação da soberania de fato deve ser considerada temporária e limitada.

O caráter *liberal* dessa visão deve ser devidamente enfatizado aqui, já que muitas vezes ele foi negligenciado ou até negado peremptoriamente. Guizot acreditava que a meta do sistema representativo era fornecer salvaguardas contra a existência do poder absoluto ilegítimo, garantindo que os poderes seriam adequadamente divididos e submetidos a certas provas, que teriam que enfrentar obstáculos legais, resistir à opinião pública, sofrer oposição e ser obrigados a provar constantemente sua legitimidade diante de toda a nação.[13] Duas premissas fundamentais sustentam a definição de governo representativo de Guizot. Primeira, já que a razão e a capacidade política são distribuídas irregularmente em qualquer comunidade política, é preciso uma nova doutrina de representação "verdadeira" que leve em consideração e reflita a existência tanto de igualdade civil quanto de formas "legítimas" de desigualdade política. Segunda, Guizot definiu publicidade como a pedra angular do governo representativo e presumiu que

---

[13] *Ibid.*, pp. 687-89.

ela era um novo meio de governar que aproxima o poder e a sociedade, a opinião e o governo. É bem verdade que a publicidade não substitui as eleições, mas sem publicidade não pode haver eleições "verdadeiras". Segundo essa visão, a publicidade torna-se tanto pré-requisito quanto resultado necessário da liberdade; e passa a ser inevitável pelo advento de uma nova condição social que tem por base a igualdade de condições.[14]

A originalidade da abordagem de Guizot fica evidente no momento em que examinamos sua definição de representação política e suas idéias sobre representação "verdadeira".[15] Ele se opôs às teorias (supostamente) imperfeitas sobre representação propostas por seus antecessores e por seus contemporâneos, justificando a necessidade de um reexame do "verdadeiro" significado de representação política. O princípio básico da filosofia que Guizot criticava afirmava que cada homem é seu próprio dono absoluto e que a única lei legítima para ele é sua vontade individual.[16] Opondo-se a Rousseau, Guizot defendeu a existência de uma lei transcendente que exige obediência universal sem o consentimento explícito do homem. Desse ponto de vista, a representação política já não pode ser vista como a delegação da vontade individual ou como uma relação simples baseada em um mandato. Ela se transforma em um processo no qual os elementos da razão e do conhecimento espalhados no seio da sociedade são coletados por meio das eleições e da publicidade e os mais "capazes" po-

---

[14] *Ibid.*, pp. 173-74, 440, 555-58.
[15] *Ibid.*, pp. 537-58.
[16] *Ibid.*, p. 540-41.

dem deliberar sobre os interesses da nação.[17] Assim, o objetivo do governo representativo é "constituir o governo por meio da ação da sociedade e a sociedade por meio da ação do governo".[18] Esse tema é estreitamente relacionado com outra preocupação fundamental de Guizot, isto é, multiplicar os pontos de contato entre a opinião (sociedade) e o poder, uma tarefa que se tornou possível pela primeira vez por meio das instituições de governo representativo, sobretudo a publicidade e debates parlamentares abertos.

Para concluir, ao ler *A História das Origens do Governo Representativo na Europa*, teremos a possibilidade de descobrir uma defesa poderosa da liberdade e um filósofo político de primeira categoria que nos fala em uma linguagem admiravelmente original sobre questões importantes que continuam a nos preocupar. Político, historiador, filósofo político, embaixador, polemista e um esteio da fé, Guizot continuou a ser, mesmo após sua morte, um personagem singular que não pode ser compreendido em termos de categorias rígidas, de preto-e-branco. Embora Guizot o historiador tenha adquirido uma reputação mundial há um século e meio, e suas palavras *"Enrichissez-vous"*[19] tenham feito dele um defensor da classe média,

---

[17] *Ibid.*, pp. 555-58.
[18] Veja Guizot, *Archives Philosophiques, Politiques et Littéraires*, vol. 2 (Paris: Fournier, 1817), p. 184. Embora essa idéia pareça ter uma forte conotação de estadismo, a posição de Guizot não se reduz a uma defesa pouco exigente do poder estatal. Guizot enfatizou a importância da publicidade como um novo meio de governo e defendeu o governo limitado (constitucionalismo).
[19] Essas palavras muitas vezes são extraídas do contexto mais amplo a que pertencem. Isto é o que Guizot realmente disse: "Éclairez-vous, enrichissez-vous, améliorez la condition morale et matérielle de notre France: voilà les vraies in-

Guizot o pensador político foi negligenciado no mundo de língua inglesa. Uma nova publicação de *A História das Origens do Governo Representativo na Europa* deve portanto ser considerada um ato de justiça que irá retirar do esquecimento os escritos de um grande liberal e estadista que continua a ser uma das grandes "florestas virgens" do pensamento político moderno.

AURELIAN CRAIUTU
Universidade de Indiana
Bloomington

---

novations". A frase vem de *Le Moniteur*, 2 de março de 1843. Para mais detalhes, veja J. Allier, "Esquisse du personnage de Guizot", in *Actes du coloque François Guizot* (Paris: Société de l'Histoire du Protestantisme Français), pp. 27-45.

Nota do Editor Americano

Esta edição reproduz a tradução inglesa original de *History of the Origins of Representative Government in Europe*, de François Guizot, feita por Andrew R. Scoble (Londres: Henry G. Bohn, 1861). Essas palestras de Guizot sobre a história do governo representativo foram dadas em Paris entre 1820 e 1822. Elas foram publicadas em francês três décadas mais tarde como *Histoire des origines du gouvernement représentatif en Europe* (Paris, Didier, 1851, 2 vols.). A tradução de Andrew Scoble foi reproduzida aqui sem quaisquer mudanças substantivas. A única alteração importante é a que foi feita no título, que foi impresso incorretamente na edição original (*History of the Origin of Representative Government in Europe*, em vez de *History of the Origins of Representative Government in Europe*). Além de ser precisa, a tradução de Scoble tem a vantagem específica de ser uma versão elegante, em inglês do século XIX, de um texto francês bem escrito também do século XIX.

Como editor, fiquei encarregado de escrever a introdução e de preparar um conjunto de notas explicativas que focalizaram o contexto teórico e histórico de Guizot. As notas de rodapé que já estavam na tradução inglesa original estão marcadas com símbolos e foram reproduzidas aqui sem alterações. As notas de rodapé do editor (marcadas com números) são as notas explicativas que mencionei acima, mais as traduções de frases latinas usadas por Guizot em seu texto. As traduções foram feitas por Christine Clarkson, a quem gostaria de expressar meu agradecimento especial. Finalmente, criamos um novo índice remissivo para esta edição do Liberty Fund.

O Liberty Fund aceitou minha proposta com entusiasmo e manteve seu apoio durante todo o projeto. Agradecimentos especiais à equipe do Liberty Fund, por sua dedicação e verdadeiro interesse em resgatar do esquecimento esta obra clássica de Guizot. O Liberty Fund também patrocinou um seminário sobre o pensamento político de Guizot no qual foram usados fragmentos deste livro tão importante.

Esperamos que esta nova edição de *History of the Origins of Representative Government in Europe*, de Guizot, livro esgotado há mais de um século, dê a muitos leitores a oportunidade de redescobrir um pensador e historiador importante cujos escritos são essenciais para se compreender a evolução da democracia liberal.

Prefácio

Em 1820, no momento em que várias faculdades da *Académie de Paris* e do *Collège de France* estavam recomeçando seus cursos de palestras, várias pessoas se juntaram para fundar um *Journal des Cours Publiques*, no qual reproduziam, a partir de suas anotações, as palestras a que tinham assistido. O curso que ministrei, nesse período, sobre a história do governo representativo, ocupa um lugar nessa coleção. Não revisei as análises de minhas palestras que foram publicadas. Eram breves e incompletas, e muitas vezes incorretas e confusas. Pediram-me que autorizasse sua reimpressão. Não poderia permitir essa reimpressão sem antes dedicar a essas análises, no momento atual, aquele trabalho de revisão a que não haviam sido submetidas à época de sua publicação. Os dois volumes que agora publico são resultado desse trabalho, que demorou mais e envolveu alterações mais consideráveis que a princípio imaginei. A fim de realizar o trabalho, recorri muitas vezes ao meu livro *Essaies sur l'Histoire de France,* ao qual incorporei, em 1823, algumas de minhas pesquisas sobre esse mesmo tema. Esse curso de palestras sobre a origem do governo representativo agora está tão preciso e completo como se minhas palestras entre 1820 e 1822 tivessem sido coletadas e revistas com o mesmo cuidado que dediquei, entre 1827 e 1830, à publicação de meus cursos sobre a História Geral da Civilização na Europa e sobre a História da Civilização na França.

Quando, em 1820, devotei minhas energias a esse curso didático, estava deixando a vida pública após ter, durante seis anos, participado ativamente da tarefa de estabelecer um governo representativo em nosso próprio país. As idéias políticas e os amigos com quem eu era associado foram, nesse período, afastados da direção dos negócios públicos. Uni-me a eles em suas vicissitudes sem abandonar nossas esperanças e esforços comuns. Tínhamos fé em nossas instituições. Não importava se elas nos dessem boa ou má sorte, continuávamos a nos devotar a elas. Eu não estava disposto a deixar de servir sua causa. Esforcei-me, portanto, para explicar a origem e os princípios do governo representativo como havia tentado praticá-lo.[20]

Como poderei falar, nos dias que correm, de má sorte e de vicissitude, com relação a 1820? Que poderemos dizer do destino que recentemente tomou conta de nossa pátria, e daquilo que talvez ainda nos esteja reservado? É uma pena utilizarmos as mesmas palavras para nos referirmos a males e perigos tão enormemente desiguais. Na verdade, as provações de 1820 foram severas e dolorosas, e, no entanto, o estado não se deixou cair em uma situação de

---

[20] Para mais detalhes sobre o contexto histórico e político da Restauração dos Bourbons, veja C.-H. Pouthas, *Guizot pendant la Restauration* (Paris: Plon, 1923); Luis Diez del Corral, *El liberalismo doctrinario* (Madri: Instituto de estudios políticos, 1956); Douglas Johnson, *Guizot* (Londres: Routledge and Kegan Paul, 1963); Pierre Rosanvallon, *Le moment Guizot* (Paris: Gallimard, 1985); Gabriel de Broglie, *Guizot* (Paris: Perrin, 1990).

caos por isso, e depois delas tivemos dez anos de governo regular e livre. Em 1830, uma provação ainda mais severa, o teste de uma revolução, recaiu sobre nossas nobres instituições e elas tampouco sucumbiram; livraram-se do jugo revolucionário e nos deram mais dezoito anos de ordem e liberdade. De 1814 a 1848, apesar de tantas convulsões violentas, a monarquia constitucional permaneceu de pé, e os eventos justificaram a insistência de nossas esperanças. Agora, no entanto, a tempestade atingiu todas as instituições e ainda ameaça destruir as que sobreviverem. Não apenas reis e leis, mas a própria raiz do governo, de todos os governos – o que estou dizendo? – as raízes da própria sociedade foram atingidas, desnudadas e quase arrancadas. Poderemos, uma vez mais, buscar segurança na mesma fonte? Poderemos ainda acreditar e ter esperanças em um governo e uma monarquia representativos?

Não fui mais capaz que outras pessoas de evitar a ansiedade ocasionada por essa dúvida. No entanto, na proporção em que os eventos que pesaram sobre nós nos últimos três anos foram se desenvolvendo e sendo elucidados – quando vi a sociedade fazendo uma pausa, por seu próprio esforço, à beira daquele abismo ao qual havia sido trazida por sua própria fraqueza –, senti em minha alma o renascimento daquela fé e daquela esperança que encheram minha vida e que, até esses últimos dias, constituíram a fé e a esperança de nossa era. Entre as ilusões infinitas da vaidade humana, devemos enumerar aquelas do infortúnio; seja como povos ou como indivíduos, na vida pública ou na vida privada, deleitamo-nos em persuadir a nós mesmos de que nossas provações não tiveram precedentes e que temos que suportar males e superar obstáculos sobre os quais sequer tínhamos ouvido antes. Como esse consolo do orgulho no sofrimento é enganador! Deus fez a condição dos homens, de todos os homens, mais severa do que eles estão dispostos a acreditar; e faz com que eles, em todas as épocas, comprem, a um preço mais alto do que o previsto, o sucesso de seus esforços e o progresso de seus destinos. Aceitemos essa lei rígida sem um só murmúrio; corajosamente, paguemos o preço que Deus atribuiu ao sucesso, em vez de simplesmente renunciar à própria esperança de sucesso. A idéia mais importante, o desejo nacional da França, em 1789, era a aliança de instituições livres com a monarquia hereditária. Fomos levados para muito longe de nosso objetivo; nós nos enganamos imensamente e nos perdemos em nossas esperanças presunçosas; mas não devemos nos enganar em nosso desalento cético. Deus, que permite que o peso dos erros das nações caia sobre elas, não faz com que sua vida seja para elas uma falsidade contínua e uma cilada fatal; toda a nossa história, toda a nossa civilização, todas as nossas glórias e a nossa grandeza nos estimularam e nos levaram na direção da união da monarquia e da liberdade; muitas vezes tomamos a estrada errada no caminho em busca de nosso objetivo; e para alcançá-lo, ainda teremos que tomar muitas novas estradas e passar por muitos pontos difíceis. Mas que nosso objetivo continue o mesmo; pois nele reside nosso refúgio.

Se hoje eu aplicasse a esses estudos históricos de 1820 todas as lições que a vida política me deu desde aquela época, talvez devesse modificar algumas das idéias que expressei com referência a algumas das condições e formas do governo representativo. Esse sistema de governo não tem um único tipo especificamente adequado segundo o qual deva necessária e universalmente ser instituído. A Providência, que dá às nações origens e destinos diferentes, também abre para a justiça e para a liberdade mais que um caminho pelo qual elas possam entrar nos governos; e seria tolice diminuir suas oportunidades de sucesso se as condenarmos a aparecer sempre com o mesmo perfil e a se desenvolverem sempre pelos mesmos meios. Apenas uma coisa importa, qual seja, que os princípios essenciais da ordem e da liberdade subsistam sob as várias formas que a interferência do país em seus próprios assuntos possa assumir entre povos diferentes e em épocas diferentes. Esses princípios essenciais e necessários de todos os governos representativos são precisamente aqueles que, em nossos dias, são ignorados ou ultrajados. Ouso acreditar que eles serão expostos com fidelidade nessas palestras; e que, por essa razão, mesmo no momento atual, meu trabalho não seja desprovido nem de utilidade nem de interesse.

GUIZOT

Sumário

PARTE I

INSTITUIÇÕES REPRESENTATIVAS NA INGLATERRA, NA FRANÇA E NA ESPANHA, DO SÉCULO V AO SÉCULO XI

Palestra 1
Desenvolvimento simultâneo da história e da civilização. – Dois erros em nosso método de examinar o passado: desprezo arrogante ou admiração supersticiosa. – Imparcialidade histórica, a vocação da era atual. – Divisões da história das instituições políticas da Europa em quatro grandes épocas. – O governo representativo era o objetivo geral e natural dessas instituições. – Objetivo do curso; investigação da origem do governo representativo na França, na Espanha e na Inglaterra. – Estado de espírito adequado para essa investigação.
– 55 –

Palestra 2
Caráter geral das instituições políticas na Europa do século IV ao século XI. – A esterilidade política do Império Romano. – Evolução das invasões germânicas. – Esboço da história dos anglo-saxões.
– 85 –

Palestra 3

Tema da palestra. – Conhecimento da situação das pessoas necessário para um estudo adequado das instituições. – Diferença essencial entre sociedades da antiguidade e sociedades modernas, com relação à classificação das condições sociais. – Situação da população entre os anglo-saxões. – Nobres e vilões. – Instituições centrais e locais. – Predominância das últimas entre os anglo-saxões. – Causa para isso.

– 99 –

Palestra 4

Instituições locais entre os anglo-saxões. – Divisões de território; sua origem e objetivo duplo. – Policiamento interno dessas associações locais. – A importância das cortes dos condados: sua composição e características. – Origem complexa do Júri. – Instituições centrais dos anglo-saxões. – A *Wittenagemot*: sua composição e o princípio no qual se baseia. – Preponderância crescente dos grandes proprietários rurais na monarquia anglo-saxã.

– 113 –

Palestra 5

A *Wittenagemot*: suas funções e poder. – Método de convocação. – Dificuldades de sua natureza e importância. – A função do rei entre os anglo-saxões. – Expansão e progresso do poder real.

– 125 –

Palestra 6

O princípio verdadeiro do governo representativo. – Erro ao classificar os governos segundo suas formas externas. – O erro de Montesquieu com relação à origem do sistema representativo. – Correlação necessária entre sociedade e governo e sua formação simultânea. – A hipótese errônea do contrato social de Rousseau. – A natureza da soberania de direito. – Idéias confusas e contraditórias sobre esse tema. – As sociedades, como os indivíduos, têm o direito de ser sujeitadas às leis da justiça e da razão. – Governos devem ser lembrados continuamente de sua obrigação de investigar essas leis e de submeter-se a elas. – Classificação dos governos segundo esse princípio.

– 135 –

Palestra 7

Comparação dos princípios dos vários governos com o princípio verdadeiro do governo representativo. – Governos aristocráticos. – Origem e história da palavra *aristocracia*. – Princípio dessa forma de governo; suas conseqüências. – Como o princípio de governo representativo entra em governos aristocráticos. – Governos democráticos. – Origens e conseqüências do princípio da soberania do povo. – Esse princípio não é idêntico ao de governo representativo. – Em que sentido o governo representativo é o governo da maioria.

– 151 –

Palestra 8

As formas de um governo estão relacionadas a seus princípios, mas são modificadas pelas circunstâncias e variam de acordo com os vários graus de civilização. – Que formas são essenciais para um governo representativo? – 1º Divisão de poderes; por que absolutamente essencial ao princípio de governo representativo; – 2º Eleição; – 3º Publicidade.

– 167 –

Palestra 9

Instituições primitivas dos francos. – Esboço da história da monarquia franca. – Os francos na Alemanha. – Seu estabelecimento na Bélgica e na Gália. – Caráter e autoridade de seus chefes após seu estabelecimento no Império Romano. – Primeiros líderes francos. – Clóvis: expedições, guerras e conquistas. – Preponderância decisiva dos francos na Gália.

– 177 –

Palestra 10

Divisão do território entre os filhos dos reis francos. – Formação rápida e desaparecimento de vários reinos francos. – Nêustria e Austrásia; sua divisão geográfica. – Predominância inicial de Nêustria. – Fredegunda e Brunilda. – Elevação dos *Prefeitos do Palácio*. – Verdadeira natureza de seu poder. – A família Pepino. – Carlos Martel. – Queda dos merovíngios.

– 183 –

Palestra 11

Caráter geral dos eventos sob o Império Carolíngio. – Reinado de Pepino, o Breve. – Reinado de Carlos Magno. – Época de transição. – Reinados de Luís, o Piedoso e Carlos, o Calvo. – Invasões normandas. – Os últimos carolíngios. – Acessão de Hugo Capeto.

– 195 –

Palestra 12

Instituições antigas dos francos. – Mais dificuldade para estudá-las que no caso das instituições anglo-saxãs. – Três tipos de propriedade fundiária: terras alodiais, beneficiárias e tributárias. – Origem das terras alodiais. – Significado da palavra alódio. – Terra sálica entre os francos. – Características essenciais dos alódios.

– 207 –

Palestra 13

Origem do serviço militar: sua causa e limites. – Declarado obrigatório por Carlos Magno. – Terras alodiais eram originalmente isentas de tributação. – Origem dos benefícios. – Mudança na posição dos chefes germânicos em conseqüência de sua situação territorial. – Sua riqueza. – Não havia tesouro público. – O *aerarium* e o *fiscus* da antiga república romana. – Formação do domínio privado dos reis de França. – Caráter dos benefícios. – Erro de Montesquieu neste tema.

– 217 –

Palestra 14

Provas da coexistência de várias maneiras de conferir benefícios, do século V ao século X. – Sobre benefícios que eram absoluta e arbitrariamente revogáveis. – Sobre benefícios concedidos por um tempo limitado, os *precaria*. – Sobre benefícios concedidos por toda a vida. – Sobre benefícios concedidos por hereditariedade. – Caráter geral da concessão de benefícios. – Tendência dos benefícios a se tornarem hereditários. – Sua prevalência sob Carlos, o Calvo. – Serviço militar. – Serviço judiciário e doméstico. – Origem, significado e problemas da lealdade devida pelo vassalo a seu senhor.

– 227 –

Palestra 15

Sobre os benefícios concedidos por grandes proprietários rurais a seus dependentes: 1º, benefícios concedidos por todos os tipos de serviços e como uma forma de salário; 2º, os proprietários maiores usurpam as terras adjacentes às suas e as concedem como benefícios a seus subordinados; 3º, a conversão de um grande número de terras alodiais em benefícios, pela prática de recomendação. – Origem e significado dessa prática. – Permanência de domínio absoluto, especialmente em certas partes da monarquia franca. – Terras tributárias. – Sua origem e natureza. – Sua rápida expansão: causas. – Visão geral da situação da propriedade territorial, do século VI ao século XI: 1º, as várias condições da propriedade territorial; 2º, a dependência individual da propriedade territorial; 3º, a condição estacionária da riqueza territorial. – Por que o sistema de propriedade beneficiária, isto é, o sistema feudal, foi necessário para a formação da sociedade moderna e de Estados poderosos.

– 239 –

Palestra 16

Sobre a situação das pessoas, do século V ao século X. – Impossibilidade de definir isso segundo qualquer princípio estabelecido e geral. – A situação das terras nem sempre correspondente à situação das pessoas. – Caráter variável e indeterminado das condições sociais. – Escravidão. – Tentativa de determinar a situação das pessoas de acordo com o *Wehrgeld*. – Tabela dos 21 casos principais de *Wehrgeld*. – Incerteza desse princípio. – O verdadeiro método para determinar a situação das pessoas.

– 251 –

Palestra 17

Sobre *leudes* ou *antrustiões*. – Homens leais ao rei e aos grandes proprietários. – Maneiras diferentes de adquiri-los e mantê-los. – Obrigações dos *leudes*. – Os *leudes* são a origem da nobreza. – Bispos e diretores de monastérios considerados *leudes* do rei. – Poder moral e material dos bispos. – Esforços dos reis para adquirir o direito de nomear bispos. – Homens livres. – Formavam uma classe distinta e numerosa? – Os *arimanni* e os *rathimburgi*. – Erro de Savigny. – Expansão rápida e geral da hierarquia feudal. – Os homens alforriados. – Maneiras diferentes de alforria: primeiro, os *denariales*, alforriados com relação ao rei; segundo, os *tabularii*, alforriados com relação à Igreja; terceiro, os *chartularii*, alforriados por uma carta régia. – Conseqüências diferentes resultantes dessas formas de alforria.

– 263 –

Palestra 18

Existência simultânea de três sistemas de instituições, após o estabelecimento dos francos na Gália. – O conflito entre esses três sistemas. – Sumário desse conflito, suas dificuldades e resultados. – Sua recorrência em instituições locais e centrais. – Sobre as instituições locais sob a monarquia franca. – Sobre as assembléias de homens livres. – Sobre a autoridade e jurisdição dos grandes proprietários de terra em suas propriedades. – Sobre a autoridade e jurisdição dos duques, condes e outros dignitários reais.

– 273 –

Palestra 19

Governo de Carlos Magno. – Renascimento aparente das instituições livres. – Independência individual e liberdade social. – Organização do poder monárquico sob Carlos Magno. – Sua vigilância ativa sobre vassalos e agentes. – Rápido declínio das instituições monárquicas após sua morte. – Predominância definitiva do sistema feudal. – Instituições centrais à mesma época: a realeza. – Causas da evolução da realeza, e o princípio da sucessão hereditária entre os francos. – Influência do clero.

– 283 –

Palestra 20

Assembléias nacionais dos francos; seu caráter primitivo, e rápido declínio sob os merovíngios. – Voltam a ter importância sob os carolíngios; e são realizadas com regularidade sob Carlos Magno. – Carta do arcebispo Hincmar *De ordine Palatii*.

– 297 –

Palestra 21

Decadência das assembléias nacionais sob Luís, o Piedoso e Carlos, o Calvo. – Predominância definitiva do sistema feudal no final do século X. – Causa dessa predominância. – Caráter do feudalismo. – Nenhum sinal de um governo representativo verdadeiro na França do século V ao século X.

– 307 –

Palestra 22

Instituições políticas dos visigodos. – Caráter peculiar da legislação visigótica. – Seus autores e suas influências. – Destruição e desaparecimento da classe média no Império Romano, à época da invasão bárbara. – História do sistema municipal romano. – Três períodos naquela história.

– 315 –

Palestra 23

Sobre as várias condições sociais no Império Romano, antes da invasão final dos bárbaros. — As classes privilegiadas e os curiais. — Suas obrigações, funções e imunidades. — Atribuições da cúria como organismo. — Sobre as várias magistraturas e cargos municipais. — Sobre o *Defensor* nas cidades. — Comparação do desenvolvimento do sistema municipal, e suas relações com a organização central do Estado, no Império Romano e nas sociedades modernas.

— 339 —

Palestra 24

Esboço da história da Espanha sob os visigodos. — Situação da Espanha sob o Império Romano. — Estabelecimento dos visigodos no sudoeste da Gália. — A coleção de Eurico das leis dos visigodos. — A coleção de Alarico das leis dos súditos romanos. — Estabelecimento dos visigodos na Espanha. — Conflito entre católicos e arianos. — Importância política dos concílios de Toledo. — Principais reis dos visigodos. — Égica coleta o *Forum judicum*. — Queda da monarquia visigótica na Espanha.

— 357 —

Palestra 25

Caráter peculiar da legislação dos visigodos. — Tipos diferentes de leis contidas no *Forum judicum*. — Era uma doutrina e também um código. — Princípios dessa doutrina sobre a origem e a natureza do poder. — Ausência de garantias práticas. — Preponderância do clero na legislação dos visigodos. — Verdadeiro caráter da eleição dos reis visigóticos. — A legislação visigótica caracterizada por um espírito de conciliação e eqüidade para com todas as classes de homens, e especialmente para com os escravos. — Méritos filosóficos e morais dessa legislação.

— 369 —

PALESTRA 26

Instituições centrais da monarquia visigótica. — Caráter verdadeiro dos concílios de Toledo. — Valor de sua influência política. — O *Officium palatinum*. — Prevalência das máximas e das instituições romanas sobre as tradições germânicas entre os godos. — Provas dessa prevalência nas instituições locais e centrais dos visigodos. — Refutação dos erros de Savigny e da *Edinburgh Review* sobre esse tema. — Conclusão.

– 389 –

PARTE 2

ENSAIOS SOBRE O GOVERNO REPRESENTATIVO NA INGLATERRA, DESDE A CONQUISTA ATÉ O REINADO DOS TUDORS

PALESTRA 1

Tema do curso: a história da origem e do estabelecimento do governo representativo na Europa. — Aspectos diferentes sob os quais a história é considerada nas várias épocas. — História poética; história filosófica; história política. — Tendência em nossa época de considerar a história sob esses vários aspectos. — Princípio fundamental e características essenciais do governo representativo. — Existência desse princípio e dessas características na Inglaterra em todos os períodos.

– 429 –

PALESTRA 2

Esboço da história da Inglaterra desde Guilherme, o Conquistador até João Sem Terra (1066-1199). — Guilherme, o Conquistador. — Guilherme Rufus (1087-1100). — Henrique I (1100-1135). — Estêvão (1135-

1154). – Henrique II (1154-1189). – Constituições de Clarendon.
– Ricardo Coração de Leão (1189-1199).
– 447 –

Palestra 3
Instituições anglo-saxãs. – Efeitos da Conquista normanda sobre as instituições anglo-saxãs. – Efeitos da Conquista sobre as instituições normandas. – Razões que fizeram com que a Conquista normanda favorecesse o estabelecimento de um sistema de instituições livres na Inglaterra.
– 463 –

Palestra 4
O Parlamento inglês nos períodos iniciais da Monarquia anglo-normanda. – Os vários nomes dados ao Grande Conselho do Rei. – Suas características. – Sua constituição. – Opinião dos *whigs* e dos *tories* sobre esse tema.
– 473 –

Palestra 5
A realeza anglo-normanda: riqueza e poder. – Comparação das forças relativas da Coroa e da aristocracia feudal. – Expansão do poder real. – Espírito de associação e de resistência entre os grandes barões. – Começo da luta entre essas duas forças políticas.
– 483 –

Palestra 6
História das cartas régias inglesas. – Carta régia de Guilherme o Conquistador (1071). – Carta régia de Henrique I (1101). – Cartas régias de Estêvão (1135-1136). – Carta régia de Henrique II (1154).
– 493 –

Palestra 7

Carta régia de João, ou Magna Carta (1215). – Três períodos do reinado de João. – Formação de uma coalizão entre os barões. – Guerra civil. – Conferência em Runnymead. – Concessão da Magna Carta. – Análise dessa carta. – Suas estipulações referem-se tanto aos direitos nacionais quanto aos direitos dos barões. – João pede e obtém do papa Inocêncio III uma bula para anular a Magna Carta. – Resistência do clero inglês. – Recomeço da guerra civil (outubro de 1215). – Luís de França, filho de Felipe Augusto, recebe um pedido de ajuda dos barões. – Morte de João (outubro de 1216).

– 501 –

Palestra 8

Cartas régias de Henrique III. – Primeira carta régia de Henrique III (novembro de 1216). – Luís de França renuncia ao título à coroa, e deixa a Inglaterra. – Segunda carta régia de Henrique III (1217). – Carta da Floresta concedida por Henrique III (1217). – Confirmação das cartas régias (1225). – Revogação das cartas régias (1227). – Nova confirmação das cartas régias (1237). – Violação permanente das cartas régias. – Guerra civil. – Renascimento das cartas régias (1264). – Nova confirmação das cartas régias (1267). – Morte de Henrique III (16 de novembro de 1272).

– 517 –

Palestra 9

Conclusão da história das cartas régias sob o reinado de Eduardo I. – Conflito político após a guerra civil. – O rei constantemente viola as cartas régias, sobretudo na questão de impostos. – Os barões resistem energicamente. – Eduardo confirma as cartas régias definitivamente. (1298-1301).

— Bula de Clemente V, solicitada por Eduardo I, anula as cartas régias. — Seu fracasso. — Morte de Eduardo I (7 de julho de 1307).

— 525 —

Palestra 10

Necessidade de investigar o sentido político da palavra *representação* à época em que um governo representativo começou a ser formado. — Teorias errôneas sobre esse tema. — Teoria de Rousseau que nega a representação e insiste na soberania individual. — Teorias de escritores que tentam reconciliar o princípio de representação com o de soberania individual. — A idéia errônea de que a soberania pertence à maioria. — Verdadeira idéia de representação.

— 539 —

Palestra 11

Formação de um Parlamento. — Introdução dos deputados dos condados no Parlamento. — Relações dos deputados dos condados com os grandes barões. — Parlamento de Oxford (1258). — Seus regulamentos, chamados de Atos de Oxford. — A hesitação dos deputados dos condados entre os grandes barões e a coroa.

— 561 —

Palestra 12

Luta entre Henrique III e seu Parlamento. — Arbitragem de São Luís. — O conde de Leicester comanda os grandes barões em sua luta contra o rei. — É derrotado e morto em Evesham (1265). — Admissão de deputados das cidades e dos burgos no Parlamento (1264). — Reação da realeza. — A memória de Leicester continua popular.

— 575 —

Palestra 13

Evolução do Parlamento sob o reinado de Eduardo I. – Sessões freqüentes do Parlamento. – Composição diferente de Parlamentos. – Deputados dos condados e das cidades nem sempre estão presentes. – Poder discricionário do rei na convocação dos barões. – O número irregular de deputados dos condados e dos burgos.

– 587 –

Palestra 14

Forma de eleição dos deputados dos condados e dos burgos. – Quem eram os eleitores? – Ausência de um princípio uniforme que regulamentasse as eleições nos burgos e nas cidades. – Votação aberta.

– 599 –

Palestra 15

Exame filosófico do sistema eleitoral na Inglaterra no século XIV. – O sistema foi uma conseqüência natural dos fatos. – Quem eram os eleitores? – Quatro princípios que determinam a solução dessa questão.

– 615 –

Palestra 16

Tema da palestra. – Continuação do exame filosófico do sistema eleitoral na Inglaterra no século XIV. – Características das eleições. – Exame do princípio de eleição direta ou indireta.

– 635 –

Palestra 17

Origem da divisão do Parlamento inglês em duas câmaras. – Sua constituição original. – Reprodução da classificação da sociedade no Parlamento.

— Causas que levaram os representantes dos condados a se separar dos barões, e a formar coalizões com os representantes dos burgos. — Efeitos dessa coalizão. — Divisão do Parlamento em duas câmaras no século XIV.
— 659 —

Palestra 18

Exame da divisão do poder legislativo em duas câmaras. — Diversidade das idéias sobre esse tema. — Princípio fundamental da escola filosófica. — Fonte de seus erros. — Características da escola histórica. — Causa da divisão do Parlamento inglês em duas câmaras. — Derivação dessa divisão do princípio fundamental de governo representativo. — Seu mérito prático.
— 669 —

Palestra 19

Poder e atribuições do Parlamento britânico no século XIV. — Em sua origem, e após o término de seu desenvolvimento, o Parlamento manteve o nome de Grande Conselho do reino. — Diferença entre suas atribuições e seu verdadeiro poder nesses dois períodos. — Absorção de quase todo o governo pela coroa; retomada gradativa de sua influência por parte do Parlamento.
— 701 —

Palestra 20

Situação e atribuições do Parlamento durante o reinado de Eduardo II (1307-1327). — Império dos favoritos. — Luta dos barões contra os favoritos. — Facções aristocráticas. — Petições ao rei. — Formas de deliberação sobre esse tema. — Deposição de Eduardo II.
— 709 —

Palestra 21

Sobre as petições durante o início do governo representativo. – Regras sobre o tema. – Transformação do direito de petição das Casas do Parlamento em direito de proposição e iniciativa. – Petições deixam de ser endereçadas ao rei e são apresentadas ao Parlamento. – Origem do direito de investigação. – Necessidade de o governo representativo ser completo. – Artifícios e abusos gerados pelo direito de petição.

– 721 –

Palestra 22

Situação do Parlamento sob Eduardo III. – Expansão do poder dos Comuns. Sua resistência ao rei. – Regularidade da convocação do Parlamento. – Medidas tomadas para a segurança de suas deliberações. – Divisão do Parlamento em duas Casas. – O presidente da Câmara dos Comuns. – Firmeza da Câmara dos Comuns para manter seu direito de subvencionar impostos. – Relatórios feitos pelo governo sobre a coleta de impostos. – Apropriação dos fundos concedidos pelo Parlamento. – Legislação parlamentar. – Diferença entre estatutos e ordens.

– 739 –

Palestra 23

Continuação da história da evolução da Câmara dos Comuns do Parlamento durante o reinado de Eduardo III. – Sua interferência em questões de guerra e paz e na administração interna do reino. – Sua resistência à influência do papa e do clero nacional nos assuntos temporais. – Primeiros esforços dos Comuns para reprimir abusos nas eleições. – Primeiros sinais da função dos comitês das duas Casas na investigação de certas questões comuns.

– 751 –

Palestra 24

Situação do Parlamento sob Ricardo II. – Luta entre a realeza absoluta e o governo parlamentar. – Origem da lista civil. – Expansão da responsabilidade dos ministros. – Evolução das declarações sobre a utilização da renda pública. – Os Comuns invadem os direitos do governo. – Reação contra o controle dos Comuns. – Violência e queda de Ricardo II. – Evolução das máximas e práticas essenciais do governo representativo.
– 765 –

Palestra 25

Sumário da história do Parlamento desde a morte de Ricardo II até a acessão da Casa dos Stuarts. – Evolução das formas de procedimento e dos privilégios do Parlamento. – Liberdade de expressão nas duas Casas. – Inviolabilidade dos membros do Parlamento. – Poder judiciário da Câmara dos Lordes. – Decadência do Parlamento durante as guerras das Rosas e sob a dinastia Tudor. – Causas dessa decadência e da expansão da autoridade real, de Henrique VII até Elizabeth. – Conclusão.
– 785 –

PARTE I

INSTITUIÇÕES REPRESENTATIVAS NA INGLATERRA, NA FRANÇA E NA ESPANHA, DO SÉCULO V AO SÉCULO XI

Palestra 1

Desenvolvimento simultâneo da história e da civilização. — Dois erros em nosso método de examinar o passado: desprezo arrogante ou admiração supersticiosa. — Imparcialidade histórica, a vocação da era atual. — Divisões da história das instituições políticas da Europa em quatro grandes épocas. — O governo representativo era o objetivo geral e natural dessas instituições. — Objetivo do curso; investigação da origem do governo representativo na França, na Espanha e na Inglaterra. — Estado de espírito adequado para essa investigação.

SENHORES, – Tal é a vastidão dos assuntos humanos, que, em vez de mostrar deterioração e decadência com o passar do tempo, eles parecem ganhar uma nova juventude e revigorar-se com regularidade, para surgirem com aspectos até então desconhecidos. Não só cada época tem uma tendência a se dedicar especialmente a uma área específica de investigação, mas os mesmos estudos são, para cada época, como uma mina pouco explorada, ou como um território desconhecido, onde objetos a serem descobertos se apresentam a cada passo. No estudo da história isso é especialmente claro. Os fatos com que a história se preocupa não ganham nem perdem nada ao serem passados de uma época para outra; seja o que for que vimos nesses fatos, e seja o que for que podemos ver, estava contido neles desde o momento em que foram originalmente realizados; mas eles nunca se permitem ser totalmente compreendidos, nem permitem que todo seu significado seja investigado completamente; eles têm, por assim dizer, inúmeros segredos, que lentamente se revelam quando o homem fica pronto para reconhecê-los. Mas como tudo no homem e à sua volta muda, como o ponto de vista do qual ele considera os fatos da história e o estado de espírito que ele traz para o levantamento variam continuamente, podemos dizer que o passado muda com o presente; fatos despercebidos se revelam em fatos antigos; outras idéias, outros sentimentos são invocados pelos mesmos nomes e pelas mesmas narrativas; e o homem assim aprende que, na infinidade de espaço aberto a seu conhecimento, tudo continua permanentemente novo e inexaurível diante de sua inteligência sempre ativa e sempre limitada.

 Essa visão conjunta da grandeza dos eventos e da fragilidade da mente humana nunca parece tão surpreendentemente clara quanto no momento em que ocorrem aquelas crises extraordinárias que, por assim dizer, tiram o homem totalmente do lugar em que está e o transportam para uma esfera distinta. Tais revoluções, é bem verdade, não se revelam de uma maneira abrupta e súbita. Elas são concebidas e alimentadas no ventre da sociedade durante muito tempo antes de emergirem à luz do dia. Mas chega um momento em que sua realização total já não pode ser postergada, e elas então tomam posse de tudo que existe na sociedade, transformando-a e colocando-a em uma posição totalmente diferente; de tal forma que, se depois de um choque assim o homem olhar para trás, para a história do passado, mal vai reconhecê-la. O que ele vê agora nunca tinha visto antes; o que ele viu uma vez já não existe como ele viu; os fatos surgem diante dele com rostos desconhecidos e lhe falam em uma linguagem estranha. E ele se propõe a examiná-los sob a influência de outros princípios de observação e de avaliação. Se considerar suas causas, sua natureza ou suas conseqüências, perspectivas desconhecidas abrem-se diante dele de todos os lados. O espetáculo propriamente dito continua o mesmo; mas é visto por outro espectador que ocupa um lugar diferente – a seus olhos tudo mudou.

Como podemos nos surpreender, senhores, se, nessa nova situação das coisas e dele próprio, o homem adota como objetos especiais de seu estudo questões e fatos que se relacionam mais imediatamente com a revolução que acaba de ocorrer – se ele dirige seu olhar precisamente para aquele quarto onde a mudança foi mais profunda? As grandes crises na vida da humanidade não são todas da mesma natureza; embora, mais cedo ou mais tarde, elas venham a influenciar a massa total da sociedade, elas agem sobre essa sociedade e a abordam, em alguns aspectos, de ângulos diferentes. É às vezes por idéias religiosas, outras por idéias políticas, outras ainda por uma simples descoberta ou uma invenção mecânica que o mundo é influenciado e transformado. A metamorfose aparente que o passado então sofre é realizada principalmente naquilo que corresponde ao caráter essencial da revolução que está indo adiante no presente. Imaginemos, se pudermos, sob que luz os cristãos dos primeiros séculos devem ter visto as tradições e as lembranças religiosas do paganismo e então entenderemos os novos aspectos sob os quais os fatos antigos se apresentam naqueles momentos de renovação que a Providência investiu com importância e significância peculiares.

Essa é, senhores, até certo ponto, a posição em que nós próprios estamos com relação ao tema que se apresenta diante de nós neste curso de palestras. É do meio da nova ordem política que começou na Europa em nossos dias que estamos prestes a considerar – e não direi naturalmente, e sim necessariamente – a história das instituições políticas da Europa desde a fundação dos estados modernos. Não está em nosso poder mudar de ponto de vista. Contra nossa vontade e sem nosso conhecimento, as idéias que ocuparam o atual propósito nos acompanharão aonde quer que formos no estudo do passado. Em vão tentaremos escapar das luzes que elas lançam a esse respeito; essas luzes só se espalharão ao redor de nós, de todos os lados, com mais confusão e menos utilidade. Então, honestamente aceitaremos uma posição que, a meu ver, é favorável e certamente inevitável. Tentamos hoje, e com razão, conectar outra vez aquilo que somos agora àquilo que éramos antes; sentimos a necessidade de associar nossos hábitos a um sentimento inteligente, de conectar nossas instituições a nossas lembranças e, finalmente, de juntar os elos naquela corrente do tempo que nunca se permite ser totalmente rompida, por mais violentos que lhe sejam os ataques feitos. De acordo com os mesmos princípios e guiados pelo mesmo espírito, não recusaremos a ajuda que pode ser obtida das idéias e instituições modernas para que guiem nossa aprendizagem e avaliação enquanto estudamos as instituições antigas, já que não podemos nem desejaríamos estar separados de nossos próprios eus, não mais do que tentaríamos ou desejaríamos isolar-nos de nossos antepassados.[1]

---

[1] Umas poucas palavras sobre o método histórico de Guizot são apropriadas aqui. Na visão de Guizot, as investigações históricas devem combinar respeito pelo passado e o desejo de contribuir para o progresso da sociedade. Não é nenhuma surpresa, portanto, que seus escritos históricos tenham um temário

Esse estudo, senhores, foi muito negligenciado em nossos dias; e quando foram feitas tentativas de revivê-lo, ele foi abordado com tal preocupação ou com uma determinação tão grande, que os frutos de nosso trabalho foram prejudicados desde o começo. Opiniões parciais que são adotadas antes de os fatos serem cuidadosamente examinados não só têm o efeito de perverter a probidade do julgamento, mas também introduzem uma frivolidade deplorável naquelas pesquisas que podemos chamar de materiais. Assim que a mente cheia de preconceitos coleta uns poucos documentos e provas para apoiar seu conceito favorito, ela se satisfaz e conclui a investigação. Por um lado, ela vê nos fatos aquilo que realmente não está contido neles; por outro, quando crê que a quantidade de

---

fortemente político, como pode ser demonstrado pela seguinte afirmação: "Desde o nascimento das sociedades modernas, sua condição foi tal que, em sua instituição, em suas aspirações e no curso de sua história, a forma representativa de governo... constantemente pairou com maior ou menor clareza à distância, como o porto ao qual elas devem finalmente chegar, apesar das tempestades que as dispersam e dos obstáculos que confrontam e evitam sua entrada" (*A História das Origens do Governo Representativo na Europa*, p. 71; todas as páginas se referem a esta edição, que a partir deste momento será abreviada como *HOGR*). Guizot buscava um *juste milieu*, um meio caminho entre aqueles que guardavam apenas "um desprezo arrogante do passado" (*ibid.*, p. 60) e aqueles que permaneciam presos ao passado sem serem capazes de entender o presente ou de se adaptar a ele (*ibid.*, p. 63-64). Por essa razão, ele criticava aqueles que queriam "separar o presente de sua conexão com épocas anteriores e começar a sociedade de novo" (*ibid.*, p. 63). Outra característica importante do método histórico de Guizot era a aliança da filosofia e da história, o passar constante do exame de circunstâncias para o exame de idéias, da exposição de fatos para o comentário de doutrinas. Ele acreditava que, a fim de entender corretamente o caráter e as conseqüências dos fatos, temos que reduzi-los a padrões e idéias gerais. Para mais detalhes, veja também *HOGR*, pp. 435-37. O mesmo método sustenta a *History of Civilization in Europe*, de Guizot, org. Larry Siedentop (Londres: Penguin, 1997), pp. 65-66, 201-202 (daqui em diante abreviado como *HCE*).

informação que já possui é suficiente, não busca novos conhecimentos. Ora, tal vem sendo a força das circunstâncias e das paixões entre nós, que a própria erudição foi prejudicada. Essa força passou a ser uma arma partidária, um instrumento de ataque ou de defesa; e os fatos propriamente ditos, fatos inflexíveis e imutáveis, foram alternadamente aceitos ou rejeitados, deturpados ou mutilados, de acordo com o interesse ou sentimento em cujo benefício eles tinham sido invocados.

De acordo com essa circunstância predominante em nossa época, duas tendências opostas são visíveis naquelas opiniões e escritos que pronunciaram um veredicto sobre as antigas instituições políticas da Europa. Por um lado, vemos mentes que, de tão entusiasmadas com o esplendor de um novo dia que amanheceu sobre a humanidade, vêem apenas escuridão, desordem e opressão nas gerações que as precederam – que passam a ser alvo ou de sua indignação ou de seu desprezo. Um desprezo arrogante do passado domina essas mentes – um desprezo que se expande até se transformar em um sistema. Esse sistema apresenta todas as características de uma impiedade estabelecida. As leis, os sentimentos, as idéias, os costumes, tudo que pertence a nossos antepassados é tratado com frieza ou escárnio. Pareceria até como se a razão, o respeito pela justiça, o amor da liberdade, tudo aquilo que faz a sociedade digna e segura, fossem uma descoberta do presente, feita pela geração que acabou de surgir. Ao rejeitar assim seus ancestrais, essa geração esquece que logo irá unir-se a eles no túmulo e que por sua vez deixará seu legado para seus filhos.

Essa arrogância, senhores, não é menos contrária à verdade das coisas que fatal para a sociedade que a nutre. A Providência não trata tão desigualmente as gerações humanas, empobrecendo umas para que, em detrimento delas, as demais possam ser prodigamente dotadas. É bem verdade que a virtude e a glória não são distribuídas uniformemente pelas várias épocas; mas não existe uma única época que não possua algum direito legítimo ao respeito de seus descendentes. Não há nenhuma que não tenha contribuído com sua parte na luta grandiosa entre o bem e o mal, a verdade e a mentira, a liberdade e a opressão. E não só cada época manteve sua difícil luta por conta própria, como também transmitiu para seus sucessores qualquer vantagem que tenha sido capaz de obter. O terreno vantajoso em que nascemos é um presente de nossos antepassados para nós, antepassados estes que morreram no território que eles mesmos conquistaram. Portanto, é uma ingratidão cega e censurável aquela que gosta de desprezar os dias passados. Nós colhemos os frutos de seus esforços e de seus sacrifícios — será demais para nós consagrarmos a lembrança daqueles esforços e dar-lhes uma justa recompensa por aqueles sacrifícios?

Se os homens que fingem sentir — ou realmente sentem — esse desprezo irreverente ou essa indiferença pelos tempos antigos tivessem mais conhecimento desses tempos e de sua história, se veriam obrigados a nutrir uma opinião distinta. Quando, na verdade, investigamos a razão para esse estado de espírito tão pouco natural, podemos encontrar uma única explicação. No momento das grandes reformas sociais, em épocas cheias de ambição e de esperança, quando mudanças importantes são exigidas e necessárias em todos os cantos, a autoridade do passado é o único obstáculo que se opõe a qualquer tendência de inovação. O momento presente parece dedicado a erros e a abusos, e o saber de séculos é invocado por um partido com o objetivo de opor-se ao futuro a que se dirigem as aspirações do outro partido. Dessa forma, uma espécie de ódio cego do passado toma posse de um grande número de homens. Eles acham que isso é uma maneira de aliar-se aos inimigos da reforma atual, e as armas utilizadas por esses últimos confirmam essa idéia em sua mente. Senhores, essa noção é extremamente falsa e mal compreendida. Não é verdade que apenas a injustiça e os abusos podem se proteger sob a autoridade da antiguidade, que só eles são capazes de invocar o precedente e a experiência. A verdade, a justiça e a retidão também foram favorecidas por títulos veneráveis; e em nenhum período o homem permitiu que elas fossem proscritas. Tome sucessivamente todas as necessidades morais, todos os interesses legítimos de nossa sociedade, organize-os em uma ordem sistemática e depois percorra toda a história de nosso país. Vocês verão que eles foram constantemente assegurados e defendidos – todas as épocas propiciar-lhes-ão inúmeras provas de lutas sofridas, de vitórias ganhas, de concessões obtidas por essa causa sagrada. Essa causa pode ter sido associada a questões diferentes, mas em nenhum momento ou em nenhum lugar ela foi abandonada. Não há nenhuma verdade ou direito que não possa produzir, de qualquer período da história, monumentos que os consagrem e fatos que os justifiquem. A justiça não se afastou do mundo mesmo quando encontrou o mínimo de apoio: sempre procurou e abraçou todas as oportunidades para ampliar seu domínio, tanto em governos quanto no meio do povo. Lutou, protestou, esperou; e quando teve apenas glória para derramar sobre aqueles que lutaram por ela, derramou essa glória com liberalidade.

Portanto, senhores, renovemos nossa confiança com referência ao estudo do passado. Ele não contém nada que possa alarmar os amigos de tudo aquilo que é bom e verdadeiro. É em suas mãos, ao contrário, e em obediência aos interesses que lhes são caros, que este estudo irá sempre depositar a autoridade da antiguidade e as lições da experiência.

Esse desprezo injusto pelas instituições antigas, no entanto, essa tentativa extravagante de separar o presente de sua conexão com épocas anteriores e começar a sociedade de novo, entregando-a, assim, a todos os riscos de uma situação em que é desprovida de suas raízes e lançada sobre a proteção de um saber que ainda está em sua infância, não é um erro do qual fomos os primeiros a dar um exemplo. Em um daqueles parlamentos efêmeros que tentou manter sua existência sob o jugo de Cromwell, foi seriamente proposto que se entregassem às chamas todos os arquivos que estavam na Torre de Londres, e assim se extinguissem os registros da existência da Inglaterra em épocas passadas. Esses homens tolos queriam abolir o passado com a pretensão de que então iriam obter um controle total sobre o futuro. Seu projeto foi rejeitado e sua esperança frustrada; e logo depois, a Inglaterra, ganhando outra vez, com as novas liberdades, o respeito por todas as suas memórias do passado, entrou naquele curso de desenvolvimento e prosperidade que continua até nossos dias.

Lado a lado dessa tolice que induziu certos homens, que nas demais áreas eram esclarecidos, a negligenciar o estudo das antigas instituições da Europa ou apenas a olhar sua história num relance apressado e desdenhoso, vimos outra tolice surgir, talvez ainda mais irracional e arrogante. Aqui, como nas outras situações, a impiedade foi a precursora da superstição. O passado, tão desprezado, tão negligenciado por um dos partidos, tornou-se, para o outro, objeto de veneração idolatrada. O primeiro deseja que a sociedade, mutilando seu próprio ser, repudie sua vida anterior; o último quer que ela volte para o berço a fim de permanecer lá, imóvel e impotente. E, como esses senhores do futuro, em sua própria fantasia extravagante, criariam dessa sociedade, com relação ao governo e à ordem social, as utopias mais brilhantes, os outros, por outro lado, encontram suas utopias em seus sonhos do passado. O trabalho pode parecer mais difícil; o campo aberto, à imaginação pode parecer menos aberto e talvez possamos esperar que os fatos às vezes se oponham, inconvenientemente, às conclusões que buscamos. Mas o que é que uma mente interessada não vence? Platão e Harrington, dando a suas idéias a maior amplitude possível, construíram seu ideal de uma república; e nós, com ainda mais confiança, construímos nosso ideal do feudalismo, do poder absoluto e até do barbarismo. Sociedades plenamente organizadas, embelezadas com liberdade e moralidade, foram concebidas e modeladas calmamente para que dali fossem transportadas às épocas passadas. Após tentar resolver, segundo princípios opostos às tendências modernas, o grande problema da harmonia entre liberdade e poder, entre ordem e progresso, exigimos que os fatos antigos recebam essas teorias e se adaptem a elas. E como, no vasto número de fatos, podemos encontrar alguns que se prestam com docilidade e presteza aos propósitos que se exige que eles sirvam, aos descobridores dessa pretensa antiguidade não faltaram nem citações nem provas que parecem dar a ela uma existência garantida e definitiva no passado. Assim, a França, depois de ter passado mais de cinco séculos em suas lutas para escapar do sistema feudal, de repente descobriu que estava errada ao se libertar daquele sistema, já que naquela situação ela tinha a verdadeira felicidade e liberdade; e a história, que acreditava ser responsável por tantos males, iniqüidades e convulsões, se surpreende ao descobrir que ela só passa para nós as memórias de duas ou três eras de ouro.

Não tenho a necessidade, senhores, de oferecer nenhuma oposição séria a essa adoração fantástica e supersticiosa do passado. Mal mereceria uma breve referência, não fosse ela relacionada a sistemas e tendências nos quais toda a sociedade está interessada. Ela é uma das circunstâncias colaterais de uma luta grandiosa que nunca cessou de agitar o mundo. Os interesses e idéias que dominaram a sociedade sucessivamente sempre desejaram fazer com que ela ficasse parada na posição que permitiu que eles a governassem; e quando ela escapou deles, sempre teve que suportar aquelas imagens e influências sedutoras que esses interesses convocaram em sua ajuda. Não há risco de que o mundo se permita ser preso em uma armadilha como essa – o progresso é a lei de sua natureza; e a esperança e não o arrependimento é a mola propulsora de seu movimento – só o futuro possui uma virtude atraente. Povos que saíram da escravidão sempre lutaram por meios legais para evitar que os homens libertados caíssem outra vez na servidão. A Providência não foi menos cuidadosa com respeito à humanidade; e as cadeias que não foram suficientes para confiná-la são ainda menos capazes de recuperar o controle que perderam. Mas os esforços de um sistema retrógrado muitas vezes deturparam o estudo dos tempos antigos. O imperador Juliano viu nas fábulas populares da Grécia uma filosofia capaz de satisfazer àquelas necessidades morais que o cristianismo viera satisfazer, e exigiu que os homens vissem e honrassem na história do paganismo decadente aquilo que só existia em seus sonhos. As mesmas exigências foram feitas com a mesma falta de justificativa em nome das antigas instituições políticas da Europa. Justiça – e apenas justiça – é devida àquilo que já não existe, assim como àquilo que ainda permanece. O respeito pelo passado não significa nem aprovação nem silêncio por aquilo que é falso, culpável ou perigoso. O passado não merece nossa gratidão e consideração, a não ser devido à verdade que conheceu e ao bem que almejou ou realizou. O tempo não foi dotado com a função profana de consagrar o mal ou o erro; ao contrário, ele os desmascara e os consome. Poupá-los porque são antigos não é respeitar o passado e sim ultrajar a verdade, que é mais velha que o próprio mundo.

Se eu não estiver errado, senhores, estamos no momento em uma posição especialmente favorável para evitar ambos os erros gerais que acabei de descrever. É possível que poucas pessoas achem isso; mas a imparcialidade, que é o dever de todas as épocas, é, a meu ver, a missão da nossa – não aquela imparcialidade fria e inútil que é fruto da indiferença, mas sim aquela imparcialidade enérgica e produtiva que é inspirada na visão e na admiração da verdade. Aquela justiça igual e universal, que é agora o desejo mais profundo da sociedade, é também a idéia dominante que está sempre em uma posição dianteira e que tem sempre a maior influência, onde quer que se encontre o espírito humano. Preconceitos cegos e declamações insinceras não são mais aceitáveis no mundo da literatura que a iniqüidade e a violência o são no mundo da política. Elas podem ainda ter algum poder de agitar a sociedade, mas já não se lhes permite nem satisfazê-la nem governá-la. A situação específica de nosso próprio país fortalece essa disposição ou, se quiserem, essa

François Guizot

tendência geral da mente européia. Não vivemos naquele estado de repouso em que os objetos aparecem continuamente sob quase os mesmos aspectos, no qual o presente é tão imutável e regular que apresenta aos olhos do homem um horizonte que raramente varia, no qual convencionalismos antigos e poderosos governam o pensamento e a vida, no qual as opiniões são hábitos bem próximos e logo se transformam em preconceitos. Não só fomos lançados em novas trilhas, mas essas trilhas são continuamente interrompidas e diversificadas. Todas as teorias, todas as práticas são exibidas diante de nossos olhos ou em união ou como rivais. Fatos de todos os tipos surgiram diante de nós sob uma multidão de aspectos. A natureza humana foi impulsionada impetuosamente para a frente, e desnudada, por assim dizer, de todos os elementos que a constituíam. Os negócios e os homens todos passaram de sistema em sistema, de combinação em combinação; e o observador, embora ele próprio mude continuamente seu ponto de vista, foi testemunha de um espetáculo que mudou com a mesma freqüência que ele. Tempos como estes, senhores, só oferecem pouca tranqüilidade e preparam dificuldades terríveis para aqueles que os acompanharem. Mas eles certamente dão às mentes capazes de suportar sua pressão uma índole independente e uma visão ampla que não pertencem a períodos mais serenos e mais felizes. O grande número e o caráter desordenado dos fatos que surgem diante de nós dão mais amplidão a nossas idéias; a diversidade das provações que todas as coisas sofrem em um intervalo tão breve nos ensina a julgá-las com imparcialidade; a natureza humana se revela em sua simplicidade, bem assim como em sua riqueza. A experiência se apressa para cumprir seu curso e, de alguma forma, acumula seus tesouros;

no curto intervalo de uma vida o homem vê, vivencia e tenta aquilo que poderia ter sido suficiente para preencher vários séculos. Essa vantagem é suficientemente valiosa, senhores, para atuar pelo menos como um incentivo para que a colhamos. Não nos convém nutrir visões estreitas e preconceitos obstinados; petrificar a forma de nossos julgamentos por conclusões preconcebidas; e, finalmente, ignorar aquela difusão da verdade que foi atestada por tantas vicissitudes e que nos impõe o dever de buscá-la por toda parte, e prestar-lhe homenagem onde quer que a encontremos, se tivermos sua sanção para nossas idéias e sua ajuda para nossas declarações.

Nesse espírito, senhores, tentaremos examinar as antigas instituições políticas da Europa e esboçar sua história. Embora, para esse objetivo, devamos nos apropriar de quaisquer luzes que nossa época possa nos fornecer, tentaremos não carregar conosco nenhuma das paixões que a dividem. Não abordaremos os tempos passados guiados pelas impressões que pertencem ao presente, como aquelas cuja influência acabamos de deplorar; não iremos lhes fazer aquelas perguntas que, por sua própria natureza, ditam as respostas que receberão. Tenho demasiada consideração por aqueles que me ouvem e pela verdade que eu, como eles, estou buscando, para supor que a história possa, em qualquer sentido, aceitar suprimir aquilo que já afirmou ou pronunciar aquilo que não foi afirmado pela voz da verdade. Devemos interrogá-la livremente e depois deixá-la em plena liberdade.

Este estudo, senhores, exige um centro em relação ao qual possa se posicionar. Para um número tão grande de fatos, precisamos encontrar um vínculo que possa uni-los e harmonizá-los. Esse vínculo existe nos próprios fatos – nada pode ser mais certo. A unidade e o encadeamento lógico não faltam nem no mundo moral, nem no mundo físico. O mundo moral tem, como o sistema de corpos celestiais, suas leis e sua atividade; só que o segredo segundo o qual ele atua é mais profundo, e a mente humana tem mais dificuldade de descobri-lo. Começamos essa pesquisa tão tardiamente, que os eventos já realizados podem nos servir de guia. Não temos necessidade de perguntar a algumas hipóteses filosóficas, talvez elas próprias incertas e incompletas, qual tem sido a tendência da civilização européia com relação ao desenvolvimento político. Um sistema que, evidentemente, de uma visão geral do tema, adere continuamente aos mesmos princípios, parte das mesmas necessidades e tende a chegar aos mesmos resultados, manifesta ou proclama sua presença por toda a Europa. Em quase todos os lugares a forma representativa de governo é exigida, permitida ou estabelecida. Esse fato não é, certamente, um acidente, nem o sintoma de uma loucura temporária. Ele certamente tem suas raízes na carreira política passada das nações, assim como tem seus motivos em sua condição atual. E se, assim prevenidos, voltarmos nossa atenção para o passado, encontraremos em todas as partes as tentativas, mais ou menos bem sucedidas, feitas ou com um respeito consciente a esse sistema, a fim de produzi-lo naturalmente ou lutando para chegar a ele por meio da subjugação das forças contrárias. Inglaterra, França, Espanha, Portugal, Alemanha e Suécia nos fornecem inúmeros exemplos disso. Se olharmos para um lado, veremos essas tentativas, depois de algum tempo, já consolidadas e com uma consistência histórica; em outro, elas mal começaram e já fracassaram; em um terceiro, terminam em uma espécie de federação dos próprios governos. Suas formas são tão diferentes quanto sua sorte. Só a Inglaterra continua essas lutas sem interrupção e chega, finalmente, ao pleno gozo de sua realização. Mas em todas as partes elas ocupam seu lugar na história e influenciam o destino das nações. E quando, finalmente, já não encontrando nem mesmo a sombra de um governo representativo no continente europeu, e contemplando-o unicamente no parlamento da Grã-Bretanha, um homem de gênio investiga sua origem, dizem que "esse nobre sistema foi descoberto pela primeira vez nos bosques da Alemanha", de onde os antepassados de toda a Europa também vieram.[2]

Nessa opinião, como veremos mais tarde, não concordo com Montesquieu; mas é evidente, tanto em virtude dos fatos antigos quanto daqueles que nós mesmos testemunhamos, que a forma representativa de governo tem pairado sobre a Europa desde a fundação dos estados modernos. Sua reaparição em tantos momentos e em tantos lugares não pode ser explicada pelo encanto de alguma teoria ou pelo poder de alguma conspiração. No empenho de buscá-la, os homens muitas vezes ignoraram seus princípios e enganaram-se com relação à sua natureza, mas ela existiu na sociedade européia como base para todas as suas necessidades mais profundas e suas tendências mais duradouras; os soberanos invocaram sua ajuda em seus momentos difíceis, e as nações sempre se voltaram para ela naqueles intervalos de prosperidade e tranqüilidade em que a marcha da civilização foi acelerada. Até as tentativas não-sucedidas

---

[2] Para maiores detalhes, veja Montesquieu, *O Espírito das Leis*, Livro ii; Livro xiv, 3; Livro xviii, 23; Livro xxx, 19. Ao contrário de Montesquieu, Guizot não afirmava que as instituições representativas podiam ser encontradas "nos bosques da Alemanha". Ele observava que nenhuma ordem política geral existiu durante os dez primeiros séculos em virtude do conflito incessante entre os vários poderes políticos.

deixaram atrás de si lembranças indeléveis. Com efeito, desde o nascimento das sociedades modernas, sua condição foi tal que, em sua instituição, em suas aspirações e no curso de sua história, a forma representativa de governo, mesmo sem ser percebida como tal, constantemente pairou com maior ou menor clareza à distância, como o porto ao qual elas devem finalmente chegar, apesar das tempestades que as dispersam e dos obstáculos que confrontam e evitam sua entrada.

Portanto, senhores, não efetuamos uma escolha arbitrária e sim uma escolha perfeitamente natural e necessária quando fazemos da forma representativa de governo a idéia central e o objetivo de nossa história das instituições políticas da Europa. Considerá-las desse ponto de vista não só fará com que nosso estudo delas seja sumamente interessante, mas também nos permitirá entrar diretamente nos próprios fatos e apreciá-los verdadeiramente. Por esse motivo, faremos dessa forma de governo o objeto principal de nossa consideração. Iremos buscá-la onde quer que acharam que ela estava discernível, onde quer que ela tenha tentado obter uma posição firme, onde quer que ela tenha se estabelecido plenamente. Investigaremos se ela realmente existiu nos momentos e nos lugares onde nos habituamos a procurar suas sementes. Onde encontrarmos quaisquer sinais dela, por mais rústicos e imperfeitos que sejam, pesquisaremos para saber como foi produzida, qual a extensão de seu poder e que influências a sufocaram ou interromperam seu progresso. Chegando finalmente ao país onde ela nunca deixou de se consolidar e de se ampliar, desde o século XIII até nossos dias, permaneceremos lá a fim de acompanhá-la em sua marcha, para revelar suas dificuldades, observar o desenvolvimento dos princípios e instituições com as quais ela está associada, penetrando em sua natureza e observando sua ação — resumindo, para estudar a história do sistema representativo naquele país onde ele realmente possui uma história que se identifica com a história do povo e de seu governo.

Antes de empreender essa tarefa laboriosa, será necessário, senhores, que eu exponha em umas poucas palavras os períodos mais importantes da situação política da Europa e a série dos sistemas principais das instituições pelas quais ela passou. Essa classificação preliminar — que nada mais é que um levantamento geral de fatos que irão reaparecer mais tarde e trazer consigo sua própria evidência — é necessária não só para abrir o caminho à nossa frente em nosso estudo, mas também para indicar as instituições e momentos específicos que a perspectiva que escolhemos exige que consideremos em especial.

A história das instituições políticas da Europa divide-se em quatro épocas gerais, nas quais a sociedade foi governada segundo modos e formas essencialmente diferentes.

Ao se estabelecerem no solo romano, as tribos germânicas levaram consigo sua liberdade, mas nenhuma daquelas instituições cujo exercício garantia a regulamentação e a permanência dessa liberdade. Os indivíduos eram livres — no entanto, uma sociedade livre ainda não havia sido constituída. Direi mais: nem sequer existia uma sociedade. Foi só após a conquista, e em seqüência de seu estabelecimento territorial, que uma sociedade realmente começou a ser formada ou entre os conquistadores e os conquistados ou entre os próprios vencedores. O trabalho foi longo e difícil. A situação em que se colocaram era complicada e precária, suas forças estavam dispersas e eram irregulares, e a mente humana tem pouca habilidade para formar combinações amplas e para prever o futuro. Os vários sistemas das instituições, ou as várias tendências, surgiam e competiam entre si. Os indivíduos, para quem a liberdade então significava apenas independência pessoal e isolamento, lutavam para preservá-la. Os mais fortes conseguiram obtê-la e tiveram mais poder; os mais fracos a perderam e ficaram sob o jugo dos poderosos. Os reis, primeiramente apenas chefes de bandos de guerreiros, e depois os primeiros dos grandes proprietários de terra, tentavam consolidar e ampliar seu poder; mas simultaneamente ia se formando uma aristocracia graças ao sucesso local de forças dispersas e à concentração de propriedades que não permitiram que a realeza se estabelecesse firmemente ou exercesse qualquer influência mais ampla. A antiga liberdade da floresta, as primeiras tentativas de formar um sistema monárquico, os elementos nascentes do regime feudal – estes eram os poderes que então lutavam pelo controle da sociedade. Nenhuma ordem política geral podia se estabelecer em meio a esse conflito, que durou até o século XI. Depois disso, o sistema feudal prevaleceu. A independência original e a igualdade natural dos indivíduos ou tinham perdido seu caráter e se tornado uma situação de servidão ou haviam se submetido à subordinação hierárquica do feudalismo. Todo o poder central, fosse ele dos reis ou das antigas assembléias nacionais, tinha praticamente desaparecido; a liberdade existia só em coordenação com o poder; a soberania se dispersava. Este é o primeiro período.*

---

* Sobre isso veja *History of Civilization in France*, de Guizot. Palestras vii e viii.

O segundo período é o do sistema feudal. São três suas características principais: primeira, a redução da maioria da população à escravidão ou a uma condição parecida; segunda, a organização hierárquica e federativa da aristocracia feudal que, em sua aplicação, tinha conseqüências tanto para as pessoas quanto para as terras; terceira, a quase total dissolução da soberania, que então passou a ser privilégio dos proprietários feudais que fossem capazes de exercê-la e defendê-la; a conseqüência é o enfraquecimento do poder real e a destruição da unidade monárquica, que desapareceu quase que completamente como unidade nacional. Esse sistema prevaleceu até o século XIII.

A partir daí, teve início uma nova época. O senhor feudal, que já possuía um poder real, aspirava à dignidade real. Parte dos habitantes do território, tendo obtido outra vez um pouco do poder perdido, tinha a esperança de se libertar. A aristocracia feudal era atacada de um lado pela emancipação dos habitantes das cidades e dos arrendatários e por outro pela expansão do poder real. A soberania tendia à concentração, e a liberdade, à difusão; a unidade nacional começou a se formar ao mesmo tempo em que a unidade monárquica surgia. Isso era sinalizado e estimulado pelas tentativas de criar uma forma representativa de governo que foram feitas e renovadas durante quase três séculos, onde quer que o sistema feudal entrasse em decadência ou o sistema monárquico prevalecesse. Mas em pouco tempo, em quase todas as regiões, os soberanos começaram também a desconfiar daquela forma de governo. Não podiam ver com indiferença o fato de a soberania, dispersa por tanto tempo e que havia sido reconquistada e concentrada graças a seus esforços, dividir-se agora outra vez em seu próprio centro. Além disso, faltavam ao povo a força e o conhecimento que lhe permitiriam continuar, por um lado, aquela luta contra o sistema feudal que nunca tinha cessado e, por outro, manter uma nova luta contra o poder central. Era evidente que os tempos não estavam plenamente amadurecidos; que a sociedade, que não havia saído totalmente daquela situação de servidão que se sucedera ao caos social, não estava nem tão firmemente consolidada nem tão disciplinada mentalmente para ser capaz de garantir, ao mesmo tempo, a ordem pela administração eqüitativa do poder e a liberdade pelas salvaguardas de instituições públicas grandes e influentes. As tentativas de estabelecer um governo representativo começaram a ser mais raras e mais frágeis, até que desapareceram. Um único país manteve esse sistema e o defendeu, de luta em luta, até que conseguiu estabelecê-lo. Nos outros países, o sistema puramente monárquico prevaleceu. Esse resultado foi obtido no século XVI.

O quarto período durou desde então até nossos dias. Na Inglaterra, é principalmente marcado pelo progresso do sistema representativo; no continente, pelo desenvolvimento do sistema puramente monárquico com o qual são associados privilégios locais, instituições judiciárias que exercem forte influência sobre a ordem política e alguns resíduos daquelas assembléias que, em épocas passadas, apareciam sob uma forma mais geral, mas que agora se confinam a certas províncias e ocupam-se, quase que exclusivamente, de funções administrativas. Sob esse sistema, embora a liberdade política não seja mais encontrada, o barbarismo e o feudalismo finalmente desaparecem diante do poder absoluto; a ordem doméstica, a reconciliação das várias classes, a justiça civil, os recursos públicos e a informação progridem rapidamente; as nações ficam mais esclarecidas e prósperas, e sua prosperidade, que é tanto material quanto moral, estimula nelas uma compreensão mais justa daquele sistema representativo que haviam buscado em épocas nas quais não tinham nem o conhecimento nem o poder necessário para pô-lo em prática e preservá-lo, e também uma ansiedade mais intensa por ele.

Este breve resumo dos fatos já lhes deu uma indicação, senhores, das épocas para as quais nossos estudos serão principalmente orientados. Os objetivos de nossa busca são as instituições políticas dos vários povos. E nossas pesquisas se centrarão ao redor do sistema representativo. Portanto, nos lugares em que não nos depararmos com essas instituições gerais sob cujo domínio o povo se une e que exigem a manifestação da sociedade em geral em seu governo — nos lugares em que não percebermos nenhum sinal do sistema representativo e nenhum esforço direto para produzi-lo —, não nos concentraremos por muito tempo. Todas as formas e situações sociais apresentam temas valiosos e curiosos a serem observados; mas dessa série de fatos inesgotáveis temos que escolher unicamente aqueles que se relacionam estreitamente e que são de nosso interesse imediato. O segundo e o quarto períodos, portanto — isto é, o feudalismo e o poder absoluto —, irão ocupar-nos muito pouco. Só falaremos deles quando isso for necessário para relacionar e explicar períodos que mais diretamente demandem nossa atenção. Proponho-me a estudar com vocês o primeiro e o terceiro períodos, e o quarto, só com referência à Inglaterra. O primeiro período, que nos mostra o povo germânico estabelecendo-se em solo romano — a luta de suas instituições primitivas, ou melhor, de seus costumes e hábitos contra os resultados naturais de sua nova situação – enfim, os sofrimentos que acompanharam a formação original das nações modernas –, reivindica especialmente nossa atenção. Creio que, com relação a instituições políticas, esse período não teve nada que merecesse esse nome; mas todos os elementos estavam lá, em existência e movimento, como no caos que precede a criação. Cabe-nos observar esse processo sob o qual governos e povos passaram a existir. Cabe-nos determinar se, como foi afirmado, a liberdade pública e o sistema representativo realmente estavam lá e por essa razão alguns sintomas já anunciavam que poderiam emergir um dia. Quando, no terceiro período, vemos o sistema feudal sendo dissolvido – quando observamos os primeiros movimentos em direção a um sistema representativo aparecerem juntamente com os esforços de um poder central cuja intenção é tornar-se geral e organizado –, reconheceremos aqui, sem dificuldade, um tema que imediatamente nos pertence. Procuraremos descobrir que sociedades surgiram então e por que meios elas buscaram instituições fidedignas que poderiam garantir a continuação simultânea da ordem e da liberdade. E quando virmos suas esperanças frustradas pelas calamidades da época, quando detectarmos nos vícios do estado social, muito mais do que na influência de quaisquer desejos desordenados ou perversos, as causas do fracasso dessas tentativas corajosas, seremos levados por nosso tema para o meio daquele povo que foi então tratado com mais tolerância pela sorte, que pagou caro por instituições livres, mas que as guardou até o fim quando elas morriam em todas as outras regiões, e que, ao mesmo tempo que as preservava e desenvolvia para si próprio, as oferecia às outras nações, se não como um modelo, pelo menos como um exemplo.[3]

Seria bastante simples para nós, senhores, limitarmos assim o campo de nossas investigações no que se refere aos períodos, se não tivéssemos também que atribuir alguns limites com relação a lugares. A investigação seria grande e longa demais se acompanhássemos o curso das instituições políticas por toda a Europa segundo o plano que acabei de indicar. Além disso, a diversidade dos eventos e condições é tão grande na Europa que, apesar de certas características gerais e certos resultados filosóficos que os fatos apresentam em todas as regiões, eles muitas vezes resistem a todos os esforços que possamos fazer para ordená-los sob qualquer princípio orientador uniforme. Em vão lutamos para juntá-los sob o mesmo horizonte, ou forçá-los em um mesmo canal; eles sempre escapam de nosso controle a fim de adotar, em alguma outra parte, o lugar que lhes foi atribuído pela verdade. Portanto, estamos obrigados ou a limitar-nos às generalidades, produzindo muito pouca informação para aqueles que não investigaram toda a sua profundidade, ou então a interromper o progresso de nossa pesquisa continuamente, a fim de perambular de um povo a outro com uma atenção que seria constantemente distraída e logo exaurida. Será mais útil se tomarmos uma amplitude menor. A Inglaterra, a França e a Espanha fornecerão material abundante para nosso empreendimento. Nesses países estudaremos

---

[3] Para mais detalhes, veja também *HOGR*, pp. 429-31. Em *HCE* Guizot também se referiu aos quatro períodos: a época bárbara; a idade feudal; a idade em que as primeiras tentativas de um governo representativo foram feitas; e, finalmente, a idade marcada pelo progresso do sistema representativo na Inglaterra e o desenvolvimento da monarquia absoluta no continente.

as instituições políticas sob as diferentes fases e nas várias épocas que acabei de lhes expor. Neles veremos que esses períodos estão mais claramente definidos e que os fatos principais que os caracterizam aparecem sob formas mais completas e mais simples. Na França e na Espanha, além disso, as tentativas gerais de estabelecer um governo representativo feitas nos séculos XIII, XIV e XV assumem uma forma mais definida. Portanto, fomos dissuadidos por uma variedade de considerações a levar nossos passos além desses limites. Com isso, nossa pesquisa ganhará tanto em interesse quanto em solidez.

Esse interesse, senhores, devo dizer desde o começo, não é simplesmente aquele relacionado com os assuntos humanos, que são sempre atraentes para os homens, por mais insignificante que seja a atenção que eles lhes dêem. O estudo das antigas instituições políticas da Europa exige um esforço sério e aplicado. Estou aqui para compartilhar esse esforço com vocês, não para empreendê-lo em seu lugar. Serei freqüentemente obrigado a entrar em detalhes que a princípio podem lhes parecer desnecessários, mas que são importantes pelos resultados a que levam. Não me contentarei em simplesmente apresentar-lhes esses resultados como uma expressão geral dos fatos; sentir-me-ei obrigado a dar-lhes o domínio dos próprios fatos. Vocês devem sentir que as verdades que eles contêm são uma conseqüência natural deles mesmos, e não devemos permitir que eles se instalem finalmente em suas mentes até que estejam fortalecidos por um tipo de evidência que possa ratificá-los. Senhores, deve ser lembrado que a verdade, onde quer que a busquemos, não é fácil de encontrar. Devemos cavar muito para encontrá-la, como fazemos com metais preciosos antes de encontrá-los; não devemos nos esquivar das dificuldades nem temer a longa duração do empreendimento. A verdade só se entrega ao esforço resoluto e paciente. E não é só em nome de nosso estudo específico que lhes recomendo com insistência que nunca permitam que o cansaço que acompanha algumas partes do trabalho os frustrem; — um motivo mais elevado, uma afirmação mais abrangente, lhes dá esse conselho. Trasea, ao morrer, disse a seu genro, Helvídio Prisco: "Observe, jovem, você está vivendo em uma época em que é bom que o espírito se fortifique com uma cena como esta e aprenda como pode morrer um homem corajoso". Devemos agradecer aos céus que lições como essas já não são exigidas de nós e que o futuro não demanda uma disciplina tão rígida para que estejamos preparados para ele. Mas as instituições livres que nos pedem para receber e manter — essas exigem de nós, desde a juventude mais tenra, aqueles hábitos de aplicação laboriosa e paciente que irão constituir nossa preparação mais adequada. Elas exigem que, entre nossas primeiras lições, aprendamos a não nos esquivar nem da dor nem da extensão e dificuldade do dever. Para que nosso destino seja sublime, é preciso que nossos estudos sejam severos. A liberdade não é um tesouro que pode ser adquirido ou defendido por aqueles que valorizaram desproporcionalmente a facilidade e a gratificação pessoal; e se um homem a conseguir após ter lutado por ela apenas sob a influência de sentimentos de auto-indulgência ou de impaciência, ela lhe nega as honras e vantagens que ele esperava ganhar ao possuí-la. O erro da era anterior à nossa foi que, embora ela tivesse como objetivo incentivar as mentes humanas para que tivessem carreiras mais amplas e mais ativas, ao mesmo tempo criava a impressão de que tudo iria então ficar fácil, que o estudo se transformaria em diversão, e que os obstáculos seriam removidos a partir dos primeiros passos de uma vida que seria grandiosa e extraordinária. A fragilidade efeminada de tais sentimentos era uma relíquia da debilidade das épocas em que a liberdade não existia. Nós que vivemos nos dias atuais sabemos que a liberdade exige do homem que irá desfrutá-la um exercício mais severo de seus poderes. Sabemos que ela não permite nem a indolência da alma nem a volubilidade da mente, e que só aquelas gerações que dedicam sua juventude ao estudo sério podem garantir a liberdade para sua vida adulta. Os senhores perceberão, à medida que observarem o desenvolvimento das instituições políticas da Europa, que a experiência de todas as eras confirma a da nossa. Verão que aqueles projetos grandiosos que foram formulados para a promoção da verdade, da justiça e do progresso jamais emanaram de um lugar onde residem a preguiça, a frivolidade e a antipatia a tudo que exige trabalho e paciência. Quando remontamos às origens desses empreendimentos, sempre encontraremos presentes, por assim dizer, em seu começo, o respeito e a determinação sérios. As leis e liberdades públicas só foram defendidas por homens formados nesse modelo. Na medida em que as necessidades de sua época os estimularam, eles resistiram à desordem ou à opressão. Na seriedade de sua própria vida e de seus próprios pensamentos, eles descobriram uma medida verdadeira de sua própria dignidade e, através dela, da dignidade da humanidade. E, senhores, não duvidem que, ao seguirem seu exemplo, obterão também seu sucesso. Os senhores logo se convencerão de que, apesar das provas às quais foi exposta, nossa era não está entre as mais desenfreadas que existiram. Vocês verão que o patriotismo, o respeito pela lei e pela ordem, a reverência por tudo aquilo que é justo e sagrado muitas vezes foram comprados a um preço muito mais alto e exigiram uma abnegação muito mais severa. Verão que há tanto debilidade quanto ingratidão no temperamento que é intimidado e desencorajado pela visão de obstáculos que ainda se apresentam, quando obstáculos de uma natureza muito mais terrível não desgastaram a determinação de homens nobres de épocas anteriores. E assim, enquanto estiverem desde cedo exercitando suas mentes em todos aqueles hábitos que irão preparar o homem para os deveres de um destino glorioso, vocês não irão se deparar com nada que não aprofunde continuamente sua lealdade para com sua época e para com seu país.[4]

Quanto a mim, permitam-me, senhores, que, ao começar com vocês o estudo das antigas instituições políticas da Europa, felicite a mim mesmo por ser capaz de abordar esse tema com a liberdade que lhe é adequada. Foi em obras de natureza semelhante que comecei minha vida intelectual. Mas, naquela época, a exposição pública desses fatos e das idéias a eles relacionadas mal era permitida. O poder chegara àquela situação em que teme igualmente qualquer representação da opressão dos povos e de seus esforços para obter a liberdade; como se ele devesse necessariamente encontrar nessas duas séries de reminiscências históricas ao mesmo tempo

---

[4] Esse é um sumário excelente da visão política de Guizot. Ele acreditava que a missão de sua geração (pós-revolucionária) era estabelecer instituições representativas livres por meio da reconciliação da liberdade e da ordem. Essa tarefa exigia um longo aprendizado de liberdade, um exercício inflexível de poder e "hábitos de aplicação laboriosa e paciente" (*HOGR*, p. 80). Vale a pena observar a ênfase que Guizot dá à arduidade do dever, da abnegação (a influência de Kant é evidente com relação a isso) ao estudo trabalhoso e à determinação. Na visão de Guizot, a agenda política justa era ditada pelos interesses nacionais (em oposição a interesses facionários) e tinha que acompanhar tanto a razão quanto o interesse público. Para maiores detalhes, veja Guizot, *Mémoires pour servir à l'histoire de mon temps*, Vol. I (Paris: Michel Lévy Frères, 1870), pp. 158-66, 193-205.

a condenação de seus atos passados e a predição de seus perigos futuros. Já não estamos nessa posição deplorável; as instituições que a França recebeu de seu soberano libertaram de uma só vez o presente e o passado. Tal é a força moral que uma monarquia legítima e constitucional possui, que ela não treme nem diante dos fatos da história nem das críticas da razão. Ela se baseia na verdade — e, conseqüentemente, a verdade não lhe é hostil nem perigosa. Nos lugares em que as necessidades da sociedade são reconhecidas e todos os seus direitos sancionam uns aos outros ou se apóiam mutuamente, os fatos apresentam apenas lições de utilidade e já não sinalizam alusões indesejáveis. O volume da história agora pode ser espalhado diante de nós; e onde quer que encontremos a coincidência da legitimidade e da ordem constitucional, veremos também a prosperidade tanto dos governos quanto do povo – a dignidade do poder enobrecida e sustentada pela dignidade da obediência. Em todas as posições, e por maior que seja a distância que as separa, veremos homens prestando homenagem a outros homens; veremos autoridade e liberdade dando-se mutuamente a consideração e o respeito que — mais que qualquer outra coisa — podem uni-las em uma conexão duradoura e garantir sua harmonia contínua. Felicitemo-nos, senhores, pois estamos vivendo em uma época em que essa aliança tutelar passou a ser uma necessidade — em que a força sem justiça só poderia ser um poder efêmero. As épocas para as quais dirigiremos nossa atenção passaram por uma situação muito mais difícil; mais de uma vez elas viram o despotismo enraizar-se profundamente em sua posição e ao mesmo tempo viram a injustiça afirmar seu direito a um governo duradouro. Nós, senhores, que vimos tantas formas de opressão, e tão diversificadas — vimos também todas elas caírem em decadência. Nem sua violência mais insana nem seu brilho mais imponente foram suficientes para preservá-las da corrupção que é inerente à sua natureza; e finalmente entramos em uma ordem de coisas que não admite nem a opressão da força que usurpa o poder nem a da anarquia que o destrói. Portanto, senhores, colhamos todas as vantagens relacionadas com essa ordem: — mostremos nosso respeito pelo renomado autor dessa carta régia provando-nos merecedores de receber e capazes de utilizar as nobres instituições que ele fundou. Nossa gratidão não pode oferecer uma homenagem mais pura.[5]

---

[5] Vale a pena observar a relação entre a ordem social e a ordem política, um tema que tem grande relevância nos escritos de Guizot, sobretudo em conexão com sua teoria da democracia como situação social. Contra aqueles que argumentavam que o governo representativo era uma instituição moderna perigosa, Guizot afirmava que ela tinha raízes profundas no passado e representava o único regime político adequado para o novo espírito da época. "Em quase todos os lugares", escreveu ele, "a forma representativa de governo é exigida, permitida ou estabelecida. Esse fato certamente tem suas raízes na carreira política passada das nações, assim como tem seus motivos em sua condição atual". (*HOGR*, p. 69). Em outras palavras, na França, o estabelecimento do governo representativo foi exigido pela nova situação social caracterizada por uma nova configuração de costumes, leis, estrutura de classe, relações de propriedade e interesses econômicos. Para mais detalhes sobre a teoria dos doutrinários da democracia como *état social* (situação social), veja Charles de Rémusat, "L'esprit de réaction: Royer-Collard et Tocqueville" ("O espírito da reação: Royer-Collard e Tocqueville"), *Revue des deux mondes*, 15 de outubro de 1861, pp. 777-813; Aurelian Craiutu, "Tocqueville and the Political Thought of the French Doctrinaires", *History of Political Thought*, Vol. XX, nº 3, outono de 1999, pp. 456-93.

Palestra 2

Caráter geral das instituições políticas na Europa do século IV ao século XI. – A esterilidade política do Império Romano. – Evolução das invasões germânicas. – Esboço da história dos anglo-saxões.

Dividi a história das instituições políticas da Europa moderna em quatro grandes períodos, o primeiro dos quais vai do século IV ao século XI. Esse longo intervalo foi necessário para introduzir um pouco de luz e estabilidade no caos mutante daqueles novos impérios que as sucessivas invasões do território romano pelos bárbaros geraram, e dos quais se originaram aqueles estados poderosos cujo destino constitui a história da Europa moderna. As características essenciais desse período são: o conflito e a fusão dos costumes germânicos com as instituições romanas, a tentativa de estabelecer um governo monárquico e a formação do regime feudal. Não existia então nenhum sistema geral de instituições políticas; não é possível perceber nenhuma influência predominante; tudo era local, individual, confuso e obscuro. Uma enorme variedade de princípios e forças, misturando-se e atuando (de certo modo) aleatoriamente, estava envolvida em conflitos para resolver a questão de quais homens eram totalmente ignorantes e do segredo que só Deus possuía. Essa questão era: que forma de governo se originaria de todos esses elementos diferentes, postos em contato um com o outro de uma maneira tão violenta? Cinco séculos se passaram antes de essa questão ser decidida, e então o feudalismo era a situação social da Europa.

Antes de entrar, no entanto, na história das instituições, deixem-me dizer algumas palavras sobre o processo da queda do Império Romano e das invasões bárbaras.[1]

A partir da acessão de Augusto até a morte de Teodósio, o Grande, o Império Romano, apesar de sua grandeza, apresenta um caráter geral de impotência e esterilidade. Suas instituições, seu governo, sua filosofia, sua literatura, na verdade tudo relacionado a ele, traz consigo essa triste impressão. Até as mentes de seus cidadãos mais ilustres estavam restritas a um círculo de idéias antiquadas e desperdiçadas em lamentos vãos pelas virtudes e glórias da República. A fermentação de novas idéias não produz decadência; mas quando, em um grande império, a sociedade, sentindo-se oprimida e enferma, não pode conceber novas esperanças nem idéias grandiosas — quando, em vez de seguir adiante na direção do futuro, ela só invoca as lembranças e imagens do passado —, então há um verdadeiro declínio; não importa quanto tempo o estado leve para

---

[1] Para mais detalhes sobre a situação da Europa à época da queda do Império Romano, veja Guizot, *HCE*, Palestra II, pp. 27-46. De máxima importância é a ênfase que Guizot dá à coexistência e ao conflito dos vários princípios e sistemas de organização política (teocrático, monárquico, aristocrático e popular) que se limitaram e se modificaram uns aos outros com o decorrer do tempo e contribuíram assim para o progresso da civilização européia. Guizot argumentou que "na Europa a liberdade foi o resultado da variedade dos elementos da civilização e a situação conflitiva em que eles existiram permanentemente" (*ibid.* p. 31).

cair, sua ruína é, a partir daquele instante, contínua e inevitável. A queda do Império Romano levou 15 séculos; e durante 15 séculos ele continuou a cair até que sua queda foi consumada pela captura de Constantinopla pelos turcos. Durante esse longo período, nenhuma idéia nova, nenhum princípio regenerador foi utilizado para revigorar a vida do governo: ele se susteve graças à sua própria massa. Quase no final do século III, quando a servidão universal parecia estar mais firmemente estabelecida, o despotismo imperial começou a sentir a precariedade de sua posição e a necessidade de organização. Dioclécio criou um enorme sistema administrativo. Por meio dessa máquina imensa, ele estabeleceu infra-estruturas em harmonia com o princípio de seu governo; ele regulava a ação do poder central nas províncias e cercava-se de uma corte brilhante e poderosa. Porém ele não reacendeu a vida moral do Império. Apenas organizou mais perfeitamente a resistência material aos princípios de destruição que a estavam minando; e foi com essa organização que, primeiro no Ocidente e no Oriente e mais tarde só no Oriente, o império foi capaz de continuar lutando do século IV até o século XV. Teodósio, o Grande, que morreu em 395, foi o último imperador que manteve seguramente e administrou com habilidade o pacote heterogêneo do poder romano. Ele era realmente um grande homem; pois grandes homens surgem tanto em momentos degradantes quanto em momentos de sucesso; e Teodósio ainda era o dono do mundo romano. Mas após sua morte, sob seus filhos Honório e Arcádio, a dissolução começou.*

---

* Honório sucedeu pacificamente à soberania do Ocidente, que ele tinha recebido de seu pai no ano anterior, enquanto seu irmão mais velho, Arcádio, tomou posse do Oriente.

Já não havia, então, nenhuma unidade verdadeira ou força central no governo. Roma gradativamente abandonou suas províncias — a Grã-Bretanha, Armórica* e a Gália Narbonense.** Honório informou aos bretões que ele já não devia governá-los; e ordenou aos habitantes da Gália Narbonense que elegessem representantes que se reunissem em Arles e se incumbissem de governar seu país. O império se tornara um corpo destituído de seiva e de vigor, e para prolongar a vida do tronco era necessário podar os galhos. Mas, embora o despotismo fosse retirado das províncias, a servidão continuava. Não é fácil retornar de uma só vez à liberdade e à vida política; e esses povos, abandonados a seus próprios recursos, eram incapazes de se defender. A Grã-Bretanha, embora mais populosa que o norte da Escócia, foi incapaz de repelir as poucas hordas de pictos e escotos que todos os meses desciam de suas moradias montanhosas e devastavam o território britânico. Os bretões pediram a ajuda do imperador, que lhes enviou uma legião que, sem dificuldade, venceu os inimigos que fugiram diante dela; mas essa legião foi logo retirada. Após sua partida, as incursões recomeçaram, e a Bretanha, uma vez mais, implorou a ajuda do imperador. Honório enviou outra legião, mas avisou aos suplicantes que, no futuro, eles deveriam prover-se de soldados sozinhos, pois ele não enviaria mais nenhum. A legião vitoriosa deixou o país para não mais voltar, e a Bretanha, atacada por todos os lados por bandos de bárbaros, esgotou suas energias em súplicas vãs, pedindo que a

---

* O país na costa noroeste da Gália, do Loire até o Sena.
** A província romana no sul da Gália, assim chamada devido à sua cidade principal, Narbonne ou Narbona; César a chama simplesmente de *Província*, e daí o seu nome moderno, *Provence*.

libertassem. Ainda existe uma carta, intitulada *Gemitus Britannum*, na qual os infelizes habitantes daquele país descrevem sua condição deplorável para Aécio, patrício de Gália: "Os bárbaros", escreveram eles, "empurram-nos para o mar e o mar nos empurra de volta para os bárbaros; de forma que, entre os dois, ou seremos massacrados ou nos afogaremos". Com suscetibilidade patriótica, alguns escritores ingleses — entre eles o Sr. Sharon Turner, em sua *History of the Anglo-Saxons** — lançaram dúvidas sobre a autenticidade dessa carta, como se a honra da Inglaterra tivesse qualquer relação com a fragilidade dos bretões do século IV. Se isso é ou não verdade, e se a ajuda foi ou não procurada, o imperador tinha outros assuntos para tratar e deixou os bretões entregues à própria sorte. Da mesma forma, ele abandonou também a Gália Narbonense e a Armórica. Essa última província, que estava menos corrompida pela influência da civilização romana, demonstrou ter mais energia que as outras duas. Tomou medidas para sua própria defesa formando um tipo de aliança federativa contra invasões marítimas. A Espanha, que também tinha sido abandonada, tentou igualmente manter-se sozinha contra ataques dessa natureza, mas teve menos vigor em suas ações e pouco sucesso. Na Grã-Bretanha, assim como na Gália, o governo romano havia erodido a energia da independência dos nativos e a substituíra com nada mais que sua própria organização artificial e despótica. Quando os romanos se retiraram, os filhos dos galeses, que habitavam as cidades romanas, não tinham capacidade para autogovernar-se ou para defender-se, e foram presa fácil para alguns bandos de saqueadores estrangeiros que tinham vindo em

---

* *History of the Anglo-Saxons*, de Turner, vol. i., pp. 180-181.

busca de butim e de aventuras. Examinemos brevemente a evolução de suas conquistas.

Não é possível determinar uma época precisa para as primeiras invasões germânicas. Em todas as eras, suas hordas tinham o hábito de descer da segurança de suas florestas para países menos selvagens e mais cultivados que os seus. Entre suas irrupções iniciais, a primeira sobre a qual temos alguma informação histórica precisa é a dos címbrios e teutões, que, com 300 mil homens, devastaram a Itália na época de Mário.* Da era de Augusto até o século V, essas invasões continuaram, mas não foram tão importantes. Bandos de homens, incapazes de encontrar meios de subsistência em seu próprio país, invadiam o território imperial, saqueando tudo em seu caminho; seu destino era decidido em uma batalha; eram dispersados ou aniquilados por uma derrota ou, se vitoriosos, tomavam posse de alguma região que lhes agradasse. Com freqüência também se estabeleciam no país com o consentimento dos imperadores. No século III, Probo recebeu três ou quatro mil francos em Auvergne. Um bando de alanos estabeleceu sua residência na vizinhança de Orleans; havia uma colônia de godos na Trácia e outro de vândalos na Lorena. Os guerreiros bárbaros que preferiam a guerra e a pilhagem a uma habitação fixa entravam para os exércitos romanos. Seus chefes viravam generais e até supriam a corte imperial com ministros de estado. Assim, os bárbaros estavam por toda parte: estabelecidos no país, servindo nos exércitos, à volta da pessoa do príncipe; aliados poderosos cuja ajuda o império, por sua própria debilidade, era obrigado a aceitar, e que estavam destinados a au-

---

* Em 113-101 a. C. Mário finalmente derrotou os teutões em Aix, no ano 102; e os címbrios, perto de Vercelli, no ano 101.

mentar seu poder e sua influência à medida que o poder imperial ia declinando.

Assim que o governo romano, abandonando várias de suas províncias, proclamou sua incapacidade de manter a própria integridade, a questão ficou decidida – o império passou para os germânicos. No intervalo entre o começo do século V e o fim do século VI, eles fundaram oito grandes monarquias, algumas estabelecidas pela força, outras com o consentimento parcial dos imperadores.

Em 409, os vândalos, os alanos e os suevos, depois de destruírem a Gália e de atravessarem os Pirineus, e graças à força de seus exércitos, fundaram três monarquias na Espanha. Essas três foram rapidamente incorporadas em uma única que, por sua vez e não muito tempo depois, foi destruída pelos visigodos.

Em 429, os vândalos foram da Espanha para a África, e a monarquia que ali fundaram foi posteriormente derrotada por Belisário.

Em 414, com o consentimento dos imperadores, os borgonheses fundaram um reino na Gália.

Em 416, os visigodos penetraram no sul da Gália, onde fundaram o reino de Aquitânia; e entraram na Espanha pelo nordeste, onde se estabeleceram após terem destruído a monarquia dos suevos.

Em 450, os saxões, comandados por Hengist e Horsa, invadiram a Grã-Bretanha e fundaram a Heptarquia saxã.

Em 476, os hérulos, sob o comando de Odoacro, fundaram uma monarquia na Itália.

Em 481, os francos, sob a liderança de Clóvis, estabeleceram-se na Gália.

Em 568, os lombardos, sob o comando de Alboim, por sua vez conquistaram a Itália e fundaram uma monarquia.

Não me proponho a escrever a história dessas monarquias, mas tentarei delinear suas instituições principais e sua situação social. Primeiramente, no entanto, direi umas poucas palavras sobre o método de sua fundação. Não devemos supor que havia, em todos os casos, uma cessão ou o abandono total da soberania por parte do Império Romano. A residência de um chefe bárbaro no país era reconhecida como um fato. Ele continuava a comandar seus próprios guerreiros, mas não lhe era concedida nenhuma autoridade legal sobre os antigos habitantes. As cidades mantinham por muito tempo sua conexão com Roma; muitas delas continuavam a ser municipalidades e a nomear seus próprios magistrados. Várias cidades na Espanha, quando o país estava sob o domínio dos visigodos, recebiam seus governantes civis de Constantinopla. Os imperadores, embora fossem sendo roubados, diariamente, de algum território novo, mantinham apesar disso, em quase todas as regiões, uma aparência de império. Assim, os vemos outorgando aos reis francos os títulos de patrício da Gália ou de cônsul. Essa era sua forma de protestar contra a invasão. Em pouquíssimos casos houve uma transferência de direitos de soberania. As sociedades, quando abandonadas por seu governo, ou recebiam um novo governo das mãos do vencedor, ou tentavam criar um governo elas próprias.

Entre esses estados que surgiam, falarei primeiro dos anglo-saxões; depois, dos francos; e, finalmente, dos visigodos na Espanha. Selecionei essas três nações porque, entre elas, as instituições desse período estavam mais claramente definidas. Os anglo-saxões, especialmente, estavam em uma posição mais favorável para esse desenvolvimento rápido e completo, não só porque estavam mais isolados que os outros povos como também porque eram menos incomodados pelas invasões contínuas e assustadoras. Logo passaram a ser os únicos donos do país. Os bretões foram quase exterminados; alguns deles fugiram para a Cornualha, para o País de Gales ou para Armórica; os outros foram dispersados ou reduzidos à servidão. Os anglo-saxões, além disso, haviam sofrido menos a influência das antigas instituições romanas. Entre as nações modernas são o povo que, por assim dizer, viveu mais graças a seus próprios recursos e que gerou sua própria civilização. Esse caráter é discernível em toda a sua história e até mesmo em sua literatura. Os clássicos gregos e latinos tiveram pouco efeito sobre eles; costumes primitivos e nacionais mantiveram sua importância na Inglaterra e se desenvolveram quase sem outras influências externas. Entre os francos e os visigodos, as antigas assembléias nacionais germânicas ou foram suspensas por um longo período ou totalmente transformadas; entre os anglo-saxões, nunca cessaram; ano após ano, elas ocorreram para perpetuar lembranças antigas e para exercer uma influência direta sobre o governo. Foi, então, entre os anglo-saxões que, do século V ao século XI, as instituições foram alvo de um desenvolvimento mais natural e mais completo. Esse fato induziu-me a começar nossos estudos com sua história.

Deixem que eu me refira brevemente aos eventos que ocorreram no período da Heptarquia anglo-saxã. De 426 a 450, os bretões, negligenciados, lutaram como podiam contra os habitantes do norte da Escócia. Em 449, alguns saxões das margens do Elba desembarcaram na ilha. Esse desembarque não era exatamente uma novidade e era até previsível. Era um fato tão antigo que os imperadores romanos haviam nomeado um magistrado — *comes littoris Saxonici*[2] — cuja função específica era fazer a defesa da costa. Afirmava-se — e Hume repetiu a afirmação — que essa expedição saxã tinha sido convocada por Vortigern, que era então chefe dos bretões, para ajudá-lo contra os pictos e escotos. Isso não me parece nem natural nem provável; e no historiógrafo Nennius acho uma passagem que contradiz a afirmação: "Enquanto isso", diz ele, chegaram da Alemanha três navios cheios de exilados saxões".* Portanto, eles vieram espontaneamente, segundo era seu costume. Os bretões, reduzidos às medidas extremas por seus inimigos incansáveis, os pictos e os escotos, tentaram a princípio usar os saxões contra eles. Mas os recém-chegados logo perceberam sua própria força e tentaram conquistar o país que tinham prometido defender; e tiveram sucesso em sua empreitada. Os bretões resistiram e até mesmo exibiram um pouco da energia de seus antepassados sob o rei Artur e outros líderes. Decorreu muito tempo até que os conquistadores fossem finalmente subjugados e expulsos. Entre 455 e 582, os saxões fundaram os sete ou oito reinos que compunham a Heptarquia (ou Octarquia), como afirma o Sr. Turner.** O reino de Kent foi o primeiro, fundado por Hengist. Os outros foram os reinos de Sussex, Wessex, Essex, Nortúmbria (ou Bernícia e Deira), Ânglia Oriental e Mércia. Essa divisão continuou até o ano 800. Naquela época, Egberto, rei de Wessex, tentou subjugar os outros reinos e conseguiu juntar cinco deles sob seu controle; mas, embora sendo reinos

---

[2] Guardião da costa saxã.
* Nennius, cap. 31.
** *History of the Anglo-Saxons*, vol. i. p. 320.

subordinados, Nortúmbria e Mércia continuaram separados até o fim do século IX.

Foi nesse período que os dinamarqueses e os normandos chegaram à Inglaterra. Há muito eles lutavam com os saxões pela posse do país, e, com a acessão de Alfredo, os últimos recém-chegados controlaram quase todo o território. O leitor deve estar familiarizado com a história desse monarca, o maior dos reis ingleses. Nos pântanos em que ele foi obrigado a se refugiar da perseguição de seus inimigos, formulou os planos para libertar seu país. Disfarçado de menestrel, entrou no acampamento dinamarquês com o objetivo de averiguar o poder de suas forças; e finalmente reconquistou seu reino após uma luta de longa duração. Restaurado assim a seu trono, Alfredo lançou a base das instituições inglesas, ou melhor, organizou-as e lhes deu autoridade. Por isso, costuma-se atribuir a ele a origem dessas instituições. Além disso, seu reino é conhecido pelo desenvolvimento da legislação inglesa. Alfredo é um exemplo glorioso de uma verdade exemplificada, posteriormente, por Gustavo Vasa e Henrique IV da França. Ou seja, que os grandes príncipes são aqueles que, embora herdando o trono, são, mesmo assim, obrigados a conquistá-lo. Deste modo, ao direito reconhecido unem uma prova ampla de seu mérito. Viveram também como indivíduos comuns em meio a seu povo e com isso se tornaram homens e reis melhores.

Após a morte de Alfredo, os dinamarqueses, cujas conquistas haviam sido adiadas graças às vitórias daquele príncipe, apoderaram-se da Inglaterra. Apossando-se do trono, Canuto, o Grande reinou com moderação e não mudou as leis do país. Essa sabedoria por parte do conquistador diminuiu a animosidade dos vencidos.

Dinamarqueses e saxões deram-se tão bem que, pouco tempo após a morte de Canuto, o Grande, a antiga dinastia subiu de novo ao trono. Eduardo, o Confessor reuniu as antigas leis saxãs e por isso ainda é respeitado na Inglaterra como legislador nacional. Mas a coleção de leis que hoje existe sob seu nome não foi feita por ele; a que ele organizou infelizmente se perdeu.

Durante o reino de Eduardo, o Confessor, ocorreu um fato que demonstrou claramente o poder de alguns dos nobres que, na prática, mesmo que não por direito, eram rivais do monarca. Para que ascendesse ao trono, Eduardo teve que obter a permissão do poderoso conde de Godwin, cuja filha foi obrigado a desposar. Após a morte de Eduardo, seu filho Haroldo o sucedeu e logrou expandir a autoridade do monarca. A influência de Haroldo espalhou-se por todo o reino, e ele mal esperou a morte do rei para apoderar-se da coroa. Quando Eduardo morreu, Haroldo naturalmente sucedeu-o no trono. Ninguém na Inglaterra contestou essa usurpação. Mas Guilherme, o Bastardo, duque da Normandia, um de seus parentes distantes, alegou que Eduardo lhe deixara o trono em seu testamento. Atravessando o oceano para garantir seus supostos direitos, em 14 de outubro de 1066 lutou contra Haroldo na batalha de Hastings. Haroldo morreu no campo de batalha. Guilherme, o Conquistador então introduziu na Inglaterra as instituições feudais que estavam em vigor na Normandia. As relações recíprocas entre as pessoas poderiam ter levado ao estabelecimento desse sistema na Inglaterra e preparado o caminho para ele; mas a subordinação jurídica e hierárquica da terra não se enraizara firmemente naquele país. A conquista de Guilherme da Normandia interrompeu o curso natural das antigas instituições anglo-saxãs que se misturaram a elementos estrangeiros que já haviam sido desenvolvidos entre os normandos graças à posição que esses haviam ocupado na Gália, em meio às cidades romanas e à população romana. Veremos a seguir a influência decisiva que essa circunstância exerceu sobre o desenvolvimento político da Inglaterra.

Palestra 3

Tema da palestra. — Conhecimento da situação das pessoas necessário para um estudo adequado das instituições. — Diferença essencial entre sociedades da antiguidade e sociedades modernas, com relação à classificação das condições sociais. — Situação da população entre os anglo-saxões. — Nobres e vilões. — Instituições centrais e locais. — Predominância das últimas entre os anglo-saxões. — Causa para isso.

Em minha palestra anterior, fiz um esboço geral da decadência do Império Romano e da evolução das invasões bárbaras; e enumerei os eventos principais da história dos anglo-saxões na Inglaterra. Volto-me, agora, para suas instituições, que são o tema desta palestra.

Quando estamos a ponto de falar sobre as instituições de um país em um período determinado, precisamos primeiro entender qual era a situação das pessoas naquele país, naquele período. Pois as palavras são muito enganosas. A história, ao falar da nação inglesa ou da nação espanhola, inclui sob esse nome todos os indivíduos que habitam aquele país; mas quando examinamos a situação verdadeira daquele caso, descobrimos rapidamente que aqueles fatos que a história atribui ao país inteiro na verdade pertencem apenas a uma pequena parte de seus habitantes. É obra da civilização criar, de tempos em tempos, um número maior de homens para que esses participem ativamente dos grandes eventos que agitam a sociedade a que pertencem. À medida que avança, a civilização atinge novas classes de indivíduos e lhes dá um lugar na história. Dessa forma, as várias condições da sociedade não tendem para o caos, e sim para a organização — sob formas diferentes e em graus também diferentes — naquela região superior da sociedade que faz a história.

A primeira questão a ser resolvida, portanto, é a da situação das pessoas; devemos entender exatamente quais são as classes que realmente figuram na história. Logo surgirá uma outra questão: quais são as instituições que orientam a atuação daquela nação política e que, por si sós, fornecem o tema para a história?[1]

Quando dirigimos a primeira pergunta à antiguidade, encontramos, como na Europa moderna, uma classificação ampla: homens livres e escravos. Mas há uma diferença: na antiguidade, a escravidão permanecia estática e imutável. Sua imutabilidade nesse particular era uma das características principais da civilização antiga. Os indivíduos eram emancipados; mas a grande massa de escravos continuava na servidão, para sempre condenados à não-existência social. Na Europa moderna, as condições sociais estiveram em

---

[1] As idéias de Guizot sobre o relacionamento entre a ordem social e a ordem política tiveram uma profunda influência em Tocqueville. Guizot enfatizou o papel dos "hábitos do coração" — hábitos, costumes e leis —, assim como seu impacto no desenvolvimento das instituições políticas. O argumento seminal de Guizot é que é necessário primeiro estudar a sociedade, sua composição, costumes e as relações entre as várias classes e tipos de propriedades, a fim de entender a natureza das instituições políticas. Ele abordou também o mesmo tema em seu *Essays on the History of France*, publicado originalmente em 1823.

um estado de flutuação perpétua; enquanto um grande número de pessoas caía na escravidão, outras saíam dela; e essa alternância de liberdade e servidão é um fato importante e novo na história da civilização.

Qual era a condição das pessoas entre os anglo-saxões? Aqui, como em outros lugares, a princípio percebemos as duas grandes divisões de homens livres e escravos. Os homens livres, que são os únicos elementos ativos da história, estavam divididos em duas classes, *thanes* e *ceorls*. Os *thanes* eram os donos da terra, que estava totalmente à sua disposição: daí a origem do chamado domínio absoluto. Os *ceorls*, embora livres, não possuíam nenhuma propriedade territorial. Por sua vez, os *thanes* eram subdivididos em duas classes: os *thanes* reais e os *thanes* inferiores. Essa distinção não é meramente um fato histórico, as leis reconhecem as duas categorias. O valor pago pela vida de um *thane* real era de 1.200 xelins, enquanto a vida de um *thane* inferior valia apenas seiscentos. Aqui, como em outros estados que surgiram nessa época, a punição era proporcional não só à gravidade da ofensa, mas também à categoria da pessoa ofendida. Ao substituir a retaliação por uma indenização, esses povos deram um passo na direção da justiça social. As primeiras idéias de justiça eram que se infligisse um mal por outro mal, uma ofensa por outra ofensa; mas o cúmulo da perfeição é a decisão da sociedade que, incorporando a razão e o poder supremo, julga as ações dos homens acusados de crimes e os absolve ou condena em nome da Justiça Eterna. No século VI, a sociedade não infligia punições; a vida, como tudo o mais, tinha seu preço; e esse preço era compartilhado pela família do homem morto, o rei e o juiz. A penalidade do crime era somente o preço pago pela renúncia ao direito de vingança que pertencia a todos os homens livres. Indivíduos ofendidos na posse de seus bens ou na vida de seus parentes recebiam do culpado uma quantia fixa.

Indiquei a distinção legal que continuava a existir entre os *thanes* reais e os *thanes* inferiores; mas, quando tentamos descobrir em que consistia a verdadeira diferença de sua condição, descobrimos que era uma diferença muito vaga, relacionada com a época em que viviam como nômades, e não com sua existência como agricultores estabelecidos. Na Alemanha, ou quando deixavam a Alemanha, bandos mais ou menos numerosos uniam-se a algum chefe ou rei específico. Após a conquista de um país, os chefes que estivessem mais próximos ao rei eram os favoritos para se tornarem grandes proprietários rurais. Por pertencerem ao bando real, esses chefes eram chamados de *thanes* do rei. No entanto, nenhuma característica essencial os distinguia dos demais *thanes*, a não ser o fato de que, para ser um *thane* do rei, era preciso possuir quarenta ou cinqüenta *hides* de terra.* Os bispos e abades também eram aceitos nessa classe. Os *thanes* inferiores, embora fossem proprietários, tinham menos terra, mas podiam dispor dela com a mesma liberdade que os *thanes* do rei. Alguns escritores afirmam que os *thanes* do rei eram os nobres e os *thanes* inferiores, simplesmente homens livres. No entanto, um exame cuidadoso das instituições anglo-saxãs provará que não havia essa diferença de posição e de direitos entre as duas classes. É um grande erro esperar encontrar categorias e condições claramente definidas na origem da sociedade. Alguns escritores, no entanto, têm a pretensão de descobrir desde o início aquilo

---

* Um *hide* de terra equivalia a 120 acres (um acre = aproximadamente quatro quilômetros quadrados).

que só o tempo pode introduzir. Não encontramos uma nobreza que constituísse uma condição social superior com privilégios reconhecidos; percebemos apenas as causas que progressivamente iriam dar lugar à nobreza, ou seja, que introduziriam a desigualdade de poder e o império do mais forte. A formação de uma classe de nobres foi resultado do labor de muitas eras. Uma superioridade concreta, transmitida de pai para filhos, gradativamente assumiu a forma e as características de um direito. Quando as sociedades não existem há muito tempo, não encontramos nelas condições sociais tão claramente marcadas, e a família real é a única que pode, com alguma justificativa, ser chamada de nobre. O título da realeza normalmente vem de alguma afiliação religiosa; entre quase todos os povos do norte, na Dinamarca, na Noruega e na Inglaterra, por exemplo, os reis descendiam de Odin; e sua origem divina dava uma alta sanção a seu poder.

Outros escritores afirmam que as relações que existiam entre os *thanes* do rei e os *thanes* inferiores eram de uma natureza diferente, correspondendo, na verdade, às relações feudais entre senhores e vassalos. Os *thanes* do rei, dizem eles, eram vassalos do rei, e os *thanes* inferiores, vassalos dos vassalos do rei. É certo que podemos descobrir, nas relações entre essas duas classes de homens, algumas das características do feudalismo. Mas o feudalismo propriamente dito, tal como foi estabelecido no continente e na Inglaterra após a conquista por Guilherme da Normandia, consistia basicamente na hierarquia simultânea de terras e pessoas. E os rudimentos de feudalismo discerníveis entre os anglo-saxões não eram assim. Naquele momento, a única hierarquia existente entre eles era a de pessoas. Todos os *thanes* possuíam suas terras de uma maneira igualmente livre e independente. Em um período posterior, quando o feudalismo atingiu o pleno desenvolvimento, a hierarquia de terras acompanhou aquela de pessoas, e logo a primeira predominou sobre a segunda. Mas esse resultado só ficou evidente após a conquista normanda. Antes dela, não havia vassalos propriamente ditos, embora a palavra *vassus* tenha ocorrido na biografia do rei Alfredo. As causas que levaram à subordinação das pessoas, independentemente de sua conexão com a terra, são simples e podem ser facilmente imaginadas. Quando os chefes bárbaros entraram no território romano, tinham grande influência sobre seus companheiros, uma influência que tentaram manter após seu estabelecimento no novo território. As leis saxãs, com a intenção de impor algum tipo de ordem nessa sociedade rústica e flutuante, buscaram meios de manter essa hierarquia primitiva e obrigaram todos os homens livres que tivessem atingido a idade de doze anos a se inscreverem em alguma corporação de indivíduos, em grupos de dez ou de cem, ou então a se colocarem sob a proteção de um chefe. Esse laço era tão forte que a pessoa que assumia esse compromisso não podia sair sem a permissão do capitão de sua corporação ou de seu chefe. Nem mesmo um estrangeiro podia permanecer quarenta dias em solo inglês sem se registrar dessa forma. Esse espírito de subordinação, essa obrigação de disciplina, é uma das características principais da legislação anglo-saxã. Todos os reis que, após um longo período de desordens, quiseram reorganizar a sociedade fizeram o possível para restaurar essas leis de policiamento e classificação, fazendo com que fossem cumpridas rigorosamente. Embora elas tenham sido atribuídas ao rei Alfredo, ele apenas as reativou.

FRANÇOIS GUIZOT

A meu ver, então, não há nenhuma justificativa legítima para afirmar que a relação entre os *thanes* do rei e os *thanes* inferiores era uma relação feudal. Era apenas um relacionamento natural que surgiu necessariamente, na origem da sociedade, entre os vários graus de poder e de riqueza. Os pobres e os fracos viviam sob a vigilância e a proteção dos mais ricos e mais poderosos.

Como já observei, os homens livres eram divididos em duas classes: *thanes* e *ceorls*. Falarei, agora, do segundo grupo. Os *ceorls* eram homem livres que viviam nas propriedades dos *thanes* e as cultivavam. Há autores que põem em dúvida a condição de homem livre dos *ceorls*, a meu ver erradamente, por vários motivos: 1º, o valor (composição) da vida de um *ceorl* era de duzentos xelins, e a marca característica de sua liberdade é que uma parte desse valor era paga à família, e não ao proprietário da terra onde ele vivia. No caso dos escravos, por exemplo, o valor de sua vida era sempre pago a seu dono; 2º, nos primeiros tempos da monarquia saxã, os *ceorls* podiam sair da terra que cultivavam sempre que quisessem. Gradativamente, no entanto, foram perdendo essa liberdade; 3º, eles tinham o direito de carregar armas e podiam ir à guerra, enquanto os escravos não possuíam esse direito. Quando o conde de Godwin atacou o rei Eduardo, armou todos os *ceorls* em suas terras; e à época da invasão dinamarquesa os *ceorls* lutaram em defesa de seu país; 4º, podiam também ter propriedades, e quando possuíam cinco *hides* de terra passavam para a classe dos *thanes*; o mesmo ocorria com mercadores que fizessem três viagens a terras estrangeiras. Daí a origem dos pequenos proprietários rurais ingleses. Este tem o domínio pleno da terra e, possuindo uma renda de quarenta xelins que se origine da terra, pode votar nas eleições do condado e ser membro de um júri. Ou seja, um *probus et legalis homo*;[2] 5º, os *ceorls* podiam prestar testemunho, embora, é bem verdade, apenas em questões relacionadas com pessoas de sua própria classe. Os escravos não tinham esse direito; 6º, quase todos os *ceorls* eram saxões. Encontramos em um dos cânones do clero de Nortúmbria que um *ceorl* acusado de um crime precisava trazer como testemunhas 12 *ceorls* e 12 bretões. Os *ceorls*, portanto, eram saxões e distintos dos antigos habitantes do país. É impossível que uma proporção tão grande dos conquistadores tivesse caído tão rapidamente na servidão. Podemos, ao contrário, surpreender-nos por não terem nenhuma propriedade rural em um país que tinham acabado de conquistar. Mas Tácito, com a costumeira honestidade e vigor de sua pena, faz com que nos seja possível entender rapidamente essa circunstância. Nas florestas da Alemanha, os guerreiros bárbaros sempre viviam à volta de seus chefes, que tinham que sugerir e comandar expedições em tempos de atividade e acomodar e sustentar seus homens em tempos de paz. Os mesmos hábitos eram mantidos após a conquista de algum país. A propriedade adquirida não era dividida entre todos os vencedores. Os chefes recebiam uma porção maior ou menor de terra, e seus seguidores se estabeleciam com ele naquela terra. Esses homens, acostumados a uma vida nômade, ainda não davam muito valor à propriedade da terra. Além disso, como ainda eram importunados pelos antigos donos do solo, sentiam que era necessário manter-se juntos e unir-se em defesa própria. Formavam então uma espécie de acampamento ao redor da moradia de seu chefe,

---

[2] Um homem honrado e lícito.

cujas possessões, segundo as leis saxãs antigas, eram divididas em duas partes — *terras internas* e *terras externas* (*inlands* e *outlands*). E é uma clara evidência da grande diferença que existia então entre os *ceorls* e os escravos que só esses últimos cultivavam a terra adjacente ao domicílio do chefe, enquanto os *ceorls*, como conseqüência natural de sua liberdade pessoal, só cultivavam as terras externas. Esse estado de coisas, no entanto, não podia durar muito. Um grande número de *ceorls* passou a ser servo, recebendo o nome de vilões (*villein* ou *villani*), enquanto outros adquiriram terras próprias e se tornaram os vassalos feudais da Inglaterra (*soc-men*).

Resumindo o que dissemos, na condição das pessoas sob a monarquia anglo-saxã percebemos uma divisão ampla entre homens livres e escravos; e, entre os homens livres, outra divisão entre *thanes* e *ceorls*. Por sua vez, os *thanes* eram subdivididos em *thanes* do rei e *thanes* inferiores. Embora os dois grupos tivessem direitos iguais, os *thanes* do rei eram os grandes proprietários de terra e os *thanes* inferiores tinham propriedades menores. Os *ceorls* eram homens livres sem propriedades rurais, pelo menos originalmente. A maior parte deles passa a uma condição de servidão. Com relação aos escravos, nada podemos dizer a não ser que eram muito numerosos e dividiam-se em serviçais domésticos e servos rurais ou servos da gleba. Os antigos habitantes do país não passaram à condição de servos; alguns deles mantinham suas propriedades, e uma lei do rei Ina autorizou-os a se apresentarem nos tribunais de justiça. Se possuíssem cinco *hides* de terra, podiam até passar para a classe dos *thanes*.

Para bem da verdade, apenas os *thanes* desempenharam um papel importante na história.

Passando agora para as instituições que coordenavam e governavam essas várias classes, vemos que eram de dois tipos: instituições centrais, totalmente nas mãos dos *thanes* e cujo objetivo era garantir a interferência da nação em seu próprio governo; e instituições locais, que regulavam os interesses e garantias locais que se aplicavam igualmente a todas as classes da comunidade.

Na origem da sociedade anglo-saxã, não existiam outras instituições a não ser as locais. Nessas estavam contidas as garantias mais importantes para homens cuja vida nunca ultrapassava os limites de seus cultivos. Em épocas assim, os homens ainda não conhecem a grande vida social; e como a esfera de ação das instituições sempre corresponde à esfera de ação dos negócios e relações a que se referem, segue-se que, quando as relações são limitadas, as instituições também o são. Elas continuam a ser locais porque todos os interesses são locais; existem poucos — se é que existe algum — impostos gerais e negócios de interesse público; os reis vivem, como seus súditos, da renda oriunda de suas propriedades rurais. Os proprietários pouco se importam com o que está ocorrendo fora dali. A idéia de grandes agências públicas que regulam os negócios de todos os homens não pertence à origem das sociedades. Gradativamente, em meio ao caos da sociedade que surge, vão se formando pequenas agregações que sentem a necessidade de aliar-se e unir-se. Entre elas, estabelecem então uma administração da justiça, uma milícia pública, um sistema de tributação e um de policiamento. Logo a desigualdade de forças aparece entre agregações vizinhas. O forte tende a subjugar o fraco e a usurpar, a princípio, os direitos de tributação e de serviço militar. Assim, a autoridade política abandona as agregações que originalmente a instituíram e ganha maior abrangência. Esse sistema de centralização nem sempre é imposto pela força; às vezes tem uma causa mais legítima. Em tempos de dificuldade, aparece um homem superior que faz com que sua influência seja sentida na sociedade a que pertence. Quando é atacada, a sociedade confia a ele sua defesa. As sociedades vizinhas seguem o exemplo daquela primeira; logo os poderes que foram concedidos durante a guerra continuam em tempo de paz e permanecem concentrados em uma única mão. Esse poder vitorioso mantém o direito de tributar os homens e as rendas. Esses são os primeiros direitos que o movimento de centralização rouba das pequenas sociedades locais. Elas retêm por algum tempo mais os direitos de administrar a justiça e de estabelecer os regulamentos policiais. É possível até que os retenham por muito tempo, e a Inglaterra nos oferece muitos exemplos disso.

A preponderância das instituições locais pertence à infância das sociedades.[3] A civilização busca, incessantemente, elevar o poder

---

[3] Guizot enfatizou a importância das instituições locais como salvaguardas da liberdade individual e argumentou que sem as instituições locais (municipais) não pode haver liberdades. Além disso, ele achava que a predominância da forma e do espírito municipais era o legado mais importante da antiga civilização romana, e chegou ao ponto de elogiar o forte sentido que os bárbaros tinham de independência individual (para uma discussão mais extensa desse tema, veja *HOGR*, pp. 319-26). Apesar disso, Guizot argumentou que, na infância da civilização européia, quando o princípio de individualidade reinava supremo, as assembléias e instituições locais não continham o princípio verdadeiro de governo representativo porque eram baseadas no princípio de direito individual. Na visão de Guizot, o progresso da civilização também implicou uma tendência para a centralização; é importante observar que a tensão entre centralização e descentralização era um tema importante nos escritos de Guizot.

ainda mais alto; pois o poder, quando exercido de uma distância maior, geralmente é mais desinteressado e mais capaz de ter a justiça e a razão como únicos guias. No entanto, também ocorre com freqüência que, ao se elevar, o poder esquece sua origem e seu destino final; esquece que foi fundado para manter todos os direitos e respeitar todas as liberdades; e, ao não encontrar obstáculos por parte da energia das liberdades locais, ele se transforma em despotismo. Esse resultado, porém, não é necessário e fatal; a sociedade, embora trabalhando para a centralização da autoridade, pode reter, ou obter outra vez em um período posterior, certos princípios de liberdade. Quando as instituições centrais obtêm uma prevalência por demais absoluta, a sociedade começa a perceber os defeitos inerentes em um edifício que está se desprendendo, por assim dizer, do solo onde está situado. A sociedade, então, constrói sobre si mesma o oposto daquilo que construiu antes; olha estritamente para os interesses privados e locais de que se compõe e aprecia, como deveria, suas necessidades e direitos; e mandando de volta para as várias localidades as autoridades que haviam sido extraídas delas, faz uma distribuição apropriada do poder. Quando estudamos as instituições da França, temos em nossas mãos o exemplo maior e mais claro dessa história dupla. Perceberemos a grande sociedade francesa sendo formada por uma variedade de pequenas agregações e tendendo incessantemente à concentração dos vários poderes nela contidos. Uma grande revolução destruiu quase que totalmente todos os vestígios de nossas antigas instituições locais e levou à centralização de todo o poder. Agora sofremos pelos excessos desse sistema; e tendo voltado aos sentimentos justos de liberdade prática, estamos desejosos de restaurar nas localidades a vida da qual elas foram privadas e de ressuscitar as instituições locais com a concordância e pela ação do próprio poder central. Grandes oscilações como essas constituem a vida social da humanidade e a história da civilização.

Palestra 4

Instituições locais entre os anglo-saxões. — Divisões de território; sua origem e objetivo duplo. — Policiamento interno dessas associações locais. — A importância das cortes dos condados: sua composição e características. — Origem complexa do Júri. — Instituições centrais dos anglo-saxões. — A Wittenagemot: sua composição e o princípio no qual se baseia. — Preponderância crescente dos grandes proprietários rurais na monarquia anglo-saxã.

Em minha palestra anterior, indiquei os motivos pelos quais as instituições locais eram especialmente importantes no período de desenvolvimento da civilização que agora é alvo de nossa atenção. Prossigo agora examinando essas instituições.

Elas eram de dois tipos: o primeiro ligava o homem a um superior, estabelecia certo direito de um homem sobre outro e uma preeminência e subordinação pessoais que eram a fonte de deveres mútuos. No continente, essa hierarquia de pessoas passou a ser o primeiro princípio do feudalismo, que talvez só tivesse atingido um desenvolvimento muito imperfeito na Inglaterra se Guilherme, o Conquistador não o tivesse transplantado para aquele país em seu estado completo. O outro tipo de instituição local estabelecia as ligações entre homens da mesma categoria, regulava suas relações mútuas e definia seus direitos e deveres recíprocos. O primeiro tipo marcava um relacionamento de proteção e dependência; o segundo convocava todos os habitantes do mesmo território que possuíam os mesmos direitos e as mesmas obrigações a deliberarem juntos sobre assuntos de seu interesse comum. Essas eram predominantemente as instituições dos anglo-saxões. O feudalismo normando não conseguiu aboli-las totalmente.

Nesse período, a Inglaterra estava dividida em dízimos, centos e condados. Essa divisão foi atribuída ao rei Alfredo, que parece ter sido o fundador de toda a legislação daquela época, já que toda ela parece se originar, em uma forma estabelecida e precisa, de seu reino. Mas a verdade é que ela já existia, e Alfredo apenas organizou-a em um código escrito. Portanto, ele tampouco foi o autor dessa divisão de território que parece ter tido como base uma partição eclesiástica do país. Após seu estabelecimento na Grã-Bretanha, os saxões não a dividiram em porções determinadas sistematicamente. Ao contrário, adotaram aquilo que já encontraram estabelecido. As porções de território que estavam sob a direção do *decanus*,[1] do *decanus ruralis*[2] e do bispo formavam respectivamente o dízimo, o cento e o condado. Não devemos supor, no entanto, que esses nomes correspondam exatamente à realidade. Os dízimos e os centos não eram iguais em termos de extensão e do número de habitantes. Havia 65 centos em Sussex, 26 em Yorkshire e seis em Lancashire. No norte da Inglaterra, os centos eram chamados de *wapentakes*.* Aqui

---

[1] Chefe.
[2] Chefe da terra *centuriada*.
* De *wapen*, *weapons* (armas), e *tac*, um toque, i.e., uma sacudidela ou pancada com as armas; ou das mesmas *wapen* e *tac*, a tomada ou recebimento das armas

François Guizot

a divisão eclesiástica cessa e prevalece a circunscrição militar, que ainda subsiste em alguns condados. Uma circunscrição análoga continuou até os dias atuais nos Grisons, na Suíça.

Essas divisões do solo tinham um objetivo duplo. Por um lado, constituíam o meio mais seguro de garantir a ordem e a disciplina; por outro, proporcionavam aos habitantes o método mais conveniente para seus negócios públicos comuns.

Por uma regulamentação policial que já mencionei, todos os indivíduos livres acima de 12 anos de idade tinham a obrigação de registrar-se como membro de uma determinada associação que ele não podia abandonar sem a permissão do chefe. Um estranho não podia ficar mais de dois dias com um amigo, a não ser que seu anfitrião servisse de garantia para ele, e mesmo assim, no fim de quarenta dias, estava obrigado a se colocar sob a vigilância de alguma associação. É extraordinário que os detalhes dessas leis de classificação e subordinação fossem quase os mesmos em todas as partes do Império Romano ocupadas pelos bárbaros: na Gália, na Espanha e na própria Inglaterra. Quando um dos membros de uma associação especial cometia um crime, a associação era obrigada a levá-lo a julgamento. Esse ponto provoca muita polêmica entre os homens eruditos. Alguns afirmam que a associação servia de garantia para seus membros, não só com relação à sua presença no tribunal de justiça como também com relação ao crime que eles supostamente tinham cometido. A meu ver, as associações anglo-saxãs só estavam obrigadas a levar o culpado a julgamento. Se ele

---

de um vassalo por um novo senhor em sinal de sujeição; ou porque o povo, em confirmação da união, toca a arma de seu senhor. Veja Blackstone, Introdução, seç. 4, e Holinshed, vol. v. p. 37.

fugisse, a associação tinha que provar, às vezes com doze, outras com trinta testemunhas, que ela nada sabia sobre seu paradeiro; e só era multada quando não conseguisse apresentar testemunhas para provar que não o tinha ajudado a fugir. Essa obrigação de todas as corporações locais, de pagar por seus membros culpados ou ausentes, existia também na Gália nessa época. A corporação gaulesa era, além disso, responsável pela execução da sentença: acho que o mesmo não ocorria na Inglaterra, onde ela só tinha a responsabilidade de levar o culpado a julgamento.

O segundo objetivo dessa divisão da terra era nomear centros de união, onde os habitantes pudessem discutir assuntos de interesse comum. Em todos os condados e em cada subdivisão de um condado, os proprietários das terras realizavam reuniões em que deliberavam sobre os assuntos da associação local a que pertenciam. Originalmente, portanto, não só havia tribunais dos condados, mas também tribunais dos centos e dos décimos, e todos se reuniam com freqüência. Pouco a pouco, como a tendência do círculo de interesses dessas pequenas associações era aumentar continuamente, os tribunais dos décimos caíram em desuso. Os tribunais dos centos sobreviveram por um período mais longo, e até hoje existem vestígios de sua existência. Os saxões, no entanto, dispersaram-se pelo país e, ocupados com suas atividades bélicas e agrícolas, gradativamente perderam o hábito de assistir a essas reuniões. Não tendo praticamente quaisquer direitos para defender e só raramente sendo incomodados em seus domicílios, viviam sem ansiedade por uma liberdade que nunca foi questionada. A garantia principal da liberdade dos indivíduos à época era seu isolamento. Aquela vigilância ativa necessária, quando o governo exerce uma influência direta e freqüente sobre aqueles a quem governa, teria sido uma sobrecarga inútil e cansativa para eles. Cabia aos reis obrigá-los, por assim dizer, a manter suas instituições antigas. Athelstane ordenou que os tribunais dos condados se reunissem uma vez a cada três meses. Mesmo assim, poucas pessoas participavam, e foi necessário ser ainda mais tolerante. Permitiu-se que os tribunais dos condados se reunissem só duas vezes ao ano. Todos os proprietários de terra tinham direito a participar dessas reuniões. Nelas eram discutidos temas como a administração interna do condado, a manutenção de estradas e pontes e dos fortes que os romanos haviam construído para defender o país contra as invasões dos pictos e dos escotos e que ainda eram usadas com o mesmo objetivo. Todos os negócios públicos eram negociados no tribunal do condado sob a presidência do *regedor*. Nessas reuniões, recrutavam-se forças militares, administrava-se a justiça e tratava-se de assuntos eclesiásticos. Todos os atos públicos — vendas, alforrias, testamentos — eram realizados na presença do tribunal, e a publicidade da assembléia dava um caráter autêntico a esses atos. Todos os atos, no entanto, eram autenticados por um número determinado de testemunhas, e posteriormente os documentos eram transcritos e intercalados na Bíblia da paróquia.

Nessas reuniões, também, é possível discernir a origem do *Júri*. Quando havia um julgamento a ser decidido, o regedor mandava um número de homens livres que pertencessem à mesma classe que a das partes rivais para o lugar onde a disputa tinha ocorrido, a fim de verificar os fatos do caso. Chamados de *assessores*, esses homens automaticamente passavam a ser juízes do caso que tinham investigado quando regressavam ao tribunal com a informação necessária. As partes rivais defendiam sua própria causa publicamente e eram obrigadas a provar seu direito por meio de testemunhas, os *compurgatores*. Uma questão polêmica é saber se a origem da instituição do júri foram essas testemunhas ou os assessores. Como o estabelecimento de uma grande instituição sempre tem uma base complexa, a meu ver o júri não foi o produto de nenhum dos dois grupos individualmente e sim de uma combinação de ambos. É possível que, até certo ponto, o júri tenha começado a existir espontaneamente como resultado do amálgama dos vários tipos de pessoas que se juntavam para investigar e tomar decisões sobre um caso. Sob a monarquia anglo-saxã, ele não era uma instituição muito claramente definida. Tampouco era praticado universalmente, e suas regras eram infringidas com freqüência; e Alfredo, que foi o restaurador das antigas instituições do país, mandou enforcar um regedor que promulgou uma sentença sem a cooperação de seus assessores.

Os presidentes dessas várias subdivisões territoriais, ou seja, dos tribunais dos condados, dos centos e dos décimos, eram, a princípio, eleitos pelos proprietários de terra. Não creio que a escolha fosse feita por votos individuais. É mais provável que houvesse um consentimento tácito, graças à influência pessoal de alguns homens. Às vezes, no entanto, para reparar desordens que duravam há muito tempo e destruir as conseqüências maléficas dessa influência, a autoridade central interferia na nomeação desses magistrados. Quando Alfredo venceu os dinamarqueses, seu desejo era reformar os abusos que os problemas da guerra tinham introduzido na administração da justiça; assumiu, então, o direito de escolher os *centenarii*[3] e os

---

[3] Homens encarregados de um cento.

François Guizot

homens do décimo, e em vez de considerar essa novidade uma usurpação dos direitos da nação, os historiadores contemporâneos elogiaram o monarca por ter dado ao povo magistrados tão bons. O conflito sistemático dos governantes com os governados ainda não havia começado; os limites de seus direitos e deveres respectivos ainda não estavam estabelecidos nem eram reconhecidos, e como o poder ainda não era exagerado em suas cobranças, o povo não sentia que seus direitos estavam sendo atacados; a necessidade, ou a utilidade temporária, eram os testes que decidiam o valor de uma medida. Não vemos os reis que sucederam Alfredo manterem esse direito de nomeação. Sob Eduardo, o Confessor, os magistrados dos condados eram escolhidos pelos proprietários de terra. A conquista de Guilherme, o Normando destruiu, em grande medida, esses costumes liberais. O regedor, o centenário e o homem do décimo desapareceram diante dos senhores feudais, ou eles próprios se tornaram senhores feudais. As assembléias de homens livres, no entanto, ainda mantiveram o direito de nomear seus respectivos funcionários. O xerife substituiu o regedor, o centenário emergiu como alto condestável e o subcondestável ocupou o lugar do homem do décimo. Esses eram os funcionários do povo – os funcionários municipais.

Esse é o sumário das instituições locais que, sob a monarquia anglo-saxã, mantinham a ordem interna do Estado e eram os garantidores da liberdade pública. E essas instituições eram tão fortes que o feudalismo não pôde destruí-las, e elas vieram a produzir, em um período posterior, o governo representativo na Inglaterra, embora não contivessem, como vocês verão a seguir, o verdadeiro princípio do governo representativo.

Passemos agora às instituições centrais. Dessas, havia duas entre os anglo-saxões: a assembléia nacional e o gabinete real.

Tácito descreveu as assembléias gerais dos antigos germânicos. Naquelas reuniões, nada era decidido sem o consentimento de todos os homens livres. Cada indivíduo possuía e exercia seus direitos e influência pessoais. A influência dos chefes era imensa. Líderes de seus homens na guerra, eles se tornavam, quando a conquista estava terminada, os principais, ou na verdade quase os únicos, proprietários da terra, e assim mantinham entre si, embora os demais não fossem legalmente excluídos, a prática de formar assembléias nacionais. Cada reino da Heptarquia saxã tinha sua própria assembléia, e é provável que os *thanes*, ou donos da terra, garantissem a adoção e a execução das resoluções dessa assembléia pelos *ceorls* que viviam em suas propriedades. Quando a Heptarquia foi unida para formar um único reino, criou-se, também, uma única assembléia nacional, cujas reuniões eram realizadas em uma localidade central, a uma grande distância de muitas partes do reino, e os grandes proprietários eram as únicas pessoas que podiam participar delas regularmente. Essa assembléia era chamada *Wittenagemot*, ou a assembléia dos homens sábios. Pelos documentos históricos, sabemos que a *Wittenagemot* era composta de bispos, abades, abadessas, duques e condes; mas também encontramos as palavras a seguir, cuja imprecisão fez com que surgissem várias explicações distintas para seu sentido: "essa decisão foi tomada *coram proceribus aliorumque fidelium infinita multitudine*".[4] Alguns

---

[4] Diante dos homens mais importantes e da grande multidão de outros confidentes.

homens cultos, defensores do poder absoluto, inferiram, por essa frase, que o poder absoluto existia desde a origem da sociedade e afirmaram que o próprio nome da assembléia, *Wittenagemot*, era suficiente para demonstrar que ela era composta unicamente pelos juízes e delegados do soberano. Outros escritores, defensores ardorosos dos direitos do povo, mantêm a opinião de que essa multidão de pessoas presentes eram os representantes dos vários condados e burgos. A meu ver as duas visões são falsas. Quanto à primeira, é evidente que não havia nenhuma classe de juízes nesse período; os funcionários públicos não eram classificados então como são agora, e a expressão *homens sábios* poderia igualmente ser aplicada àqueles cuja condição os elevava um pouco acima do "rebanho comum". Com relação ao segundo sistema, devo dizer que não existia um conceito de representação naquela época. Quem tivesse o direito de participar da assembléia ia lá, em pessoa. Representantes não eram permitidos. Ninguém tinha a permissão de entrar na assembléia em outro nome que não o seu próprio. Quando formos examinar os princípios do governo representativo, veremos que a formação das antigas assembléias germânicas tinha como base os princípios de direito individual e da soberania da multidão – e o governo representativo não é oriundo desses princípios. Além disso, nessa época as cidades estavam em uma condição tão miserável que lhes era impossível nomear representantes. York, a segunda cidade da Inglaterra, tinha 1.418 famílias e Bath, 64. Uma lei do rei Athelstane declara que ninguém entrava, ou poderia entrar, na assembléia, a não ser por conta própria; todos os proprietários que possuam cinco *hides* de terra, diz a lei, e todos os mercadores que tenham feito três viagens a países estrangeiros serão considerados *thanes* e, como tais, aceitos na *Wittenagemot*. A desigualdade de condições, no entanto, continuava a aumentar. As assembléias nacionais em que, originalmente, os homens livres tinham direito de se sentar, como vimos, logo ficaram restritas aos proprietários da terra. Pouco a pouco, à medida que o poder se centralizou e as influências predominantes ganharam maior força, os pequenos proprietários deixaram de usar um direito que para eles havia perdido todo o valor, e os grandes proprietários continuaram a ser os donos incontestáveis do campo. A desproporção entre as duas classes era tão grande que qualquer contestação era impossível. Como cada homem participava da assembléia em seu próprio nome, cada um deles trazia consigo sua influência pessoal e seus interesses privados. A assembléia geral passou a ser uma arena para disputas individuais. Essa foi a conseqüência necessária de um princípio que, ao convocar todas as pessoas a exercer o mesmo direito, colocou as desigualdades em uma posição que era mais favorável para o desenvolvimento do poder e do egoísmo daquelas pessoas. Seria a operação de um princípio totalmente diferente buscar entre as massas as pessoas mais adequadas para representá-las, enviar esses indivíduos para a assembléia geral para garantir a segurança de todos os direitos em nome da justiça e assim, criando uma igualdade artificial, mas justa, entre seus representantes que lhes deixasse apenas a influência legítima de seus talentos e personalidade, evitar as más conseqüências que resultam sempre da desigualdade natural ou social da humanidade. Mas para fundar um governo assim é preciso tempo. As nações, em sua infância, não podem possuí-lo.

FRANÇOIS GUIZOT

A monarquia anglo-saxã foi um conflito contínuo de interesses individuais que foram levados para a *Wittenagemot*, bem como para outros lugares, e sua tendência geral era aumentar continuamente a preponderância da grande propriedade rural.[5]

---

[5] Essa é a primeira referência aos "verdadeiros" princípios do governo representativo, um tema a que Guizot retorna com freqüência neste livro. Para ele, a representação não era um mecanismo para coletar as vontades individuais e sim um processo pelo qual os fragmentos da razão disseminados na sociedade são coletados e trazidos (através das eleições e da publicidade) para formar o governo da sociedade. Essa passagem também dá ênfase à centralidade da capacidade política da definição de governo representativo de Guizot (o poder deve ser concedido aos cidadãos "mais capazes"). Para mais detalhes sobre essa questão, veja *HOGR*, pp. 144-47, 438-40, 554-58, 644-47.

Palestra 5

A Wittenagemot: *suas funções e poder.* — *Método de convocação.* — *Dificuldades de sua natureza e importância.* — *A função do rei entre os anglo-saxões.* — *Expansão e progresso do poder real.*

Já examinamos a origem e a composição da *Wittenagemot*, a assembléia geral dos anglo-saxões. Agora, nos resta falar de suas características e método de convocação.

Na infância da sociedade, tudo é confuso e incerto, e ainda não há uma linha de demarcação fixa e precisa entre os vários poderes no estado. Vemos, assim, que as características da *Wittenagemot* eram bastante indefinidas. Não havia uma fronteira estabelecida, em que o poder da assembléia terminasse e o da monarquia começasse e os dois poderes se unissem para levar a cabo todos os negócios da nação. Portanto, para que possamos investigar a parte que realmente era desempenhada pela *Wittenagemot* nessa tarefa, devemos perguntar à história quais eram suas características reais.

A defesa do reino era a função principal das assembléias nacionais. Não devemos supor que a obrigação de serviço militar só seja coetâneo com o feudalismo. Independentemente de todos os laços feudais, era uma obrigação imposta a todos os homens livres da nação, assim como nos dias atuais todos os cidadãos franceses são obrigados a se apresentar quando convocados. A *Wittenagemot* ordenava que os proprietários das terras fizessem o recrutamento, e esses convocavam todos os homens livres residentes em suas propriedades.

Embora à época ainda não existissem impostos públicos, os poucos que havia eram gerados pela *Wittenagemot*. Na verdade, os primeiros impostos foram arrecadados como conseqüência da invasão dinamarquesa, e a lei que os impôs declara expressamente que teve a aprovação de todos os membros presentes na *Wittenagemot*.

Os tribunais do condado, como vimos, ficavam responsáveis pela manutenção das vias públicas, pontes e fortes. Através dos registros das deliberações da assembléia nacional anglo-saxã, percebemos que esses assuntos também eram de sua competência.

Como o direito de cunhar moedas não pertencia exclusivamente ao rei e era concedido também à Igreja e a muitos súditos poderosos, a *Wittenagemot* tinha a função de supervisionar essa questão e evitar a adulteração da cunhagem.

Vemo-la também ratificando ou anulando os atos dos tribunais dos condados que não se referiam a assuntos privados e sim a assuntos de importância geral.

O princípio da responsabilidade dos agentes do poder não estava mais clara e firmemente estabelecido na monarquia anglo-saxã que os outros grandes princípios do governo livre; mas, apesar disso, era praticado de uma maneira confusa. Um sentimento vago de justiça permeava as assembléias nacionais: elas reprimiam abusos, mas com freqüência puniam a injustiça com mais injustiça.

Na Inglaterra, a *Wittenagemot* tinha um poder ligeiramente diferente daquele exercido pelas assembléias correspondentes no continente: ela tinha a supervisão da propriedade real. Originalmente, os reis viviam, como os outros proprietários da terra, da renda advinda de suas propriedades particulares. Sua propriedade era um domínio privado que administravam como queriam. Com o passar do tempo, esse domínio aumentou muito por meio de confiscos; mas os reis, obrigados a defender sua autoridade cambaleante dos ataques freqüentes a que era submetida, foram diminuindo suas propriedades constantemente por meio de concessões a chefes poderosos ou temíveis. Com freqüência, também, quando eram fortes, tomavam de volta os presentes que a necessidade extorquira deles. A pouca confiança nessas doações puramente reais, a não ser que tivessem sido ratificadas pela aprovação da assembléia nacional; e o conhecimento de que, se o rei permitisse essas dilapidações forçadas de seus territórios, a *Wittenagemot* teria que repará-las um belo dia e recompensar o monarca pela perda de suas propriedades privadas — foram as razões que levaram à interferência da assembléia geral na administração da propriedade real. Na França, esse território não estava sob a influência das assembléias nacionais, e permaneceu por muito mais tempo como propriedade privada dos reis.

Uma das características mais importantes da *Wittenagemot* era a direção dos negócios eclesiásticos. Os abades e bispos, e praticamente todo o alto clero, eram membros da assembléia. Na França, embora o clero formasse uma parte das assembléias nacionais, seus membros normalmente cuidavam de seus próprios assuntos como um órgão separado e se comunicavam diretamente com o rei. Na Inglaterra, os assuntos eclesiásticos, como qualquer outro assunto, eram discutidos na assembléia geral. Quando, por exemplo, missionários de Roma vieram convidar os reis da Heptarquia a abraçar a religião cristã, eles responderam que deviam primeiro pedir a aprovação da *Wittenagemot*. Na Suécia, o rei, que já havia se convertido, propôs à reunião da Dieta que adotasse o Cristianismo. A Dieta sancionou a nova religião, mas manteve também a crença anterior, e essa prática simultânea das duas religiões durou um tempo considerável. A *Wittenagemot* nem sempre tinha que discutir assuntos tão importantes quanto a conversão da nação; ela nomeava bispos e ordenava ou sancionava a fundação de abadias ou mosteiros.[1]

---

[1] A comparação entre Inglaterra e França é um tema importante em *HOGR*. Em suas *Memoirs*, Guizot explicou: "Ce fut à cette époque que je m'adonnai sérieusement à l'étude de l'Angleterre, de ses institutions et des longues luttes qui les ont fondées. Passionnément épris de l'avenir politique de ma patrie, je voulais savoir avec précision à travers quelles vérités et quelles erreurs, par quels efforts persévérants et quelles transactions prudentes un gran peuple avait réussi à conquérir et à conserver un gouvernement libre" (*Mémoires*, Vol. I, Paris: Michel Lévy Frères, 1870, p. 318). Como Madame de Staël e Benjamin Constant, Guizot queria entender por que a Inglaterra e a França tinham seguido dois modelos de desenvolvimento diferentes e o que tinha possibilitado a consolidação da monarquia constitucional moderada do outro lado do Canal. Na opinião de Guizot, a coisa mais importante era examinar as relações e alianças entre o monarca, os nobres e o povo nos dois países. Na Inglaterra, o rei não podia, como na França, fazer uso da Câmara dos Comuns para aniquilar os direitos políticos e os privilégios da aristocracia sem colocar em seu lugar novas liberdades. Uma parte da classe feudal se uniu com o povo contra o monarca a fim de defender suas liberdades (Tocqueville desenvolveu essa idéia em *Old Regime and the Revolution*). Guizot admirava a divisão de poderes na Inglaterra, a tradição de autogoverno, a limitação eficaz da soberania e a ausência de poder absoluto; para mais detalhes, veja *HOGR*, pp. 207-208, 429-45, 475-76, 490-92, 699-706, 797-800. Em sua *History of Civilization in France*, Guizot argumentou que "a civilização inglesa foi especialmente orientada para a perfeição social; para a melhoria da condição externa e pública dos homens; para a melhoria não só de sua condição material, mas também de sua condição moral; para a introdução de mais justiça, mais prosperidade

A última função da assembléia nacional anglo-saxã era receber queixas e petições na denúncia de abusos. Tornou-se assim, algumas vezes, um tribunal judicial, adjudicando os recursos dos grandes proprietários. Mas ela raramente aparece nessa função, pois era, sobretudo, uma assembléia política. No continente, a assembléia nacional atuava com freqüência como tribunal judicial.

Tendo indicado as várias funções da *Wittenagemot*, espero agora que o leitor, através dos atos daquela assembléia que descrevi, tenha podido formar uma idéia toleravelmente precisa dela. Quanto à convocação da *Wittenagemot*, as reuniões, a princípio, eram bastante freqüentes, mas, para poupar seus membros que se queixavam do cansaço, elas foram reduzidas a duas por ano, que, como no continente, eram realizadas na primavera e no outono. Um pouco mais tarde, o direito de convocar a *Wittenagemot* passou a ser uma das prerrogativas da coroa. Esse abandono de um privilégio tão importante é bem característico de uma época em que não se conhecia a prudência política, e a desconfiança só se manifestava com raros intervalos e, mesmo assim, por meio de rebeliões. Parecia natural que o rei, o centro direto de todos os interesses e necessidades da nação, devesse convocar a assembléia por razões com as quais ele estava mais familiarizado que qualquer outra pessoa; com sua morte, os grandes proprietários se reuniam es-

---

na sociedade; para o desenvolvimento do direito bem como da felicidade" (cito de François Guizot, *Historical Essays and Lectures*, org. Stanley Mellon, Chicago: University of Chicago Press, 1972, p. 271). Para uma discussão abrangente da imagem da Inglaterra no pensamento político francês do século XIX, veja Pierre Réboul, *Le mythe anglais dans la littérature française sous la Restauration* ('O mito inglês na literatura francesa durante a Restauração') (Lille: Bibliothèque Universitaire, 1962).

pontaneamente para deliberar sobre a mudança da dinastia ou as providências para a sucessão.

Contanto que eles não fossem bandidos conhecidos, a inviolabilidade dos membros da *Wittenagemot* era reconhecida a partir do dia em que eles saíam de casa para ir participar da assembléia até o dia em que voltavam à casa.

Resumindo, a assembléia geral dos anglo-saxões, como a da maioria das nações germânicas, era, na Alemanha, composta por todos os homens livres; após a conquista, consistia unicamente em proprietários da terra; e quase no fim da monarquia só os proprietários mais ricos assistiam a elas. Cada membro participava por conta própria e em seu próprio nome; segundo uma carta régia do rei Athelstane, ele poderia enviar um representante em seu lugar. Esse sinal incontestável de direito individual ainda existe na Inglaterra. Na Câmara dos Pares, todos os pares podem votar por procuração e em seu próprio nome. A Câmara dos Pares inglesa, como existe hoje, originou-se da *Wittenagemot* nessa última fase de sua existência e dos direitos de suserania que o feudalismo normando conferiu ao rei, em detrimento dos grandes barões que obtinham seus títulos diretamente dele. Na *Wittenagemot* do último período da monarquia anglo-saxã, não podemos distinguir nenhum dos dois elementos que vieram a compor a Câmara dos Comuns de um período posterior. As cidades praticamente não existiam e portanto não podiam enviar representantes, e os condados nunca os enviavam. A *Wittenagemot* era, portanto, apenas uma assembléia dos homens poderosos do estado que vinham por conta própria e em seu direito pessoal. A maioria das outras pessoas não se interessava por direitos que eram difíceis de ser exercidos e cuja verdadeira impotência elas pressentiam. Mas ao deixar de exercê-los, elas terminavam por perdê-los; e quando as exigências da liberdade ocorreram, agitando uma parcela mais avançada e menos satisfeita da sociedade, foram necessários esforços renovados para devolver aos cidadãos aqueles direitos que eles haviam permitido que se extinguissem por falta de necessidade e de capacidade.

A segunda das instituições centrais dos anglo-saxões era o gabinete real. Um fato importante distinguiu a formação de todos os estados de origem germânica, qual seja, o rápido estabelecimento da monarquia hereditária — que era a característica predominante dessa instituição naquele período, fosse qual fosse a combinação eletiva que possa ser identificada nela. As causas para isso são simples. Nas tribos bélicas há, pelo menos nas guerras, um único chefe. O homem de maior coragem e experiência diz para seus companheiros: "Venham comigo — eu irei levá-los aonde vocês possam obter muita riqueza em pilhagem"; essa proposta é aceita, e, por consenso geral, ele se torna o líder da expedição. Assim, à origem da sociedade, o poder não é outorgado; aquele que é capaz de fazê-lo assume o poder com o consentimento dos demais. Não há uma eleição propriamente dita, só um reconhecimento da autoridade. O líder que comandou uma ou mais expedições bem-sucedidas torna-se muito importante graças a seu sucesso; sua influência aumenta com o passar do tempo, e sua família herda a influência e o poder que ele adquiriu. Essa família, investida assim de uma superioridade real, adquire também um hábito natural de comandar que os demais logo se acostumam a reconhecer. Entre os germânicos, além disso, a idéia da afiliação religiosa contribuiu fortemente para o estabelecimento da monarquia hereditária. Era quase um dever nacional escolher reis da raça divina; e todas as famílias reais eram descendentes de Odin.²

Assim a monarquia hereditária prevaleceu entre esses povos, mas a escolha entre os membros da família real já existia há muito tempo. Em uma condição social em que os homens ainda eram ignorantes dos meios artificiais que suprem as deficiências da incapacidade real, era indispensavelmente necessário que o rei fosse um homem capaz. O próprio Alfredo, por exemplo, não obteve seu direito ao trono simplesmente pela vontade de seu pai e um acordo com seu irmão. Esse direito baseou-se especialmente na aprovação de todos os grandes proprietários do reino de Wessex. A força às vezes colocava em xeque o direito hereditário. Mas a usurpação do trono estava sempre associada com a idéia da violação de um direito, e os usurpadores invariavelmente lutavam para reparar essa violação casando-se com um membro legítimo daquela linhagem.

Sob a monarquia anglo-saxã, a princípio os reis eram chamados de *Heretogs*, ou líderes de exércitos. Mas é um erro tentar explicar e limitar suas prerrogativas pelo nome que tinham. O poder das armas era tão grande, e todos os outros poderes pareciam tão inferiores e tão submetidos a ele, que tudo era incluído sob o

---

² Na opinião de Guizot, o poder e a excelência (i.e., talento, qualidades e habilidades excepcionais) estavam interligados; o poder havia sempre sido concedido aos "mais bravos e mais corajosos", e nunca tinha sido baseado em um contrato social entre iguais. Observe que Guizot não equiparava força superior a virtude superior; ele apenas afirmava que, em virtude de uma lei natural *sui generis*, os indivíduos que tinham mais iniciativa e coragem sempre conseguiam impor sua vontade e ampliar o controle sobre os outros. Guizot desenvolveu essa idéia em *Des moyens de gouvernment et d'opposition dans l'état actuel de la France* ('Sobre os meios de governo e de oposição nas presentes condições da França') (Paris: Ladvocat, 1821), pp. 163-64.

termo genérico que continha em si mesmo quase todas as idéias de força e de império. Os poderes mais distintos eram compreendidos nessa única denominação, e não devemos supor que os reis se restringiam às funções que esse termo parece indicar. Certamente, os reis anglo-saxões não eram apenas líderes militares; eles faziam toda a administração interna do reino, de acordo com a *Wittenagemot*. Como suas atribuições não eram mais definidas que as da assembléia, eles comandavam todos os negócios da nação. E sua vigilância, sendo perpétua, era mais detalhada e mais ativa. Todos se dirigiam ao rei como autoridade superior e como dono da maior parte da informação sobre os assuntos públicos. Assim, o direito de presidir as assembléias gerais e de propor os temas para deliberação pertencia exclusivamente aos reis.

Por não ser apoiada por uma organização forte e regular, no entanto, a autoridade real foi perdendo o poder à medida que os grandes proprietários aumentavam sua influência e se estabeleciam mais firmemente em seus territórios. Quase no fim da monarquia anglo-saxã, os grandes proprietários, senhores absolutos de suas propriedades, começaram a fazer tudo sozinhos. Cunhavam sua moeda, administravam a justiça e recrutavam soldados. E não devemos imaginar que essa adoção de direitos soberanos por parte dos chefes locais tenha sido considerada pelo povo um ato de iniqüidade e de violência. Ao contrário, era uma necessidade da condição social do país. Assim como a nação já não era capaz de manter e de exercer todas as suas liberdades, a realeza também já não era capaz de exercer todo o poder central.

Palestra 6

O princípio verdadeiro do governo representativo. — Erro ao classificar os governos segundo suas formas externas. — O erro de Montesquieu com relação à origem do sistema representativo. — Correlação necessária entre sociedade e governo e sua formação simultânea. — A hipótese errônea do contrato social de Rousseau. — A natureza da soberania de direito. — Idéias confusas e contraditórias sobre esse tema. — As sociedades, como os indivíduos, têm o direito de ser sujeitadas às leis da justiça e da razão. — Governos devem ser lembrados continuamente de sua obrigação de investigar essas leis e de submeter-se a elas. — Classificação dos governos segundo esse princípio.

P roponho-me a examinar as instituições políticas da Europa moderna em sua tenra infância e buscar o que elas têm em comum com o sistema representativo de governo. Meu objetivo será descobrir se, naquela época, essa forma de governo já havia atingido algum grau de desenvolvimento ou se existia apenas em semente; e também saber em que épocas e em que lugares ela surgiu pela primeira vez e em que circunstâncias prosperou ou fracassou. Acabo de examinar as instituições primitivas dos anglo-saxões. Antes de abandonar nosso exame da Inglaterra, pode ser uma boa idéia comparar essas instituições com o tipo básico de governo representativo a fim de ver o que os dois têm em comum e em que diferem. Mas esse tipo ainda não está em nosso poder. Para encontrá-lo, tenho que voltar ao princípio essencial de governo representativo, às idéias originais das quais ele surgiu; e então irei comparar esse conceito com a idéia fundamental subjacente às instituições anglo-saxãs.

A mente humana é levada, naturalmente, a julgar o caráter das coisas e a classificá-las segundo sua forma exterior; por essa razão, os governos quase invariavelmente foram classificados de acordo com diferenças que de modo algum pertencem a seu caráter inerente. Nos lugares em que não nos foi possível identificar imediatamente aquelas instituições positivas que, segundo nossas noções atuais, representam e garantem a liberdade política, julgamos que nenhum tipo de liberdade poderia existir e que o poder deve ser absoluto. Mas, nas questões humanas, nada existe em um estado simples e puro, e vários elementos se combinam. Assim como alguns traços de poder absoluto podem ser encontrados na base de governos livres, também alguma forma de liberdade existia sob governos que, por toda sua aparência, eram baseados no absolutismo. Nenhuma forma de sociedade é totalmente desprovida de razão e de justiça — pois se toda a razão e toda a justiça fossem retiradas, a sociedade morreria. Podemos, às vezes, ver governos que, aparentemente, têm naturezas opostas, mas que, mesmo assim, produzem os mesmos efeitos. Durante os séculos XVII e XVIII, o governo representativo levou a Inglaterra ao nível máximo de prosperidade moral e material; e a França, no mesmo período, sob uma monarquia absoluta, também aumentou em esplendor, riqueza e erudição. Com isso, não é minha intenção insinuar que as formas de governo não têm importância e que todas produzem resultados da mesma qualidade e valor; quero apenas insinuar que não devemos apreciá-las apenas por uns poucos de seus resultados ou por seus indicadores externos. Para apreciar plenamente um governo, devemos penetrar seus princípios essenciais e constituintes. Então perceberemos que muitos governos que diferem consideravelmente em suas formas, têm como referência os mesmos princípios; e que outros que parecem ser semelhantes em suas formas, são diferentes em aspectos fundamentais. Em todos os lugares onde visivelmente havia eleições e assembléias, achou-se que ali estariam presentes os elementos de um sistema representativo. Montesquieu, examinando o governo representativo na Inglaterra, tentou buscar sua origem nas instituições germânicas. "Esse nobre sistema", disse ele, "originou-se nos bosques". As aparências enganaram Montesquieu, pois ele simplesmente levou em consideração as características exteriores do governo representativo e não seus verdadeiros princípios e suas verdadeiras tendências. O método que classifica governos de acordo com suas características externas é superficial e falso. É o que ocorre quando dizemos que a monarquia é o governo por um indivíduo, a aristocracia, governo por vários indivíduos e a democracia, o governo pelo povo, a soberania de tudo. Essa classificação que é baseada em um único fato específico e em certa forma material que o poder assume, não vai ao âmago dessas questões, ou melhor dito, daquela questão cuja solução determina a natureza e a tendência dos governos. Essa questão é: "Qual é a fonte do poder soberano e qual é o seu limite? De onde ele vem e onde ele cessa?" Na resposta a esta questão está envolvido o princípio real de governo, pois é esse princípio cuja influência, direta ou indireta, latente ou manifesta, dá às sociedades sua inclinação e seu destino.[1]

---

[1] A crítica que Guizot faz da classificação dos governos de Montesquieu deve ser entendida à luz de sua teoria da soberania da razão. Para Guizot, a questão-chave não é quem exerce o poder, mas a fonte e as limitações do poder

Onde devemos procurar esse princípio? É ele apenas um arranjo convencional feito pelo homem? Sua existência é anterior à existência da sociedade?

Os dois fatos — sociedade e governo — implicam, mutuamente, um ao outro; a sociedade sem governo não é mais possível que o governo sem sociedade. A mera idéia de sociedade necessariamente implica a idéia de governo, de lei universal, ou seja, de governo.

Qual é, então, a primeira lei social? Apresso-me a pronunciá-la: é a justiça, a razão, uma regra cuja semente está no peito de cada ser humano. Se o homem só cede diante de uma força superior, então ele não se submete verdadeiramente à lei; para esse homem não há sociedade nem governo. Se, em suas relações com seus semelhantes, o homem obedece não só à força, mas também à lei, então a sociedade e o governo existem. Na rejeição da força e na obediência à lei consiste o princípio fundamental da sociedade e do governo. Na ausência dessas duas condições, não podemos dizer que a sociedade ou o governo existem verdadeiramente.

---

soberano; ele também argumentou que seria um erro concentrar-se nas características externas do governo representativo. O resultado final dessa visão é que não se pode conceder a nenhum indivíduo ou grupo a posse de um direito inerente à soberania. Por essa razão, Guizot propôs uma nova classificação de governos que depende se eles se referem à soberania como um direito aos indivíduos ou à razão, à verdade e à justiça. Somente essas formas de governo que reconhecem a soberania da razão, da verdade e da justiça podem ser consideradas legítimas. Para mais detalhes sobre essa nova classificação proposta por Guizot, veja *HOGR*, pp. 144, 164-66. Na opinião de Guizot, o governo representativo baseia-se na premissa de que a soberania não reside em qualquer pessoa e sim que todos os poderes devem ser direcionados para o cumprimento dos preceitos da razão, da verdade e da justiça.

FRANÇOIS GUIZOT

Essa coexistência necessária da sociedade e do governo mostra como é absurda a hipótese do contrato social. Rousseau nos apresenta um quadro de homens já unidos em uma sociedade, mas sem governo e esforçando-se para criá-lo; como se a própria sociedade não pressupusesse a existência de um governo ao qual deve sua existência. Se não há governo, não há sociedade; há apenas indivíduos unidos e mantidos juntos pela força. Essa hipótese de um contrato primitivo, portanto, como a única fonte legítima de lei social baseia-se em uma premissa que é necessariamente falsa e impossível.

A hipótese oposta, que coloca a origem da sociedade na família e no direito do pai sobre seus filhos, é menos passível de objeção, mas é incompleta. Há, certamente, uma forma de sociedade entre os pais e seus filhos que crescem; mas é uma sociedade de certo modo unilateral e da qual uma das partes não tem nenhuma consciência verdadeira. A sociedade, seja ela na família ou fora dela, só é completa quando todos os seus membros, os que comandam bem como os que obedecem, reconhecem, mais ou menos vagamente, certa autoridade superior que nem é o capricho arbitrário de uma vontade nem o resultado unicamente da força. A idéia de sociedade, portanto, implica necessariamente uma outra idéia, a de governo; e a idéia de governo contém em si mesma duas outras, a idéia de uma coleção de indivíduos e a de uma lei que se aplica a eles — uma lei que constitui o direito do próprio governo; uma lei que não foi criada pelos indivíduos que se submetem a ela e à qual eles estão moralmente obrigados a submeter-se. Nenhum governo jamais desconsiderou totalmente essa lei suprema, nenhum jamais proclamou a força e o capricho como sendo a única lei da sociedade. Ao buscar o princípio de governo, nós descobrimos que o princípio de direito social é a fonte primária de toda a soberania legítima. Nessa lei das leis, nessa lei de todo o governo, reside o princípio de governo.

Duas questões importantes se apresentam então. Como é formada a lei, e como é aplicada? Nisso reside o caráter distintivo das várias formas de governo; nisso elas diferem.

Até mesmo nos tempos modernos prevaleceu a crença de que o direito primitivo e absoluto de fazer as leis, isto é, o direito de soberania, reside em alguma parte da sociedade, quer esse direito seja investido em um único homem, ou em vários, ou em todos; — uma opinião que foi constantemente contrariada pelos fatos e que não pôde suportar o teste da razão. O direito de determinar e de fazer cumprir a lei é o direito ao poder absoluto; aquela força que possui esse direito inerentemente possui o poder absoluto, isto é, o direito à tirania. Tomemos as três grandes formas de governo, a monarquia, a aristocracia e a democracia, e vejamos se será possível encontrar um caso em que o direito de soberania foi mantido por uma pessoa, por várias ou por todas e em que a tirania não surgiu necessariamente. Os fatos foram logicamente corretos — eles inferiram do princípio sua conseqüência necessária.

Tal, porém, é a força da verdade, que esse erro não poderia reinar sozinho e absolutamente. No mesmo momento em que os homens pareciam acreditar e realmente acreditaram teoricamente que o poder primitivo e absoluto de dar a lei pertencia a alguém, fosse ele o monarca, o senado ou o povo, naquele mesmo momento eles lutavam contra esse princípio. Em todas as épocas os homens tentaram limitar o poder que consideravam perfeitamente legítimo.

FRANÇOIS GUIZOT

Nunca foi permitido a nenhuma força, mesmo que investida do direito de soberania, que desenvolvesse aquele direito plenamente. Na Turquia, os janíçaros às vezes serviam ao poder absoluto do sultão, outras o aboliam. Nas democracias, em que o direito de soberania está investido nas assembléias populares, foram feitos esforços contínuos para impor condições e criar obstáculos e limites a essa soberania. Sempre, em todos os governos que são absolutos em princípio, algum tipo de protesto foi feito contra o princípio. De onde vem esse protesto universal? Olhando meramente para a superfície das coisas, podemos ficar tentados a dizer que é apenas uma luta de poderes. Sem dúvida, isso existiu, mas houve um outro elemento maior que existiu a seu lado: há um sentido instintivo de justiça e de razão que habita todos os espíritos humanos. À tirania — fosse ela a tirania de indivíduos ou de multidões — opôs-se não somente uma consciência de poder, mas também um sentimento de direito. É essa consciência de justiça e de direito, isto é, de uma lei independente da vontade humana — uma consciência muitas vezes obscura, mas sempre poderosa —, que, mais cedo ou mais tarde, se ergue e ajuda os homens a resistir a toda tirania, sejam quais forem seu nome e sua forma. A voz da humanidade, então, proclama que o direito da soberania investido nos seres humanos, seja em um ou em muitos, ou em todos eles, é uma mentira malévola.

Se, então, o direito da soberania não pode ser investido em um homem qualquer, ou em um grupo de homens, onde é que ele reside e em que princípio se apóia?

Na sua vida interior — em suas relações consigo mesmo, se me permitem a expressão, bem como em sua vida exterior e em suas relações com seus semelhantes –, o homem que se sente livre e capaz de agir sempre tem uma idéia remota de uma lei natural que regula sua ação. Ele reconhece alguma coisa que não é sua própria vontade, e que deve dirigir sua vontade. Ele se sente obrigado pela razão ou pela moralidade a fazer certas coisas; ele vê, ou sente que há certas coisas que deve ou não deve fazer. Esse algo é a lei superior ao homem e feita para ele – a lei divina. A verdadeira lei do homem não é obra do homem; ele a recebe, mas não a cria; mesmo quando se submete a ela, ela não é sua, está além dele e acima dele.

O homem nem sempre se submete; no exercício de seu livre arbítrio e por sua natureza imperfeita, ele não obedece invariavelmente a essa lei. É influenciado por outros princípios de ação além desse, e, embora perceba que os motivos que o impeliram a agir são perniciosos, muitas vezes ele se submete a eles. Mas mesmo que nem sempre a obedeça, a lei suprema para o homem existe sempre – e nos seus sonhos mais fantásticos ele a reconhece e percebe que ela está acima dele.

Vemos, então, o indivíduo sempre na presença de uma lei – uma lei que ele não criou, mas que faz valer seus direitos sobre ele e que nunca o abandona. Se ele entra em uma sociedade com seus semelhantes ou se encontra em uma associação desse tipo, que outra lei além de sua vontade ele possui? Será que a sociedade humana implica uma abdicação da natureza humana? Não. O homem na sociedade deve permanecer e realmente permanece essencialmente o mesmo que em sua capacidade individual; e, como a sociedade nada mais é que uma coleção de indivíduos, a lei suprema da sociedade deve ser a mesma que aquela que exerce um controle legítimo sobre os próprios indivíduos.

FRANÇOIS GUIZOT

Aqui, então, descobrimos a verdadeira lei da sociedade – a lei do governo –, que é a mesma lei que aquela que controla os indivíduos. E como, para o indivíduo, a lei verdadeira muitas vezes é obscura, e como o indivíduo, ainda quando a conhece muito bem, nem sempre a segue implicitamente, o mesmo ocorre no caso dos governos. Seja qual for sua lei verdadeira – que deve sempre chegar a ele por meio da mente humana, que está sempre sob o viés da paixão e limitada pela fragilidade –, tampouco é compreendida em todas as situações, e nem sempre é obedecida. Portanto, é impossível atribuir a um homem ou a vários deles a posse de um direito inerente à soberania, já que isso seria supor que suas idéias e inclinações seriam em todos os casos correspondentes aos ditames da justiça e da razão – uma suposição que a imperfeição radical de nossa natureza não nos permite admitir, nem por um momento.

No entanto, é em virtude dessa mesma imperfeição que os homens aceitaram, ou melhor, criaram para si próprios, os ídolos e os tiranos. Uma lei feita exclusivamente para eles pareceu mais conveniente que a busca trabalhosa e incessante pela razão e pela justiça. Uma busca que eles se sentiram obrigados a empreender em virtude da voz imperiosa daquela consciência que eles não conseguem calar totalmente. Apesar disso, os homens nunca foram completamente capazes de enganar sua consciência ou de sufocar suas elocuções. A consciência vence todos os planos da ignorância ou da indiferença humanas e obriga os homens a aceitarem plenamente a soberania cujo direito eles admitiram; e a impossibilidade de que eles concordem com isso indica claramente o princípio sobre-humano que a soberania envolve. É nesse princípio que devemos buscar a verdadeira distinção entre governos.

A classificação que estou prestes a apresentar não é, então, meramente arbitrária e artificial; ela não está voltada para as formas exteriores dos governos, e sim para, sua natureza essencial. Distingo dois tipos. Primeiro, há aqueles que consideram a soberania um direito que pertence exclusivamente a indivíduos, sejam eles apenas um, muitos, ou todos aqueles que compõem uma sociedade; esses são, em princípio, os fundadores do despotismo, embora os fatos sempre se oponham com maior ou menor força ao princípio; e a obediência absoluta, por um lado, e o poder absoluto, por outro, nunca existem em pleno vigor. O segundo tipo de governo baseia-se na verdade de que, como direito, a soberania não pertence a nenhum indivíduo, já que o entendimento perfeito e contínuo e a aplicação estabelecida e inviolável da justiça e da razão não pertencem à nossa natureza imperfeita.

O governo representativo baseia-se nessa verdade. Não direi que ele se apoiou no reconhecimento plenamente reflexivo do princípio na forma em que o apresentei. Como ocorre com os grandes poemas, os governos não se formam segundo um modelo *a priori* e de acordo com preceitos definidos. O que afirmo é que o governo representativo não considera que a soberania reside inerentemente em qualquer pessoa – que todos os seus poderes estão direcionados para a descoberta e o cumprimento fiel daquela lei que deve sempre governar sua ação, e que o direito de soberania só é reconhecido sob a condição de que seja continuamente justificado.

Pascal disse: "A pluralidade que não se reduz à unidade é confusão. A unidade que não é o resultado da pluralidade é tirania". Esta é a expressão mais perfeita e a definição mais precisa de governo representativo. A pluralidade é a sociedade; a unidade é a verdade, é a força conjunta das leis da justiça e da razão que devem governar a sociedade. Se a sociedade permanecer na condição de pluralidade, se vontades isoladas não se combinarem sob a direção de regras comuns, e se seus membros tampouco reconhecem a justiça e a razão, se eles não se reduzirem à unidade, não há nenhuma sociedade, só há confusão. E a unidade que não brota da pluralidade, que foi imposta violentamente sobre ela por um ou muitos indivíduos, seja qual for seu número, em virtude de uma prerrogativa da qual se apropriaram como se fosse sua propriedade exclusiva, é uma unidade falsa e arbitrária, é tirania. O objetivo do governo representativo é colocar uma barreira simultânea diante da tirania e diante da confusão e levar a pluralidade à unidade apresentando-se para ser reconhecido e aceito por ela.[2]

Vejamos agora, no fato principal desse método de governo, por que meios ele alcança seu fim e sob que formas ele desenvolve seu princípio.

---

[2] Essa é outra passagem importante na qual Guizot discute o objetivo do governo representativo; a seu ver, as instituições representativas devem criar unidade social, preservar a liberdade e erguer uma barreira à tirania (poder absoluto) e à anarquia. Tomando emprestado um conhecido aforismo de Pascal, Guizot argumenta que o governo representativo deve ser considerado um meio de trazer a multiplicidade para a unidade e de evitar a formação de uma unidade ilusória (que não seja a expressão genuína da multiplicidade). Além disso, o próprio princípio de governo representativo é "a destruição de toda soberania de direito permanente" (*HOGR*, p. 688). Na visão de Guizot, a publicidade desempenha um papel fundamental, contribuindo para que as instituições representativas extraiam do seio da sociedade a "aristocracia verdadeira e legítima" a fim de constituir o governo da sociedade. Ele escreve: "Esse objetivo só é alcançado com o triunfo da verdadeira maioria – sendo a minoria ouvida constantemente com respeito. Se a maioria é desalojada por meio de artifícios, há falsidade. Se a minoria é retirada da luta de antemão, há opressão. Em ambos os casos, o governo representativo é corrupto" (*ibid.*, p. 650). Para mais detalhes, veja *ibid.*, pp. 147, 153, 643-50, 116-79.

O governo representativo, onde quer que existiu ou existe, é composto de vários elementos de poder, iguais entre si, embora um deles, o monárquico ou o democrático, ordinariamente mantenha certos direitos peculiares. O número e a forma desses poderes não são necessariamente determinados ou iguais; na França, no momento atual, há três: o poder real, a Câmara dos Pares e a Câmara dos Deputados. Esses três poderes emanam de fontes diferentes e são o resultado de necessidades sociais também diferentes. Nenhum deles isoladamente possui o direito de soberania. Exige-se deles que busquem a autoridade legítima em comum, e supõe-se que eles só possuem essa autoridade quando a encontraram por meio de uma deliberação conjunta, antes ou depois da ação. A sociedade deve obediência a essa autoridade que foi descoberta dessa maneira; mas como esses poderes não são todos estabelecidos e imutáveis, assim também a soberania de direito não reside permanentemente entre eles. O princípio eletivo, que, por sua própria natureza, é instável, pode alterar sua idéia e propósito e exercer sobre os outros poderes uma influência que é periodicamente variável. Se os vários poderes não estão de acordo, eles se reduzem imediatamente à inação. A soberania que existe por seu próprio direito então parece hesitar em se mostrar, e o governo permanece em suspenso. A fim de libertá-lo desse estado, foi reservado à realeza o direito de criar pares e de dissolver a Câmara dos Deputados. Os poderes então começam outra vez a procurar a lei verdadeira, uma tarefa que não devem interromper até que a encontrem. Assim, não se considera que qualquer um dos poderes possui totalmente a autoridade legítima que é verdadeiramente o princípio de soberania. Assim como os pares, os deputados ou o rei, nem mesmo os próprios eleitores são seus intérpretes absolutos. Os eleitores não dizem desde o começo para seus representantes: "Esse é nosso desejo: que isso seja a lei". Eles não desfrutam de nenhum poder assim tão preciso; simplesmente concedem a seus representantes a missão de examinar e decidir de acordo com sua razão. Precisam necessariamente confiar na sabedoria daqueles a quem elegem; a eleição é um julgamento imposto àqueles que aspiram ao poder político e a um direito soberano, mas limitado, exercido por aqueles que conferem poder político àqueles que eles possam selecionar entre os pretendentes.

Dos poderes políticos assim atribuídos a certas classes, passemos agora aos direitos políticos que são vagamente distribuídos na nação. Esses direitos estão entre as condições essenciais de um governo representativo. A publicidade dos debates nas assembléias deliberativas impõe sobre esses poderes a necessidade de se comprometer com aquele sentido da razão e da justiça que pertence a todos, para que todos os cidadãos possam se convencer de que suas investigações foram feitas com lealdade e inteligência e que, sabendo a causa de sua deficiência, ele mesmo possa ter a oportunidade – se tiver a capacidade – de indicar uma solução. A liberdade abre uma trajetória para essa investigação. Dessa forma, todos os cidadãos podem contribuir para a descoberta da verdadeira lei. É assim que um governo representativo estimula todo o corpo da sociedade – aqueles que exercem o poder e aqueles que possuem os direitos – a participar de uma busca comum da razão e da justiça; ele convida a multidão a se reduzir à unidade e extrai a unidade do interior da pluralidade. Os poderes públicos – a realeza, as casas deliberativas, os eleitores – são forçados incessantemente a retornar a essa tarefa pela natureza básica de suas relações e pelas leis de sua ação.

Os cidadãos privados podem até cooperar graças à publicidade dos debates e à liberdade de imprensa.³

Posso aprofundar essa idéia e mostrar que todas as instituições que são consideradas inerentes ao governo representativo, mesmo aquelas que pareciam não estar contribuindo para a busca por aquelas regras gerais que deviam orientar a conduta do governo, originam-se do mesmo princípio e tendem ao mesmo resultado. A publicidade de procedimentos judiciais e aqueles que compõem o júri, por exemplo, fornecem a garantia para a aplicação legítima da lei em casos particulares. Mas nossa preocupação atual é antes

---

³ Na opinião de Guizot, a publicidade é a pedra angular do governo representativo porque cria novos laços entre a sociedade e o governo. A publicidade exige e convoca todos os indivíduos que tenham direitos a participar de uma busca comum pela razão, pela verdade e pela justiça. A liberdade da imprensa e a transparência dos debates nas assembléias deliberativas são essenciais para limitar o poder político e evitar a usurpação da soberania de direito. É a publicidade que põe os poderes executivo e legislativo sob o controle dos cidadãos, enquanto a liberdade da imprensa encoraja-os a buscar juntos a razão, a verdade e a justiça. Guizot argumenta que, graças à publicidade e à liberdade de imprensa, o poder já não é obscuro para a sociedade, na medida em que a transparência e novas formas de comunicação são criadas entre o governo e a sociedade. Quanto à relação entre publicidade e eleições, Guizot acreditava que a publicidade não pode substituir as eleições e que sem publicidade não pode haver eleições verdadeiras. "Où la publicité manque", escreveu ele, "il peut y avoir des élections, des assemblées, des délibérations; mais les peuples n'y croient pas et ils ont raison... La publicité seule corrige, en grande partie, les fâcheux effets d'une mauvaise machine politique" (Guizot, "Des garanties légales de la liberté de la presse" [Sobre as Garantias Legais para a Liberdade de Imprensa], *Archives Philosophiques, Politiques, et Littéraires*, Vol. V, Paris : 1818, pp. 186-87). Para mais detalhes sobre a publicidade, veja Guizot, *HOGR*, pp. 161-63, 173-75, e Aurelian Craiutu, *Liberalism under siege: The Political Thought of the French Doctrinaires* (Lanham, Md.: Rowman & Littlefield, Lexington Books, 2003).

de tudo determinar o princípio daquelas combinações essenciais por meio das quais um governo representativo é constituído; elas todas resultam evidentemente do fato de nenhum indivíduo ser plenamente familiarizado nem concordar invariavelmente com aquela razão, verdade e justiça que sozinhas podem conceder o direito de soberania, e que devem ser a guia da soberania quando ela é verdadeiramente exercida. Tais combinações obrigam todos os poderes a buscar essa orientação e a dar a todos os cidadãos o direito de ajudar nessa pesquisa, tomando conhecimento da maneira como os poderes a realizam e declarando o que eles próprios consideram ser os ditados da justiça e da verdade. Em outras palavras, para resumir o que acabo de dizer, o governo representativo na verdade tem como base o seguinte conjunto de idéias: todo poder que existe como um fato, para que possa tornar-se um direito, deve agir de acordo com a razão, a justiça e a verdade, as únicas fontes de direito. Nenhum homem e nenhum grupo de homens podem conhecer e realizar plenamente tudo aquilo que é exigido pela razão, pela justiça e pela verdade; mas eles têm a capacidade para descobrir isso e, em seu comportamento, podem ser gradativamente levados a aceitar essas exigências. Todas as combinações da máquina política então devem tender, por um lado, a extrair seja que parte for de razão, justiça ou verdade que exista na sociedade, a fim de aplicá-la às necessidades práticas do governo; e, por outro lado, a promover o progresso da sociedade em termos de razão, justiça e verdade, e constantemente incorporar esse progresso da sociedade na atual estrutura do governo.

Palestra 7

Comparação dos princípios dos vários governos com o princípio verdadeiro do governo representativo. — Governos aristocráticos. — Origem e história da palavra aristocracia. — Princípio dessa forma de governo; suas conseqüências. — Como o princípio de governo representativo entra em governos aristocráticos. — Governos democráticos. — Origens e conseqüências do princípio da soberania do povo. — Esse princípio não é idêntico ao de governo representativo. — Em que sentido o governo representativo é o governo da maioria.

Em minha última palestra, mostrei o erro dessas classificações superficiais que só distinguem os governos por suas características externas. Examinei e separei com precisão os dois princípios opostos que são, ambos, a base de todo governo. Identifiquei o governo representativo como um desses princípios e provei que não poderia ser deduzido a partir do outro princípio. Agora quero comparar o princípio de governo representativo com o princípio contrário e demonstrar a condição oposta de governos que se referem a esse princípio contrário como seu ponto de partida. Começarei examinando aquela forma de governo que geralmente é chamada de *aristocrática*.

Há uma forte conexão entre as mudanças progressivas que podem ser observadas na linguagem e aquelas que ocorrem na sociedade.

A palavra aristocracia significava originalmente o império dos fortes, Ἄρης, ἀρείων, ἄριστος, a princípio, termos aplicados àqueles que eram fisicamente mais poderosos; mais tarde esses mesmos termos foram usados para designar os mais influentes, os mais ricos e, finalmente, os melhores, ou seja, aqueles que possuíam mais habilidades ou virtudes. Esta é a história das sucessivas acepções da palavra na linguagem da qual ela foi emprestada; os mesmos termos que eram originalmente utilizados para a força, para a superioridade de força, vieram finalmente designar a superioridade moral e intelectual – a virtude.

Nada pode caracterizar melhor o progresso da sociedade, que começa com a predominância da força e tende a passar para o império da superioridade moral e intelectual. O desejo ou a inclinação da sociedade é, com efeito, o de ser governado por pessoas melhores, por aqueles que conhecem mais profundamente e respondem com maior entusiasmo aos ensinamentos da verdade e da justiça; nesse sentido, todos os bons governos – e principalmente a forma representativa de governo – têm por objetivo extrair do seio da sociedade aquela aristocracia verdadeira e legítima, pela qual ela tem o direito de ser governada e que, por sua vez, tem o direito de governá-la.

Mas esse não tem sido o significado histórico da palavra *aristocracia*. Se tomarmos a palavra de acordo com os fatos que a interpretaram, veremos que seu significado é um governo no qual o poder soberano é posto à disposição de uma classe específica de cidadãos que recebem esse direito hereditariamente, e cuja única qualificação para recebê-lo é uma determinada descendência, de uma maneira mais ou menos exclusiva e, às vezes, totalmente exclusiva.

François Guizot

Não me pergunto qual a origem desse sistema de governo; ou como, na infância da sociedade, ele surgiu quase que invariavelmente da superioridade moral de seus primeiros fundadores; como a força que, originalmente, era devida à superioridade moral, depois perpetuou-se por si própria e tornou-se uma usurpadora; essas perguntas, que são de enorme interesse, afastar-me-iam de meu argumento principal. Estou buscando o princípio fundamental do governo aristocrático, e creio que ele pode ser resumido nos seguintes termos: o direito de soberania, atribuído especial e principalmente – embora não exclusivamente – a uma classe determinada de cidadãos cuja única qualificação é a descendência em uma linha também determinada.

Esse princípio não é outro senão o da soberania do povo, só que restrita a um número pequeno de indivíduos – a uma minoria. Nos dois casos, o direito à soberania se origina, não de uma suposta capacidade para preencher certas condições, nem de uma superioridade intelectual e moral provada de uma maneira específica, e sim do fato único do nascimento, sem nenhuma outra condição. No sistema aristocrático, o indivíduo nasce em uma posição de soberania simplesmente porque nasceu em uma classe privilegiada. No sistema democrático, o indivíduo nasce em uma posição de soberania pela circunstância de ter nascido na humanidade. A participação na soberania em cada um desses casos é resultado de um fato puramente material, independentemente do valor daquele que a possui e do julgamento daqueles sobre os quais a soberania é exercida. É claro que disso se segue que os governos aristocráticos devem ser classificados entre aqueles que se baseiam no conceito de que o direito da soberania existe, plena e inteiramente, em algum lugar na terra — uma idéia totalmente contrária, como vimos, ao princípio do governo representativo.

Se examinarmos as conseqüências desse conceito — conseqüências como as que realmente se manifestaram na história dos governos desse tipo —, veremos que elas não são menos contrárias às conseqüências, históricas e naturais, de um governo representativo.

A fim de manter o direito de soberania na classe a que foi exclusivamente atribuído, esse direito precisa necessariamente estabelecer uma grande desigualdade de fato, bem como de opinião, entre essa classe e o resto dos cidadãos. Disso surgem todas aquelas instituições e leis que caracterizam os governos aristocráticos e que têm como objetivo concentrar, nas mãos dos únicos donos da soberania, toda a riqueza e toda a cultura, e todos os vários instrumentos do poder. É preciso que a classe soberana não caia e que as outras classes não subam; se isso acontecesse, se o poder real deixasse de se aproximar do poder de direito, a legitimidade desse último logo seria questionada, e, pouco tempo depois, sua permanência estaria em perigo.

No sistema daqueles governos que não atribuem a nenhum indivíduo na terra o direito de soberania, e que impõem ao governo existente a necessidade de estar continuamente buscando a verdade, a razão e a justiça como código legal e fonte do poder de direito, todas as classes da sociedade são constantemente convidadas e estimuladas a se erguerem e a se aperfeiçoarem. Formas legítimas de supremacia são produzidas e ocupam sua posição; formas ilegítimas são desmascaradas e eliminadas. Desigualdades artificiais e violentas enfrentam resistência e são expostas em todos os seus detalhes; as forças sociais, por assim dizer, competem umas com as outras, e as forças que lutam para possuí-las são morais.

Uma segunda conseqüência do princípio dos governos aristocráticos é sua ojeriza à publicidade. Quando os que participam da soberania de direito o fazem por mero acidente de nascimento, e exercem essa soberania sob sua própria responsabilidade individual, não precisam reconhecer o direito de qualquer outra pessoa de exigir que eles prestem contas de seus atos. Ninguém teria o direito de questionar o uso que eles fazem de seu poder, pois agem em virtude de um direito que ninguém pode contestar, porque ninguém pode privá-los dele. É um direito que não precisa se justificar, pois está relacionado a um fato que é palpável e permanente.

No outro sistema, pelo contrário, a publicidade é uma seqüência necessária do princípio de governo; pois como o direito ao poder origina-se da superioridade de conhecimento e da prática da razão, da verdade e da justiça, algo que ninguém é obrigado a ter plenamente em todos os momentos, é imperativo que esse direito se justifique antes de ser assumido e durante todo o tempo em que está sendo exercido.

Seria fácil, portanto, se procedermos sempre tendo diante de nós os fatos reais, comparar as várias conseqüências do princípio de governos puramente aristocráticos com aquelas resultantes do princípio de governo representativo, e mostrar que sempre são opostas. Por isso devemos demonstrar plenamente a oposição entre os próprios princípios e esclarecer sua natureza verdadeira. Mas já falei o suficiente sobre esse ponto. E se alguém afirmar que insisti demais nas inferências a serem extraídas do princípio de governos aristocráticos, e que as conseqüências que descrevi não se concretizam de uma forma assim tão perfeita – por exemplo, que o nascimento nunca foi a única qualificação para garantir o direito à soberania, ou que a publicidade nunca foi totalmente reprimida –, eu livremente aceito todas essas objeções. Em nenhum momento e em nenhum lugar foi permitido que o mal tomasse posse exclusiva da sociedade e do governo; a luta entre os princípios do bem e do mal é uma condição permanente do mundo. Idéias falsas podem obter um sucesso maior ou menor, e mais ou menos duradouro, mas elas nunca poderão extirpar seus piedosos atacantes. A verdade é paciente – ela não cede assim tão facilmente sua influência sobre a sociedade – ela nunca abandona seu objetivo – e até exerce algum poder sobre aquela região onde o erro reina mais despoticamente. A Providência nunca permite que maus governos cheguem ao nível de maldade que seria exigido logicamente pelo princípio em que se baseiam. Portanto, temos, no meio de sociedades controladas pelo princípio do direito hereditário, instituições de justiça e de liberdade que não só existem como vão até ficando mais poderosas; essas instituições lutaram contra o princípio e o modificaram. Quando o princípio pior prevaleceu, a sociedade e o governo então caíram em uma situação de impotência e decadência. Esta é a história da república de Veneza. Em outros lugares, a luta foi recompensada com resultados mais felizes; o bom princípio teve força suficiente para ser capaz de introduzir no governo certos elementos que o tornaram essencial, que protegeram a sociedade contra os efeitos do princípio mau, que, em alguns casos, até salvaram o próprio mal, fazendo com que ele se tornasse tolerável graças à sua associação com o bem. Esta é a história da Inglaterra, aquele exemplo admirável da combinação de princípios bons e maus e da luta entre eles. Mas essa combinação, por mais íntima que seja, não consegue que as naturezas internas desses princípios se confundam. O bem nunca surge do mal. E o governo representativo não surgiu na Inglaterra — e tampouco em outros lugares — do princípio exclusivo dos governos aristocráticos, e sim de um princípio totalmente diferente. E, longe de estar comprometida pelos fatos a que aludi, a distinção que estabeleci inicialmente está, ao contrário, vitoriosamente confirmada por eles.

Acabei de demonstrar, por meio de uma comparação entre os princípios respectivos das formas de governo aristocrático e democrático, que eles são essencialmente diferentes. Minha intenção agora é mostrar que há uma diferença igualmente fundamental entre o princípio de governo representativo e o de governo democrático.[1]

---

[1] A diferença entre o princípio de governo representativo e a democracia política é outra idéia chave no pensamento político de Guizot. O leitor recordará que Guizot era favorável à democracia como uma condição social e ao mesmo tempo também defendia a *limitação* do direito de voto. Essa atitude ambivalente com relação à democracia era amplamente compartilhada pelos liberais do século XIX. Amedrontado pelo espectro dos episódios mais sombrios da Revolução, Guizot temia os elementos potencialmente destrutivos da democracia. Apesar disso, defendia a igualdade civil e os direitos civis, algo que ele considerava princípios fundamentais da nova ordem social. Além disso, a distinção entre governo representativo e democracia política deve ser relacionada com outra dicotomia importante na filosofia política de Guizot: aquela entre a soberania da razão e a soberania popular. Ao contrário da democracia política, o governo representativo concede poder e direitos políticos unicamente em proporção à capacidade dos indivíduos de agirem de acordo com a razão e a justiça. Portanto, o governo representativo não é pura e simplesmente o governo da maioria numérica e sim o "governo pela maioria daqueles que são qualificados para governar" (*HOGR*, p. 162). Para outra afirmação importante sobre democracia política, veja também Guizot, "De la démocratie dans les societés modernes", *Revue française*, vol. III, 1837, pp. 139-225.

Ninguém nunca achou que a soberania do povo pressupunha que, após terem sido consultadas todas as opiniões e todas as vontades, a opinião e a vontade do maior número de pessoas passariam a ser lei, e sim que a minoria estaria livre para desobedecer àquilo que havia sido decidido em oposição à sua opinião e vontade. E, no entanto, isso seria a conseqüência necessária daquele suposto direito atribuído a cada indivíduo: o direito de ser governado unicamente pelas leis que tivessem recebido sua aprovação individual. O fato de essa conseqüência ser absurda não encorajou seus defensores a abandonar o princípio, mas sempre os obrigou a violá-lo. Desde o início, a soberania do povo é refutada pelo fato de ela ser decidida no império da maioria sobre a minoria. É quase ridículo dizer que a minoria pode afastar-se da maioria. Isso seria o mesmo que manter a sociedade permanentemente à beira da dissolução. Em todos os assuntos a maioria e a minoria discordariam, e, se todas as minorias sucessivas se afastassem, a sociedade em breve não existiria mais. A soberania do povo, portanto, deve necessariamente ser restrita unicamente à soberania da maioria. Quando ela é assim restrita, de que se constitui?

Seu princípio é que a maioria possui o direito graças à mera circunstância de ser maioria. Porém, nessa única expressão, "a maioria", estão incluídas duas idéias muito diferentes: a idéia de uma opinião que é respeitada e a idéia de uma força que é preponderante. Quanto à força, a maioria não possui nenhum direito diferente daquele possuído pela força propriamente dita, e, portanto, com base nessa única justificativa, sua soberania não pode ser legítima. Quanto à expressão de opinião, será que a maioria é infalível? Será que ela sempre compreende e respeita as exigências da razão e da justiça, direitos que sozinhos constituem a verdadeira lei e conferem legitimidade à soberania? A experiência indica o contrário. A maioria, pelo mero fato de ser maioria, isto é, pela mera força dos números, não possui soberania legítima, nem em virtude do poder, já que esse nunca dá legitimidade, nem em virtude da infalibilidade, algo que ela não possui.

O princípio da soberania do povo começa na suposição de que cada homem possui, como direito natural, não só um direito igual de ser governado, mas também um direito igual de governar os demais. Como os governos aristocráticos, ele relaciona o direito de governar não com a capacidade, mas com o nascimento. O governo aristocrático é a soberania das pessoas que pertencem à minoria; a soberania do povo é o despotismo e o privilégio nas mãos da maioria. Nos dois casos, o princípio é o mesmo: um princípio que contraria, em primeiro lugar, o fato da desigualdade estabelecida pela natureza entre os poderes e capacidades dos vários indivíduos; em segundo, o fato da desigualdade de capacidade, ocasionada pelas diferenças de situação, uma diferença que existe em todos os lugares e que tem sua origem na desigualdade natural dos homens; e em terceiro, a experiência do mundo que sempre viu o tímido seguir o corajoso, o incompetente obedecer ao competente – em uma palavra, aqueles que são naturalmente inferiores admitindo essa inferioridade e submetendo-se a seus superiores naturais. O princípio da soberania do povo, isto é, o direito de todos os indivíduos exercerem a soberania, é, então, radicalmente falso; pois, sob o pretexto de manter igualdade legítima, ele violentamente introduz a igualdade onde não existe nenhuma e não leva em consideração a desigualdade legítima.

As conseqüências desse princípio são o despotismo dos números, a dominação dos inferiores sobre os superiores, isto é, uma tirania que é a mais violenta e a mais injusta de todas.

Ao mesmo tempo, de todas elas esta é a mais transitória, pois o princípio é impossível de ser aplicado. Depois de sua força se desgastar em excessos, o número necessariamente se submete à capacidade – o inferior se afasta para dar lugar ao superior –, e esses tomam outra vez posse de seu direito, e a sociedade é restabelecida.

Tal, portanto, não pode ser o princípio do governo representativo. Ninguém questiona o fato de a verdadeira lei de governo ser a lei da razão, da verdade e da justiça, que ninguém possui, mas que alguns homens são mais capazes do que outros de buscar e de descobrir. Leal a esse objetivo, o governo representativo baseia-se na proporção entre a disposição do poder efetivo em proporção à capacidade de agir de acordo com a razão e com a justiça, que é de onde o poder obtém seu direito. É o princípio que, pela admissão de todos, e em virtude de seu simples apelo ao senso comum da comunidade, é aplicável à vida ordinária e ao interesse dos próprios indivíduos. É o princípio que confere a soberania sobre pessoas, famílias, propriedades, unicamente ao indivíduo a quem se presume capaz de usar essa soberania de uma maneira razoável, e o retira daquele indivíduo que é considerado incapaz de fazer o mesmo. O governo representativo aplica aos interesses gerais e ao governo da sociedade o mesmo princípio que o bom senso da raça humana a levou a aplicar aos interesses individuais e ao controle da vida particular de cada homem. Ele distribui a soberania de acordo com a capacidade adquirida para ter essa soberania, ou seja, ele só coloca o poder real, ou qualquer porção do poder real, onde descobriu a presença de poder de direito, que ele presumiu existir por meio de certos sintomas, ou que testou por meio de certas provas. Vale lembrar que aquele poder, embora legítimo, não deve ser concedido plena e completamente a ninguém, e não só não deve ser atribuído em virtude do mero fato do nascimento como também não se pode deixá-lo permanecer em um isolamento irresponsável, que é a segunda característica do governo representativo, característica que, não menos que a anterior, o distingue da soberania do povo.

Já foi dito muitas vezes que o governo representativo é o governo da maioria, e há alguma verdade nessa afirmação; mas não devemos achar que esse governo da maioria é o mesmo que aquele relacionado com a soberania do povo. O princípio da soberania do povo aplica-se a todos os indivíduos simplesmente porque eles existem, sem exigir deles nada mais. Assim, para a maioria desses indivíduos ele diz: "Aqui está a razão, aqui está a lei". O governo representativo procede de outra maneira: ele considera os tipos de ação para os quais os indivíduos têm inclinação; examina a seguir a capacidade que é necessária para esses tipos de ação; convoca então os indivíduos que supostamente possuem essa capacidade – todos eles, mas unicamente esses. A seguir, entre aqueles que têm essa capacidade, ele seleciona os mais capazes.

É dessa forma, com efeito, que os homens procederam em todas as partes do mundo, mesmo quando deveriam agir de acordo com a idéia da soberania do povo. Eles nunca foram totalmente fiéis a essa idéia e sempre exigiram certas condições para as ações políticas, ou seja, indicações de certa capacidade. Erraram, mais ou menos, e excluíram os capazes, ou convidaram os ineficientes, e este é um erro sério. Mas mesmo quando professavam o princípio de que direito é o resultado do simples fato de possuir uma natureza humana, seguiram o princípio que equipara direito a capacidade. O governo representativo, portanto, não é pura e simplesmente o governo da maioria numérica, é o governo pela maioria daqueles que são qualificados para governar. A existência dessa qualificação às vezes é presumida *a priori*, outras vezes exige-se que ela seja demonstrada e exemplificada. A nobreza, o direito de eleger e de ser eleito, o próprio poder real, estão relacionados a uma capacidade presumida, não pelo fato de certas condições terem sido preenchidas, mas sim pela posição ocupada por aqueles homens em quem a capacidade foi presumida nas suas relações com outros poderes e nos limites das funções que lhes foram atribuídas. Não se reconhece ninguém como possuidor de um direito inerente a um posto ou a uma função. E isso não é tudo. O governo representativo não se satisfaz exigindo capacidade antes de conferir o poder; assim que a capacidade é presumida ou provada, ela é colocada em uma posição em que está exposta a uma espécie de suspeição legal, e em que precisa necessariamente se legitimar a fim de manter aquele poder. Segundo o princípio da soberania do povo, o direito absoluto reside com a maioria; a verdadeira soberania existe onde quer que essa força se manifeste. Disso, segue-se necessariamente a opressão da minoria, e, com efeito, esse foi, geralmente, o resultado. A forma representativa de governo — nunca esquecendo que a razão e a justiça, e conseqüentemente um direito à soberania, não residem plena e constantemente em nenhuma parte da terra — presume que a razão e a justiça devem ser encontradas na maioria, mas não as atribuem àquela maioria como se elas fossem suas qualidades certas e permanentes. No mesmo momento em que essa forma de governo presume que a maioria está certa, não se esquece de que é possível que ela esteja errada, e sua preocupação é dar à minoria plena oportunidade para provar que ela é que está realmente certa, e de se tornar, por sua vez, uma maioria. Precauções eleitorais, debates em assembléias deliberativas, a publicação desses debates, a liberdade de imprensa, a responsabilidade dos ministros, todos esses preparativos têm como objetivo assegurar que a maioria só será declarada depois de se autenticar devidamente, forçá-la sempre a se legitimar para garantir sua própria preservação e colocar a minoria em uma posição em que possa contestar o poder e o próprio direito da maioria.

Assim, as considerações que sugerimos mostram que uma forma representativa de governo considera tanto os indivíduos que ela põe em atividade quanto a maioria que busca, de uma perspectiva bastante diferente daquela relacionada com a soberania do povo. Essa última aceita que o direito à soberania reside em algum lugar da terra; a primeira refuta essa idéia e encontra o direito em questão em uma maioria puramente numérica; aquela o busca na maioria daqueles suficientemente qualificados para pronunciar-se sobre o assunto; uma atribui o direito plena e totalmente ao número; a outra se satisfaz com a suposição de que o direito está lá, admite, ao mesmo tempo, que ele possa não estar lá, e convida a minoria para substanciar suas afirmações, garantindo-lhe, enquanto isso, todas as facilidades para que ela possa fazer tal coisa. A soberania do povo vê o poder legítimo na multidão; o governo representativo o vê apenas na unidade, isto é, naquela proporção a que a multidão deve se reduzir. A soberania do povo faz com que o poder venha de baixo; o governo representativo reconhece que todo poder vem de cima e, ao mesmo tempo, obriga todos aqueles que presume estarem investidos daquele poder a substanciarem a legitimidade de suas pretensões diante de homens que sejam capaz de apreciá-las. Uma tende a rebaixar aqueles que são superiores, a outra, a erguer aqueles que são inferiores, pondo-os em comunicação com aqueles que estão naturalmente acima deles. A soberania do povo está cheia ao mesmo tempo de orgulho e de inveja; o governo representativo presta homenagem à dignidade de nossa natureza sem ignorar sua fragilidade, e reconhece sua fragilidade sem ultrajar sua dignidade. O princípio da soberania do povo é contrário a todos os fatos que se revelam na verdadeira origem do poder e no progresso das sociedades; o governo representativo não evita a consideração de nenhum desses fatos. Finalmente, a soberania do povo, assim que é proclamada, já é obrigada a abdicar de seu poder e a confessar a impraticabilidade de seus objetivos; o governo representativo vai adiante, natural e gradativamente, e se desenvolve graças à sua própria existência.[2]

Portanto, longe de derivar sua existência do princípio da soberania do povo, o governo representativo repudia esse princípio e baseia-se em uma idéia que não só é totalmente diferente mas que também

---

[2] Essa é uma outra passagem importante na qual Guizot acrescenta detalhes à distinção entre a soberania da razão e a soberania do povo. O leitor deve lembrar que para Guizot a legitimidade do poder não resulta necessariamente do número de vozes que possam apoiar determinado curso de ação, já que a justiça e a sabedoria não estão necessariamente presentes na vontade da maioria. Além disso, Guizot argumenta que é falso presumir que a população como um todo jamais poderia exercer poder político no sentido apropriado da palavra.

tem conseqüências totalmente diferentes. O fato de essa forma de governo ter muitas vezes reivindicado seus direitos em nome da soberania do povo, e de suas épocas principais de desenvolvimento terem ocorrido quando essa idéia predominava, não tem muita importância. As razões para isso são facilmente encontradas. A soberania do povo é uma grande força que às vezes interfere para romper uma desigualdade que se tornou excessiva, ou um poder que se tornou absoluto quando a sociedade já não pode ajustar-se a essas duas coisas; assim como, em nome da ordem, o despotismo às vezes interfere violentamente para restaurar uma sociedade à beira da dissolução. Isso é apenas uma arma de ataque e destruição, nunca um instrumento para a fundação da liberdade. Não é um princípio de governo, e sim uma ditadura terrível mas temporária, exercida pela multidão — uma ditadura que cessa, e que deve cessar, assim que a multidão conclua seu trabalho de destruição.

Em suma, para concluir: como o objetivo dessas palestras é pesquisar o curso do governo representativo na Europa moderna onde quer que ele se tenha estabelecido, procurei o tipo original desse governo a fim de compará-lo com o governo da monarquia anglo-saxã, que já examinamos, e com outros governos primitivos que encontraremos na Europa. A fim de distinguir com precisão o caráter de um governo representativo, fui obrigado a retornar à fonte de todo governo. Acho que demonstrei que devemos classificar todos os governos segundo dois princípios distintos. Um deles, aliado à justiça e à razão, só reconhece essas duas coisas como guia; e como não está no poder da fragilidade humana, neste mundo, seguir esses líderes sagrados infalivelmente, esses governos não concedem a ninguém a posse de um direito absoluto à soberania e convocam o corpo inteiro da sociedade a ajudá-los a descobrir a lei da justiça e da razão, a única que pode conferir esse direito absoluto. O outro, ao contrário, ao admitir um direito inerente ao homem de fazer uma lei para si próprio, degrada, com isso, a soberania legítima; soberania que, pertencendo somente à justiça e à razão, nunca deve ficar sob o controle absoluto do homem, já que esse está sempre pronto para usurpá-la a fim de exercê-la na promoção de seus interesses privados ou para a gratificação de suas paixões. Mostrei que só um governo representativo rende homenagem a princípios verdadeiros e que todos os outros governos, sejam eles democráticos ou aristocráticos, devem ser organizados de acordo com um esquema classificatório totalmente diferente. Agora tenho que começar a examinar as formas externas do governo representativo e comparar seu princípio com o princípio histórico da monarquia anglo-saxã da forma como ele nos foi revelado através de suas instituições.

Palestra 8

As formas de um governo estão relacionadas a seus princípios, mas são modificadas pelas circunstâncias e variam de acordo com os vários graus de civilização. — Que formas são essenciais para um governo representativo? — 1º Divisão de poderes; por que absolutamente essencial ao princípio de governo representativo; — 2º Eleição; — 3º Publicidade.

As formas de um governo estão diretamente relacionadas com seu princípio: o princípio determina as formas, as formas revelam o princípio. Não se segue, portanto, que as formas correspondam exatamente ao princípio, nem que o princípio só possa se concretizar sob uma forma específica. Como o próprio princípio nunca está sozinho nem é onipotente na influência que exerce sobre os fatos, as formas são necessariamente diversas e combinadas. Na proporção em que a ação de qualquer princípio se amplia, a forma que lhe é verdadeiramente correspondente também se desenvolve; mas, no decorrer desse processo, o princípio se incorpora às várias formas que correspondem à condição daqueles fatos que, em seu conjunto, constituem a sociedade e determinam a posição que ela ocupa na escala da civilização.

O mesmo princípio, então, pode estar contido em formas diferentes e atuar sob essas várias formas. Se, considerando o estado corrente da sociedade, aquelas formas são as melhores que podem ser fornecidas para o princípio, e se, embora não correspondam plenamente à natureza do princípio, podem garantir o progresso constante e regular de sua ação, então não podemos culpá-las de nada; cada época, cada situação da sociedade só permite um determinado desenvolvimento do princípio sobre o qual seu governo se apóia. Qual é a medida de desenvolvimento possível para cada época, e qual é a forma que lhe corresponde no presente, que irá garantir um desenvolvimento mais amplo no futuro e que trará consigo novas formas? Essa é questão, em toda a sua abrangência – quero dizer, a questão que se relaciona com o presente, a única com que a atividade política tem que lidar.

Apesar disso, há certas formas de governo que são as condições gerais da presença e da ação de princípios específicos. Onde quer que aquele princípio exista, ele necessariamente produzirá essas formas; e quando essas formas estão ausentes, o princípio não existe ou logo deixará de existir. Sua atuação e seu progresso exigem essas formas imperiosamente, e, na medida em que elas ganham consistência em qualquer lugar, o princípio que elas pressupõem está presente de maneira latente e tende a se tornar predominante.

Quais são as formas essenciais do princípio do governo representativo? Por meio de que indicadores externos podemos reconhecer a presença desse princípio em um governo? Que condições são necessárias para que ele possa atuar e se desenvolver?

Podemos, se não estou errado, reduzir a três as condições necessárias e as formas essenciais para um sistema representativo; todas as três talvez não sejam igualmente necessárias; sua existência simultânea talvez não seja indispensável a fim de indicar a existência e garantir o desenvolvimento do princípio do qual derivam. Podemos, no entanto, considerá-las fundamentais. Essas formas são: 1º A divisão de poderes; 2º Eleições e 3º Publicidade.

Vimos que nenhum poder realmente existente pode ser um poder legítimo; exceto na medida em que ele atue de acordo com a razão e com a verdade, a única lei legítima da ação, a única fonte do direito.

Nenhum poder existente pode conhecer plenamente e considerar constantemente as diretrizes da razão e da verdade segundo as quais ele é obrigado a regular sua ação. Nenhum poder real então é, ou pode ser, em si mesmo, um poder por direito inerente. Em outras palavras, não é possível encontrar qualquer poder que seja infalível, e não há nenhum que possa basear sua existência na posse do direito absoluto.

No entanto, tal é a condição das coisas humanas que elas necessitam, como último recurso, da intervenção de um poder que possa declarar que a lei é a lei do governo e que a imponha e faça com que ela seja respeitada. Em todas as relações que o estado social admite e gera, desde a ordem doméstica até a ordem política, a presença de um poder que possa dar e manter a lei da ação é a condição necessária para a própria existência da sociedade.[1]

---

[1] Como no caso de outros liberais do século XIX, Guizot dava ênfase ao constitucionalismo, à divisão de poderes, às eleições e à publicidade, que é outra forma de dizer que seu liberalismo era fundamentalmente contrário a qualquer tipo de poder absoluto. Em sua visão, as únicas fontes legítimas de direito eram a razão, a verdade e a justiça. A divisão de poderes – i.e., a existência de vários poderes que se complementam mutuamente no exercício da soberania real – era uma conseqüência natural do princípio segundo o

Vemos, então, o dilema em que a sociedade é colocada. Nenhum poder real pode exigir o direito de se tornar um poder absoluto; daí a necessidade, para solucionar emergências específicas, de um poder que seja definido, isto é, *realmente* absoluto.

O problema de governos é como dar à sociedade a garantia de que o poder — que, em operação, é absoluto e a que todas as relações sociais devem necessariamente ser referidas — não será outra coisa a não ser a imagem, a expressão, o órgão daquele poder que é legitimamente absoluto e o único que é legítimo, e que nunca será encontrado neste mundo. Esse é também, como vimos, o problema que o sistema representativo formalmente se propõe, já que todos os seus procedimentos presumem a existência desse problema e são estruturados com o objetivo de solucioná-lo.

Fazer com que o poder real, tanto quanto possível, seja idêntico ao poder legítimo, impondo sobre ele a necessidade permanente de buscar a razão, a verdade e a justiça, as fontes do direito; investindo-o com poder prático só quando ele provou, isto é, quando ele deu todos os indícios de seu sucesso nessa busca; e compelindo-o sempre a renovar e a confirmar esses indícios sob pena de perder o poder se for incapaz de fazê-lo, esse é o curso do sistema representativo — esse é o objetivo para o qual se orienta e para o qual ele dirige, em suas relações e em seu movimento, todos os recursos que põe em ação.

A fim de atingir esse objetivo, é indispensável que o poder existente não seja simples, isto é, que não seja obrigado a se limitar a um único instrumento. Como nenhuma força pode possuir em

---

qual a nenhum poder ou indivíduo é possível conceder um direito à soberania que lhe seja inerente (soberania do direito). Para mais detalhes, veja HOGR, pp. 170-73, 613-15.

FRANÇOIS GUIZOT

si mesma o direito pleno à autoridade, se há uma força que possua poder absoluto, ela não só abusará de seu poder, mas logo irá afirmar que ele é um direito inerente. Sozinha ela se tornará despótica, e, a fim de manter esse despotismo, dirá que é legitimamente soberana e talvez até venha a acreditar nessa ficção e estabelecê-la como verdade. Tal é o efeito corruptor do despotismo que ele mais cedo ou mais tarde destrói — tanto naqueles que o exercem como naqueles que estão submetidos a ele —, até o sentimento de sua ilegitimidade. Quem estiver solitário em sua soberania só tem um meio de ser considerado infalível. Alexandre estava certo quando desejou ser reconhecido como deus: ele apenas deduziu uma conseqüência que estritamente advinha da plenitude do poder que possuía. E aqueles que, atribuindo a soberania à multidão, usam como sua máxima a expressão *Vox populi, vox Dei* também estão certos. Em todas as partes em que a soberania se apóia em um único poder, seja qual for a natureza desse poder, há o risco de que ela imediatamente venha a ser considerada um direito.

Uma divisão da soberania real é, portanto, conseqüência natural do princípio de que o direito à soberania não pertence a ninguém. É necessário que existam vários poderes, iguais em amplitude e mutuamente complementares no exercício da soberania real, para que nenhum deles possa ser levado a arrogar-se a soberania de direito inerente. Só o sentimento de sua interdependência recíproca pode evitar que eles se considerem totalmente irresponsáveis.

Mais ainda: só dessa maneira é que o poder governante pode ser forçado a perpetuar sua busca pela razão, pela verdade e pela justiça; isto é, pela lei que deve governar suas ações para que ele possa se tornar legítimo. As palavras de Pascal aplicam-se não só à formação do poder, elas se estendem também a seu exercício. Aqui estão seres, individuais ou coletivos, a quem se pede que desempenhem as funções da soberania em comum, cada um sob a supervisão de seus semelhantes. Será que eles possuem entre si, ou pelo fato de sua existência, o direito ao poder? Não: precisam buscá-lo, e em cada oportunidade manifestar a verdade que proclamam como lei. Isolados e diferentes, são apenas uma multidão; quando, após deliberações e esforços, eles encontrarem um ponto de acordo em uma idéia comum, a partir do qual possam prosseguir como uma única vontade, aí então, e só aí, irá se desenvolver a verdadeira unidade que tem como base a razão; então haverá a presunção de que o poder governante tem um conhecimento preciso e tem boa vontade com relação àquela única lei legítima que confere o verdadeiro poder. Se essa tarefa não for cumprida, se essa busca trabalhosa e comum pela verdadeira lei não for o resultado necessário da interdependência dos vários poderes, o objetivo do governo não será alcançado. Todas as relações dos quatro grandes poderes políticos que constituem, entre nós, o governo (isto é, o rei, as duas casas de parlamento e os eleitores) têm como função compeli-los a atuar em harmonia, isto é, a se reduzirem à unidade.

A introdução de um princípio eletivo, isto é, de um elemento inconstante, no governo, é tão necessária quanto uma divisão de forças para evitar que a soberania, nas mãos daqueles que a exercem, degenere em uma soberania plena e permanente de direitos inerentes. Ele é, portanto, um resultado necessário de um governo representativo e uma de suas características principais. Da mesma maneira, vemos que governos reais cujo objetivo era se tornarem absolutos sempre tentaram destruir o princípio eletivo. Veneza deu um exemplo memorável dessa tendência quando, em 1319, conferiu um direito hereditário ao grande conselho.* Na primeira fase de governos, ao mesmo tempo que vemos o poder vir de cima, isto é, ser adquirido pela superioridade de qualquer tipo, de habilidade, de riquezas ou de coragem — também vemos que ele é obrigado a fazer com que seu direito seja reconhecido por aqueles que podem julgá-lo. A eleição é o instrumento desse reconhecimento — e a encontramos na infância de todos os governos. No entanto, ela é normalmente abolida depois de algum tempo, e é quando ela reaparece, com energia suficiente para influenciar fortemente a administração da sociedade, que o governo representativo está começando a surgir.

Teoricamente, a publicidade talvez seja a característica mais essencial de um governo representativo. Vimos que ele tem por objetivo apelar para todos os indivíduos que possuem direitos, bem como para aqueles que exercem algum poder, para que esses busquem a razão e a justiça, a fonte e a lei da soberania legítima. Na publicidade reside a ligação entre a sociedade e seu governo. No entanto, ao observar os fatos, vemos que, entre os elementos essenciais a um governo representativo, esse é o último a ser introduzido e a se estabelecer firmemente. Sua história é análoga à do princípio eletivo. Os *Champs de Mars* e *Mai* foram realizados ao ar livre: muitas pessoas que estavam presentes não participaram da deliberação. A assembléia dos lombardos em Pavia

---

* Esse evento foi clara e detalhadamente relatado por Daru, em sua *Histoire de Venise* (vol. i. pp. 449-464).

ocorreu *circumstante immensa multitudine*.² É provável que a mesma publicidade tenha acompanhado também a *Wittenagemot* dos saxões. Quando o governo absoluto ou aristocrático prevalece, a publicidade desaparece. Quando o governo representativo começa a ser formado por eleição, a publicidade a princípio não participa de sua constituição. Na Inglaterra, a Câmara dos Comuns foi, durante muito tempo, uma assembléia secreta; o primeiro passo na direção da publicidade foi fazer com que seus atos, discursos e resoluções fossem impressos. Esse passo foi dado pelo Parlamento Longo sob Carlos I. Sob Carlos II, seus procedimentos uma vez mais tornaram-se secretos; alguns indivíduos exigiram, em vão, a publicação dos atos aprovados pela Casa – a exigência era considerada perigosa. Só no século XVIII é que se permitiu aos visitantes estar presentes às sessões do Parlamento inglês. Isso até agora não é concedido como um direito, e o pedido de um único membro que recorra à lei antiga é suficiente para esvaziar a galeria. A publicidade, portanto, não esteve invariavelmente ligada a um governo representativo; mas ela flui naturalmente de seus princípios – e por isso é quase sempre obtida e hoje pode ser considerada um de seus traços mais essenciais. Isso se deve à imprensa, que fez com que fosse mais fácil ter publicidade sem recorrer a reuniões violentas.

Descobrimos o princípio fundamental e as características externas essenciais de um governo representativo; aprendemos o que o constitui e o distingue de outros governos. Podemos, agora, voltar-nos para sua história. Teremos cuidado em só admitir

---

² Com uma enorme multidão à sua volta.

sua existência nos casos em que reconhecermos a presença ou a abordagem de seus princípios verdadeiros; e estaremos seguros de que seu progresso foi sempre paralelo ao desenvolvimento desses princípios.

Palestra 9

Instituições primitivas dos francos. — Esboço da história da monarquia franca. — Os francos na Alemanha. — Seu estabelecimento na Bélgica e na Gália. — Caráter e autoridade de seus chefes após seu estabelecimento no Império Romano. — Primeiros líderes francos. — Clóvis: expedições, guerras e conquistas. — Preponderância decisiva dos francos na Gália.

Tendo em vista o objetivo deste curso, farei, a seguir, um esboço dos francos semelhante ao que fiz dos anglo-saxões. Estudarei com vocês suas instituições primitivas, buscaremos o princípio básico dessas instituições e o compararemos com o tipo de governo representativo que acabamos de delinear. Mas antes de começarmos a examinar as instituições francas, acho aconselhável referir-me brevemente aos eventos principais da história da França. As instituições de um povo não podem ser entendidas plenamente sem um conhecimento de sua história. Dedicarei esta palestra a um exame do estabelecimento da monarquia franca; em uma ocasião futura pesquisaremos seu progresso sob a primeira e segunda linhagens de seus reis.

Não adiarei mais a discussão sobre a origem um tanto incerta dos francos; há motivos para crer que, na Alemanha, eles não constituíram uma nação separada e homogênea. Eram uma confederação de tribos que se estabeleceram no país, entre o Reno, o Maine, o Weser e o Elba. Parece que durante muito tempo – na verdade, até a conquista da Gália – os romanos ignoraram sua existência, e a história os menciona pela primeira vez durante o reinado de Gordiano, mais ou menos na metade do século III. Uma canção, composta em comemoração às vitórias de Aureliano, tinha o seguinte estribilho:

> Mille Francos, mille Sarmatas,
> Semel et semel occidimus.[1]

Após esse período, vemos as várias tribos de francos avançando do leste para o oeste em rápido progresso. No começo do século IV, encontramos os francos sálios já estabelecidos na Bélgica, e os francos ripuários às duas margens do Reno. Esses povos se estabeleceram na fronteira com a Gália, às vezes pela força e outras com o consentimento dos imperadores que, após terem vencido os bárbaros, muitas vezes lhes concediam terras para que ali se instalassem. Esse foi o curso seguido por Probo, Constantino, Juliano, Constâncio e muitos outros.

Os chefes assim estabelecidos em território romano mantiveram, com relação a seus companheiros bárbaros, sua antiga autoridade independente e receberam, ao mesmo tempo, dos imperadores, certos títulos que estavam relacionados com determinadas funções e alguma autoridade sobre os romanos em seu distrito. Assim os encontramos designados pelos nomes de *Dux*, *Magister militae*, *Comes littoris* e assim por diante. Sua posição era quase idêntica

---
[1] Mil francos, mil sarmacianos, / realmente nós matamos uma vez.

à dos líderes das tribos tártaras nômades no império russo, que eram eleitos pelos homens de sua tribo, mas recebiam seu título e certa jurisdição dos imperadores da Rússia – mantendo sua vida independente, mas obrigados ao mesmo tempo a prestar serviço militar e a pagar um tributo de peles.

Childerico, o chefe de uma tribo franca em Tournai, recebera o título de *Magister militae* do império. Quando, em virtude de brigas e traições domésticas, foi forçado a refugiar-se na Turíngia, sua tribo submeteu-se, em 460, a Egídio, mestre da milícia romana em Soissons. Em 1653, o túmulo de Childerico foi descoberto em Tournai, e nele foram encontradas várias moedas que agora estão depositadas na Biblioteca Nacional em Paris.

No fim do século V, à época da dissolução do império, quando as províncias foram abandonadas, segundo a expressão de Tácito, *magis sine domino quam cum libertate*,[2] quase todos esses chefes locais, romanos e bárbaros, tornaram-se independentes e já não reconheciam a soberania de Roma. Siágrio, filho de Egídio, foi nomeado Rei dos Romanos em Soissons e a seguir lutou contra Clóvis, em seu próprio nome e sob sua responsabilidade.

Os chefes francos, que haviam assim se tornado pequenos soberanos, foram ainda mais longe no império. Clódio, que tinha se estabelecido em Cambrai, levou suas incursões até as margens do rio Somme. Meroveu estava presente na batalha de Chalons-sur-Mane, na qual Átila foi vencido. Foi, no entanto, sob o comando de seu chefe Clóvis que esses bandos de francos, que originalmente formaram colônias nas fronteiras, entraram definitivamente na

---

[2] Mais sem um governante do que com liberdade.

Gália como conquistadores. Clóvis era filho de Childerico, que reinava em Tornai; e sucedeu seu pai em 481. É provável que tenha tido certa autoridade em nome do império. Saint Rémy,* em uma carta, dá-lhe o título de *Magister militae*. Outros chefes francos mais ou menos nesse período estavam quase na mesma situação que Clóvis. Ragnachar governou em Cambrai, Sigeberto em Colônia, e Renomer em Mans. De todos eles, Clóvis foi o mais ambicioso, mais capaz e o que teve mais sorte.

Seu vizinho mais próximo era Siágrio, que governava em Soissons. Em 486, Clóvis o desafiou, e Siágrio aceitou o desafio, nomeando como campo de batalha Nogent, perto de Soissons. Siágrio foi vencido e pediu ajuda a Alarico, rei dos visigodos, que o entregou ao vencedor. Em 491, Clóvis conquistou o distrito de Tongres, agora distrito de Liège. Em 496, foi ainda mais para o interior, entrando no país dos alamanos, contra quem Sigeberto, o rei de Colônia, pedira sua ajuda. Vencendo-os em Tolbiac, ele se converteu ao cristianismo em conseqüência dessa vitória. Um grupo de alamanos conquistados refugiou-se na Rhoetia sob a proteção de Teodorico, rei dos ostrogodos; lá, sob o nome de suevos, eles se tornaram os ancestrais dos suábios. Outro grupo permaneceu às margens do Reno, tornando-se súditos de Sigeberto e de Clóvis. Assim, esse chefe expandiu seus domínios até as cercanias do Reno. Ao mesmo tempo, venceu a maioria dos chefes francos, seus vizinhos, e submeteu suas tribos a seu poder. Em 497, comandou uma expedição contra os armoricanos no oeste. Em 500, lançou-se sobre os borgonheses no leste e, aproveitando-se de suas dissensões, obteve uma vitória

---

* Em português, São Remígio (então bispo de Rheims). (N. E.)

FRANÇOIS GUIZOT

entre Dijon e Langres. Em 507, avançou para o centro da França, por Anjou e Poitou; perto de Poitiers, atacou Alarico II, rei dos visigodos, matando-o. A seguir continuou até Angoulême, Bordeaux e Toulouse, e vangloriava-se de ter conquistado a Aquitânia. Em 508, Clóvis recebeu o título de patrício das mãos de Anastácio, imperador do Oriente. Em 509, voltou ao Reno, venceu seu antigo aliado, Sigeberto, rei de Colônia, e subjugou os francos ripurianos. Morreu em 511, depois de ter comandado seus guerreiros francos e expandido seus territórios até as várias regiões da Gália.

As guerras e conquistas de Clóvis não se assemelhavam muito ao significado dessas mesmas palavras hoje em dia. O objetivo principal das expedições francas era saquear e fazer escravos, e, naqueles dias, isso era o que chamavam de conquista. O vencedor às vezes impunha um tributo, mas, normalmente, quase nenhuma possessão permanente – e nenhum estabelecimento civil – resultava de sua vitória. Entre outras provas dessa afirmação, posso citar o pequeno número de guerreiros que acompanhavam Clóvis em suas expedições, nunca mais de cinco ou seis mil homens. Ora, com esse número, não seria possível estabelecer nenhuma colônia ou nem mesmo realizar uma ocupação militar. Quando o conquistador partia, o povo conquistado gradativamente recuperava sua independência sob um novo chefe que surgia. Raramente os conquistadores se estabeleciam nas terras que haviam subjugado, e, com isso, era necessário repetir as mesmas conquistas incessantemente.

Para uma narrativa detalhada desses eventos, sugiro as histórias gerais da França, especialmente a obra de M. Sismondi.[3]

---

[3] Guizot refere-se aqui a Jean Charles Léonard Simonde de Sismondi (1773-1842), um eminente historiador e economista suíço. Entre suas obras mais

Em nenhum outro lugar podemos obter um quadro mais fiel dos costumes dos gregos e da idade heróica do que aquele fornecido pela *Ilíada*. Com referência às expedições e costumes do povo germânico, uma autoridade semelhante é a *Canção dos Nibelungos**. Lá os senhores poderão obter um conhecimento correto e uma compreensão profunda da situação da sociedade e da natureza das guerras dessa época.

Com a morte de Clóvis, em 571, a monarquia franca estabeleceu-se definitivamente, pois ele fizera dos francos o povo mais temido e o poder menos contestado da Gália.

---

importantes estão *Nouveaux principes d'économie politique* ('Novos princípios de economia política'), *De la richesse commerciale ou Principes d'économie politique apliquée à la législation du commerce* ('Sobre a riqueza comercial ou Princípios de economia política aplicada à legislação comercial') e *Études sur les constitutions des peuples libres* ('Estudos sobre as constituições dos povos livres').

* Epopéia germânica escrita no século XIII, de autor anônimo. (N. E.)

Palestra 10

Divisão do território entre os filhos dos reis francos. — Formação rápida e desaparecimento de vários reinos francos. — Nêustria e Austrásia; sua divisão geográfica. — Predominância inicial de Nêustria. — Fredegunda e Brunilda. — Elevação dos Prefeitos do Palácio. — Verdadeira natureza de seu poder. — A família Pepino. — Carlos Martel. — Queda dos merovíngios.

Já lhes expliquei como devemos entender a frase histórica que atribui a Clóvis a fundação da monarquia francesa. No sentido e dentro dos limites que indiquei, Clóvis, à sua morte, reinava sobre toda a França, à exceção dos reinos dos borgonheses e dos visigodos. Depois de sua morte, cada um de seus quatro filhos recebeu uma parte de seus domínios. Teodorico governou em Metz, Clodomiro em Orleans, Childeberto em Paris e Clotário em Soissons. A natureza dessa divisão gerou divergências consideráveis entre estudiosos, mas, a meu ver, a questão pode ser facilmente resolvida. Para manter o poder, era preciso que o chefe ou rei possuísse grandes domínios privados; em todas as suas expedições bélicas, ele adquiria grandes extensões de território para si próprio. Desta forma, sempre que realizava uma conquista, Clóvis obtinha propriedades imensas. Com sua morte, essas propriedades — bem como todas as suas outras posses, rebanhos, manadas, jóias, dinheiro e tesouros de todos os tipos – foram divididas entre seus filhos. Essas riquezas davam a seus donos os meios mais seguros de obter o poder. Além disso, era costume entre os reis francos formar uma parceria com seus filhos no governo, enviando-os para que fossem residir naquele distrito ou naquela província que mais tarde iria constituir seu reino. Com isso tentavam garantir a prevalência do direito hereditário sobre a eleição. Os filhos do rei tornavam-se por sua vez os chefes naturais dos países nos quais eles realmente tinham maior poder. Assim, vemos Clotário II, em 622, associar-se a seu filho Dagoberto e enviá-lo para a Austrásia. E Dagoberto fez o mesmo por seu filho Sigeberto em 633.

Dessa divisão de domínios privados e de participação no poder real era fácil passar para a partição política do reino. É mais difícil descobrir se, à proximidade da morte, o rei fazia essas partilhas por sua própria autoridade ou pela assembléia nacional. Em um período posterior, sob uma segunda linhagem, vemos Pepino, Carlos Magno e Luís, o Piedoso obtendo o consentimento da assembléia dos barões para a divisão de suas propriedades entre seus filhos. Os fatos não são assim tão claros e comprovados sob os merovíngios. No entanto, como a acessão à segunda linhagem foi uma volta aos antigos costumes germânicos, é provável que, à época de Clóvis e de seus sucessores, todos os herdeiros, ao receberem sua parte, fossem obrigados a obter o consentimento dos chefes do país. Cinco partições desse tipo ocorreram sob os merovíngios: em 511, após a morte de Clóvis; em 561, depois de Clotário I; em 638, depois de Dagoberto I; em 656, depois de Clóvis II. De 678 até 752, a monarquia inteira foi na verdade unificada sob a autoridade da família Pepino, que eram originalmente os *Prefeitos do Palácio* de

Austrásia, e sob a autoridade de reis titulares, dos quais os quatro primeiros e o sexto descendiam dos reis de Nêustria e o quinto e o sétimo, dos da Austrásia. Os reinos que foram constituídos pelas cinco partições que mencionei anteriormente foram os de Metz, Orleans, Paris, Soissons, Austrásia, Borgonha, Nêustria e Aquitânia.

Não falarei aqui das vicissitudes e dos constantes desmembramentos desses vários reinos em várias épocas. Se o fizesse, teria que relatar uma longa série de guerras e assassinatos. O antigo reino da Borgonha foi conquistado pelos filhos de Clóvis I; e, com a incorporação do reino de Orleans, surgiu um novo reino da Borgonha. O novo reino foi invadido algumas vezes pelos reis de Nêustria, outras pelos da Austrásia. O reino de Aquitânia surge apenas por um momento sob Childeberto II, filho de Clotário II, em 628, e mais ou menos em 716, sob Eudes, duque de Aquitânia, que se declarou um monarca independente. Com o passar do tempo, esses quatro reinos desapareceram; o conflito e a divisão essencial eram entre os reinos de Nêustria e Austrásia, os dois maiores, e que sobreviveram mais tempo.

A divisão geográfica dos reinos de Nêustria e Austrásia é incerta e variável. Encontramos reis da Austrásia possuindo países bem distantes da sede de seu governo – países que, por sua posição, pareceriam estar naturalmente sob o controle dos reis de Nêustria. Eram, assim, os donos de Auvergne, e seu domínio se estendia quase até Poitou. Essas possessões incoerentes tiveram sua origem nas expedições freqüentes dos dois países, um contra o outro, ou a terras distantes que não pertenciam a nenhum dos dois. Podemos, no entanto, obter algumas linhas de fronteira bem claras: a floresta de Ardennes separava a Austrásia da Nêustria; a Nêustria era composta pelo país que ficava entre o Meuse e o Loire; e a Austrásia por aquele entre o Meuse e o Reno.

Essa divisão tinha uma importância muito maior que uma divisão meramente geográfica, e há uma razão mais profunda para o desaparecimento sucessivo dos outros reinos francos e a predominância final desses dois.

Os países que compunham a Austrásia foram os primeiros a ser habitados pelos francos. Eram vizinhos da Alemanha, e estavam ligados àquelas partes da confederação franca que não tinham atravessado o Reno. Foram, portanto, o berço, a primeira pátria, dos francos. Além disso, depois de suas expedições, essas tribos muitas vezes voltavam com sua pilhagem para sua colônia anterior, em vez de se estabelecerem no local das novas conquistas. Assim, Teodorico, filho de Clóvis, no século V, comandou uma grande expedição a Auvergne, mas voltou depois à Austrásia. A civilização e os costumes romanos haviam sido quase que totalmente banidos daquela margem do Reno, e ali predominavam os costumes germânicos. Nos países que compunham a Nêustria, por outro lado, os francos eram menos numerosos, mais espalhados e mais isolados de sua antiga pátria e de seus conterrâneos. Os antigos habitantes do país os rodeavam por todos os lados. Os francos estavam ali como colônias de bárbaros transferidos para o meio da civilização romana e de um povo romano. Essa situação só poderia levar a uma distinção entre os dois reinos que era muito mais profunda e lógica que aquela provocada por uma divisão puramente geográfica. De um lado estava o reino dos franco-germânicos, do outro, o dos franco-românicos.

O testemunho da história certamente confirma essa dedução provável com base nos fatos. A Austrásia é chamada de *Francia*

Teutonica e a Nêustria de *Francia Romana*. A linguagem germânica prevalecia no primeiro país e a românica no último. Finalmente, sob a primeira linhagem de reis, os eventos mostram a importância evidente dessa diferença fundamental, ou melhor, eles são o resultado natural dessa diferença. Quando os consideramos de uma forma mais geral, torna-se impossível reconhecer esse caráter. Farei um resumo, portanto, das evidências principais.

I. A predominância original do reino de Nêustria. Este é um fato incontestável. Quatro reis, depois de Clóvis e antes da destruição da autoridade real pelos Prefeitos do Palácio, unificaram toda a monarquia franca sob um único chefe. Esses chefes eram reis da Nêustria: Clotário I, de 558 a 561; Clotário II, de 613 a 628; Dagoberto I, de 631 a 638; e Clóvis II, de 655 a 656. Essa predominância da Nêustria foi o resultado natural, primeiro, do estabelecimento de Clóvis na região; segundo, da posição central que aquele reino ocupava com relação ao resto da Gália; terceiro, da civilização e riqueza superior que lhes advinha de sua população romana; quarto, da rápida expansão que a autoridade real obteve em conseqüência das prevalentes idéias e costumes romanos; quinto, das flutuações contínuas que ocorriam na Austrásia devido à proximidade dos bárbaros germânicos, pelas guerras contra os turíngios e saxões e por outras causas.

II. A situação dos dois reinos à época de Fredegunda e Brunilda, de 598 a 623. A luta entre a Nêustria e a Austrásia foi constante durante o governo dessas duas rainhas. O poder de Chilperico e de Fredegunda na Nêustria era maior que o dos reis da Austrásia e de Brunilda. Fredegunda atuava no único país em que a administração romana ainda prevalecia; Brunilda tentou em vão vencer a independência desordenada dos chefes dos bandos germânicos que haviam se tornado grandes proprietários de terra. Apesar de sua coragem e habilidade, a oposição que fez às aristocracias da Austrásia e da Borgonha não teve muito sucesso. A aristocracia austrasiana formou uma aliança secreta com a de Nêustria. O declínio e a morte de Brunilda foram claramente um triunfo para a aristocracia austrasiana, que, mais forte e mais compacta que a de Nêustria, impôs a Clotário II a execução de sua rainha. Os restos do despotismo romano foram vencidos na Austrásia pela aristocracia germânica, e as conseqüências desse evento foram o enfraquecimento da autoridade real e a predominância da influência austrasiana.

III. A ascensão dos Prefeitos do Palácio e o declínio da linhagem merovíngia são a terceira prova do grande fato que mencionei. A ascensão dos Prefeitos do Palácio deve ser atribuída às mesmas causas nos dois reinos. É errôneo considerar esse fato como o conflito dos francos vitoriosos contra os gauleses e os romanos. Esses últimos, mais moldados ao despotismo, tinham encontrado fácil acesso à corte dos reis bárbaros, e alguns autores inferem desse fato que a aristocracia germânica criou os Prefeitos do Palácio para contrabalançar a influência dos romanos. Isso é um erro; os Prefeitos do Palácio foram obra e instrumento da aristocracia bárbara, fosse ela romana ou gaulesa, em oposição à autoridade real.

Diz-se também que os reis desejavam ter como associado um dos membros mais poderosos da aristocracia territorial, a fim de controlar ou oprimir os demais. É possível que isso tenha sido assim originalmente, mas o Prefeito do Palácio logo descobriu que era mais vantajoso para ele tornar-se líder e instrumento da nobreza. Com isso, promovia seus interesses, e assumiu o caráter de protetor dos grandes proprietários, de quem, em última instância, dependia sua nomeação. A partir desse momento, a autoridade real já não tinha quase valor.

Embora o mesmo fenômeno seja observável nos dois reinos, a aristocracia austrasiana era mais puramente germânica e mais compacta que a de Nêustria. Como era também mais poderosa, a autoridade dos seus Prefeitos do Palácio teve raízes mais profundas. Vemos, assim, a família de Pepino obter o poder real por meio de uma ascensão progressiva, de 630 a 752. Descendente de Carlomano, o rico proprietário do domínio de Haspengau, situado à margem do Meuse, entre o distrito de Liège e o ducado de Brabante, essa família era totalmente germânica e naturalmente colocou-se à frente da aristocracia franco-germânica.

O declínio dos merovíngios foi, portanto, obra da Austrásia e, por assim dizer, uma segunda conquista da França românica pela França germânica. Os reis da França românica não puderam manter sua posição, e os Prefeitos do Palácio de Nêustria, líderes de uma aristocracia composta de francos e gauleses, não tiveram a competência suficiente para ocupar seu lugar. Foi das margens do Reno e da Bélgica, isto é, da antiga pátria dos francos, que chegaram os novos conquistadores – e esses eram os chefes de uma aristocracia puramente germânica.

Essa foi, sem dúvida, a verdadeira natureza do declínio dos merovíngios e da ascensão dos carolíngios, que fundaram uma nova monarquia franca naquela Gália em que os francos neustrianos haviam se degenerado tanto. Assim percebemos, nessa época e em conseqüência dessa revolução, um claro retorno às instituições e costumes primitivos dos francos. Isso é perceptível até na maneira como a revolução foi realizada. Os detalhes desse evento confirmam totalmente o que dissemos antes com relação ao progresso geral dos negócios. A família Pepino se esforçara durante um século para se colocar no comando da nação franca. Obtinha apoio não só da aristocracia rural mas também do patrocínio dos guerreiros usados nas expedições militares. A expansão do poder dessa família, no primeiro caso, foi obra de Pepino, o Velho e de Pepino de Heristal; no segundo, foi obra de Carlos Martel em particular. Suas guerras constantes contra os germânicos transrenanos, contra os sarracenos e contra os pequenos tiranos do interior fizeram dele um chefe guerreiro mais poderoso que qualquer um de seus ancestrais. Mas Carlos Martel também utilizava outros meios para prender seus companheiros à sua pessoa. Um desses meios era, por exemplo, confiscar a propriedade da Igreja e distribuí-la entre eles. No entanto, esse confisco não foi feito de uma forma absoluta como normalmente se supõe. As várias igrejas tinham o hábito de arrendar sua propriedade em troca de uma renda anual fixa, e as propriedades eclesiásticas assim arrendadas eram chamadas de *precaria*. Com freqüência, quando queriam recompensar um de seus chefes, os reis ordenavam que o conjunto de cônegos de uma catedral arrendasse uma propriedade eclesiástica para um de seus chefes favoritos por um preço módico, sob o título de *precarium*. A princípio, Carlos Martel generalizou essa prática. Um número imenso de seus companheiros recebeu dele favores desse tipo; inicialmente recebiam as propriedades eclesiásticas por apenas dois ou três anos; mas quando o prazo tinha vencido, os inquilinos não estavam dispostos a restituir aquilo de que haviam se apropriado e a que estavam habituados. O conflito da Igreja contra os proprietários usurpadores foi um problema para os reis da segunda linhagem. Como eles muitas vezes precisavam da ajuda do clero, faziam o possível para aplacar suas queixas. Pepino, o Breve e Carlos Magno restituíram ao clero uma grande parte de sua propriedade que tinha sido originalmente concedida a seus guerreiros como *precaria*; ou pelo menos aumentaram a quantia paga à Igreja pelos novos proprietários, que obstinadamente se recusavam a se considerar meros inquilinos.

A predominância da família Pepino começara antes da época de Carlos Martel, com sua posse na função hereditária de Prefeito do Palácio. Durante a vida desse grande chefe, houve vários interregnos na Austrásia e na Nêustria, mas ele continuou a exercer a autoridade suprema com o simples título de duque dos francos. Com sua morte, seus filhos, Pepino e Carlomano, dividiram o reino entre si. Pepino, ainda mantendo algum respeito pelas aparências, fez de Childerico III rei de Nêustria; e pouco depois, com a abdicação de seu irmão Carlomano, ele próprio passou a ser duque de Austrásia e ao mesmo tempo o todo-poderoso Prefeito do Palácio em Nêustria. No entanto, tão importante era ainda a idéia da legitimidade hereditária da coroa que Pepino não se aventurou a tomar pela força o trono que pertencia legitimamente aos descendentes de Clóvis. Tentou justificar o uso da força por meio de uma eleição popular e um apelo à religião. Como chefe de uma aristocracia, ele era muitas vezes obrigado a acatar a vontade dessa aristocracia e a partilhar com ela sua autoridade. Restaurou as antigas assembléias dos grandes proprietários de terra e lhes devolveu sua parte nos negócios públicos. A partir daí, poderia considerar-se eleito, mas nem isso foi suficiente para ele, que ainda achava que sua usurpação precisaria de uma sanção mais solene e sagrada. Convenceu Bonifácio, bispo de Mayence, a ficar do seu lado, e encarregou-o de procurar saber a opinião do papa Zacarias, que, a seu favor, estava sob pressão dos lombardos e precisava da ajuda do chefe franco. Quando Pepino se assegurou da concordância do pontífice, enviou Burckhardt, bispo de Wurtzburgo, e Fulrad, abade de St. Denis, para que lhe propusessem esta pergunta, na forma de um caso de consciência. "Quando há um rei de fato e um rei de direito, qual é o verdadeiro rei?" O papa respondeu que aquele que realmente exercia a autoridade real deveria também possuir o título real. Em 752, Pepino convocou a assembléia nacional em Soissons. Lá, foi eleito rei e depois consagrado pelo bispo Bonifácio. Em 754, o papa Estêvão III viajou até a França e consagrou Pepino uma vez mais, com seus dois filhos e sua esposa Bertrade. O papa ordenou então que os francos, sob pena de excomunhão, não aceitassem nenhum rei que não pertencesse à família de Pepino. Os francos fizeram, então, o seguinte juramento: *Ut nunquam de alterius lumbis regem in aevo praesumant eligere.*[1]

Uma segunda dinastia foi assim estabelecida quase da mesma maneira que a primeira. O principal guerreiro-chefe, o mais poderoso dos grandes proprietários, fez-se eleger por seus companheiros, limitou eleições futuras a membros de sua própria família e obteve a sanção da religião para sua eleição. Tendo, nas mãos, o poder advindo de seus pais e o que ele próprio conquistara, quis ter também o poder legítimo, vindo de Deus e do povo.

---

[1] Que eles se comprometiam a nunca escolher um rei de outra linhagem por todos os tempos.

Os costumes e instituições germânicos reaparecem, mas associados a idéias cristãs. Dá-se, então, uma segunda conquista da Gália, realizada por guerreiros germânicos e sancionada, em nome do mundo romano, não mais pelo imperador, e sim pelo papa. A Igreja tinha herdado a ascendência moral do Império.

Palestra 11

Caráter geral dos eventos sob o Império Carolíngio. — Reinado de Pepino, o Breve. — Reinado de Carlos Magno. — Época de transição. — Reinados de Luís, o Piedoso e Carlos, o Calvo. — Invasões normandas. — Os últimos carolíngios. — Acessão de Hugo Capeto.

Fiz um esboço do progresso geral dos eventos na Gália franca sob os merovíngios. Agora farei um esboço semelhante do reino dos carolíngios. Não é minha intenção fazer um exame minucioso das instituições nem uma narrativa detalhada das ocorrências. Procurarei resumir os fatos dentro de um fato geral que inclui todos eles.

Sob os merovíngios, a tendência geral dos eventos era a centralização; e essa era uma tendência natural. Naquele período, uma sociedade e um Estado estavam lutando para se formar e se criar; e sociedades e Estados só podem ser criados pela centralização de interesses e de forças. As conquistas e a autoridade de Clóvis, por mais fugazes e incompletas que possam ter sido, já indicavam essa necessidade de centralização, que, à época, exercia grande pressão sobre as sociedades romana e bárbara. Depois da morte de Clóvis, seus domínios foram desmembrados e formaram reinos distintos, que, no entanto, não puderam continuar separados. Tendiam a se reunir constantemente, e em breve chegaram a ser apenas dois que afinal se uniram em uma coalizão. Um processo semelhante ocorreu com relação à autoridade no interior de cada Estado. No início, o poder real tentou ser o princípio centralizador, mas não teve sucesso; a aristocracia dos chefes, os grandes proprietários de terra, esforçou-se para se organizar e para produzir seu próprio governo. E finalmente o produziu na forma dos Prefeitos do Palácio, que por fim tornaram-se reis. Após 271 anos de esforços, todos os reinos francos juntaram-se para formar um só reino. Embora o poder supremo estivesse mais concentrado nas mãos do rei, ele agora tinha a ajuda das assembléias nacionais.

Sob Pepino, o Breve e Carlos Magno, essa centralização foi mantida, expandida e regulamentada, e pareceu ganhar força. Novos países e novos povos foram incorporados ao Estado franco. As relações do soberano com seus súditos tornaram-se mais numerosas e mais regulares. Novos laços de união foram estabelecidos entre o poder supremo, seus delegados e seus súditos. Parecia provável que um Estado e um governo se formariam.

No entanto, após a morte de Carlos Magno, a situação apresentou aspectos novos e tomou uma direção contrária. Na mesma proporção em que, sob o governo da linhagem merovíngia, a tendência à centralização dos vários Estados entre si, ou do poder interno em cada Estado, era visível sob os carolíngios, evidenciou-se uma tendência ao desmembramento, à dissolução, tanto dos Estados propriamente ditos quanto do poder em cada Estado. Sob os merovíngios, vimos que ocorreram cinco desmembramentos sucessivos, embora nenhum deles fosse muito duradouro; depois da morte de Carlos Magno, os reis que haviam se separado não se juntaram outra vez. Luís, o Piedoso dividiu o império entre seus filhos em 838 e esforçou-se sem sucesso para manter alguma união entre eles. O tratado de Verdun, em 843, separou as três monarquias definitivamente. Em 884, Carlos, o Gordo tentou uni-los outra vez, mas fracassou, já que essa união era impraticável.

No interior de cada Estado, e particularmente na França, evidenciou-se o mesmo fenômeno. O poder supremo que, sob os merovíngios, tendia a ficar concentrado nas mãos dos reis ou dos Prefeitos do Palácio, e que parecia ter alcançado esse objetivo sob Pepino e Carlos Magno, tomou uma direção oposta a partir do reinado de Luís, o Piedoso, e esteve sempre inclinado à dissolução. Os grandes proprietários de terra, que, sob a primeira linhagem, haviam sido naturalmente encorajados a formar uma coalizão contra a autoridade real, agora só lutavam por sua própria ascensão e para se tornarem soberanos em seus próprios domínios. A sucessão hereditária de feudos e cargos passou a prevalecer. A realeza era nada mais que um senhorio direto, ou uma suserania indireta e impotente. A soberania dispersou-se: já não existiam Estados ou chefes de Estado. A história dos carolíngios nada mais é que a luta da realeza em declínio contra a tendência que continuamente roubava e contraía cada vez mais seu poder. Esse foi o caráter predominante e a evolução geral dos eventos de Luís, o Piedoso até Hugo Capeto. Agora farei referência aos fatos principais desse período e neles encontrarei as evidências para o contexto geral que acabei de mencionar.

I. Pepino, o Breve (752-768). Como esse monarca subiu ao poder com a ajuda dos grandes proprietários, do clero e do papa, ele foi forçado, durante todo o seu reinado, a tratar com consideração esses poderes que o tinham apoiado. Convocava assembléias nacionais com freqüência, e também com freqüência tinha que enfrentar oposição por parte delas. Só com extrema dificuldade conseguiu persuadir os chefes a fazer guerra aos lombardos, a pedido do papa Estêvão III. A fim de manter o apoio do clero, Pepino ordenou aos inquilinos dos feudos eclesiásticos que cumprissem as condições estabelecidas em seu contrato de arrendamento; era pródigo em suas doações para as igrejas, e deu mais autoridade aos bispos. É a partir da resposta do papa Zacarias a Pepino que os papas começaram a presumir que tinham um direito histórico de fazer e desfazer reis. Com isso, Pepino favoreceu o engrandecimento da aristocracia, do clero e do papado – três poderes que lhe tinham sido muito úteis e ainda lhe prestavam serviços e que ele sabia como administrar e controlar, mas que, sob outras circunstâncias, iriam certamente lutar para se tornar independentes do poder real e promover o desmembramento desse poder, após terem contribuído para a concentração do reino. O momento mais favorável para o desenvolvimento desses poderes havia chegado. A princípio, colocaram-se a serviço do rei, que lhes era útil, e que sabia fazer com que eles próprios fossem úteis à realeza; e com isso tornaram-se capazes de se libertar da dependência que tinham dele e dali em diante atuar sozinhos e por conta própria.

II. Carlos Magno (768-814). As épocas de transição, na história da sociedade, têm essa característica singular: às vezes são marcadas por grande agitação, outras, por profunda tranqüilidade. Vale a pena estudar as causas dessa diferença entre épocas que são basicamente semelhantes em sua natureza e que não constituem uma condição fixa e durável da sociedade, e sim uma passagem de uma condição para outra. Quando ocorre uma transição de uma situação que foi estabelecida há muito tempo e que está fadada à destruição, para uma nova situação que ainda será necessário criar, há um período de muita agitação e violência. Quando, por outro lado, não existe um estado prévio da sociedade que, em virtude de sua longa permanência, é difícil de vencer, a transição é apenas uma pausa momentânea da sociedade, cansada da desordem de seu estado caótico anterior e do esforço de criação. Esse foi o caráter do reinado de Carlos Magno. Todo o país dos francos, exausto com as desordens da primeira dinastia, e não tendo ainda dado origem ao sistema social que estava destinado a surgir naturalmente de sua conquista – isto é, o sistema feudal –, ficou imóvel por um momento sob o governo de um grande homem que, mais que nenhum outro antes dele, impôs a ordem e a normalidade em seu reino. Até então, os dois grandes poderes que agitavam o país – os grandes proprietários e o clero – não tinham sido capazes de ocupar uma posição estável. A autoridade real os hostilizava, e eles a atacavam. Carlos Magno sabia como contê-los e como satisfazê-los, e fez tudo para mantê-los ocupados sem ficar sob seu poder. Esse saber era sua maior força, e foi a razão para a ordem temporária que ele estabeleceu em todo o seu império. Em uma palestra futura, quando estivermos estudando as instituições de sua época, veremos qual era o traço característico de seu governo. No momento estou apenas falando do fato em si mesmo – da circunstância peculiar da autoridade de um rei muito poderoso interposta entre uma época em que a realeza era ligeiramente valorizada e outra em que praticamente perdeu toda a sua importância. Carlos Magno fez o que era possível fazer com a monarquia bárbara. Em seu interior, nas necessidades de sua mente e da vida, ele possuía uma energia que não apenas correspondia às exigências da época mas as superava. Os francos queriam guerra e pilhagem; Carlos Magno queria conquistas a fim de ampliar sua reputação e seu domínio. Os francos não estavam dispostos a ficar sem uma participação em seu próprio governo; Carlos Magno realizava assembléias nacionais com freqüência e empregava os membros mais importantes da aristocracia territorial como duques, condes, *missi dominici*,[1] e em outras funções. O clero ansiava por respeito, autoridade e riqueza; Carlos Magno os respeitava muito, empregava vários bispos no serviço público, cobria-os de riquezas e propriedades e os unia firmemente a si, provando ser um amigo generoso e um patrono daqueles estudos dos quais eles eram quase os únicos cultores. Em todas as direções para as quais as mentes ativas e enérgicas daquele época voltavam suas atenções, Carlos Magno era sempre o primeiro a olhar; e ele demonstrou ser mais bélico que seus guerreiros, mais cuidadoso com os interesses da Igreja que a maioria de seus devotos mais fiéis, maior amigo da literatura que a maioria dos eruditos, sempre à frente em todas as carreiras, e com isso trazendo tudo para uma espécie de unidade, pelo simples fato de que sua genialidade estava plenamente em sintonia com sua era, porque ele era seu representante mais perfeito, e porque foi capaz de governá-la por ser superior a ela. Mas homens assim, que são, em todos os aspectos, precursores em suas épocas, são os únicos que podem conseguir seguidores; a superioridade

---

[1] Inspetores da situação do reino e da conduta dos nobres.

FRANÇOIS GUIZOT

pessoal de Carlos Magno era a condição indispensável da ordem temporária que ele estabeleceu. Naquela época a ordem não brotava naturalmente da sociedade; a aristocracia vitoriosa ainda não tinha alcançado a organização que almejara. Carlos Magno, mantendo-a empregada, tinha-a desviado de seu objetivo. Quando ele morreu, todas as forças sociais que havia concentrado e absorvido ficaram carentes de nutrição e retornaram a suas tendências naturais, a seus conflitos domésticos; e, uma vez mais, começaram a aspirar à independência do isolamento e à soberania em sua própria comunidade.

III. Luís, o Piedoso (814-840). No momento em que se tornou imperador, Luís deixou de ter o sucesso que o acompanhava quando rei da Aquitânia. Os fatos logo apontaram para aquela mesma tendência à dissolução que permeara o império de Carlos Magno e que dispersou a autoridade que o grande imperador tinha sido capaz de reter totalmente em suas mãos. Luís deu reinos a seus filhos, e eles continuamente se rebelavam contra ele. Os grandes proprietários, o clero e o papa – as três forças sociais que Carlos Magno tinha administrado e contido tão habilmente – escaparam do jugo de Luís, o Piedoso e agiam às vezes em seu favor, outras contra ele. O clero cobriu-o de repreensões e o obrigou a fazer penitência pública em Worms, em 829. Em 830 tentaram obrigá-lo a tornar-se monge, após a assembléia de Compiègne, onde ele tinha confessado suas culpas; e em 833 foi deposto por outra assembléia em Compiègne, como conseqüência de uma conspiração da qual o papa Gregório IV havia participado. No decorrer de todo seu reinado, nada se encaixava, tudo estava desarticulado: os dois Estados que constituíam o império e as grandes forças sociais, leigas e eclesiásticas em cada Estado. Cada uma dessas forças aspirava a se tornar independente. Luís, o Piedoso apresentava um espetáculo à parte, no meio dessa dissolução, tentando praticar, como um estudioso, as máximas de governo estabelecidas por Carlos Magno, promulgando leis gerais contra abusos gerais, prescrevendo regras para a orientação de todas aquelas forças das quais ele perdera o controle, e até tentando corrigir atos específicos de injustiça que haviam sido cometidos sob o reinado anterior. Mas os reis, os grandes proprietários, os bispos — todos tinham adquirido um sentido de sua própria importância e recusavam-se a obedecer a um imperador que já não era Carlos Magno.

IV. Carlos, o Calvo (840-877). A dissolução que tinha começado sob Luís, o Piedoso continuou sob seu filho Carlos, o Calvo. Seus três irmãos,* aproveitando-se, alternativamente, das pretensões do clero ou dos grandes proprietários de terra, disputavam com ele o vasto império de Carlos Magno. A batalha sangrenta de Fontenay, que ocorreu em 25 de junho de 841, fez Carlos, o Calvo rei da Nêustria e da Aquitânia, ou seja, da França. Seu reinado nada mais foi que uma série de mudanças sucessivas e contínuas, um cenário de esforços inúteis para evitar o desmembramento de seus domínios e de seu poder. Em um determinado momento, ele rouba o clero a fim de satisfazer a avidez dos grandes proprietários, cujo apoio ele está ansioso por obter; em outro, prejudica os proprietários a fim de acalmar o clero, de cuja ajuda ele precisa. Seus decretos reais, os chamados

---

* Lotário, Pepino e Luís, o Germânico, os três filhos mais velhos de Luís, o Piedoso.

capitulares, contêm muito pouco além dessas mudanças ineficazes. A sucessão hereditária de feudos e nomeações triunfou, e todos os chefes lançaram as bases de sua própria independência.

V. Os normandos. Este é o nome genérico para as tribos germânicas e escandinavas que habitavam as costas do Mar Báltico. Suas expedições marítimas remontam a épocas muito antigas, e as vemos sob a primeira dinastia dos reis francos. Ocorrem com freqüência no final do reinado de Carlos Magno e sob Luís, o Piedoso, e aparecem constantemente sob Carlos, o Calvo. Essas expedições foram uma nova causa para o desmembramento do império e da autoridade real. No século IX os gauleses francos tinham a mesma aparência dos gauleses romanos de quatro séculos antes: a de um governo incapaz de defender o país, que era expulso ou fugia sem direção determinada, e de pilhagens feitas pelos bárbaros, que, impondo tributos, se retiravam quando lhes pagavam grandes quantias de dinheiro mas que reapareciam constantemente para exigir novas contribuições. Apesar disso, é possível observar uma diferença óbvia entre essas duas épocas. Nas duas o governo central era igualmente incapaz e desgastado; mas no século IX havia no território franco um bando de chefes que, embora sendo eles próprios invasores bárbaros recentes, tinham se tornado independentes e estavam rodeados de guerreiros que se defendiam contra os novos invasores com muito mais energia que os magistrados romanos o haviam feito. Aproveitavam-se, também, da situação conturbada da sociedade para consolidar firmemente suas próprias soberanias individuais. Entre esses chefes, temos Roberto, o Forte, descendente da família dos Capeto, que se tornou duque de Nêustria em 861 mas foi morto em 866 quando defendia a Nêustria dos normandos. Os normandos finalmente se estabeleceram na Nêustria em 912, sob Carlos, o Simples, que cedeu a província para o chefe normando Rollo e lhe deu sua filha Grisella em casamento.

VI. Carlos, o Gordo. Em 884, Carlos, o Gordo, filho de Luís, o Germânico, temporariamente reuniu sob seu governo quase todos os domínios de Carlos Magno. No entanto, a manutenção dessa nova concentração de território e de poder foi impossível, e ela se dissolveu antes mesmo de sua morte.

VII. Em 888, Eudes e em 923, Raul, se fizeram reis. O primeiro, um conde de Paris, era filho de Roberto, o Forte e assumiu o título de rei na assembléia nacional realizada em Compiègne. O segundo era o duque de Borgonha, marido de Emma, neta de Roberto, o Forte e irmã de Hugo, o Grande, duque de França. Esses reis não eram, como os Prefeitos do Palácio no final da primeira dinastia, representantes de um aristocracia poderosa. A aristocracia territorial do século X não tinha mais necessidade de representação; nenhum poder poderia lutar eficazmente contra ela. Todos os grandes proprietários de terra eram senhores absolutos em suas propriedades, e os reis eram apenas grandes barões que, tendo se tornado independentes, assumiam o título de reis com a ajuda de seus vassalos. Uma parte dos lordes que haviam se tornado independentes dessa maneira mantinha-se indiferente às brigas que não perturbassem seus direitos e seu poder. Não se importavam muito se havia um rei ou quem era ele. Os descendentes de Carlos Magno mantiveram por um tempo considerável um partido de seguidores, visto que o conceito e o sentimento do direito de uma sucessão hereditária à coroa, isto é, de legitimidade, já eram poderosos; mas em 987 o conflito cessou, e Hugo Capeto tornou-se rei.

O fato geral que caracteriza essa época — uma tendência ao desmembramento e à dissolução — é encontrado com freqüência no curso da história da raça humana. A princípio vemos os interesses, as forças e as idéias que existem na sociedade, lutando para se unir, para se concentrar e produzir uma forma adequada de governo. Quando essa concentração é realizada e esse governo produzido, vemos que, no fim de algum tempo, a sociedade se exaure e torna-se incapaz de manter a concentração em sua totalidade; novas forças, novos interesses e novas idéias, que não se harmonizam umas com as outras, surgem e entram em ação; a dissolução recomeça então, os elementos da sociedade se separam, e os laços que unem o governo se afrouxam. Tem início um conflito entre as forças que tendem para a separação e a autoridade que luta para manter a união. Quando a dissolução se consuma, começa então um novo trabalho de concentração. Isso ocorreu após o declínio da segunda dinastia na França. A prevalência do sistema feudal havia provocado a dissolução do governo e do Estado; o governo e o Estado lutaram para se reconstituir e para ganhar outra vez sua unidade e consistência. Essa grande tarefa certamente não foi realizada até o reinado de Luís XIV; as forças sociais então tinham se concentrado uma vez mais nas mãos da realeza. Nossa própria era foi testemunha de uma nova dissolução.[2]

---

[2] Para uma discussão abrangente desse tema, veja Guizot, *HCE*, Palestras VII-XI, pp. 119-96.

O que observamos, então, durante os anos que vão de 481 a 987, é um fenômeno geral, característico da evolução da raça humana. Esse fenômeno ocorre não só na história política das sociedades, mas também em todas as ocupações nas quais a atividade humana se exerce. Na ordem intelectual, por exemplo, vemos que a princípio reina o caos; em meio à ignorância universal, são feitas as tentativas mais diversas para tentar solucionar as grandes questões sobre a natureza e o destino do homem. Gradativamente, as opiniões são assimiladas, forma-se uma escola, fundada por um homem superior, e a ela se juntam quase todos os homens sábios. Mas em pouco tempo, no interior dessa mesma escola, surgem opiniões diversas que lutam entre si e se separam; a dissolução começa uma vez mais na ordem intelectual e irá continuar até que seja formada uma nova unidade que tome o controle.

Assim, também, é o curso da própria natureza em suas operações grandes e misteriosas. Essa alternância contínua de formação e dissolução, de vida e de morte, volta à baila em todas as coisas e sob todas as formas. O espírito une a matéria e lhe dá animação e usos, mas depois a abandona. E ela se torna vítima de alguma fermentação e reaparece depois sob um novo aspecto, para receber uma vez mais aquele espírito que sozinho pode lhe dar vida, ordem e unidade.

François Guizot

Palestra 12

Instituições antigas dos francos. — Mais dificuldade para estudá-las que no caso das instituições anglo-saxãs. — Três tipos de propriedade fundiária: terras alodiais, beneficiárias e tributárias. — Origem das terras alodiais. — Significado da palavra alódio. — Terra sálica entre os francos. — Características essenciais dos alódios.

O estudo das instituições antigas dos francos é muito mais complexo que o das instituições anglo-saxãs, por várias razões:

I. A monarquia franca coexistiu com os antigos povos gálico-romanos que mantinham parte de suas leis e costumes e cuja linguagem era predominante. A Gália era mais civilizada, mais organizada e mais romanizada que a Grã-Bretanha, onde a maioria dos habitantes originais havia sido destruída ou dispersa.

II. A Gália foi dividida entre vários povos bárbaros — francos, visigodos, borgonheses —, cada um com suas próprias leis, seu próprio reino, sua própria história; e a alternância contínua da monarquia franca entre desarticulação e articulação impediu, durante muito tempo, que sua história tivesse continuidade.

III. Os conquistadores se dispersaram por uma extensão muito maior de território, e as instituições centrais eram mais fracas, mais diversificadas e mais complexas.

IV. Dos dois sistemas de ordem social e política encontrados no berço das nações modernas — isto é, o sistema feudal e o sistema representativo —, o último foi predominante na Inglaterra durante muito tempo, enquanto o primeiro prevaleceu na França também por um longo período. As antigas instituições nacionais dos francos foram absorvidas pelo sistema feudal a que se seguiu o poder absoluto. As instituições saxãs, por outro lado, foram mais ou menos mantidas e se perpetuaram, terminando finalmente no sistema representativo, que as fez livres ao dar-lhes o devido desenvolvimento.

É possível, também, que a dificuldade de estudar as instituições antigas francas se deva até certo ponto ao fato de possuirmos mais documentos relacionados com os francos do que com os saxões. Como conhecemos mais fatos, temos mais dificuldade em harmonizá-los. Às vezes, quando sabemos menos, temos a impressão de que estamos mais bem informados.

Se esse é o caso, quero declarar com precisão o objetivo de minhas pesquisas para não perdermos tempo em digressões inúteis. Não proponho que estudemos a situação da sociedade franca em todos os seus departamentos, ou a história de todas as suas vicissitudes. Meu desejo é investigar e explicar-lhes, primeiro, o que era, na França do século V ao século X, a parte política da nação, que possuía direitos e liberdades políticas; e segundo, por quais instituições esses direitos eram exercidos e essas liberdades garantidas. Com freqüência seremos obrigados a ultrapassar esses limites em busca de fatos necessários para a solução de questões neles inseridas; mas não nos alongaremos muito nesses assuntos irrelevantes.

No decorrer deste estudo, veremos que as obras de autores alemães são de utilidade incontestável. Uma das causas principais dos erros dos autores franceses que trataram do assunto é que eles tentaram deduzir todas as nossas instituições a partir da Alemanha, a partir da situação dos francos antes da invasão. Além disso, eles não estavam familiarizados com o idioma, com a história e com as pesquisas eruditas dos povos puramente germânicos, isto é, das nações que haviam mantido os elementos originais da sociedade franca mais profundamente e que formaram uma parte considerável da monarquia franca.

O Dr. Hullmann, professor na Universidade de Bonn, escreveu um livro sobre a origem das várias situações e condições sociais cujo objetivo era provar que a origem de todas as ordens sociais, políticas e civis modernas, estão relacionadas com o fato de os povos dos tempos modernos terem sido agricultores, dedicados à posse da terra e ao seu cultivo fixo. Essa idéia, embora incompleta, é muito importante. É certo que, na história da Europa, desde a queda do Império Romano, a situação das pessoas estava intimamente relacionada com a situação da propriedade da terra, e que uma elucida a outra. Embora a história não prove que foi assim desde o começo, a longa e contínua predominância do sistema feudal, que consiste precisamente na conexão íntima e na amalgamação das relações da terra com as das pessoas, por si só seria suficiente para demonstrar isso inquestionavelmente.

No começo, a situação das pessoas gerou a situação das terras; na medida em que o homem foi se tornando mais ou menos livre ou mais ou menos poderoso, a terra que ele possuía ou cultivava assumia um caráter correspondente. Mais tarde, a situação das terras tornou-se símbolo da situação das pessoas; segundo o tipo de domínio que um homem possuísse ou cultivasse, ele tinha mais ou menos liberdade e era mais ou menos importante no Estado. Originalmente, o homem dava seu caráter à propriedade; a seguir, foi a propriedade que impingiu seu caráter ao homem; e como os símbolos rapidamente tornam-se causas, a situação das pessoas afinal já não era apenas indicada pela situação das terras e sim determinada por elas e uma conseqüência delas. As condições sociais foram até certo ponto incorporadas ao solo; e o homem descobriu-se possuidor de certa categoria e de certo grau de liberdade e de importância social, de acordo com o caráter da terra que ele ocupava. Ao estudar a história moderna, não devemos nunca perder de vista essas vicissitudes na situação das terras e das várias influências que elas exercem na situação das pessoas.

Há alguma vantagem em se estudar primeiro a situação das terras enquanto símbolo da situação das pessoas, porque a primeira não só é menos complexa como também é um tanto mais fácil de definir que a segunda. Isso porque a situação das pessoas podia variar, mesmo em terras de situação semelhante; e as mesmas pessoas poderiam possuir terras de situações diferentes. Além disso, a informação que temos com relação à situação das terras é mais precisa.

Ao estudar a situação da propriedade da terra e suas vicissitudes, não proponho investigar sua condição civil, ou considerar a propriedade em todas as suas relações civis, tais como sucessões, doações testamentárias e transferências. Minha intenção é considerá-la somente em sua relação com a situação das pessoas, e como símbolo ou causa das várias condições da sociedade. Temos a vantagem de que no período que vamos começar a estudar, do século V ao século X, existe um sistema completo, tanto com referência à propriedade da terra quanto com respeito à situação das pessoas e às instituições políticas da nação.[1]

Nesse período, vemos três tipos de propriedade da terra: 1º, terras alodiais; 2º, terras beneficiárias; e 3º, terras tributárias.

1º Sobre terras alodiais ou *alódios* – Eram terras cujo dono tinha direito absoluto; um direito que o proprietário não havia recebido de ninguém, pelo qual não devia nada a nenhum superior e da qual tinha total liberdade de dispor. As terras tomadas ou recebidas como pilhagem pelos francos, à época da conquista da Gália, ou em suas conquistas subseqüentes, eram originalmente alodiais. Em um período posterior, passou-se a dizer que um homem só recebia um alódio de Deus ou por sua espada. Hugo Capeto disse que mantinha a coroa da França dessa forma porque não a recebera de ninguém. Essas posses eram lembranças de conquistas.

A palavra *alódio* por si só já indica que os primeiros alódios eram terras que vinham às mãos dos conquistadores por loteamento ou divisão; assim temos a palavra *loos*, que significa lote. Dela vêm a palavra inglesa *allotment* e a francesa *loterie*. Entre os borgonheses,

---

[1] Esse é um exemplo excelente da perspicácia e método sociológico de Guizot. Seu argumento é que, a fim de entender as instituições políticas, devemos começar estudando a situação das pessoas e da propriedade da terra, que por si só pode explicar a direção da mudança social. Guizot aponta para a grande diversidade de condições da propriedade na Idade Média (alodial ou independente, beneficiária e tributária) e a conseqüente desigualdade na riqueza. Ele argumenta que a situação e as relações das pessoas não dependiam originalmente da situação das propriedades territoriais, e portanto não podem ser deduzidas dela. Afirma também que a destruição da propriedade feudal levou à fragmentação da sociedade, o que contribuiu para a centralização do governo. Para mais detalhes, veja HOGR, pp. 246-50.

os visigodos, os lombardos e outros mais, encontramos vestígios claros dessa divisão das terras distribuídas entre conquistadores. Eles tomavam posse de apenas dois terços da terra, não de toda a extensão do país, mas sim da terra em qualquer localidade onde um bárbaro de alguma importância estabelecia sua residência. As terras que caíam assim nas mãos dos bárbaros eram chamadas de *Sortes*: *Sortes burgundionum*, *Sortes gothorum* e assim por diante. Entre os francos não encontramos vestígios claros de uma divisão semelhante da terra, mas sabemos, apesar disso, que também dividiam sua pilhagem por lotes.

A palavra *alódio*, então, referia-se primeiramente apenas às terras tomadas pelos vencedores em virtude de suas conquistas. Outra prova disso é que durante muito tempo existiu uma diferença clara entre a propriedade *alodial* propriamente dita e outras terras que também eram mantidas por direito absoluto sem acarretar necessariamente autorização de um superior, mas que haviam sido adquiridas por compra ou qualquer outro meio. Havia diferenças também entre os tipos de terras alodiais, chamando-se, por exemplo, de terra *salio* aquela que só podia ser herdada por pessoas do sexo masculino. Esse era provavelmente o alódio original, a terra adquirida à época da conquista e que, em razão disso, se tornava o estabelecimento original e principal do chefe da família. *Terra salica* é a *terra aviatica* dos francos ripuários, a *terra sortis titulo adquisita* dos borgonheses, o *haereditas* dos saxões e a *terra paterna* das fórmulas de Marculf.[2] Várias explicações foram dadas para o termo *terra sálica*.

---

[2] Terra sálica é a terra materna dos francos ripuários, a terra adquirida por título dos borgonheses, a terra herdada dos saxões e a terra paterna das fórmulas de Marculf.

Montesquieu acha que era a terra que pertencia à casa, da palavra *sal*, sala. Essa explicação tem o apoio de Hullmann. Seria assim a expressão *in-land* dos anglo-saxões. É provável que originalmente a *terra sálica* fosse, na verdade, a terra anexada à casa, ou seja, à residência do chefe. As duas explicações, nesse caso, coincidiriam; mas a primeira é mais completa e mais histórica que a última.

O nome *alódio* foi estendido gradativamente a todas as terras possuídas por direito absoluto, e não obtidas de nenhum superior, fossem ou não os alódios originais. As palavras *proprium, possessio, praedium, haereditas*[3] eram então empregadas como sinônimos de *allodium*. Foi provavelmente nesse período também que a proibição rigorosa que excluía as mulheres da sucessão à terra sálica caiu em desuso. Teria sido severo demais excluí-las da sucessão a todas as propriedades alodiais. A partir do momento em que a lei sálica foi elaborada, surgiram dúvidas sobre esse ponto; e Marculf nos transmite uma fórmula que prova que, embora fosse comum que as mulheres fossem proibidas por lei de receber como herança os alódios originais, era possível que um pai, por meio de seu testamento, desse à filha uma parte igual à que dera aos filhos na divisão de toda a sua propriedade, fosse qual fosse a natureza dessa propriedade.

A característica essencial e original do *allodium* era o direito absoluto à propriedade: o direito de dá-la, de aliená-la, de doá-la por herança ou testamento etc. Sua segunda característica era que ela não dependia de nenhum superior e não envolvia serviço ou tributo de qualquer espécie a ser pago a qualquer indivíduo. Mas, embora as terras alodiais estivessem isentas de todas as cobranças particulares por parte de indivíduos, será que isso significa que

---
[3] Propriedade, possessão, bens, herança.

estavam também isentas de todas as cobranças públicas com relação ao Estado ou ao rei como chefe do Estado? São várias as respostas dadas pelos estudiosos a essa questão.

No período a que aludimos, não havia cobranças públicas propriamente ditas, nem quaisquer obrigações impostas e cumpridas com relação ao Estado ou a seu chefe. Tudo estava restrito às relações pessoais entre indivíduos; e das relações entre seres humanos surgiam as relações mútuas da propriedade da terra que não iam mais longe que as relações entre pessoas. Já vimos isso: a situação dos francos depois da conquista resultou da combinação de suas relações anteriores com sua nova posição. O homem livre, que não obtinha a terra de ninguém, não tinha obrigações a cumprir ou custos a pagar com referência a ninguém por conta de sua terra. Em um estado de civilização desse tipo, a liberdade é apanágio da força. Os francos, que possuíam terras alodiais e eram fortes o bastante para não terem obrigações ou deveres para com nenhum outro indivíduo mais forte, não teriam compreendido a necessidade de dever serviços a um ser abstrato como o Estado, com o qual, além disso, não tinham qualquer relação pessoal.

No entanto, como a sociedade não pode existir em um estado assim de dissolução gerado pelo isolamento dos indivíduos, progressivamente foram formadas entre os proprietários de terras alodiais novas relações que lhes impunham alguns custos.

1º Os presentes dados aos reis ou na realização dos Campos de Marte ou Maio, ou quando esses vinham passar algum tempo em alguma província específica. Os reis não tinham uma residência fixa. Esses presentes, embora originalmente voluntários, foram progressivamente convertendo-se em uma espécie de obrigação, da qual as terras alodiais não estavam isentas. O fato de esses presentes terem se tornado obrigatórios é demonstrado por uma lista preparada em Aix-la-Chapelle em 817, durante o reinado de Luís, o Piedoso, que enumera os mosteiros que tinham que pagar ao rei e os que estavam isentos.

2º O fornecimento de provisões e meios de transporte para os embaixadores do rei, e para enviados estrangeiros, em sua passagem pelo país.

3º Das muitas nações bárbaras que foram incorporadas sucessivamente ao reino dos francos, várias pagavam tributos aos reis francos; e é provável que as terras livres ou alodiais que pertenciam a essas nações contribuíssem com sua parte. O tributo consistia em certo número de vacas, porcos e cavalos. A natureza desses tributos, no entanto, prova que eles não eram distribuídos segundo as terras, e sim impostos à nação como um todo.

4º Uma obrigação mais importante, isto é, o serviço militar, era imposto às terras alodiais. Na palestra seguinte, veremos como essa obrigação foi introduzida.

Palestra 13

Origem do serviço militar: sua causa e limites. —Declarado obrigatório por Carlos Magno. — Terras alodiais eram originalmente isentas de tributação. — Origem dos benefícios. — Mudança na posição dos chefes germânicos em conseqüência de sua situação territorial. — Sua riqueza. — Não havia tesouro público. — O aerarium e o fiscus da antiga república romana. — Formação do domínio privado dos reis de França. — Caráter dos benefícios. — Erro de Montesquieu neste tema.

Indiquei algumas das novas relações que foram sendo gradativamente estabelecidas entre os proprietários de terras alodiais e os serviços que delas resultaram. Hoje, tenho que ocupar os senhores com o exame do serviço militar e dos benefícios.

Originalmente, o serviço militar era imposto a um homem em virtude de sua qualidade, de sua nacionalidade antes da conquista, e não devido à sua riqueza. Depois da conquista, não havia nenhuma obrigação legal com relação a ele; ele foi, portanto, um resultado natural da posição ocupada pelos francos – que eram sempre forçados a defender o que haviam conquistado – e de seu gosto por expedições bélicas e pela pilhagem. Era também uma espécie de obrigação moral que cada homem devia ao chefe que tinha escolhido. Essa conexão continuou sem alterações, como tinha sido na Alemanha; o chefe propunha uma expedição a seus homens, e, se eles a aprovassem, partiam todos. Assim, vemos que Teodorico sugeriu aos francos austrasianos uma expedição contra a Turíngia. Muitas vezes os próprios guerreiros pediam a seu chefe que os comandasse em alguma expedição específica, ameaçando abandoná-lo e buscar outro chefe se ele se recusasse. Sob os merovíngios, uma espécie de regularidade, algum tipo de obrigação legal, foi introduzida nas convocações militares, e uma multa era imposta àqueles que não se apresentassem. A obrigação era imposta e a multa infligida mesmo nos casos em que não fosse necessária nenhuma ação para defender o país. Os proprietários de terras alodiais não estavam isentos: muitos, sem dúvida, iam por escolha própria, mas os fracos eram obrigados a fazê-lo. Essa obrigação, no entanto, estava mais relacionada com a qualidade de um homem livre, um franco, ou com um seu associado, do que com a propriedade.

Só no reinado de Carlos Magno vemos a obrigação de serviço militar imposta a todos os homens livres, proprietários que tinham, além de benefícios, o domínio absoluto da terra, que então era regulada pelas qualificações da propriedade. O serviço não mais parecia um ato voluntário, e já não era também conseqüência de simples relação entre um chefe e seus associados, e sim um verdadeiro serviço público imposto a cada indivíduo da nação, proporcionalmente à natureza e à extensão de suas posses territoriais. Carlos Magno tinha muito cuidado em verificar que o sistema de recrutamento que ele havia estabelecido fosse executado conscienciosamente. Temos prova disso em seu capitulário, publicado na forma de instruções para o *missi dominici*, no ano 812. O capitulário é um relato extremamente detalhado dos procedimentos e responsabilidades do serviço militar. Essas responsabilidades continuaram as mesmas durante os reinados dos sucessores imediatos de Carlos Magno. Sob Carlos, o Calvo, foram limitadas ao caso de uma invasão do país por um estrangeiro (*landwehr*). A relação do vassalo com seu senhor, naquela época, prevalecia totalmente sobre a relação do cidadão com o governante principal do Estado.

Embora as terras alodiais fossem isentas de impostos propriamente ditos – e isso ocorria mais pelo fato de não haver impostos gerais de nenhum tipo à época do que em virtude de alguma imunidade especial atribuída aos donos de terras alodiais –, vemos que os reis se aproveitavam de qualquer oportunidade favorável para tentar cobrar impostos relacionados com homens e terras, embora acreditando que, de direito, eles deveriam estar isentos; as vítimas se queixavam dessas tentativas, considerando-as atos de injustiça, e resistiam a elas, algumas vezes buscando algum tipo de reparação, como ocorreu sob Chilperico, em 578, na Austrásia; sob Teodeberto, em 547; e sob Clóvis II, em 615. Vemos também que, em situações de emergências alarmantes, os reis impunham certas responsabilidades aos proprietários, sem distinção, exigindo que eles prestassem ajuda ou aos pobres ou ao estado. Assim, em 779, Carlos Magno, durante um período de fome coletiva, e Carlos, o Calvo, em 877, com o objetivo de pagar o tributo devido aos normandos, fizeram esse tipo de reivindicação geral. Nos dois casos, a cobrança era adequada à qualidade das pessoas e de suas propriedades.

Há motivos para se acreditar que, originalmente, as terras alodiais não eram muitas, especialmente entre os francos.

Tampouco há razão para supor que os francos se apoderavam das terras e as dividiam sempre que realizavam expedições e conquistas. Eles se preocupavam mais com a pilhagem que podiam carregar e com o gado que levavam consigo, e menos com o estabelecimento de uma colônia. Durante muito tempo, o normal era que os francos não abandonassem totalmente suas primeiras habitações às margens do Meuse e do Reno e regressassem para lá após suas expedições.

Podemos concluir que provavelmente as terras eram distribuídas da seguinte maneira: cada chefe ficava com uma parte para si mesmo e seus associados que viviam na terra do chefe. Seria absurdo supor que os bandos se dissolviam e que os indivíduos sozinhos iriam se retirar para seu pedaço de terra isolado; não havia partes individuais, ou, se havia, eram poucas. Prova suficiente disso é o fato de a maioria dos francos não ter terras próprias, vivendo como lavradores nas terras e nas vilas de um chefe ou do rei. Em muitos casos um homem não só se colocava sob a proteção de outro, mas também à sua disposição, para servi-lo durante toda a sua vida, com a condição de ser alimentado e vestido; mas, apesar disso, esse homem não deixava de ser livre. Esse tipo de contrato, cuja fórmula foi preservada, deve ter sido muito comum e explica por que vemos um número tão grande de homens livres morando e servindo em terras que não lhes pertenciam. Provavelmente o número de francos que foi se transformando em proprietários, graças a benefícios que lhes foram concedidos, era maior que o número daqueles que haviam sido proprietários alodiais originais.

A maioria dos pequenos proprietários alodiais gradativamente perdeu suas posses ou foi reduzida à condição de pagadores de tributos, em virtude de usurpação por parte de vizinhos ou de chefes poderosos. Há inúmeros exemplos disso. As leis que foram feitas a partir do século VII até o século X mostram que as grandes propriedades alodiais ou os benefícios tendiam a absorver pequenas extensões de terras de posse absoluta. O estatuto de Luís, o Piedoso, referindo-se às queixas dos refugiados espanhóis no sul, explica com bastante precisão o sistema que definia a transferência das propriedades de um dono para outro.

As doações às igrejas também contribuíram muito para reduzir o número de propriedades alodiais. É bastante provável que essas últimas tivessem desaparecido completamente, não fosse um movimento contrário que encorajava continuamente sua criação. Como a propriedade alodial era segura e permanente, e os benefícios precários e mais dependentes, os proprietários de benefícios tentavam constantemente converter seus benefícios em propriedades alodiais. Capitulários que chegaram até nós provam esse fato a cada passo. É provável que grandes propriedades alodiais tenham sido criadas dessa forma, enquanto as pequenas tendiam a desaparecer.

Finalmente, sob Carlos, o Calvo, temos uma circunstância peculiar. Esse foi exatamente o momento em que o sistema da propriedade alodial estava, por assim dizer, preparando-se para se fundir com o sistema de propriedade beneficiária, que é sinônimo do feudalismo; e precisamente naquele momento o nome *alódio* é usado com mais freqüência do que nunca. Vemo-lo usado para designar propriedades que evidentemente são benefícios. O nome ainda designava uma propriedade mais certamente hereditária e independente, e como os benefícios eram normalmente hereditários e independentes, eram chamados de alódios unicamente para indicar seu novo caráter; e o próprio rei, cujo interesse era especificamente que seus benefícios não se transformassem em alódios, deu-lhes esse nome, como se se tratasse de uma designação convencional. Sessenta anos antes, Carlos Magno tinha feito os maiores esforços possíveis para evitar que benefícios se transformassem em alódios.

Tendo, assim, explicado a natureza e as mudanças dos alódios, passarei agora a examinar os *benefícios*.

Os *benefícios*, que constituíram o berço do sistema feudal, foram um resultado natural das relações que anteriormente existiam na Alemanha entre um chefe e seus associados. Como o poder desses chefes dependia sobretudo da força de seu bando de associados, a preocupação principal de um chefe era descobrir meios de aumentar o número desses seguidores. Tácito conta como esses chefes, sendo responsáveis pela manutenção e preservação de seus seguidores, conseguiam obtê-los e mantê-los por meio de guerras constantes, dividindo entre eles os espólios do império ou presenteando-os com armas e cavalos. Após a conquista, quando ocorria o estabelecimento territorial, a posição dos chefes mudava. Antes, em sua vida nômade, tinham vivido unicamente de pilhagem; depois, passaram a possuir dois tipos de riqueza: a pilhagem móvel e terras. Davam então a seus companheiros outro tipo de presente que os envolvia em outro tipo de vida. Essas riquezas, tanto as móveis quanto as fixas, continuavam a ser propriedade pessoal e privada para os chefes e para todos os outros. A sociedade franca ainda não havia chegado ao conceito de propriedade pública. Ela consistia unicamente em indivíduos, poderosos em virtude de sua coragem e de seu talento para a guerra, pela antiguidade de sua família e a reputação de seu nome, que, graças a tudo isso, atraíam para perto de si outros indivíduos que também passavam a vida nessa mesma maneira precária. As repúblicas da antiguidade não começaram assim. Roma logo teve seu tesouro público – seu *aerarium*. Até quase o final da república, o *aerarium* ainda persistia. Augusto estabeleceu o *fiscus*, o tesouro do príncipe, que estava destinado a absorver o *aerarium*. A princípio o *fiscus* só recebia presentes particulares do príncipe, mas logo começou a usurpar todas as rendas públicas, até que se tornou o único repositório para a riqueza pública. Assim, o despotismo transformou um domínio público em domínio privado. Os estados fundados sobre as ruínas do Império Romano seguiram o caminho oposto. Em seu começo, toda a propriedade era propriedade privada. Foi em conseqüência do desenvolvimento da civilização e de instituições livres que, em quase todas as monarquias, os domínios privados gradativamente tornaram-se propriedade pública.

Os domínios privados dos chefes dos bandos, e particularmente os dos reis francos, eram originalmente compostos de terras tomadas dos habitantes dos países onde eles tinham se estabelecido. Como eu já disse, eles não tomavam todas as terras, apenas um grande número delas. A parte do chefe deve ter sido considerável, como indicam os domínios numerosos dos chefes das duas primeiras linhagens, na Bélgica, em Flandres, e às margens do Reno onde eles formaram suas primeiras colônias. Hullmann forneceu uma lista de 123 domínios além do Meuse que pertenciam à família carolíngia.

A propriedade privada dos chefes dos povos conquistados era, pelo menos em grande parte, incorporada ao domínio do chefe conquistador. Clóvis subjugou sucessivamente vários pequenos monarcas em sua vizinhança – Ragnachar em Cambray, Chararich na Bélgica, Sigeberto em Colônia – e apoderou-se de todas as suas propriedades pessoais.

A substituição da realeza de uma família pela de outra aumentava o domínio privado do rei; o novo rei acrescentava às suas próprias possessões pessoais a propriedade do rei destronado. Assim, os grandes domínios que a família dos Pepinos possuía na Bélgica e no Reno passaram a ser domínios reais.

Confiscos legais, como punição por um crime, casos em que não se encontrava um herdeiro legítimo para a propriedade ou até confiscos injustos e violentos — eram outras fontes de riqueza pessoal para os reis.

Dessa maneira, o domínio privado dos reis aumentou rapidamente, e era usado por eles especialmente como um meio para manter seus antigos associados ou para obter associados novos. Os benefícios, então, são tão antigos quanto o estabelecimento dos francos em um território fixo.

A questão fundamental que dividiu historiadores — fossem eles apenas estudiosos ou filósofos — é a seguinte: os benefícios eram dados por um período e a doação revogável à vontade do doador? Ou as doações eram vitalícias, mas mesmo assim reversíveis? Ou eram hereditárias? Montesquieu tentou estabelecer uma progressão histórica entre esses vários modos; ele afirma que os benefícios eram a princípio revogáveis e dados por um tempo determinado, depois para a vida toda do beneficiário, e mais tarde passaram a ser hereditários. A meu ver, ele está errado, e seu erro é resultado de uma tentativa de sistematizar a história e de colocar os fatos em uma ordem regular. Na doação e recepção de benefícios, duas tendências sempre coexistiram: por um lado, aqueles que tinham recebido os benefícios queriam mantê-los e até mesmo torná-los hereditários; por outro, os reis que os tinham concedido desejavam retomá-los ou concedê-los apenas por um período limitado. Todas as disputas que ocorreram entre reis e seus súditos poderosos, todos os tratados que surgiram dessas disputas, todas as promessas que foram feitas com a intenção de acalmar a insatisfação dos descontentes, provam que os reis tinham o hábito de tomar de volta, e à força, os benefícios que haviam concedido, e que os nobres tentavam mantê-los também à força. Os Prefeitos do Palácio adquiriram seu poder colocando-se à frente dos grandes possuidores de benefícios e defendendo suas pretensões. Sob a administração de Pepino, o Breve e de Carlos Magno, a luta pareceu cessar, porque os reis, por um tempo, tinham grande superioridade de forças; mas, na realidade, os reis agora eram os agressores que tentavam retomar os benefícios em suas próprias mãos e manter, eles próprios, o seu controle. Sob Carlos, o Calvo, uma vez mais os reis se enfraqueceram, e, em conseqüência, tratados e promessas favoreceram os beneficiários. Com efeito, a história dos benefícios, da época de Clóvis até o pleno estabelecimento do sistema feudal, nada mais é que uma luta perpétua entre essas duas tendências opostas. Um exame atento e preciso dos fatos demonstrará que as três formas de concessão de benefícios não se seguiram em uma sucessão cronológica regular, e sim que podem ser encontradas existindo e operando simultaneamente no decorrer de todo esse período.

Palestra 14

Provas da coexistência de várias maneiras de conferir benefícios, do século V ao século X. — Sobre benefícios que eram absoluta e arbitrariamente revogáveis. — Sobre benefícios concedidos por um tempo limitado, os precaria. *— Sobre benefícios concedidos por toda a vida. — Sobre benefícios concedidos por hereditariedade. — Caráter geral da concessão de benefícios. — Tendência dos benefícios a se tornarem hereditários. — Sua prevalência sob Carlos, o Calvo. — Serviço militar. — Serviço judiciário e doméstico. — Origem, significado e problemas da lealdade devida pelo vassalo a seu senhor.*

A partir da invasão da Gália pelos francos até o momento em que o sistema feudal foi constituído definitivamente, vemos que, durante todo esse período:

I. Os benefícios foram revogados, não só como conseqüência de sentenças judiciais, mas também em virtude da vontade arbitrária do doador. O poder da transferência absoluta e arbitrária de benefícios praticamente já existia sob os reis merovíngios. No entanto, não se tem certeza se isso chegou a ser reconhecido como um direito dos doadores. Esse era um ato tão repentino e de tal violência que abalaria as noções de justiça natural. Poucos homens iriam aceitar um favor do qual pudessem ser legalmente privados ao primeiro capricho do doador. Montesquieu afirma que, a princípio, a posse de benefícios era extremamente incerta. No entanto, as provas que ele apresenta disso têm muito pouca validade. *Primeira*, a cláusula incluída no tratado concluído em Andely, em 587, entre os dois monarcas, Gontran e Childeberto, é evidência para o fato, mas não para o direito. *Segunda*, uma vez mais a fórmula de Marculf é apenas evidência de uma prática comum. Além disso, o doador do benefício apresenta uma razão nessa fórmula, ou seja, a necessidade do intercâmbio. *Terceira*, a lei dos lombardos apenas caracteriza o benefício como uma propriedade precária, algo que, sem dúvida alguma, ele realmente era. *Quarta*, o *Livro dos Feudos*, coletado no século XII, provavelmente converteu o fato em um direito. *Quinta*, a carta dos bispos para Luís, o Germânico também só prova o fato. É evidente que o direito sempre foi contestado e que sempre houve tentativas de evitar a permanência dos benefícios também como fato. "Carlos Magno", diz Eginhard, "não aceitava que os nobres pudessem tirar de seus vassalos, em qualquer explosão de raiva, os benefícios que lhes tinham concedido". O capitulário de Luís, o Piedoso, que dá ao beneficiado rejeitado cujo benefício está em más condições o período de um ano antes que o benefício possa finalmente ser tirado dele, prova também que certas formas eram observadas para que isso ocorresse, e opõe-se a uma disposição puramente arbitrária. O direito do patrono de tirar o benefício quando o ocupante não tivesse cumprido suas obrigações era inegável. Ora, seria muito fácil abusar desse princípio de tirar benefícios sob o pretexto de condutas inadequadas ou de deslealdade para com a confiança que havia sido depositada. Por esse motivo, todos os protestos que eram feitos e todos os tratados que eram promulgados tinham como objetivo opor-se a esse procedimento.

François Guizot

Vemos, assim, do século V ao século X: *Primeiro*, inúmeros exemplos de benefícios sendo tirados arbitrariamente. Essa era a prática do doador, quando tinha poder suficiente para realizar seu desejo. *Segundo*, benefícios eram tirados por razões de deslealdade, desordem, traição; isso era um direito.

II. Quanto aos benefícios concedidos por tempo limitado, afirma Montesquieu que, após o *Livro dos Feudos*, esses eram a princípio concedidos por um ano. Não pude encontrar nenhum exemplo seguro disso. No entanto, não é impossível que existisse algo semelhante aos *precaria* que pertenciam às igrejas. Entre os romanos, *precarium* significava uma concessão de propriedade sob o sistema de usufruto por um tempo limitado, geralmente um período bastante curto. Sob a monarquia dos francos, vimos que as igrejas muitas vezes consolidavam sua riqueza dessa maneira, a fim de garantir uma renda permanente. Carlos, o Calvo decretou que os *precaria* deveriam ser mantidos por cinco anos e renovados a cada cinco. Os únicos benefícios que parecem ter sido concedidos por um período, pelo menos aparentemente, eram aqueles resultado da riqueza eclesiástica confiscada por Carlos Martel (cerca de 720 d.C.) e que eram, então, possuídos sob a designação de *precários*. Antes desse período vemos reis e prefeitos usando sua autoridade para que, sob o título de *precário*, determinadas pessoas pudessem fazer uso de algumas riquezas eclesiásticas. Parece que Carlos Martel, à época, fez mais do que conceder ou provocar a retenção de propriedade da igreja sob o título de *precaria* – ele também despojou completamente as Igrejas a fim de conceder sua riqueza como benefícios. Mas, depois dele, seus filhos Pepino e Carlos Magno, embora também tivessem tirado a riqueza de igrejas para concedê-la a seus vassalos, só a confiscavam sob o título de *precaria*. Os eclesiásticos protestaram fortemente contra a espoliação de Carlos Martel, e foi em virtude desses protestos que Pepino ordenou que a riqueza que pudesse ser retomada deveria ser devolvida à Igreja, e que a que não pudesse ser retomada fosse mantida sob o título de *precaria*, com aluguéis estabelecidos, até que pudesse, uma vez mais, ser transferida para a Igreja. Pepino e Carlos Magno usaram medidas rigorosas para garantir que os inquilinos, *in precario*, da riqueza da Igreja deveriam cumprir suas obrigações para com os proprietários originais; e podemos supor, pela freqüência de suas ordens, que elas eram muitas vezes desacatadas. Apesar disso, é evidente que a prática de tirar bens da Igreja e de colocá-los em outras mãos, fosse em termos absolutos ou sob o título de precário, continuou mesmo sob os reis mais frágeis e supersticiosos. Os bispos diziam que Carlos, o Calvo se deixava influenciar e com freqüência era induzido, em parte por sua juventude, em parte pela fragilidade de seu caráter, por maus conselheiros; e que muitas vezes era forçado pelas ameaças dos ocupantes, que lhe diziam "que se não permitisse que eles ficassem com a propriedade consagrada, o abandonariam imediatamente". É provável que apenas uma pequena parte dessa propriedade tenha sido devolvida às igrejas, e que a maior parte daquilo que era mantido *sub precario*[1] passou a ser, junto com os demais benefícios, propriedade hereditária dos ocupantes.

Vemos que Carlos Martel certamente não poderia reivindicar a autoria dessa prática de conceder benefícios vitalícios, porque, ao contrário, os benefícios que surgiram em virtude do ato pelo qual

---

[1] Sob empréstimo.

ele despojou as igrejas e monastérios, ou de atos semelhantes ao seu, foram, durante muito tempo, mais precários que quaisquer outros, e, legalmente, deveriam até ter sido devolvidos às igrejas, certamente pela morte dos ocupantes ou, se possível, até antes disso.

III. Vemos, durante todo o período que estamos examinando, e tanto no seu final quanto no seu começo, benefícios vitalícios. É evidente que sob Pepino e Carlos Magno a maioria dos benefícios era concedida sob esse tipo de posse. O motivo para isso eram as precauções que os reis tomavam para evitar que essas propriedades fossem transformadas em propriedades alodiais. Luís, o Piedoso tomou o mesmo tipo de precaução. Mabillon cita uma carta desse rei que continha a concessão formal de um benefício vitalício. Em 889, o rei Eudes concedeu um benefício a Ricabodo, seu vassalo, "em direito beneficiário e sob posse de usufruto"; com o acréscimo de que, se ele tivesse um filho, o benefício deveria passar para seu filho por toda a vida. Vemos, sob Pepino, que, quando um vassalo que tinha um filho morreu, seu benefício foi dado imediatamente para outro vassalo.

IV. Vemos também que, durante todo esse período, benefícios eram concedidos ou mantidos hereditariamente. Em 587, foi estipulado pelo tratado de Andely, com relação às concessões feitas pela rainha Clotilda, que eles deveriam ser perpétuos. A lei dos visigodos (de Chindasvinto, cerca de 540) determina que as concessões feitas pelos príncipes não deveriam ser revogadas. Marculf apresenta o formulário para uma concessão hereditária. Em 765, Carlos Magno deu a um indivíduo chamado Jean, que havia vencido os sarracenos na província de Barcelona, um domínio (diz Fontaines) situado próximo a Narbonne, "para que ele e seus descendentes possam possuí-lo sem nenhum pagamento ou problema, contanto que permaneçam fiéis a nós ou a nossos filhos". O mesmo Jean apresentou-se a Luís, o Piedoso, com o presente de Carlos Magno, e exigiu que ele fosse confirmado. Luís o confirmou e lhe acrescentou mais terras. Em 884, com Jean morto, seu filho Teutfredo apresentou-se a Carlos, o Calvo com as duas doações já mencionadas e pediu-lhe que as confirmasse para ele. Isso lhe foi concedido pelo rei, como ficou expresso, "para que você possa possuí-las, você e seus descendentes, sem nenhum pagamento". Esses pedidos sucessivos de confirmação, à morte do doador original ou do primeiro titular, provam que o caráter hereditário dos benefícios não era, então, considerado um direito, mesmo quando havia sido prometido, e, conseqüentemente, que não era baseado em uma lei geral que fosse reconhecida pelo Estado.

Essas três maneiras de conceder benefícios que acabei de exemplificar existiam, portanto, simultaneamente, e creio que dos exemplos posso deduzir dois fatos gerais que, no entanto, não deixam de ter suas exceções. *Primeiro*, a condição normal dos benefícios, nesse período, era que eles deveriam ser concedidos sob usufruto por toda a vida; *Segundo*, a tendência era que esses benefícios passassem a ser hereditários. Esse resultado foi por fim concretizado quando o sistema feudal ou aristocrático triunfou sobre o sistema monárquico. Vemos que, sob Carlos Magno, quando o sistema monárquico atingiu seu ponto culminante, a maioria dos benefícios era mantida sob usufruto e por toda a vida, e não como propriedade pessoal. Carlos Magno não só não desejava que a propriedade em benefícios fosse usurpada, mas também tinha muita cautela com relação à administração correta dessa propriedade. Sob Carlos, o Calvo, quando o sistema aristocrático prevaleceu, os benefícios passaram a ser hereditários. Esse tipo de posse surgiu em parte graças ao número imenso de concessões hereditárias que haviam sido feitas durante esse reinado e que tinham começado sob Luís, o Piedoso; e em parte também devido a algumas determinações gerais nos capitulários de Carlos, o Calvo, que reconheciam ou concediam àqueles que eram leais ao rei o direito de transmitir seus benefícios hereditariamente. Disso devemos concluir que o caráter hereditário dos benefícios à época predominava quase universalmente como um costume e começava a ser reconhecido como um princípio, mas que ainda não era um direito geral e reconhecido. Era pedido e recebido em casos individuais, e isso não teria sido assim se existisse como um direito comum. Nas monarquias resultantes do desmembramento do império de Carlos Magno — na Alemanha, por exemplo — não era reconhecido como um direito, e predominava ainda menos como costume.

Não nos esqueçamos — repito — que todos esses fatos gerais são sujeitos a exceções, e que os vários métodos de concessão de benefícios existiam em todas as épocas. Segue-se, pela natureza das coisas, que a condição normal dos benefícios era, a princípio, a de posse vitalícia. As relações do chefe com seus associados eram todas pessoais — e por isso suas concessões também eram pessoais. E não menos se segue da natureza das coisas que, quando os francos finalmente se estabeleceram e se fixaram, os associados do monarca que eram capazes de adquirir uma existência independente e se tornarem, eles próprios, poderosos, normalmente se separavam de seu antigo chefe e se estabeleciam em suas propriedades individuais, para que eles também pudessem vir a ser o núcleo de grupos de homens. Disso resultaram todos os esforços para tornar os benefícios hereditários.

Tendo determinado a origem e o modo de concessão e transmissão de benefícios, resta-nos aprender que condições eram associadas a eles e que relações eram formadas entre o doador e o beneficiário em virtude dessas condições.

Mably acha que, a princípio, os benefícios não impunham nenhuma obrigação específica e que os de Carlos Martel eram os primeiros que foram formalmente associados a serviços civis e militares. Essa opinião é contrária à natureza das coisas, e a origem dos benefícios não depõe a seu favor. Na Alemanha, os benefícios desempenhavam o mesmo papel que era desempenhado antes por presentes de cavalos, armas ou banquetes, ou seja, eram um meio de atrair companheiros para o benfeitor. A própria relação envolve uma obrigação. Além disso, a idéia de Mably é desmentida pelos fatos. Em todas as disputas que surgiram entre os titulares e os reis merovíngios, as reivindicações só eram feitas com relação a benefícios cujo titular se mantinha leal a seu patrono. Ninguém se queixava quando aqueles que eram considerados vítimas de despojo tinham deixado de prestar a lealdade esperada deles. Vemos que Siggo perdeu os benefícios concedidos por Chilperico em 576 porque tinha deixado de ser-lhe fiel e se aliado a Childeberto II. A lei dos ripuários determinava que se confiscassem os bens de todos os homens que fossem desleais ao rei. Marculf nos dá a fórmula do ato pelo qual as pessoas eram recebidas entre o número de fiéis. Carlos Martel, ao conceder benefícios a seus soldados, impunha-lhes apenas as mesmas obrigações que eles sempre tinham cumprido em virtude de seu posto. Só que essas obrigações foram progressivamente se tornando mais formais e mais explícitas, precisamente na medida em que as antigas relações entre o chefe e seus associados tendiam a se enfraquecer e a desaparecer, em conseqüência da dispersão dos homens e de seu estabelecimento em suas propriedades individuais. Originalmente, os associados moravam com seu chefe, ao redor dele, em sua casa e à sua mesa, na paz e na guerra. Eles eram seus vassalos, de acordo com o sentido original da palavra, que significava o *convidado*, o *companheiro*, um indivíduo ligado à casa.* É fácil perceber que, quando a maioria dos vassalos se dispersou para residir em sua propriedade alodial ou beneficiária individual, houve uma maior necessidade de especificar as obrigações que lhes haviam sido impostas; mas isso foi feito de uma maneira imperfeita e gradual como normalmente acontece quando os assuntos a serem tratados foram, durante muito tempo, regulados por um sistema geral e convencional. Quando a primeira linhagem começou a desaparecer e a segunda a surgir em seu lugar, as obrigações relacionadas com a concessão de benefícios já pareciam estar claramente definidas. Essas obrigações podem ser classificadas em dois tipos principais. *Primeiro*, a obrigação de serviço militar à requisição do patrono; e *segundo*, a obrigação de certos serviços judiciais ou domésticos de um caráter mais pessoal e domiciliar. Hoje é impossível especificar exatamente quais eram esses serviços a que os beneficiários estavam obrigados. Vemos apenas que, entre uma série de atos, os reis impunham aos titulares a *servilia*,[2] que os obrigava a se apresentarem na corte. Essas obrigações eram incluídas sob

---

* Há várias etimologias da palavra *vassus*, de *haus*, casa (*house*); de *gast*, um convidado (*guest*); de *fest* (*fast*), rápido, estabelecido; e de *geselle* (*vassallus*). A palavra *Gasinde*, que expressa a família, no sentido dos indivíduos que habitam uma casa, os convidados em oposição aos *mancipia*, leva-me a achar que *vassus* vem de *gast*. (Anton, *Gesch. Der Deuts. Land.*, vol. i. p. 526.)

Lemos na lei *salica* (tit. 43): *Si quis romanum hominem convivam regis occiderit sol. 300 culpabilis judicetur* (2). Os editores romanos dessa lei teriam traduzido a palavra *gast* por *conviva*.

[2] Se alguém matar um convidado romano do rei, será condenado a pagar 300 solidi (um tipo de moeda de ouro).

o termo geral de *fidelidade*. A princípio eram pessoais e ligadas à qualidade do *liege-man*,³ independentemente da posse de qualquer benefício — uma conexão idêntica àquela entre os antigos associados germânicos e seu monarca. Quando, para garantir a lealdade de seus súditos *liege*, começou a ser necessário que o rei lhes desse terras como benefícios, a obrigação passou a ser associada à qualidade de beneficiário. Vemos, com muita freqüência, benefícios sendo concedidos sob a condição de lealdade. Isso ocorreu, por exemplo, quando Carlos Magno concedeu a Jean um benefício perpétuo. Há motivos para se acreditar que os benefícios também eram concedidos sob a condição de um pagamento de certos emolumentos (*census*). Não vejo, nesse período, a concessão de nenhum benefício em que a imposição de um aluguel é indicada expressamente; mas a natureza das coisas parece demonstrar que isso deve ter ocorrido, e realmente deparei-me com a menção de benefícios concedidos *absque ullo censu*.⁴ A ansiedade demonstrada em alguns casos para obter a isenção de pagamentos prova que, em outros casos, eles eram impostos. É provável que aluguéis só estivessem associados a benefícios concedidos hereditariamente, e não àqueles concedidos pela duração de uma vida individual.

    A princípio a lealdade era devida unicamente àquele chefe a quem ela havia sido prometida expressamente e de quem um benefício tinha sido recebido. Carlos Magno tentou transformar isso em uma obrigação comum a todos os homens livres em seus Estados. Marculf preservou e nos legou a maneira utilizada por Carlos Magno

---

³ Um vassalo obrigado a servir a seu superior; um súdito leal ao rei.
⁴ Sem nenhum pagamento.

para escrever para seus condes, exigindo de todos eles um juramento de fidelidade. Foi essa a maneira utilizada pelo príncipe para tentar romper a hierarquia feudal que se consolidava, ou seja, criando uma relação direta entre ele próprio e todos os homens livres e fazendo com que a relação entre rei e súdito fosse mais importante que aquela entre senhor e vassalo. O juramento de fidelidade era exigido universalmente pelos sucessores de Carlos Magno, Luís, o Piedoso e Carlos, o Calvo, mas sem resultados efetivos, pois a tendência à aristocracia hierárquica e feudal tinha prevalecido. Vemos, além disso, inúmeros exemplos da manutenção das relações entre beneficiários e patronos, mesmo sob Carlos Magno. Sob Carlos, o Calvo essa relação passou a ser mais formal e independente do rei. Para a repressão de crimes públicos, o príncipe até permitia que sua autoridade fosse exercida por meio da intervenção de um senhor, fazendo com que cada senhor fosse responsável pelos crimes de seus próprios dependentes. Foi, portanto, principalmente no controle do senhor sobre seus homens que se buscavam os meios para manter a ordem e reprimir o crime. Só isso é suficiente para indicar o poder crescente das relações feudais e a autoridade decrescente da realeza.

Palestra 15

Sobre os benefícios concedidos por grandes proprietários rurais a seus dependentes: 1º, benefícios concedidos por todos os tipos de serviços e como uma forma de salário; 2º, os proprietários maiores usurpam as terras adjacentes às suas e as concedem como benefícios a seus subordinados; 3º, a conversão de um grande número de terras alodiais em benefícios, pela prática de recomendação. — Origem e significado dessa prática. — Permanência de domínio absoluto, especialmente em certas partes da monarquia franca. — Terras tributárias. — Sua origem e natureza. — Sua rápida expansão: causas. — Visão geral da situação da propriedade territorial, do século VI ao século XI: 1º, as várias condições da propriedade territorial; 2º, a dependência individual da propriedade territorial; 3º, a condição estacionária da riqueza territorial. — Por que o sistema de propriedade beneficiária, isto é, o sistema feudal, foi necessário para a formação da sociedade moderna e de Estados poderosos.

Os reis não eram os únicos que concediam benefícios; todos os grandes proprietários também os concediam. Originalmente, muitos dos líderes de bandos de homens estavam unidos sob o comando do rei; mais tarde, porém, esses chefes tornaram-se donos de grandes propriedades alodiais. Partes dessas propriedades eram concedidas como benefícios a seus associados imediatos. Posteriormente, esses associados tornaram-se grandes titulares e também concederam a outros parte daquele benefício que haviam recebido do rei. Isso deu origem à prática da subenfeudação. Nos capitulários, constantemente encontramos as palavras *vassalli vassallorum nostrorum*.[6]

Encontramos também, em todo esse período, mesmo sob Carlos Magno, inúmeros exemplos de benefícios que tinham sido concedidos por outras pessoas que não o rei. Duas cartas de Eginhard mencionam expressamente a concessão, como benefício, de certas partes de benefícios reais.

Na opinião de Mably, só depois do reinado de Carlos Martel é que outras pessoas além do rei começaram a conceder benefícios. Esse erro surge porque Mably não compreendeu que a relação do chefe com seu associado, que mais tarde transformou-se na relação do senhor para com seu vassalo, era, a princípio, uma relação puramente pessoal, totalmente independente de qualquer concessão de benefícios e anterior a ela. É impossível determinar em que época específica a concessão de benefícios passou a ser associada com a relação do beneficiário para com seu patrono. Provavelmente isso ocorreu quase imediatamente após o estabelecimento territorial.

Em muito pouco tempo o número de benefícios já era considerável, e continuava a crescer diariamente.

I. Os benefícios eram concedidos a homens livres que pertenciam a uma ordem bastante inferior e que estavam empregados em funções subordinadas. Os *majores villae* e os *poledrarii*, isto é, os administradores das propriedades e os tratadores dos cavalos de Carlos Magno, tinham benefícios. Era uma das políticas desse príncipe espalhar suas doações amplamente e recompensar o zelo e a fidelidade onde quer que os encontrasse.

---

[1] Vassalos de nossos vassalos.

FRANÇOIS GUIZOT

II. Os proprietários maiores continuamente apoderavam-se das terras vizinhas às suas, se essas terras pertencessem ao domínio real ou fossem, por assim dizer, terras abandonadas que não tivessem donos definidos. Eles as mandavam cultivar e muitas vezes conseguiam o privilégio de acrescentá-las a seus benefícios. Os inúmeros expedientes adotados por Carlos, o Calvo para solucionar esse abuso demonstram claramente como ele havia se estendido.

III. Um grande número de alódios foi convertido em benefícios em virtude de um uso relativamente antigo. Marculf deixou-nos a fórmula pela qual essa conversão era feita: devemos buscar sua origem na prática de *recomendação*. Originalmente, a recomendação nada mais era que a escolha de um chefe ou de um patrono. Uma lei dos visigodos, chamada de *lex antiqua* e que nos remete ao rei Eurico, mais ou menos no final do século V, diz: "Se alguém deu armas ou qualquer outra coisa a um homem que ele tomou sob seu patrocínio, esses presentes permanecerão como propriedade daquele por quem foram recebidos. Se esse último escolher outro patrono, ele estará livre para se *recomendar* a quem quer que ele deseje; isso não deve ser proibido para um homem livre, pois ele pertence a si próprio; mas, nesse caso, ele devolverá ao patrono do qual se separar tudo aquilo que recebeu dele".

Esses eram, então, os antigos costumes germânicos. A relação do indivíduo *recomendado* a seu patrono era uma relação puramente pessoal. Os presentes eram armas; sua liberdade continuava intocada. A lei dos lombardos dava a todos a mesma liberdade que a lei dos visigodos. Apesar disso, vemos, graças ao mesmo capitulário, que essa liberdade começou a ser coibida. Carlos Magno definiu os motivos que dariam a qualquer pessoa a permissão de deixar seu senhor quando dele nada tivesse recebido. Graças a isso podemos perceber que os laços estabelecidos pela recomendação começaram a ser fortalecidos. A prática tornou-se mais freqüente. Por esses meios, na visão da lei, promovia-se a ordem, e na visão da pessoa recomendada havia mais proteção e segurança. Quando relações de serviço e proteção que tinham um caráter puramente pessoal eram assim estabelecidas com um patrono, surgiam outras relações mais tangíveis nas quais a propriedade das partes envolvidas era levada em consideração. A pessoa recomendada recebia benefícios do senhor e tornava-se um vassalo de sua propriedade; ou melhor, ele recomendava suas terras, como anteriormente tinha recomendado sua pessoa. A *recomendação*, assim, passou a ser parte do sistema feudal e contribuiu significativamente para a conversão das propriedades alodiais em benefícios.

Não há, porém, razão para se crer que todos os alódios tivessem sido convertidos em benefícios nessa época. Originalmente esse tipo de conversão, ou até mesmo a mera aceitação de um benefício, por ser uma admissão em um serviço pessoal, era, até certo ponto, considerada pelos homens livres uma rendição de sua liberdade. Os grandes proprietários, que exerciam uma soberania quase absoluta em seus próprios territórios, não estavam dispostos a abrir mão facilmente de sua independência orgulhosa. Etichon, irmão de Judith, a esposa de Luís, o Piedoso, já não queria receber seu filho, Henrique, que aceitara, sem seu conhecimento, do rei, seu tio, um benefício de 400 acres, e por isso havia sido admitido no serviço da coroa. Depois do triunfo do sistema feudal, um número considerável de alódios ainda continuava a existir em várias províncias, particularmente em Languedoc.

François Guizot

Tendo falado sobre domínios absolutos e benefícios, preciso ainda mencionar as terras tributárias, cuja existência é demonstrada por todos os memoriais desse período. Esse termo não significa necessariamente terras cujos donos fossem obrigados a pagar impostos sobre elas, mas apenas terras que pagavam um emolumento ou aluguel a um superior e que não pertenciam absoluta e verdadeiramente àqueles que as cultivavam.

Esse tipo de propriedade existia na Gália antes da invasão dos francos. A conquista que resultou dessa invasão contribuiu de várias maneiras para aumentar seu número. *Primeira*, sempre que um bárbaro que tinha algum poder se estabelecia, ele não tomava posse de todas as terras, e mais provavelmente exigia certos pagamentos, ou serviços de valor equivalente, de quase todas as terras vizinhas às suas. Considerações *a priori* nos permitem afirmar que isso é verdade, e também pode ser provado como fato graças ao exemplo dos lombardos, que, a princípio, invariavelmente se satisfaziam obrigando todas as terras do país conquistado a lhes pagarem tributos. Não só exigiam um terço da renda, porém, mais tarde, também apoderavam-se da propriedade. Esse fato mostra claramente o procedimento adotado pelos bárbaros. Quase todas as terras dos chefes romanos ou gauleses que não tinham poder suficiente para estar no mesmo nível que os bárbaros eram obrigadas a se submeter a uma condição de contribuinte.

Segundo, a conquista não foi obra de um único dia; ela continuou a ser realizada após o estabelecimento dos invasores. Todos os documentos do período indicam que os funcionários mais importantes e os grandes proprietários esforçavam-se continuamente para usurpar as propriedades de seus vizinhos menos poderosos ou para impor-lhes aluguéis ou outra remuneração. Essas usurpações são demonstradas pela imensa quantidade de leis que eram promulgadas para evitá-las. Na situação social conturbada da época, os fracos ficavam inteiramente à disposição dos fortes, e a autoridade pública já não tinha competência para protegê-los; muitas terras que originalmente haviam sido livres e pertenciam ou a seus antigos donos ou a bárbaros de escassos recursos passavam a ser alvo de tributação; muitos dos proprietários menores compravam a proteção dos fortes colocando suas terras nessa situação voluntariamente. O método mais comum de fazer com que as terras passassem a ser tributárias era doá-las, ou para as igrejas ou para proprietários poderosos, e depois recebê-las de volta, sob o sistema de usufruto vitalício, mas submetendo-se a fazer pagamentos regulares e fixos. Esse tipo de contrato é encontrado constantemente durante esse período. As mesmas causas que tendiam a destruir os alódios ou a convertê-los em benefícios atuavam ainda com mais força no caso do aumento do número de terras tributárias.

Terceiro, muitos grandes proprietários, fosse de terras alodiais ou de benefícios, não podiam, eles próprios, cultivar toda a extensão de suas terras, e cediam pequenas porções delas para lavradores comuns sob o pagamento de certos emolumentos e serviços. Essa alienação ocorria em uma enorme variedade de formas e de circunstâncias, e certamente fez com que muitas terras passassem a ser tributárias. É provável que o grande número e a variedade infinita de aluguéis e direitos, conhecidos mais tarde pelo nome de *feudais*, tenham surgido ou de contratos desse tipo ou de usurpações realizadas pelos proprietários poderosos. A recorrência constante no texto de escritores e das leis do período dos termos *census* e *tributum*; a variedade de arranjos que são relacionados a eles; o curso geral dos eventos; e, finalmente, o estado em que a maior parte da propriedade fundiária foi encontrada quando a ordem começou a reaparecer — todas essas circunstâncias apontam para a probabilidade de que, no final do período que estamos considerando, a maior parte das terras tivesse caído em uma situação tributária. A propriedade e a liberdade estavam igualmente destinadas a serem saqueadas. Os indivíduos estavam tão isolados e suas forças eram tão desiguais que nada podia evitar os resultados dessa posição.

O grande número de terras abandonadas, demonstrado pela facilidade com que qualquer pessoa que estivesse disposta a cultivá-las as podia obter, atesta, também, o despovoamento do país e a condição deplorável em que estava a propriedade. A concentração da propriedade fundiária é uma prova decisiva desse estado de coisas. Quando esse tipo de propriedade é segura e próspera, tende a ser dividida, porque todos querem possuí-la. Quando, por outro lado, a vemos cada vez mais concentrada nas mesmas mãos, podemos quase que seguramente concluir que ela está em mau estado, que os fracos não podem se sustentar dela e que só os fortes podem defendê-la. A propriedade fundiária, como a propriedade móvel, só pode ser encontrada onde possa continuar a existir em segurança.

Há motivos para se acreditar que a maioria das terras tributárias, mesmo aquelas que não eram originalmente propriedade dos cultivadores que trabalhavam nelas, no final passaram a ser efetivamente suas pelo direito de ocupação, embora oneradas com aluguéis e exigências de serviço. Este é o curso natural das coisas: é muito difícil retirar da terra um lavrador que, com sua família, lavrou o mesmo solo durante muito tempo.

Tais eram as vicissitudes da propriedade rural, do século VI ao século XI. Agora darei uma visão sumária das características gerais dessa situação e tentarei avaliar sua influência sobre o progresso da civilização de um modo geral, e mais especificamente das instituições políticas.

I. Havia grande diversidade nas condições da propriedade naquela época. Em nossos dias, a condição da propriedade é uniforme e a mesma em toda a parte; seja quem for o proprietário, ele possui sua propriedade, independente da natureza dela, sob a mesma posse de direito, e sujeito às mesmas leis que os demais. Mesmo entre as propriedades que têm naturezas distintas, há até aqui uma identidade. Esse é um dos sintomas mais inequívocos e uma das garantias mais seguras do progresso da igualdade jurídica. Nos tempos de que estamos falando, as diversas condições sob as quais a propriedade era mantida levariam necessariamente à formação de várias classes na sociedade, e entre elas existia uma desigualdade enorme, artificial e permanente. Não era apenas uma questão das diferenças no tamanho da propriedade; além da desigualdade na quantidade de riqueza, havia também uma desigualdade na natureza da riqueza possuída. Com relação a essa última, não é possível conceber um instrumento de opressão mais poderoso. Mesmo isso, no entanto, era um passo à frente se comparado com a escravidão que existia entre os povos antigos. O escravo não possuía nada – era essencialmente incapaz de ter qualquer propriedade. Na época da qual estou falando, a massa da população não havia se transformado, plena e absolutamente, em dona de propriedades, mas estava conseguindo alcançar um tipo de posse que, embora mais ou menos imperfeito e precário, lhes dera os meios de subir ainda mais alto.

II. A propriedade rural foi então submetida às restrições da dependência a indivíduos. No momento, toda propriedade é livre, e está apenas à disposição de seu dono. A sociedade geral foi formada – o Estado organizado –, e todos os proprietários estão ligados a seus co-cidadãos por uma variedade de laços e relações, e ao Estado pela proteção que dele recebe e pelos impostos a que está submetido em troca: portanto, há independência sem isolamento. Do século VI ao século XI, a independência era necessariamente acompanhada de isolamento: o proprietário de um alódio vivia em suas terras quase sem comprar ou vender nada. Ele praticamente não devia nada a um Estado que mal existia e que não podia lhe assegurar proteção eficiente. Portanto, a condição dos alódios e de seus proprietários naquela época era, até um ponto considerável, anti-social. Em tempos mais antigos, nas florestas da Alemanha, os homens sem propriedades rurais pelo menos viviam em comunidades. Quando se tornaram proprietários, se o sistema alodial tivesse conseguido predominar, os chefes e seus associados teriam se separado sem nunca serem estimulados a se encontrar e a reconhecer uns aos outros como cidadãos. A sociedade simplesmente não teria sido constituída. Ela existe naquelas relações que unem os homens, e nos laços dos quais essas relações surgem. Ela necessariamente exige uma lei, uma condição de dependência. E quando ela não avançou o bastante para ter um número suficiente dessas relações e laços estabelecidos entre o Estado e o indivíduo, os indivíduos ficam dependentes uns dos outros; e era a esse Estado de coisas que o século VII tinha chegado. Foi a imperfeição da sociedade que fez com que o sistema alodial relacionado com a propriedade rural sucumbisse e o sistema beneficiário – ou o tributário – predominasse. A independência dos alódios só podia existir em conexão com seu isolamento, e o isolamento é anti-social. A dependência hierárquica dos benefícios tornou-se o laço que unia as propriedades entre si e a sociedade ao seu próprio interior.[2]

III. Dessa distribuição e dessa natureza da propriedade fundiária resultou um fato muito importante; qual seja, que durante vários séculos praticamente não existiam meios que permitiriam ou ao estado ou aos indivíduos aumentar sua riqueza. A maioria dos proprietários de qualquer importância nem sequer cultivava a terra; ela era apenas um capital para eles, cujas rendas coletava sem se preocupar em aumentá-lo ou em torná-lo mais produtivo.

---

[2] A mesma idéia é discutida em *HCE*: "Onde quer que a individualidade predomine quase que exclusivamente, onde quer que o homem não considere ninguém mais a não ser ele próprio e suas idéias não se estendam além dele mesmo, e ele não obedeça a nada a não ser a suas próprias paixões, a sociedade (quero dizer uma sociedade um tanto ampla e permanente) passa a ser quase impossível. Tal, no entanto, era a condição moral dos conquistadores da Europa na época para a qual nos voltamos no momento. Observei em minha última palestra que temos uma dívida para com os alemães pelo sentimento enérgico de liberdade individual, de individualidade humana. Mas em uma situação de barbárie e ignorância extrema, esse sentimento se transforma no egoísmo em toda a sua brutalidade, em toda a sua insociabilidade. Do século V ao século VIII, entre os alemães, era isso que estava ocorrendo. Eles se preocupavam apenas com seus próprios interesses, suas próprias paixões, seu próprio desejo: como poderiam reconciliar-se com uma condição que sequer se aproximasse do social?... A sociedade tentou se formar constantemente; constantemente ela foi destruída pela ação do homem, pela ausência das condições morais sem as quais ela não pode existir" (*HCE*, p. 56). Veja também *HOGR*, p. 280-81.

Por outro lado, a maioria daqueles que cultivavam a terra não era proprietário, ou o era de uma maneira precária e imperfeita; não buscava da terra mais que seus meios de subsistência, e não a considerava uma maneira de enriquecer ou de ascender na vida. O trabalho agrícola era quase desconhecido pelos ricos, e para os pobres ele não produzia nada além das necessidades básicas da vida. Disso advinha o empobrecimento contínuo dos grandes proprietários, algo que os forçava incessantemente a recorrer à violência a fim de preservar sua fortuna e sua condição social. Disso também resultava, ao mesmo tempo, a condição estacionária da população dos distritos rurais que durou tanto tempo. A propriedade rural tendia sempre a se concentrar, pela mera circunstância de que seus produtos não aumentavam. Por esse motivo, não é nos distritos rurais e no trabalho agrícola e sim nas cidades, em seu comércio e na sua indústria que iremos encontrar os primeiros germes do acúmulo de riqueza pública e do progresso da civilização. A indolência das classes altas e a miséria das classes baixas, na Idade Média, tiveram como causa principal a natureza e a distribuição da propriedade territorial.

IV. A propriedade beneficiária foi um dos princípios que mais influenciou a formação das grandes sociedades. Na ausência de assembléias públicas e de um despotismo central, ela, mesmo assim, estabeleceu uma ligação e formou relações entre homens dispersos em uma vasta extensão de terra, e com isso possibilitou a formação de uma hierarquia federativa que deveria abranger um círculo ainda mais amplo. Entre as nações da antiguidade, a extensão do Estado era incompatível com o progresso da civilização; ou o Estado precisava ser transferido, ou o despotismo predominaria. Os Estados modernos apresentam um espetáculo distinto, e para isso o caráter da propriedade beneficiária contribuiu enormemente.³

---

³ Guizot foi certamente um dos primeiros autores a perceber a conexão entre dois aspectos da vida política que são responsáveis pela evolução paradoxal das sociedades liberais. Em primeiro lugar, Guizot percebeu que, ao contrário dos dogmas do liberalismo clássico, o desenvolvimento do governo representativo inevitavelmente leva a uma expansão considerável do poder do Estado sobre a sociedade civil. Em segundo, ele compreendeu que essa expansão foi ainda mais estimulada pela demanda social e explicou que as duas tendências não eram contraditórias (como acreditavam muitos), e que representavam, na verdade, os dois lados da mesma moeda.

François Guizot

Palestra 16

Sobre a situação das pessoas, do século V ao século X. — Impossibilidade de definir isso segundo qualquer princípio estabelecido e geral. — A situação das terras nem sempre correspondente à situação das pessoas. — Caráter variável e indeterminado das condições sociais. — Escravidão. — Tentativa de determinar a situação das pessoas de acordo com o Wehrgeld. *— Tabela dos 21 casos principais de* Wehrgeld. *— Incerteza desse princípio. — O verdadeiro método para determinar a situação das pessoas.*

Investigamos a condição das propriedades territoriais do século V ao século X. Identificamos três tipos dessas propriedades. Primeiro, a alodial ou independente; segundo, a beneficiária; e terceiro, a tributária. Se disso quisermos deduzir a condição das pessoas, veremos que três condições sociais correspondem aos três tipos acima: *Primeiro*, os homens livres ou proprietários de alódios, que não tinham obrigações e não dependiam de ninguém a não ser das leis gerais do Estado; *Segundo,* os vassalos, ou proprietários de benefícios, dependentes, em certos aspectos, do nobre cuja propriedade eles mantinham de forma vitalícia ou hereditária; *Terceiro,* os proprietários de terras tributárias que eram sujeitos a certas obrigações especiais. A essas é necessário acrescentar uma quarta classe, qual seja, a dos servos.

Devemos observar ainda que a primeira dessas classes tendeu a desaparecer e a ser absorvida pela segunda, pela terceira e até mesmo pela quarta classe. Isso ocorreu em virtude de fatos que já explicamos.

Essa classificação de pessoas é, com efeito, verdadeira, e pode ser encontrada historicamente; mas não devemos considerá-la uma classificação original, geral e perfeitamente regular.

A situação das pessoas era anterior à das terras — houve homens livres antes de domínios absolutos; houve vassalos e associados antes dos benefícios. Portanto, a situação e as relações das pessoas não dependeram, originalmente, da situação e das relações das propriedades territoriais e, portanto, não pode ser deduzida delas.

Os historiadores erraram duplamente com relação a isso. Alguns querem ver, entre os francos, antes da conquista e do estabelecimento do sistema de propriedades rurais que já explicamos, homens totalmente livres e iguais, cuja liberdade e igualdade resistiram durante muito tempo à formação desse sistema. Outros só admitem que os homens são livres quando encontrados na posição de proprietários da terra, seja em alódios ou em benefícios.

O assunto não é assim tão simples e absoluto. As condições sociais não foram estruturadas e determinadas por um único processo para adequar-se à conveniência de estudiosos posteriores da antiguidade.

Pelo que vimos, qual é a natureza da liberdade na infância das sociedades? O poder é sua condição, e ela não tem praticamente nenhuma outra garantia. Enquanto a sociedade é pequena e compacta, a liberdade individual permanece porque cada indivíduo é importante para a sociedade de que é membro. Esse era o caso das tribos germânicas e seus bandos de guerreiros. Na medida em que a sociedade se expande e se dispersa, a liberdade dos indivíduos passa a estar em perigo, porque sua força pessoal é insuficiente para sua própria proteção. Isso foi ilustrado pelo caso dos germânicos que se estabeleceram na Gália. Um grande número de seus associados morava na casa do chefe, sem serem, eles próprios, donos e sem sequer estarem ansiosos para se tornar donos. Essa indiferença pode ser devida à falta de previsão que é normal em homens não-civilizados. A propriedade torna-se um instrumento proeminente para a aquisição de força, embora muitos homens livres não tivessem nenhuma.

O progresso da civilização tira a garantia de liberdade individual do poder do próprio indivíduo e a coloca no poder da comunidade. Mas a mera criação desse tipo de poder público e a garantia através dele das liberdades individuais é um processo gradual e difícil; ele é resultado de uma cultura social que cresce lentamente e que precisa vencer muitos obstáculos. Onde quer que não haja um poder que pertence à comunidade, a continuidade das liberdades individuais não pode ser assegurada.

Daí o erro daqueles que buscam a liberdade na primeira infância das sociedades. Na verdade, não a encontramos lá, e sim apenas quando a sociedade já está há muito tempo em seu berço, quando cada indivíduo, separadamente, é forte o suficiente para ser capaz de defender sua própria liberdade em uma comunidade muito limitada. Mas assim que a sociedade se ergue e se expande, vemos essa liberdade sucumbir; a desigualdade das várias forças se manifesta, e o poder individual torna-se incapaz de preservar a liberdade individual. Esse é o nascimento da opressão e da desordem.[1]

Essa era a condição da comunidade franco-romana no período que estamos considerando. Parece um tanto pueril perguntar quem era livre naquela época; ninguém era livre, fosse qual fosse sua origem, se não fosse forte. A investigação verdadeira é saber quem era forte – um ponto extremamente difícil de determinar.

Em uma sociedade plenamente estabelecida, que existe há muito tempo, é fácil saber quem é forte. Há uma transmissão constante de propriedades e de influências antigas; o poder tem formas permanentes, os homens são classificados. Fica claro onde reside a força e quem a possui. Mas na época que estamos considerando, os vários elementos da força social estavam lutando para existir; eles mal tinham uma existência e não eram conhecidos, nem estáveis, ou com uma posse do poder que fosse minimamente regular; os costumes

---

[1] Aqui Guizot argumenta que a verdadeira liberdade não pode existir na primeira infância das sociedades, quando os indivíduos estão lutando para manter e afirmar sua independência. A seu ver, a verdadeira liberdade não pode ser garantida na ausência de uma sociedade política genuína e estável, pois só ela pode fornecer garantias para a continuidade das liberdades individuais. É por isso que as liberdades só podem ser salvaguardadas pelas instituições e princípios do governo representativo. Usando as próprias palavras de Guizot: "A liberdade não pode existir exceto pela posse de direitos... Onde liberdades não são direitos, e onde direitos não são poderes, não existem nem direitos nem liberdades" (*HOGR*, pp. 356, 619). Essa idéia tem enorme importância no pensamento de Guizot e deve ser relacionada com sua definição de liberdade. Na Palestra 19, ele faz uma distinção entre as duas concepções mais comuns de liberdade... "a primeira, como a independência do indivíduo que não tem outra lei a não ser sua própria vontade; e a segunda, como a emancipação de cada indivíduo em relação a cada uma das outras vontades individuais, o que é contrário à razão e à justiça" (*ibid.*, p. 283).

violentos que então prevaleciam faziam com que a propriedade fosse bastante mutável; a força individual era uma garantia pobre da liberdade; com efeito, ela própria precisava de proteção.

A mente humana mal pode acreditar na desordem, porque não consegue imaginar claramente um estado de coisas assim; não se conforma com a idéia; deseja introduzir uma ordem própria, a fim de descobrir a luz. Devemos, no entanto, aceitar os fatos como eles realmente são. Podemos, portanto, entender como é difícil descrever a situação dos homens do século V ao século X e saber quais homens eram livres e quais não o eram, e especialmente o que era *realmente* um homem livre em termos de sua posição e influência. Entenderemos ainda mais essa dificuldade quando tentarmos determinar a condição de vida que pertencia a certas posições, de acordo com os vários princípios de classificação de que podemos tratar. Veremos que não é possível encontrar nenhum princípio pelo qual possamos deduzir a situação equivalente a várias posições; e que essa dedução corresponda exatamente aos fatos conhecidos sem ser contrariada a cada passo por esses mesmos fatos; ou, pelo menos, que esses fatos não demonstrem que o princípio é totalmente insuficiente e indigno de confiança.

Apliquemos, primeiramente, o princípio que é inferido da situação da propriedade fundiária.

Os proprietários dos alódios podem incontestavelmente parecer homens livres. Um proprietário alodial que tivesse uma propriedade extensa gozava de independência total, e exercia uma soberania quase absoluta sobre todo o seu território e sobre seus associados.

Os grandes proprietários alodiais podiam, às vezes, permanecer nessa posição por muito tempo. Mas como essa situação não era a mais forte, tampouco era a mais livre e mais estável. Pois vimos que a propriedade alodial degenerou e entrou em declínio até que quase todos os proprietários de alódios tornaram-se beneficiários. Vimos como a ira de Etichon foi provocada. Esse caso é um depoimento contra a existência do proprietário alodial. Sua própria independência era uma razão para seu isolamento e, portanto, para sua fraqueza. Os proprietários dos alódios, cansados de viver em suas propriedades, afastados da sociedade, costumavam vir morar junto ao rei ou algum grande proprietário que tivesse mais poder que eles. Logo passou a ser normal que enviassem seus filhos também para o mesmo lugar, a fim de que pudessem tornar-se acompanhantes do príncipe ou de algum nobre importante.

Quanto aos proprietários alodiais menores, não podiam manter seu padrão por muito tempo; não eram fortes o bastante para defender sua independência. Os registros da época mostram que sua propriedade logo foi alienada e, que, simultaneamente, muitos deles tornaram-se simples lavradores das terras. A condição do dono de um domínio absoluto fundiu-se assim com a dos tributários. A partir daí só faltava mais um passo para a perda total da liberdade. Esse passo foi realmente dado por um grande número de proprietários alodiais — exaustos e arruinados, entregaram sua liberdade nas mãos de proprietários mais ricos e mais fortes do que eles.

Chegamos, agora, aos beneficiários.

Os benefícios deram origem a grandes recursos individuais — neles encontramos a fonte da aristocracia feudal, já que alguns dos grandes beneficiários, com o passar do tempo, transformaram-se em nobres poderosos. Mas não devemos concluir que a posse de benefícios oferecesse, durante o período que estamos considerando, garantia de uma posição social permanente a que estivessem necessariamente associados o poder e a liberdade. *Primeiro*, essa posse era precária, mutável, e atacada, no caso dos beneficiários menores, pelos maiores e, no caso desses últimos, pelo rei. A propriedade beneficiária só começou a possuir alguma estabilidade no final do século IX. *Segundo*, vários pequenos benefícios foram concedidos a indivíduos que eram frágeis demais para defender, de maneira eficiente, sua posição e sua liberdade. Esses benefícios eram concedidos a fim de obter e garantir os serviços de um homem que não fosse escravo – portanto, era uma espécie de concessão para manter um empregado. Com esse objetivo eram-lhe concedidos a terra e também seus produtos. Os benefícios outorgados aos administradores de Carlos Magno e aos tratadores de seu cavalo eram realmente benefícios e não, como acha Montlosier, terras tributárias. Portanto, não estamos em uma posição que nos permita dizer que a categoria de beneficiário era sinal de uma posição social definitivamente distinta, nem tampouco que ela fosse uma medida do grau de importância e de liberdade de um indivíduo.

Tendo mencionado os proprietários alodiais e os beneficiários, o leitor pode pensar que esgotamos a classe dos homens livres. Esse, no entanto, não é o caso. Havia classes diferentes de donos e fazendeiros de terras tributárias, conhecidos por vários nomes, tais como *fiscalini, fiscales, tributarii, coloni, lidi, aldi, aldiones,* etc. Nem todos esses nomes designam condições diferentes e sim gradações diferentes de condições que eram substancialmente as mesmas. Havia: *Primeiro*, homens livres, imediatamente chamados de proprietários ou cultivadores alodiais; *Segundo*, homens livres, ao mesmo tempo beneficiários e cultivadores; *Terceiro*, homens livres, que não eram exatamente nem donos com domínio absoluto da propriedade nem beneficiários e cultivadores; *Quarto*, homens que não eram livres, a quem a posse hereditária de terras tributárias fora concedida sob o pagamento de certos emolumentos e serviços; *Quinto*, homens que não eram livres, que só gozavam da ocupação permanente de terra tributária. Aqui, uma vez mais, não podemos ver nenhuma condição social geral e estável que determine quais eram a categoria, os direitos e outras qualificações dos indivíduos que pertenciam a esse grupo. Estaremos errados se imaginarmos que todos os proprietários eram livres ou que todos os homens livres eram proprietários. Vemos que os cultivadores da terra do rei atormentavam e oprimiam os proprietários alodiais menores que residiam na vizinhança e que eram fracos demais para opor qualquer resistência efetiva, mesmo sendo francos.

Só preciso mencionar os escravos para observar que muitos homens livres eram lançados em uma situação de servidão em virtude da violência e da incerteza com relação à propriedade que envolvia uma incerteza correspondente com relação à posição social. Às vezes um homem se entregava a um vizinho mais poderoso e ao mesmo tempo abria mão totalmente de sua própria liberdade. Outras vezes, essa entrega não significava uma renúncia total da liberdade, embora fosse cedida por toda a vida do cedente, ou estabelecia-se uma quantia que seria paga se o compromisso fosse rompido.

É evidente que não podemos deduzir do Estado e da distribuição das propriedades territoriais nenhuma tabela real e estável das várias condições sociais e da importância dos direitos pertencentes a cada uma delas. Essas condições eram por demais indefinidas e diferentes — embora nominalmente idênticas — e variáveis para que nos possam fornecer um padrão que meça a quantidade de liberdade que cada homem possuía e o lugar que ele ocupava na sociedade. A situação das pessoas era quase individual: a medida da importância de um indivíduo era determinada pelo grau específico de força que lhe pertencesse, muito mais do que pela posição geral que ele aparentemente ocupasse. Os indivíduos passavam constantemente de uma condição para outra, nem perdendo de uma vez todas as características da posição que tinham deixado, nem assumindo, de uma vez, todas as características daquela em que haviam acabado de entrar.

Apliquemos agora outro princípio.

Tentativas foram feitas para determinar a condição dos indivíduos e para classificá-los de acordo com o *wehrgeld*; isto é, de acordo com a quantia que seria paga se o assassinato daquele indivíduo fosse encomendado, que era, conseqüentemente, a medida do valor das várias vidas. Será que encontraremos aqui algum princípio mais seguro e invariável segundo o qual podemos classificar as condições sociais?

Fiz um resumo de todos os casos de *wehrgeld* estipulados pelas leis bárbaras. Não irei enumerar todos eles, só 21 entre os principais, que vão de 1.800 *solidi*, o maior valor atribuído legalmente à vida de um homem, até 20 *solidi*.

O *wehrgeld* consistia em:

> 1.800 sol. (*solidi*): pelo assassinato de um bárbaro livre, um acompanhante do rei (*in truste regia*), atacado e assassinado em sua casa por um bando armado, entre os francos sálios.
> 960 sol.: primeiro o duque, entre os bávaros; segundo, o bispo, entre os germânicos.

900 sol.: 1º o bispo, entre os francos ripuários; 2º, o romano, *in truste regia*, atacado e assassinado em sua própria casa por um bando armado, entre os francos sálios.

640 sol.: os parentes de um duque, entre os bárbaros.

600 sol.: 1º todos os homens *in truste regia*, com os ripuários; 2º o mesmo, com os francos sálios; 3º o conde, com os ripuários; 4º o padre, nascido livre, com os ripuários; 5º o padre, com os germânicos; 6º o conde, com os francos sálios; 7º o *sagibaro* (uma espécie de juiz) livre, *ibid.*; 8º o padre, *ibid.*; o homem livre atacado e assassinado em sua própria casa por um bando armado, *ibid.*

500 sol.: o diácono, com os ripuários.

400 sol.: 1º o subdiácono, com os ripuários; 2º o diácono, com os germânicos; 3º o mesmo, entre os francos sálios.

300 sol.: 1º o romano morando com o rei, com os francos sálios; 2º o jovem que foi criado no serviço do rei, e aqueles que haviam sido libertados pelo rei e recebido o título de conde, com os ripuários; 3º o padre, entre os bávaros; 4º o *sagibaro*, que tinha sido criado na corte do rei, com os francos sálios; 5º o romano assassinado por um bando armado em sua própria casa, *ibid.*

200 sol.: o escriturário nascido livre, com os ripuários; 2º o diácono, com os bávaros; 3º o franco ripuário livre; 4º o germânico da classe média; 5º o franco ou bárbaro que vivia sob a lei sálica; 6º o franco nômade, com os ripuários; 7º o homem que tinha sido alforriado por compra, com os ripuários.

160 sol.: 1º o homem livre em geral, entre os germânicos; 2º o mesmo com os bávaros; 3º o borgonhês, o germânico, o bávaro, o frísio, o saxão, com os ripuários 4º o homem livre que cultivava propriedade eclesiástica, com os germânicos.

150 sol.: 1º o *optimus*, ou borgonhês nobre, assassinado por um homem a quem ele tinha atacado; 2º o administrador de um domínio real, com os borgonheses; 3º o escravo que podia trabalhar bem com ouro, *ibid.*

100 sol.: qualquer homem que pertencesse à classe média (*mediocris homo*) com os borgonheses, assassinado por um homem a quem ele tinha atacado; 2º o romano que possuísse propriedade pessoal, com os francos sálios; 3º o romano em viagem, com os ripuários; 4º o homem a serviço do rei ou de uma igreja, *ibid.*; 5º o colono (*lidus*) por duas cartas de Carlos Magno (anos 803 e

813); 6º o administrador (*actor*) de um domínio que pertencesse a qualquer pessoa a não ser o rei, com os borgonheses; 7º o escravo, um trabalhador especializado em prata, *ibid.*

80 sol.: pessoas alforriadas na presença da Igreja ou por uma carta régia especial, com os germânicos.

75 sol.: qualquer homem de condição inferior (*minor persona*), com os borgonheses.

55 sol.: o escravo bárbaro empregado no serviço pessoal de um dono, ou como mensageiro, com os borgonheses.

50 sol.: o ferreiro (escravo) com os borgonheses.

45 sol.: 1º o servo da Igreja e o servo do rei, com os germânicos; 2º o romano tributário, com os francos sálios.

40 sol.: 1º qualquer pessoa alforriada, com os bávaros; 2º os tratadores que cuidassem de quarenta porcos, com os germânicos; 3º o pastor que cuidasse de oitenta ovelhas, *ibid.*; 4º o senescal do homem que tivesse doze acompanhantes (*vassi*) em sua casa, *ibid.*; 5º o marechal que tivesse doze cavalos, *ibid.*; 6º o cozinheiro que tivesse um ajudante (*junior*), *ibid.*; 7º o ourives, *ibid.*; 8º o armeiro, *ibid.*; 9º o ferreiro, *ibid.*; 10º o construtor de bigas, com os borgonheses.

36 sol.: 1º o escravo, com os ripuários; 2º o escravo que havia se tornado um fazendeiro tributário, *ibid.*

30 sol.: o tratador de porcos, com os borgonheses.

20 sol.: o escravo, com os bávaros.

Vemos por essa tabela que, apesar da opinião geral ao contrário, o *wehrgeld* não é, de forma alguma, um indicador preciso e seguro das condições sociais. Não é determinado uniformemente segundo a origem, a qualidade e a posição dos indivíduos. As circunstâncias do assassinato, o caráter oficial do criminoso, a maior ou menor utilidade ou a mediocridade do homem morto, todos esses elementos variáveis contam para a determinação do *wehrgeld*. O simples fato de o assassinato ter sido realizado na corte de um duque, no momento em que a vítima está indo para a casa do conde ou regressando dela, triplica o *wehrgeld* de qualquer homem, seja ele escravo ou homem livre, bárbaro ou romano. Os elementos do *wehrgeld* são inúmeros: ele varia de acordo com os lugares e os momentos. O romano, o tributário, o escravo, segundo as circunstâncias, podem ser considerados mais ou menos valiosos que um homem livre bárbaro. Vemos muitos indicadores gerais que servem para demonstrar que o romano era normalmente menos apreciado que o bárbaro, e o tributário ou o escravo menos que o homem livre. Isso é facilmente explicável, e poderíamos até prever que seria assim. Mas não impede que seja muito difícil extrair de fatos como esses uma indicação segura da condição dos indivíduos – uma classificação precisa e completa das condições sociais.

Não há outro recurso a não ser abandonar a idéia de classificar as condições sociais e de determinar a situação das pessoas segundo qualquer princípio geral, com base na natureza das propriedades territoriais ou na apreciação jurídica do valor das várias vidas. Devemos simplesmente investigar, com a ajuda dos fatos históricos, quem eram os fortes e poderosos à época; que nome comum lhes era dado; que porção de influência e de liberdade recaía sobre aqueles que eram simplesmente chamados de homens livres. Assim, chegaremos a resultados mais claros e mais seguros. Veremos muitas vezes que a propriedade rural é uma das fontes maiores e principais de poder, e que o *wehrgeld* é uma indicação do grau de importância ou de liberdade que os indivíduos possuíam; mas não atribuiremos a esses dois princípios uma autoridade decisiva e geral, e não deturparemos os fatos para que eles possam se harmonizar com nossas hipóteses.

FRANÇOIS GUIZOT

Palestra 17

Sobre leudes ou antrustiões. — Homens leais ao rei e aos grandes proprietários. — Maneiras diferentes de adquiri-los e mantê-los. — Obrigações dos leudes. — Os leudes são a origem da nobreza. — Bispos e diretores de monastérios considerados leudes do rei. — Poder moral e material dos bispos. — Esforços dos reis para adquirirem o direito de nomear bispos. — Homens livres. — Formavam uma classe distinta e numerosa? — Os Arimanni e os Rathimburgi — Erro de Savigny. — Expansão rápida e geral da hierarquia feudal. — Os homens alforriados. — Maneiras diferentes de alforria: primeiro, os denariales, alforriados com relação ao rei; segundo, os tabularii, alforriados com relação à Igreja; terceiro, os chartularii, alforriados por uma carta régia. — Conseqüências diferentes resultantes dessas formas de alforria.

As pessoas que encontramos ocupando os lugares mais altos da escala social são os *leudes* (vassalos feudais), ou *antrustiões*. Seu nome indica sua qualidade — a palavra *trust* (confiança) expressa fidelidade. Eram homens que haviam demonstrado sua lealdade e foram os sucessores dos associados dos chefes germânicos. Depois da conquista, cada um dos chefes se estabeleceu, junto com seus próprios homens, em um território determinado. O rei tinha um número maior e mais importante de seguidores. Muitos permaneciam com ele. Ele posuía meios distintos, que eram usados com freqüência, para adquirir seus *leudes* ou fazer com que eles lhe fossem fiéis.

1º Isso foi, evidentemente, o resultado que se tinha em mente quando se conferiam benefícios. Em 587, Gontran, aconselhando Childeberto II sobre seu comportamento com relação àqueles que o circundavam, indica "aqueles a quem ele deve honrar com audiências e presentes e aqueles a quem ele deve recusar essas duas coisas".

2º A organização da casa, do palácio, da corte, copiada um pouco das tradições do Império Romano e dos passatempos e vantagens permanentes que estavam relacionados com essas tradições, levava muitos homens influentes a se tornarem *leudes*, ou fazia com que os *leudes* originais do rei fossem pessoas importantes. Os seguintes são nomes de algumas de suas funções: "conde do palácio, referendário, senescal, marechal, falcoeiro, mordomo, camareiro, zelador, zelador principal etc.".

3º Marculf preservou para nós a fórmula pela qual um homem de importância, *cum arimannia sua*, "com seus homens livres, seu bando", tinha o costume de se alistar entre os *leudes* do rei. Carlos Magno tomava uma série de cuidados para que as pessoas que vinham até ele para se tornar seus seguidores confiáveis (*de truste facienda*) não encontrassem nenhum obstáculo.

4º Era para seus *leudes* que os reis normalmente davam importantes postos públicos, como os que pertenciam aos duques, condes etc. Há motivos para se acreditar que essas funções originalmente pertenciam ao chefe principal que se estabelecia em um território. No curso natural dos eventos, esses chefes tornavam-se, eles próprios, *leudes* do rei, ou eram substituídos por aqueles que já eram *leudes* antes.

5º O número de *leudes* era a fonte principal de poder; por esse motivo, eram usados todos os tipos de artifício para multiplicá-los.

Em 587, no tratado de Andely, entre Gontran e Childeberto II, "foi decidido que nenhum dos dois tentaria atrair os *leudes* do outro nem recebê-los se eles viessem por conta própria". Continuamente nos deparamos com *leudes* importantes que ameaçam abandonar o serviço do rei e entrar para algum outro.

A obrigação geral dos *leudes* era fidelidade, serviço palaciano e serviço militar. Para os *leudes*, o pagamento dessas obrigações significava poder e riquezas. Tinham também certas vantagens civis, mas de uma natureza mais incerta. Seu *wehrgeld* era uma quantia vultosa, fosse qual fosse sua origem antes de serem *leudes*. Vemos que suas prerrogativas iam se acumulando à medida que seu poder se consolidava por meio da posse prolongada de benefícios. Carlos Magno desejava que seus vassalos fossem homenageados e que ocupassem o lugar mais respeitado, depois dele próprio. No entanto, havia entre os *leudes* do rei alguns que eram menos poderosos e outros que eram até pobres.

Todos os grandes proprietários tinham seus *leudes*; sua casa era organizada segundo o modelo da casa do rei, e os mesmos funcionários existiam em ambas.

Na opinião de Montesquieu – que nesse ponto é contrariado por Montlosier –, a origem da nobreza está nos *leudes*. Nenhum dos dois autores, a meu ver, formou uma idéia clara e justa da condição dos *leudes* ou do caráter da nobreza. A categoria de *leude* e suas vantagens eram puramente de caráter pessoal. A categoria de um bárbaro livre era hereditária, bem como suas vantagens; mas a categoria de *leude*, isto é, as vantagens e a superioridade que ele obtinha graças à sua posição, tendia a se tornar hereditária; a de um homem livre, por outro lado, tendia, quando o isolavam ou o deixavam sozinho, a ser abolida, e ele perdia suas vantagens. A maioria dos homens livres que não se tornavam beneficiários, vassalos ou *leudes* de alguma importância acabava deixando de ser livre. A aristocracia dos *leudes* tendia a ser formada, a liberdade dos homens livres tendia a ser destruída – os homens livres eram, por contraste com aqueles que não eram livres, uma aristocracia em declínio; os *leudes* eram comparados com os homens livres, uma aristocracia em ascensão.

Mannert, em seu tratado intitulado *Freyheit der Franken* (A liberdade dos francos), explicou claramente a formação da nobreza entre esses povos. Havia muitos gauleses romanos entre os *leudes* dos reis francos; encontramos, por exemplo, os nomes de *Protadius, Claudius, Florentinianus* entre os Prefeitos do Palácio no final do século VI e começo do século VII. Muitas vezes eles mudavam seu nome para nomes bárbaros. Assim, o irmão do duque Lupus, romano de nascimento, deu a si próprio o nome de *Magn-Wulfus* (grande lobo) e a seu filho, que era bispo de Rheims, o de *Rom-Wulfus* (lobo romano). Esses romanos entraram para a companhia dos *leudes* porque precisavam da proteção dos reis; porque estavam dispostos a colocar qualquer poder que tivessem a seu serviço; porque conheciam bem o país e sabiam que o rei precisava deles; e, finalmente, porque os reis, quando abraçavam o cristianismo, reconciliavam-se com muitos gauleses ricos e influentes.

Os bispos, e os chefes principais dos mosteiros, ou de grandes corporações eclesiásticas, estavam entre o número de *leudes* do rei. O poder dos bispos entre os gauleses, antes da chegada dos germânicos, pode ser demonstrado diretamente pelos fatos: sua influência e sua riqueza são demonstradas indiretamente pela ansiedade com que o posto de bispo era buscado. Eles protegiam os antigos habitantes dos reis bárbaros e serviam aos últimos graças ao poder de governar os habitantes anteriores. Eles, e quase ninguém mais além deles, tinham preservado alguma ciência, alguma cultura intelectual; a influência de idéias e práticas religiosas sobre os bárbaros convertidos era poderosa; as impressões formadas eram fortes e vívidas naquele estágio da civilização: o clero podia estimular a imaginação, tranqüilizar ou alarmar a consciência. Os bispos e chefes de mosteiros adquiriram grande riqueza, por meio de um grande número de fontes, e ao longo do tempo acabaram por se tornar grandes beneficiários; a maioria das propriedades dadas às igrejas era concedida como benefícios e conseqüentemente envolvia as obrigações que pertenciam àquele título; algumas eram concedidas "com o direito total de propriedade". Em 807, Carlos Magno encarregou seu filho Pepino de evitar que os duques e condes a quem o governo das províncias tinha sido confiado exigissem das igrejas todos os serviços devidos, em geral, pelos homens livres. Em 816, Luís, o Piedoso decidiu que todas as igrejas deveriam possuir uma fazenda absolutamente livre de qualquer ônus. Os fatos revelam a cada passo a importância dos bispos; eles eram empregados em transações importantes e ajudavam na elaboração das leis. Condes, duques, grandes proprietários bárbaros tornavam-se bispos. Sem dúvida, as conseqüências temporais associadas à excomunhão eclesiástica colocavam em suas mãos uma arma poderosa de ataque ou defesa. As igrejas obtinham todos os tipos de imunidades, desde a isenção do serviço militar até direitos aduaneiros. Elas passaram a ser asilos para refúgio – um direito popular que, naqueles tempos de violência bruta, geralmente protegia inocentes mais do que servia de escudo para os culpados.

A nomeação de bispos era um direito antigo dos padres e dos fiéis. A importância dessas funções e as riquezas das igrejas levaram o rei a usurpar essa prerrogativa. Mais tarde, eles alegaram ter algum tipo de direito a isso, já que eram senhores das igrejas a quem haviam concedido benefícios. Usaram o direito de confirmação a fim de apoderar-se do direito de nomeação. A princípio, os bispos eram os *leudes* mais seguros e dedicados do rei. Com efeito, reis e bispos precisavam uns dos outros. Pouco tempo depois os bispos tornaram-se tão poderosos que puderam agir independentemente dos reis.

Nessa época os conventos também adquiriram grande importância, embora seus diretores não pareçam ter desempenhado um papel tão proeminente na França como o que desempenharam na Inglaterra.

De um modo geral, o poder do clero nesse período era tanto útil quanto extenso. Ele despertava e desenvolvia necessidades morais entre os bárbaros — ordenava e inspirava o respeito pelos direitos e sofrimentos dos mais fracos — e dava uma ilustração da realidade da força moral em um momento em que tudo estava à disposição da força material. Presumir que uma instituição ou uma influência deve ser atacada pelos efeitos perniciosos que pode produzir após séculos de existência é uma idéia falsa; devemos considerá-la e apreciá-la à época em que foi formada originalmente.

Dos *leudes*, passemos agora àqueles que eram meros homens livres.

Há palavras que, em nossa época, têm um significado tão simples e tão absoluto que as aplicamos sem consideração e sem escrúpulo a épocas em que seu significado real não era sequer reconhecido. A expressão *homem livre* é um exemplo disso. Se por homem livre queremos dizer alguém que não é escravo, ou um homem que não é propriedade de outro homem, e não pode ser nem doado nem vendido como um artigo comercial, havia um grande número de homens livres do século V ao século X. Se, no entanto, damos a essa expressão o sentido político que ela possui hoje em dia, isto é, a idéia de um cidadão que não depende de nenhum outro cidadão, e que só depende do Estado e das leis do Estado para a segurança de sua pessoa e de sua propriedade, então o número de homens livres era bastante insignificante no período do qual estamos falando, e diminuía continuamente. Para a segurança de suas pessoas ou de suas propriedades, a maioria daqueles que não eram servos tinha algum tipo de compromisso ou se comprometia com freqüência crescente a oferecer algum tipo de serviço e a tornar-se relativamente dependente de algum homem mais poderoso do que eles que os empregava em sua casa ou os protegia a distância. A independência do cidadão conforme existia nas repúblicas da antiguidade, e como existe em nossas comunidades públicas, foi se tornando cada vez mais rara no período que vai do século V ao século X. Muitos especialistas em direito público, K. F. Savigny entre eles, em sua *Histoire du droit romain dans le moyen âge*, afirmaram que durante esse período sempre existiu uma classe numerosa de homens livres, verdadeiros cidadãos, isentos de toda a dependência pessoal, que dependiam apenas do Estado e formavam o corpo da nação. Isso envolve uma confusão total de épocas e um mal-entendido com relação à sucessão natural dos eventos. Sem dúvida, à época da invasão e no período que se lhe seguiu, havia muitos homens livres desse tipo. A independência de indivíduos que levavam uma vida nômade e bárbara não desapareceu súbita e totalmente sob a influência das novas circunstâncias que tinham resultado de seu estabelecimento territorial. Mas, com relação ao número maior de homens livres, essa independência foi rapidamente absorvida por novos laços, e pelas inúmeras e várias formas de hierarquia feudal. Podemos achar que descobrimos, sob certos nomes que podem ser encontrados com freqüência em documentos e obras históricas, tais como *Arimanni, Erimanni, Herimanni, Hermanni,* entre os lombardos, e *Rachimburgi, Rathimburgi, Regimburgi,* entre os francos — uma classe de homens realmente livres —, cidadãos no sentido em que usamos a palavra nos dias atuais. Mas quando investigamos mais profundamente, logo percebemos que essa classe não pode ser encontrada e que parte dos *Arimanni* ou *Rathimburgi* — se não todos eles — estava presa às restrições de uma organização feudal e dependia muito mais de algum indivíduo superior do que da proteção do Estado.

Muitos estudiosos acham também que a prática de alforria que prevaleceu nesse período criava muitos homens livres — tão completamente livres como se tivessem herdado sua liberdade como um direito natural. A meu ver, isso também é um erro. A alforria era freqüente, mas ela concedia liberdade total a muito poucos; ela transformava muitos deles em lavradores e tributários, ou os colocava em outras posições análogas que, no entanto, não lhes garantiam a liberdade absoluta. Para nos convencermos disso, basta examinar os próprios atos de alforria. Havia vários tipos, e cada um deles tinha conseqüências diferentes. Vemos: em primeiro lugar, os *denariales,* ou alforriados com relação ao rei; embora a vida deles fosse avaliada em 200 *solidi*, como a vida de um franco, sua liberdade era incompleta; não podiam deixar propriedade para outras pessoas a não ser seus filhos; a composição por suas vidas era paga ao rei e não a seus parentes, e isso demonstra claramente que o rei os considerava *homines regii*. Segundo, havia aqueles que eram alforriados com relação à Igreja, ou *tabularii*. Esses se tornavam *homines ecclesiastici*; não podiam se tornar *denariales* segundo as leis dos ripuários, e ao morrer, se não tivessem deixado filhos, sua propriedade ia para a Igreja. Terceiro, aqueles alforriados *per chartam*, *chartularii*. As expressões das cartas régias que lhes davam a liberdade pareciam ser completamente claras; mas há dúvidas de que os resultados fossem igualmente claros, já que os próprios *denariales* permaneciam, em certos aspectos, em uma condição inferior. Os estatutos de Carlos Magno, que determinavam que, para os *denariales*, os termos de composição deveriam ser pagos ao rei e que eles não teriam sua liberdade como herança até a terceira geração, atribuem as mesmas condições aos *chartularii*, e até mesmo àqueles que eram alforriados com relação à Igreja, os *tabularii*.

O ato e as conseqüências da alforria variaram no decorrer da época à qual dedicamos nossa atenção. Esse fato não foi observado por Montlosier e por todos aqueles que, a fim de elaborar um sistema completo, juntam fatos que estão separados uns dos outros por um longo intervalo de tempo e aplicam à mesma época fatos que pertencem a tempos diferentes. A história nos apresenta casos de escravos que, após a invasão germânica, ascenderam à condição não apenas de homens livres, mas de *leudes* e de grandes proprietários. Casos individuais desse tipo são bastante comprovados, e provavelmente ocorreram naqueles tempos de desordem; mas a partir deles não podemos inferir nenhuma regra geral. Apesar da vasta influência das idéias religiosas – todas as fórmulas de alforria têm como prefácio a expressão de sentimentos e objetivos religiosos –, o movimento geral da época que estamos considerando, ao menos com relação à condição das pessoas, estava muito mais inclinado à extensão da servidão, sob formas diferentes e em vários graus, do que à manutenção ou ao progresso da liberdade.

Palestra 18

Existência simultânea de três sistemas de instituições, após o estabelecimento dos francos na Gália. — O conflito entre esses três sistemas. — Sumário desse conflito, suas dificuldades e resultados. — Sua recorrência em instituições locais e centrais. — Sobre as instituições locais sob a monarquia franca. — Sobre as assembléias de homens livres. — Sobre a autoridade e jurisdição dos grandes proprietários de terra em suas propriedades. — Sobre a autoridade e jurisdição dos duques, condes e outros dignitários reais.

Da antiga condição dos bárbaros na Alemanha, e de sua nova situação após seu estabelecimento no Império Romano, surgiram três sistemas de instituições, de princípios e resultados diferentes, que, do século V ao século X, de início coexistiram por algum tempo e depois se misturaram ou entraram em conflito, alternando sucessos e fracassos.

Na Alemanha, em sua situação original, os bárbaros eram todos livres; cada indivíduo era importante — nada, em nenhum momento, podia ser realizado ou decidido sem a aprovação e a participação da maioria. A importância do indivíduo deu origem à discussão em conjunto de assuntos de interesse comum e à influência da eleição sobre a escolha de chefes ou juízes — ou, em outras palavras, às instituições da liberdade.

O segundo princípio que encontramos é a ligação e a subordinação dos membros da tribo a seu chefe. Até certo ponto, os membros eram dependentes do chefe inclusive para a subsistência. Com o estabelecimento territorial, essa dependência aumentou, e aumentou também a autoridade dos chefes sobre seus camaradas. Com a maior importância dos primeiros, a liberdade dos últimos diminuiu, e eles se tornaram beneficiários ou vassalos, colonos ou até servos. Foi formada uma hierarquia entre os donos da terra, e dela surgiram as instituições aristocráticas e hierárquicas que deram à luz o sistema feudal.

O poder dos reis, originalmente muito limitado, expandiu-se depois da conquista pela dispersão da nação, pela concessão de benefícios e pela predominância do princípio da sucessão hereditária ao trono. Isso deu origem a um conflito não entre o poder do rei e as liberdades dos cidadãos, mas entre o poder do rei e o dos nobres, especialmente dos próprios *leudes* do rei. Os reis se esforçavam para ter como base de seu governo o princípio monárquico e, com esse objetivo, buscavam relacionar-se diretamente com seus súditos. Sob Carlos Magno, esses esforços chegaram ao auge, e parecia haver probabilidade de que teriam sucesso. Mas o sistema monárquico sucumbiu diante do sistema feudal.

Assim, as instituições livres, as instituições aristocráticas e as instituições monárquicas — assembléias locais e gerais de homens livres para deliberar sobre assuntos comuns, militares ou judiciários, ou outros, na presença do rei ou de seus delegados ou de acordo com eles; a subordinação do homem livre simples ao senhor, do vassalo ao chefe; os nobres que administravam a justiça, guerreavam uns com os outros e impunham certas cobranças a seus vassalos; a organização progressiva do poder real; duques, condes, funcionários reais, *missi dominici*, fazendo as transações públicas e administrando a justiça, mesmo em oposição aos nobres — esses são os três sistemas de fatos, as três tendências que se apresentam à nossa observação no período entre o século V e o século X. O conflito entre essas três tendências constitui a história das instituições públicas dessa época.

O sistema das instituições livres caiu em declínio rapidamente. Ele sucumbiu diante do sistema da predominância dos grandes proprietários rurais, e da hierarquia de benefícios. Surgia um conflito entre os princípios do sistema feudal e os esforços do sistema monárquico. No conflito entre os dois sistemas, no entanto, encontramos vestígios do sistema de instituições livres. Esses vestígios algumas vezes estavam aliados ao sistema feudal, outras, ao sistema monárquico — na maioria das vezes ao último. Carlos Magno tentou fazer com que as instituições da liberdade contribuíssem para o triunfo do sistema monárquico. Observamos algo semelhante na história dos anglo-saxões. Porém, entre esses últimos, o sistema de instituições livres nunca pereceu e a deliberação comum dos proprietários rurais livres, nos tribunais dos condados, sempre subsistiu. Entre os francos, a simultaneidade e o conflito dos três sistemas eram mais claros e mais ativos; o primeiro era o mais fraco e pereceu mais cedo.

Como fizemos no caso dos anglo-saxões, ao lidarmos com os francos, examinaremos primeiramente suas instituições locais e depois as instituições gerais. E em todas as partes encontraremos o fato ao qual acabo de aludir. Seguiremos esse fato em suas vicissitudes e veremos, primeiro, como o sistema de instituições livres sucumbiu, nas localidades e no centro; segundo, como o sistema monárquico foi, durante algum tempo, bem-sucedido e fortemente predominante apenas sob Carlos Magno; e terceiro, como o sistema feudal, isto é, a organização aristocrática e hierárquica das propriedades territoriais e das soberanias, não poderia prevalecer, como realmente não prevaleceu.

Sobre as Instituições Locais

Na Gália franca, como entre os anglo-saxões, o território estava dividido em condados, centos e décimos.* Os condes eram chamados de *grafen, judices*; os donos de centos, de *centgrafen*, e os donos de décimos, de *tungini* ou *thingrafen*. Cada um desses funcionários mantinha um tribunal, *placitum, mallum*, no qual a justiça era administrada e os negócios do distrito realizados. Essa corte era, a princípio, uma assembléia de todos os homens livres do distrito; a participação era obrigatória e a ausência era punida com uma multa elevada. Ali, como eu disse, eles distribuíam a justiça e deliberavam sobre assuntos de interesse comum. Transações civis, vendas, testamentos, alforrias eram realizados em público. Ali também se faziam as convocações militares. Como ocorria na Inglaterra, o tribunal, ou *plaid*, do dono do décimo, *decanus*, era mais raro e não tinha muita importância. Os poderes dos tribunais ou assembléias dos homens livres, mantidos pelos *centenarii* e pelos *vicarii*, eram um tanto limitados; não podiam julgar questões que envolvessem propriedades ou a liberdade pessoal, a não ser na presença de enviados imperiais ou de condes.

---

* Isto é, claro, distritos semelhantes a essas divisões.

Essas eram as instituições livres e as reuniões para deliberações em comum das localidades individuais. Esses *plaids* primitivos correspondiam às antigas assembléias germânicas, na Alemanha.

Além dos *plaids* de homens livres, deparamo-nos também com a jurisdição dos nobres ou de proprietários rurais importantes sobre as pessoas que residiam em seus domínios. O chefe distribuía a justiça a seus camaradas, ou colonos, como agora tinham se tornado. Sua jurisdição não era, no entanto, totalmente arbitrária, já que os camaradas eram seus assessores no tribunal. Os *conjuratores*, que atestavam a veracidade dos fatos declarados, quase sempre resolviam a questão. Se considerarmos essas instituições em sua origem, veremos que os tribunais senhoriais de justiça, embora pouco transparentes e um tanto inativos, existiam simultaneamente às assembléias de homens livres, e estavam isentos da circunscrição e da jurisdição dos funcionários da coroa. A jurisdição das igrejas advinha da jurisdição dos senhores, e ambas eram exercidas graças à propriedade do território, que fazia do dono da terra o patrono de seus habitantes.

Esses são os primeiros rudimentos daquela organização feudal que, ao estabelecer a autoridade e a jurisdição do senhor sobre seus arrendatários, vassalos ou colonos, constantemente tendia a destruir a autoridade e a jurisdição das assembléias dos homens livres. Teve início um conflito entre o princípio feudal da subordinação hierárquica e o princípio da união de iguais em deliberação comum. Na época a que agora dedicamos nossa atenção, esse conflito já havia começado.

Examinemos agora como o poder real era exercido nas várias localidades durante esse período. A princípio, os duques, condes, centenários e outros, não eram, provavelmente, meros delegados do rei e sim os chefes naturais, os grandes e mais poderosos proprietários de terra. É um erro acreditar que originalmente o condado correspondia àquilo que hoje é chamado de departamento, e que o rei nomeava e enviava um conde para governá-lo como hoje mandaria um prefeito. O rei, o chefe da nação, naturalmente ordenava que o homem mais importante do distrito convocasse os homens livres daquele mesmo distrito para objetivos militares, e que também arrecadasse as rendas dos domínios reais; por isso, essa pessoa recebia uma espécie de nomeação por parte do rei. A importância crescente do palácio e da corte real e a influência das instituições e idéias romanas, com o correr do tempo, fizeram com que essa nomeação desse origem a um título. Os condes se transformaram em *leudes* e, vice-versa, os *leudes* tornaram-se condes.

Durante um tempo considerável, a hereditariedade desses funcionários não foi reconhecida. Alguns estudiosos da antiguidade chegam a ser da opinião de que esses empregos eram concedidos somente por um tempo determinado. Há mais motivo para crer que isso não estava determinado de forma definitiva, e que durante muito tempo essas funções não tiveram uma duração limitada e sempre foram transferíveis. Inúmeros casos podem ser apresentados que provam essa teoria. Com freqüência, os reis francos permitiam que os chefes naturais dos países que haviam conquistado mantivessem tanto a posição que tinham anteriormente quanto seus direitos antigos. Assim, o título dos duques bávaros era hereditário. Quando Luís, o Piedoso recebeu os espanhóis no sul da França, permitiu que os condes mantivessem seus títulos e sua jurisdição.

FRANÇOIS GUIZOT

O título de conde passou a ser objeto de ambição pelas vantagens a ele associadas. O conde tinha muito poder, uma parte das multas, chamadas de *freda*, e imensa facilidade de adquirir propriedades no distrito sob sua jurisdição. Esses postos também davam aos reis meios para enriquecer seus *leudes* ou para adquirir outros *leudes* novos. Sob os merovíngios, o que predominou foi uma constante instabilidade com relação a esses postos, e também com relação aos benefícios que eram obtidos como presentes ou comprados por dinheiro. Apesar disso, o posto de conde era muitas vezes transmitido de pai para filho; isso era natural, e o costume não podia deixar de ter precedência sobre o direito; como o conde ou duque era quase sempre personagem importante em seu cantão ou distrito, independentemente de seu posto, o normal era que seu filho, que herdava sua importância, também fosse muitas vezes seu sucessor no posto.

Alguns escritores afirmam que há uma grande diferença entre duques e condes. Alguns até sugerem que cada duque tinha doze condes sob suas ordens. Não existia nenhuma regularidade desse tipo na administração local. Vemos alguns condes com poder igual ao dos duques; entre os borgonheses, por exemplo, alguns condes governavam várias províncias. Podemos dizer, no entanto, que, de um modo geral, o duque era superior ao conde. Podemos até presumir que, originalmente, o posto de duque era militar e o de conde, judiciário, embora as duas missões muitas vezes parecessem se confundir. Uma fórmula de Marculf coloca duques, condes e patrícios na mesma categoria. Os margraves eram os condes dos limites ou fronteiras. Os homens da corte, delegados do rei, acabaram por ser condes em todas as regiões.

Portanto, os três sistemas de instituições que mencionei coexistiam: 1. as assembléias de homens livres, com autoridade e jurisdição; 2. os grandes proprietários rurais - fossem beneficiários ou alodiais, leigos ou eclesiásticos – que também tinham autoridade e jurisdição; e 3. os administradores ou delegados do rei, com autoridade e jurisdição.

Em meio à tumultuada dinastia merovíngia, vemos que as assembléias dos homens livres entraram rapidamente em declínio, e a maioria dos membros deixou de participar delas. Alguns ficaram poderosos o bastante para pensar em tornar-se independentes; outros se enfraqueceram tanto que perderam totalmente sua liberdade. A deliberação comum de homens livres desapareceu. O princípio de subordinação de um indivíduo ao outro, por meio de proteção, vassalagem, patrocínio, ou como colonos, era agora predominante. As jurisdições senhoriais, tanto leigas quanto eclesiásticas, ampliaram-se. Sua expansão e consolidação foram uma conseqüência necessária da ampliação e consolidação dos benefícios. A diminuição do número de propriedades alodiais, o aumento das terras tributárias e as mudanças correspondentes, que foram introduzidas na situação das pessoas, necessária e drasticamente reduziram o número daqueles que estavam sujeitos à jurisdição das assembléias de homens livres e também à jurisdição do rei. Até o cuidado que os primeiros carolíngios tomavam para obrigar os senhores a administrar a justiça, e controlar a administração dessa mesma justiça, prova o progresso desse tipo de jurisdição.

A liberdade, que permitia a todo homem viver sob qualquer lei que lhe apetecesse, também só poderia ter contribuído para esse resultado; ela tendia a dispersar a sociedade, já que colocava as pessoas sob a jurisdição daqueles que tinham seu próprio código de leis privado; e, com isso, era contrária à união e à deliberação comum. É verdade que era uma forma de liberdade, uma liberdade necessária na situação social que existia então; mas essa liberdade, como quase todas as outras liberdades desse período, era um princípio de isolamento.

Palestra 19

Governo de Carlos Magno. — Renascimento aparente das instituições livres. — Independência individual e liberdade social. — Organização do poder monárquico sob Carlos Magno. — Sua vigilância ativa sobre vassalos e agentes. — Rápido declínio das instituições monárquicas após sua morte. — Predominância definitiva do sistema feudal. — Instituições centrais à mesma época: a realeza. — Causas da evolução da realeza, e o princípio da sucessão hereditária entre os francos. — Influência do clero.

Após a anarquia merovíngia, com a acessão dos carolíngios e especialmente durante o reinado de Carlos Magno, dois fatos, aparentemente contraditórios, chamam nossa atenção. As instituições livres parecem ganhar nova vida, e, ao mesmo tempo, o sistema monárquico claramente predomina. Precisamos estudar cuidadosamente essa coincidência singular e esforçar-nos para entender suas causas.

Há duas formas de entender a liberdade pessoal de um homem: a primeira, como a independência de um indivíduo que não tem outra lei a não ser sua própria vontade; e a segunda, como a emancipação de cada indivíduo em relação a cada uma das outras vontades individuais, que é contrário à razão e à justiça.

A liberdade, se considerada no primeiro sentido, é bárbara e anti-social; corresponde à infância, ou melhor, à ausência de sociedade.

A própria palavra *sociedade* indica a união de indivíduos em torno de idéias, sentimentos e interesses comuns. A sociedade só pode existir com a obediência dos indivíduos a um governo comum. Se a liberdade de cada homem constitui sua única lei, se qualquer restrição à independência da vontade individual é considerada ilegítima, a sociedade é impossível. A lei que deve governar a sociedade, de acordo com a verdade e a justiça, é externa às vontades individuais e independente delas. O objetivo da sociedade é descobrir essa lei superior e exigir obediência unicamente a ela; só a essa lei a obediência deve ser dada; a sociedade só é possível com o domínio da força bruta ou pelo governo da lei verdadeira. Se a independência do indivíduo é considerada a condição da liberdade, podemos ter certeza de que a força se tornará o poder dominante da sociedade, porque é preciso que exista uma sociedade; ela é uma necessidade imperiosa da natureza humana, e essa necessidade será satisfeita através da força, se não puder ser satisfeita através da justiça e da razão.

O objetivo do governo, portanto, é duplo: ele se propõe, em primeiro lugar, a buscar e a descobrir a lei verdadeira que deve decidir todas as questões resultantes das relações sociais e submeter todas as vontades individuais contrárias a essa lei; e, em segundo, a evitar que os indivíduos sejam sujeitos a quaisquer outras leis que não a verdadeira lei, como, por exemplo, a vontade arbitrária de outros indivíduos mais poderosos. O governo bom e verdadeiro, portanto, não diz ao indivíduo: "Você só estará sujeito a seus próprios caprichos", pois nesses termos não poderia haver sociedade nem governo; o que ele diz é: "Você será sujeito não aos caprichos de qualquer outro indivíduo, mas somente à razão e à justiça". O progresso

François Guizot

da civilização consiste, por um lado, em expandir a autoridade da razão sobre todos os indivíduos e em não desprezar nenhum meio que possa convencer sua razão individual e fazer com que sua obediência seja voluntária; e, por outro lado, em limitar o controle da vontade arbitrária de um indivíduo sobre outro. Nos casos em que a vontade arbitrária de um ou mais indivíduos predomina, a liberdade legítima não existe; quando se mantém a independência isolada de cada indivíduo, a sociedade é impossível.

A importância dessa distinção entre liberdade moral e liberdade natural, entre liberdade social e independência individual, é imensa. Seria fácil demonstrar sua conexão íntima com a verdadeira teoria da liberdade, considerada em relação ao homem pessoalmente, e independentemente da sociedade. É como um ser racional, capaz de reconhecer a verdade de que o homem é sublime; e nisso reside a divindade de sua natureza: a liberdade nele nada mais é que o poder de obedecer à verdade que ele reconhece, e fazer com que suas ações estejam conformes com essa liberdade. Sob essas condições, a liberdade é muito respeitável; mas ela só é respeitável sob essas condições.

Na infância da sociedade, a liberdade que quase todos os homens desejam e defendem é a liberdade natural — a liberdade de fazer só aquilo que lhes apetece. Isso é causado pela imperfeição do desenvolvimento moral de cada indivíduo e pela imperfeição do mesmo desenvolvimento nos poderes sociais; devido a essa imperfeição, esses poderes não compreendem a verdadeira lei, nunca a aplicam, e são, eles próprios, comandados por vontades individuais, tão arbitrárias quanto volúveis. Por esse motivo, o estado de liberdade que encontramos no começo de todas as sociedades dura muito pouco, e é rapidamente substituído pelo despotismo de uma pessoa ou de várias delas. A sociedade não pode existir se a liberdade natural, isto é, a independência individual, existe em toda a extensão de seu desejo; e, como a sociedade ainda ignora tanto como governar segundo a lei moral quanto como respeitar a liberdade moral, a força toma conta do governo.[1]

Quando, em uma situação social semelhante, aparece um homem de genialidade e caráter superiores, ele é inevitavelmente levado a fundar um despotismo, isto é, o império de sua própria vontade individual. Ele fica irritado e ofendido com a colisão de todas essas vontades individuais, bárbaras e estúpidas; seu instinto lhe diz que a sociedade não pode existir dessa maneira e que tal estado de coisas não é uma sociedade. Além disso, ele fica pessoalmente

---

[1] Esta longa discussão traz à luz a distinção que Guizot faz entre liberdade moral e liberdade natural, ou seja, entre liberdade social e independência individual. Para Guizot, a liberdade não é o direito de fazer aquilo que nos apetece, e sim de fazer aquilo que os preceitos da razão, da verdade e da justiça exigem que façamos. Em outras palavras, a liberdade é respeitável enquanto é definida como o poder de descobrir e traduzir na prática os princípios da razão, da verdade e da justiça. Escreve Guizot: "A liberdade, como ela existe no homem individual, é o poder de adaptar sua vontade à razão...; conseqüentemente, o direito à liberdade... origina-se do direito de não obedecer a nada a não ser à razão" (*HOGR*, p. 557). Guizot desenvolveu a mesma idéia no tratado que ele não chegou a terminar, *Philosophie politique: de la souveraineté (Filosofia política: sobre soberania)*, onde ele sugere que a liberdade não pode ser identificada com a soberania ou a vontade individual, já que nenhuma vontade individual pode ser a fonte do poder legítimo. Ao contrário, os seres humanos são (e podem permanecer) livres só enquanto obedecerem a uma lei transcendente que não depende de sua vontade ou de seu consentimento. O resultado final dessa idéia é que só a lei da razão, da verdade e da justiça pode obter a lealdade universal legitimamente. Para mais detalhes sobre a teoria da liberdade de Guizot, veja *HOGR*, pp. 537-58.

enojado pelo controle que todas essas vontades limitadas e ignorantes dizem exercer sobre todas as coisas, e até mesmo sobre ele. A autoridade da força cega sobre a força esclarecida nada mais é do que o despotismo; e que insolência pode ser maior que o poder de uma multidão embrutecida sobre uma razão individual superior? O homem superior fica indignado e busca se livrar desse jugo e impor alguma ordem a essa desordem; e esse governo ele busca em sua própria razão, em sua própria vontade. Assim é estabelecido, em épocas semelhantes, o despotismo de uma única pessoa; ele não é totalmente ilegítimo, e a melhor prova disso é dada pela facilidade com que ele recebe a admiração com que é considerado, até a gratidão que ele inspira, e que dura enquanto durar a situação que deu origem a seu poder. Na verdade, essa superioridade altiva, que muito naturalmente é chamada a imperar em virtude da desordem e da dissolução da sociedade, logo se torna corrupta e inclemente ao transformar-se, ela própria, em vontade puramente individual, cheia de egoísmo e de veleidades. No entanto, no início, o que constituiu sua força e sua credibilidade foi sua compreensão adequada das necessidades gerais da sociedade; ela havia obtido um conhecimento mais profundo da verdadeira lei que deve governar a sociedade, e salvou a sociedade da batalha que perdia contra uma multidão de vontades individuais, ignorantes e selvagens. É por esses meios que os grandes homens triunfam a princípio. Foi assim que Carlos Magno triunfou; e foi assim também que os três primeiros carolíngios, Pepino de Heristal, Carlos Martel e Pepino, o Breve, prepararam o caminho para ele. Sob os merovíngios, o Estado se dissolvia; todos os homens fortes se tornavam independentes, todos os homens frágeis se submetiam a outros mais fortes. Embora os

Pepinos tivessem vindo da aristocracia dominante, no início lutaram contra seus excessos. Carlos Martel reprimiu os pequenos tiranos que haviam surgido por toda a parte. A tendência das políticas de Carlos Magno era a de estabelecer um sistema monárquico, isto é, garantir a prevalência universal de sua vontade fazendo com que ela fosse sentida por toda a região por intermédio de seus agentes. A fim de entender com alguma precisão o que era a monarquia pura de Carlos Magno, devemos observar como ele gerenciava suas próprias propriedades e de que maneira administrava seu palácio. A diligência de sua vigilância era surpreendente; encontraremos detalhes dela em seu capitulário *De villis*, e na primeira parte de uma das cartas de Hincmar.[2] Seu império foi governado com o mesmo espírito. Esse era o único meio que ele tinha de restaurar a ordem e de utilizar as forças nacionais para a realização de seus planos. O despotismo de um homem superior sempre inclui um sentimento instintivo e poderoso de justiça e de proteção aos mais fracos. Carlos Magno esforçou-se zelosamente para controlar o poder dos nobres, submetendo-os à vigilância e atraindo seus súditos para que estabelecessem relações diretas com a autoridade real. Deu muita atenção ao uso e à administração de seus benefícios, mesmo quando nas mãos de beneficiários; teve cuidado em não conceder mais de um condado para o mesmo conde, e raramente transgrediu essa regra; ordenou aos nobres que fossem estritamente justos com seus vassalos, e tomou as medidas mais enérgicas para obrigá-los a fazê-lo, e para julgar todos os homens de acordo com a lei. Carlos

---

[2] Para uma discussão detalhada da carta de Hincmar (escrita em 882), veja *HOGR*, pp. 299-300.

Magno também cuidava da conduta dos condes; as assembléias de homens livres tinham praticamente acabado, e seus membros pediam o favor de não participar delas. Para substituir a vigilância anteriormente exercida pelas antigas assembléias, Carlos Magno criou os *missi dominici*, que eram inspetores de toda a situação do reino, e particularmente da conduta dos condes e dos nobres.

Os delegados de Carlos Magno, os juízes imperiais, tinham assessores, e como os homens livres, cuja obrigação era preencher os postos de assessores, quase já não compareciam às assembléias periódicas, Carlos Magno substituiu-os pelos *scabini*,[3] que eram nomeados pelos *missi dominici*, a quem ele recomendava que os selecionassem com o maior cuidado possível. Essa intervenção dos delegados do próprio soberano em assuntos judiciais era uma maneira importante de estabelecer a centralização monárquica.

Em seu império franco, não foi contra as antigas instituições livres, e sim contra a anarquia pública e o poder turbulento dos fortes que Carlos Magno dirigiu esses instrumentos de governo. Em seus outros domínios, sempre que temia a influência da liberdade, seu despotismo foi exercido para destruí-la rigorosamente. Foi assim que ele interditou todas as assembléias públicas dos saxões.

Toda essa organização monárquica desapareceu com a morte de Carlos Magno. Sua existência foi prolongada, como se por hábito, nos discursos e leis de Luís, o Piedoso, mas a mão que sustentava o edifício já não estava mais lá. A linguagem de Carlos Magno na boca de Carlos, o Calvo nada mais é que fanfarronice arrogante e ridícula. O sistema feudal controla a situação e se organiza em

---

[3] Juízes reais; veja também p. 307.

todas as direções. Os grandes vassalos ou atacam o rei ou se isolam dele. A importância do conde passa a ser tão considerável que os filhos dos reis e dos imperadores desejam obter essa função. A sucessão hereditária predomina nos postos de duques, condes, viscondes etc. Rhegino considera singular o caso dos filhos do duque Roberto, que não herdaram o ducado, e atribui isso ao fato de terem sido incapazes de rechaçar os normandos em virtude de sua tenra idade. Os filhos de dois condes da Áustria não receberam a posse dos condados de seus pais; mas seus parentes puseram-se em armas e expulsaram o usurpador. O poder dos condes, agora que tinham se tornado senhores hereditários, aumentou com a autoridade que haviam exercido, sob esse título, como delegados do rei. Dessa forma, a hierarquia feudal, que já era forte graças a seu próprio poder intrínseco, ganhou forças adicionais com a ruína da autoridade real. Disso resultou uma nova ordem de instituições locais, que não posso explicar neste momento.

O quadro das instituições centrais reproduz, sob outro aspecto, os mesmos fatos e conduz aos mesmos resultados. Como deve lembrar o leitor, as instituições centrais podem ser reduzidas a duas: a realeza e as assembléias gerais da nação.

À realeza entre os francos podemos igualmente aplicar aquilo que eu já disse sobre a realeza entre os anglo-saxões; só que, entre os francos, a família real não assume, desde o começo, o caráter de uma afiliação religiosa. Isso talvez possa ser atribuído ao fato de os francos serem uma confederação de tribos diferentes, o que fez com que, entre eles, o rei apareça especialmente como um chefe militar. Sob os primeiros merovíngios, havia sempre uma ampla mistura de hereditariedade e eleição; a hereditariedade flutuava entre os membros da mesma família, e a eleição, quando não era um ato de violência, era mais um reconhecimento do que propriamente uma eleição.

É um erro grave esperar encontrar nos fatos a base de uma lei original e exclusiva, pois podemos fazer com que os fatos demonstrem qualquer coisa. Os partidos mais diversos cometeram o mesmo erro com relação a isso. Seja quem for que descubra, na origem de um Estado, um ato de violência que comprove sua opinião preconcebida, usa isso como a base daquilo que ele chama de lei geral. Alguns imaginam que podem perceber sucessão hereditária bem-regulada e absoluta entre os bárbaros; outros vêem os tumultos e a violência de uma eleição bárbara como sinais de um estágio mais avançado da civilização. Seja o que for que encontrem como um *fato* existente na infância da sociedade, convertem em *lei* para a sociedade em seu momento mais amplo e mais desenvolvido. Isso não é nem filosofia nem história. A lei que governa é aquela que está de acordo com a razão e com a justiça. Há sempre mais ou menos dessa lei em todos os momentos na vida da sociedade humana; mas em nenhuma época ela é pura ou completa. Temos que nos resignar à tarefa de livrá-la de toda a combinação de metais inferiores, onde quer que a encontremos.

Passemos então ao direito original e exclusivo de hereditariedade real, que não existia nem entre os francos, nem em outros países. Tudo o que podemos dizer é que, geralmente, o princípio de monarquia hereditária tinha a tendência de prevalecer, e bastante cedo. A herança do domínio privado dos reis, que possuía um valor considerável, contribuiu fortemente para estabelecer a herança do reino, assim como a partilha do domínio privado entre os filhos levou à partilha dos domínios reais; mas a partilha do reino era quase sempre feita com o consentimento dos nobres, enquanto a herança da coroa, em cada Estado, parece não ter necessitado de seu assentimento formal.

Já vimos quais foram as causas que deram lugar ao declínio da dinastia merovíngia e à acessão dos carolíngios. A queda desses últimos, no século X, apresenta algumas características semelhantes às da queda dos merovíngios, embora entre as duas haja mais diferença que semelhança. Os antigos companheiros dos reis francos, os *leudes*, os antrustiões e os beneficiários, tinham abandonado a corte, se estabelecido em suas terras e se transformado em senhores feudais. As revoluções já não eram levadas a cabo ao pé do trono e no interior do palácio real. Os senhores feudais estavam muito mais isolados — não só do rei, mas um do outro — que os *leudes* tinham estado sob os merovíngios. Pepino, o Breve era o rei *de facto* quando Childerico III era o rei em nome; Pepino adotou um nome apropriado ao poder que realmente tinha. No fim do século X, não havia rei, nem nenhum homem poderoso no serviço do rei, que exercesse o poder real em nome de Luís V. Hugo Capeto tomou posse de um lugar quase vago, algo que, à época, acrescentou bastante coisa à sua dignidade mas muito pouco à sua autoridade. Após a queda dos merovíngios, Pepino e Carlos Magno foram capazes de tentar estabelecer o sistema monárquico e de inaugurar a autoridade central do rei; Hugo Capeto foi incapaz de fazer o mesmo, e nem sequer tentou. Os senhores feudais já haviam dividido o reino entre si. Pepino era o chefe de uma aristocracia que tinha seu centro no palácio dos reis merovíngios. Hugo Capeto era um dos membros principais de uma aristocracia que não tinha centro nenhum. Ele se fez rei porque a coroa estava a seu alcance. Se Luís V tivesse residido em Rouen, provavelmente o duque da Normandia se teria apoderado da monarquia.

Quanto à natureza e à extensão da autoridade real, o que eu já disse é suficiente para mostrar que, antes do estabelecimento dos francos em território romano, essa autoridade era limitada e precária, e nada mais era que o poder do chefe de um bando guerreiro, sempre restrito pela presença dos homens livres, seus camaradas. Depois da conquista, ela expandiu e se fortaleceu por vários motivos: 1. Pela dispersão dos francos, que deixaram de estar sempre ao redor do rei. Isso foi importante porque, embora o rei tivesse pouca autoridade sobre aqueles que o abandonavam, tinha o apoio daqueles que estavam normalmente a seu lado e que dependiam mais fortemente dele. O que ocorreu foi que uma corte de serviçais bárbaros substituiu uma corte de guerreiros. 2. Pela subjugação de chefes ou reis vizinhos. 3. Pela crescente desigualdade de riqueza: a propriedade real aumentou muito, e essa era sua fonte de poder principal. Os monarcas dedicavam todas as suas energias ao acúmulo de riquezas, pois seria inútil deixar um reino para seus filhos se não pudessem, ao mesmo tempo, deixar-lhes um bom erário. 4. Pela influência das idéias religiosas e romanas. Na opinião dos cristãos, o rei era o sucessor de Saul e de Davi; na dos romanos, era o representante dos imperadores. Os reis franceses eram plenamente sensíveis às vantagens dessa posição dupla, e avidamente aceitaram os títulos de patrício e de cônsul. Mas a autoridade real não tinha um caráter definido e era proporcional à habilidade e à energia daqueles que a exerciam.

Nada pode ser mais diferente do que o conceito de autoridade real daquela época e o que temos em nossos dias. Hoje, se uma aldeia menosprezasse a autoridade do rei, ou se recusasse a obedecer-lhe, seria um evento sério, o sinal de um grande declínio de poder. O mesmo não ocorria naquela época. A autoridade não era difundida universalmente por todo o país, e lugares e interesses remotos eram até certo ponto independentes dela. Na verdade, ela não tinha uma supremacia verdadeira, exceto em caso de guerra. Os raios de sua influência eram curtos e, onde quer que ela fosse aplicada, era uma questão de fato e não uma questão de direito.

Com relação à autoridade e à liberdade, direito e fato eram quase idênticos na infância da sociedade. A idéia de um direito que fosse separado dos fatos tinha muito pouco valor, e mal podemos dizer que ela existia. Isso deu origem às eternas vicissitudes da autoridade e da liberdade; a quem quer que deixe de possuí-las nunca será permitido ganhá-las outra vez. É o trabalho e a obra-prima da civilização separar direito de fato, e fazer com que o direito seja um poder capaz de se manter, de se defender e de se inocentar de incriminação.

Não devemos, no entanto, acreditar que a única influência que as idéias religiosas tiveram, com relação à autoridade real, foi contribuir para ampliá-la e representá-la como absoluta e originária do direito divino. Elas também contribuíram, e muito, para torná-la moral. É bem verdade que elas fizeram com que a autoridade real ficasse independente das liberdades públicas, que eram, com freqüência, a personificação do poder arbitrário e da força bruta, e, com isso, ajudaram a estabelecer o poder absoluto. Mas, ao mesmo tempo, elas a subordinaram às leis divinas, nas quais estavam incorporadas as leis morais. Os limites que os costumes francos impunham à autoridade real eram muito diferentes daqueles que as idéias cristãs lhe atribuíam: "o rei", para usar a expressão dos conselhos, "é aquele que governa com piedade, justiça e bondade; aquele que não governa assim não é um rei, é um tirano". O comedimento imposto por tal princípio à autoridade real era mais eficaz do que o resultante da influência dos costumes francos. Esse sistema, é verdade, não deu nenhuma garantia positiva e verdadeira para a observância das regras que ele impunha à realeza como deveres. Mas a época em que vivemos esforçou-se muito para buscar garantias na força física e esqueceu-se de buscá-las no poder das idéias morais. Como, nos tempos bárbaros, todos os poderes – tanto o dos reis quanto o de seus súditos – eram quase que igualmente desregulados, eles pareciam, ao homem sensato, garantias muito inferiores, e ele então buscava salvaguardas mais puras nas idéias morais. Quando, na época sobre a qual falamos, os francos ou *leudes* reprimiam o abuso da autoridade real, assim o faziam apenas em virtude de seus próprios poderes, e defendiam suas liberdades somente em consideração a seus próprios interesses, e não em obediência a qualquer idéia moral de justiça e de direito geral. Os eclesiásticos, ao contrário, falam em nome das idéias gerais de justiça e de humanidade. Ao abuso da autoridade eles contrapõem a moralidade em vez da força. O clero, assim, expressa as coisas que respondem às necessidades de todos os fracos, e faz com que esses o considerem seu protetor.

O defeito do sistema religioso, sem dúvida, é que ele não cria instituições políticas e, conseqüentemente, nenhuma garantia efetiva; com isso, ele sempre acaba sendo mais favorável ao poder que à liberdade; mas, na época dos bárbaros, quando o poder e a liberdade eram praticamente iguais em brutalidade e anarquia, esse sistema prestou serviços imensos à humanidade e à civilização.

Palestra 20

Assembléias nacionais dos francos; seu caráter primitivo, e rápido declínio sob os merovíngios. – Voltam a ter importância sob os carolíngios; e são realizadas com regularidade sob Carlos Magno. – Carta do arcebispo Hincmar De ordine Palatii.

Entre os francos, as assembléias nacionais eram realizadas muito tempo antes de seu estabelecimento no Império Romano e ao próprio estabelecimento da monarquia. Na Alemanha, nessas assembléias eram discutidos todos os assuntos da confederação, da tribo ou do bando. Todos os homens livres, ou seja, todos os guerreiros, participavam delas, mas a autoridade dessas assembléias, como a autoridade dos reis, era incerta e precária. Eram formadas não em virtude do princípio da soberania do povo, e sim do direito de todos os homens livres a terem total controle de suas vidas. E eram convocadas especialmente para tomar decisões sobre expedições militares. Além disso, cada homem agia de forma independente e só respondia por seu comportamento diante das autoridades locais. O *Champs de Mars*, ou assembléia do outono, do qual encontramos vestígios no começo da monarquia, era normalmente realizado com o objetivo de dividir a pilhagem obtida.

A dispersão dos homens livres, a crescente desigualdade das condições sociais e a subordinação dos camaradas a seu chefe logo fizeram com que as assembléias nacionais dos francos perdessem seu caráter universal. Passaram a ser freqüentadas quase exclusivamente pelos grandes proprietários, os *leudes* e o clero superior. Nessa condição, elas parecem ter existido sob a maioria dos reis merovíngios. Às vezes encontramos alguma menção ao povo em geral participando das assembléias, mas é evidente que a grande maioria dos homens livres nem podia, nem realmente participava delas. Aqueles que tinham poder e riqueza eram quase que os únicos a participar, e organizavam os assuntos que eram trazidos para discussão unicamente de acordo com seus próprios interesses. A crescente desordem e as mudanças contínuas do reino tornaram as assembléias menos freqüentes. Elas reaparecem, no entanto, com o estabelecimento da autoridade dos Prefeitos do Palácio. Como líderes da aristocracia dos grandes proprietários independentes, os Prefeitos precisavam do apoio das assembléias. A substituição da antiga dinastia por uma nova família real contribuiu para a importância das assembléias. Sob os primeiros carolíngios, elas voltaram a ser o que haviam sido na época dos primeiros merovíngios – um grande conselho de governo em que todos os assuntos importantes eram discutidos. Pepino transferiu o *Champs* do mês de março para o mês de maio, e Carlos Magno realizava as assembléias com uma regularidade até então desconhecida. Para formar uma idéia correta do que elas significavam sob seu reinado, o leitor precisa ler o texto, todo o texto, da carta escrita em 882, 68 anos após a morte de Carlos Magno, pelo famoso Hincmar, arcebispo de Rheims, em resposta à requisição de alguns dos nobres do reino

François Guizot

que tinham pedido seu conselho com relação ao governo de Carlomano, um dos filhos de Luís, o Gago. Em sua carta, Hincmar, como ele mesmo nos informa, apenas copia um tratado *Sob a ordem do Palácio, De ordine Palatii*, escrito antes de 826 pelo renomado Adalhard, abade de Corbia, e um dos conselheiros principais de Carlos Magno. É, portanto, um documento contemporâneo e de grande autoridade.

"Era costume naquela época", diz Hincmar,

> realizar duas assembléias por ano (*placita*), e não mais que duas. A primeira ocorria na primavera; nela eram resolvidos os assuntos gerais de todo o reino; nenhuma ocorrência, a não ser que fosse uma necessidade imperiosa e universal, poderia alterar o que tivesse sido decretado na assembléia. Nela se reuniam todos os grandes homens (*majores*), tanto leigos quanto eclesiásticos; os mais influentes (*seniores*), para discutir negócios e entrar em acordo sobre decisões; os menos influentes (*minores*), para receber essas decisões e, às vezes, também deliberar sobre elas e confirmá-las, não por um consentimento formal, mas pelo exercício de sua opinião e o assentimento de sua compreensão.
>
> A outra assembléia, na qual as oferendas gerais do reino eram recebidas, estava composta unicamente pelos membros mais influentes da primeira assembléia (*seniores*) e dos conselheiros principais. Aqui tratavam dos assuntos do ano seguinte, se houvesse algum sobre o qual fosse necessário deliberar com antecedência; discutiam-se também aqueles que pudessem ter ocorrido no decorrer daquele ano que estava prestes a terminar, e que exigiam uma atenção provisória com urgência. Por exemplo, se, em alguma parte do reino, os governadores das fronteiras (*marchisi*) tivessem concluído um armistício por um determinado período, o curso a ser seguido quando esses armistícios expirassem era discutido, e ficava decidido se eles deveriam ou não ser renovados. Se, em qualquer outro canto do reino, a guerra parecia iminente, ou o estabelecimento da paz fosse provável, a assembléia examinava se as necessidades do momento exigiam, no primeiro caso, que

incursões começassem ou prosseguissem e, no segundo, como garantir a tranqüilidade. Esses lordes, portanto, deliberavam com muita antecedência sobre as necessidades futuras, e, quando chegavam a um acordo sobre as medidas adequadas, essas eram mantidas em segredo, de forma que, antes da próxima assembléia geral, elas continuassem a ser desconhecidas, como se ninguém tivesse dado a menor atenção ao assunto e nenhuma decisão tivesse sido tomada a respeito. O objetivo era evitar que, se fosse necessário tomar, no interior ou fora do reino, medidas que certas pessoas, ao serem informadas sobre elas, pudessem desejar evitar ou frustrar, ou dificultar por qualquer artifício, essas pessoas nunca tivessem o poder de fazer tal coisa.

Na mesma assembléia, se qualquer medida fosse necessária ou para satisfazer nobres ausentes ou para acalmar ou estimular o espírito do povo, e tal medida não tivesse sido tomada anteriormente, ela era discutida e adotada com o consentimento dos presentes e executada de comum acordo com eles segundo as ordens do rei. O ano sendo assim finalizado, a assembléia do ano seguinte era organizada como já descrevi anteriormente.

Com respeito aos conselheiros, tanto leigos quanto eclesiásticos, tomava-se o cuidado de, tanto quanto possível, selecionar pessoas que, por sua condição e funções, tivessem muito temor a Deus e estivessem inspiradas por uma lealdade imutável e, por isso, não achassem que nada, a não ser a vida eterna, era superior aos interesses do rei e do reino. Buscavam-se homens que não pudessem ser desviados do caminho do dever nem por amigos, nem por inimigos, nem por parentes, nem por presentes, lisonjas ou censuras; enfim, buscavam-se homens que fossem sábios e habilidosos, não com a habilidade sofística e a sabedoria mundana que tanto se opõem à vontade de Deus, mas sim com a sabedoria justa e verdadeira que pudesse fazer com que eles fossem capazes não só de reprimir, mas também de frustrar totalmente os homens que só dependem dos truques e estratagemas da política humana. A máxima dos conselheiros assim eleitos, e do próprio rei, era nunca confiar, sem o consentimento de todos eles, a seus empregados domésticos ou a qualquer outra pessoa aquilo que eles próprios pudessem ter dito entre si, em sua intimidade, a respeito dos assuntos do reino, ou sobre quaisquer indivíduos específicos. Não fazia diferença se esse segredo devesse ser mantido por um, dois ou mais dias, ou por um ano, ou até mesmo para sempre.

Invariavelmente acontece que, se a conversa que foi mantida nessas reuniões, relacionada com qualquer indivíduo, ou por precaução, ou referindo-se a qualquer outro interesse público, chegar mais tarde ao conhecimento daquele indivíduo, esse último não poderá deixar de sentir enorme ansiedade ou de ser levado até o desespero por isso, ou, o que é uma questão ainda mais séria, ser estimulado a tornar-se desleal; e, assim, um homem que talvez pudesse ainda ter servido ao Estado torna-se inútil – algo que nunca teria acontecido se ele não tivesse sabido o que foi dito sobre ele. Aquilo que é verdadeiro de um homem pode ser verdadeiro com relação a dois, ou a cem, ou a um número ainda maior, ou uma família inteira, uma província inteira, se não forem tomadas as devidas precauções.

O *apocrisiário*, ou seja, o capelão ou zelador do palácio, e o *camareiro-mor* sempre estavam presentes nesses conselhos e, por isso, eram escolhidos com o maior cuidado; ou então, após sua escolha, recebiam tais instruções que se tornavam merecedores de estar presentes. Quanto aos outros funcionários do palácio (*ministeriales*), se houvesse algum que, primeiramente pela instrução recebida e depois pelos conselhos que dava, mostrasse ser capaz de ocupar honrosamente o lugar de um desses conselheiros, ou digno de ser um novo conselheiro, recebia ordens para participar das reuniões e para prestar a maior atenção nos assuntos ali discutidos, para assim corrigir as idéias errôneas que porventura tivesse, aprendendo sobre aquilo que ignorava, e guardando na memória aquilo que lhe haviam ordenado e determinado. O objetivo disso era que, se algum acidente imprevisto ocorresse, no reino ou fora dele, se chegassem notícias inesperadas com relação às quais nenhuma providência tivesse sido tomada (raramente acontecia, no entanto, em casos assim, que fosse necessária uma deliberação profunda, ou que não houvesse tempo de convocar os já mencionados conselheiros); o objetivo disso, como eu disse, era que, sob tais circunstâncias, os funcionários do palácio, com a graça de Deus, e em virtude do hábito constante de assistir aos conselhos públicos e de deliberar sobre os assuntos domésticos do reino, pudessem ser capazes de, segundo a necessidade, ou aconselhar sobre o que seria melhor fazer, ou indicar como os assuntos poderiam ser organizados sem inconveniência, até a próxima reunião do conselho. Até aqui falamos sobre os funcionários principais do palácio.

Com relação aos funcionários inferiores, apropriadamente chamados de *palatinos*, que não tinham nada a ver com os assuntos gerais do reino, mas apenas com aqueles em que as pessoas especialmente ligadas ao palácio estavam envolvidas, o soberano controlava suas funções com muito cuidado; para que não só nenhum mal pudesse surgir disso, e também que se surgisse algum tumulto pudesse ser imediatamente reprimido e extirpado. Se o assunto fosse urgente, mas pudesse, apesar disso, sem injustiça ou erro para com qualquer pessoa, ser adiado para que a decisão viesse a ser tomada na reunião da assembléia geral, o imperador esperava que os *palatinos* indicassem o melhor meio de postergar a decisão, e que imitassem a sabedoria de seus superiores de uma forma que fosse agradável a Deus e útil ao reino. Quanto aos conselheiros que mencionei em primeiro lugar, eles tinham o cuidado, quando eram chamados ao palácio, de não se ocupar com assuntos particulares, ou com as disputas que pudessem surgir com relação à posse de propriedade ou à aplicação da lei, até que houvessem organizado, com a ajuda de Deus, tudo que envolvia o rei e o reino em geral. Isso tendo sido feito, se, em obediência às ordens do rei, ainda permanecesse algum assunto que não pudesse ser resolvido – sem a assistência dos conselheiros – nem pelo conde do palácio nem pelo funcionário a quem competia o assunto, eles então o investigavam.

Em qualquer das duas assembléias e para não dar a impressão de que elas estavam sendo convocadas sem motivo, e em virtude das ordens do rei, os artigos de lei chamados de *capitula*, que o próprio rei havia elaborado sob a inspiração divina ou cuja necessidade lhe tinha sido manifestada no intervalo entre as reuniões, eram submetidos ao exame e à deliberação das grandes personagens que já mencionei e também dos principais senadores do reino. Após terem recebido essas comunicações, eles deliberavam sobre elas por um, dois, três ou mais dias, dependendo da importância do assunto. Mensageiros do palácio, indo e vindo, recebiam suas perguntas e retornavam com respostas; e nenhum estranho se aproximava do local de sua reunião até que o resultado de suas deliberações tivesse sido colocado diante dos olhos do grande príncipe, que, então, com a sabedoria que recebera de Deus, adotava uma resolução a que todos obedeciam. Esse processo era seguido para um, dois ou mais capitulários até que, com a ajuda de Deus, todas as necessidades daquele momento tivessem sido devidamente resolvidas.

Embora esses assuntos fossem organizados sem a presença do rei, o próprio príncipe, em meio à multidão que viera para a assembléia geral, ocupava-se recebendo oferendas, cumprimentando os indivíduos mais importantes, conversando com aqueles que só via raramente, demonstrando um interesse carinhoso pelos idosos, rindo e brincando com os jovens e fazendo esses e outros gestos semelhantes para com os eclesiásticos e para com os leigos. No entanto, se aqueles que estavam deliberando sobre os assuntos submetidos a seu julgamento assim o desejassem, o rei ia até eles e lá permanecia enquanto eles quisessem; e ali eles lhe faziam seus relatos, com total familiaridade, sobre o que achavam dos vários assuntos e quais tinham sido as discussões amigáveis que tinham surgido entre eles.

Não posso me esquecer de mencionar que, se o tempo estivesse bom, tudo isso ocorria ao ar livre; mas, em caso contrário, ocorria em vários prédios diferentes, que separavam da multidão que tinha vindo para a assembléia aqueles que teriam de deliberar sobre as propostas reais; e ali os homens menos importantes não podiam entrar. O edifício designado para a reunião dos nobres estava dividido em duas partes para que os bispos, abades e clero superior pudessem se reunir sem se misturar com os leigos. Da mesma forma, os condes e outros personagens importantes do Estado se separavam, de manhã, do resto da multidão, até a hora em que, estando o rei presente ou ausente, todos eles se reuniam; e então os nobres mencionados acima, o clero do seu lado e os leigos do seu, caminhavam para o aposento que lhes havia sido destinado, onde assentos tinham sido cuidadosamente preparados para eles. Quando os lordes leigos e eclesiásticos separavam-se, assim, da multidão, eles possuíam o poder de decidir se iriam se sentar juntos ou separados, de acordo com a natureza dos assuntos que precisariam discutir, se fossem eclesiásticos, seculares ou uma combinação dos dois. Da mesma forma, se desejassem mandar buscar alguém, ou para trazer-lhes comida, ou para responder a uma pergunta, e depois de ter obtido o que desejavam mandá-lo embora, também detinham o poder de fazê-lo. E assim prosseguia o exame dos assuntos que o rei propusera para sua deliberação.

A segunda função do rei era perguntar a cada membro o que ele tinha para relatar ou lhe comunicar com relação à parte do reino de onde ele viera; não só isso era permitido a todos como eram especialmente encorajados a investigar, durante o intervalo entre as assembléias, o que estava acontecendo tanto no reino quanto fora dele; e deviam buscar informação com estrangeiros e com os nativos, com inimigos e amigos, às vezes utilizando mensageiros e não sendo muito escrupulosos com relação à maneira como a informação era obtida. O rei desejava saber se em algum distrito ou canto de seu reino as pessoas estavam reclamando ou insatisfeitas, e qual era a causa de sua insatisfação, e se havia ocorrido algum tumulto que exigia a atenção do conselho geral e outros detalhes semelhantes. Também buscava saber se algumas das nações conquistadas poderiam se revoltar, ou se alguma que já tinha se revoltado parecia disposta a se submeter, ou se aquelas que ainda continuavam independentes estavam ameaçando o reino com algum ataque, e assim por diante. Sobre todos esses assuntos, onde quer que a desordem ou o perigo surgisse, sua maior preocupação era saber qual fora o motivo ou a ocasião para que aquilo ocorresse.

É evidente que Carlos Magno considerava essas assembléias um instrumento de autoridade, ordem e administração muito mais que uma instituição nacional que se fazia necessária em virtude dos direitos e livre espírito de seu povo. O uso desse meio de governar, no entanto, não faz menos honra ao gênio de Carlos Magno. Ele tinha percebido que o problema principal do sistema social de sua época, e a causa principal da fragilidade de sua própria autoridade, eram a ausência de concentração, o isolamento dos indivíduos e a independência de seus agentes. Convocações periódicas deram um centro a tudo isso. Os esforços de um grande homem em uma época de barbárie têm como objetivo especial a criação de uma nação, pois nisso reside seu poder; Carlos Magno buscou encontrar sua nação mais abaixo do que entre os grandes proprietários de terra e os grandes beneficiários. Ele queria arregimentar toda a massa do povo a fim de aumentar seu próprio poder e de ter à sua disposição instrumentos poderosos de ação em todas as regiões. Seu despotismo era hábil. O despotismo, em épocas de barbárie, às vezes anuncia a presença de um homem que está à frente de seu tempo e que tem necessidades e visões relacionadas com o futuro. O despotismo, em um estado avançado de civilização, indica a presença de um homem que pode ser grande e até necessário à sociedade, mas que se importa apenas consigo mesmo e com os tempos em que vive.

Palestra 21

Decadência das assembléias nacionais sob Luís, o Piedoso e Carlos, o Calvo. — Predominância definitiva do sistema feudal no final do século X. — Causa dessa predominância. — Caráter do feudalismo. — Nenhum sinal de um governo representativo verdadeiro na França do século V ao século X.

Após a morte de Carlos Magno, e sob Luís, o Piedoso, as assembléias nacionais ainda eram realizadas com freqüência. O movimento que Carlos Magno começara não tinha ainda cessado inteiramente. Incapaz de criar, Luís, o Piedoso tentou imitar; nas assembléias da primavera ou do outono, ele aprovou várias leis úteis, entre outras o capitulário que convocava os *scabini*, ou juízes reais, para o *Champs de Mai*. Mas o governo, mesmo com essa sanção, era sem vida e ineficiente. As assembléias não tinham sido nada mais que um instrumento do monarca, e o monarca já não era capaz de fazer uso delas. Sua decadência foi total sob Carlos, o Calvo. Começaram, novamente, a não ser mais que reuniões de bispos e de grandes proprietários leigos. Quarenta e seis assembléias foram realizadas sob Carlos, o Calvo, mas foram quase todas restritas às negociações dos grande nobres com o rei, respeitando seus interesses privados. Tal era o progresso feito pelo feudalismo que a aristocracia central dos grandes proprietários, dos beneficiários e de outros dissolveu-se sozinha. Eles se isolaram uns dos outros a fim de exercer, cada um em seus próprios domínios, a quase absoluta soberania que tinham adquirido. O declínio dos carolíngios foi obra de Hugo Capeto sozinho, e não de uma coalizão aristocrática. Como no caso do declínio dos merovíngios, não houve uma reunião da assembléia para eleger um novo rei. Hugo Capeto se fez rei e foi reconhecido como tal, primeiro pelos vassalos que ele possuía como duque de França e, depois, sucessivamente, pelos grandes lordes do reino que continuavam, apesar disso, quase seus iguais em poder. A seguir, as assembléias praticamente desapareceram, juntamente com todas as outras instituições nacionais e centrais; e quase três séculos se passaram até que qualquer coisa semelhante a elas fosse estabelecida.

Assim, no final do século X, dos três sistemas de instituições que caracterizamos no começo da palestra, ou seja, instituições livres, instituições monárquicas e instituições feudais, as últimas tinham predominado totalmente. As primeiras desapareceram cedo, e Carlos Magno havia tentado infrutiferamente estabelecer as segundas. A organização hierárquica dos donos das grandes propriedades e o desdobramento da França em várias pequenas soberanias, equivalentes ao número de proprietários que eram fortes o suficiente para serem quase independentes e donos absolutos em seus próprios domínios – esse foi o resultado natural do estabelecimento dos francos na Gália.

Durante os cinco séculos que examinamos brevemente, as instituições, os costumes e os poderes parecem estar em uma situação permanente de desordem e de conflito. As antigas liberdades dos francos, a independência original dos guerreiros, a autoridade real, os primeiros rudimentos do sistema feudal – todos esses elementos diferentes se apresentam a nós como confusos, incoerentes e antagônicos. Passamos incessantemente de um sistema para outro, de uma tendência para outra. No fim do século X, a luta tinha quase terminado; a massa da população caíra em uma fase de servidão, ou se tornara de colonos tributários; a posse de feudos confere uma soberania real, mais ou menos completa de acordo com o poder do dono; essas pequenas soberanias são hierarquicamente unidas e constituídas pelos laços de suserania e vassalagem. Em nenhum lugar esse laço é mais fraco do que entre o rei e seus vassalos; pois, nesse caso, as pretensões à autoridade, por um lado, e à independência, por outro, são as mais seriamente contestadas.

As características fundamentais desse estado de coisas são a destruição de toda centralidade, tanto nacional quanto monárquica; a constituição hierárquica da propriedade fundiária; a distribuição da soberania de acordo com os vários graus dessa hierarquia; e a servidão – ou quase-servidão – da massa dos habitantes do país.

Como eu disse anteriormente, esse sistema foi o resultado natural da situação dos francos na Gália após a conquista; seu sucesso definitivo é prova disso. Outra circunstância, também, pode ser citada como evidência. Antes do século X, testemunhamos a luta constante e o sucesso alternativo das instituições livres, monárquicas e feudais. Os esforços feitos em benefício dos dois primeiros sistemas, embora alguns fossem apoiados pela antiga independência dos francos e outros, pela habilidade dos grandes reis, não tiveram sucesso – uma tendência mais poderosa as frustrou e venceu. Quando a luta terminou, quando o sistema feudal predominou por completo, quase que imediatamente começou um novo conflito; o sistema vitorioso foi atacado: nas classes inferiores da sociedade, pela massa dos habitantes, cidadãos, colonos ou servos, que lutavam para voltar a ter direitos, alguma propriedade e alguma liberdade; nas classes mais altas, pela realeza, que lutava para reassumir algum controle geral e para tornar-se uma vez mais o centro da nação. Esses novos esforços foram feitos não como ocorrera durante o período entre o século V e o século X, em meio à confusão que surgia do conflito de sistemas opostos, mas no próprio interior de um único sistema, do sistema que havia predominado sobre toda a sociedade e se apoderado dela. Os combatentes já não são homens livres, inseguros de sua posição e de seus direitos, que fragilmente defendem as ruínas de sua existência antiga contra a invasão esmagadora do sistema feudal; são cidadãos, colonos, servos, cuja condição é clara e determinada, que, por sua vez, passam a ser os agressores, e lutam para se livrar do jugo do feudalismo. Já não vemos um rei inseguro de sua autoridade e sujeito a que esta seja atacada constantemente, sem saber se ele é rei ou senhor, e defendendo seu poder dos *leudes*, ou dos grandes proprietários da terra, que às vezes tentam infringir essa autoridade e outras excluí-la completamente; agora ele é o chefe dos nobres lutando para se fazer rei de tudo e para converter a suserania em soberania. Do século V ao século X, o sistema feudal vinha progredindo, desenvolvendo-se, tornando-se mais agressivo. A partir do século XI, o sistema teve que se defender do povo e do rei. A luta foi longa, difícil e terrível; mas os resultados mudaram com a posição dos combatentes. Apesar da servidão em que o povo mergulhou no século X, a partir daquele momento a libertação das pessoas progrediu. Apesar da impotência do poder real naquele mesmo período, dali em diante o poder real começou a ganhar terreno. Nenhum esforço foi em vão, nenhum passo foi contrário ao progresso. Aquele sistema monárquico que nem mesmo o gênio de Carlos Magno tinha sido capaz de estabelecer foi gradativamente fundado por reis muito inferiores a ele. Aquelas liberdades antigas, que nem os francos nem os gauleses tinham sido capazes de preservar, foram ganhas outra vez, pouco a pouco, pelos comuns e pelo terceiro estado. Durante o primeiro período, a monarquia e a liberdade não tinham conseguido estabelecer sua posição; estava determinado que a monarquia iria nascer do próprio feudalismo e que a emancipação brotaria do seio da servidão.

Com relação ao próprio feudalismo, não é minha intenção fazer aqui um esboço de sua história. Apresso-me a chegar àquele período em que encontrarei outra vez uma nação e um rei e em que recomeçarão os esforços por um governo livre e um sistema monárquico. Aqui só direi quais foram o caráter dominante e a influência geral do sistema feudal, em relação ao poder e à liberdade — os dois elementos constituintes da ordem social.

O sistema feudal trouxe o senhor para uma relação íntima com o súdito, e o soberano com aqueles que dele dependiam; nesse sentido, foi uma fonte de opressão e de servidão. É difícil escapar de um poder que está sempre próximo e quase presente. O desejo humano é sujeito a estranhos caprichos, e nunca houve melhor exemplo disso do que quando os objetivos que o levam a agir estão em seu poder. Podemos respirar um pouco sob um poder arbitrário se ele estiver muito alto e muito distante; mas se ele estiver a nosso lado, seremos verdadeiramente escravos. A tirania local é a pior de todas; embora difícil de evitar, ela pode se defender facilmente. Muitas vezes um punhado de homens consegue manter a população de uma grande cidade na servidão por muito tempo. Os cidadãos, os colonos e os servos sentiam-se tão cruelmente oprimidos pelos senhores feudais que a esse poder absoluto preferiam o poder absoluto dos reis, mesmo que esses tivessem direitos mais extensos e mais difíceis de combater do que aqueles que os senhores possuíam. Um despotismo definido e geral não tem nem o mesmo interesse em ser tirânico, nem os mesmos instrumentos de opressão. Isso explica a intensidade da opressão feudal e o ódio profundo que ela inspirava.

O sistema feudal colocava o inferior próximo a seu superior; e, nesse sentido, era um princípio de dignidade e liberdade. Muitos vassalos estavam no mesmo nível e nos mesmos termos de familiaridade; com freqüência, a desigualdade entre o superior e o inferior não era assim tão grande, e, por isso, o inferior nem era humilhado por essa desigualdade, nem era obrigado a adular seu superior. A proteção era um direito, pois o suserano tinha uma necessidade absoluta de seus vassalos. Não havia lugar, em suas relações mútuas, para a subserviência nem para a degradação da alma. Além disso, os vassalos tinham motivos e meios de se unir para se defender da opressão, pois possuíam direitos e interesses em comum. A intimidade que mantinham com o senhor evitava que o sentimento de seus direitos mútuos se apagasse dentro deles; assim, as relações feudais são geralmente cheias de dignidade e de bom humor; um sentimento nobre, a fidelidade em vez da submissão, orienta sua conduta. Ora, onde existe um sentimento moral profundo, ele necessariamente desperta outros sentimentos semelhantes; daí os muitos desenvolvimentos esplêndidos e honrosos da natureza humana sob o sistema feudal: esses desenvolvimentos se concentravam, é bem verdade, no círculo de senhores e vassalos; porém isso ainda é melhor que a mesma degradação de todos sob um despotismo universal.

FRANÇOIS GUIZOT

Assim, embora o feudalismo desconsiderasse e insultasse tanto a justiça como a dignidade do homem entre as massas que afirmava serem seus súditos, ele respeitava e desenvolvia as duas coisas em sua própria hierarquia. Nessa hierarquia, a liberdade existia com todos os seus acompanhamentos. Abaixo dela estavam a servidão e os males daí resultantes, com todas as vergonhas que vêm junto.

Posso afirmar, sem nenhum temor, que, nas instituições do período que vai do século V ao século X, não há nenhum vestígio do sistema representativo. Passamos da independência de indivíduos às vezes para o poder do rei, outras para a predominância dos grandes proprietários de terra. Mas não há nenhuma organização política baseada em conceitos de lei geral e do interesse público; todas as instituições têm como referência os direitos e interesses privados. Duas forças opostas estão em conflito. Não há nada que revele a divisão de poderes e sua tendência para um objetivo comum. Não há representantes dos direitos de todos; ninguém é eleito em nome dos interesses de todos; os que têm direitos os exercem pessoalmente; aqueles que não os exercem pessoalmente não os possuem. Apenas os eclesiásticos preservam a idéia do direito geral de todos os homens à justiça e a um bom governo; mas essa idéia não se transmite para as instituições. Nem o princípio filosófico, nem quaisquer das verdadeiras características externas do governo representativo podem ser encontrados em nenhum lugar.[1]

---

[1] Essa é a conclusão de uma longa discussão que começou com a premissa de que a liberdade verdadeira não pode existir na infância da sociedade. Guizot faz questão de indicar que não há nenhum vestígio do princípio de governo representativo nas assembléias gerais das tribos germânicas, já que elas eram baseadas no princípio do direito individual (poder), e não sobre quaisquer conceitos de lei geral e interesse público.

Palestra 22

Instituições políticas dos visigodos. — Caráter peculiar da legislação visigótica. — Seus autores e suas influências. — Destruição e desaparecimento da classe média no Império Romano, à época da invasão bárbara. — História do sistema municipal romano. — Três períodos naquela história.

Em conformidade com o plano que esbocei para nossa orientação no começo destas palestras, estudei com os senhores as instituições políticas dos anglo-saxões e dos francos, do século V ao século X. Chego agora às dos visigodos, o terceiro dos povos bárbaros a se estabelecerem no Império Romano, e sobre o qual me proponho a dar-lhes alguma informação.

Quando abrimos a coleção de leis dos visigodos, é impossível não nos espantarmos com a concisão que as distingue. Os francos e os borgonheses têm algumas leis anteriores a seu estabelecimento no território romano, e costumes que foram passados de uma era para outra e coletados. Os visigodos, no entanto, têm um código que foi sistematicamente elaborado e promulgado em um dia determinado.

Só esse fato já indica que as leis visigóticas não eram obra dos próprios bárbaros. Com efeito, a influência do clero foi mais forte no caso dos visigodos que entre os outros conquistadores bárbaros. O clero não só participava de seu governo atuava como seus legisladores civis e políticos. O código visigótico foi obra deles. Como isso ocorreu?

Antes da fundação dos Estados bárbaros, ainda sob o domínio dos últimos imperadores romanos, o poder da nova religião gradativamente colocou o clero cristão à frente dos povos. O bispo passou a ser o defensor e o chefe das cidades. Após a conquista, os bárbaros abraçaram a religião dos vencidos; e, como o poder do clero cristão nas cidades advinha das instituições municipais, eles fizeram o possível para preservar a forma e a eficácia do sistema municipal. E isso eles conseguiram em grande parte. É, portanto, de fundamental importância ter um conhecimento preciso do sistema municipal romano, e de seus problemas, até o período das grandes invasões bárbaras, para entender de forma adequada a condição das populações urbanas à época e a parte que o clero desempenhou em sua nova posição, especialmente no reino dos visigodos.

Como já observei, o declínio do Império Romano no Ocidente é um fenômeno estranho. Não só a população não apoiou o governo na sua luta contra os bárbaros, mas ela mesma, por iniciativa própria, não opôs nenhuma resistência aos invasores. Mais que isso, nada, durante esse conflito prolongado, revelou a existência de uma nação; são raras as alusões ao que ela pode ter sofrido; a nação passou por todas as calamidades da guerra, foi submetida à pilhagem e à fome, e seu destino e sua situação sofreram uma mudança total sem que nada fosse feito ou falado, ou sequer demonstrado.

Esse fenômeno não é apenas estranho, é sem precedentes. O despotismo reinou em outras partes do Império Romano; mais de uma vez, a invasão e a conquista estrangeira devastaram países que há muito gemiam sob um governo tirânico. Mesmo quando a nação não resistiu, sua existência manifestou-se de alguma maneira na história. Ela sofre, ela se queixa, e, apesar de sua humilhação, luta contra sua má sorte; narrativas e monumentos revelam aquilo que ela vivenciou, o que ela se tornou, e, se não exatamente o que ela fez, pelo menos o que lhe fizeram.

No século V, aquilo que restava das legiões romanas disputou com hordas de bárbaros a posse do imenso território do império, mas era como se o território fosse um deserto. Quando os soldados do império tinham partido ou sido derrotados, não há nenhuma menção a qualquer outra pessoa ou coisa. As tribos bárbaras apoderam-se de uma província atrás da outra; e, além delas, os fatos só nos mostram uma outra existência real e viva: a dos bispos e a do clero. Se as leis não tivessem restado para nos informar que uma população romana ainda cobria o solo, a história nos daria um bom motivo para duvidar de sua existência.

Foi especialmente nas províncias que haviam estado sujeitas a Roma por muito tempo, e onde a civilização estava mais avançada, que as pessoas desapareceram dessa forma. Examinamos a carta dos bretões, implorando, chorosos, a ajuda de Aécio e o envio de uma legião, como um monumento singular à covardia dos súditos do império. Essa surpresa é injusta: os bretões, sendo menos civilizados e menos romanizados que os demais súditos do império, resistiram aos saxões, e sua resistência tem uma história. No mesmo período, e sob circunstâncias semelhantes, os italianos, os gauleses e os espanhóis não têm história; o império se retirou de seus países, e os bárbaros apoderaram-se deles, sem que a massa dos habitantes tomasse qualquer parte na transação, ou desse a menor indicação do lugar que ocuparam nos eventos que lhes trouxeram tantas calamidades.

E, no entanto, a Gália, a Itália e a Espanha estavam cobertas de cidades que até então tinham sido ricas e populosas; a civilização lá havia tido um desenvolvimento esplêndido; estradas, aquedutos, circos e escolas, tudo era abundante. Possuíam todos os sinais externos de riqueza e todas as coisas que contribuem para dar a uma nação uma existência cheia de vida e brilhante. As invasões dos bárbaros ocorreram para saqueá-los de toda a sua riqueza, para dispersar todas as suas reuniões amigáveis, para destruir todos os seus prazeres. Nunca a existência de uma nação fora tão completamente esmagada; nunca indivíduos tinham sofrido mais danos e temido mais perigos. Por que razão as populações ficaram mudas e mortas? Como é possível que tantas cidades saqueadas, tantos postos arruinados, tantas carreiras destruídas, tantos proprietários expulsos tenham deixado tão poucos vestígios — não falo de sua resistência ativa, mas apenas de seus sofrimentos?

O despotismo do governo imperial, a condição degradante do povo, a profunda apatia que tomara conta tanto dos senhores como de seus súditos são as justificativas alegadas para explicar esse silêncio. E com razão: nisso consiste a grande causa desse estranho fenômeno. Mas é fácil enunciar assim, de uma maneira generalizada, uma causa que, embora aparentemente existente em todas as regiões, não produziu os mesmo resultados nos outros lugares. Temos que penetrar mais profundamente na situação da sociedade romana e na condição a que ela foi reduzida pelo despotismo. Temos que investigar por que meios ela foi tão completamente desprovida de toda coerência e de toda vida. O despotismo pode se vestir de muitas maneiras diferentes e se exibir em procedimentos que dão à sua ação uma energia muito maior, e a suas conseqüências uma abrangência muito mais ampla.

O grande fato que resultou do sistema de despotismo imperial e que sozinho pode explicar o fenômeno de que falo é a destruição e o desaparecimento da classe média do mundo romano; à chegada dos bárbaros, essa classe já não existia; e, por essa mesma razão, a nação tinha deixado de existir. Esse aniquilamento da classe média no Império Romano foi especialmente o resultado de um sistema municipal que a tinha transformado totalmente em um instrumento e em uma vítima do despotismo imperial. Todas as baterias daquele despotismo estavam voltadas contra aquela classe; e foi por estar presa no sistema municipal que ela foi forçada a ficar responsável e a suprir as necessidades da existência do poder que a esmagava.

Esse fato faz com que valha a pena estudar, em todos os seus elementos, a máquina pelo qual ele foi produzido. Os que desconhecem a organização do sistema municipal daquele período, e seus efeitos sobre a sociedade romana, não podem entender bem a história daquela época.

Na constituição e existência das cidades, no interior do mundo romano, podemos discernir três épocas, muito diferentes entre si, e claramente definidas por verdadeiras revoluções. Sabe-se bem que os romanos, adotando, em suas conquistas, um sistema totalmente diferente daquele usado pelas nações mais antigas, tiveram o cuidado de não exterminar e de não reduzir à servidão as nações que haviam conquistado. A diferença no procedimento, acho, foi ocasionada pela situação da maioria das nações vizinhas contra as quais Roma guerreou originalmente. A população dessas nações se juntava em cidades em vez de estar dispersa por todo o país; formava órgãos cívicos, cultivando e governando um território de maior ou menor extensão. Essas cidades eram numerosas e independentes. Uma nação espalhada pela terra que cultiva pode ser facilmente destruída ou escravizada; mas a tarefa é mais difícil e menos lucrativa quando essa nação mora dentro das muralhas e já assumiu a coerência de um pequeno Estado. Além disso, as nações que, nos tempos antigos, foram escravizadas ou exterminadas recebiam esse tratamento quase invariavelmente de conquistadores que estavam em busca de um lar e que tinham se estabelecido no território conquistado. Mas, no caso dos romanos, quando a guerra terminava eles voltavam para Roma. A escravização e a exterminação não podem ser efetuadas nem de uma só vez, nem à distância. Os vencedores que têm a intenção de fazer isso devem estar sempre presentes entre os vencidos, constantemente privando-os de sua riqueza, de sua liberdade, de suas terras. A situação original dos romanos, no começo de suas conquistas, exerceu uma influência decisiva sobre o destino das nações.

Originalmente, não parecia que os romanos ousavam deixar os habitantes anteriores nas cidades conquistadas. Diz-se que a violência fornecia mulheres a Roma. O mesmo procedimento fornecia-lhe novos cidadãos. Os vencidos, quando transferidos para Roma, transformavam-se em romanos como os vencedores. A cidade conquistada era ocupada ou por soldados ou por habitantes de Roma pertencentes às classes mais baixas da população, que eram enviados para formar uma espécie de colônia. A cidade de Coere foi a primeira que, ao ser unida a Roma, teve permissão para manter suas próprias leis e magistrados após receber, pelo menos em parte, o direito de cidadania romana. Segundo Lívio, no ano 365 de Roma, um decreto do Senado ordenou que *ut cum Coeretibus publice hospitium fieret*.[1]

Esse sistema prevaleceu e evoluiu continuamente. As cidades conquistadas eram unidas a Roma recebendo o direito de cidadania. Algumas delas, como Coere, só receberam o título de cidadãos romanos para seus habitantes, mas mantiveram seu próprio Senado e suas leis; outras eram admitidas na cidade romana, mas sem obter o direito de voto nas *comitia*[2] de Roma. Com relação às outras, sua incorporação política foi completa; seus habitantes desfrutavam do direito de voto em Roma como os próprios romanos. Só esses últimos é que tinham uma tribo* em Roma.

O direito ao voto foi concedido sucessivamente a várias cidades que não o tinham recebido originalmente. Por fim, depois da guerra dos aliados, toda a Itália e, não muito mais tarde, uma parte da Gália do Sul receberam o direito à cidadania romana em toda a sua plenitude.

As cidades que recebiam todos os direitos da cidadania romana eram chamadas de *municipia*. Quando toda a Itália adquiriu esses direitos, as cidades que, a princípio não os tinham adquirido plenamente, mantiveram durante um período considerável os nomes de *coloniae*, *praefecturae* e assim por diante; nomes que, na verdade, elas tinham originalmente; mas sua condição foi completamente incorporada àquela dos antigos *municipia*.

---

[1] Que houvesse hospitalidade pública para com os habitantes de Coere.
[2] Assembléia.
* Na antiguidade greco-romana, divisão territorial das cidades. (N. T.)

Fora da Itália, a condição das cidades e distritos conquistados ainda era bem variada. A história nos fala de *coloniae*, algumas das quais eram romanas e outras latinas, de *populi liberi, civitates faederatae, reges amici, provinciae*.³ Essas diferentes denominações indicavam modos diferentes de vida sob o domínio de Roma e graus variados de dependência – mas essas diferenças foram desaparecendo gradativamente. Refiro-me apenas aos *municipia*.

Antes de conceder a uma cidade os direitos plenos de cidadania romana, investigava-se para saber se ela os aceitaria ou não. Quando o consentimento era dado, e, para usar a frase jurídica, *ubi fundus ei legi factus erat*,⁴ a concessão ocorria. Suas conseqüências principais eram que, naquela cidade, os direitos, interesses e postos municipais ficavam então separados dos direitos, interesses e postos políticos. Os primeiros permaneciam sob o controle da cidade e eram exercidos ali mesmo pelos habitantes, com total independência. Os últimos eram transferidos para Roma e só podiam ser exercidos dentro de suas muralhas. Assim, o direito de fazer a paz ou declarar guerra, de aprovar leis, arrecadar impostos e administrar a justiça deixavam de pertencer ao *municipium* individualmente. Mas os cidadãos partilhavam desses direitos e os exerciam em Roma como os cidadãos que moravam em Roma. Eles iam lá para votar nas *comitia*, tanto sobre as leis quanto sobre as nomeações para as funções dos magistrados. Eles buscavam obter para si todos os postos do Estado, e às vezes os obtinham. A cidade de Roma tinha o privilégio de que esses direitos políticos só podiam ser exercidos

---

³ Povos livres, cidades aliadas, reis aliados, províncias.
⁴ Quando a propriedade era estabelecida pela lei.

dentro de suas muralhas. Seus habitantes, porém, não possuíam nenhum privilégio superior aos dos *municipia*.

Os direitos, interesses e funções que agora chamamos de municipais, e cujo controle total estava garantido a cada localidade, não são destacados e enumerados de forma regular em lugar algum. Com esse grau de civilização, nem os governantes, nem os governados sentiam a necessidade de prever, definir e regular tudo; confiavam no bom senso da humanidade e na natureza das coisas. A história, no entanto, indica as prerrogativas principais que continuavam a ser locais: 1. O culto, os festivais e as cerimônias religiosas. Não só cada cidade mantinha seus costumes antigos e autoridade independente a esse respeito, mas as leis romanas cuidavam da preservação desses direitos, e até faziam deles uma obrigação. Cada *municipium*, portanto, tinha seus próprios padres e flâmines, bem como o direito de escolhê-los e de regular todos os assuntos a eles relacionados. 2. Todos os *municipium* também possuíam a administração de sua própria propriedade privada e de suas rendas. Ao deixar de ser um personagem político, tornava-se um personagem civil. Nos edifícios públicos, fossem eles dedicados a objetivos úteis ou ao prazer, festivais, diversões locais e gerais, todos os gastos de todos os tipos e todas as rendas pelas quais eles eram custeados continuavam a ser totalmente questões locais. Os habitantes nomeavam os magistrados, que ficavam encarregados dessas funções. 3. A polícia também continuava, pelo menos até certo ponto, nas mãos dos magistrados locais; eles tinham que cuidar da segurança interna de sua cidade, e provisoriamente prender aqueles que perturbavam a paz. 4. Embora o poder judiciário tivesse sido retirado das localidades, mesmo assim encontramos alguns vestígios de uma jurisdição mais ou menos semelhante àquela que chamamos de polícia municipal, que julga as ofensas contra as leis relacionadas com a saúde pública, pesos e medidas, mercados, e assim por diante.

Todos esses assuntos locais eram administrados ou por magistrados, nomeados pelos habitantes, ou pela cúria da cidade, ou por um colegiado de decuriões, isso é, dentre os habitantes que possuíam uma renda fundiária fixa. Em geral, a cúria nomeava os magistrados; vemos alguns casos, no entanto, em que eles são nomeados pelo corpo geral dos habitantes. Mas nesse período, e por uma conseqüência necessária da existência da escravidão, havia poucos homens livres que não pertenciam à cúria.

A origem da palavra *decurião* é incerta. Alguns escritores acreditam que se tratava de funcionário colocado à frente de 10 famílias, como o *dono dos décimos* ou o *tunginus* dos povos germânicos. Outros acham que decurião simplesmente significa membro de uma cúria. A última interpretação parece a mais provável. Em um período posterior, os decuriões eram chamados de *curiais*.

Essa era a constituição dos *municipia* no fim da república romana. Ela apresenta como resultado os seguintes fatos gerais: 1. Todos os direitos e interesses políticos, em suma, toda a vida política estava centralizada em Roma, não apenas moralmente e pela lei, mas materialmente e de fato. Só no interior das muralhas de Roma é que todos os atos de um cidadão romano poderiam ser consumados. 2. Nenhuma centralização desse tipo havia ocorrido com referência àquilo que agora chamamos de interesses administrativos. Cada cidade ficava isolada e era diferente nesse aspecto, regulando seus próprios assuntos, assim como um indivíduo particular o faria. 3. A nomeação e o monitoramento dos magistrados que administravam os assuntos locais da cidade ocorriam na própria cidade, sem nenhuma intervenção do poder central e pela assembléia dos habitantes principais. 4. Nessa assembléia eram admitidos todos os habitantes que possuíssem uma determinada renda. Há motivos para se crer que dela só eram excluídos uns poucos homens livres.

Aqui começa a segunda época na história do sistema municipal romano.

A separação absoluta entre existência política e existência local e a impossibilidade de exercer direitos políticos em qualquer outro lugar que não fosse Roma não podiam deixar de privar as cidades de seus cidadãos principais, e também de grande parte de sua importância. Assim, durante a época que acabamos de examinar, os interesses puramente locais ocupavam apenas um pequeno espaço. Roma absorvia tudo. A independência que era deixada às outras cidades, com relação aos assuntos que não eram tratados em Roma ou não provinham de Roma, só existia em virtude da pequena importância desses assuntos.

Quando a liberdade começou a oscilar em Roma, a concentração da atividade política dos cidadãos – e a conseqüente decadência dessa atividade – necessariamente diminuiu. Os homens mais importantes dos municípios iam para Roma para participar do governo do mundo, votando nas *comitia* ou ocupando grandes funções públicas. Quando as *comitia* e as altas magistraturas deixaram de ter influência perceptível no governo, quando a vida política extinguiu-se em Roma, junto com o movimento de liberdade, essa afluência de todos os homens importantes para Roma também diminuiu. A diminuição foi vantajosa para o despotismo que surgia, e não teve nenhuma oposição. Aqui, como em todos os casos, as conseqüências necessárias dos fatos gerais são reveladas em fatos particulares e explícitos. Até aquele momento, nenhum ato político podia ser desempenhado e nenhum voto exercido a não ser dentro das muralhas de Roma. Suetônio nos informa que Augusto concedeu aos cidadãos de um grande número de municípios italianos o direito de dar seus votos sem sair de suas cidades, enviando-os para Roma em um pacote lacrado para que fossem examinados apropriadamente nas *comitia*. Isso demonstra, ao mesmo tempo, o progresso da indiferença pública e o crescimento do poder absoluto.

Esse progresso evoluiu rapidamente. Pouco tempo depois, as *comitia* tiveram o destino de todas as mistificações e foram abolidas; todas as intervenções livres dos cidadãos no governo desapareceram, e não havia mais atos políticos a serem desempenhados, nem em Roma nem em lugares distantes dela. E, como é sempre um truque do despotismo nascente oferecer a todos os homens as vantagens enganosas de uma igualdade vergonhosa, o direito à cidadania romana, quase à mesma época, foi concedido indiscriminadamente por todo o mundo romano. Esse direito já não possuía nenhuma significância política, nem conferia qualquer importância verdadeira àqueles que o recebiam; e ainda assim essa concessão privava aqueles a quem igualava à condição da população de qualquer importância que eles ainda pudessem ter mantido. Há motivos para se acreditar que essa medida foi mais conseqüência de uma especulação financeira que de um acordo despótico inteligente. Mas o despotismo, mesmo quando sua conduta é menos guiada por princípios científicos, nunca se deixa enganar por seus instintos. E, além disso, assim era o curso natural das coisas, e, inevitavelmente, povos degradados têm que suportar seu destino.

FRANÇOIS GUIZOT

Toda a culpa não pode ser atribuída ao dono do rebanho; e o ódio que a tirania merece não pode eximir de nosso desprezo aquelas nações que são incapazes de se libertar.

No entanto, como a degradação e a ruína de um império não podem ser realizadas em um momento ou por meio de um único golpe, e como ainda existiam no mundo romano alguns hábitos de liberdade que o despotismo não havia tido tempo ou necessidade de destruir, foi preciso estabelecer algum tipo de compensação por esse desaparecimento total de direitos e de vida política; e essa compensação naturalmente resultou da mudança que havia ocorrido. Uma parte da importância que Roma perdera tinha passado para os *municipia*. Um grande número de cidadãos ricos já não deixava sua casa. Tendo sido excluídos do governo do Estado, sua atenção espontaneamente voltou-se para os negócios de sua própria cidade. Nada até então estimulara o poder central a interferir em sua administração. Os tesouros de Roma e as contribuições normais das províncias eram suficientes para as necessidades imperiais, e até para suas loucuras. A tirania não sentia a menor necessidade de invadir todos os cantos e de possuir uma organização detalhada, e nem sequer sabia como se preparar para isso. O sistema municipal, portanto, manteve uma importância considerável; na verdade, ele até se organizou mais, e de acordo com direitos mais explícitos e talvez até mais amplos do que aqueles que tivera anteriormente.

É durante o período que vai do reinado de Nerva ao de Diocleciano que a situação dos *municipia* aparece sob esse novo aspecto. Inúmeras leis foram aprovadas a fim de aumentar e garantir a propriedade e as rendas das cidades. Trajano permitiu que elas recebessem heranças no sistema de *fidei commissus*,[5] e pouco tempo depois foram autorizadas a recebê-las diretamente. Adriano concedeu-lhes o direito de receber legados, e ordenou que qualquer administrador que fizesse a apropriação indevida da propriedade de uma cidade deveria ser considerado culpado, não meramente de roubo mas de peculato. A renda ordinária normalmente era suficiente para cobrir os gastos, e não foi necessário impor novos tributos aos cidadãos. O Estado não lançou sobre as cidades quaisquer encargos que não estivessem diretamente relacionados com elas; e muito poucos cidadãos estavam isentos daquilo que era devido em termos de deveres municipais. O povo desempenhava sua parte, por meio de trabalho duro nas obras públicas que interessavam a cada cidade. A dignidade do decurião foi reconhecida e sancionada. Adriano livrou-os da pena de morte, a não ser em casos de parricídio. O decuriato ainda era desejado, sendo considerado uma honra; e, finalmente, a melhor prova da importância e da ampliação do sistema municipal durante esse período será encontrada nas várias leis aprovadas relacionadas com ele, e na atenção particular que lhe davam os jurisconsultos. Evidentemente, na ausência de direitos e garantias políticas, o sistema municipal era o depositário no qual todos os direitos e seguranças dos cidadãos estavam contidos.

Mas os esforços para preservar esse sistema já não podiam dar resultado. Na verdade, devemos datar as revoluções a partir do dia em que elas irrompem; esse é o único momento preciso que lhes podemos atribuir, mas não é o momento em que se originaram.

---

[5] Doado sob garantia.

FRANÇOIS GUIZOT

As convulsões que chamamos de revoluções são muito menos sintomáticas daquilo que está começando do que comprobatórias daquilo que já passou. A crise do sistema municipal sob Constantino é uma das muitas provas dessa verdade.

Desde o reinado de Sétimo Severo, o poder central no Império Romano vinha caminhando para a ruína; sua força diminuía à medida que seus problemas e riscos aumentavam. Tornou-se indispensável passar para outros as responsabilidades que o império já não podia suportar e buscar novas forças a fim de enfrentar novos perigos. Ao mesmo tempo, no seio da antiga sociedade romana, surgiu uma sociedade tanto jovem quanto ardente, unida em uma fé firme e produtiva, dotada em seu interior de princípios admiravelmente adaptados para fortalecer sua constituição interna, e também de um poder imenso de expansão externa. Refiro-me à sociedade cristã. Foi pela ação dessas duas causas, a princípio divididas e depois unidas, que o sistema municipal do Império Romano se dissolveu e terminou por deteriorar-se, transformando-se em fonte de ruína e instrumento de opressão.

Um dos milhares de problemas do despotismo é que suas exigências aumentam à medida que seus meios diminuem; quanto mais fraco se torna, maior é sua necessidade de exagero; quanto mais empobrece, maior é seu desejo de gastar. Em um momento de força, como de riqueza, a esterilidade e a prodigalidade são igualmente impostas sobre ele; a sociedade, tantos homens e coisas, em suas mãos nada mais é que um material amorfo e limitado que ele gasta para seu próprio sustento, e no qual é forçado a penetrar cada vez mais profundamente à medida que se torna mais escasso, e que ele próprio se aproxima da perda total.

O despotismo dos imperadores romanos existiu na presença de três perigos: os bárbaros, que avançavam continuamente, e a quem era necessário conquistar ou subornar; a população, que crescia continuamente e que precisava ser alimentada, entretida e contida; os soldados, a força que iria confrontar esse perigo duplo – uma força ainda mais perigosa porque era necessário aumentá-la e fazer-lhe concessões novas diariamente. Essa situação impunha responsabilidades imensas ao despotismo. A fim de obter recursos, ele foi forçado a criar uma máquina administrativa capaz de levar suas ações a todos os cantos do seu domínio, algo que, por si só, passou a ser um novo fardo. Esse sistema de governo, que começou sob Diocleciano e terminou sob Honório, não tinha outro objetivo a não ser estender sobre a sociedade uma rede de funcionários que estivessem incessantemente ocupados em extrair dela riqueza e poder, para depois entregá-los nas mãos dos imperadores.

Tanto as rendas das cidades quanto as dos indivíduos privados eram reduzidas por contribuições exigidas pelo poder, e rapidamente usurpadas de uma forma ainda mais direta. Em várias ocasiões, algumas sob Constantino, o imperador apoderou-se de um grande número de propriedades municipais; mas, apesar disso, as contribuições locais que essas propriedades deveriam fazer não foram reduzidas. Ao contrário, aumentaram; à medida que a população mais pobre em todas as regiões se tornava mais numerosa, e mais inclinada a rebelar-se, alimentá-la e entretê-la foi ficando mais caro, e uma força maior passou a ser necessária para mantê-la sob controle. O poder central, ele próprio sobrecarregado, transferiu parte de sua carga para as cidades. Ora, sempre que as rendas normais de uma cidade não eram suficientes para cobrir seus gastos, a *cúria*, isto é, o corpo de cidadãos ricos, os decuriões, era obrigada a cobrir, de seu próprio bolso, o que estava faltando. Além disso, em quase todos os lugares, eles eram os arrecadadores dos impostos públicos e responsáveis por essa arrecadação; sua propriedade privada tinha que compensar a insolvência dos contribuintes e suprir a deficiência das rendas da comunidade. O posto de decurião passou a ser a causa de sua ruína, e a condição mais onerosa de todas as condições sociais; no entanto, era a condição de todos os habitantes das classes mais altas de todos os *municipia* do império.

E isso não era tudo: tão logo a situação dos decuriões tornou-se onerosa demais, houve uma tendência a que esses indivíduos a abandonassem e que, com isso, ainda obtivessem vantagens. A isenção das funções curiais passou a ser um privilégio que foi sendo ampliado com o passar do tempo. Os imperadores, que distribuíam todas as funções e empregos públicos, os concediam aos homens e às classes que, em sua opinião, precisavam conquistar. Assim surgiu no interior do Estado, como um resultado natural do despotismo, uma classe imensa de pessoas privilegiadas. À medida que as rendas das cidades diminuíam, seus encargos aumentavam e recaíam sobre os decuriões, agora em número menor em conseqüência da concessão do privilégio. No entanto, era preciso deixar um número suficiente deles para suportar as responsabilidades impostas à cúria. Daí a origem daquela longa série de leis que fizeram de cada cúria uma prisão na qual os decuriões eram confinados hereditariamente; que os privava, em inúmeros casos, de dispor livremente de sua propriedade, ou mesmo de dispor dela em benefício da cúria sem o seu consentimento; que os perseguia no campo, no exército, ou onde quer que eles tentassem se refugiar, a fim de levá-los de volta à cúria, de onde queriam escapar; leis, finalmente, que atavam uma imensa classe de cidadãos, em termos de propriedade e em termos pessoais, ao mais oneroso e mais ingrato dos serviços públicos, como se estivessem obrigando animais a desempenhar esse ou aquele tipo de trabalho doméstico.

Esse foi o lugar que o despotismo finalmente atribuiu ao sistema municipal; e essa a condição a que os proprietários municipais foram reduzidos pelas leis. E enquanto o despotismo estava retesando todos os seus nervos para apertar os laços do sistema municipal e para obrigar aos habitantes a desempenharem, na forma de encargos, funções que anteriormente tinham sido consideradas direitos, a segunda causa a que aludi, o cristianismo, estava lutando para dissolver ou demolir a sociedade municipal a fim de substituí-la por outra.[6]

---

[6] Para uma discussão abrangente do papel do cristianismo no progresso da civilização européia, veja *HCE*, Palestras V e VI (pp. 82-118). Guizot conclui: "De um modo geral, a influência [da Igreja] foi salutar; ela não só susteve e fertilizou o movimento intelectual na Europa, mas seu sistema de doutrinas e preceitos... foi muito superior a qualquer outra coisa que o mundo antigo tinha conhecido. Havia, ao mesmo tempo, movimento e progresso" (*HCE*, p. 109). A reavaliação que Guizot faz do papel da atitude da Igreja com relação ao mundo moderno foi uma reação ao anticlericalismo de muitos autores do século XVIII. Para isso, ele argumentou que alguns dos princípios em que se baseavam as doutrinas da Igreja, tais como a igualdade de todas as criaturas diante de Deus, desempenharam um papel fundamental no desenvolvimento político da Europa Ocidental. Em outras palavras, Guizot afirmou que, longe de ser uma rejeição aos ideais do cristianismo, como argumentavam alguns autores ultraconservadores (Joseph de Maistre, Louis de Bonald), o movimento para a democracia como condição social (igualdade de condições) refletiu e seguiu as idéias e os princípios cristãos.

Durante quase três séculos, a sociedade cristã se formou silenciosamente, no meio e, por assim dizer, sob a superfície da sociedade civil dos romanos. Em um período bem inicial, ela era uma sociedade regularmente constituída, com seus chefes, suas leis, seus gastos e sua renda. Sua organização, totalmente livre em suas origens e baseada em laços puramente morais, de forma alguma era deficiente em termos de poder. À época, era a única associação que podia conseguir para seus membros as alegrias da vida interior – que possuía, nas idéias e sentimentos que formavam suas bases, assuntos para ocupar mentes superiores, para exercitar imaginações ativas e para satisfazer as exigências daquela existência moral e intelectual que nem a opressão nem a infelicidade podem extinguir completamente em uma nação. O habitante de um *municipium*, quando se tornava cristão, deixava de pertencer à sua cidade e entrava para a sociedade cristã, da qual o bispo era o chefe. Ali, e só ali, daquele momento em diante, estavam o centro de seus pensamentos e de suas afeições, e a residência de seus senhores e de seus irmãos. Às necessidades dessa nova associação ele dedicava, se fosse preciso, sua fortuna e sua atividade; para ali, em suma, toda a sua existência moral era, em certa medida, transferida.

Quando um deslocamento semelhante ocorre na ordem moral das coisas, ela rapidamente é consumada também na ordem material. A conversão de Constantino, com efeito, foi uma declaração do triunfo da sociedade cristã e acelerou o seu progresso. Dali em diante, o poder, a jurisdição e a riqueza derramaram-se sobre as igrejas e os bispos, como sobre os únicos centros a cuja volta os homens estavam espontaneamente inclinados a se agrupar, e que podiam exercer a virtude de atrair todas as forças da sociedade.

Já não era para sua cidade, e sim para sua igreja, que o cidadão desejava legar sua propriedade. Agora, todos os homens ricos esforçavam-se para que sua afeição pública fosse medida não pela construção de circos e de aquedutos, e sim pela ereção de templos cristãos. A paróquia tomou o lugar do *municipium*; o próprio poder central, apressado pelo curso dos eventos com os quais havia se associado, usava todos os seus esforços para seguir a corrente. Os imperadores privavam os comuns de uma parte de sua propriedade e davam-na às igrejas; privavam os magistrados municipais de parte de sua autoridade e davam-na aos bispos. Quando a vitória tinha sido assim declarada, o interesse juntava-se à fé para aumentar a sociedade dos conquistadores. O clero ficava isento das responsabilidades das funções municipais; e foi preciso aprovar leis para evitar que todos os decuriões passassem a ser ministros da Igreja. Sem essas leis a sociedade municipal se teria dissolvido totalmente; sua existência foi postergada para que continuasse a suportar o peso ao qual estava condenada; e, por mais estranho que pareça, os imperadores que eram mais favoráveis à ordem eclesiástica e mais liberais no aumento de suas vantagens foram, ao mesmo tempo, forçados a lutar contra a tendência que induzia os homens a abandonar todas as outras associações para entrar para a única em que podiam encontrar honra e proteção.

Assim então estava, na verdade, a situação. O despotismo, impelido por suas próprias necessidades, constantemente agravava a situação da cúria. A da Igreja florescia e melhorava com a mesma constância, ou graças à ajuda das pessoas, ou pela ação do próprio despotismo, que precisava do apoio do clero. Era, portanto, necessário exilar na cúria aqueles decuriões que estavam ansiosos demais para abandoná-la. À proporção que seu número diminuía, e que os que permaneciam se arruinavam ou se tornavam incapazes de suportar as responsabilidades, sua condição foi ficando cada vez menos tolerável. Assim, o mal brotou do mal; em virtude de seus esforços para adiá-la, a opressão garantiu que a ruína se instalasse; e o sistema municipal, que, como eu disse, se tornara uma verdadeira prisão para uma classe de cidadãos, apressava-se diariamente na direção de sua própria destruição, e para a destruição daquela classe que estava acorrentada a seu destino.

Assim foi, com relação aos *municipia*, o curso dos eventos e das leis a partir do reinado de Constantino até a queda do império do Ocidente. Em vão alguns imperadores lutaram para erguer os membros das comunidades; em vão Juliano lhes devolveu parte das propriedades que tinham perdido antes. Essas mudanças na legislação não fizeram efeito; uma necessidade fatal pesava sobre os *municipia*; e sempre que o sistema municipal chegava mais próximo de sua dissolução, e que se considerava necessário apoiá-lo, nenhuma outra ajuda lhe era dada, a não ser por meio de uma duplicação da virulência das causas que o impeliam para a destruição. Violento assim é o curso do despotismo em decadência. As municipalidades eram sacrificadas diariamente, em grande medida, a favor do império, e os decuriões a favor das municipalidades; as formas externas de liberdade ainda existiam no interior das cúrias, como com relação à eleição dos magistrados e à administração dos assuntos da cidade; mas essas formas eram inúteis, porque os cidadãos chamados para lhes dar vida por meio de suas ações já estavam mortalmente atingidos, em sua independência pessoal e em sua riqueza. Foi nessa situação de ruína material e aniquilação moral que os bárbaros, quando se estabeleceram em território romano, encontraram as cidades, seus magistrados e seus habitantes.

No Leste, a agonia dos *municipia* foi prolongada com a duração do império. Aqui também alguns imperadores fizeram esforços infrutíferos para renovar sua prosperidade. No fim, o progresso do despotismo central cresceu tanto, e as formas da liberdade municipal tornaram-se tão claramente inúteis, que, quase no final do século IX, o imperador Leo, chamado de o Filósofo, aboliu todo o sistema municipal de um só golpe por meio do seguinte decreto:

> Como, nas coisas que servem para serem usadas na vida comum, estimamos aquelas que são convenientes e úteis e desprezamos aquelas que não têm utilidade, assim devemos agir com referência às leis; aquelas que trazem alguma vantagem e que conferem algum benefício para a comunidade devem ser mantidas e honradas; mas quanto àquelas cuja manutenção é problemática e pouco importante, não só não devemos lhes dar nenhuma atenção como devemos também excluí-las do corpo das leis. Ora, dizemos que entre as leis antigas aprovadas com referência às cúrias e aos decuriões há algumas que impõem responsabilidades intoleráveis aos decuriões, e conferem às cúrias o direito de nomear certos magistrados e de governar cidades por sua própria autoridade. Agora que os assuntos civis assumiram uma outra forma, e que todas as coisas dependem unicamente do cuidado e da administração da majestade imperial, essas leis vagueiam, de alguma forma, inutilmente e sem objetivo pelo território legal; portanto, nós as abolimos pelo presente decreto.*

Assim foram, durante o período de doze séculos que transcorreu entre o tratado de Roma com Coere e o reinado de Leo, o Filósofo, as grandes revoluções do sistema municipal no mundo romano.

---

* Novell. Leo. 46.

Podemos caracterizá-las dizendo que, no primeiro período, o sistema municipal era uma liberdade concedida, de fato, aos habitantes das cidades; no segundo, foi um direito legalmente constituído, como uma indenização pela perda de privilégios políticos; e, no terceiro, foi uma responsabilidade imposta a certa classe de cidadãos.

Termino aqui sua história. Em nossa próxima palestra, investigaremos a verdadeira situação do sistema municipal durante o terceiro período, e sua influência sobre a condição dos cidadãos.

Palestra 23

Sobre as várias condições sociais no Império Romano, antes da invasão final dos bárbaros. — As classes privilegiadas e os curiais. — Suas obrigações, funções e imunidades. — Atribuições da cúria como organismo. — Sobre as várias magistraturas e cargos municipais. — Sobre o Defensor nas cidades. — Comparação do desenvolvimento do sistema municipal, e suas relações com a organização central do Estado, no Império Romano e nas sociedades modernas.

No começo do século V, os súditos do império eram divididos em três classes, formando três condições sociais muito diferentes: 1. As classes privilegiadas; 2. Os curiais; e 3. O povo. Falo apenas dos homens livres.

A classe privilegiada incluía: 1. Os membros do Senado e todos aqueles que tinham o direito de serem chamados de *clarissimi*. 2. Os funcionários do palácio; 3. O clero; 4. A milícia coorte, uma espécie de *gendarmerie* empregada na manutenção da ordem interna do Estado e na execução das leis; 5. Os soldados em geral, fossem eles incluídos nas legiões, ou em tropas ligadas ao palácio, ou nos corpos de ajudantes bárbaros. A classe dos curiais compreendia todos os cidadãos que habitavam as cidades, fossem eles nativos ou colonos que possuíssem certa renda fundiária e não pertencessem, por nenhum título, à classe privilegiada. O povo era a massa dos habitantes das cidades, cuja quase total falta de bens os excluía de ocuparem um lugar entre os curiais.

Os membros privilegiados da primeira classe eram numerosos, de várias categorias, e desproporcionalmente distribuídos entre as cinco ordens que compunham a classe; mas o privilégio mais importante e que eles mais procuravam obter, aquele privilégio que por si só era mais valioso que todos os demais, era comum às cinco ordens que constituíam essa classe: o privilégio da isenção de funções e postos municipais.

Quando formos tratar dos curiais, o leitor verá qual era a extensão de seus deveres; mas é preciso entender primeiro claramente que pessoas eram isentas deles: 1. Todo o exército, desde os membros mais inferiores dos coortes até o *magister equitum peditumve*;[1] 2. O corpo inteiro do clero, desde o simples ministro até o arcebispo; 3. É fácil definir as duas classes precedentes, mas não é tão simples apontar os membros da classe de senadores e *clarissimi*. O número dos senadores era ilimitado. O imperador os nomeava e os dispensava quando bem entendesse, e podia até elevar os filhos dos homens alforriados a essa categoria. Todos aqueles que haviam ocupado os postos de magistrados principais no império, ou que tinham apenas recebido do príncipe o título honorário pertencente àquelas magistraturas, eram chamados de *clarissimi*, possuíam o direito, quando a situação assim o exigia, de participar do Senado. Assim, a classe de *clarissimi* incluía todos os funcionários de qualquer importância, e todos eles eram nomeados – e podiam ser despedidos – pelo imperador.

---

[1] Chefe da cavalaria ou da infantaria.

O corpo dos indivíduos privilegiados, então, era composto: 1. Pelo exército; 2. Pelo clero; 3. Por todos os funcionários públicos, fossem eles empregados na corte e no palácio ou nas províncias. Então o despotismo e o privilégio tinham feito uma forte aliança; e, nessa aliança, o privilégio, que dependia quase que totalmente do despotismo, não possuía nem liberdade nem dignidade, exceto, talvez, no corpo do clero.

Esse privilégio, e especialmente a isenção de funções curiais, não era puramente pessoal e sim hereditário. No caso dos militares, só era hereditário se os filhos abraçassem a profissão militar; e, no caso dos civis, era continuado por aqueles filhos que tinham nascido quando seus pais já pertenciam à classe de *clarissimi*, ou se eles tivessem ocupado postos palacianos. Entre as classes isentas de funções curiais estava a milícia de coorte, um serviço subalterno que era hereditariamente obrigatório para aqueles que nele entrassem, e no qual não existiam canais para passar para uma classe superior.

A classe dos curiais compreendia todos os habitantes das cidades, fossem eles nativos da cidade, *municipes*, ou colonos, *incolae*, que possuíssem uma propriedade fundiária de mais de 25 acres, ou *jugera*, e não pertencessem a nenhuma classe privilegiada. Os membros da classe curial o eram ou graças à origem ou por nomeação. Todos os filhos de um curial também eram curiais e responsáveis por todos os encargos conectados com tal qualidade. Todos os habitantes que, por compra ou de outra forma, adquirissem uma propriedade fundiária de mais de 25 acres poderiam ser convocados a entrar para a cúria, e estavam proibidos de se recusar a fazê-lo. Nenhum curial podia, por ato voluntário, passar para outra condição. A eles era interdito morar no campo, entrar para o exército, ou ocuparse em empregos que os teriam liberado das funções municipais, até que tivessem passado por todas as gradações curiais, daquela referente a um simples membro de uma cúria até as magistraturas civis superiores. Só então ele poderia se tornar um militar, um funcionário público ou um senador. Os filhos que nascessem antes de sua ascensão continuavam a ser curiais. Não podiam entrar para o clero, a não ser que concedessem a qualquer pessoa que concordasse em ser membro da cúria em seu lugar o usufruto de seus bens, ou doasse esses bens à própria cúria. Como os curiais viviam lutando para escapar de sua servidão, inúmeras leis foram aprovadas com o objetivo de processar aqueles que haviam escapado de sua condição original e conseguido entrar furtivamente para o exército, para o clero, para postos públicos ou até mesmo para o Senado, e ordenar que retornassem à cúria de onde tinham fugido.

 As funções e os encargos dos curiais assim confinados, voluntariamente ou à força, na cúria eram os seguintes: 1. A administração dos assuntos do *municipium*, com seus gastos e rendas, ou deliberando sobre o assunto na cúria ou desempenhando as funções de magistratura da cidade. Nessa dupla posição, os curiais eram responsáveis não só por seu gerenciamento individual, mas também pelas necessidades da cidade, que eram obrigados a suprir com seus próprios recursos se a renda municipal não fosse suficiente. 2. A arrecadação de impostos públicos, que ficavam também sob a responsabilidade de sua propriedade privada no caso de inadimplentes. As terras sujeitas ao imposto territorial que haviam sido abandonadas por seus donos eram designadas para a cúria, então obrigada a pagar os impostos devidos até que encontrasse alguém disposto a receber a terra de suas mãos. Se não achasse ninguém, o imposto sobre a terra abandonada era dividido entre as outras propriedades. 3. Nenhum curial podia vender a propriedade que dera origem à sua qualificação sem a permissão do governador da província. 4. Os herdeiros dos curiais, quando não eram membros da cúria, e as viúvas ou filhas de curiais que casavam com homens pertencentes a outras classes, eram obrigados a dar uma quarta parte de seus bens para a cúria. 5. Os curiais que não tivessem filhos não podiam dispor, por testamento, de mais de um quarto de seus bens; os outros três quartos iam, por direito, para a cúria. 6. Não lhes era permitido se ausentar do *municipium*, mesmo que por um tempo limitado, sem a permissão do juiz da província. 7. Quando eles tivessem se retirado de sua cúria e não pudessem ser reintegrados, seus bens eram confiscados para o benefício da cúria. 8. O imposto conhecido pelo nome de *aurum coronarium*, que consistia em uma quantia a ser paga ao príncipe por ocasião de certos eventos, só era cobrado dos curiais.

As únicas vantagens concedidas aos curiais em recompensa por todos esses encargos eram: 1. Isenção de tortura, exceto em casos muito sérios. 2. Isenção de certas punições dolorosas e desonrosas que eram reservadas para o povo, tais como ser condenado a trabalhar nas minas, ser queimado vivo, e assim por diante. 3. Os decuriões que tivessem se tornado indigentes sobreviviam à custa do *municipium*. Essas eram as únicas vantagens que os curiais possuíam com relação às pessoas comuns. Essas últimas, por outro lado, desfrutavam do benefício de poder seguir qualquer carreira, e, se entrassem no exército, ou fizessem parte do serviço público, poderiam ascender às classes privilegiadas imediatamente.

A situação dos curiais, então, tanto como cidadãos quanto com relação ao Estado, era onerosa e sem liberdade. A administração municipal era um serviço pesado, a que os curiais estavam condenados, e não um direito com o qual tivessem sido investidos. Vejamos agora qual era a condição dos curiais, não em relação ao Estado ou às outras classes de cidadãos, mas na própria cúria e entre eles próprios. Aqui ainda existiam as formas e até os princípios de liberdade. Todos os curiais eram membros da cúria e participavam dela. A capacidade de suportar as responsabilidades da função implicava a capacidade de exercer seus direitos e de tomar parte nos assuntos a ela relacionados; o nome de todos os curiais de cada município era inscrito, bem como sua idade e outras circunstâncias, em uma ordem determinada de acordo com a função, num livro chamado de *album curiae*. Quando havia oportunidade de deliberar sobre algum assunto, eles eram convocados pelo magistrado superior da cidade, o *duumvir*, *aedilis* ou *praetor*, e todos davam suas opiniões e seus votos; tudo era decidido pela maioria dos votos, e as deliberações só eram válidas se dois terços dos curiais estivessem presentes.

As atribuições da cúria como organismo eram: 1. Examinar certos assuntos e decidir sobre eles; 2. Nomear magistrados e funcionários municipais. Não pude encontrar em lugar algum uma lista dos assuntos que competiam à cúria como organismo. Tudo, no entanto, indica que a maioria daqueles interesses municipais que exigiam mais que a simples execução das leis ou de ordens já dadas era discutida na cúria. A autoridade própria e independente dos magistrados municipais parece ter sido muito limitada. Por exemplo, temos motivo para crer que nenhum gasto poderia ser feito sem a autorização da cúria. Ela determinava a hora e o lugar onde seriam realizadas as feiras; só ela podia conceder recompensas; e assim por diante.

Havia ocasiões em que a autorização da cúria não bastava, e era necessário obter a sanção de todos os habitantes, fossem eles curiais ou não. Por exemplo, para a venda de qualquer propriedade que pertencesse à comunidade, ou para o envio de representantes que fossem auxiliar o imperador com relação a algum agravo ou pedido. Por outro lado, é evidente que, com o progresso geral do despotismo, o poder imperial continuava a interferir diária e crescentemente nos assuntos dos *municipia*, e a limitar a independência das cúrias. Assim, elas não podiam levantar prédios novos sem a permissão do governador da província; o conserto dos muros que circundavam as cidades estava sujeito à mesma formalidade; e isso era necessário também para a emancipação de escravos e para todos os atos que tendessem a reduzir o patrimônio da cidade. Gradativamente, também, até aqueles assuntos cuja decisão final anteriormente havia pertencido às cúrias agora recaíam, por meio de objeções ou recursos, sob a autoridade do imperador e seus representantes nas províncias. Isso ocorria como resultado da absoluta concentração do poder judiciário e fiscal nas mãos dos funcionários imperiais. A cúria e os curiais foram assim reduzidos a nada mais que agentes inferiores da autoridade do soberano. Para eles tinha sobrado muito pouco além do direito de consulta e de apresentar queixas.

Com relação à nomeação dos magistrados municipais, na verdade essa permaneceu por muito tempo nas mãos da cúria sem que houvesse necessidade de confirmação pelo governador da província, exceto em casos excepcionais de cidades em que o governador estivesse especialmente inclinado a punir ou a maltratar. Mas mesmo esse direito logo se tornou ilusório em virtude do poder concedido aos governadores da província para anular a nomeação sob petição da pessoa eleita. Quando as funções municipais se tornaram apenas onerosas, todos os curiais eleitos para preencher esses postos que tivessem quaisquer meios de influenciar o governador podiam, sob algum tipo de pretexto, conseguir que sua eleição fosse anulada e assim escapar de sua carga.

Havia dois tipos de postos municipais: o primeiro, chamado de *magistratus*, que conferia certas honras e certa jurisdição; o segundo, chamado de *munera*, não passava de emprego sem jurisdição e sem nenhuma função específica. A cúria nomeava para os dois tipos de postos. Só os magistrados propunham os homens que julgavam competentes para preencher os *munera*; mas mesmo esses não eram realmente nomeados até que tivessem obtido os votos da cúria.

Os *magistratus* eram: I. *Duumvir* — esse era o nome mais comum do magistrado municipal principal. Em certas localidades, ele também era chamado de *quatuorvir, dictator, aedilis* ou *praetor*. Seu mandato durava um ano e correspondia quase que exatamente ao de nossos prefeitos; o *duumvir* presidia a cúria e dirigia a administração geral dos assuntos da cidade. Sua jurisdição era limitada a assuntos de pouca importância; exercia também a autoridade policial que lhe dava o direito de infligir certas punições em escravos e de prender temporariamente homens livres. 2. *Aedilis* — esse era um magistrado normalmente inferior ao *duumvir*; tinha responsabilidade sobre a inspeção dos edifícios públicos, das ruas, do milho, e de pesos e medidas. Desses dois magistrados, o *duumvir* e o *aedilis*, esperava-se a organização de festivais e jogos públicos. 3. **Curator reipublicae**

— como o *aedilis*, esse funcionário exercia alguma supervisão sobre os edifícios públicos, mas sua função principal era a administração das finanças; responsável pela distribuição das terras do município para o cultivo, recebia as contas das obras públicas, emprestava e pedia emprestado dinheiro em nome da cidade, e assim por diante.

Os *munera* eram: 1. *Susceptor*, o coletor de impostos, sob a responsabilidade dos curiais que o nomeavam. 2. *Irenarchae*, comissários de polícia cuja obrigação era investigar e processar delitos, em primeira instância. 3. *Curatores*, funcionários encarregados de vários serviços municipais específicos; *curator frumenti, curator calendarii*, a pessoa que emprestava o dinheiro da cidade com boas garantias, por sua conta e risco. 4. *Scribae*, arquivistas subalternos dos outros dois postos. A essa classe pertenciam os *tabelliones*, que desempenhavam quase as mesmas funções que nossos tabeliães.

Mais tarde, quando a decadência do sistema municipal se tornou evidente, quando a ruína dos curiais e a impotência de todos os magistrados municipais para proteger os habitantes das cidades contra as afrontas da administração imperial ficaram evidentes para o próprio despotismo; e quando o despotismo, finalmente sofrendo o castigo por seus próprios atos, sentiu que a sociedade, em todas as suas áreas, o abandonava, ele tentou, pela criação de uma nova magistratura, conseguir dar aos *municipia* alguma segurança e alguma independência. Um *defensor* foi concedido a cada cidade; sua missão original era defender o povo, sobretudo os pobres, contra a opressão e a injustiça dos funcionários imperiais e seus agentes. Em breve ele havia superado todos os outros magistrados municipais em importância e influência. Justiniano deu aos defensores o direito de exercer, com referência a cada cidade, as funções do governador da província durante a ausência daquele funcionário; concedeu-lhes também jurisdição em todos os casos que não envolviam uma soma maior de 300 *aurei*. Eles tinham até certa autoridade em assuntos criminais, e dois ajudantes especialmente para cada um. E para lhes dar algumas garantias de seu poder e independência foram utilizados dois instrumentos: por um lado, tinham o direito de desconsiderar os vários degraus na administração pública e de levar suas queixas diretamente ao prefeito pretoriano; isso foi feito para dar mais poder a seu posto ao liberá-los da jurisdição das autoridades provinciais. Por outro lado, começaram a ser eleitos não apenas pela cúria, mas pelo corpo geral dos habitantes do *municipium*, inclusive o bispo e todo o clero; e como, à época, só o clero tinha qualquer poder e influência, essa nova instituição, e conseqüentemente todas as que ainda permaneciam no sistema municipal, passaram quase que universalmente para suas mãos. Isso foi insuficiente para restaurar o vigor dos *municipia* sob o domínio do império; mas foi bastante para dar ao clero uma grande influência jurídica nas cidades após o estabelecimento dos bárbaros. O resultado mais importante da instituição dos *defensores* foi a colocação dos bispos à frente do sistema municipal, que, sem isso, se teria dissolvido sozinho, pela ruína de seus cidadãos e a incapacidade de suas instituições.

Tais são os fatos: eles demonstram o fenômeno que indiquei no começo, ou seja, a destruição da classe média no império. Ela foi destruída materialmente pela ruína e dispersão dos curiais, e moralmente porque era negada à população respeitável qualquer influência nos assuntos do Estado, e eventualmente também nos da cidade. Por isso ocorreu que no século V havia tanta terra improdutiva e tantas cidades quase abandonadas, ou habitadas unicamente por uma população faminta e desalentada. O sistema que acabei de explicar contribuiu muito mais para produzir esse resultado do que a devastação causada pelos bárbaros.

Para poder compreender de forma adequada o verdadeiro caráter e as conseqüências desses fatos, devemos reduzi-los a idéias gerais e deduzir dessas idéias tudo que elas contêm com relação a um dos maiores problemas da ordem social. Vamos primeiro examiná-los na relação do sistema municipal com a ordem política, da cidade com o Estado. Nesse aspecto, um fato geral que resulta daqueles que afirmei é a separação absoluta entre os direitos e interesses políticos e os direitos e interesses municipais; uma separação igualmente fatal tanto para os direitos e interesses políticos quanto para os direitos e interesses municipais dos cidadãos. Enquanto os cidadãos mais importantes tinham, no centro do Estado, direitos verdadeiros e influência real, ao sistema municipal não faltavam garantias de segurança, e ele continuou a se desenvolver. Mas, assim que os cidadãos mais importantes perderam sua influência no centro das atividades, essas garantias desapareceram, e a decadência do sistema municipal não demorou a se manifestar.

Comparemos agora o curso dos acontecimentos no mundo romano com o que ocorreu nos Estados modernos. No mundo romano, a centralização foi rápida e ininterrupta. À medida que ela foi conquistando o mundo, Roma absorvia e mantinha dentro de seus muros a existência política total, tanto dos vencedores quanto dos vencidos. Não havia nada em comum entre os direitos e as liberdades do cidadão e os direitos e as liberdades do habitante; a vida política e a vida municipal não se confundiam uma com a outra e não se apresentavam nos mesmos locais. Com relação à política, o povo romano tinha, na verdade, um único chefe; quando esse foi atingido, a vida política deixou de existir; as liberdades locais se viram desconectadas, sem nenhum laço e sem nenhuma garantia comum para sua proteção geral.

Entre as nações modernas, nunca existiu uma centralização desse tipo. Ao contrário, foi nas cidades e em virtude da operação das liberdades municipais que a massa dos habitantes, a classe média, foi formada e adquiriu um papel importante no Estado. Mas, no momento em que se apoderou desse ponto de apoio, essa classe logo se viu em dificuldades e sem segurança. A força das circunstâncias a fez compreender que, enquanto não ascendesse até o centro do Estado e se estabelecesse constitucionalmente lá, enquanto não possuísse, nas questões políticas, visões que provassem o desenvolvimento e o compromisso daqueles poderes que ela exercia nos assuntos municipais — esses últimos seriam insuficientes para protegê-la em todos os seus interesses, e até para se protegerem a si próprios. Aqui está a origem de todos os esforços empreendidos, a partir do século XIII, ou pelos Estados Gerais ou pelos Parlamentos, ou até por meios mais indiretos, com o objetivo de fazer com que os burgueses ascendessem à vida política e de associar os direitos e liberdades do habitante com os direitos e liberdades do cidadão. Após três séculos de luta, esses esforços não tiveram sucesso. O sistema municipal não foi capaz de dar à luz um sistema político que fosse correspondente a ele e se tornasse sua garantia. A centralização do poder se realizou sem nenhuma centralização de direitos. Dali em diante o sistema municipal mostrou-se frágil e incapaz de se defender; ele havia sido formado apesar da dominação feudal; foi incapaz de existir na presença de uma autoridade central e em meio à monarquia administrativa. Gradativamente, as cidades perderam, sem que isso fosse percebido e quase sem resistência, suas antigas liberdades. Todos sabem que, no momento em que a Revolução Francesa eclodiu, o sistema municipal na França nada mais era que uma sombra inútil, sem coerência e sem poder.

Assim, embora no mundo romano e entre nós mesmos os assuntos tenham evoluído em uma proporção inversa, embora Roma começasse pela centralização das liberdades públicas, e os Estados modernos pela liberdade municipal, nos dois casos os fatos igualmente nos revelam a dupla verdade de que as duas ordens de liberdades e direitos são indispensáveis uma para a outra, que não podem ser separadas sem se ferir mutuamente, e que a ruína de uma delas necessariamente implica a ruína daquela que a princípio sobreviveu.

Um segundo resultado, não menos importante, nos é revelado pelos mesmos fatos. A separação do sistema municipal do sistema político levou, no Império Romano, à classificação jurídica da sociedade e à introdução de privilégios. Nos Estados modernos, uma classificação análoga e a presença de privilégios aristocráticos impediram que o sistema municipal ascendesse a uma posição de influência política e que produzisse os direitos do cidadão a partir dos direitos locais do habitante. Onde, então, a vida municipal e a vida política são estranhas uma à outra, onde não estão unidas no mesmo sistema e conectadas de tal forma que possam garantir reciprocamente a segurança, podemos ter certeza de que a sociedade já está, ou estará em breve, dividida em classes distintas e imutáveis, e que o privilégio já existe ou está prestes a surgir. Se os burgueses não tiverem nenhuma parte do poder central, se os cidadãos que exercem ou participam do poder central não participarem simultaneamente dos direitos e interesses dos burgueses, se a existência política e a existência municipal seguirem, assim, colateralmente, em vez de serem, por assim dizer, incluídas uma na outra, é impossível que o privilégio não tome pé, mesmo sob a mão de ferro do despotismo e em meio à servidão.

Se de tudo isso quisermos deduzir uma conseqüência ainda mais geral, e expressá-la de forma puramente filosófica, admitiremos que, para aquele direito poder existir em algum lugar, é preciso que ele exista em todos os lugares, pois sua presença no centro é inútil a menos que esteja presente também nas localidades; que sem liberdade política não pode haver liberdades municipais sólidas, e vice-versa. Se, no entanto, considerarmos os fatos já afirmados com referência ao sistema municipal por si só e em sua constituição interna; se, nesses fatos, buscarmos princípios – iremos nos deparar com a combinação mais peculiar dos princípios da liberdade com os do despotismo; uma combinação talvez sem precedentes, e certamente inexplicável para aqueles que não entenderam bem o curso das circunstâncias, tanto na formação quanto na decadência do mundo romano.

A presença de princípios de liberdade é evidente. Eram os seguintes: I. Todo habitante que tivesse riqueza suficiente para garantir sua independência e conhecimento era membro da cúria, e, como tal, convocado para participar da administração dos negócios da cidade. Assim, o direito estava associado à capacidade presumida, sem nenhum privilégio de berço, ou nenhum limite com relação ao número;[2] e esse direito não era um simples direito de eleição,

---

[2] A noção de capacidade (*capacité*) desempenha um papel central na filosofia política de Guizot e em seu conceito de governo representativo. Em sua opinião,

mas o direito de deliberação plena, de participação imediata nos negócios, contanto que esses estivessem relacionados com aquilo que ocorria no interior de uma cidade, e com interesses que podiam ser compreendidos e discutidos por todos aqueles capazes de estar acima dos simples cuidados da existência individual. A cúria não era um conselho restrito e seleto, e sim uma assembléia de todos os habitantes que tinham as condições de capacidade curial. 2. Uma assembléia não pode administrar – são necessários magistrados. Estes eram todos eleitos pela cúria, por um período muito curto; e respondiam por sua administração com sua fortuna particular. 3. Em circunstâncias importantes, tais como alguma mudança da

---

a capacidade política requer certo grau de riqueza, educação, independência, maturidade intelectual, raciocínio e liberdade e é definida como "a capacidade de agir de acordo com a razão e com a justiça (*HOGR*, p. 160). Esse princípio de diferenciação tinha como base uma premissa dupla: (1) os eleitores deviam ter certas qualidades para que tivessem permissão para votar; (2) os representantes eleitos deviam ser cidadãos extremamente importantes que tinham um interesse na preservação da ordem social. De acordo com essa visão, só aqueles que possuíssem certo nível de riqueza e de educação poderiam ser livres e não depender da vontade alheia. Só eles eram considerados capazes de desenvolver um juízo político livre, sólido e esclarecido, já que eram livres para dispor de sua pessoa e de sua riqueza e, por sua posição, podiam entusiasmar-se com algumas idéias socialmente interessantes. Finalmente, é importante observar que Guizot e os outros doutrinários não consideravam a capacidade política um tipo de herança aristocrática. Eles insistiam que o voto limitado não criaria uma oligarquia de ricos, "o mais absurdo de todos os tipos de oligarquias" segundo Royer-Collard. Para mais detalhes, veja *La vie politique de M. Royer-Collard: ses discours et ses écrits* ('A vida política de Royer-Collard: Seus discursos e escritos'), org. Prosper de Barante, Vol. I, Paris: Didier, pp. 409-10). Como Guizot observou, "não se reconhece ninguém como possuidor de um direito inerente a um posto ou a uma função... assim que a capacidade é presumida ou provada, ela é colocada em uma posição em que está exposta a uma espécie de suspeição jurídica" (*HOGR*, p. 162).

condição de uma cidade, ou a eleição de um magistrado investido de uma autoridade imprecisa e mais arbitrária, a cúria por si só não era suficiente; todos os habitantes eram convocados para participar desses atos solenes.

 Quem, ao ver direitos assim, não acreditaria estar diante de uma pequena república em que a vida municipal e a vida política se mostravam fundidas uma na outra, e na qual o mais democrático dos governos predominava? Quem pensaria que uma municipalidade organizada dessa maneira formava parte de um grande império e dependia, por laços estreitos e necessários, de um poder central remoto e soberano? Quem não esperaria, ao contrário, encontrar aqui todas as erupções de liberdade, todas as agitações e conspirações e, com freqüência, toda a desordem e a violência que, em todas as épocas, caracterizam pequenas sociedades assim fechadas e governadas dentro de seus próprios muros?

 Nada do tipo ocorria, e todos esses princípios de liberdade eram inertes. Existiam outros princípios que os golpeavam mortalmente. I. Eram tais os efeitos e as exigências do despotismo central que a qualidade do curial deixou de ser um direito que pertencia claramente a todos capazes de exercê-lo e se tornou uma carga imposta sobre aqueles que conseguiam suportá-la. Por um lado, o governo se livrou do cuidado de prover aqueles serviços públicos que não atingissem seus próprios interesses e, com isso, passou tal obrigação para essa classe de cidadãos; e, por outro, o governo os empregou para arrecadar os impostos destinados para seu uso, e os fez responsáveis pelo pagamento. Arruinou os curiais a fim de pagar seus próprios funcionários e soldados; e concedeu aos próprios funcionários e soldados todas as vantagens do privilégio, a fim de obter sua ajuda para evitar que os curiais escapassem da ruína iminente. Sem nenhuma significância como cidadãos, os curiais só viviam para serem espoliados. 2. Todos os magistrados eleitos eram, com efeito, apenas os agentes injustificados do despotismo, em cujo benefício roubavam seus co-cidadãos até que pudessem, de uma maneira ou de outra, livrar-se dessa obrigação desagradável. 3. Sua própria eleição não tinha nenhum valor, pois o delegado imperial na província podia anulá-la, e eles tinham o maior interesse pessoal em obter esse favor; nisso também estavam à mercê dele. 4. Finalmente, sua autoridade não era verdadeira, porque desprovida do poder de sanção. Não lhe permitiam nenhuma jurisdição efetiva; não podiam fazer nada que não pudesse ser anulado. Pelo contrário, até mais que isso: como o despotismo percebia, cada vez mais claramente, sua impotência ou má vontade, a cada dia interferia mais na abrangência de suas atribuições, ou por sua própria ação pessoal, ou por meio de seus delegados diretos. O trabalho da cúria foi desaparecendo junto com seu poder; e não estava longe o dia em que o sistema municipal seria abolido de um único golpe no império que decaía rapidamente, "porque", diria o legislador, "todas essas leis passeiam, de alguma forma, sem destino e sem objetivo pelo território jurídico".

Assim, o poder municipal, tendo se isolado completamente do poder político e civil, deixou de ser, ele próprio, um poder. Os princípios e as formas da liberdade, portanto, vestígios isolados da existência independente daquela multidão de cidades sucessivamente acrescentadas ao Império Romano, foram impotentes para se defender contra a coalizão do despotismo com o privilégio. Assim, aqui também podemos aprender aquilo que tantos exemplos nos ensinam: ou seja, que todas as aparências de liberdade, todos os atos externos que parecem atestar sua presença, podem existir onde a liberdade não existe, e que ela não existe realmente a não ser que aqueles que a possuem exerçam um poder verdadeiro – o poder cujo exercício está relacionado com aquele de todos os poderes. No estado social, a liberdade é participação no poder; essa participação é sua verdadeira – ou melhor, sua exclusiva – garantia. Onde liberdades não são direitos, e onde direitos não são poderes, não existem nem direitos nem liberdades.

Não devemos, portanto, nos surpreender nem com o total desaparecimento da nação que caracterizou o declínio do Império Romano, nem com a influência que o clero logo conseguiu na nova ordem das coisas. Os dois fenômenos são explicados pela condição da sociedade à época, e particularmente pela situação do sistema municipal que acabei de descrever. O bispo se tornara, em todas as cidades, o chefe natural dos habitantes, o verdadeiro prefeito. Sua eleição, e a parte que os cidadãos desempenhavam nela, passou a ser a coisa mais importante da cidade. E é ao clero que devemos a preservação parcial, nas cidades, das leis e costumes romanos que foram incorporados mais tarde à legislação do Estado. Entre o antigo sistema municipal dos romanos e o sistema civil-municipal das comunidades da Idade Média, o sistema municipal eclesiástico ocorreu como uma transição. Essa transição durou vários séculos. Em nenhum lugar esse fato importante foi tão clara e fortemente desenvolvido quanto na monarquia dos visigodos na Espanha.

FRANÇOIS GUIZOT

Palestra 24

Esboço da história da Espanha sob os visigodos. – Situação da Espanha sob o Império Romano. – Estabelecimento dos visigodos no sudoeste da Gália. – A coleção de Eurico das leis dos visigodos. – A coleção de Alarico das leis dos súditos romanos. – Estabelecimento dos visigodos na Espanha. – Conflito entre católicos e arianos. – Importância política dos concílios de Toledo. – Principais reis dos visigodos. – Égica coleta o Forum judicum. *– Queda da monarquia visigótica na Espanha.*

Sob o Império Romano, antes das invasões bárbaras, a Espanha desfrutava de uma prosperidade considerável. O país era coberto de estradas, aquedutos e obras públicas de todos os tipos. O governo municipal era quase independente: o princípio de um censo fundiário era utilizado para a formação das cúrias; e várias inscrições demonstram que a massa da população muitas vezes participava, com o Senado da cidade, das ações feitas em seu nome. Havia os *conventus juridici,* ou sessões realizadas pelos presidentes das províncias e seus assessores em 14 cidades espanholas; e os *conventus provinciales,* ou assembléias anuais ordinárias dos deputados das cidades com o objetivo de lidar com os assuntos da província e enviar deputados ao imperador com suas queixas e petições.

Todas essas instituições entraram em decadência no final do século IV. O despotismo imperial, ao fazer recair sobre os magistrados municipais todas as suas exigências, havia tornado esses postos onerosos demais para aqueles que os ocupavam e odiosos para a população. Por outro lado, como o imperador tinha se colocado ao centro de tudo, as assembléias provinciais agora eram inúteis a não ser como intermediárias entre as cidades e o imperador; quando a organização municipal perdeu seu vigor e o poder do imperador desapareceu quase que totalmente, viu-se que essas assembléias, sozinhas, eram inapropriadas e inoperantes. As fontes de onde elas emanavam e o centro em que terminavam ficaram desprovidos de poder e pereceram.

Essa era a situação da Espanha quando, em 409, os vândalos, os alanos e os suevos atravessaram os Pirineus. Os vândalos ficaram na Galícia e na Andaluzia até 429, quando passaram para a África; os alanos, tendo se instalado por algum tempo na Lusitânia e na província de Cartagena, emigraram para a África com os vândalos. Os suevos fundaram um reino na Galícia, que existiu como um Estado separado até 585, quando Leovigildo, rei dos visigodos, tomou-o sob seu controle. Finalmente Ataulfo, à frente dos visigodos, entrou na Gália do Sul, atuando às vezes como aliado, outras como inimigo do império. Ataulfo foi assassinado em Barcelona, no ano 415.

Agora examinarei rapidamente os principais eventos que marcaram a história dos visigodos na Espanha, após a morte de Ataulfo.

I. Vália, rei dos visigodos de 415 a 419, fez a paz com o imperador Honório para poder guerrear os outros povos bárbaros na Espanha. Recebeu provisões e foi autorizado a se estabelecer na Aquitânia. Fixou residência em Toulouse e guerreou contra os alanos e os vândalos. Os romanos apoderaram-se uma vez mais de parte da Espanha. Os godos de Vália, misturados aos alanos, estabeleceram-se na província de Tarragona. O nome Catalunha (*Cataulania, Goth-Alani*) origina-se dessa mistura das duas nações. O estabelecimento dos godos na Gália estendeu-se pela região que ficava entre o Loire, o oceano e o Garonne, e abrangeu os distritos de Bordeaux, Agen, Périgueux, Saintes, Poitiers e Toulouse.

2. Teodorico I (419-451). Sob esse monarca, os visigodos expandiram seu domínio no sudeste da Gália. Suas guerras principais foram com o Império Romano, que, depois de ter usado os godos contra os vândalos e os suevos, agora usava os hunos contra os godos. Em 425, ocorreu o sítio de Arles por Teodorico; em 436, o sítio de Narbonne. Havia certo interesse por parte dos habitantes do país de se colocarem sob o domínio dos godos, capazes de defendê-los dos outros bárbaros. Com isso, abandonavam sua lealdade para com Roma, pois essa estava trazendo outros bárbaros para subjugarem os godos. Mais ou menos em 449, o reino dos visigodos já havia se estendido até o Reno. Teodorico fez várias expedições à Espanha, geralmente como preço da paz com os romanos. Em 451, foi morto em uma batalha contra Átila, em Chalons-sur-Marne, ou em Mery-sur-Seine.

3. Torismundo (451-453). Obteve uma vitória contra Átila, que havia atacado os alanos estabelecidos no Loire e na vizinhança de Orléans. Foram obviamente os visigodos que expulsaram os hunos da Gália. Torismundo foi assassinado.

4. Teodorico II (453-466). Avito, *magister militiae* no sul da Gália romana, viajou até Toulouse para estabelecer a paz com Teodorico,

que se tornou imperador com a ajuda dos visigodos. De comum acordo com os romanos, Teodorico II enviou uma expedição à Espanha contra os suevos. Rechiar, rei dos suevos, foi derrotado em 5 de outubro de 450, perto de Astorga. Tratava-se mais de uma expedição que de uma conquista por parte dos visigodos. Teodorico II adquiriu o distrito de Narbonne, e morreu assassinado em 462. O poeta latino Sidônio Apolonário nos deixou um curioso perfil seu.

5. Eurico (466-484). Esse reino foi o ponto culminante da monarquia visigótica na Gália. Eurico chefiou expedições além do Loire contra os armoricanos; em 474, conquistou o Auvergne, que lhe foi então cedido por um tratado; Eurico já tinha conquistado Arles e Marselha, e, com isso, a monarquia visigótica estendeu-se dos Pirineus até o Loire e do oceano até os Alpes, aproximando-se assim das monarquias dos borgonheses e dos ostrogodos. Eurico havia estendido seus domínios para o interior da Espanha, onde possuía o distrito tarragonês e a Boécia, que tomara dos suevos. Posteriormente, fez com que as leis e costumes dos godos fossem reunidos em livro. Uma passagem de Sidônio Apolonário que fala das *Theodoricianae leges* contribuiu para a crença de que Teodorico havia começado essa coleção, mas Eurico também era chamado de Teodorico.

6. Alarico II (484-507). Esse reino deu início à decadência da monarquia visigótica na Gália. Alarico, menos interessado em guerras que seus predecessores, entregou-se à busca do prazer. Derrotado por Clóvis em Vouillé, perto de Poitiers, seu cadáver foi abandonado no campo de batalha. Os francos no Leste e os borgonheses no Oeste desmembraram a monarquia visigótica, que assim ficou reduzida a Languedoc e a uns poucos distritos adjacentes aos Pirineus.

Alarico fez por seus súditos romanos o que Eurico fizera pelos godos. Coletou e revisou as leis romanas e as juntou em um código intitulado *Codex Alaricianus*. Este teve como base o *Codex Theodosianus*, publicado em 438 por Teodósio II, e também o *Codex Gregorianus*, o *Codex Hermogenianus*, o *Pauli Sententiae* e as *Constitutiones Imperiales*, publicados após o reinado de Teodósio. Esse código foi também chamado de *Breviarium Aniani*. Acredita-se que Aniano, o referendário de Alarico, foi seu editor principal; mas padre Sirmond provou que Aniano só o publicou por ordem do rei, e enviou cópias autênticas para as províncias. Por ato de Alarico, a legislação romana foi, por assim dizer, revivida, reorganizada e adaptada à monarquia dos godos. Desde então ela emanou diretamente do próprio rei gótico. No norte da Gália, enquanto as leis bárbaras deixaram de ser apenas costumes e, de um modo geral, passaram a ser leis escritas, as leis romanas perderam sua força e passaram a ser costumes; no sul, por outro lado, continuaram a ser leis escritas e a manter um poder muito maior, exercendo grande influência sobre as leis dos bárbaros. Pareceria que essa dupla legislação escrita deveria ter contribuído necessariamente para manter a separação das duas nações; mas, ao contrário, ela contribuiu para pôr fim a essa separação.

7. Após a morte de Alarico II, seu filho legítimo, Amalarico, ainda criança, foi levado para a Espanha. Seu filho natural, Gesalico, tornou-se rei na Gália. Nessa época, a monarquia dos visigodos foi transferida da Gália para a Espanha. Os francos, os borgonheses e os ostrogodos capturaram as possessões gaulesas dos visigodos. Gesalico foi derrotado e Amaralico reinou sob a proteção de seu avô Teodorico e a tutelagem de Têudis.

8. Com a morte de Amalarico, Têudis foi eleito rei e governou de 531 a 548, tendo estabelecido a sede da monarquia visigótica na Espanha. Guerreou contra os francos e, embora sendo ariano, foi tolerante para com os católicos. Autorizou os bispos a se reunir anualmente em um concílio em Toledo. Até o reinado de Têudis, o princípio de sucessão hereditária do trono parece ter prevalecido entre os visigodos; após Têudis, o princípio de eleição predominou, de fato e por lei.

9. De 548 a 567, reinaram Teudiselo, Ágila e Atanagildo. Houve guerras contínuas entre os francos, os suevos e os romanos. Para obter a ajuda dos romanos em sua rebelião contra Ágila, Atanagildo cedeu ao imperador Justiniano várias regiões entre Valência e Cádiz. Guarnições romanas foram, portanto, enviadas para essas cidades. Os romanos também mantiveram a posse de outras cidades espanholas. Atanagildo estabeleceu sua residência em Toledo. Foi o pai da rainha Brunilda. Com sua morte, os grandes da Espanha passaram vários meses sem eleger seu sucessor. Finalmente elegeram Liuva, o governador de Narbonne, que se associou a seu irmão Leovigildo no trono. Leovigildo governava a Espanha, e Liuva a Gália visigótica. Liuva morreu em 570, e Leovigildo tornou-se o rei único. Com ele começa, verdadeiramente, a monarquia regular e completa dos visigodos na Espanha.

10. Leovigildo, de 570 a 586, consolidou e expandiu a monarquia. Tendo vencido os greco-romanos que haviam recuperado parte da Espanha, capturou Medina-Sidônia, Córdoba e outras cidades. Derrotou também os vascônios,* que tinham mantido

---

* Provavelmente os bascos dos dias atuais.

sua ocupação independente do país dos dois lados dos Pirineus. Em 586, subjugou completamente os suevos; expandiu muito o poder real, fez grandes confiscos de propriedades da Igreja e dos nobres, perseguiu os católicos e convocou um concílio de bispos arianos em Toledo, em 582, para tentar explicar o arianismo de uma maneira que satisfizesse o povo, e para garantir a recepção geral dessa visão do mundo em seus domínios. Uma guerra civil irrompeu entre Leovigildo e seu filho Hermenegildo, que era católico. Depois de vários problemas, Hermenegildo foi confinado em Sevilha em uma torre que mantém seu nome, e condenado à morte em 584. Antes de sua insurreição, Hermenegildo dividia o poder com o pai, e o mesmo ocorreu com seu irmão Recaredo, que governou as províncias da Gália. Leovigildo corrigiu e completou as leis de Eurico.

Até essa época, não havia uma unidade na monarquia visigótica. Faltavam instituições gerais, e as assembléias se reuniam com menos regularidade que nos demais países. Nem o princípio de sucessão hereditária nem o de eleição prevaleciam no caso do posto de rei. Dos quatorze reis, seis foram assassinados. Não havia coerência entre as províncias do reino. O clero estava profundamente dividido internamente. O rei dava uma preponderância artificial à minoria ariana.

11. Em 586, Recaredo I sucedeu a Leovigildo e declarou-se católico, convocando o terceiro concílio geral de Toledo em 587. Fez-se uma união entre a autoridade real e a eclesiástica. Recaredo viu-se em posição um tanto semelhante à de Constantino, o Grande após sua conversão ao cristianismo. Foi fortemente apoiado pelo

clero católico, a quem, por sua vez, manteve cuidadosamente. No terceiro concílio de Toledo, os dois poderes fizeram, juntos, as leis de que ambos precisavam. Um fato importante deve ser observado com relação à posse desse conselho. Durante os três primeiros dias, os eclesiásticos sentaram-se sozinhos e trataram unicamente de assuntos religiosos. No quarto dia, admitiu-se a entrada dos leigos, e tanto os assuntos civis quanto os religiosos foram tratados.

Recaredo lutou contra os francos da Gália gótica e contra os romanos na Espanha. Essa última guerra terminou graças à intervenção do papa Gregório, o Grande, que negociou um tratado entre o imperador Maurício e Recaredo, que desde 590 vinha enviando embaixadores ao papa. O clero ariano rebelou-se várias vezes contra Recaredo.

12. Em 601, Recaredo foi sucedido por seu filho Liuva II, assassinado em 603. Withemar, seu sucessor, também morreu assassinado em 610. Gundemar foi então eleito, mas faleceu em 612. Sisebuto ascendeu ao trono em 613, e lutou contra o resto do Império Romano na Espanha. Sisebuto obrigou os judeus a se batizarem. Heráclio tinha começado a perseguição no Leste europeu, e isso fez parte do tratado estabelecido com Sisebuto. Os judeus, expulsos da Espanha, refugiaram-se na Gália, onde sofreram perseguições por parte de Dagoberto; e já não sabiam mais para onde fugir e aonde se refugiar. As leis de Sisebuto foram promulgadas apenas com a autoridade do rei, sem a cooperação dos conselhos.

13. Recaredo, o segundo filho de Sisebuto, reinou durante alguns meses. Foi sucedido em 621 por Suintila, filho de Recaredo I, que

se elegeu rei. Suintila havia servido como general sob Sisebuto. Encontramos casos semelhantes com muita freqüência na história dos visigodos, e eles provam que a idéia da sucessão hereditária ainda não estava firmemente estabelecida. Suintila comandou uma grande expedição contra os bascos, forçando-os a se refugiar do outro lado dos Pirineus; construiu também uma fortaleza que, segundo se supõe, deve ter sido a de Fontarábia. Logrou finalmente expulsar os romanos da Espanha quando conseguiu semear a dissensão entre os dois patrícios que ainda governavam as duas províncias romanas, e concedeu às tropas remanescentes no país a permissão de voltar para casa.

14. Em 631, o trono de Sisenando foi usurpado com a ajuda do rei Dagoberto. Este enviou um exército de francos que chegou até Saragoça. Suintila abdicou do trono. Sisenando sucedeu-o e reinou de 631 até 636. Em 634, a usurpação de Sisenando foi confirmada pelo quarto concílio de Toledo. A coroa foi declarada eletiva pelos bispos e nobres, e os privilégios eclesiásticos foram amplamente estendidos. De 636 a 640, Chintila reinou. Durante seu reinado, o quinto e sexto concílios de Toledo aprovaram leis relacionadas com a eleição de reis e a situação de suas famílias após sua morte, contra os judeus, e outros assuntos. Chintila foi sucedido pelo filho Tulga, deposto, por sua vez, em 642.

15. Chindasvinto reinou tiranicamente de 642 a 652. Duzentos dos godos mais importantes foram condenados à morte, e suas propriedades confiscadas; muitos dos habitantes emigraram; Chindasvinto convocou o sétimo concílio de Toledo, cujos cânones contra emigrantes foram extremamente rigorosos. Em todas as medidas de seu governo podemos perceber a influência do clero

católico, intimamente relacionado com o rei e contra a facção ariana. Um dos cânones ordenava que todos os bispos residentes em Toledo deveriam passar um mês por ano na corte do rei. Chindasvinto revisou e completou a coleção das leis referentes às várias classes de seus súditos e aboliu totalmente o uso especial da lei romana em seus territórios. Em 649, passou a dividir a coroa com o filho Recesvinto, e conseguiu que ele fosse reconhecido como seu sucessor.

Na abertura do oitavo concílio de Toledo, Recesvinto disse: "O Criador me fez ascender ao trono associando-me ao posto de meu pai, e, com a morte dele, o Todo-Poderoso transmitiu-me a autoridade que herdei". Essas palavras expressam claramente a teoria do direito divino. Recesvinto ordenou que o concílio revisasse e completasse a coleção de leis; impôs uma multa de 30 libras de ouro sobre qualquer pessoa que recorresse a qualquer outra lei que não fosse a lei nacional; permitiu casamentos entre romanos e godos, algo até então proibido; revogou as leis do pai contra os emigrantes; e devolveu parte da propriedade confiscada. Foi também aprovada uma lei que separava a propriedade particular do rei da propriedade pública. A predominância dos bispos no concílio era evidente. Os cânones são assinados por 73 eclesiásticos e só por 16 condes, duques ou *proceres*.[1] Recesvinto morreu em 1º de setembro de 672.

16. A princípio, Vamba, eleito dia 19 de setembro de 672, negou-se a aceitar a coroa. Reprimiu os rebeldes na Gália gótica e sitiou Narbonne e Nîmes. Opôs-se também vigorosamente aos descendentes dos sarracenos que começavam a infestar as costas da

---
[1] Grandes; próceres.

Espanha, como os normandos infestavam as da Gália. Fortificou Toledo e muitas outras cidades. Durante seu reinado, ocorreu a divisão do reino em dioceses; seis arcebispados e 70 bispados foram estabelecidos. Vamba promulgou várias leis para organizar o serviço militar e reprimir os excessos do clero.

17. Em 680, Vamba foi deposto em virtude das intrigas de Ervigo, que teve o apoio do clero. Vamba abdicou e retirou-se para um convento. Ervigo convocou o 12º concílio de Toledo, no qual foi anunciada a abdicação de Vamba e o próprio Ervigo nomeado sucessor. O novo monarca ordenou que o concílio revisasse e modificasse as leis de Vamba com referência ao serviço militar e às penas a serem impostas a delinqüentes. Uma legislação menos severa foi obra do 12º e 13º concílios de Toledo.

18. Ervigo dera sua filha Cixilone em casamento a Égica, um parente próximo de Vamba. Em 687, Égica sucedeu a Ervigo e encarregou o 16º concílio de Toledo de fazer uma coleção completa das leis dos visigodos. Essa coleção, sob o nome de *Forum judicum* ou *Fuero juzgo*, governou a monarquia espanhola durante muito tempo.

19. Égica dividiu o trono com seu filho Vitiza, que o sucedeu em 701. Vitiza foi tirânico e libertino. Permitiu que os padres se casassem, chamou de volta os judeus, entrou em conflito com o clero espanhol e com o papa; perseguiu violentamente os principais lordes leigos, entre eles Teutfredo e Fávila, duques de Córdoba e Biscaia e filhos do rei Chindasvinto; e foi vítima, em 710, de uma conspiração formada contra ele por Roderico, filho de Teodofredo. Roderico, ou Rodrigo, tornou-se rei dos visigodos, e seu reinado foi o último dessa monarquia. Não relatarei suas guerras com os

sarracenos ou a celebrada aventura do conde Juliano e sua filha La Cava, desonrada por Roderico, ou qualquer das últimas cenas dessa história que agora se tornou poesia popular.* A partir deste momento, as instituições políticas serão o único objeto de nosso estudo. Nas minhas palestras seguintes, falarei do *Forum judicum*, uma obra legislativa extraordinária que merece nossa atenção e um exame detalhado.

---

* Para a lenda do conde Juliano e outras informações relacionadas a esse período muito interessante da história espanhola, veja *Legends of the Conquest of Granada and Spain* (*Lendas da Conquista de Granada e Espanha*), de Washington Irving, na edição Bohn de suas obras.

Palestra 25

Caráter peculiar da legislação dos visigodos. — Tipos diferentes de leis contidas no Forum judicum. *— Era uma doutrina e também um código. — Princípios dessa doutrina sobre a origem e a natureza do poder. — Ausência de garantias práticas. — Preponderância do clero na legislação dos visigodos. — Verdadeiro caráter da eleição dos reis visigóticos. — A legislação visigótica caracterizada por um espírito de conciliação e eqüidade para com todas as classes de homens, e especialmente para com os escravos. — Méritos filosóficos e morais dessa legislação.*

De todos os códigos bárbaros de leis, o dos visigodos é o único que continuou em vigor, ou parcialmente em vigor, até os tempos modernos. Não devemos esperar encontrar no próprio código a causa única, ou mesmo a causa principal, para essa circunstância. E, no entanto, o caráter peculiar desse código contribuiu fortemente para determinar seu destino específico; e mais de uma fase da história espanhola pode ser explicada, ou pelo menos elucidada, pelo caráter especial e distintivo de sua legislação original. Desejo fazer com que os senhores entendam perfeitamente esse caráter. Não posso, aqui, deduzir todas as conseqüências que dele advieram, mas acho que elas poderão ser facilmente percebidas pelo observador cuidadoso.

A legislação dos visigodos não era, como a dos francos, dos lombardos e outras, a lei dos conquistadores bárbaros. Era a lei geral do reino, o código que governava tanto os vencidos quanto os vencedores, e tanto os romanos espanhóis quanto os godos. O rei Eurico, que reinou de 466 a 484, fez com que os costumes dos godos fossem escritos. Alarico II, que governou de 484 a 507, coletou e publicou, no *Breviarium Aniani*, as leis romanas que eram aplicáveis apenas para seus súditos romanos. Chindasvinto, que reinou de 642 a 652, ordenou que fossem revistas e completadas as leis góticas – que já tinham sido freqüentemente revisadas e ampliadas desde a época de Eurico – e aboliu totalmente a lei romana. Recesvinto, que reinou de 652 a 672, ao permitir o casamento entre godos e romanos, tentou assimilar as duas nações; e a partir daquele momento existiu, ou pelo menos deveria ter existido, no solo da Espanha, uma única nação formada pela união das duas nações e governada por um único código de leis, compreendendo as partes essenciais dos dois códigos. Assim, enquanto o sistema de leis pessoais, ou leis baseadas na origem dos indivíduos, predominava na maioria das monarquias bárbaras, o sistema de leis verdadeiras, ou leis baseadas na terra, predominava na Espanha. As causas e conseqüências desse fato são de grande importância.

Podemos distinguir quatro tipos diferentes de leis no *Forum judicum*. 1. Leis feitas só pelos reis, em virtude de sua própria autoridade, ou apenas com a ajuda de seu conselho privado, *officium palatinum*. 2. Leis feitas nos concílios nacionais realizados em Toledo, de comum acordo com os bispos e os grandes do reino, e com o consentimento, muitas vezes mais presumido que expresso, do povo.

Na abertura do concílio, o rei propunha, em um livro chamado *tomus regius*, a adoção de novas leis ou a revisão de leis antigas; o concílio deliberava sobre isso e o rei sancionava e publicava as decisões conciliares. A influência dos bispos era predominante. 3. Leis sem data ou nome do autor, que parecem ter sido literalmente copiadas de várias coleções de leis compiladas sucessivamente por Eurico, Leovigildo, Recaredo, Chindasvinto e outros reis. 4. Finalmente, leis intituladas *antiqua noviter emendata*,[1] que eram principalmente copiadas das leis romanas, como é formalmente indicado pelo seu título em alguns manuscritos.

O *Forum judicum*, em nosso poder nos dias atuais, é um código formado pela coleção de todas essas leis, como foram finalmente coletadas, revistas e organizadas no 16º concílio de Toledo, por ordem do rei Égica. A versão castelhana mais antiga do *Forum judicum* parece ter sido elaborada durante o reinado de Ferdinando, o Santo (1230-1252).

A legislação é quase sempre imperativa: ela prescreve ou proíbe; cada provisão legal normalmente corresponde a algum fato que é ordenado ou proibido. Raramente ocorre que uma lei, ou um código de leis, esteja precedida por uma teoria sobre a origem e a natureza do poder, o objetivo e o caráter filosófico da lei e o direito e dever do legislador. Todas as legislações pressupõem alguma solução para essas questões primárias e se adaptam a elas; mas é por um laço secreto, com freqüência desconhecido do próprio legislador. A lei dos visigodos, no entanto, tem essa característica peculiar, a de que sua teoria a precede e reaparece

---

[1] Assuntos antigos corrigidos recentemente.

incessantemente em seu conteúdo — uma teoria expressa formalmente e organizada em artigos. Seus autores queriam fazer algo mais que ordenar e proibir; eles decretavam princípios e convertiam em lei verdades filosóficas, ou alguma coisa que a eles parecia ser justamente isso.

Só esse fato já indica que o *Forum judicum* foi obra dos filósofos daquela época, ou seja, do clero. Um procedimento desse tipo nunca teria ocorrido a um povo novo, e menos ainda a uma horda de conquistadores bárbaros. Não há dúvida de que uma doutrina que serve assim como prefácio e como comentário para um código merece nossa melhor atenção. "A lei", diz o *Forum judicum*,

> é a imitação da divindade, o mensageiro da justiça, a senhora da vida. Ela regula todas as situações no Estado, todas as idades da vida humana; ela é imposta às mulheres bem como aos homens, aos jovens bem como aos velhos, aos cultos bem como aos ignorantes, aos habitantes das cidades bem como aos do campo; ela não ajuda a nenhum interesse específico, mas protege e defende o interesse comum de todos os cidadãos. Ela deve estar de acordo com a natureza das coisas e os costumes do Estado, adaptada à época e ao lugar, e não prescrever qualquer regra que não seja justa e igualitária, clara e pública, para que nunca atue como armadilha para qualquer cidadão.

Nessas idéias sobre a natureza e o objetivo da lei escrita, o conceito essencial da teoria é revelado. Há uma lei não-escrita, eterna, universal, plenamente conhecida apenas por Deus, e que o legislador humano busca. A lei humana só é boa na medida em que ela é o êmulo e a mensageira da lei divina. A fonte da legitimidade das leis, então, não pode ser encontrada na terra; e essa legitimidade se origina não na vontade daquele ou daqueles que fazem as leis, sejam eles quem forem, mas na conformidade das próprias leis com a verdade, a razão e a justiça – que constituem a verdadeira lei.[2]

Todas as conseqüências desse princípio certamente não estavam presentes na mente dos bispos espanhóis, e muitas das conseqüências que eles próprios deduziram dele eram falsas; mas o princípio estava lá. Eles também deduziram dele este outro princípio, então desconhecido na Europa: o de que o caráter da lei deve ser universal, o mesmo para todos os homens, alheio a todos os interesses privados, voltado unicamente para o interesse comum. Por outro lado, o caráter dos outros códigos bárbaros era justamente que eles foram concebidos para o fomento de interesses particulares, de indivíduos ou de classes. Assim, todo o sistema de leis, fosse ele bom ou mau, que se originou desses códigos, levou sua marca; era um sistema de privilégios, *privatae leges*. Os concílios de Toledo tentaram introduzir na política o princípio de igualdade diante da lei que eles extraíram da idéia cristã de igualdade diante

---

[2] Essa passagem que explica a relação entre a lei humana e a lei divina é essencial para se compreender o fundo teológico do pensamento político de Guizot e sua doutrina da soberania da razão (sobre essa questão, veja também *HCE*, pp. 50-51). Na visão de Guizot, as leis feitas pelo homem só são legítimas na medida em que estão em conformidade com os ditames da razão, da verdade e da justiça "que constituem a verdadeira lei". Vale a pena indicar dois corolários dessa idéia. Primeiro, nenhuma vontade humana pode conferir legitimidade ao poder, já que o princípio de legitimidade tem uma origem transcendente. O poder legítimo não vem de baixo; só aquele poder que atua de acordo com a "verdadeira" lei da razão, da justiça e da verdade é legítimo e vem "de cima" (*ibid.*, p. 189). Segundo, a força nunca pode ser a base da legitimidade política. Como o próprio Guizot explica em *HCE*, uma das características mais importantes da legitimidade política "é rejeitar a força física como fonte de poder e relacioná-la com uma idéia moral, com uma força moral, com a idéia de direito, de justiça e de razão" (*HCE*, p. 50).

de Deus. Assim, nessa época, a única lei que poderia ser chamada verdadeiramente de *lex publica* era a dos visigodos.

Dessa teoria sobre a natureza da lei surgiu a seguinte teoria sobre a natureza do poder. I. Nenhum poder é legítimo a não ser que seja justo, que governe e que seja ele próprio governado pela verdadeira lei, a lei da justiça e da verdade. Nenhuma vontade humana, nenhuma força terrestre pode conferir ao poder uma legitimidade externa e emprestada; o princípio de sua legitimidade reside nele próprio e só nele próprio, em sua moralidade e em sua razão. 2. Todo o poder legítimo vem de cima. Aquele que o possui e o exerce o faz unicamente pela razão de sua própria superioridade intelectual e moral. Essa superioridade lhe é dada pelo próprio Deus. Portanto, ele não recebe poder da vontade daqueles sobre quem ele exerce esse poder; ele o exerce legitimamente, não porque o tenha recebido, mas porque o possui por si mesmo. Ele não é um representante ou um servidor e sim um superior, um chefe.

Essa conseqüência dupla da definição da lei ocorre muitas vezes na legislação dos visigodos. "O rei é chamado de rei (*rex*) porque governa justamente (*recte*). Se agir com justiça, ele possui o nome de rei legitimamente; se atuar com injustiça, ele infelizmente perde esse nome. Nossos pais, portanto, disseram com razão: *Rex ejus eris si recta facis; si autem non facis, non eris.*[3] As duas virtudes principais da realeza são a justiça e a verdade". "O poder real, assim como toda a população, está obrigado a respeitar as leis. Obedecendo a vontade dos céus, damos, a nós mesmos e a nossos súditos, leis sábias, a que

---

[3] Você será o rei disso se fizer coisas justas; se, no entanto, não as fizer, você não será [rei].

nossa própria grandeza e aquela de nossos sucessores estão obrigadas a obedecer, e também toda a população de nosso reino".

"Deus, o Criador de todas as coisas, ao organizar a estrutura do corpo humano, colocou a cabeça na parte superior e ordenou que dali deveriam sair os nervos de todos os membros. E na cabeça ele colocou a tocha dos olhos, para que com eles possam ser detectadas todas as coisas prejudiciais. E dentro dela ele estabeleceu o poder do intelecto, encarregando-o de governar todos os membros e de regular todas as ações sabiamente. Devemos, portanto, primeiramente regular aquilo que se relaciona com os príncipes, cuidar de sua segurança, proteger sua vida; e depois ordenar aquilo que está relacionado com a população, de tal forma que, ao mesmo tempo que garantimos adequadamente a segurança dos reis, possamos, simultaneamente, garantir melhor a segurança da população".

Tendo estabelecido que o único poder legítimo é o que atua de acordo com a justiça e a verdade, que obedece e prescreve a verdadeira lei; e que todo o poder legítimo vem de cima e obtém sua legitimidade de si próprio e não de qualquer vontade terrestre, a teoria dos concílios de Toledo pára aí, e não considera o que na verdade está ocorrendo no mundo: esquece que, com uma definição assim, ninguém aqui em baixo possui poder legítimo ou pode possuí-lo plenamente, e que, apesar disso, a sociedade tem o direito de exigir que o poder real seja legítimo. Essa teoria conhece e estabelece os verdadeiros princípios do poder, mas negligencia suas garantias.

Aqui chegamos ao ponto de junção das duas únicas doutrinas que contestaram, e ainda contestam, a posse do mundo. Uma afirma que o poder vem de baixo; que, em sua origem e também de direito, ele pertence ao povo, às multidões. E que aqueles que o exercem o fazem apenas como representantes, como servidores. Essa teoria interpreta mal os verdadeiros princípios e a verdadeira natureza do poder, mas tende a determinar aquelas garantias que, de direito, pertencem à sociedade. Considerada como teoria, ela afirma e presume tornar legítimo o despotismo das multidões. Mas como, na prática, esse despotismo é impossível, ela logo viola seu próprio princípio e limita sua operação à organização de um sistema de garantias cujo objetivo e resultado é forçar o poder vigente a tornar-se, em sua conduta, um poder eqüitativo e legítimo. A teoria contrária, que é mais profunda e verdadeira em seu ponto de partida, atribui poder absoluto e soberania unicamente àquele Ser em que residem toda a verdade e toda a justiça: e o recusa, desde o começo, aos chefes, bem como ao povo; ela subordina os dois às leis eternas que eles não fizeram e que são igualmente obrigados a observar. Afirma, aceitavelmente, que todo poder legítimo vem de cima, que se origina da razão superior e não das multidões, e que estas devem se submeter à razão; mas logo, esquecendo que colocou a soberania mais além da terra, e que ninguém aqui embaixo é Deus, fica deslumbrada com seu próprio brilho; e se convence, ou tenta fazê-lo, de que o poder que vem de cima chega à terra tão pleno e tão absoluto como o era em sua fonte; portanto, seria ultrajante estabelecer limites a seu exercício, e, se não há nada que pare seu avanço, ela estabelece, de fato, um despotismo permanente, após ter negado, em princípio, sua legitimidade; enquanto a teoria contrária, que presume encontrar o despotismo em princípio, quase que

François Guizot

invariavelmente termina por destruí-lo de fato, e por estabelecer apenas um poder limitado.

Essas, portanto, são as conseqüências da teoria que considera o poder e a lei concebida pelos legisladores visigodos. Não falo sobre as conseqüências que fluem logicamente dela quando a teoria é mantida com todas as suas orientações e seguida fielmente; e sim sobre as conseqüências reais que quase sempre ela implica, pela tendência natural das coisas e pelo desvio a que essas são forçadas pelas paixões da humanidade. 1. Os melhores depositários do poder legítimo, aqueles que mais provavelmente possuem o conhecimento da verdadeira lei, são os eclesiásticos. Ministros da lei divina nas relações do homem com Deus, eles naturalmente ocupam a mesma função nas relações entre os homens. Podemos presumir, portanto, que sempre que essa teoria prevalece, a predominância política do clero já está estabelecida e continuará a se expandir. A teoria é primeiramente seu sintoma e, mais tarde, passa a ser sua causa. 2. A predominância política do clero não combina bem com o princípio de monarquia hereditária. A história dos judeus nos dá um exemplo disso. É uma incoerência achar que a transmissão do poder vigente pode ocorrer de uma maneira totalmente independente dos homens que, a nosso ver, possuem o poder legítimo em grau superior a todos os outros. A teoria, portanto, tenderá a tornar a monarquia eletiva, ou pelo menos a colocar todos os monarcas, em sua acessão, na situação em que lhes seja necessário obter o reconhecimento e a sanção do clero. 3. A eleição do monarca, ou a necessidade de seu reconhecimento, deve ser a exclusiva garantia política, o único limite afixado ao exercício do poder real. Esse poder, no momento em que for constituído dessa maneira, é soberano; pois os depositários da verdadeira soberania, que emana de Deus, a conferiram a seu dono por eleição. Seria absurdo e ímpio buscar garantias contra seus excessos em poderes de uma ordem inferior, menos esclarecidos e menos puros. Portanto, toda instituição cujo objetivo seja dividir o poder ou limitá-lo em seu exercício, opondo a ele outros poderes que emanem de outras fontes, é proscrita por essa teoria. O poder monárquico eletivo é absoluto. Todos os poderes inferiores necessários para o governo da sociedade se originam dele e são instituídos por ele em seu próprio nome.

Na legislação dos visigodos, e até o ponto em que a necessária incoerência dos negócios humanos permita, encontramos estas conseqüências.

I. A predominância política dos bispos na monarquia visigótica é um fato evidente através de toda sua história. Os concílios de Toledo faziam tanto os reis quanto as leis. Entre os godos, eram poucos os leigos importantes que assistiam ao concílio e participavam de suas deliberações, como fica demonstrado pelas assinaturas nos cânones dos concílios. As frases que às vezes encontramos, *cum toto populo, populo assentiente*,[4] são meras fórmulas que prestam uma espécie de homenagem aos fatos antigos em vez de apresentarem fatos reais. A excomunhão é a punição legal decretada contra os reis maus, contra tentativas de usurpação, insurreição e outros crimes. A predominância dos bispos não ocorria só nos concílios. O monitoramento dos funcionários e juízes locais também lhes era confiado, e eles tinham o poder de anular temporariamente

---

[4] Com todo o povo, com o consentimento dado pelo povo.

quaisquer julgamentos que desaprovassem. Os bispos e o rei eram as únicas pessoas que não podiam defender sua própria causa pessoalmente, e que estavam obrigados a comparecer por procuração nesses casos, para evitar que sua presença pudesse influenciar a decisão do juiz. Os privilégios pessoais e reais concedidos ao clero, a facilidade e a perpetuidade das doações feitas às igrejas, tudo, na verdade, tanto nas leis quanto na história, é testemunho de que, nas questões políticas, os bispos ocupavam a categoria mais alta e que sua predominância aumentava a cada dia.

No entanto, não devemos supor que essa predominância era ilimitada ou que se estabeleceu sem esforço; foi uma tarefa difícil subjugar um rei e o povo bárbaro a um poder quase que exclusivamente moral, e o código dos visigodos contém vários decretos que tendem a restringir a independência do clero e mantê-lo sob a obediência do poder civil. Os eclesiásticos de todos os tipos eram obrigados, e, em caso de desobediência, sujeitos às mesmas penalidades que os leigos, a comparecer e defender suas causas diante de juízes civis. Esses mesmos juízes tinham a competência para punir padres, diáconos e subdiáconos licenciosos. O 11º concílio de Toledo ordenou que bispos culpados de certos crimes fossem julgados pelas leis ordinárias e punidos nos mesmos casos que os leigos, pela *lex talionis*.[5] As leis de Vamba obrigavam eclesiásticos e leigos a fazer o serviço militar e outros deveres de tipo semelhante. Em suma, aquele clero que vemos à frente da sociedade e formando a assembléia geral quase que sozinho era, ao mesmo tempo, isolado da ordem civil, e menos considerado um órgão distinto em termos

---

[5] Lei de retaliação (ou de talião).

de jurisdição e privilégio que o clero em outros lugares naquela mesma época. No entanto, a coincidência desses dois fatos é natural. Quanto mais perto estivermos de subjugar uma sociedade, menos sentiremos a necessidade de estarmos separados dela.

II. Quanto à eleição dos reis, que pode ser considerada uma conseqüência natural do sistema, ou simplesmente da tendência teocrática, ela é estabelecida formalmente como um princípio no *Forum judicum*, e era a lei comum da monarquia visigótica. Mas não devemos nos enganar com respeito à origem e ao caráter dessa instituição. Na Espanha, ela era muito menos uma instituição de liberdade que uma instituição de ordem, um meio de evitar guerras civis e os tumultos que se seguiam às usurpações.

Por causas difíceis de descobrir, o princípio da hereditariedade regular da realeza não predominava entre os visigodos tanto quanto entre os outros povos bárbaros. À morte dos reis, e mesmo durante sua vida, o trono era o objetivo a que almejava uma série de indivíduos ambiciosos que lutavam por ele *vi et armis*,[6] e se apoderavam dele ou o perdiam segundo os poderes dos pretendentes e suas facções. Era contra esse estado de coisas, muito mais que com a idéia de estabelecer ou manter o direito da nação de escolher seu próprio soberano, que a eleição do monarca pelos bispos e grandes reunidos no concílio de Toledo foi instituída. O texto da lei claramente estabelece isso: "A partir deste momento os soberanos serão escolhidos para a glória do reino, de tal forma que, na cidade real, ou no lugar em que o príncipe morrer, seu sucessor será escolhido com o consentimento dos bispos, dos grandes do palácio e do

---

[6] Pela força e pelas armas.

povo: e não à distância pela conspiração de umas poucas pessoas obstinadas, ou por uma rebelião sediciosa de uma multidão ignorante". Vários cânones do 5º, 6º, 7º e 13º concílios de Toledo, inseridos como leis no *Forum judicum*, têm como único objetivo a repressão de tentativas de usurpação e proíbem todas as capturas do trono pela força, determinam quais as classes de homens que nunca podem ser elegíveis ao posto de rei, e também garantem as vidas e a propriedade das famílias dos reis mortos contra a violência e a avidez de seus sucessores eleitos. Em uma palavra, tudo tende a demonstrar que essa eleição, mais que evitar a sucessão hereditária normal, tinha a intenção de combater a usurpação violenta.

Os fatos históricos nos levam ao mesmo resultado. A sucessão dos reis visigóticos foi uma série de usurpações violentas. Raramente nos deparamos com um ou dois exemplos de eleições verdadeiras, realizadas livremente e sem nenhuma restrição anterior, em conseqüência da vacância do trono. Quase sempre a eleição pelo concílio apenas sancionava a usurpação; e se, por um lado, duvidamos de sua autonomia, por outro vemos que seu objetivo principal era evitar a volta de uma grande desordem. Tampouco há ali qualquer coisa a indicar que quando, por motivo da preponderância de um rei mais poderoso ou mais popular, o princípio de sucessão hereditária estava a ponto de se introduzir, os concílios tentaram se opor à sua entrada ou consideraram o ato uma infração de sua lei fundamental. Em todas as circunstâncias, nessa época e nessa situação social, e particularmente em grandes monarquias, a necessidade de ordem, de governo, de algum controle para restringir a operação irregular de força era a necessidade predominante sentida por homens que, como os bispos, eram muito mais esclarecidos e muito mais civilizados que os conquistadores bárbaros; e as instituições políticas, bem como as leis civis, eram estruturadas mais com esse objetivo do que com a intenção de garantir a liberdade.

Sendo essa sua natureza verdadeira, a eleição dos reis pelos concílios de Toledo evidentemente não poderia ter ficado de todo nas mãos do clero. Bárbaros armados e ambiciosos não teriam esperado pacientemente receber a coroa segundo a vontade de bispos que, em sua maioria, eram romanos. Originalmente, os bispos não exerciam, de fato, nenhum outro direito a não ser a sanção da usurpação atual, ao mesmo tempo que condenavam condutas semelhantes no futuro. À medida que sua influência moral e seu poder real se consolidaram e ampliaram, eles tentaram coisas mais importantes e pareceram aspirar ao famoso direito de dar e tirar a coroa. O *Forum judicum* nos dá duas provas extraordinárias dessa evolução. O quarto concílio de Toledo, realizado durante o reinado de Sisenando, em 671, decretou, por meio de seu 75º cânone, "que, quando o rei morresse em paz, os grandes do reino e os bispos devia eleger seu sucessor de comum acordo". Mais tarde, quando esse cânone foi transferido como lei para o código nacional, foi amplificado com os seguintes termos: "Não deixem que ninguém, portanto, em seu orgulho, se apodere do trono; não deixem que nenhum pretendente estimule a guerra civil entre a população; não deixem que ninguém conspire contra a vida do príncipe; mas, quando o rei morrer em paz, deixem que os homens mais importantes de todo o reino, junto com os bispos, *que receberam o poder de obrigar e libertar, e cuja bênção e unção confirmam os príncipes em sua autoridade*, nomeiem seu sucessor de comum acordo e com a aprovação de Deus". Uma interpolação semelhante ocorre na inserção de um cânone do oitavo concílio, que começa: "Nós, os bispos, padres e outros membros inferiores do clero, de acordo com os funcionários do palácio e com a assembléia geral, decretamos", etc. No *Forum judicum*, depois da palavra "padres", as seguintes palavras foram acrescentadas: "*Que foram estabelecidos por Nosso Senhor Jesus Cristo para serem os diretores e arautos do povo*". Frases como essas indicam claramente o progresso das pretensões eclesiásticas e seu sucesso. É, no entanto, certo como um fato que os concílios de Toledo nunca realmente dispuseram da coroa, e que essa quase sempre foi tomada pela força; e que a eleição dos reis pelos grandes e pelos bispos, embora estabelecida como um princípio pelas leis, não deve ser considerada prova nem da total predominância do sistema teocrático nem da extensão da liberdade nacional.

III. Mas se, após ter identificado quem possuía o direito de nomear para o posto político mais elevado, e a maneira pela qual esse posto era conferido, tentarmos descobrir, nas leis dos visigodos, que deveres eram impostos aos reis, e que garantias eles davam a seus súditos com relação ao desempenho desses deveres, as conseqüências que já indicamos como resultados prováveis da teoria que serviu de base para esse código são reveladas plenamente. Os bons preceitos são abundantes, mas faltam as garantias reais.

Àqueles que lêem essas leis, o legislador parece muito mais ciente dos deveres do soberano e dos direitos e necessidades do povo que os outros legisladores bárbaros; e, com efeito, ele o era. Mas se, a seguir, eles perguntarem onde estavam as forças independentes capazes de estabelecer esses princípios, ou de garantir sua manutenção, e como é que os cidadãos exercem seus direitos ou defendiam suas liberdades, não encontrarão absolutamente nada. O código dos visigodos, embora mais esclarecido, mais justo, mais humano e mais completo que as leis dos francos ou dos lombardos, deixava o despotismo mais livre e a liberdade quase que inteiramente desarmada. Inúmeros textos podem ser citados para apoiar essa afirmação.

Se, desses princípios gerais, descermos aos detalhes da legislação, veremos que o código dos visigodos era, nesse aspecto também, muito mais precavido, mais completo, mais sábio e mais justo que qualquer outro código bárbaro. As várias relações sociais eram nele muito mais bem definidas; e sua natureza e seus efeitos analisados mais cuidadosamente. Nos assuntos civis, deparamo-nos com repetições da lei romana quase a cada passo; nos assuntos penais, a proporção entre punições e crimes era determinada de acordo com noções morais e filosóficas de considerável justiça. Discernimos nesse código os esforços de um legislador esclarecido lutando contra a violência e a falta de consideração dos costumes bárbaros. O título *De caede et morte hominum*,[7] comparado com as leis correspondentes de outros povos, é um exemplo extraordinário disso. Em outros códigos, o crime parece ser constituído quase que unicamente do dano causado, e a punição é estabelecida segundo a reparação material que resulta de uma composição pecuniária. Nesse código, o crime é medido por seu elemento moral e verdadeiro – a intenção. As várias gradações da criminalidade – o homicídio absolutamente involuntário, o homicídio por inadvertência, o homicídio por provocação, o homicídio com ou sem premeditação – todas são diferenciadas e definidas quase tão precisamente quanto em nos-

---

[7] Sobre a matança e a morte de homens.

sos códigos, e as punições variam em uma proporção eqüitativa. A justiça do legislador foi mais além. Ele tentou, se não abolir, pelo menos diminuir aquela diversidade de valor legal estabelecida entre os homens pelos outros códigos bárbaros. A única distinção mantida é a distinção entre o homem livre e o escravo. Com relação aos homens livres, a punição não varia segundo a origem ou a categoria do homem morto, mas simplesmente de acordo com os vários graus da culpabilidade moral do assassino. Com relação aos escravos, embora sem ousar completamente privar os senhores do direito de vida e morte, o *Forum judicum* pelo menos tenta submetê-los a um curso de procedimentos públicos e regulares:

> Se ninguém que é culpado ou cúmplice de um crime deve permanecer sem castigo, quanto maior deve ser a punição daqueles que cometeram um homicídio cruel e levianamente? Assim, quando senhores cruéis, em seu orgulho, freqüentemente mandam matar seus escravos sem que haja nenhuma culpa da parte desses, é totalmente adequado extirpar essa licença e ordenar que a presente lei seja eternamente observada por todos. Nenhum senhor ou senhora pode, sem um julgamento público, mandar matar quaisquer de seus escravos do sexo masculino ou feminino, ou qualquer pessoa dependente deles. Se um escravo, ou qualquer outro empregado, cometer um crime que possa levar à sua condenação penal, seu senhor ou denunciante imediatamente prestará informação do caso ao juiz do local onde a ação foi cometida, ou ao conde, ou ao duque. Após a discussão do assunto, se o crime for provado, deixem que o culpado sofra, ou por sentença do juiz, ou de seu senhor, a punição de morte que ele mereceu; se, no entanto, o juiz não condenar o culpado à morte, estabelecerá uma sentença penal contra ele, por escrito, e então estará no poder de seu senhor matá-lo ou mantê-lo vivo. Na verdade, se o escravo, com uma ousadia fatal, enquanto resistia a seu dono, golpeou-o ou tentou golpeá-lo com uma arma, ou uma pedra, ou qualquer outro tipo de golpe, e se o senhor por autodefesa

matou o escravo em sua raiva, o senhor de modo algum sofrerá a pena de homicídio. Mas ele deve provar que isso foi o que ocorreu; e deve prová-lo pelo testemunho ou juramento dos escravos, tanto do sexo masculino quanto do sexo feminino, que estiveram presentes no momento, e pelo seu próprio juramento, do autor do feito. Quem quer que seja que, por pura maldade e pelas próprias mãos, ou pela mão de outro, matar seu escravo sem levá-lo a um julgamento público, será estigmatizado com infâmia, declarado incapaz de prestar testemunho e destinado a passar o resto de sua vida no exílio e em penitência; e sua propriedade será dada a seus parentes mais próximos, a quem a lei a concede como herança.

Só essa lei, e os esforços que sua aprovação revela, faz grande honra aos legisladores visigóticos; pois nada honra mais as leis e seus autores que um conflito moral corajoso contra os maus costumes e os preconceitos cruéis de sua época e de seu país. Muitas vezes somos forçados a acreditar que o amor ao poder tem uma grande participação na elaboração de leis cujo objetivo é a manutenção da ordem e a repressão de paixões violentas; o excesso de paixão coloca em perigo os direitos da liberdade, e a ordem é um trivial pretexto do despotismo. Mas aqui o poder não tem nada a ganhar; a lei é desinteressada; ela só busca a justiça; e a busca com muito esforço, em oposição ao forte que a rejeita, e em benefício do fraco que não pode convocar sua ajuda. Talvez até em oposição à opinião pública da época, que, após mostrar grande dificuldade em considerar um romano como um godo, teve ainda mais dificuldade em considerar um escravo como homem. Esse respeito pelo homem, seja qual for sua origem ou condição social, é um fenômeno desconhecido à legislação bárbara; e quase 14 séculos se passaram antes de a doutrina migrar da religião para a política, do Evangelho para os códigos. Portanto, não é pouca honra para os bispos visigodos o fato de eles terem feito o possível para proteger e transferir para as leis esse sentimento nobre, tão difícil de desemaranhar das malhas dos fatos, e que está continuamente a perigo de ser esmagado sob a pressão das circunstâncias. Ele reaparece com freqüência em sua legislação, tanto nos preceitos gerais quanto em regulamentos especiais; e quando ele cede, ou diante da brutalidade inconsiderada dos costumes bárbaros, ou diante das tradições despóticas da jurisprudência romana – tradições com as quais as próprias mentes dos bispos espanhóis estavam impregnadas –, nós ainda discernimos, mesmo nessas leis ruins, a presença obscura de um bom princípio lutando para vencer os obstáculos sob os quais ele sucumbiu.

Palestra 26

Instituições centrais da monarquia visigótica. — Caráter verdadeiro dos concílios de Toledo. — Valor de sua influência política. — O Officium palatinum. *— Prevalência das máximas e das instituições romanas sobre as tradições germânicas entre os godos. — Prova dessa prevalência nas instituições locais e centrais dos visigodos. — Refutação dos erros de Savigny e da* Edinburgh Review *sobre esse tema. — Conclusão.*

Minha última palestra, acho eu, convenceu os senhores de que o código dos visigodos, por si mesmo, e em suas intenções como foram expressas por leis escritas, dá a idéia de uma melhor situação social, de um governo mais justo e mais esclarecido, de um país mais bem organizado, e, de um modo geral, de um estágio mais avançado e mais ameno de civilização do que aquele que nos é revelado pelas leis dos outros povos bárbaros. Mas, como já observei, falta a essa legislação mais humana e mais sábia, e aos princípios gerais ditados pela razão superior, uma sanção prática, uma garantia eficaz. As leis são boas; mas o povo, em cujo benefício elas são promulgadas, não tem quase nenhuma participação em sua execução e nos negócios que delas resultam. Até certo ponto, o código é testemunho da sabedoria e das boas intenções da legislatura; mas ele não apresenta nenhuma evidência da liberdade e da vida política dos súditos.

Examinemos, primeiramente, o núcleo do Estado. O mero fato da predominância política dos bispos e o próprio nome dos concílios de Toledo indicam a decadência dos antigos costumes germânicos e o desaparecimento das assembléias nacionais. Os anglo-saxões tinham sua *Wittenagemot*; os lombardos, sua assembléia em Pavia, *circumstante immensa multitudine*;[1] os francos, seus *Champs de Mars* e *de Mai* e sua *placita generalia*.[2] Sem dúvida, a existência dessas assembléias raramente implicava o tipo de conseqüências que hoje associamos à idéia de instituições desse tipo; e elas certamente constituíam uma garantia de liberdade muito insignificante, já que, à época, era impossível garantir a liberdade. E, na verdade, elas ocupavam também uma parte mínima do governo. Apesar disso, o simples fato de sua existência é prova da prevalência dos costumes germânicos; o poder arbitrário, embora exercido na prática, não estava estabelecido em princípio; a independência de indivíduos poderosos lutava contra o despotismo dos reis; e a fim de lidar com essas independências isoladas, de formar com elas um órgão nacional, era necessário convocá-las ocasionalmente para que, juntas, formassem assembléias. Essas assembléias vivem nas leis e também na história; os membros do clero eram recebidos nelas, em virtude de sua importância e conhecimento superior – mas apenas recebidos. Longe de serem seus únicos constituintes, eles nem sequer formavam seu núcleo principal.

Na Espanha, em vez de participar da assembléia nacional, o clero abria a assembléia da nação. Será provável que os nomes tenham apenas mudado e que os guerreiros góticos fossem aos

---

[1] Com uma vasta multidão a circundá-la.
[2] Assembléias gerais.

concílios como antes iam a suas assembléias germânicas? Vimos o mesmo nome utilizado para coisas muito diferentes: por exemplo, parlamentos judiciários substituíram os parlamentos políticos; mas nunca vimos a mesma coisa representada sob nomes diferentes, especialmente durante a primeira infância das nações. Quando a existência consiste quase que unicamente em tradições e costumes, as palavras são as últimas coisas que mudam ou desaparecem.

Os concílios de Toledo, então, eram verdadeiros concílios, e não *Champs de Mai* ou *placita*. Moralmente, esse fato é provável; historicamente, ele é certo. Seus atos chegaram até nós, e eles são atos de uma assembléia totalmente eclesiástica, especialmente ocupada com os assuntos do clero e na qual os leigos entravam só ocasionalmente e em pequenos grupos. As assinaturas de leigos afixadas aos cânones do 13º concílio são apenas 26; e em nenhum dos outros concílios chegaram a ser tão numerosas.

Esses concílios não eram realizados, como os *Champs de Mars* ou *de Mai* e a *placita generalia* dos carolíngios, em períodos fixos ou pelo menos freqüentes. Entre o terceiro e o quarto concílios, passaram-se 44 anos; entre o 10º e o 11º, 18 anos. O rei os convocava quando bem entendesse ou segundo a necessidade. O código visigótico não diz absolutamente nada a esse respeito, nem sobre os reis, nem sobre os membros da assembléia. Nenhum de seus decretos faz referência, mesmo indiretamente, a uma assembléia nacional.

Tendo determinado claramente a natureza desses concílios, resta-nos investigar que influência eles exercem no governo. Qual era seu papel na garantia das liberdades públicas e na execução das leis?

Antes de consultar fatos especiais, a própria natureza dessas assembléias pode nos dar algumas indicações gerais relativas à sua influência política. O clero, ao ter uma participação direta e ativa no governo, nunca estava em uma posição natural e simples. Não me refiro à lei eclesiástica, nem à missão especial do clero, nem à separação da ordem espiritual da ordem temporal, que são, todas elas, questões ainda envoltas em mistério. Estou apenas examinando os fatos. Com efeito, nos Estados da Europa moderna, e em sua origem, bem como em épocas posteriores, o clero não governava, não comandava exércitos, não administrava a justiça, não arrecadava impostos, nem tinha controle sobre as províncias. Eles avançaram uma distância maior ou menor, por meios mais ou menos normais, pelos vários caminhos da vida política; mas nunca atravessaram esses caminhos plenamente, livremente e em todos os seus detalhes; a política nunca foi sua carreira especial e reconhecida. Em uma palavra, os poderes sociais, do menor ao maior grau, nunca estiveram, ou na lei ou na prática, naturalmente alojados em suas mãos. Quando os bispos, portanto, reunidos em concílio, interferiram no governo civil, foram chamados para regular questões que não estavam relacionadas a eles, e a se ocuparem de assuntos que não constituíam os negócios habituais e reconhecidos de sua posição e de sua vida. Essa intervenção, portanto, tinha necessariamente um caráter equívoco e incerto. É possível que ela tivesse grande influência; mas não podia ter nenhum poder de resistência enérgico e eficaz. Se os chefes guerreiros se reúnem em uma assembléia ao redor de seu monarca, podem estar seguros de que seus camaradas e seus soldados irão apoiar suas resoluções; se deputados eleitos se juntam para votar impostos e ratificar as leis do país, são sustentados pelo número, crédito e opinião daqueles que os escolheram e os nomearam como seus representantes. Se órgãos encarregados da administração da justiça são, ao mesmo tempo, chamados a deliberar sobre certos atos do soberano, podem, ao suspender o exercício de suas funções, colocar o governo em uma posição quase insustentável. Nessas várias combinações, uma força positiva, mais ou menos regular em seu caráter, posiciona-se atrás dos homens nomeados para controlar o poder supremo. Da parte do clero, qualquer resistência decisiva, em questões políticas, é quase impraticável, pois nenhuma das forças eficazes da sociedade estava naturalmente à disposição dele; e para que ele possa apoderar-se de uma força como essa é preciso que abandone sua posição, abjure seu caráter, e assim exponha ao descrédito aquela força moral de onde obtém seu verdadeiro ponto de apoio. Então, pela natureza das coisas, o clero está mal adaptado para ser transformado em um poder político com a missão de exercer controle e oferecer resistência. Se ele deseja continuar dentro dos limites de sua posição, encontra-se, no momento decisivo, desprovido de armas eficientes e confiáveis. E, quando busca tais armas, lança toda a sociedade em confusão, e atrai sobre si a acusação legítima de ser um usurpador. A história moderna, a cada passo, demonstra essa verdade de duas faces. Quando o clero acreditou ser forte o bastante para resistir da mesma maneira que os poderes civis o teriam feito, comprometeu-se como clero, e aumentou a desordem em vez de conseguir a reforma. Quando não faz esse esforço, sua resistência é quase que invariavelmente ineficiente no momento em que é mais necessária; e como, em casos assim, os eclesiásticos geralmente ficam conscientes de sua fraqueza, eles não opuseram nenhum obstáculo sólido aos abusos do poder; e quando não aceitaram ser os instrumentos da vontade desse poder, chamaram para si próprios uma repreensão a que não podiam resistir.

    Essa era a situação dos bispos visigóticos. Ainda não tinham adquirido, em questões temporais, força suficiente para lutar abertamente contra a coroa. Sentiam que grande parte de sua importância advinha de sua forte aliança com o poder real, e que seriam os grandes perdedores se essa conexão fosse rompida. Não podiam, portanto, levar sua resistência muito longe ou estabelecer uma assembléia política realmente independente. Chegaram ao extremo de sancionar o poder real e de se associarem a ele tornando-se seus conselheiros, mas nada mais do que isso. Os fatos demonstram essa verdade. Os concílios de Toledo, para os quais usurpadores chegaram a ser eleitos, e que deram aos visigodos um código inteiro, na verdade exerciam menos influência sobre os grandes eventos desse período na Espanha do que aquela exercida na França pelos *Champs de Mars* e *de Mai*. Eles ocupavam o lugar das antigas assembléias germânicas mas não as substituíam, pois não tinham sua força bruta e não estavam em situação que lhes permitisse substituí-las por uma força regular suficiente. A Espanha deve a eles uma legislação muito melhor que a das outras nações bárbaras, e provavelmente também, em sua prática cotidiana, uma administração da justiça mais esclarecida e mais humana; mas em vão buscamos encontrar nos concílios o princípio de uma grande instituição de liberdade e as características de uma verdadeira resistência ao poder absoluto. Durante o período que agora ocupa nossa atenção, o poder reinante nos outros Estados fundados pelos bárbaros era a força — a força desordenada, volúvel e intranqüila, algumas vezes distribuída entre a multidão de chefes quase independentes, outras concentrada, por um momento breve, e de acordo com as circunstâncias, nas mãos de um homem ou de uma aristocracia brutal e transitória. Nenhum princípio era reconhecido; nenhum direito era legítimo; tudo era sem importância, tanto a liberdade quanto o poder; e os germes das instituições livres existiam nas relações desordenadas dessas forças independentes ou mal unidas, embora, para falar a verdade, a liberdade não fosse visível em parte alguma. Na Espanha, e por meio da influência do clero, o governo sem dúvida assumiu uma forma mais regular e maior generalidade; as leis ofereciam maior proteção aos fracos; a administração prestava mais atenção em sua situação; e havia menos desordem e violência na sociedade como um todo. Com freqüência, idéias morais mais amplas e mais elevadas governavam o exercício do poder. Mas, por outro lado, o poder estava estruturado de uma forma mais absoluta; as máximas romanas prevaleciam sobre as tradições germânicas; as doutrinas teocráticas ajudavam o poder arbitrário dos bárbaros. Os concílios de Toledo modificaram e iluminaram o despotismo mas não limitaram o exercício do poder.

Alguns autores acreditaram perceber, em outra instituição existente no centro da monarquia visigótica, o princípio e o instrumento de uma limitação da autoridade soberana. Refiro-me ao *officium palatinum*, uma espécie de conselho formado ao redor do rei pelos grandes de sua corte e pelos principais funcionários do governo. A importância desse conselho e sua participação nos negócios públicos são demonstradas pelo grande número de leis aprovadas independentemente dos concílios de Toledo, ou como resultado de sua deliberação. As palavras *cum omini palatino officio, cum assensu sacerdotum majorumque palatii, ex palatino officio*,³ e coisas semelhantes, ocorriam com freqüência no código dos visigodos. Esses textos e a voz da história não permitem que tenhamos alguma dúvida de que o *officium palatinum* muitas vezes interferia na legislação, no governo, e até na ascensão dos reis.

Seria um erro, no entanto, considerá-lo uma instituição política, uma garantia de liberdade, um meio de exercer o controle e de oferecer resistência. O poder não podia, de qualquer forma, subsistir sozinho, por si mesmo e no vácuo; ele precisava, por pura necessidade, conciliar os interesses, apropriar-se de forças, em suma, rodear-se de seus ajudantes e manter sua posição graças à sua ajuda. No Império Romano, essa necessidade dera origem à criação da corte e do *officium palatinum*, instituído por Diocleciano e Constantino. Nos Estados bárbaros, fez com que os reis se rodeassem dos antrustiões, dos *leudes*, de vassalos juramentados e de todos os grandes naturais e artificiais que, embora viessem a se dispersar mais tarde, e a se estabelecer em seus próprios territórios, se tornaram os membros principais da aristocracia feudal. Dessas duas fontes nasceu o *officium palatinum* dos reis visigóticos, com a seguinte diferença: nesse ponto, como em outros, as instituições romanas prevaleciam sobre os costumes bárbaros, para grande vantagem do poder absoluto.

O *officium palatinum* dos visigodos era composto pelos grandes do reino (*proceres*), que os reis atraíam por meio de doações de terras e postos, e dos principais funcionários, duques, condes, vigários e outros que obtinham suas funções dos reis. Não há dúvida de

---

³ Com todo o conselho do palácio, com o assentimento dos padres e da maioria do palácio, do conselho do palácio.

que essa corte formava uma espécie de aristocracia que era muitas vezes consultada sobre os negócios públicos, que fazia parte dos conselhos e que fornecia ao rei os assessores de que precisava quando proferia sentenças. A necessidade das coisas exigia que isso fosse assim; e como a necessidade sempre implica conseqüências que ultrapassam, em muito, os desejos daqueles que são forçados a ceder diante de seu controle, também não há dúvida de que os membros dessa aristocracia, em muitas ocasiões, frustravam os reis que não podiam ficar sem sua ajuda e, com isso, limitavam seu poder.

Mas a natureza humana é a mesma, seja entre nações bárbaras ou entre povos civilizados; e a indelicadeza das formas, a brutalidade das paixões e a extensão limitada de idéias não impedem que posições semelhantes levem aos mesmos resultados. Ora, é da natureza de uma aristocracia que está encurralada ao redor do príncipe, uma aristocracia da corte, usar o poder em seu próprio benefício, em vez de tentar limitá-lo para o benefício do Estado. Quase que inevitavelmente ela se transforma em um foco de partidarismo e de intriga, ao redor do qual os interesses individuais são postos em movimento, e nunca é um centro de controle e de resistência onde o interesse público tenha algum espaço. Se os tempos são bárbaros e os costumes violentos, os interesses individuais assumem as formas de barbarismo e usam meios violentos; se satisfeitos, eles obedecem com a mesma subserviência que antes; se descontentes, eles envenenam, assassinam ou destronam. Foi exatamente isso que aconteceu na monarquia dos visigodos. Todas as usurpações e revoluções se originaram no *officium palatinum*; e quando um rei tentava subjugar os nobres e obrigá-los a desempenhar serviços públicos, ou limitar – ou apenas examinar — as concessões que eles exigiam, aquele rei perdia o poder. Esse foi o destino de Vamba.

Além disso, os soberanos visigóticos tinham nos bispos um contrapeso, colocando-os contra os nobres da corte para impedir que esses últimos aspirassem a uma independência total. A influência do clero, frágil demais para atuar como um controle eficaz do poder do príncipe, era, no entanto, forte o suficiente nas mãos do príncipe para impedir que o controle viesse de qualquer outro canto. O reinado de Chindasvinto é um bom exemplo disso.

Finalmente, como eu já disse, a predominância das máximas e instituições romanas na Espanha era tão grande que a aristocracia central parecia mais com o *officium palatinum* dos imperadores que com os antrustiões ou *leudes* de origem germânica. Em outras regiões, esses últimos não demoraram muito a obter força suficiente para garantir sua independência, para se isolar do príncipe e, finalmente, para se tornarem pequenos soberanos em seus próprios territórios. Na Espanha, as coisas não ocorreram exatamente assim. Parece que os *proceres* receberam do rei mais funções e postos do que terras, e assim adquiriram menos poder individual e pessoal. Talvez a igualdade concedida à população romana e a fusão dos dois povos não tivessem permitido uma dilapidação da propriedade e uma distribuição de territórios tão grandes como as que ocorreram na França. O que teria ocorrido se a monarquia dos visigodos não tivesse sido interrompida em seu curso pela conquista dos árabes? Será que o desmembramento do poder real e a dispersão da corte teriam provocado a dispersão e a independência da aristocracia fundiária? Não podemos dizer. O que é certo é que o fenômeno que surgiu na França, com a queda dos carolíngios, não ocorreu entre os visigodos no século VIII: o *officium palatinum* não tinha destruído nem dividido o poder real, e seus esforços para limitá-lo foram muito frágeis.

Acrescente-se a isso um fato que, embora universalmente provado, não tem explicação satisfatória. Dos vários povos germânicos, os godos foram os que menos preservaram suas instituições e seus costumes originais. Tanto os ostrogodos na Itália, sob Teodorico, como os visigodos na Espanha consentiram que os costumes romanos prevalecessem entre eles e permitiram que seus reis se arrogassem a plenitude do poder imperial. Entre os godos da Itália, vemos ainda menos vestígios da existência das antigas assembléias nacionais e da participação do povo nos negócios do Estado.

Seria inútil, portanto, buscar na monarquia visigótica os princípios ou mesmo os vestígios de qualquer grande instituição de liberdade ou de qualquer limitação efetiva do poder. Nem os concílios de Toledo nem o *officium palatinum* apresentam esse caráter. No entanto, deles resultou algo que não resultou nem dos *Champs de Mars e de Mai*, nem da *Wittenagemot* saxã — um código de leis, que, para aquela época, são extraordinárias em virtude de suas idéias filosóficas, de sua presciência e de sua sabedoria; mas esse código, embora indique o trabalho de legisladores esclarecidos, em nenhum momento revela a existência de um povo livre. Ele contém até menos germes ou sinais de liberdade que a mais grosseira das leis bárbaras; e o poder real, considerado pelo código o centro do Estado, parece ser muito mais absoluto em direito, e muito menos limitado na prática, do que em qualquer outra região. Um exame das instituições locais dos visigodos nos levará a um resultado semelhante.

As instituições locais são as mais verdadeiras, talvez as únicas verdadeiras instituições dos povos bárbaros. Elas não possuem vitalidade ou amplidão mental para dar origem ou preservar instituições gerais. A contigüidade material dos indivíduos é quase uma condição indispensável para a existência da sociedade entre eles; é, portanto, nas instituições locais dos povos germânicos que devemos procurar a história de sua vida política. As formas dessas instituições, e as modificações sofridas, exerceram uma influência muito maior sobre seu destino que as revoluções ocorridas nas instituições centrais, tais como a *Wittenagemot*, a *placita generalia* e o poder real.

Como os senhores já viram, as leis da maioria dos povos germânicos apresentam três sistemas coexistentes e conflitantes: instituições de liberdade; instituições de patronato territorial que deram origem ao feudalismo; e instituições monárquicas. A assembléia de homens livres tratando dos negócios gerais e administrando a justiça em todos os distritos; os proprietários da terra, exercendo autoridade e jurisdição em todos os seus domínios; os delegados do rei, fossem eles duques, condes ou outros, também possuindo autoridade e jurisdição: esses eram os três poderes que reciprocamente contestavam o governo das localidades, e cuja existência e dificuldades são provadas tanto pelas leis quanto pelos fatos.

O código dos visigodos não apresenta quaisquer vestígios do primeiro desses sistemas e quase nenhum do segundo; o terceiro predomina totalmente. Não havia nenhum *mallum*, nenhum *placitum*,[4]

---

[4] *Mallum*: assembléia em que debates importantes eram realizados; *placitum*: acordo.

nenhuma assembléia de homens livres nas províncias; nenhum decreto os ordena, ou sequer se refere a eles. Raramente surge alguma indicação do poder do patrono sobre seu cliente, do proprietário da terra sobre os habitantes de seus domínios. A lei que citei em minha última palestra, com referência aos escravos, prova que, mesmo no caso deles, a jurisdição pertencia ao juiz real do distrito.

O *Forum judicum* menciona um grande número de magistrados locais que eram investidos do poder de administrar os negócios e distribuir justiça.

> Como há uma grande variedade nos meios para remediar os males e solucionar negócios, deixem que o duque, o conde, o vigário, o conservador da paz (*pacis assertor*), *tinfadus*,[5] *millenarius, quingentenarius, centenarius, decanus, defensor, numerarius*,[6] e aqueles que são enviados a qualquer lugar por ordem do rei, e aqueles que são aceitos como juízes pelo acordo das partes litigantes – deixem que todas as pessoas, em suma, seja de qual for a ordem, que são regularmente investidas com o poder de julgar, e cada pessoa, na medida em que recebeu poder para julgar, obtenham igualmente da lei o nome de juízes, para que, tendo recebido o direito de julgar, os deveres e as vantagens relacionados com aquele direito lhes sejam outorgados.

É difícil determinar com precisão as várias funções de todos esses magistrados, a hierarquia que existia entre eles e a maneira pela qual cada um recebia e exercia seu poder. Os que pertenciam às cidades, como o *defensor* e o *numerarius*, eram certamente eleitos pelo clero e pelos habitantes. Vários outros, como o *millenarius* e o *centenarius*,

---

[5] Senescal.
[6] Comandante de mil, comandante de quinhentos, comandante de cem, comandante de dez, defensor, contador.

parecem ter sido nomeados pelos duques e condes das províncias; porém, por mais que isso seja verdade, nada indica que eles recebiam sua autoridade de uma maneira popular e independente; o princípio oposto é estabelecido formalmente nestes termos:

> Ninguém terá a permissão para julgar ações judiciais, exceto aqueles que receberam do príncipe o poder para fazê-lo, ou aqueles que foram escolhidos como juízes por acordo dos litigantes; a escolha desses últimos será feita na presença de três testemunhas, e será ratificada por sua marca ou assinatura. Se aqueles que receberam do rei o poder para julgar, ou aqueles que exercem o poder judicial por comissão dos condes ou de outros juízes reais, encarregaram, por escrito, e de acordo com as regras prescritas, outras pessoas para ocupar seu lugar, essas últimas irão exercer, na regulamentação e decisão dos assuntos, um poder semelhante ao daqueles por quem foram nomeadas.

Assim, todos os juízes, todos os funcionários locais, recebiam seu poder do rei ou de seus delegados. Dos três sistemas de instituições, cuja coexistência e conflito aparecem entre a maioria dos povos germânicos, o sistema monárquico é o único com que nos deparamos no código dos visigodos.

Além dos juízes permanentes estabelecidos em várias localidades, os reis tinham o poder de mandar comissários especiais para restaurar a ordem em províncias descontentes, ou para pronunciar uma sentença em casos de particular importância. Tanto os assuntos penais quanto os civis eram submetidos à decisão dos juízes reais. Todos esses juízes recebiam seus salários do rei; mas eles também cobravam honorários tão altos dos litigantes que muitas vezes as quantias equivaliam a um terço do valor do objeto do litígio. Por esse motivo, foi aprovada uma lei que limitava o valor dos honorários a um vigésimo do valor do objeto do litígio. Qualquer pessoa que achasse que tinha razão de queixar-se da decisão do juiz podia recorrer, a um duque ou a um conde da província, ou até ao próprio rei. Se o recurso fosse considerado bem fundamentado, além de ganhar a causa, o juiz tinha de pagar ao apelante uma soma igual ao valor do objeto do litígio. Se a sentença fosse confirmada, o apelante tinha que pagar esse mesmo valor ao juiz, e, se não pudesse fazê-lo, era condenado publicamente a receber cem chicotadas.

Até aqui, nada na constituição da autoridade judicial exibe quaisquer daquelas garantias de liberdade contidas nas leis dos outros povos bárbaros. Nada revela nenhum vestígio ou lembrança das formas antigas de julgamento pela assembléia de homens livres, *per Rachimburgos, bonos homines* etc. Algumas passagens do *Forum judicum*, no entanto, demonstram que os juízes, pelo menos, tinham assessores. O quarto concílio de Toledo proíbe formalmente o rei de administrar a justiça sozinho; e vários textos referem-se a *auditores*.[7] A maior parte dos homens cultos, e entre outros Heineccius, tinha por opinião que os assessores não eram meros conselheiros, e que o juiz se via obrigado a aceitar as opiniões da maioria deles. Também estou inclinado a acreditar nisso. Vários textos, no entanto, indicam formalmente que o juiz era livre para ter ou não assessores, como quisesse.

Na ausência daquelas garantias verdadeiras de liberdade que, em outras regiões, se originavam nas intervenções mais ou menos eficazes dos homens livres no julgamento de casos, o *Forum judicum* contém um grande número de precauções ou de leis contra juízes

---

[7] Auditores, assessores.

ruins. Em caso de recurso ao conde ou ao rei, se fosse provado que a decisão errônea do juiz havia sido provocada por maldade, corrupção ou prevaricação de qualquer tipo, e se não pudesse pagar ao apelante a soma exigida, ele era dado ao apelante como escravo e, além disso, condenado a receber cinqüenta chicotadas em público. Se, no entanto, provasse, sob juramento, que sua decisão havia sido pronunciada por erro ou ignorância, era absolvido de todas as penas. Os juízes que, por descaso, deixassem de processar os libertinos eram punidos com cem chicotadas e obrigados a pagar uma multa de 300 *solidi*. Em todas as regiões estimulavam-se os padres e bispos a exercer vigilância severa sobre os juízes; e como, à época, os primeiros tiravam sua força principal de seu conhecimento superior e de sua proteção dos mais fracos, é provável que essa garantia fosse eficaz.

Mas tudo isso era imperfeito, como o leitor pode perceber, em virtude do defeito fundamental do sistema de monarquia pura que dá como garantia única para a boa conduta dos depositários de poder a vigilância e a autoridade de depositários superiores, colocados na mesma posição e investidos com as mesmas funções.

> ...Sed quis custodiet ipsos
> Custodes? ...[8]

As verdadeiras garantias de liberdade só podem residir na concorrência de poderes colaterais e independentes, nenhum dos quais é absoluto, e que mutuamente se controlem e se limitem. Disso o

---

[8] Mas quem irá guardar os próprios guardiões?

FRANÇOIS GUIZOT

Forum judicum não nos dá qualquer vestígio, em nenhum estágio da longa hierarquia governamental.

O governo local dos visigodos, portanto, apresenta um número ainda menor de instituições que contêm algum princípio ativo de liberdade, alguma força real de controle ou resistência do que aquelas encontradas em seu regime político e no centro do Estado. Tal é, pelo menos, o resultado inevitável a que somos levados após exame do código geral e definitivo dessa nação.

Esse resultado pareceu tão peculiar, tão contrário aos costumes germânicos e ao estado de coisas entre outros povos da mesma origem, que são poucos os eruditos dispostos a interpretar o *Forum judicum* dessa maneira; e aqueles que não conseguiram encontrar nesse código nenhuma prova da existência de instituições livres, e quase nenhum vestígio das antigas instituições bárbaras, tentaram descobri-las em outras partes da Espanha daquela época. Nada direi sobre o abade Mariana,[9] que em sua *Teoría de las Cortes* está decidido a descobrir, nos concílios de Toledo, não só as cortes espanholas dos séculos XIII e XIV, mas também todos os princípios e garantias de liberdade – tudo, em suma, que constitua uma assembléia

---

[9] Juan de Mariana (1536-1624) estudou na Universidade de Alcalá, ensinou em Paris e depois mudou-se para Toledo, onde permaneceu até sua morte. Foi autor de *Historiae de rebus Hispaniae* e *De Rege et regis institutione*, um importante tratado filosófico sobre a origem e natureza do Estado. Karl Friedrich von Savigny (1779-1861) era um renomado historiador alemão cuja obra mais famosa foi *Geschichte des Römischen Rechts im Mittelalter*, traduzido para o inglês por William Holloway como *The History of the Roman Law During the Middle Ages* ('A história da lei romana durante a Idade Média') (Wesport, Conn.: Hyperion Press, 1979). O artigo citado por Guizot e publicado na *Edinburgh Review* (vol. 31, pp. 94-132), uma resenha da *Histoire des Cortès d'Espagne* de Sempere (Bordeaux, 1815), foi escrito por John Allen.

nacional e um governo representativo. Já demonstrei a improbabilidade moral e a irrealidade histórica do fato. Dois homens mais cultos que o abade Mariana e menos inclinados a encontrar o que buscam acreditaram perceber no *Forum judicum* provas de que o sistema monárquico, apenas associado ao sistema teocrático, não predominou assim tão totalmente entre os visigodos; e que, entre eles, podem descobrir evidências de liberdades públicas efetivas e extensas: refiro-me a Savigny, em sua *History of the Roman Law in the Middle Ages*, e a um escritor na *Edinburgh Review*,* em artigo sobre *The Gothic Laws of Spain* ('As leis góticas da Espanha'). Não creio que as pesquisas desses dois críticos eruditos invalidem os resultados gerais que coloquei diante dos senhores. Apesar disso, eles contêm muitos fatos curiosos até então pouco observados, e que lançam muita luz no estudo das instituições políticas da monarquia visigótica. Farei, a seguir, com que o leitor conheça esses fatos e examinarei as conseqüências a que eles levam.

Savigny, quando investigava os vestígios da perpetuação do direito romano após a queda do Império, expressou-se nos seguintes termos, com referência aos visigodos: "Sobre a constituição dessa monarquia", diz ele,

> possuímos informação suficientemente completa no *Breviarium Aniani*, que, mais ou menos no ano 506, isto é, quase um século após a fundação do Estado, elaborou o direito romano em uma espécie de código para os antigos habitantes do país. Como bem sabemos, esse código consiste em duas partes: a primeira contém textos citados literalmente do direito romano; a outra é uma interpretação especialmente preparada naquela ocasião. Com

---

* *Edinburgh Review*, vol. xxxi., pp. 94-132.

relação aos textos citados do direito romano, não podemos lhes dar muita importância quando falamos do verdadeiro estado das coisas no período dessa publicação; como eles foram extraídos de fontes muito mais antigas, mantiveram-se necessariamente expressões e até frases inteiras que faziam referência às várias circunstâncias de uma condição social que já havia desaparecido e caído em desuso; a interpretação tinha como intenção explicar esse desacordo. Mas essa interpretação, elaborada *ad hoc*, é, por outro lado, muito confiável, especialmente quando não segue implicitamente as palavras ou o sentido do texto, pois então já não podemos considerá-la uma cópia servil e irrefletida, especialmente com relação a temas de direito público. É impossível acreditar que estabelecimentos verdadeiros, instituições fundadas diante dos olhos de todos, e com as quais todos deveriam estar familiarizados, podem ter sido mencionadas sem intenção e descritas sem um objetivo. Ora, nessa interpretação, as *praeses* romanas desapareceram totalmente; mas a comunidade municipal, com sua jurisdição particular e seus decuriões participando da administração da justiça, subsiste integralmente; ela até parece ter mais coerência e independência individual do que havia desfrutado sob os imperadores.

O princípio geral dos *defensores*, de seus deveres e a maneira como eram escolhidos, é explicado na interpretação, bem como no texto do código teodosiano. Segundo o texto, o governador da província não devia ficar encarregado do julgamento de pequenas ofensas; mas não menciona quem iria julgar essas ofensas, enquanto a interpretação expressamente designa o *defensor*. Segundo o texto, a introdução de um processo civil pode ocorrer diante do governador, ou diante daqueles que têm o direito de elaborar os atos necessários; a interpretação acrescenta o *defensor*...

Savigny a seguir cita vários outros exemplos para provar a manutenção e até a expansão das funções dos defensores das cidades. "Outras passagens", continua ele,

fazem referência à cúria, aos decuriões e até aos cidadãos em geral. O sistema de decuriões, em geral, é recebido no *Breviarium*, com pouquíssimas modificações, mas apenas bastante abreviação.

A uma passagem do texto que casualmente menciona a *adoção*, a interpretação acrescenta, como comentário, que é a escolha de um indivíduo enquanto criança, feita na presença da cúria. O jurisconsulto visigótico Gaio diz que a *emancipação*, que anteriormente ocorria diante do presidente, era, no período em que ele escreveu, desempenhada diante da cúria. O texto determina por quem os tutores eram nomeados em Constantinopla, ou seja, pelo prefeito da cidade, dez senadores e o pretor, cuja obrigação era cuidar dos interesses dos alunos: a interpretação coloca em seu lugar o juiz, com os principais homens da cidade. O texto fala da necessidade de um decreto para autorizar a alienação da propriedade de um menor; a interpretação acrescenta que esse decreto deve ser obtido do juiz ou da cúria. O texto ordena que, em Constantinopla, os testamentos devem ser abertos pelo mesmo funcionário que os recebeu; a interpretação substitui o funcionário pela cúria. Segundo o texto, as doações devem ser registradas ou diante do juiz (o governador da província) ou diante do magistrado municipal (o *duumvir*): a interpretação coloca a cúria no lugar do magistrado municipal — o que, na realidade, não altera o sentido da lei, mas prova aquilo que é demonstrado em muitas outras passagens: que o ponto de vista geral mudou completamente; antes, a autoridade municipal principal, e especialmente a jurisdição, era considerada, segundo as máximas romanas, um direito pessoal do magistrado; segundo a interpretação, ela pertencia menos ao próprio defensor do que à cúria considerada coletivamente... Sob os imperadores, os *honorati*, isto é, aqueles que haviam ocupado funções municipais importantes, tinham um lugar de honra ao lado do governador da província quando este administrava justiça; só se esperava que eles se abstivessem de estar presentes quando suas próprias causas estivessem sob consideração. A interpretação aplica isso aos curiais; uma aplicação que é extraordinária em dois aspectos: primeiro, porque prova que os curiais eram muito respeitados, e segundo, porque isso não se refere apenas ao fato de eles terem um lugar de honra, mas também uma participação real na jurisdição do juiz municipal, isso é do *duumvir* ou *defensor*... O texto do código ordena que, fora de Roma, a fim de pronunciar sentença no caso de uma acusação criminal contra um senador, cinco senadores seriam escolhidos por sorteio; a interpretação generaliza essa regra e exige que cinco homens sejam escolhidos entre os membros principais da mesma categoria do acusado, isto é, decuriões ou plebeus, segundo a condição do próprio acusado. Finalmente, o texto ordena que todos os juízes recebam seu *domesticus* ou *cancellarius*, que serão escolhidos entre as pessoas principais empregadas em sua chancelaria; a interpretação mantém a regra, substituindo apenas as pessoas empregadas na chancelaria pelos burgueses da cidade".

Esses são os vestígios de liberdades municipais que Savigny descobre no *Breviarium Aniani*, e que considera direito comum e permanente da monarquia visigótica. Eles provam, com efeito, não apenas a manutenção como também a expansão e a concessão dos direitos e garantias que os habitantes das cidades tinham antes do estabelecimento dos bárbaros. Mas é possível levantar uma série de fortes objeções à importância que o autor dá a esses textos e ao nível das conclusões que daí deduz:

I. O *Breviarium Aniani* não contém o direito comum e permanente da monarquia espanhola dos visigodos. Ele apenas dá a legislação especial dos súditos romanos dos reis visigóticos, quando os reis residiam em Toulouse, e tinham propriedades ainda inseguras na Espanha; quando o sul da Gália constituía a maior parte, e quase a totalidade, do reino. Não há provas de que tudo que foi incluído no *Breviarium Aniani* quase no final do século V, para benefício dos romanos da Gália do Sul, tenha subsistido na Espanha até o século VIII, para benefício dos godos e dos romanos quando esses se fundiram em uma única nação. O silêncio do *Forum judicum*, que é o verdadeiro código dos visigodos espanhóis, sobre a maior parte dos procedimentos parece constituir prova mais contundente de que eles não foram mantidos do que a prova fornecida pelo texto do *Breviarium* de que, sim, eles foram mantidos, pois o *Breviarium* foi elaborado em outro lugar, em período anterior, e para apenas uma parte da população.

II. Uns 150 anos após a publicação do *Breviarium*, os godos e os romanos se uniram para formar uma única nação. A coleção de leis que foi sendo aumentada nos vários reinados, e completada finalmente por Chindasvinto, passou a ser o único código do reino; aboliram-se todas as outras leis, e o *Breviarium* foi necessariamente incluído nessa revogação. O texto da lei de Recesvinto é formal:

> Que absolutamente nenhum dos homens de nosso reino tenha a permissão de colocar diante do juiz, para a decisão de qualquer assunto, qualquer outra coleção de leis além daquela que acaba de ser publicada, e de acordo com a ordem em que as leis são inscritas nela; e isso sob a pena de uma multa de trinta libras de ouro pagas a nosso tesouro. Qualquer juiz que hesitar em rejeitar qualquer outro livro que lhe possa ser apresentado como apropriado para orientar sua decisão será punido com a mesma multa.

Savigny previu essa objeção; e, sem de modo algum ignorá-la, tentou enfraquecê-la, não citando o texto da lei de Recesvinto, e falando unicamente das tentativas feitas pelos reis visigóticos para que a Espanha contivesse apenas uma única nação, e fosse governada por um único código. Essas evasivas contrastam fortemente com sua honestidade habitual. A seguir ele faz uso da existência dos defensores, de que existem provas no *Forum judicum*, para presumir a manutenção de todas as prerrogativas e liberdades que lhes foram atribuídas pelo *Breviarium*. Essa conclusão é obviamente apressada e exagerada.

Não questiono que as cidades da Espanha foram capazes de conservar, ou até mesmo que elas real e necessariamente conservaram, algumas instituições, algumas garantias de liberdade municipal. Não devo inferir seu total desaparecimento apenas pelo silêncio do *Forum judicum*. O despotismo dos reis bárbaros, por mais interesse que possa ter tido em reunir o legado das máximas romanas, não era nem tão sábio nem tão circunstancial quanto o despotismo dos imperadores. Ele permitiu que as cúrias e seus magistrados continuassem a existir, e esses pequenos poderes locais certamente possuíam mais direitos reais e independência sob seu governo do que haviam tido sob o Império. O clero, que residia principalmente nas cidades e era ligado à dinastia romana por fortes laços, estava, ele próprio, interessado em protegê-las, sobretudo porque naturalmente se colocava à frente das municipalidades. Pelo menos isso sabemos que é verdade: que os vestígios de instituições de segurança e liberdade que existiam lá não ocupam nenhum lugar nas leis escritas, embora essas leis sejam muito mais detalhadas que as de outros povos bárbaros, e englobem toda a ordem civil. Elas não podiam, portanto, ser consideradas parte da constituição geral do reino; e nem modificaram seu caráter político, nem mudaram os resultados dos princípios que nele vigoravam.

Enquanto Savigny pesquisou as instituições dos visigodos em época anterior ao estabelecimento definitivo de sua verdadeira monarquia, e em uma coleção de leis abolida pelo *Forum judicum*, o autor da dissertação publicada na *Edinburgh Review* dirigiu suas investigações a épocas e documentos que ultrapassam em quatro ou cinco séculos a destruição do reino dos visigodos pelos árabes; e ao transportar as conclusões obtidas com essas investigações para a época que ocupa nossa atenção, caiu em um erro ainda menos sustentado pelos fatos do que o erro de Savigny. Suas pesquisas e inferências são as seguintes:

> Não devemos supor que todo o corpo do direito dos visigodos aparece nos 12 livros de seu código. Além de suas leis escritas, eles tinham seu direito comum ou tradicional, que ainda existia em usos e costumes orais; e temos o apoio da analogia ao afirmar que esse direito comum muitas vezes falava quando a lei estatutária estava calada. Ele sobreviveu à monarquia; e nós agora o coletamos dos *Fueros* ou dos costumes antigos de Castela e Leão. Os costumes em questão são preservados nas cartas das cidades que deram estatutos a seus habitantes, confirmando o direito oral comum do país, às vezes com maiores ou menores modificações no detalhe, mas de acordo quando se trata dos princípios gerais. Igualmente os descobrimos nos atos das Cortes que, pedindo emprestada uma expressão de Sir Edward Coke, são muitas vezes 'afirmações do direito comum'. Os *Fueros* tradicionais de Castela também formaram a base do *Fuero Viejo de Castilla*, que teve sua última revisão sob Pedro, o Terceiro. E mesmo Alonso, o Sábio, embora tivesse planejado a subversão da antiga jurisprudência de seu reino, permitiu que fossem introduzidas nas Partidas a jurisprudência referente aos tipos de posse da terra e ao serviço militar. Consistindo em usos antigos, nem refinados pelo conhecimento dos conselhos nem restringidos pelo poder dos reis, os *Fueros* de Castela e Leão têm mais afinidade com a jurisprudência das nações teutônicas que o código escrito. O ordálio* da água só é observado uma vez, em lei corrigida por Flávio Égica. Mas o ordálio por compurgação – a forma mais antiga de julgamento por um júri – e o ordálio de batalha não

---

* Ordálio: prova judiciária feita com a concorrência de elementos da natureza e cujo resultado era interpretado como um julgamento divino; juízo de Deus (segundo dic. Houaiss). (N. T.)

aparecem em parte alguma. Tampouco encontramos qualquer menção ao costume de nomear líderes militares pelo *veredicto de um júri*. Todos esses costumes, no entanto, eram *Fueros* da Espanha na Idade Média. E eles não poderiam de modo algum ter existido então sem que tivessem sido preservados pelo uso e pela tradição imemoriais.

A seguir, o autor examina esses usos antigos. O primeiro a que se refere é a nomeação de líderes militares por um júri. Ele remonta às origens de tal costume nas florestas da Alemanha; e depois mostra como isso não poderia ter deixado de sucumbir universalmente sob o estabelecimento do sistema feudal, e em conseqüência da subordinação hierárquica de pessoas e terras. Ele descobre vestígios na nomeação, pelo povo, dos *heretochs*[10] e *constables*[11] anglo-saxões, que eram originalmente oficiais militares; e também na eleição dos reis da Noruega pelos veredictos de doze dos homens principais de cada província. Depois, ele volta à Espanha, onde, diz ele,

> encontraremos nossos antigos júris góticos ocupados em eleger os principais oficiais do exército e da marinha dos castelhanos, o *adalid*, o *almocaden*, o *alfaqueque* e o *comitre*. Quem deveria ser o *adalid?* A pergunta deve ser respondida nas palavras do sábio rei Alonso. Diziam os antigos que 'o *adalid* deve ser dotado de quatro dons – o primeiro é a sabedoria, o segundo é o coração, o terceiro é bom senso e o quarto é lealdade; e quando um rei ou qualquer outro lord importante deseja fazer um *adalid*, ele deve convocar *12 dos adalides mais sábios* que possam ser encon-

---

[10] O líder de um exército, o comandante de uma milícia de província ou distrito (também *heretogas*).
[11] O principal funcionário do domicílio, corte, administração ou força militar de um governante. Origina-se de *comes stabuli*, conde ou oficial do estábulo, marechal (no Código Teodosiano, 438 d.C.).

trados, e eles devem jurar que irão verdadeiramente dizer que aquele que desejam escolher para ser um *adalid* tem os quatro dons de que falamos, e se eles responderem sim, então devem fazer dele um *adalid* '.

Aqui temos obviamente um inquérito com 12 homens dando seu veredicto sob juramento. Se não fosse possível encontrar 12 *adalides*, então uma espécie de *tales de circumstantibus*[12] era acrescentado a esse júri especial. O rei ou lord completava o número total de 12 com outros homens de boa reputação na guerra e em feitos com armas, e seu veredicto era tão válido quanto se todos fossem *adalides*. E aquele que ousasse atuar como um *adalid* sem ter sido eleito plenamente seria condenado à morte. "Era aconselhável nos tempos antigos", diz Alonso, "que eles devessem ter as qualidades mencionadas, pois se fazia necessário que as possuíssem para que pudessem ser capazes de guiar as tropas e os exércitos em tempo de guerra, e por isso eram chamados de *adalides*, que é algo assim como *guia*".

O autor é, portanto, da opinião de que essa palavra vem de *adal, adel,* nobre, e de *leid, lead, leiten,* guiar ou conduzir. O *adalid* era o guia ou chefe dos *almogavars*, ou soldados da cavalaria. O *adalid mayor* era comandante-em-chefe de todos os *almogavars*, ou cavalaria castelhana.

Após sua eleição por esse tipo de júri, o *adalid* era então solenemente admitido em seu posto.

> O rei lhe dava vestimentas valiosas, e uma espada e um cavalo, e armas de madeira e de ferro, segundo os costumes do país. Por

---

[12] Homens entre aqueles que estivessem por perto.

François Guizot

um *rico hombre*, um lord dos cavaleiros, a espada devia ser posta na cintura; a seguir, um escudo era colocado no chão, o futuro *adalid* subia nele, e o rei lhe tirava a espada da bainha e a colocava nua em sua mão. E agora, o maior número possível entre os 12 *adalides* rodeavam o escudo, segurando-o pelas extremidades, e levantavam o companheiro o mais alto que pudessem, virando o rosto para o Leste. 'Em nome de Deus', exclama o *adalid*, 'eu desafio todos os inimigos da fé, e de meu senhor o rei, e de sua terra.' E, assim falando, ele levantava o braço e dava um golpe para baixo, depois outro golpe para o lado, descrevendo no ar o sinal doce e sagrado da redenção, e repetia esse desafio quatro vezes, voltado para cada um dos pontos cardeais. Depois o *adalid* embainhava sua espada e o rei colocava uma insígnia em sua mão, dizendo: *'Eu lhe concedo que, de hoje em diante, você deve ser um adalid'*. Um *adalid* poderia chegar ao comando mesmo vindo da categoria mais baixa no exército castelhano. Ele poderia ter sido um *peão*, ou um soldado da infantaria, mas se tornava par e companheiro dos nobres hereditários, o senhor de vassalos, e um dos *ricos hombres*".

Nessa cerimônia, o autor percebe a repetição das fórmulas usadas na eleição dos reis entre os germânicos, ou pelo menos na escolha de líderes militares; *duces ex virtute sumunt*.[13]

De forma alguma eu afirmaria que não existem, nessa maneira de escolher capitães, na concorrência desses 12 jurados, e até no próprio número 12, quaisquer vestígios dos antigos costumes germânicos. Não há dúvida de que o que acaba de ser descrito era muito mais uma forma de cerimônia cavalheiresca, relacionada com a ascensão de um homem a uma categoria superior, que a eleição de um chefe bárbaro; todas as formas, todos os detalhes da ascensão de um *adalid* lembram-nos muito mais o uso cavalheiresco que o

---

[13] Reis são escolhidos com base na virtude.

costume germânico; e é um estranho anacronismo supor que tudo isso ocorreu quinhentos anos antes entre os visigodos, embora não tenha sido mencionado em nenhum registro histórico, e, o que é ainda mais conclusivo, embora a situação geral dos costumes da época não sugira nada desse tipo. É muito mais provável que tais costumes tivessem se originado entre os godos durante a luta contra os árabes, nas montanhas do norte da Espanha e em conseqüência da nova direção da mistura de feudalismo com liberdade transmitida para seus costumes por essa nova situação.

O *almocaden* ou capitão de infantaria, o *alfaqueque* ou oficial empregado para negociar o resgate de prisioneiros com os mouros, e o *comitre* ou capitão de um navio eram todos nomeados de maneira semelhante, e pela recomendação de um júri composto não de membros da classe a que pertencia o candidato, mas sim de membros da classe a que ele aspirava pertencer. Só essa circunstância já decide a questão, pois é resultado de costumes cavalheirescos e não de costumes bárbaros; ela nos lembra o escudeiro que foi armado cavaleiro pelos cavaleiros, e não do guerreiro escolhido ou julgado por seus pares.

Não acompanharei o autor em suas pesquisas sobre o ordálio por água fervente ou pelo fogo, ou sobre o julgamento por combate. Embora encontremos vestígios desses costumes nos antigos registros de algumas legislações bárbaras, eles não eram parte do direito comum dos povos modernos durante o primeiro período de seu estabelecimento em território romano. Foi em período posterior, e pela influência da corrupção de idéias religiosas pela superstição ou da organização militar do sistema feudal, que eles se desenvolveram, foram reconhecidos e formaram uma verdadeira jurisprudência. Os fatos gerais da Europa, portanto, não nos autorizam a concluir que, porque eles existiam entre os espanhóis no século XIV, também existiam entre os visigodos no século VII. O quase total silêncio dos registros históricos da primeira época aqui retém toda sua autoridade.

Os fatos relacionados com a *compurgação*,²² pelo juramento de um certo número de testemunhas, são mais importantes e mais curiosos. "A compurgação", diz nosso autor, "é ordenada em termos expressos em todas as leis teutônicas; mas não parece ter sido admissível em julgamentos conduzidos de acordo com as formas recomendadas pelo *Fuero juzgo*. No entanto, posteriormente, esse ordálio foi divulgado amplamente como um *fuero*, tanto em julgamentos civis quanto nos penais. Embora desencorajado pela legislação, ele foi mantido na prática; e isso é uma ilustração clara da persistência com que os godos aderiam a seus usos e costumes. *Julgamento por júri*, por meio do *fuero*, em sua origem foi considerado um benefício".

Como uso antigo e geral de Castela, o julgamento foi sancionado no *Fuero Viejo*. Como costume local ou estatuto das cidades de Castela e Leão e suas dependências, foi muitas vezes estabelecido – ou melhor, *declarado* – pelas cartas concedidas por seus fundadores.

De acordo com o *Fuero Viejo*, pagavam-se 3.000 *sueldos*, por desonrar o palácio do rei ou saquear seu castelo; e 500 *sueldos* eram

---

[14] A compurgação é a ação de livrar um homem de um indiciamento ou de uma acusação por meio dos juramentos de vários outros cidadãos. Essa forma de julgamento prevalente entre os antigos povos teutônicos começou a perder importância à medida que o julgamento por júri se impôs, no século XII.

o preço da cabeça do *merino*, um fiscal designado pelo rei,* e a composição por difamá-lo; e todos os homens que quisessem se livrar do pagamento dessas multas tinham que se defender por meio do juramento de *12 homens, pois esse era o uso de Castela na antiguidade*. Quando acusado da morte de outro *fijo d'algo*, o nobre suspeito se defendia por meio do juramento de outros 11 *fijos d'algo*, sendo ele próprio o *12º*, e, como verdadeiros cavalheiros, todos eles faziam seus juramentos sobre o Livro do Evangelho, com suas esporas nos calcanhares. Havia só dois insultos que davam a um *Dueña*, ou escudeiro, o direito de queixar-se de que um *fijo d'algo* o havia difamado, que eram um golpe ou uma ferida ou o roubo de suas mulas ou vestimentas. Em três dias, a parte assim ofendida por um cavalheiro cruel era obrigada a se queixar da ofensa e a revelar a injúria aos *fijos d'algo* da cidade, aos *labradores* e aos inquilinos dos *fijos d'algo*, se houvesse algum, e fazer com que o sino da cidade fosse tocado dizendo "fulano de tal me desonrou". Essas formalidades tendo sido observadas, o *fijo d'algo* era obrigado a responder à queixa; era feita a recompensa se ele confessasse, pagando como multa 500 *sueldos*, que era o preço de sua própria cabeça; no entanto, se ele se declarasse inocente, tinha que limpar seu nome por meio de um juramento de outros 11 *fijos d'algo*, ele próprio sendo o 12º. Mas um *labrador* acusado de ofender um *fijo d'algo* não podia se defender por meio de seus pares; e ele era injustamente obrigado a jurar com 11 *fijos d'algo*, sendo ele o 12º.

---

* Merino – No dicionário Houaiss, etimologia da palavra merino – (1030): "autoridade conferida pelo rei ou um grande senhor para exercer funções fiscais e, posteriormente, judiciais e militares sobre certo território" (S. XV). (N. T.)

FRANÇOIS GUIZOT

Esses costumes são obtidos do código geral. Em distritos específicos, a *compurgação* estava tão em moda que mulheres acusadas podiam ter *compurgadoras*. Em Anguas, bem como em outras cidades, uma mulher acusada de roubo podia se defender por meio do juramento de outras mulheres. Ainda mais esdrúxulo era o *Fuero* de Cuenca, que tinha estranhos costumes, tanto com relação ao espírito da lei quanto com relação aos termos em que esse era expresso. Se por acaso um marido suspeitasse que sua mulher estava botando chifres em sua cabeça, embora não pudesse provar o fato com evidências, ela tinha que se justificar jurando por sua castidade, com 12 boas esposas da vizinhança; e se estas dissessem que ela era pura, o marido estava obrigado a aceitar que realmente o era.

Os costumes de San Sebastián, em Guipúzcoa, permitiam um procedimento estranho, parecido com a avaliação de danos pelo veredicto de um júri. O estuprador tinha que pagar o preço da virgindade, ou era obrigado a desposar o objeto de sua paixão incontrolável; um castigo, como a carta observa sabiamente, "que é totalmente equivalente a uma multa". Mas se a mulher, mesmo que fosse virgem antes do estupro, não merecesse se tornar sua esposa, ele tinha que lhe encontrar um marido como aquele que, justificadamente, ela esperaria ter obtido antes do acidente, "de acordo com a avaliação do prefeito e de 12 bons homens de San Sebastián".

As explicações mais detalhadas com relação ao uso do ordálio estão contidas na carta de Molina. Dom Molrique de Lara incorporou a cidade de Molina, o território da nobre casa de Lara, no ano de 1152. Sua carta pode ser citada como o registro mais valioso relacionado com a jurisprudência municipal antiga de Castilha jamais publicado, já que ele revela toda a constituição e o governo de uma cidade castelhana.

Multas, segundo as antigas leis góticas, eram decretadas em Molina por feridas e mutilações. O denunciante tinha que sustentar sua acusação por meio de três *vecinos* ou burgueses da cidade, se a ofensa tivesse sido cometida dentro dos muros. Se fosse fora deles, dois *vecinos* eram suficientes. E, na falta de uma prova plena, o acusado ou jurava com 12 *vecinos*, ou lutava contra o denunciante; mas esse último tinha a escolha do ordálio.

Quando um assassinato tivesse ocorrido, se um daqueles envolvidos na briga assumisse a culpa dizendo "Eu o matei", os outros tinham "que se salvar com 12 burgueses verdadeiros" — *los otros salvense com doce vecinos derecheros*. Podia acontecer que nenhum deles confessasse o crime; e como todos estavam, então, sob suspeita, os parentes do homem morto tinham o direito de apontar qualquer um deles como sendo o assassino, "como bem lhes apetecesse"; depois disso, o suposto assassino designava 11 parentes do morto, e esses, juntos com o denunciante, juravam que ele era culpado ou inocente. Exigia-se a unanimidade; se um ou dois deles não jurassem, isto é, se eles não pudessem concordar com a maioria, cada um daqueles que dissentisse dos demais jurava, com outros doze, que nem ele nem ninguém em seu nome havia recebido qualquer suborno; ele então era dispensado. Mas se o acusado não concordasse com a retirada de seu jurado, poderia nomear outro em seu lugar. Esse procedimento é extraordinário; dá-se um novo aspecto ao ordálio, convocando-se *compurgadores* para jurar com o denunciante em vez de com o acusado; e nessa forma ele é talvez mais semelhante a um julgamento por júri. É possível observar que uma prática de retirar os jurados dissidentes e substituí-los por outros até que um veredicto unânime fosse obtido predominou durante algum tempo na Inglaterra.

Tais são os fatos que o autor dessas pesquisas coletou sobre a existência de costumes germânicos antigos, ou usos análogos, nas cidades de Castela e Leão, a partir do século XII. Sem hesitar ele conclui desses dados que tais costumes existiam nos séculos VI e VII entre os visigodos espanhóis, e formavam parte de suas instituições.

Não é conveniente provar que fatos não são verdadeiros porque obriga aquele que os afirmou a provar que o são; e, em um caso como esse, quando falamos de épocas separadas por cinco ou seis séculos, e por uma revolução tão grande quanto o desalojamento de um povo e uma conquista estrangeira, as induções não são suficientes. O *Forum judicum* não diz absolutamente nada sobre a nomeação de líderes militares e sobre a *compurgação* por jurados; e mais: essa última instituição é incompatível com os procedimentos desse código no que se refere aos juízes e à administração da justiça. Nenhuma outra autoridade contemporânea contradiz o *Forum judicum*. Devemos então, com base na autoridade de fatos de uma data muito mais recente, e que se referem a um estágio de civilização totalmente diferente, recusar-nos a acreditar em provas tão diretas e depoimentos tão positivos?

Estou ciente de tudo que pode ser dito sobre os tumultos daquelas épocas, as lacunas contínuas nas leis e a predisposição dos legisladores de omitirem precisamente os usos mais simples e universais, embora eles não tivessem a necessidade de ser consagrados ou até indicados por uma promulgação formal. É, com efeito, bem possível que a prática de *compurgação* por jurados não fosse completamente desconhecida dos visigodos; ela ocorre repetidamente em todos os costumes germânicos, e pode não ter desaparecido totalmente ou de uma vez, mesmo após a introdução de um código derivado, principalmente, das leis romanas. Mas é impossível acreditar, apesar desse código, que continuaram a ser o direito comum, a instituição fundamental, o sistema jurídico verdadeiro da nação.

Provavelmente, é mais fácil explicar a existência dessas práticas entre os godos espanhóis do século XII do que justificar, sem provas, ou melhor, em oposição a toda evidência, a suposição arbitrária de sua prevalência entre os visigodos do século VII. Tais instituições têm, em si mesmas, algo espontâneo; elas correspondem a certo grau de civilização, a certo estágio das instituições sociais; nós as encontramos sob formas mais ou menos semelhantes, mas fundamentalmente análogas, não só entre todos os povos germânicos como também entre quase todos os povos bárbaros que, mal tendo saído de uma vida nômade, começaram a se estabelecer em território novo após tê-lo conquistado. Ora, a destruição da monarquia dos visigodos pelos árabes interrompeu o curso das instituições que havia recebido dois séculos antes, destruiu os concílios de Toledo, esmagou ou diminuiu seriamente a predominância do clero e, finalmente, pôs um fim à civilização que tinha começado e deu aos negócios uma direção totalmente nova. Espalhados pelas montanhas, muitas vezes nômades, separados entre vários bandos, aqueles entre os godos que não se submeteram aos conquistadores voltaram, por assim dizer, à vida que seus antepassados levavam nas florestas da Alemanha. As instituições e as máximas romanas, toda aquela coleção de leis e de idéias que haviam recebido do clero e que tinham prevalecido sobre seus próprios hábitos, desapareceram quase que necessariamente nesse choque, ou pelo menos foram mantidas apenas por aqueles godos que permaneceram sob o controle dos muçulmanos. Os companheiros de Pelágio, até certo ponto, tornaram-se germânicos uma vez mais, por pura necessidade. Foi após esse retorno involuntário à sua condição original e, conseqüentemente, a suas antigas instituições que eles recomeçaram a ofensiva contra os árabes e reconquistaram a Espanha gradativamente, trazendo de volta consigo aqueles costumes, usos e práticas políticos e jurídicos que tinham parcialmente recuperado. Além disso, as instituições livres não podiam deixar de recobrar vitalidade nesse período; pois só elas podiam fortalecê-los em tempos de perigo ou de infortúnio. Não estava no poder dos costumes do *officium palatinum*, e das máximas dos concílios de Toledo, restaurar os godos em seu país subjugado e reintegrar os descendentes de Chindasvinto no trono de seus pais. Só a participação do povo nos assuntos públicos, a rigidez dos costumes bárbaros e a energia da liberdade irregular podiam produzir tais efeitos. Tudo nos leva a crer que as instituições da Espanha, após o restabelecimento dos reinos de Castela, Leão, Aragão, etc., eram instituições novas, e resultado da nova situação dos godos, muito mais que um legado dos antigos visigodos. Encontramos provas disso nas cortes gerais do reino, nas constituições e liberdades das cidades, em toda a ordem política do Estado, que não têm nenhuma conexão com a antiga monarquia, e seguem-se muito mais naturalmente como resultado da condição e das necessidades das novas monarquias. O sistema político estabelecido pelos concílios de Toledo e pelo *Forum judicum* não poderia ter adquirido raízes profundas; ele tombou diante das necessidades que não pôde satisfazer. O próprio *Forum judicum* poderia ter sucumbido completamente se não tivesse continuado a ser o direito daqueles godos que haviam se submetido ao jugo dos mouros; além disso, ele regulava a ordem civil que é sempre estabelecida mais firmemente e menos influenciada por revoluções. Portanto esse sistema continuou, nesse aspecto, a ser o direito geral da Espanha, enquanto a ordem política assumiu uma nova forma e foi orientada por outras instituições.

O *Forum judicum* e as autoridades contemporâneas são a única fonte fidedigna em que podemos estudar as instituições políticas dos antigos visigodos; uma fonte que, sem dúvida, é incompleta e que não nos informa de tudo aquilo que existia; uma fonte que provavelmente sequer se preocupou particularmente em reunir o que ainda permanecia dos costumes e hábitos germânicos, mas que não podemos de modo algum repudiar para admitir fatos e instituições gerais que lhe são diretamente opostos. As conseqüências que deduzi dessas autoridades originais e contemporâneas, portanto, ainda subsistem e determinam o verdadeiro sistema político da monarquia dos visigodos. O governo imperial e as teorias eclesiásticas eram seus elementos constituintes. Esses elementos prevaleceram sobre os costumes germânicos. Sem dúvida eles foram modificados para que pudessem ser adaptados para um povo bárbaro; mas, com a modificação, ganharam controle e tornaram-se a forma geral, o direito fundamental do Estado. Se, mais tarde, os godos espanhóis tomaram um caminho mais parecido com aquele seguido por outras nações modernas da mesma origem, é na invasão dos árabes, na segunda conquista da Espanha pelos godos, mais uma vez germanizados, e nos efeitos dessa grande revolução – e não nas instituições da monarquia dos visigodos – que podemos discernir as causas desse procedimento.

FIM DA PARTE I

PARTE II

ENSAIOS SOBRE O

GOVERNO REPRESENTATIVO

NA INGLATERRA, DESDE

A CONQUISTA ATÉ O

REINADO DOS TUDORS

Palestra 1

Tema do curso: a história da origem e do estabelecimento do governo representativo na Europa. — Aspectos diferentes sob os quais a história é considerada nas várias épocas. — História poética; história filosófica; história política. — Tendência em nossa época de considerar a história sob esses vários aspectos. — Princípio fundamental e características essenciais do governo representativo. — Existência desse princípio e dessas características na Inglaterra em todos os períodos.

Acho que é necessário lembrar, senhores, do plano que adotei ano passado com relação a nosso estudo das instituições políticas da Europa. O objetivo básico daquele plano era dar alguma unidade e concisão a essa vasta história. E este não é um objetivo arbitrário e resultante de uma escolha subjetiva. No desenvolvimento de nosso continente, todos os seus povos e todos os seus governos estão relacionados; apesar de todas as lutas e separações, há realmente alguma unidade e concisão na civilização européia. Essa unidade, que vinha se revelando dia a dia, agora é evidente; nunca os limites geográficos tiveram menos controle que em nossos tempos; nunca uma comunidade de idéias, sentimentos, aspirações e esforços uniu, apesar das demarcações territoriais, uma massa tão imensa de homens. Aquilo que agora é revelado vem se esforçando há mais de 12 séculos para se manifestar; essa comunidade externa e aparente nem sempre existiu; mas, no fundo, a unidade da civilização européia sempre foi tal que é totalmente impossível entender a história de qualquer dos grandes povos modernos sem considerar a história da Europa como um todo, e contemplar o curso seguido pela humanidade em geral. É um vasto drama em que cada povo tem seu papel a desempenhar, e com cujos eventos gerais precisamos estar familiarizados a fim de entender as cenas individuais que ali estão relacionadas.

Dividi a história das instituições políticas da Europa em quatro grandes épocas, que se distinguem umas das outras por características essencialmente diferentes. A primeira é a época bárbara, um período de conflito e confusão em que não era possível estabelecer nenhuma sociedade e nem fundar qualquer instituição que prevalecesse regularmente em qualquer parte da Europa; essa época vai do século V ao século X. A segunda é a época feudal, que vai do século X ao século XIV. A terceira é a época dos esforços para estabelecer a monarquia constitucional; o feudalismo entra em declínio, as populações tornam-se livres, e a realeza as usa para ampliar e fortalecer seu poder; essa época abrange o período que vai do século XIV ao XVI. No quarto período, no continente, todos os esforços para estabelecer um sistema representativo fracassaram, ou quase que desapareceram totalmente; a monarquia pura predomina. Só a Inglaterra consegue obter definitivamente um governo constitucional. Essa época vai do século XVI até a Revolução Francesa.

Tais épocas não foram determinadas por uma escolha arbitrária – sua divisão é resultado dos fatos gerais que as caracterizam. Nem todas elas farão parte do tema deste curso de palestras. Quero estudar as instituições políticas da Europa com os senhores, e o governo representativo é o núcleo em cuja direção nossos estudos se inclinarão. Nos lugares em que eu não perceber nenhum vestígio do sistema representativo e nenhum esforço direto para produzi-lo, eu me desviarei e transferirei minha atenção para alguma outra região. Tampouco limitarei nossos estudos apenas às épocas; vou limitá-los também com respeito aos lugares. Ano passado, em minhas palestras sobre a primeira época, não segui o progresso das instituições políticas em toda a Europa. Restringi minhas observações à França, à Espanha e à Inglaterra. Agora temos que estudar a terceira época; mas os Estados Gerais da França e as cortes da Espanha foram apenas tentativas infrutíferas de criar um governo representativo. Portanto, adiarei nosso estudo dessas instituições e dedicarei o curso deste ano a um exame cuidadoso da origem do governo representativo na Inglaterra, o único país no qual ele teve um desenvolvimento ininterrupto e bem-sucedido. Esse estudo é particularmente necessário para nós nos dias atuais, e estamos bem preparados para entrar nele com um desejo sincero de aproveitá-lo ao máximo.

Os povos consideram a história sob vários aspectos, e a examinam para satisfazer vários tipos de interesse, de acordo com sua situação política e com seu grau de civilização. Nas primeiras épocas da sociedade, quando tudo é novo e atraente para a jovem imaginação do homem, ele exige um interesse poético; as memórias do passado formam a base de narrativas brilhantes e simples, apropriadas para encantar uma curiosidade ávida e facilmente satisfeita. Se, em uma comunidade assim, onde a existência social está em pleno vigor e a mente humana em estado de excitação, Heródoto lê para os gregos reunidos em Olímpia suas narrativas patrióticas e as descobertas de suas viagens, os gregos se deliciam com elas como com as canções de Homero. Se a civilização não está muito avançada – se os homens vivem mais isolados –, se "país", pelo menos de forma concreta, só existe muito vagamente para eles, encontramos crônicas simples, entremeadas com fábulas e lendas, mas sempre marcadas com aquele caráter ingênuo e poético que, em tal condição de existência, a mente humana exige em todas as coisas. Assim eram as crônicas européias do século X ao século XV. Se, em período posterior, a civilização se desenvolve em um país sem que simultaneamente seja estabelecida a liberdade, sem uma existência política enérgica e extensiva, quando o período de iluminação, de riqueza e de lazer realmente chega, os homens buscam um interesse filosófico na história; ela já não pertence ao campo da poesia; ela perde sua simplicidade; já não usa sua fisionomia anterior, verdadeira e cheia de vida; caracteres individuais ocupam menos espaço e já não aparecem sob formas vivas; a menção de nomes torna-se mais rara; a narrativa de eventos e a descrição de homens são mais um pretexto que um tema; tudo se generaliza; os leitores exigem um sumário do desenvolvimento da civilização, uma espécie de teoria dos povos e dos eventos; a história se transforma em uma série de dissertações sobre o progresso da raça humana, e o historiador parece apenas invocar o esqueleto do passado para pendurar nele idéias gerais e reflexões filosóficas. Isso ocorreu no século passado; os historiadores ingleses daquele período, Robertson, Gibbon e Hume, representaram a história sob esse aspecto; e a maioria dos escritores alemães ainda segue o mesmo sistema. A filosofia da história predomina, e a história propriamente dita não pode ser encontrada em suas obras.

Mas se a civilização avançada e um grande desenvolvimento do intelecto humano coincidem, em uma nação, com uma existência política cheia de vida e entusiasmada; se a luta pela liberdade e um maior estímulo da mente provocam a força de caráter; se a atividade da vida pública é acrescentada às afirmações gerais do pensamento, a história aparece sob outra luz; ela se torna, por assim dizer, prática. Ela já não precisa encantar facilmente as imaginações excitadas com suas narrativas, nem satisfazer com suas meditações os intelectos ativos, privados de se exercitar a não ser com generalidades. Mas os homens ainda esperam dela uma experiência semelhante às necessidades que eles sentem, à vida que eles vivem; desejam entender a natureza real e as molas ocultas das instituições; entrar nos movimentos de partidos, segui-los em suas combinações, estudar o segredo da influência das massas e da ação dos indivíduos; homens e coisas devem ressuscitar diante deles, já não apenas como um interesse ou uma diversão, mas como uma revelação de como direitos, liberdades e poder devem ser adquiridos, exercidos e defendidos; de como combinar opiniões, interesses, paixões e as necessidades de circunstâncias, enfim, todos os elementos da vida política ativa. Isso é o que a história passa a ser para as nações livres; e é desse ponto de vista que Tucídides escreveu a história da guerra do Peloponeso, e Lord Clarendon e o bispo Burnet a da Revolução Inglesa.

Geralmente, é em virtude da própria natureza das coisas, e em uma ordem regular e com longos intervalos, que a história assume um ou outro desses vários tipos de interesse aos olhos da população.

Um gosto por narrativas simples, uma simpatia por generalizações filosóficas e uma ânsia por instrução política quase sempre pertencem a épocas e graus muito diferentes de civilização.

Por uma rara concorrência de circunstâncias, todos esses gostos e aquisições parecem se unir nos dias atuais; e, entre nós, a história hoje é suscetível de todos esses tipos de interesse. Se ela narra para nós com honestidade e simplicidade as primeiras tentativas de vida social, os costumes das nações infantes; aquele estado peculiar da sociedade em que as idéias são poucas em número, mas entusiasmadas, e as necessidades são intensas embora consistentes, em que todas as pretensões de força bárbara lutam contra todos os hábitos de liberdade imoderada, ela nos encontrará capazes de entender uma descrição desse tipo, e um tanto inclinados a ficar encantados com ela. Há 50 anos, um quadro fiel dessa época na vida dos povos teria parecido apenas tosco e confuso; seu caráter interessante e poético não teria sido nem apreciado nem compreendido; os convencionalismos, então, viravam hábitos, e as maneiras artificiais tomavam conta de toda a sociedade. O próprio Homero, em uma era tão destituída de simplicidade e naturalidade, foi admirado apenas pelo que diziam dele; e se ninguém ousou questionar seu título à glória, tiveram pena dele por ter sido obrigado a semear o brilho de seu gênio em uma época de barbárie e ignorância. Eventos prodigiosos desde então renovaram a situação da sociedade; romperam formas antigas, hábitos convencionais e maneiras artificiais; idéias simples e sentimentos naturais retomaram o controle; uma espécie de rejuvenescimento ocorreu nas mentes humanas, e elas foram capazes de entender o homem em todos os graus de civilização, e de ter prazer com as narrativas simples e poéticas da sociedade infante.

François Guizot

Em nossos dias, começamos a perceber que as épocas dos bárbaros também mereceram, em alguns aspectos, ser chamadas de épocas heróicas; em nossos dias, a humanidade descobriu a capacidade, e também a necessidade, de obter um conhecimento verdadeiro das instituições, das idéias e dos costumes dos povos, quando eles entram na vida social. Assim, essa seção da história foi alvo, uma vez mais, de um interesse que tinha deixado de possuir; já não é considerada o patrimônio do erudito; foi captada pelos próprios romancistas, e o público teve muito prazer em seguir seus passos.

Ao mesmo tempo, a necessidade de visões filosóficas amplas do curso dos negócios humanos e do progresso da sociedade ganhou força em vez de extinguir-se; não deixamos de examinar os fatos em busca de algo mais que meras narrativas; ainda esperamos que eles sejam resumidos em idéias gerais, e que nos dêem aqueles grandes resultados que ajudem a explicar as ciências da legislação, a economia política e o vasto estudo do destino da raça humana. Então, longe de estarmos menos inclinados a considerar a história sob um ponto de vista filosófico, parecemos ter adquirido um interesse mais amplo a esse respeito. Mais que nunca, sentimos a necessidade de pesquisar as causas originais dos eventos, de reduzi-los à sua expressão mais simples, de penetrar em seus efeitos mais remotos; e se as crônicas antigas voltaram a ganhar encanto a nossos olhos, as grandes combinações da filosofia histórica ainda constituem uma necessidade premente de nossos espíritos.

Finalmente, nosso nascimento para a vida pública, as instituições que possuímos e que não perderemos, aquela aurora de liberdade que, embora tenha surgido em meio a tempestades, não está destinada a perecer nelas, o passado que deixamos atrás de nós, o presente com o qual estamos ocupados, o futuro que nos aguarda, enfim, toda nossa situação – tudo faz com que a história, considerada sob o ponto de vista político, seja alvo do interesse mais imperativo. Antes de nossa época, o movimento da vida pública, o jogo dos partidos, a guerra das facções, as lutas das assembléias, todas as agitações e desenvolvimentos do poder e da liberdade eram coisas sobre as quais os homens tinham ouvido mas que não tinham visto; que tinham lido em livros mas que não podiam ver realmente à sua volta. Essas coisas ocorreram, e estão ocorrendo agora diante de nossos olhos; todas as considerações nos levam a estudá-las, todas as circunstâncias nos ajudam a compreendê-las. E a vida política não foi restaurada apenas para nós; ela voltou para a história, até aqui fria e imprecisa, para as mentes daqueles que não tinham sido tocados pelas verdadeiras visões das cenas que ela relata. E ao mesmo tempo que recuperamos nossa compreensão da história, também nos tornamos cientes dos conselhos e das lições que ela nos pode dar; sua utilidade já não consiste apenas, como anteriormente, em uma idéia geral, uma espécie de dogma moral e literário professado por escritores em vez de ser adotado e praticado pelo público. Agora, uma familiaridade mais ou menos profunda com a história, e sobretudo com a história dos povos livres, não é apenas uma proeza de mentes cultas; é uma necessidade de todos os cidadãos que desejam participar dos negócios de seu país ou apenas avaliá-los corretamente. E assim esse grande estudo hoje se nos apresenta com todos os tipos de interesse que é capaz de oferecer, porque temos em nós

François Guizot

mesmos a capacidade de considerá-lo sob todos os seus aspectos, e buscar e encontrar tudo que ele contém.[1]

Esses são os motivos que me induzem a selecionar a história das instituições políticas da Inglaterra como tema deste curso de palestras. Aqui, com efeito, a história considerada sob seus três aspectos diferentes apresenta-se com a maior simplicidade e riqueza. Em nenhum outro lugar os costumes originais dos povos modernos foram preservados por tanto tempo, ou exerceram uma influência tão decisiva sobre as instituições de um país. Em nenhum outro lugar as grandes considerações filosóficas brotam com maior abundância da contemplação de eventos e dos homens. Aqui, enfim, o governo representativo, o objetivo específico de nosso estudo, desenvolveu-se sem interrupção, recebeu em seu seio e fertilizou por meio de sua aliança com ele o movimento religioso que se espalhou na Europa no século XVI, e assim se tornou o ponto de partida da reforma política que está começando agora no continente.

Não é minha intenção, de forma alguma, relatar-lhes a história da Inglaterra. Quero apenas considerá-la sob seu ponto de vista político; e, mesmo sob esse ponto de vista, não estudaremos todas as instituições do reino. O governo representativo é nosso tema; e iremos, portanto, acompanhar a história do Parlamento passo a passo. Só nos referiremos às instituições judiciárias, administrativas

---

[1] Essas passagens são importantes para compreender a relação entre a história e a política nos escritos de Guizot. O método de Guizot combina visões filosóficas amplas com narrativas históricas; ele escreve uma história política que busca oferecer instrução política explicando como os direitos e as liberdades foram adquiridos e como várias opiniões e interesses podem ser combinados na vida política. Na visão de Guizot, todos os cidadãos que queiram se envolver na política precisam ter uma familiaridade profunda com a história dos povos livres.

e municipais na medida em que elas estiverem relacionadas com o governo representativo e tiverem contribuído ou para formá-lo ou para determinar seu caráter.

Ano passado, antes de começar nosso exame dos fatos, tentei definir com precisão o que devemos entender por governo representativo. Antes de buscar sua existência, quis saber por meio de que sinais poderíamos discernir sua presença. Agora que estamos prestes a estudar a história do único governo representativo que, até nossos dias, existiu com plena vitalidade na Europa, acho uma boa idéia recapitular alguns desses conceitos.

Eu disse antes que não tenho em muita alta conta a divisão de governos em monárquicos, aristocráticos e democráticos feita pelos especialistas; e que, a meu ver, governos são caracterizados e distinguidos por seu princípio essencial, por sua idéia geral e interna. A idéia mais geral que podemos buscar em um governo é sua teoria de soberania, isto é, a maneira pela qual ele concebe, coloca e atribui o direito de elaborar a lei e de pô-la em execução na sociedade.

Há duas grandes teorias de soberania. Uma a busca e a localiza em alguma das forças reais que existem na terra, sejam elas o povo, o monarca ou os homens mais importantes da população. A outra afirma que a soberania como direito não pode existir em lugar algum na terra e não deve ser atribuída a nenhum poder, já que nenhum poder no mundo pode conhecer plenamente — e desejar constantemente — a verdade, a razão e a justiça, as únicas fontes de soberania como direito, e que devem também ser a regra da soberania de fato. A primeira teoria da soberania apóia o poder absoluto, seja qual for a forma de governo. A segunda combate o poder absoluto em todas as suas formas e não reconhece sua legitimidade em caso algum. Não é verdade que uma dessas duas teorias sempre reina exclusivamente nos vários governos do mundo. As duas se misturam até certo ponto, pois nada é completamente destituído de verdade ou perfeitamente livre de erro. Apesar disso, uma ou outra sempre domina em todas as formas de governo, e pode ser considerada seu princípio.

A verdadeira teoria de soberania, isto é, a ilegitimidade radical de todo poder absoluto, seja qual for seu nome ou lugar, é o princípio do governo representativo.

Com efeito, no governo representativo, o poder absoluto, ou seja, a soberania como direito, não é inerente a nenhum dos poderes que concorrem para formar o governo; esses poderes têm que entrar em acordo para elaborar a lei; e mesmo quando eles entraram em acordo, em vez de aceitar para sempre o poder absoluto que resultou realmente de seu acordo, o sistema representativo sujeita esse poder à incerteza da eleição. E o próprio poder eleitoral não é absoluto, pois ele se restringe a escolher os homens que participarão do governo.

Além disso, o caráter desse sistema, que não admite a legitimidade do poder absoluto em lugar algum, é compelir, incessantemente e a cada momento, todo o conjunto dos cidadãos a buscar a razão, a justiça e a verdade, que, na prática, sempre devem moderar o poder. O sistema representativo faz isso: 1. pela discussão, que obriga os poderes existentes a buscarem a verdade em comum; 2. pela transparência, que coloca esses poderes, quando ocupados nessa busca, diante dos olhos dos cidadãos; e 3. pela liberdade de imprensa, que estimula os próprios cidadãos a buscar a verdade e a transmiti-la ao poder.

Finalmente, a conseqüência necessária da verdadeira teoria da soberania é que todo poder verdadeiro é responsável. Se, com efeito, na prática nenhum poder possui a soberania como direito, todos eles são obrigados a provar que buscaram a verdade e que a tomaram como regra; e devem legitimar seu título por meio de seus atos, sob pena de serem acusados de ilegitimidade. A responsabilidade do poder é, na verdade, inerente ao sistema representativo; é o único sistema que faz dela uma de suas condições fundamentais.

Depois de reconhecer o princípio do governo representativo, investigamos suas características externas, isto é, as formas que necessariamente acompanham o princípio e cuja presença é essencial para que ele possa manifestar sua existência. Essas formas se restringem a três: 1. divisão de poderes; 2. eleição; e 3. transparência. Não é difícil convencer-nos de que essas características necessariamente advêm do princípio de governo representativo. Realmente: 1. todo poder exclusivo de fato logo se transforma em poder absoluto de direito. Portanto, é necessário que todo o poder de fato esteja consciente de sua dependência. "Toda unidade", disse Pascal, "que não é numerosa é tirania". Disso resulta a necessidade de duas câmaras no Parlamento. Se houvesse apenas uma, o poder executivo ou a suprimiria ou cairia, ele próprio, em posição tão subalterna que em pouco tempo só restaria o poder absoluto da única câmara parlamentar. 2. A não ser que as eleições ocorram com freqüência, para colocar o poder em novas mãos, aquele poder que obtém seu direito de si próprio logo se tornaria absoluto de direito; essa é a tendência de todas as aristocracias. 3. A transparência, que conecta o poder com a sociedade, é a melhor garantia contra a usurpação da soberania como direito pelo poder vigente.

O governo representativo não pode ser estabelecido nem se desenvolver sem assumir, mais cedo ou mais tarde, essas três características, já que elas são conseqüências naturais de seu princípio.

François Guizot

No entanto, elas não coexistem necessariamente, e o governo representativo pode existir sem sua união.

Isso foi o que ocorreu na Inglaterra. É impossível não investigar por que o governo representativo predominou naquele país e não em outros Estados do continente. Pois, com efeito, os bárbaros que se estabeleceram na Grã-Bretanha tinham a mesma origem e os mesmos costumes originais que aqueles que, após a queda do Império Romano, devastaram a Europa; e não foi em meio a circunstâncias muito diferentes que eles consolidaram seu poder naquele país.

Do século V ao século XII, não encontramos, na Inglaterra, mais vestígios de governos representativos verdadeiros do que no continente; suas instituições eram semelhantes àquelas das outras nações européias; e, em todas as regiões, vemos o conflito dos três sistemas de instituições livres, feudais e monárquicas.

Não podemos solucionar essa questão *a priori* e de uma forma geral. Iremos respondê-la gradativamente, à medida que formos progredindo no exame dos fatos. Veremos que causas sucessivas e variadas levaram as instituições políticas na Inglaterra a tomar um rumo diferente do seguido pelas mesmas instituições no continente. Podemos, no entanto, indicar, desde agora, o grande fato que, desde o período inicial, determinou o caráter e a direção das instituições britânicas.

A primeira das grandes características externas do governo representativo, a divisão do poder, é encontrada em todas as épocas no governo da Inglaterra. O governo nunca esteve concentrado unicamente nas mãos do rei; sob o nome de *Wittenagemot*, de *Conselho* ou *Assembléia dos Barões* e, após o reinado de Henrique III, de *Parlamento*, uma assembléia mais ou menos numerosa e com maior ou menor influência, composta de uma forma específica, sempre esteve associada com a soberania. Por um longo período, essa assembléia foi um tanto subserviente ao despotismo e, às vezes, substituiu o despotismo por guerra civil e anarquia; mas ela sempre interveio no governo central. Um conselho independente que obtinha sua força do poder individual de seus membros era sempre adicionado à autoridade real. A monarquia inglesa sempre foi o governo do rei em conselho, e o conselho do rei era muitas vezes seu adversário. O grande conselho do rei passou a ser o Parlamento.

Esta é a única das características essenciais do sistema de governo representativo que o governo da Inglaterra apresenta até o século XIV. No decorrer desse período, a divisão de poder, longe de reprimir o despotismo eficientemente, serviu apenas para torná-lo mais instável e mais perigoso. O Conselho dos Barões não tinha mais capacidade do que o rei para compreender e estabelecer uma ordem política estável e a verdadeira liberdade; as duas forças estavam em conflito incessantemente, e seu conflito era a guerra, isto é, a devastação do país e a opressão da massa dos habitantes. Porém, com o correr do tempo, disso se originaram dois fatos decisivos, dos quais, por sua vez, se originou a liberdade. São eles:

I. Pelo próprio fato de o poder estar dividido, seguia-se que o poder absoluto, a soberania como direito, nunca era atribuído ao rei, nem era considerado, por si só, legítimo. Ora, esse é o verdadeiro princípio do governo representativo; mas esse princípio estava longe de ser compreendido ou até mesmo suspeitado, filosoficamente falando. Era incessantemente sufocado pela força, ou então se perdia na confusão das idéias da época, relacionadas com o direito divino, com a origem do poder, e assim por diante; mas ele existia nas profundezas da mente pública, e tornou-se, gradativamente, uma máxima essencial. Encontramos esse princípio formalmente expresso nos escritos de Bracton, presidente do tribunal de magistratura do rei sob Henrique III, e de Fortescue, que ocupou a mesma posição sob Henrique VI. "O rei", diz Bracton, "não deve estar sujeito a ninguém, mas unicamente a Deus e à lei, pois a lei o faz rei; ele não pode fazer nada na terra a não ser aquilo que possa fazer pela lei; e aquilo que é dito nas Pandectas, que aquilo que agrada o rei torna-se lei, não é nenhuma objeção; pois vemos pelo contexto que essas palavras não significam a vontade pura e simples do príncipe, e sim aquela que foi determinada pela opinião de seus conselheiros, o rei dando a sanção de sua autoridade às suas deliberações sobre o assunto".

"A monarquia inglesa", diz Fortescue, "*non solum est regalis, sed legalis et politica potestas*",[2] e ele freqüentemente desenvolve essa idéia. Assim, na Inglaterra, a limitação dos poderes foi, muito cedo, uma questão de direito público; e a legitimidade do poder único e absoluto nunca foi reconhecida. Então, foi estabelecido e preservado para tempos melhores o princípio gerador de todo poder legítimo, bem como de toda liberdade; e unicamente graças a esse princípio foi mantido, na alma do povo, aquele nobre sentimento de direito que é extinto e sucumbe sempre que o homem se encontra na presença da soberania ilimitada, sejam quais forem sua forma e nome.

2. A divisão do poder supremo produziu ainda outro resultado. Quando as cidades adquiriram maior riqueza e importância, quando havia sido formada, além do círculo dos vassalos imediatos do rei,

---

[2] Não é apenas um poder real, mas um poder legal e civil.

uma nação capaz de participar da vida política, e que o governo julgou necessário tratar com consideração, essa nação naturalmente uniu-se ao grande conselho do rei, que nunca tinha deixado de existir. Para obter um lugar no governo central, ela não teve necessidade de criar novas instituições repentinamente; um lugar já estava preparado para recebê-la, e, embora sua entrada no conselho nacional tenha transformado sua natureza e suas formas rapidamente, pelo menos não lhe foi necessário afirmar e reavivar sua existência. Houve um fato capaz de ser ampliado, e de admitir em seu seio fatos novos, junto com novos direitos. O Parlamento britânico, para dizer a verdade, só se inicia com a formação da Câmara dos Comuns; mas sem a presença e a importância do Conselho dos Barões, a Câmara dos Comuns talvez nunca tivesse sido formada.

Assim, por um lado, a permanência da idéia de que a soberania deve ser limitada e, por outro, a divisão real do poder central foram as sementes do governo representativo na Inglaterra. Até o fim do século XIII não encontramos nenhuma outra de suas características; e a nação inglesa, até aquele período, talvez não fosse, na verdade, mais livre e mais feliz que qualquer dos povos do continente. Mas o princípio do direito de resistência à opressão já era um princípio legal na Inglaterra; e a idéia da supremacia que controla todas as outras, da supremacia da lei, já estava relacionada, na mente do povo e dos próprios jurisconsultos, não com qualquer pessoa específica, ou com qualquer poder particular vigente, mas com o próprio nome da lei. A lei já era considerada superior a todos os outros poderes; assim, pelo menos em princípio, a soberania tinha deixado aquele mundo material, em que não podia se estabelecer sem engendrar a tirania, para colocar-se naquele mundo moral em que os poderes vigentes tinham que buscá-la constantemente. Não há dúvida de que foram necessárias muitas circunstâncias favoráveis para fecundar esses princípios de liberdade na Inglaterra. Mas quando o sentimento de direito vive no coração dos homens, quando o cidadão não encontra em seu país nenhum poder que ele seja obrigado a considerar infalível e absolutamente soberano, a liberdade não pode deixar de surgir. Aventuramo-nos a acreditar que ela se desenvolveu na Inglaterra de uma forma menos universal, menos igualitária e menos sensata do que a forma de seu desenvolvimento atual em nosso próprio país; ou, pelo menos, isso é o que esperamos. Mas, enfim, ela nasceu e cresceu naquele país mais do que em qualquer outro; e a história de seu progresso, o estudo das instituições que serviram como suas garantias, e do sistema de governo ao qual seus destinos parecem se ligar desde então é, ao mesmo tempo, um grande espetáculo e uma tarefa necessária para nós. Entraremos nele com imparcialidade, pois podemos fazê-lo sem inveja.[3]

---

[3] A ênfase na divisão e limitação de poder e de soberania é central no liberalismo de Guizot. Ele indicou que a limitação de poderes e a afirmação do direito de resistência à opressão eram temas de direito público na Inglaterra. Guizot mencionou também que, na Inglaterra, os poderes locais subsistiram e conseguiram, com sucesso, definir e regular suas próprias ações *vis à vis* o poder central, enquanto no continente a centralização foi o resultado do desaparecimento do poder local e do surgimento do poder absoluto (*HOGR*, pp. 463-75). Não é nenhuma surpresa, portanto, o fato de Guizot acreditar que, se a França construísse um verdadeiro governo representativo, o país deveria reinventar a autonomia e as instituições locais. O livro de Madame de Staël, *Considerations on the French Revolution* (*Considerações sobre a Revolução Francesa*), é uma leitura essencial para se compreender como a Inglaterra tornou-se objeto de elogios e de admiração durante a Restauração dos Bourbons na França. Para maiores detalhes sobre a visão de Guizot do constitucionalismo inglês, veja *HOGR*, pp. 562-71, 657-66, 699-706, e também a nota na p. 128.

Palestra 2

Esboço da história da Inglaterra desde Guilherme, o Conquistador até João Sem Terra (1066-1199). – Guilherme, o Conquistador. – Guilherme Rufus (1087-1100). – Henrique I (1100-1135). – Estêvão (1135-1154). – Henrique II (1154-1189). – Constituições de Clarendon. – Ricardo Coração de Leão (1189-1199).

Antes de entrar na história do governo representativo na Inglaterra, acho que, em primeiro lugar, é necessário recordar os fatos que serviram, por assim dizer, de seu berço – ou seja, os movimentos das várias nações que ocuparam a Inglaterra sucessivamente, a conquista dos normandos, a situação do país à época dessa conquista, aproximadamente na metade do século XI, e os eventos principais que se sucederam a ela. Um conhecimento dos fatos deve sempre preceder o estudo das instituições.

Os bretões – gauleses ou celtas de origem – foram os primeiros habitantes da Grã-Bretanha. Júlio César os subjugou, e a dominação romana substituiu a energia dos bárbaros por uma civilização falsa e debilitada. Ao serem abandonados por Roma, quando essa cidade pouco a pouco foi abdicando de seu império do mundo, os bretões foram incapazes de se defender e pediram a ajuda dos saxões. Esses últimos, encontrando os bretões já conquistados, em pouco tempo deixaram de ser seus aliados para se transformar em seus senhores, e exterminaram, ou expulsaram de volta para as montanhas do País de Gales, o povo que os romanos haviam subjugado. Após uma longa série de incursões, os dinamarqueses se estabeleceram no norte da Inglaterra no decorrer do século IX; e na última parte do século XI os normandos conquistaram todo o país.

Na metade do século XI, e antes da conquista normanda, ainda subsistia uma grande inimizade entre os saxões e os dinamarqueses, enquanto entre os dinamarqueses e os normandos as lembranças de uma origem comum ainda eram recentes e vívidas. Eduardo, o Confessor fora criado na corte da Normandia e nutria grande admiração pelos normandos, tendo inclusive nomeado vários deles para postos importantes em seu reino. O arcebispo de Canterbury era normando, e a língua normanda era falada na corte de Eduardo. Todas essas circunstâncias parecem ter preparado o caminho para a invasão da Inglaterra pelos normandos.

Igualmente favorável à invasão foi a situação interna da própria Inglaterra. A aristocracia saxã crescera à medida que o poder real tinha entrado em declínio; mas o poder dos grandes proprietários da terra era um poder dividido, e suas dissensões abriram uma porta para a interferência estrangeira. Haroldo, cunhado do rei Eduardo, que morrera sem deixar descendentes, acabara de usurpar a coroa, e, com isso, Guilherme nem teve que se opor a um monarca legítimo. "Se os ingleses vão fazer de Haroldo ou de qualquer outro seu duque ou seu rei, eu o aceito", disse Guilherme à morte de Eduardo. Apesar disso, ele afirmou ser herdeiro do reino em virtude de um testamento do monarca falecido, e veio fazer valer seu direito à frente de um exército de 40 mil homens. Em 14 de outubro de 1065, Haroldo perdeu tanto sua coroa quanto sua vida na batalha de Hastings. O arcebispo então ofereceu a coroa da Inglaterra a Guilherme, que a aceitou após simular alguma hesitação, e foi coroado a 6 de dezembro do mesmo ano. No início, embora Guilherme tivesse tratado seus súditos saxões com suavidade, ordenou a construção de uma série de fortalezas e fez concessões de grandes lotes de terra a seus companheiros normandos. Durante uma viagem do rei à Normandia, em março de 1067, os saxões se revoltaram contra a tirania normanda. Guilherme debelou a revolta e ainda continuou durante algum tempo fiel à sua política de conciliação. No entanto, rebeliões continuaram a surgir, e ele foi forçado a recorrer a medidas rigorosas. Por meio de confiscos continuados, garantiu o estabelecimento soberano dos normandos e do sistema feudal. Os saxões foram excluídos de todos os empregos públicos importantes, e particularmente dos bispados. Guilherme cobriu a Inglaterra com fortalezas, e substituiu o idioma anglo-saxão pelo normando, adotado também como idioma oficial – um privilégio que perdurou até o reinado de Eduardo III. Além disso, promulgou leis policiais muito severas, entre elas a lei do toque de recolher, extremamente repudiada pelos saxões, mas que já existia na Normandia; e, por fim, devastou o condado de York, reduto dos insurgentes saxões.

O papa dera sua aprovação ao empreendimento de Guilherme e excomungara Haroldo. Apesar disso, Guilherme ousou repudiar as pretensões de Gregório VII, e proibiu seus súditos de reconhecerem qualquer pessoa como papa até que ele próprio o tivesse nomeado;

os cânones de todos os concílios tinham que ser submetidos à sua sanção ou rejeição; e nenhuma bula ou carta papal podia ser publicada sem a permissão do rei. Guilherme protegia seus ministros e barões para que não fossem excomungados, e obrigou o clero a prestar serviço militar feudal. E, finalmente, durante seu reinado, as cortes eclesiásticas e civis, que anteriormente tinham se unido para formar as cortes dos condados, foram separadas.

Após a morte de Guilherme, em 1087, seus Estados foram divididos entre seus três filhos, Roberto, Guilherme e Henrique. Guilherme Rufus sucedeu-o no trono da Inglaterra, e Roberto no ducado da Normandia. Em seu reinado, Guilherme Rufus destacou-se unicamente por seus atos tirânicos, pela ampliação das florestas reais e por suas odiadas arrecadações tributárias. Deixou de nomear bispos para as sés episcopais que estavam desocupadas, e se apropriou de suas rendas para seu próprio uso, considerando-as feudos cujos donos haviam morrido.

Guilherme Rufus esteve em guerra com seu irmão Roberto quase que continuamente. Por fim, comprou a Normandia do irmão, ou, para ser mais exato, recebeu-a como pagamento de 13 mil marcos de prata que tinha emprestado a Roberto quando esse ia juntar-se às Cruzadas. No ano 1100, fez uma negociação semelhante com Guilherme, conde de Poitou e duque de Guienne. Os barões normandos se arrependeram amargamente de não terem dado a Roberto o trono da Inglaterra, além do ducado da Normandia. Rebelaram-se várias vezes contra Guilherme Rufus, e vários fatos indicam que a nação saxã ganhou algo graças a essas revoltas, e foi um pouco mais bem tratada, em virtude delas, por seu monarca normando. Mas as relações entre os dois povos eram ainda extremamente hostis quando Guilherme Rufus morreu durante uma caçada, em 2 de agosto de 1100.

Henrique I usurpou a coroa da Inglaterra de seu irmão Roberto, a quem pertencia por direito; e os barões normandos, embora preferissem Roberto, opuseram muito pouca resistência a Henrique. Este foi coroado em Londres. Seu primeiro ato foi uma carta régia na qual, para obter o perdão pela usurpação, prometeu não se apropriar das rendas da Igreja quando os benefícios estivessem desocupados; admitir os herdeiros da coroa como vassalos à posse de suas propriedades, sem expô-los a cobranças tão violentas como as que tinham sido habituais nos reinados anteriores; moderar os impostos, perdoar o passado e, finalmente, confirmar a autoridade das leis de Santo Eduardo, que eram tão queridas à nação. Pouco tempo depois da concessão dessa carta régia, Henrique casou-se com Matilde, filha do rei da Escócia e sobrinha de Edgar Atheling, o último herdeiro da dinastia saxã. Esperava, com esse casamento, obter a fidelidade do povo saxão. Matilde, que tinha entrado para o convento — segundo Eadmer, não para se tornar freira, mas para escapar da violência brutal dos normandos —, teve que ser liberada de seus votos para desposar Henrique.

Em 1101, Roberto voltou das Cruzadas e invadiu a Inglaterra, mas um tratado logo pôs fim a seu progresso, e ele renunciou às suas pretensões ao receber uma pensão de três mil marcos e a promessa da herança de Henrique. O mau governo de Roberto na Normandia provocava distúrbios constantes naquele país, e reforçou a tendência crescente de uma união da Normandia com a Inglaterra. Henrique, aproveitando-se dessa situação, invadiu a

Normandia, onde tinha muitos seguidores poderosos, e, após três anos de guerra, em 1106, a batalha de Tenchebray decidiu o destino de Roberto, que foi feito prisioneiro e confinado no Castelo de Cardiff, onde definhou durante 28 anos. A Normandia foi então incorporada à Inglaterra.

O reinado de Henrique I foi tumultuado por brigas contínuas com o clero; o rei foi forçado a renunciar ao direito de investidura, que supostamente conferia dignidade espiritual, mas, por causa de suas propriedades temporais, os bispos continuaram a jurar-lhe fidelidade e a prestar-lhe a homenagem feudal. Em meio aos obstáculos que encontrava em seu caminho, Henrique governou com vigor e prudência; sujeitou os grandes barões, restaurou a ordem e conteve o clero; e essas eram as qualidades que, então, faziam com que um rei fosse um grande rei. O código que é supostamente atribuído a Henrique I é na verdade uma compilação posterior; mas ele executou várias reformas importantes, entre elas a repressão aos abusos do direito de fornecimento, pelo qual os inquilinos do rei por posse feudal (*socage*) eram obrigados a fornecer provisões e carruagens gratuitamente para os membros da corte, quando estes viajavam. Diz-se também que, para os inquilinos desse tipo, ele substituiu o antigo pagamento de aluguel em gêneros pelo pagamento de aluguel em dinheiro; mas não é provável que isso tenha sido uma regra geral.

Henrique I morreu em 1135. Embora, até certo ponto, seu reinado tenha promovido a fusão dos dois povos, a verdade é que a separação entre eles ainda era muito grande. Devido à morte de seu filho Guilherme, Henrique nomeou como sucessora a filha Matilde, esposa de Geoffrey Plantageneta, conde de Anjou, e essa escolha foi ratificada por uma assembléia de barões. Mas, na ausência de Matilde, Estêvão, conde de Boulogne, e neto de Guilherme, o Conquistador – por sua mãe Adela, esposa de Estêvão, conde de Blois –, usurpou a coroa da Inglaterra; no entanto, só uns poucos barões assistiram à sua coroação, em 22 de dezembro de 1135. Ansioso para obter o perdão por sua usurpação, Estêvão fez grandes concessões e publicou duas cartas régias que prometiam tudo que as cartas promulgadas por Henrique tinham prometido, inclusive a manutenção das leis de Eduardo, o Confessor. O clero e os barões, no entanto, só lhe fizeram um juramento condicional; e, querendo fazê-lo pagar caro por seu apoio, a Igreja exigiu dele a sanção de todos os seus privilégios, e os barões obtiveram permissão para construir fortalezas em suas propriedades. Em pouco tempo o reino estava coberto de castelos e baluartes. Mil e quinze foram construídos durante o reinado de Estêvão e garantiram, com muito mais eficiência que suas cartas régias, o poder e a independência dos barões.

Em 1139, irrompeu uma insurreição a favor de Matilde. O rei Estêvão foi derrotado e feito prisioneiro na batalha de Lincoln, em 26 de fevereiro de 1141. Um sínodo de eclesiásticos, sem a cooperação de nenhum leigo, deu a coroa a Matilde; os representantes da cidade de Londres, que eram os únicos leigos presentes, exigiram a libertação do rei Estêvão, mas não obtiveram sucesso, tendo sido admitidos no sínodo apenas para receber ordens. Pouco tempo depois, no entanto, uma conspiração contra Matilde destruiu a ousada obra do clero. Estêvão recuperou sua liberdade em 1142, e a guerra civil recomeçou. Mas um novo inimigo se levantara contra ele. O príncipe Henrique, filho de Matilde, embora ainda jovem, já se tornara famoso por sua coragem e prudência. Sua mãe prometeu-lhe o ducado da Normandia; com a morte de seu pai, Geoffrey Plantageneta, ele havia herdado Maine e Poitou; e seu casamento com Eleanor de Guienne deu-lhe outras vastas províncias da França. Em 1154, Henrique surgiu na Inglaterra à frente de um exército, mas negociações rapidamente puseram fim ao conflito e ele foi reconhecido como sucessor de Estêvão, que morreu um ano mais tarde, em 25 de outubro de 1154.

Uma variedade de circunstâncias favoreceu Henrique II no momento de sua acessão. Ele unia em sua própria pessoa os direitos tanto da dinastia saxã quanto da dinastia normanda. Possuía imensos territórios no continente; era conde de Anjou, duque da Normandia, duque de Guienne, Maine, Saintonge, Poitou, Auvergne, Périgord, Augoumois e Limousin. Casou seu terceiro filho, Geoffrey, ainda criança, com a infanta herdeira do ducado da Bretanha. Em pouco tempo já se havia envolvido em guerra com a nobreza e o clero. Revogou, então, todas as concessões dos territórios reais que haviam sido feitas por Estêvão e Matilde, e recuperou pelas armas tudo que não lhe foi devolvido pacificamente. Demoliu ainda um grande número de fortalezas feudais. Como, à época, os barões ainda não haviam formado nenhuma coalizão, seu poder individual era totalmente insuficiente para competir com o poder de Henrique, e eles não tiveram alternativa a não ser submeter-se ao rei. Este congregou também a seu redor um grande número de interesses, em virtude da manutenção restrita da ordem e da nomeação de juízes itinerantes que garantissem uma administração mais igualitária das leis. Sua luta com o clero foi mais turbulenta e seu sucesso, menos completo; pois o clero, que já havia se constituído em uma corporação mais poderosa, e tinha o apoio externo da Santa Sé, encontrara em seu próprio seio um chefe capaz de resistir até ao maior monarca. Thomas Becket, nascido em Londres em 1119, se aproximara tanto do rei que este o nomeara Lord chanceler.* Seus serviços, sua dedicação, a magnificência de seu modo de vida, tudo isso persuadiu Henrique de que, se desse a Becket um dos postos eclesiásticos mais importantes, teria um seguidor poderoso na Igreja. Nomeou-o, então, arcebispo de Canterbury e primado do reino. Mas, mal havia assumido o posto, Becket começou a se dedicar totalmente aos interesses de sua ordem e, audaciosamente, a exercer e até a ampliar os direitos de sua posição. Quando um membro do clero cometia um assassinato, Becket o punia de acordo com as leis do clero, embora o desejo de Henrique fosse um julgamento pelo direito civil. Becket resistia, e Henrique aproveitou a oportunidade para atacar aberta e sistematicamente o poder eclesiástico. Reunindo os bispos, Henrique lhes perguntou se se sujeitariam às antigas leis do reino, e eles foram obrigados a dizer que sim. Em 1164, foi, então, convocado o famoso Concílio de Clarendon para definir essas leis e estabelecer os limites dos dois poderes. O rei tinha negociado o apoio dos barões leigos. Das deliberações da assembléia resultaram 16 artigos, que tiveram as seguintes conseqüências:

1. Todos os processos legais relacionados com a tutela ou a apresentação de igrejas serão decididos nos tribunais civis. 2. Eclesiásticos, quando acusados de qualquer crime, deverão se apresentar

---

* No original, *lord high chancellor*, no passado o posto mais alto do judiciário na Inglaterra ou na Grã-Bretanha, guardião do Grande Selo. Hoje, presidente do Supremo Tribunal. (N. T.)

diante dos juízes do rei, que decidirá se o caso deve ser julgado pelos tribunais seculares ou episcopais. Os juízes do rei investigarão a maneira pela qual os tribunais eclesiásticos julgam esse tipo de causa, e, se o membro do clero for condenado ou confessar seu crime, perderá seu benefício de clero. 3. Nenhum arcebispo, bispo ou eclesiástico de alto nível sairá do reino sem a permissão do rei. Se ele for para o exterior, deve dar ao rei uma garantia de que regressará e de que terá uma boa conduta em todos os assuntos que digam respeito aos interesses do rei. 4. Pessoas excomungadas não serão obrigadas a garantir que continuarão em seu lugar atual de residência, mas apenas que se apresentarão para serem submetidas ao julgamento da Igreja e receber a absolvição. 5. Nenhum arrendatário do rei, nenhum funcionário de seu domicílio ou de seus domínios será excomungado, ou suas terras interditadas, até que um requerimento seja feito ao rei ou, em sua ausência, ao grande juiz, a fim de obter justiça de suas mãos. 6. Todos os recursos em causas espirituais serão levados do arquidiácono para o bispo, do bispo para o primado e deste até o rei, e não será levado adiante sem o consentimento do rei. 7. Se qualquer processo legal relacionado com a natureza de um feudo surgir entre um leigo e um eclesiástico, a questão será decidida pelo presidente do tribunal do rei, pelo veredicto de 12 *probi homines*;[1] e, de acordo com a natureza do feudo que for determinada, outros procedimentos serão realizados nos tribunais civis ou eclesiásticos. 8. Qualquer habitante de uma cidade grande ou pequena, de um distrito ou mansão senhorial nos domínios do rei, que tiver sido intimado a comparecer a um

---

[1] Homens honrados.

tribunal eclesiástico por alguma ofensa, e que tenha se recusado a comparecer, pode ser colocado sob interdição; mas ninguém pode ser excomungado até que o funcionário mais importante do local onde ele reside seja consultado, para que ele seja obrigado pela autoridade civil a dar satisfações à Igreja. 9. O julgamento de todas as causas, por dívidas contraídas por juramento ou de alguma outra maneira, será encaminhado para os tribunais civis. 10. Quando qualquer arcebispado ou bispado, ou abadia, ou priorado de fundação real estiver desocupado, o rei desfrutará de suas rendas; e quando se tornar necessário ocupar uma sé, o rei invocará um capítulo para que este realize, na capela real, uma eleição que deve obter a sanção do rei, segundo o conselho dos prelados que ele venha a julgar apropriado consultar; e o bispo eleito fará um juramento de fidelidade e lealdade ao rei como seu senhor, por todas as suas posses temporais, à exceção dos direitos de sua ordem. 11. As igrejas pertencentes ao feudo real não serão concedidas perpetuamente sem seu consentimento. 12. Nenhum leigo será acusado diante de um bispo, a não ser por meio de promotores e testemunhas legais e fidedignas; e se o culpado for de tal categoria que ninguém ouse acusá-lo, o xerife, a pedido do bispo, nomeará doze homens honrados da vizinhança que, na presença do bispo, farão declarações sobre os fatos do caso segundo sua consciência. 13. Arcebispos, bispos e outros dignitários espirituais que sejam vassalos imediatos do rei serão considerados barões do reino, e terão os privilégios e as responsabilidades pertencentes àquela categoria, a não ser no caso de condenação à morte ou de perda de um membro. 14. Que, se uma pessoa resistir à sentença proferida legalmente sobre ela por um tribunal eclesiástico, o rei usará sua autoridade para obrigá-la a se submeter a essa sentença. Igualmente, se qualquer pessoa repudiar sua lealdade ao rei, os prelados ajudarão o rei, com suas censuras, a convencê-la de seu erro. 15. Bens confiscados para o rei não serão protegidos em igrejas ou adros. 16. Nenhum servo será ordenado membro do clero sem o consentimento do senhor em cuja propriedade ele nasceu.

Quando os estatutos de Clarendon já haviam sido aprovados, o rei exigiu que os bispos colocassem ali suas chancelas; todos eles consentiram em fazê-lo, à exceção de Becket, que resistiu por bastante tempo. Por fim, tendo cedido, ele prometeu, "legalmente, com boa fé e sem fraude ou reserva", observar os estatutos. O rei enviou uma cópia para o papa Alexandre, que aprovou apenas os seis últimos artigos e anulou o resto. Fortemente a favor do papa, Becket fez penitência por sua submissão e recomeçou o conflito. Logo a situação era desesperadora. O rei assediava Becket com todos os tipos de perseguições, exigindo que ele prestasse contas de sua administração como chanceler, e acusando-o de peculato; os bispos se assustaram e abandonaram a causa do primado. Becket resistiu com coragem indômita, mas finalmente foi forçado a fugir para o continente. Henrique confiscou todas as suas propriedades e baniu todos os seus parentes e empregados, um total de 400 pessoas. Becket excomungou os empregados do rei e, de seu retiro em um mosteiro francês, fez com que Henrique oscilasse no trono. No final, o papa com seus legados, e o rei da França, interferiram para pôr fim ao conflito. Henrique, que estava constrangido por uma série de outros assuntos, cedeu, e Becket regressou à sua sé. Mas sua consciência uniu-se a seu orgulho para reacender a guerra. Censurou os prelados que não lhe deram apoio e excomungou alguns dos empregados do rei que tinham estado ocupados em perseguir o clero. "O que é isso!", gritou Henrique em um ataque de raiva; "entre os covardes que comem meu pão, não há ninguém que me livre desse padre turbulento?". Naquele momento ele estava em Bayeux; quatro de seus cavalheiros partiram imediatamente para Canterbury e assassinaram Becket nos degraus do altar de sua catedral, em 29 de dezembro de 1170. O rei mandou um mensageiro atrás deles, que no entanto chegou tarde demais para evitar a consumação do feito. Henrique manifestou enorme tristeza pela morte de Becket, mas podemos supor que essa tristeza foi fingida. A fim de evitar as conseqüências do gesto, ele ordenou que mensageiros fossem imediatamente a Roma para afirmar sua inocência, e o papa se contentou em fulminar com uma excomunhão geral os autores, os partidários e os instigadores do assassinato.

Outros eventos – guerras com a Escócia e com a França e uma expedição à Irlanda – desviaram a atenção da população da morte de Becket. Em 1172, Henrique recomeçou as negociações com Roma e concluiu um tratado que, de maneira geral, ratificou os decretos do Concílio de Clarendon. Tendo, assim, se reconciliado com o papa, fez as pazes com súditos, cuja inimizade temia, por meio de uma penitência no túmulo de Becket, que foi homenageado por toda a Inglaterra como um mártir.

Em 1172, alguns aventureiros ingleses conquistaram, sem dificuldade e quase sem nenhuma batalha, uma parte da Irlanda. Henrique comandou uma expedição àquele país, e sua autoridade foi reconhecida. O resto de sua vida foi tumultuado pelas guerras contínuas em defesa de seus domínios no continente e pela rebelião de seus filhos, que estavam ansiosos para repartir entre si o poder e os domínios do pai, antes de sua morte. Em virtude do comportamento dos filhos, o rei morreu de tristeza, a 6 de julho de 1189, em Chinon, perto de Saumur; e o corpo de um dos maiores reis da Inglaterra daquela época foi deixado durante algum tempo, abandonado e desnudo, nos degraus de um altar. Seu filho mais velho, Ricardo Coração de Leão, o sucedeu sem dificuldade.

Em todas as eras, e em todas as grandes épocas históricas, quase que invariavelmente testemunhamos o surgimento de alguns indivíduos que parecem ser os protótipos do espírito geral e das tendências predominantes em seu tempo. Ricardo, o rei aventureiro, é uma representação perfeita do espírito cavalheiresco do sistema feudal e do século XII. Imediatamente após sua acessão, seu único pensamento era acumular dinheiro para as Cruzadas; para isso, desfez-se de seus domínios; vendeu publicamente posições, honras e até postos importantes a quem pagasse mais; chegou a vender permissões àqueles que não queriam participar das Cruzadas; e estava pronto para vender Londres, disse ele, se pudesse encontrar um comprador. E enquanto Ricardo sacrificava tudo à paixão pelas aventuras piedosas, seu povo massacrava os judeus porque alguns deles tinham estado presentes à coroação do rei, apesar de proibidos de fazê-lo.

Ricardo finalmente partiu para as Cruzadas, deixando como regente durante sua ausência a mãe, Eleanor, que tinha encorajado seus filhos, os príncipes, a se rebelar contra o rei seu pai; e fez com que ela partilhasse a regência com os bispos de Durham e de Ely. A tirania do bispo de Ely causou problemas por toda a Inglaterra; ele colocou seu parceiro na prisão, governou sozinho com uma arrogância sem limites, até que, finalmente, o príncipe João fez com que fosse deposto por um conselho de barões e prelados. Ao voltar das Cruzadas, como é bem sabido, Ricardo foi feito prisioneiro na Áustria, de 20 de dezembro de 1193 até 4 de fevereiro de 1194, quando recuperou a liberdade graças à devoção de um de seus vassalos. A ansiedade em pagar seu resgate, demonstrada por seus súditos, foi uma prova do poder dos sentimentos e dos laços feudais. De volta ao poder, Ricardo passou o resto de sua vida em guerras contínuas na França, e morreu, em 6 de abril de 1199, de um ferimento que recebeu no cerco do Castelo de Chalus, perto de Limoges, enquanto tentava apoderar-se de um tesouro que, segundo se dizia, fora encontrado pelo conde de Limoges.

Durante o reinado de Ricardo, os direitos das cidades e dos burgos, que haviam começado sob Guilherme Rufus, progrediram consideravelmente, e abriram caminho para o avanço decisivo das liberdades nacionais e do governo representativo na Inglaterra – a Magna Carta do rei João (1215).*

---

* João sem Terra, quinto filho de Henrique II, que foi rei da Inglaterra entre 1199 e 1216. (N. da E.)

Palestra 3

Instituições anglo-saxãs. — Efeitos da Conquista normanda sobre as instituições anglo-saxãs. — Efeitos da Conquista sobre as instituições normandas. — Razões que fizeram com que a Conquista normanda favorecesse o estabelecimento de um sistema de instituições livres na Inglaterra.

Após ter apresentado um sumário, na palestra anterior, dos principais fatos históricos, iremos agora examinar as instituições anglo-normandas durante o período para o qual acabamos de voltar nossa atenção, ou seja, da metade do século XI até o fim do século XII.

Como é possível que, a partir desse momento, tenham sido estabelecidas instituições livres entre esse povo mas não nos demais países? A resposta a esta pergunta pode ser encontrada nos fatos gerais da história inglesa, já que as instituições são muito mais uma obra das circunstâncias que do texto das leis.

Os Estados que foram fundados na Europa, do século V ao século VII, foram estabelecidos por hordas de bárbaros nômades, os conquistadores da população romana envilecida. Do lado dos vencedores não existia uma forma estabelecida e determinada de vida social; do lado dos vencidos, formas e instituições se esfacelavam e se transformavam em pó; a vida social morria de inanição.

Daí o surgimento de desordem prolongada, ignorância, impossibilidade de um sistema geral de organização, reinado da força e desmembramento da soberania.

Nada desse tipo ocorreu na Inglaterra no século XI em conseqüência da conquista normanda. Um povo bárbaro que já estava estabelecido em um país há duzentos anos conquistou outro povo bárbaro que estava territorialmente estabelecido há seiscentos anos. Por esse motivo, muitas diferenças decisivas podem ser observadas entre essa conquista e aquela que ocorreu no continente.

I. Havia muita semelhança e, conseqüentemente, muito mais igualdade entre os dois povos; sua origem era a mesma, seus costumes e sua linguagem parecidos, sua civilização quase idêntica, e o espírito guerreiro era tão forte entre os vencidos quanto entre os vencedores. Assim, duas nações sob condições quase similares encontraram-se na presença uma da outra, e a nação conquistada não só foi capaz de defender suas liberdades como também estava disposta a fazê-lo. Disso surgiram muitos males individuais mas nenhuma humilhação geral e permanente de uma raça pela outra. Oprimida a princípio, mas mantendo seu caráter guerreiro, a raça saxã ofereceu uma resistência enérgica e, gradativamente, ergueu-se de sua posição inferior.

2. Os dois povos também possuíam instituições políticas de uma natureza singularmente semelhante, enquanto em outras regiões, na França e na Itália, as populações romanas, na verdade, não possuíam quaisquer instituições. Entre as sociedades do continente, os comuns e o clero eram obrigados a manter o direito romano, ainda que não abertamente, enquanto na Inglaterra as instituições saxãs

nunca foram sufocadas pelas instituições normandas; ao contrário, associaram-se a elas e, finalmente, até mudaram sua natureza. No continente, deparamo-nos com o controle total do barbarismo, do feudalismo e do poder absoluto, tanto aquele originário das idéias romanas quanto das idéias eclesiásticas. Na Inglaterra, o poder absoluto nunca conseguiu tomar pé; embora exercida com freqüência na prática, a opressão nunca foi estabelecida por lei.

3. Os dois povos professavam a mesma religião; um não teve que converter o outro. No continente, o vencedor mais bárbaro adotou a religião do vencido, e os membros do clero eram quase que totalmente romanos; na Inglaterra, o clero era tanto saxão quanto normando. Isso teve como resultado um fato importante. O clero inglês, em vez de se arrolar ao séquito dos reis, naturalmente assumiu um lugar entre a aristocracia rural, e na nação. Assim, na Inglaterra, a ordem política quase sempre predominou sobre a ordem religiosa; e desde a conquista normanda o poder político do clero, constantemente questionado, sempre esteve em declínio.

Esta é a circunstância decisiva na história da Inglaterra — a circunstância que fez com que essa civilização seguisse um caminho completamente diferente daquele seguido pela civilização do continente. Por necessidade, e em um período inicial, ocorreram uma solução conciliatória e uma fusão entre os vencedores e os vencidos, pois os dois tinham instituições que podiam trazer para o uso comum; instituições mais semelhantes que aquelas em qualquer outro lugar — mais fortes e mais plenamente desenvolvidas, porque pertenciam a povos que estavam territorialmente estabelecidos há um tempo considerável.

Assim, as instituições saxãs e as instituições normandas são as duas fontes do governo inglês. Os ingleses comumente atribuem suas liberdades políticas à primeira fonte; eles vêem que, no continente, o feudalismo não produziu liberdade; e atribuem seu feudalismo aos normandos, e sua liberdade aos saxões. Essa distinção chegou mesmo a se tornar um símbolo dos partidos políticos modernos; os *tories*, em geral, fingem menosprezar as instituições saxãs, enquanto os *whigs* lhes dão grande importância. Essa visão dos eventos não me parece nem precisa nem completa. As instituições saxãs não foram, por si sós, o princípio das liberdades inglesas. A assimilação forçada dos dois povos e os dois sistemas de instituições foram sua verdadeira causa. Há mesmo motivo para duvidar se, sem a Conquista, a liberdade teria resultado das instituições saxãs, e podemos crer que elas teriam produzido, na Inglaterra, resultados semelhantes aos que ocorreram no continente. A Conquista inspirou-os com uma virtude renovada, e fez com que produzissem resultados que não teriam produzido por conta própria. A liberdade política originou-se delas, mas foi gerada pela influência da Conquista e como conseqüência da posição em que ela colocou os dois povos e suas leis.

Relembremos, agora, as instituições anglo-saxãs existentes antes da Conquista; os senhores logo perceberão que foi a aproximação forçada dos dois povos que lhes deu vitalidade e produziu as liberdades da Inglaterra.

Entre as instituições locais, algumas eram baseadas na deliberação comum, e outras na subordinação hierárquica; isto é, algumas no princípio da liberdade e outras no princípio da dependência. De um lado, estavam as cortes dos centos e as cortes dos condados;

do outro, os grandes proprietários de terra e seus vassalos; todos os homens de quatorze anos ou mais eram obrigados a pertencer ou a um cento ou a um senhor, ou seja, a ser livre ou vassalo. Esses dois sistemas incompatíveis, colocados um diante do outro, entravam em conflito, como ocorria no continente. Há alguma dúvida quanto à existência do feudalismo relacionado com terras antes da Conquista. Não há dúvida de que ele já existia com relação a pessoas, pois sua classificação hierárquica era real e progressiva. Nas localidades, embora subsistisse o sistema de instituições livres, o sistema de instituições feudais ia ganhando terreno; jurisdições senhoriais iam superando as jurisdições livres; e, na verdade, um processo muito parecido àquele que ocorria no continente estava acontecendo ali.

Se examinarmos as instituições centrais, perceberemos o mesmo fenômeno. No continente, o feudalismo era causado pela expansão dos vassalos do rei e pelo deslocamento da soberania. A unidade nacional, que dependia da assembléia da nação, dissolveu-se; a unidade monárquica foi incapaz de resistir; e a monarquia e a liberdade pereceram juntas. Os eventos percorreram o mesmo caminho entre os anglo-saxões. Sob Eduardo, o Confessor, a decadência da autoridade real é evidente. O conde de Godwin; Siward, o duque de Nortúmbria; Leofric, o duque de Mércia, e muitos outros grandes vassalos são rivais do rei em vez de serem seus súditos; e a usurpação da coroa de Edgar Atheling – o herdeiro legítimo – por Haroldo assemelha-se muito ao caso de Hugo Capeto. A soberania tende ao desmembramento. A unidade monárquica corre perigo; a unidade nacional está na mesma situação de declínio, algo que é comprovado pela história da *Wittenagemot*. Essa assembléia geral da nação era, a princípio, a assembléia dos guerreiros; mais tarde, passou a ser a assembléia dos proprietários rurais, grandes e pequenos; e, em período posterior, a assembléia apenas dos grandes proprietários, ou dos vassalos do rei. No final, nem esses se esforçavam para participar das reuniões e se isolavam em suas propriedades, onde cada um exercia sua porção da soberania desmembrada. Essa situação é praticamente idêntica à do continente. Só que o sistema das instituições livres ainda subsiste na Inglaterra com algum poder nas instituições locais, e especialmente nos tribunais dos condados. O sistema feudal está em estágio menos avançado que no continente.

O que teria acontecido se a Conquista não houvesse ocorrido? É impossível dizer com certeza, mas é provável que exatamente o mesmo que ocorreu no continente. Os mesmos sintomas são evidentes: a decadência da autoridade real e da assembléia nacional; e a formação de uma aristocracia rural hierárquica quase que totalmente independente do poder central, e exercendo uma soberania quase que inquestionável em seus domínios, à exceção apenas de liberdades feudais.

Tal era a situação das instituições anglo-saxãs quando os normandos conquistaram a Inglaterra. Que novos elementos eles introduziram, e qual foi a conseqüência da Conquista para os saxões?

O sistema feudal estava plenamente estabelecido na Normandia; as relações do duque com seus vassalos, o conselho geral dos barões, a administração senhorial da justiça, os tribunais superiores do duque, tudo isso já estava organizado. Esse sistema é impraticável em um grande Estado, especialmente quando os costumes não progrediram muito; ele leva ao deslocamento do Estado e da soberania, e à federação de indivíduos poderosos que desmembram o poder real. Mas em um Estado de extensão limitada, como a Normandia, o sistema feudal pôde subsistir sem destruir a unidade; e, apesar das guerras contínuas de Guilherme com alguns de seus vassalos, ele era verdadeiramente o chefe poderoso de sua aristocracia feudal. A prova disso encontra-se no próprio empreendimento em que ele comandou essa aristocracia. Dizem as crônicas que ele tinha de 40 a 60 mil homens, dos quais 25 mil eram aventureiros contratados ou homens que entravam para o exército real na esperança de obter pilhagens. Ele não era um líder de bárbaros, e sim um soberano levando a cabo uma invasão, à frente de seus barões.

Após a Conquista e o estabelecimento territorial dos normandos, os laços que uniam a aristocracia normanda fortaleceram-se ainda mais, necessariamente. Acampados no meio de um povo que lhes era hostil, e mesmo capaz de uma resistência vigorosa, os conquistadores sentiram a necessidade de união; por isso se uniram ainda mais, fortalecendo o poder central. No continente, após as invasões bárbaras, quase não ouvimos falar de insurreições por parte dos habitantes originais: as guerras e os conflitos são entre os próprios conquistadores. Na Inglaterra, no entanto, elas são entre os conquistadores e o povo conquistado. Deparamo-nos, de vez em quando, com rebeliões dos barões normandos contra o rei; mas esses dois poderes geralmente agem de comum acordo, pois seu interesse era o vínculo que os unia. Além disso, Guilherme havia encontrado um poder real de grande extensão já existente, que foi amplamente aumentado com o confisco das terras dos rebeldes anglo-saxões. Embora a espoliação não tivesse sido universal, ela foi executada com uma prontidão e uma regularidade sem precedentes. Pouco tempo depois, Guilherme já tinha 600 vassalos diretos, quase todos eles normandos, e sua propriedade fundiária estava dividida em 60.215 feudos de cavaleiros, dos quais uma grande parte às vezes pertencia ao mesmo senhor; só Robert de Mortaigne, por exemplo, possuía 973 herdades, o conde de Warrenne 278, e Roger Bigod 123; no entanto, essas herdades estavam espalhadas por vários condados, pois, embora o prudente Guilherme estivesse disposto a enriquecer seus vassalos, não queria torná-los poderosos demais.

Outra prova da coesão da aristocracia normanda nos é fornecida pelo Livro do Dia do Juízo Final, uma contabilidade estatística dos feudos reais, e um registro das terras arrendadas e dos vassalos diretos do rei, que cobria desde 1081 até 1086, e que tinha sido compilada pelos comissários reais. O rei Alfredo também comandara a compilação de um registro semelhante, mas este se perdera. Nada desse tipo foi feito em nenhum outro país.

O mesmo motivo que tornou o feudalismo normando na Inglaterra mais compacto e mais regular do que no continente produziu um efeito correspondente nos saxões. Oprimidos por um inimigo poderoso e fortemente unido, eles formaram fileiras compactas, constituíram-se em um órgão nacional e agarraram-se resolutamente a suas leis antigas. E, em um primeiro momento, o estabelecimento de Guilherme não parece ter sido inteiramente obra da força; havia até mesmo algumas formas de eleição; após a batalha de Hastings, foi-lhe oferecida a coroa pelos saxões, e em sua coroação, na abadia de Westminster, ele jurou governar os saxões e os normandos com leis iguais. Depois desse período, constantemente encontramos os saxões exigindo ser governados pelas leis de Eduardo, o Confessor, ou seja, por leis saxãs, e esse direito foi concedido por todos os reis normandos, sucessivamente. Assim, essas leis passaram a ser seu ponto de reagrupamento, seu código original e permanente. Os tribunais dos condados, que continuavam a existir, também serviam para manter as liberdades saxãs. A jurisdição feudal tinha feito pouco progresso entre os saxões e foi ampliada com a chegada dos normandos; mas não teve muito tempo para criar raízes profundas porque se viu limitada, de um lado, pelos tribunais dos condados e, de outro, pela jurisdição real. No continente, a autoridade real conquistou o poder judicial do feudalismo; na Inglaterra, a autoridade real se sobrepôs aos tribunais dos condados. Disso surge a enorme diferença entre os dois sistemas judiciários.

Finalmente, os saxões ainda possuíam propriedade fundiária, que eles defendiam ou reivindicavam com base em títulos anteriores à Conquista, e a validade desses títulos foi reconhecida.

Em suma, a Conquista normanda não destruiu os direitos entre os saxões, nem na ordem política, nem na ordem civil. Ela se opôs, nas duas nações, àquela tendência ao isolamento e à dissolução da sociedade e do poder que foi o curso geral das coisas na Europa. Ela aproximou os normandos, e uniu os saxões entre si; ela os trouxe na presença um do outro com poderes e direitos mútuos, e assim, até certo ponto, produziu uma fusão das duas nações e dos dois sistemas de instituições, sob o controle de um forte poder central. Os saxões mantiveram seus costumes e suas leis; seus interesses foram, durante muito tempo, interesses de liberdade, e eles foram capazes de defendê-los. Essa situação, muito mais que o caráter intrínseco das instituições saxãs, levou à predominância de um sistema de livre governo na Inglaterra.

Palestra 4

O Parlamento inglês nos períodos iniciais da Monarquia anglo-normanda. — Os vários nomes dados ao Grande Conselho do Rei. — Suas características. — Sua constituição. — Opinião dos whigs *e dos* tories *sobre esse tema.*

O leitor já viu como a Conquista normanda influenciou o destino político da Inglaterra, e em que situação, em virtude deste fato, ficaram os dois povos, que nem se uniram nem se destruíram mutuamente. Viveram, com efeito, em um estado de conflito nacional e político, em que um deles estava investido de um grande poder de governo, enquanto o outro estava longe de se achar desprovido de meios de resistência. Agora precisamos investigar quais eram as instituições em que se baseou essa luta. Não estaremos interessados em todas as instituições existentes na sociedade; agora, buscaremos apenas as fontes do governo representativo, e, portanto, só nos interessaremos por aquelas em que existiam os germes de um sistema correspondente.

A fim de definir com alguma precisão o objeto de nosso estudo, será necessário ter alguma idéia das diferentes funções do poder aplicadas ao governo da sociedade. Temos, em primeiro lugar, o poder legislativo, que impõe regras e obrigações a toda a massa da sociedade, inclusive ao próprio poder executivo. A seguir aparece o poder executivo, responsável pela supervisão dos assuntos gerais da sociedade – a guerra, a paz, o recrutamento de homens e a arrecadação de impostos. Depois temos o poder judiciário, que soluciona assuntos de interesse privado de acordo com leis previamente estabelecidas. Por fim, o poder administrativo, que tem sob sua responsabilidade o dever de cuidar de assuntos que não possam ser previstos e regulados por quaisquer leis gerais.

Na França, durante três séculos, esses poderes tenderam à centralização; de tal forma que, se estudarmos o governo do país, teremos que levar em consideração todos eles, já que estão unidos e restritos aos mesmos indivíduos. Richelieu, Luís XIV, a Revolução, Napoleão, embora em posições diferentes, parecem ter herdado os mesmos projetos e ido na mesma direção. Isso não ocorreu na Inglaterra. O poder administrativo nesse país, por exemplo, está dividido e subdividido até o momento presente; ele pertence ou àqueles que estão, eles próprios, interessados em seus movimentos ou a juízes locais, independentes do poder central do Estado, e sem formar nenhuma corporação entre eles. O próprio poder judiciário está dividido. Até certo ponto, essa divisão ocorreu em virtude de um outro motivo mais poderoso nos períodos iniciais da vida social da Inglaterra, como em todas as sociedades que só tiveram um progresso limitado. Assim, os vários poderes não só estão distribuídos, mas também estão mesclados. O poder legislativo não é mais central que os demais: suas funções são continuamente usurpadas pelos poderes locais. O poder judiciário é quase que totalmente local. A centralização começa com o poder executivo propriamente dito, e durante muito tempo esse foi o único poder em que encontrávamos uma tendência centralizadora. A prova disso nos é fornecida pelo sistema feudal, em que quase todos os poderes – aqueles relacionados com a justiça, com a milícia, com os impostos etc. – eram locais, embora a hierarquia feudal tivesse à sua frente o rei e a assembléia dos donos de feudos mais importantes.

Nessa distribuição e confusão de poderes no período que estamos considerando, as instituições que precisamos estudar especialmente a fim de encontrar a origem do governo representativo são aquelas claramente centrais, ou seja, o Parlamento e o rei. No continente, a centralização foi resultado de um poder absoluto que se rompeu e absorveu todos os poderes locais. Na Inglaterra, por outro lado, os poderes locais subsistiram depois de mil dificuldades, ao mesmo tempo que iam organizando e definindo cada vez mais sua própria ação. Um governo central emanou deles gradativamente – ele se formou e se ampliou de forma progressiva. Acompanharemos essa formação passo a passo, e só estudaremos as instituições locais na medida em que elas se relacionarem com esse fato único; e veremos que essa circunstância foi a principal causa do estabelecimento de um governo livre na Inglaterra.

Pode-se facilmente presumir, em sociedades nessa situação, que, a não ser pela realeza, durante muito tempo não existiu nenhuma outra instituição central propriamente dita. Existem certas máximas, certos hábitos da ação política central, mas nenhuma regra constante; os fatos são variados e contraditórios. Homens de influência considerável, quase soberanos em seus próprios domínios, têm muito menos interesse em participar de um poder central; preferem tentar se defender dele sempre que isso interfere com seus interesses, em vez de tentar controlá-lo *a priori* e atuar sobre ele de uma forma generalizada. Da mesma maneira que na França, no final da dinastia carolíngia, mal era possível encontrar um rei, na Inglaterra, sob os primeiros reis normandos, mal era possível encontrar um Parlamento. A instituição da época mais semelhante a um Parlamento diferia muito pouco da *Wittenagemot* saxã, em termos da forma que esta assumira imediatamente antes da Conquista, ou até do Conselho dos Barões da Normandia. Encontramos na obra de historiadores e em cartas régias os seguintes nomes: *Curia de more, Curia regis, Concilium, Magnum Concilium, Commune Concilium Concilium regni*. Mas essas devem ser consideradas apenas expressões vagas para designar assembléias, sem dar nenhuma indicação que nos permita determinar como eram constituídas e qual era seu poder. Hale vê nelas "um Parlamento tão completo e tão real como qualquer outro que já existiu na Inglaterra". Carte e Brady vêem nelas apenas tribunais, conselhos privados dependentes do rei ou reuniões elegantes para a comemoração de certas solenidades. Do nosso ponto de vista, será melhor examinar cada um desses nomes e investigar os fatos que lhes correspondem no período para o qual voltamos nossa atenção.

    Segundo os *tories* de um modo geral, as palavras *Curia de more*, ou *Concilium, Curia regis, Magnum* ou *Commune Concilium* representam assembléias diferentes. O *Concilium* é um conselho privado composto de homens escolhidos pelo rei para servi-lo no governo. Esse *Concilium* era ao mesmo tempo *Curia regis*, um tribunal para o julgamento de assuntos trazidos ao rei, e presidido por ele ou, em sua ausência, pelo presidente do tribunal. Era também chamada de *Curia de more*, porque suas reuniões se realizavam, segundo o costume antigo, três vezes ao ano: na Páscoa, na semana de

Pentecostes e no Natal, e eram até mesmo suspensas entre um período e outro, como ocorre até os dias atuais com os tribunais em Westminster.

Segundo os *whigs*, todas essas palavras designavam originalmente, e continuaram a designar até o reinado de Henrique II (1154-1189), a assembléia geral dos nobres do reino, que necessariamente se reunia na presença do rei para julgar casos, legislar e prestar ajuda ao governo.

A primeira dessas opiniões limita demais o significado das palavras, enquanto a segunda generaliza demais com base em fatos isolados, e lhes atribui uma importância que não lhes pertence.

Originalmente, a *Curia de more* e a *Curia regis* não significavam nem o conselho privado do rei nem seu tribunal; eram evidentemente assembléias importantes a que todos os nobres do reino estavam presentes, ou para tratar dos assuntos de Estado ou para ajudar o rei na administração da justiça. "O rei", diz a história saxã, "tinha por costume usar sua coroa três vezes por ano – na Páscoa, em Winchester; na semana de Pentecostes, em Westminster; e no Natal, em Gloucester; e nessas ocasiões estavam com ele todos os grandes homens de toda a Inglaterra, arcebispos e bispos, abades e condes, vassalos e cavaleiros". – "Um edito real", diz Guilherme de Malmesbury, "convocava para a *Curia de more* todos os nobres de todos os graus, a fim de que aqueles que eram enviados de países estrangeiros pudessem ficar deslumbrados com a magnificência da companhia e com o esplendor das festividades". "Sob Guilherme Rufus", diz Eadmer, "todos os nobres do reino vinham, segundo o costume, para o tribunal do rei, no dia da natividade do Salvador". Anselmo, arcebispo de Canterbury, ao se apresentar *ad Curiam pro more*, "foi recebido com alegria pelo rei e por toda a nobreza do reino". Em 1109, no Natal, "o reino da Inglaterra se reuniu em Londres, no tribunal do rei, segundo o costume".

A *Curia regis* designa geralmente o local da residência real e, por extensão, a assembléia realizada naquele local; essa assembléia era geral, e não apenas uma reunião de juízes permanentes. Guilherme I, convocando os duques de Norfolk e Hereford para estarem presentes e serem julgados *in Curia regis*, "convocou", diz Ordericus Vitalis, "toda a nobreza para seu tribunal". Várias assembléias judiciárias realizadas sob Guilherme Rufus eram chamadas *ferme totius regni nobilitas, totius regni adunatio*.[1] Fatos e expressões do mesmo tipo podem ser encontrados em documentos da época de Estêvão. Mesmo sob Henrique II, quando o Tribunal da Magistratura do Rei já havia se tornado um tribunal separado, a expressão *Curia regis* ainda é aplicada à assembléia geral reunida para a transação de negócios públicos. Henrique convocava sua *Curia* em Bermondsey, *cum principibus suis de statu regni et pace reformanda tractans*.[2] O segundo dos estatutos de Clarendon ordena que todos os vassalos imediatos da coroa *interesse judiciis curiae regis*.[3] O grande Conselho de Northampton, que julgou as queixas da coroa contra Becket, é chamado de *Curia regis*; ele compreendeu não só os bispos, condes e barões, mas, ao lado desses, os xerifes e os barões *secundae dignitatis*.[4] Finalmente, sob Ricardo I, a assembléia geral dos nobres do reino ainda foi chamada de *Curia regis* no julgamento do arcebispo

---

[1] A nobreza de quase todo o reino, a união de todo o reino.
[2] Com seus príncipes discutindo a situação do reino e restaurando a paz.
[3] Estejam entre os juízes do tribunal do rei.
[4] De segunda categoria.

de York: "Nessa ocasião estavam presentes o conde de Morton e quase todos os bispos, condes e barões do reino".

Um exame um pouco mais aprofundado nos mostrará as inferências a serem extraídas de todos esses fatos. Nesse período, os poderes legislativo e judiciário não estavam separados; ambos pertenciam à assembléia dos nobres, como haviam anteriormente pertencido à *Wittenagemot* dos saxões. Quando eram necessárias deliberações referentes a um súdito ou personagem importante, essa era a assembléia que fazia o julgamento, já que ela intervinha como mediadora em todas as ocasiões importantes do governo. Assim, todas essas várias expressões denotam originalmente a mesma assembléia, composta dos nobres do reino que eram convocados para arcar com sua parte no governo.

Como intervinham? Que poder, que funções lhes pertenciam? — estas são questões que naquela época seriam vãs, pois nenhum deles tinha funções determinadas: tudo era decidido de acordo com o fato específico e a necessidade. Vamos aos fatos: "Era um antigo costume que os nobres da Inglaterra se reunissem na época do Natal no tribunal do rei, ou para comemorar a festa, ou para fazer visitas de cortesia ao rei, ou para deliberar com relação aos assuntos do reino". Vemos que essas assembléias ocupavam-se com a legislação, com assuntos eclesiásticos, com questões de paz e guerra, com impostos extraordinários, com a sucessão da coroa, com os assuntos domésticos do rei, seu casamento, as núpcias de seus filhos, as dissensões na família real, ou seja, em uma palavra, todos os assuntos do governo, diz Florence de Worcester, sempre que o rei não se sentisse forte o suficiente para resolvê-los sem a ajuda da assembléia geral, ou quando a maneira pela qual ele os tinha solucionado provocara queixas em número suficiente para adverti-lo da necessidade de buscar o conselho de outros.

Quanto à realização dessas assembléias, elas não eram regulares: os *whigs* deram importância demais aos três períodos mencionados, considerando-os como épocas de sua convocação anual. Nessas datas, as reuniões tinham mais o caráter de solenidades ou festivais do que propriamente de assembléias públicas. Naquela época o rei considerava muito importante exibir-se, rodeado por inúmeros e ricos vassalos, *species multitudinis*;[5] sua força e sua posição eram demonstradas através disso, assim como, em seus próprios domínios, todos os barões também se exibiam. Além disso, sob Henrique II e Estêvão, essas três datas deixaram de ser observadas regularmente. Os *tories*, por outro lado, como não consideravam que as reuniões chamadas de *Curiae de more* e *Curiae regis* eram assembléias políticas, as representavam como extremamente esporádicas, embora, na verdade, não o fossem; não há um único reinado, desde a Conquista até a época do rei João,* em que não tenha sido possível identificar várias delas. O que ocorria é que nada era determinado e preestabelecido com relação a essas reuniões.

A questão da constituição dessas assembléias permanece sem resposta. Historiadores e cartas não dizem nada definitivo sobre esse ponto; falam de seus membros como *magnates, proceres, barones*, e às vezes como *milites, servientes, liberi homines*. Há todas as razões para supor que o princípio feudal era aplicado nesse caso e que, como questão de direito, todos os vassalos imediatos do rei lhe deviam serviço no tribunal bem como na guerra. Por outro lado, o núme-

---
[5] O espetáculo de uma multidão.
* João sem Terra (1167-1216). (N. da E.)

ro de vassalos associados à coroa sob Guilherme I era de mais de seiscentos; e não há motivo para se crer que todos eles estivessem presentes na assembléia, nem existem quaisquer fatos indicando que isso ocorria. Na maior parte das vezes, a participação se tornara mais um serviço oneroso que um direito; por esse motivo, só um pequeno número de vassalos participava.

A palavra usada com mais freqüência é *barones*. Parece que ela se aplicava originalmente a todos os vassalos diretos da coroa, *per servitium militare*, por serviço como cavaleiros. Vemos que o uso da palavra foi ficando mais restrito, até que passou a ser aplicado quase que exclusivamente para designar os vassalos da coroa que eram ricos o bastante, e cujas propriedades eram grandes o suficiente para que pudessem ter um tribunal de justiça estabelecido na sede de seu baronato. É difícil admitir que esse último princípio fosse seguido de maneira generalizada. O nome de *barones* por fim foi aplicado, unicamente, àqueles vassalos imediatos que eram tão poderosos que o rei se sentia obrigado a convocá-los. Não havia nenhuma regra original e constante para distinguir os barões de outros vassalos. Mas, gradativamente, foi sendo formada uma classe de vassalos mais ricos, mais importantes e mais comumente ocupados nos assuntos do Estado, ao lado do rei, e que, finalmente, vieram a arrogar-se exclusivamente o título de barões.

Os bispos e abades também faziam parte dessas assembléias, tanto como chefes do clero quanto no papel de vassalos imediatos do rei ou dos barões.

Não encontramos quaisquer vestígios de eleições ou de representação, seja por parte dos vassalos do rei que não se apresentavam à assembléia, seja por parte das cidades. Essas últimas, aliás, tinham sofrido muito com a conquista normanda. Em York, o número de casas diminuiu de 1.607 para 967; em Oxford, de 721 para 243; em Derby, de 243 para 140; e em Chester, de 487 para 282.

Esses, portanto, são os fatos essenciais que podemos coletar com referência à constituição e ao poder do tribunal do rei, ou da assembléia geral dos nobres da nação. Parece claro que uma assembléia de natureza assim tão irregular deve ter exercido muito pouca influência; e veremos isso ainda mais claramente ilustrado quando compararmos essa influência com os direitos, as rendas e todos os poderes que eram desfrutados pela realeza à época.

Palestra 5

A realeza anglo-normanda: sua riqueza e poder. — Comparação das forças relativas da Coroa e da aristocracia feudal. — Expansão do poder real. — Espírito de associação e de resistência entre os grandes barões. — Começo da luta entre essas duas forças políticas.

A fim de avaliar com precisão o poder e a importância da realeza no período que estamos considerando, devemos primeiro averiguar sua situação real e seus recursos; e, pela extensão desses recursos e pelas vantagens dessa situação, veremos como a influência da assembléia dos barões sobre o poder real deve ter sido frágil.

As riquezas do rei normando não dependiam de seus súditos; ele possuía uma enorme quantidade de propriedades, 1.462 herdades e as cidades principais do reino. Esses domínios aumentavam continuamente, ou por confisco — para os quais sempre havia motivos — ou pela ausência de herdeiros legais. O rei cedia terras em um tipo de arrendamento permanente para os lavradores que lhe pagassem um determinado aluguel por elas (posse livre de serviços ou *socage*). Essa era a origem da maioria daqueles que tinham domínio absoluto da terra, fosse nos domínios reais ou nos dos barões. O rei, em seus domínios, impunha os impostos que quisesse, e, arbitrariamente, também impunha regras alfandegárias sobre a importação e a exportação de bens, e estabelecia o valor das multas e das fianças por crimes. Além disso, o monarca vendia cargos públicos, entre eles o de xerife, que era um cargo lucrativo em virtude da porcentagem das multas associadas a ele. O condado às vezes pagava pelo direito de nomear seu xerife, ou para evitar uma nomeação já feita. Finalmente, a venda da proteção e da justiça reais era uma fonte de renda considerável.

Quanto aos vassalos imediatos do rei, estes lhe deviam, *em primeiro lugar*, serviço militar de 40 dias sempre que fosse exigido; *em segundo lugar*, ajuda pecuniária em três circunstâncias: para resgatar o rei quando este fosse feito prisioneiro, para armar cavaleiro seu primogênito ou casar sua filha mais velha. Até o reinado de Eduardo I, o valor dessa ajuda era indeterminado; a partir daí, foi fixado em 20 xelins para o feudo de um cavaleiro, e o mesmo valor para cada 20 libras esterlinas de propriedade fundiária mantida em posse de *socage*. *Em terceiro lugar*, o rei tinha o direito de receber de seus vassalos uma recompensa ou multa na morte do dono de um feudo; ele seria o guardião se o herdeiro fosse menor, e receberia todas as rendas do feudo até a maioridade do herdeiro; tinha também o controle de seus casamentos, ou seja, o vassalo de um rei não podia casar sem o consentimento real. Todos esses direitos eram indeterminados e, às vezes, substituídos por meio de negociações que sempre favoreciam o que tinha maior poder. *Em quarto lugar*, a dispensa do serviço militar feudal gerava um imposto chamado de *escuage*, uma espécie de resgate estabelecido arbitrariamente pelo rei para substituir um serviço ao qual ele tinha direito; e, em muitos casos, o rei impunha esse imposto a seus vassalos mesmo quando eles teriam preferido prestar o serviço pessoalmente. Henrique II, de maneira totalmente arbitrária, arrecadou cinco *escuages* durante seu reinado.

Além desses impostos arrecadados pelo rei, havia outro que também deve ser mencionado, chamado de *danegeld*, ou imposto pago para a defesa contra os dinamarqueses; esse imposto foi arrecadado várias vezes durante esse período, em todas as propriedades rurais por todo o reino. O último exemplo dele foi encontrado no 20º ano do reinado de Henrique II.

Graças a tais rendas independentes e impostos arbitrários, os reis normandos podiam manter corpos permanentes de tropas remuneradas, que lhes permitiriam exercer seu poder livremente, algo que, no continente, só ocorreu muito mais tarde.

Finalmente, a partir de Guilherme, o Conquistador e até Henrique II, o poder judiciário quase sempre esteve concentrado nas mãos do rei. Nesse último reinado, a obra estava quase completa: tentarei mostrar como isso ocorreu.

Originalmente, as jurisdições que coexistiam eram as seguintes: I. Os tribunais dos centos e dos condados, ou reuniões daqueles que tinham domínio absoluto dessas subdivisões territoriais, sob a presidência do xerife; 2. Os tribunais dos baronatos ou jurisdições feudais; 3. O grande tribunal do rei, em que o rei e os barões reunidos administravam a justiça para outros barões nos casos entre alguns deles, ou nos casos de recursos que só podiam ocorrer quando a justiça fosse recusada no tribunal da herdade ou do condado.

O Tribunal do Tesouro, instituído por Guilherme, o Conquistador, foi, a princípio, um tribunal simples, que recebia as contas da administração das rendas do rei, dos xerifes e dos intendentes, e julgava os processos que surgiam sobre esse assunto. Era composto por barões, escolhidos pelo rei para formar seu conselho e para ajudá-lo em seu governo. À medida que a assembléia maior, a *Curia regis*, começou a ser realizada com menor freqüência, o Tribunal do Tesouro foi ganhando importância. Os barões que o compunham começaram a ser total e unicamente responsáveis pelos julgamentos na ausência da assembléia e antes de sua convocação; essa mudança foi introduzida pela necessidade, confirmada pelo costume e, finalmente, sancionada e estabelecida por lei. Mais ou menos em 1164, o Tribunal do Tesouro transformou-se em outro tribunal de justiça real, que, embora distinto do tribunal original, manteve os mesmos membros. Os reis apoiaram essa mudança porque ela beneficiava suas rendas. Nesse período foram também estabelecidos os *mandados de chancelaria*, que davam aos compradores o direito de requerer diretamente à justiça real, sem antes passar pelos tribunais de justiça subordinados. Pouco depois, a ignorância dos proprietários alodiais (*freeholders*, ou proprietários de domínio absoluto), que compunham os tribunais dos condados, também demandou a extensão da justiça real em seus tribunais, e, no reinado de Henrique I, os chamados *juízes itinerantes* foram enviados para os condados a fim de administrar aqueles tribunais, como havia sido feito pelo Tribunal do Tesouro. Essa instituição só esteve em pleno vigor durante o reinado de Henrique II.

    Dessa maneira, a influência predominante do rei na ordem judicial foi estabelecida; esse foi um instrumento poderoso para a centralização e a unidade, e, no entanto, como os juízes reais só prestavam seus serviços para suplementar a instituição do júri, sem substituí-lo – pois questões de fato e questões de direito continuavam a ser diferentes –, a semente das instituições livres que existia na ordem judiciária não foi totalmente destruída.

Um rei investido com recursos assim tão poderosos não podia ser facilmente restringido por uma assembléia irregular. Por esse motivo, o governo dos reis normandos foi quase sempre arbitrário e despótico. As pessoas e as propriedades nunca estavam seguras: as leis, os impostos e as sentenças judiciais eram, quase sempre, apenas uma expressão do desejo real.

Quando consideramos esses fatos coletivamente, podemos ser levados a duas conclusões bastante opostas, dependendo do ponto de vista que usamos para examiná-los: por um lado, vemos a assembléia geral da nação interferindo com muita freqüência nos assuntos públicos, não em virtude de algum caráter oficial específico que ela porventura possuísse, nem com o objetivo de exercer algum direito especial, tal como o de elaborar leis gerais ou aprovar provisões, mas em casos que às vezes diferiam totalmente um do outro, e com o objetivo de avaliar todo o rumo do governo. Leis, relações exteriores, paz, guerra, assuntos eclesiásticos, o julgamento de casos importantes, a administração dos territórios reais, as nomeações para importantes cargos públicos, até a economia doméstica e os procedimentos da família real, tudo parecia pertencer à esfera de ação dessa assembléia nacional. Nenhum assunto lhe era estranho, nenhuma função lhe era proibida, nenhum tipo de investigação ou de ação lhe era recusado. Todas as diferenças de competência, todas as linhas de demarcação entre as prerrogativas da coroa e as da assembléia parecem ser desconhecidas; poderíamos dizer que o governo inteiro pertencia à assembléia, e que ela exercia de uma forma direta essa atividade, essa supervisão geral que pertence indiretamente ao sistema representativo maduro e aperfeiçoado, em virtude de sua influência na escolha daqueles que seriam os depositários do poder, e por meio do princípio de responsabilidade.

Por outro lado, se esquecermos a assembléia e examinarmos o poder real isoladamente, veremos que, em inúmeros casos, ele age de uma maneira absoluta e arbitrária, como se não existisse nenhuma assembléia com a qual partilhar o governo. O rei, por conta própria, promulgava leis, arrecadava impostos, despejava proprietários, condenava e bania pessoas importantes e exercia, em uma palavra, todos os direitos de soberania ilimitada. Essa soberania às vezes aparece totalmente nas mãos da assembléia, outras totalmente nas mãos do rei; quando a assembléia age e interfere em todos os detalhes do governo, não vemos nenhuma queixa por parte do rei, como se tivesse havido uma invasão de suas prerrogativas; e quando, por outro lado, o rei governa despoticamente, não vemos a assembléia movimentando-se para protestar contra a extensão do poder real como se isso fosse um golpe contra seus direitos.

Deparamo-nos, assim, com duas classes de fatos, que existem simultaneamente nessa primeira infância da sociedade — fatos que parecem pertencer a um sistema plenamente desenvolvido de instituições livres e fatos que são característicos do poder absoluto. Por um lado, o objetivo de governos livres, isto é, que a nação deva interferir, direta ou indiretamente, em todos os assuntos públicos, parece ter sido alcançado; por outro, a dominação independente e arbitrária do poder real parece ter sido reconhecida.

Esse é um resultado que deve necessariamente surgir na desordem de um estágio ainda nascente e confuso de civilização. A sociedade nesse estágio é uma presa do caos — todos os direitos e todos os poderes de uma comunidade coexistem, mas estão confusos, desregulados, sem limites determinados, e sem nenhuma garantia legal – os homens livres ainda não abdicaram de nenhuma de suas liberdades, e o poder tampouco renunciou a quaisquer de suas pretensões. Se alguém dissesse aos barões de Guilherme ou de Henrique I que eles não tinham nada a ver com os assuntos do Estado, a não ser obedecer quando o rei exigisse o pagamento de um imposto, eles teriam ficado indignados. Todos os assuntos do Estado eram seus porque estavam interessados neles; e quando eram chamados para deliberar com respeito à paz ou à guerra, acreditavam estar exercendo um direito que lhes pertencia, e não tendo uma pequena vitória contra a autoridade real. Nenhum homem livre que fosse forte o bastante para defender sua liberdade reconhecia qualquer direito em alguma outra pessoa de dispor dele sem seu consentimento, e achava que era uma questão muito simples dar seus conselhos sobre assuntos que lhe pareciam interessantes. O rei, por sua vez, avaliando seu direito pela sua força, não reconhecia em ninguém, nem, por conseguinte, em nenhuma assembléia, o direito legal de impedir que ele fizesse aquilo que era capaz de fazer. Portanto, propriamente falando, naquela época não existiam quaisquer direitos ou poderes públicos; esses direitos e poderes eram quase que totalmente individuais e dependentes das circunstâncias; podem ser encontrados, mas isoladamente, inconscientes de sua própria natureza e, na verdade, de sua própria existência.

Nesse estado desordenado das coisas, os governos capazes e enérgicos de Guilherme I, Henrique I e Henrique II fizeram com que o poder real, gradativamente, assumisse um caráter muito mais geral e coerente. Com isso, as assembléias nacionais foram se tornando mais raras e perdendo sua influência; e, sob Estêvão, desapareceram quase que totalmente. Os barões já não tinham um ponto de encontro em comum, e estavam mais ocupados com o governo de seus próprios territórios do que com qualquer associação com o poder real com o objetivo de controlá-lo ou limitá-lo. Cada um deles se dedicava mais exclusivamente a seus próprios negócios, e o rei, seguindo o exemplo, fez-se quase o único senhor dos negócios do Estado. Ele se aproveitou da necessidade de ordem e de regularidade, que se fazia sentir cotidianamente, para se constituir em uma espécie de provedor dessa ordem e dessa regularidade. Por esses meios, em pouco tempo ele se tornara o primeiro em nome, e também o mais poderoso de fato. Graças a ele, as estradas ficaram mais seguras, os mais fracos mais protegidos e os ladrões mais reprimidos. A manutenção da ordem pública passou a ser responsabilidade do poder real e transformou-se em instrumento para a ampliação e o fortalecimento crescente desse poder. Tudo aquilo que o rei tinha obtido por conquista, ele reivindicou como sendo seu de direito. E assim foi criada a prerrogativa real.

Mas, ao mesmo tempo, várias circunstâncias concorreram para tirar os barões de seu isolamento, para que se unissem e formassem uma aristocracia. O trono anglo-normando foi ocupado sucessivamente por três usurpadores: Guilherme II, Henrique I e Estêvão. Investidos com um poder cujo título era duvidoso, eles sentiram a necessidade de convencer os barões a reconhecerem suas reivindicações; com isso, foram concedidas as primeiras cartas régias. Nenhum dos barões era poderoso o bastante, individualmente, para evitar a ameaça de expansão do poder real, mas eles adquiriram o hábito de fazer coalizões; e, à medida que cada um dos barões entrava nessas coalizões, e sentia a necessidade de unir-se mais a seus vassalos, também eram feitas concessões a esses últimos. A ausência de grandes feudos na Inglaterra foi benéfica tanto para o poder quanto para a liberdade; ela permitiu que o poder se unisse mais facilmente, e obrigou a liberdade a buscar garantias no espírito de associação. Mas aquilo que contribuiu de uma forma mais decisiva para consolidar essa coalizão aristocrática foi a conduta irregular e usurpadora de João sem Terra durante a longa ausência de Ricardo Coração de Leão, e os tumultos e guerras civis que foram o resultado natural dessa ausência. Em meio a esses tumultos, o governo caiu nas mãos de um conselho de barões, ou seja, de uma parte da aristocracia. Aqueles que não tinham nenhuma participação no poder central não deixavam de controlá-lo e de considerá-lo seu por direito; dessa forma, um grupo adquiriu o hábito de governar, e o outro, o de resistir ao governo que estava em mãos de seus pares, e não nas do próprio rei. João, por covardia e uma familiaridade imprudente, já tinha desacreditado o trono antes mesmo de ascender a ele, e foi muito mais fácil para seus barões conceberem a idéia de resistir a um rei que eles já haviam desprezado quando príncipe.

Assim, em um intervalo de 130 anos, dois elementos no Estado, que a princípio eram misturados e quase agiam em comum, foram separados e formaram poderes distintos – o poder real de um lado e a companhia dos barões de outro. A luta entre essas duas forças então teve início, e veremos a realeza continuamente ocupada em defender seus privilégios e a aristocracia lutando incansavelmente na esperança de extorquir novas concessões. A história das cartas régias inglesas, do reinado de Guilherme I até o de Eduardo I, que lhes concederam uma confirmação geral, é a história dessa luta, uma luta a que a Inglaterra deve ser grata, pois dela surgiram as primeiras sementes de um governo livre, ou seja, de direitos civis e garantias políticas.

FRANÇOIS GUIZOT

Palestra 6

História das cartas régias inglesas. — Carta régia de Guilherme, o Conquistador (1071). — Carta régia de Henrique I (1101). — Cartas régias de Estêvão (1135-1136). — Carta régia de Henrique II (1154).

As liberdades não são nada até que se transformem em direitos — direitos positivos formalmente reconhecidos e consagrados. Os direitos, mesmo quando reconhecidos, não são nada se não estiverem salvaguardados por garantias. E, finalmente, as garantias não são nada até que sejam mantidas por forças independentes delas, no limite de seus direitos. Convertam liberdades em direitos, cerquem os direitos com garantias e confiem a manutenção dessas garantias a forças capazes de mantê-las — estes são os passos sucessivos no progresso para um governo livre.[1]

---

[1] Essa passagem é importante para se entender a relação entre direitos e liberdades no pensamento político de Guizot. A idéia principal é que as liberdades devem ser devidamente protegidas por direitos; para serem eficazes, o governo livre não só exige liberdades e direitos (como garantias) como também forças capazes de mantê-los na prática. Não é nenhuma surpresa, portanto, que Guizot seja um grande admirador da *Magna Charta*, "a mais completa e importante que havia surgido até então" (*HOGR*, pp. 507-08), em virtude da qual os direitos de todas as três ordens da nação inglesa foram igualmente respeitados e encorajados.

Esse progresso foi realizado na Inglaterra exatamente em uma luta cuja história estamos prestes a investigar. Primeiro, as liberdades se converteram em direitos. Quando os direitos estavam quase reconhecidos, foram procuradas garantias para eles; e, finalmente, essas garantias foram colocadas nas mãos de poderes regulares. E dessa maneira foi formado um sistema de governo representativo.

O período em que se tornaram evidentes os esforços da aristocracia inglesa para obter o reconhecimento e o estabelecimento de seus direitos pode remontar ao reinado do rei João. A seguir, a aristocracia exigiu – e conseguiu – obter cartas régias. No reinado de Eduardo I, as cartas régias foram plenamente reconhecidas e confirmadas, transformando-se em verdadeiros direitos civis. E foi na mesma época que começou a ser formado um Parlamento, ou seja, foi iniciada a organização das garantias políticas, e com ela a criação do poder regular à qual são confiadas.

Mostrei como os dois grandes poderes públicos – a realeza e o conselho dos barões – foram formados, cimentados e justapostos. Agora é preciso seguir esses poderes nos combates em que empenharam suas energias, a fim de ter seus direitos recíprocos reconhecidos e regulamentados; para isso devemos investigar a história das cartas régias inglesas. A seguir investigarei como as garantias foram organizadas, ou seja, como foi formado o Parlamento.

Quando Guilherme, o Conquistador chegou à Inglaterra, sua posição com relação aos barões e cavaleiros normandos já havia sido regulada no continente pelo direito feudal; seus direitos respectivos tinham sido estabelecidos e reconhecidos. Após a Conquista, o medo dos anglo-saxões manteve o rei e os normandos tão unidos que nenhum dos dois tinha interesse em extorquir concessões do outro. Bem diferente, no entanto, foram as relações entre Guilherme e seus súditos ingleses. Ele teve que adaptar essas relações — aqui havia uma legislação a ser criada e direitos a serem reconhecidos ou contestados. Os ingleses fizeram imensos esforços para preservar suas leis saxãs, e parece que, no quarto ano do reinado de Guilherme (em 1071), conseguiram obter uma garantia de que essas leis seriam mantidas. Há motivos para crer que nessa ocasião o rei concedeu a carta intitulada *"Charta regis de quibusdam statutis per totam Angliam firmiter observandis"*.[2] Afirmam alguns que essa carta só foi concedida no final do reinado de Guilherme, mas não vejo motivo para atribuir-lhe qualquer outra data que não a que mencionei.

Essa carta, cuja autenticidade* foi algumas vezes questionada — a meu ver, sem bases suficientes —, é uma espécie de declaração vaga que contém os princípios gerais do direito político feudal. Nela, Guilherme reconhece direitos que ele próprio tinha se permitido violar muitas vezes, já que seu poder facilitava a violação de suas promessas. Os barões normandos não se juntaram em um órgão específico, a não ser talvez contra os ingleses; estavam ocupados demais na tarefa de se estabelecer em seus novos domínios. Se algumas vezes se erguiam para opor-se à tirania de Guilherme, suas revoltas eram apenas parciais, e o rei habilmente usava os ingleses a fim de debelá-las. Seu filho, Guilherme Rufus, ao adotar a mesma política, obteve um sucesso

---

[2] Carta régia relacionada com certas leis a serem observadas rigorosamente em toda a Inglaterra.

* O original foi perdido, mas existe uma cópia da carta no Livro Vermelho do Tesouro, que dá uma forte evidência de sua autenticidade. Além disso, a carta de Henrique I faz uma clara referência a ela.

semelhante. Mas Henrique I teve que pagar por sua usurpação; a carta régia que concedeu foi conseqüência inevitável de sua posse do trono.

    Essa carta régia de Henrique contém uma promessa solene de respeitar todos os direitos antigos. Nela o rei promete não mais seguir todas as práticas cruéis pelas quais o reino da Inglaterra era oprimido sob seu irmão, rei anterior, ou seja, não expropriar as rendas das abadias e bispados desocupados, nem vender ou cultivar os benefícios eclesiásticos, e permitir aos herdeiros de seus vassalos que herdassem as propriedades de seus pais sob o pagamento de uma multa justa e legítima. Ele garante a seus barões o direito de dar suas filhas ou irmãs em casamento a quem quiserem, contanto que não seja a um dos inimigos do rei. Às viúvas sem filhos, concede a posse de seu dote e das doações em vida, e liberdade para casar-se outra vez segundo sua livre escolha; e renuncia ao direito de tutela, colocando-o nas mãos da esposa ou de algum parente. Dá também a todos os seus vassalos o direito de dispor de sua propriedade por doação ou testamento, renuncia ao direito de arrecadar impostos arbitrariamente sobre as fazendas de seus vassalos, abandona as florestas que Guilherme Rufus havia usurpado e as contribuições pecuniárias feudais, mesmo nos três casos que já especificamos. Finalmente, ele retira o direito das cidades e condados de produzir moedas, perdoa todas as ofensas e crimes cometidos antes de seu reinado, e recomenda a seus vassalos que concedam a seus próprios vassalos todas as vantagens que ele lhes concede.

    Essas concessões eram apenas reconhecimentos de direitos, sem garantias. Com isso, Henrique, apesar de todos os juramentos,

FRANÇOIS GUIZOT

violou essas promessas magníficas; e durante toda a extensão de seu reinado, os abusos que deveriam ter sido eliminados não diminuíram nem um pouco.

Outra carta foi concedida a Londres por Henrique I, pela qual a cidade ficava autorizada, entre outras coisas, a eleger seu próprio xerife e presidente do tribunal, a realizar suas assembléias normais, a não pagar nem o *danegeld,* nem outro *scot* ou impostos para obras nas margens de rios, e a não precisar oferecer hospedagem para o séquito real.

Finalmente, vemos novas promessas e novas concessões feitas por Henrique I em 1101, quando seu irmão Roberto reivindicou seu direito ao trono. Desejando assegurar-se da lealdade de seus barões, Henrique os reuniu em Londres e fez discurso no qual, além de pintar um quadro temeroso da pessoa de Roberto, acrescentou: "Quanto a mim, sou verdadeiramente um rei conciliatório, modesto e pacífico; para vocês, preservarei e diligentemente protegerei suas liberdades antigas, que já jurei manter; ouvirei com paciência suas sábias sugestões e os governarei com justiça segundo o exemplo dos melhores príncipes. Se vocês assim o desejarem, confirmarei essa promessa por meio de uma carta escrita, e jurarei outra vez observar inviolavelmente todas as leis do sagrado rei Eduardo", etc. etc.

Essas promessas, feitas em momento de perigo, sempre eram esquecidas assim que o perigo passava. Durante todo seu reinado, Henrique continuamente violou a carta à qual se obrigara por juramento, tanto com referência aos assuntos relacionados à dependência feudal quanto na questão da arrecadação de impostos. Segundo alguns historiadores, ele arrecadava anualmente um imposto de doze *pennies* para cada *hide** de terra, um imposto que provavelmente era idêntico ao *danegeld*.

Estêvão, sucessor de Henrique, concedeu cartas régias a seus súditos como Henrique fizera, e essas cartas também foram uma conseqüência da usurpação. Publicaram-se duas: a primeira apenas confirmava as liberdades concedidas por Henrique I e as leis de Eduardo, o Confessor. A segunda é extraordinária por conter uma promessa feita por Estêvão de reformar os abusos e cobranças de seus xerifes. À época, cargos públicos eram alugados, e os que os ocupavam, na expectativa de obter deles todas as vantagens possíveis, faziam exigências muito mais opressoras que as exigências do rei. Portanto, não era difícil recorrer ao rei contra seus próprios funcionários. Esse tipo de recurso, no entanto, indica que as garantias legais e regulares não eram reconhecidas, e que não lhes davam muita importância. Os barões, porém, começaram a tentar consegui-las à força. Obtiveram do rei a permissão para fortificar seus castelos e colocar-se em um estado de defesa. E, por sua parte, o clero, embora tendo jurado fidelidade ao rei, associava ao juramento uma condição, segundo a qual seus membros seriam dispensados dessa obrigação todas as vezes que o rei violasse as liberdades eclesiásticas.

A carta concedida por Henrique II, mais ou menos em 1154, ainda expressa nada mais que um reconhecimento de direitos, e não

---

* *Hide* = medida de terra na época dos anglo-saxões e no começo da época normanda, usada especialmente para especificar a quantia de terra necessária para sustentar uma família livre, e que variava em extensão entre 60 e 120 acres (0,24 a 0,48 quilômetros quadrados), dependendo da localidade. (N. T.)

contém nenhuma promessa nova nem concessão de garantias. O reinado desse príncipe, como quase nem é preciso lhes lembrar, foi totalmente ocupado por suas disputas com o clero, pelas revoltas de seus filhos e por suas conquistas, tanto no continente quanto na Irlanda. Nenhuma divergência importante foi discutida entre ele e seus barões; e não houve nenhum progresso visível nas instituições existentes. Podemos dizer que, desse ponto de vista, o reinado de Henrique II foi tranqüilo e estável.

No entanto, embora em suas relações com os barões o rei tivesse obtido uma submissão quase ininterrupta, provocando a demolição da maioria dos castelos fortificados que haviam sido construídos no reinado anterior, no referente às cidades, e especialmente à cidade de Londres, estas se fortaleceram e ganharam importância; a aristocracia tornou-se mais unida a cada dia, por meio da fusão dos normandos e dos ingleses, uma fusão que quase se completou durante esse reinado, pelo menos entre as classes mais altas.

Desse período, o fato de maior significância para o tema que estamos considerando é a substituição do *escuage* pelo serviço pessoal dos vassalos. É sob o reinado de Henrique II que vemos esse imposto coletado pela primeira vez, pelo menos na forma de uma medida generalizada. O estabelecimento e as limitações do *escuage* se tornaram logo o objeto principal de contenda entre o rei e seus barões. O uso que os reis vieram a fazer dos recursos oriundos desse imposto foi um erro fatal: empregaram-nos para manter exércitos de mercenários estrangeiros, especialmente brabanteses; e por essas medidas deram aos barões ingleses uma nova razão para se unirem. No final, a expulsão dos soldados estrangeiros tornou-se uma das exigências continuamente recorrentes dos barões.

Quase no fim de seu reinado, Henrique II impôs, graças à sua própria autoridade, um imposto de um sexto sobre todos os bens móveis e abandonou o *danegeld*.

O reinado de Ricardo, que foi totalmente ocupado por suas expedições, brilhantes mas desastrosas, não oferece nenhum exemplo especialmente ilustrativo da história das instituições. A ausência do rei e a fragilidade do poder real deram à aristocracia feudal oportunidades para ampliar sua importância; no entanto, à época, ela não se aproveitou de sua superioridade para tentar obter o reconhecimento de seus direitos. A luta só se tornou violenta e a vitória só foi decisiva no reinado de João sem Terra.

Palestra 7

Carta régia de João, ou Magna Carta (1215). — Três períodos do reinado de João. — Formação de uma coalizão entre os barões. — Guerra civil. — Conferência em Runnymead. — Concessão da Magna Carta. — Análise dessa carta. — Suas estipulações referem-se tanto aos direitos nacionais quanto aos direitos dos barões. — João pede e obtém do papa Inocêncio III uma bula para anular a Magna Carta. — Resistência do clero inglês. — Recomeço da guerra civil (outubro de 1215). — Luís de França, filho de Filipe Augusto, recebe um pedido de ajuda dos barões. — Morte de João (outubro de 1216).

Durante a ausência do rei Ricardo, a administração do reino caíra nas mãos dos barões: a aristocracia feudal tinha começado, uma vez mais, a interferir diretamente no governo, tanto por meio de uma intromissão quanto lhe oferecendo resistência. Ainda assim, os atos dos barões já não tinham o mesmo caráter que tiveram nos reinados anteriores: já não ofereciam ao rei uma resistência sem restrições; já não exigiam novas cartas; e já não solicitavam a observância das cartas antigas. Porém, silenciosamente, iam reunindo suas forças na expectativa de uma luta que seria decisiva. Encontramo-los submetendo-se às cobranças que Ricardo impunha a todas as classes sociais, tanto para sua cruzada quanto para seu resgate. Apesar disso, os antigos preceitos que defendiam a necessidade de obter o consentimento dos barões para qualquer imposição extraordinária tinham ressurgido com renovado vigor. Esse direito de dar seu consentimento no caso de impostos era reivindicado pelos barões com firmeza cada vez mais resoluta; e na primeira assembléia que Ricardo realizou em Nottingham, após seu retorno do Oriente, ele só conseguiu estabelecer um imposto de dois xelins sobre cada *hide* de terra depois de ter obtido o consentimento dos barões. Na verdade, todos os tributos que haviam sido arrecadados apenas com a autoridade do rei já tinham começado a despertar um espírito de resistência. Esta resistência foi abertamente declarada assim que João subiu ao trono e a oposição, que vinha se preparando durante o reinado de Ricardo, começou a vir à tona.

O reinado de João pode ser dividido em três períodos: de 1199 a 1206, ele esteve ocupado com suas brigas com o rei de França e com a luta resultante da recusa dos barões de apoiá-lo em suas façanhas continentais. De 1206 a 1213, dedicou-se às suas disputas com o papa e o clero. E, de 1213 até o final de seu reinado, sua posição com relação aos barões e ao clero ficou cada vez mais hostil, e lhe revelou o poder deles e sua própria fragilidade; constantemente submetendo-se a eles, vemos que João vai cedendo, um ponto atrás do outro, diante do clero e dos barões, que sempre se unem em seus ataques contra o rei, até que, no final, concede a famosa carta, normalmente conhecida como Magna Carta, que é um monumento eterno à derrota de João e a base permanente da constituição inglesa.

João não era o herdeiro legal da coroa; ela pertencia a seu sobrinho Artur, duque da Bretanha, cujos direitos tinham sido ainda confirmados pelo testamento de Ricardo. Apesar disso, graças à sua generosidade e sua disposição para ceder, João não encontrou dificuldade para usurpar o trono da Inglaterra. A oposição foi mais forte em suas possessões continentais; as idéias feudais que lá prevaleciam favoreciam o sistema de representação, e as pessoas estavam mais inclinadas a reconhecer as reivindicações de um filho que as de um irmão. Anjou, Poitou, Maine e Touraine declararam-se a favor de Artur. Em 1201 (outros dizem em 1204) João exigiu dos barões, a quem reuniu em Oxford, que o ajudassem na guerra que se propunha a levar a cabo na França. Como pagamento por essa ajuda, os barões exigiram que o rei lhes prometesse devolver-lhes suas liberdades e privilégios. João, sem ter-lhes concedido nada, conseguiu ir convencendo um após outro, até que obteve de cada um individualmente aquilo que coletivamente lhe haviam recusado. No entanto, essa oposição mostrou que a coalizão entre os barões tomara forma e consistência.

João, que até então nada tinha feito para merecer que tolerassem sua usurpação, atraiu o desprezo da população em virtude de um divórcio imprudente e de indignidades vexatórias. Colocou em seu séquito rufiões a quem chamava de campeões da realeza, e obrigou os barões insatisfeitos a lutar contra eles, e a resolver assim, por meio desses combates supostamente judiciosos, suas disputas com a coroa. No final, suas cobranças, seus procedimentos tirânicos e, acima de tudo, o assassinato de Artur, a quem dizem que matou com as próprias mãos, provocaram uma revolta quase que generalizada contra ele. Abandonado por seus barões, expulso da Normandia, Anjou, Maine, Touraine e de uma parte de Poitou, João, em vez de reconquistar a mente de seu povo, continuou a agir de uma forma que o alienou ainda mais, e só se defendeu de um modo que o tornou ainda mais desprezível. Um novo *escuage* de dois marcos e meio por cada feudo de um cavaleiro foi extorquido dos barões. João teve, portanto, de suportar nova recusa quando lhes pediu uma segunda vez que o acompanhassem ao continente. De nada lhe valeu utilizar os meios que haviam obtido sucesso anteriormente; foi obrigado a ceder e a permitir que Filipe Augusto tomasse posse da Normandia e voltasse a incorporá-la à coroa francesa.

A João não bastaram as hostilidades contra a aristocracia leiga; fez-se também inimigo do clero. À morte do arcebispo de Canterbury, os monges agostinianos se arrogaram o direito de nomear seu sucessor sem o consentimento do rei. João, irritado com essa invasão de suas prerrogativas, uniu-se com os bispos, que também protestavam contra uma eleição da qual não tinham participado, e, de comum acordo com eles, nomeou o bispo de Norwich para a sede arquiepiscopal. Com isso, Inocêncio III interferiu na disputa, mas, sem confirmar nenhuma das duas eleições, ordenou ao clero inglês que escolhesse o cardeal Stephen Langon para o posto. O rei, enfurecido com o Tribunal de Roma, expulsou todos os monges de Canterbury e apoderou-se de suas rendas. Com isso, o papa excomungou o monarca, colocou todo o reino sob essa condenação pública e dispensou seus súditos do juramento de lealdade que tinham feito a João. Além disso, encarregou Filipe Augusto de executar seus decretos, oferecendo-lhe a coroa da Inglaterra. Filipe aceitou o presente avidamente, enquanto João, amedrontado pelo perigo duplo que o pressionava, exigiu, infrutiferamente, a ajuda dos barões. Como ele os tinha tratado injustamente no passado, agora percebeu que não se importavam com seus infortúnios. Finalmente, despido de todos os recursos e sem nenhuma esperança, o rei tentou redimir-se na submissão, e salvou-se graças a uma subserviência vil: declarou-se vassalo do papa e se comprometeu a pagar-lhe um tributo anual de mil marcos.

Após ter resgatado sua coroa dessa maneira, pouco tempo depois João a colocou outra vez em perigo por novos atos de imprudência; sua vil tirania e suas tentativas criminosas com relação à esposa de Eustace de Vesci fizeram com que os barões se erguessem contra ele, uma oposição que foi estimulada e comandada pelo primaz Langton.

Não podemos nos surpreender pelo fato de a aristocracia feudal ter atuado sob o comando de um eclesiástico; as duas ordens se aliaram, e essa coalizão, que reis anteriores sempre tinham tentado evitar, foi uma das conseqüências do comportamento desprezível e absurdo de João. Com efeito, João se esqueceu de que o poder real só podia se manter enquanto o poder do clero e o dos barões se equilibrassem; com a união desses dois, ele foi forçado a capitular. A união foi conseqüência da indigna submissão de João à Santa Sé; o clero inglês, cansado dos despotismos de Roma e lamentando a perda de seus privilégios, abraçou abertamente a causa da liberdade nacional.

Era esse o sentimento prevalecente quando (em 25 de agosto de 1213) uma assembléia dos barões foi realizada em Londres. Em uma de suas reuniões, o cardeal Langton informou aos participantes que tinha encontrado uma cópia da carta de Henrique I, que a essa altura havia sido totalmente esquecida; a carta foi lida para a assembléia e recebida com entusiasmo. Outra reunião foi realizada em Saint Edmundsbury (em 20 de novembro de 1214), e nela cada um dos barões, colocando a mão sobre o altar, fez um juramento de envidar todos os esforços para obrigar o rei a restaurar plenamente a carta de Henrique I. Pouco depois eles se apresentaram em Londres, em armas, e em 5 de janeiro de 1215 exigiram de João, de maneira formal e explícita, a renovação dessa carta e das leis de Eduardo, o Confessor. O rei, atemorizado com a firmeza dos barões, solicitou que lhe concedessem algum tempo para pensar sobre essas exigências, e, com isso, sua resposta foi adiada até a Páscoa. Nesse intervalo, tentou fazer com que seus inimigos se dividissem. Em primeiro lugar, para reconciliar-se com o clero, concedeu-lhes uma carta que lhes dava a permissão de eleger seus próprios bispos e abades, e enviou Guilherme de Mauclerc a Roma para queixar-se da audácia dos barões. Estes, por sua vez, mandaram Eustácio de Vesci a Roma para persuadir o pontífice do quanto sua causa era justa e sagrada. A embaixada, no entanto, fracassou em seu objetivo, e o papa condenou os barões. Mas isso não os dissuadiu de seus propósitos, e João, decidido a fazer outro esforço para garantir o apoio da Igreja, alistou-se em uma cruzada em 2 de fevereiro de 1215, prometendo solenemente comandar um exército para invadir a Palestina.

No entanto, o adiamento que os barões tinham concedido ao rei chegou ao fim, e eles se reuniram outra vez em Stamford, Lincolnshire, em 19 de abril de 1215, seguidos por quase dois mil cavaleiros em armas. O rei lhes perguntou quais eram suas reivindicações, e eles deram, em Stamford, a mesma resposta que haviam dado em Londres, apresentando a carta que tinham jurado restabelecer. "E por que não exigem minha coroa também?", exclamou João em sua fúria; "pelos dentes de Deus, não lhes concederei liberdades que me farão seu escravo". Essa resposta foi considerada uma declaração de guerra, e no dia 5 de maio seguinte os barões reuniram-se em Wallingford, solenemente renunciaram a seu juramento de lealdade e, ao mesmo tempo, nomearam Robert Fitz-Walter general do "exército de Deus e da Santa Igreja".

Foi declarada a guerra. Em vão o papa escreveu aos barões ordenando-lhes que desistissem de sua iniciativa. As hostilidades que tinham começado continuaram com vigor ainda maior, e em 24 de maio os barões, em triunfo, apoderaram-se de Londres com o consentimento dos cidadãos. João abandonou a cidade e refugiou-se em Odiham, no condado de Hampshire, com apenas sete cavaleiros como séquito. De seu refúgio ele tentou, infrutiferamente, negociar com os barões, propondo a interferência do papa, mas isso também foi recusado. Frustrado em todas as suas tentativas, finalmente foi obrigado a concordar com a lei que lhe fora imposta à força.

Em 13 de junho, teve início uma conferência na planície conhecida como Runnymead, entre Windsor e Staines. As duas partes tinham acampamentos separados, como inimigos declarados; após alguns debates pouco importantes, o rei primeiro adotou os artigos preliminares e, quatro dias mais tarde, 19 de junho de 1215, fez a concessão do famoso decreto, conhecido pelo nome de Magna Carta.

Essa carta, a mais completa e importante que havia surgido até então, pode ser dividida em três partes distintas: uma refere-se aos interesses do clero, outra regula os da nobreza, e a terceira os do povo. Essa divisão metódica não está relacionada com a ordem em que os artigos da própria carta estão distribuídos, mas adotei-a aqui para tornar minha descrição do tema mais clara e mais natural.

A Magna Carta faz muito pouca referência aos interesses eclesiásticos, já que esses já haviam sido estabelecidos pela carta concedida anteriormente ao clero. Nesse caso, só era necessário que isso fosse confirmado, o que ocorre no primeiro artigo, que reafirma, de um modo geral, todas as imunidades e privilégios eclesiásticos.

Os privilégios do laicato, por outro lado, eram mais incertos e contestados com maior vigor; portanto, era necessário que fossem investigados em detalhes, e concedidos individualmente. A Magna Carta é quase que totalmente dedicada ao estabelecimento dos direitos e à confirmação dos privilégios reivindicados pelo laicato.

Em primeiro lugar, ela determina com precisão o que era confuso e ambíguo nas leis feudais, e fixa o valor da compensação* que os herdeiros imediatos ou indiretos dos feudos deveriam pagar. Até então essa compensação não fora determinada (Artigos 2 a 3.)

A seguir vêm as precauções prescritas com relação ao casamento de menores sob custódia e com relação às viúvas e filhos dos vassalos (Artigos 6 a 8.)

O direito e a forma de coletar subsídios à coroa e *escuages* são regulamentados pelos dois seguintes artigos:

> Art. 12. Que nenhum *escuage* ou subsídio extraordinário será imposto em nosso reino, exceto pelo conselho nacional de nosso reino, a não ser que seja para resgatar nossa pessoa, para armar

---

* No original, *relief* = pagamento feito ao senhor pelo herdeiro de um arrendatário feudal quando tomava posse da propriedade que havia ficado vaga. (N. T.)

nosso primogênito como cavaleiro e para casar nossa filha mais velha; e para esses últimos casos só uma quantia razoável de subsídio será exigida, etc.

Art. 14. A fim de realizar o conselho nacional do reino, com o objetivo de impor qualquer outro subsídio que não os dos três casos mencionados acima, ou para impor um *escuage*, convocaremos os arcebispos, bispos, abades, condes e grandes barões, individualmente e por meio de cartas nossas; e reuniremos por meio de nossos viscondes e intendentes todos aqueles que são diretamente dependentes de nós. A grande convocação será feita no dia determinado, ou seja, com intervalos não maiores que quarenta dias, e no lugar designado; e nas cartas de convocação explicaremos o motivo para tal convocação; e a convocação tendo sido feita assim, os negócios serão transacionados no dia determinado, pelo conselho formado por aqueles que estiverem presentes, ainda que todos os que foram convocados possam não ter chegado.

Essa carta é o primeiro documento em que encontramos uma distinção estabelecida entre os barões maiores e os barões menores e entre o clero superior e o inferior; um fato importante, já que talvez possa ser considerado a fonte original da separação entre as duas câmaras do Parlamento.

Finalmente, vários artigos, por seu objetivo, limitam os direitos do rei sobre as terras de seus arrendatários, estabelecem a quantia da multa imposta aos beneficiários de acordo com a gravidade de sua ofensa, e determinam o tempo pelo qual as terras devem permanecer seqüestradas em caso de delito grave; em uma palavra, dão aos barões mais independência e segurança do que tinham desfrutado até então.

Esses são os principais decretos da Magna Carta a favor da nobreza; até tal ponto, só encontramos sanções dadas a privilégios específicos, e só aquelas que favorecem os interesses de certas classes da sociedade. Mas ela contém também cláusulas de aplicação mais ampla e mais geral, e também tem como objetivo os interesses da nação como um todo.

Em primeiro lugar, quase todas as imunidades concedidas aos barões com respeito ao rei foram obtidas pelos vassalos com relação a seus senhores. A partir daquele momento, esses últimos não podiam mais arrecadar subsídios e *escuages* em suas terras, exceto nos mesmos casos e da mesma forma que o rei o fazia (Artigo 15.)

Também a partir dali, a justiça seria administrada de maneira preestabelecida e uniforme; são os seguintes os artigos em que essa importante provisão é expressa:

> Artigo 17. O tribunal de causas comuns não acompanhará nosso tribunal (*curia*), e será realizado em lugar fixo.
> Artigo 18. Nós mesmos, ou, se estivermos ausentes do reino, o presidente de nosso tribunal, enviaremos dois juízes quatro vezes por ano a cada condado, e estes, com quatro cavaleiros escolhidos por cada condado, realizarão os inquéritos judiciais* no momento e local determinados no dito condado.
> Artigo 39. Nenhum homem livre será detido ou preso, ou desalojado de sua moradia, ou condenado, ou exilado, ou sujeito, de qualquer outra maneira, à instauração de um processo; não colocaremos nossas mãos, nem faremos com que outros coloquem suas mãos sobre ele, a não ser em virtude de *julgamento legal por seus pares ou pela lei da terra*.
> Artigo 40. *A justiça não será vendida, recusada ou protelada a ninguém.*

---

* No original *assize* = sessão periódica dos tribunais, em cada condado da Inglaterra e do País de Gales, para julgar processos cíveis e criminais. (N. T.)

Além disso, o rei promete: nomear unicamente juízes capazes e honestos (Art. 41); proibir que eles condenem qualquer pessoa, seja ela quem for, sem ter antes ouvido as testemunhas (Art. 38); reintegrar qualquer homem que tenha sido desalojado sem um julgamento legal (Art. 32); reparar as injúrias cometidas sob Henrique II e Ricardo I (Art. 53); pôr fim aos impostos para a construção de pontes (Art. 23); e interditar qualquer tipo de afronta infligida aos habitantes das cidades, aos comerciantes e aos vilões [camponeses] (Arts. 20, 26, 28, 30, 31).

Ele concede e garante à cidade de Londres, bem como a outras cidades grandes, burgos, cidades pequenas e portos, a posse de seus costumes e liberdades antigos (Art. 13).

Finalmente, o Artigo 41 prevê que todos os comerciantes terão plena e total liberdade de entrar e sair da Inglaterra, de permanecer no país e de viajar para lá por terra e por mar, comprar e vender sem ser sujeito a nenhuma opressão (*male tolta*), de acordo com os antigos costumes comuns, etc.

Essas, então, foram as concessões feitas para promover os interesses de todos.

No entanto, não é suficiente que os direitos sejam reconhecidos e as promessas feitas; é necessário também que tais direitos sejam respeitados e que as promessas sejam cumpridas. O Artigo 61, o último da Carta Magna, tem a intenção de fornecer essa garantia. Nele se diz que os barões irão eleger 25 barões por sua própria livre escolha, responsáveis por exercer toda a vigilância para que as disposições da Carta sejam cumpridas; os poderes desses 25 barões são ilimitados: se o rei ou seus agentes se permitirem violar os decretos da Carta em seu menor detalhe, os barões denunciarão esse abuso diante do rei, e exigirão que isso seja imediatamente averiguado. Se o rei não atender à sua demanda, os barões terão o direito, 40 dias após a publicação da intimação, de processar o rei, de privá-lo de suas terras e castelos (sendo respeitada a segurança de sua pessoa, da rainha e de seus filhos), até que o abuso tenha sido reparado a contento dos barões.

Embora esse direito tenha sido concedido, não lhe foi dada nenhuma garantia; ele só autorizava a guerra civil; isso perpetuava a luta indefinidamente, e formalmente deixava a decisão final da questão para a força. Estava longe de ser uma garantia política regularmente constituída; mas o espírito daquela época não era capaz de descobrir ou de compreender uma garantia assim, e só podia entender o reconhecimento de seus direitos. No entanto, a garantia eficaz que a Magna Carta estabeleceu era válida naquele momento, na medida em que, ao organizar o Conselho dos Barões, ela contribuiu para a centralização da aristocracia feudal.

O que foi dito muitas vezes é que a Magna Carta não teria sido apoiada pelos barões se não fosse benéfica para seus interesses específicos. Essa opinião é insustentável: como é possível que pelo menos um terço dos artigos estivesse relacionado com promessas e garantias feitas em nome do povo, se a aristocracia só tinha tido como objetivo obter aquilo que a beneficiasse? Basta lermos a Magna Carta para nos convencermos de que os direitos de todas as três ordens da nação foram por ela igualmente respeitados e estimulados.

Outra questão seria se João concedeu ou não uma carta especial relacionada às florestas na mesma época em que outorgou a Magna Carta. Mathew Paris é o único autor que fala sobre essa carta de florestas, e há vários motivos pelos quais sua autoridade nesse assunto deve ser rejeitada. Em primeiro lugar, os artigos preliminares da Magna Carta não contêm nada sobre isso; em segundo lugar, os Artigos 44, 47 e 48 da própria Magna Carta estabelecem tudo que se relaciona com florestas; e, finalmente, o rei e o papa, em sua correspondência anterior a esses eventos, não fazem nenhuma alusão a essa concessão dupla.

Quando o rei havia adotado claramente todos os artigos da Magna Carta, o acordo entre ele e seus barões, concluído em 15 de junho, foi executado a fim de garantir o cumprimento de seus compromissos. A guarda da cidade de Londres fora confiada aos barões até o 15 de agosto seguinte, e a da Torre ao arcebispo de Canterbury.

A princípio João ocultou suas intenções, e pareceu submeter-se, sem nenhuma reserva, a todos os sacrifícios que lhe foram impostos; mas essa máscara logo se lhe tornou intolerável. Pouco tempo depois, explodiu em queixas e ameaças e partiu, em fúria, para a Ilha de Wight. Durante sua estada ali, tentou recrutar um exército de brabanteses para recuperar seu poder pela guerra, e despachou um mensageiro a Roma, implorando por ajuda contra a violência de que fora vítima. Inocêncio III, sabendo o que tinha ocorrido e irritado com a audácia dos barões, a quem chamava de seus vassalos, anulou a Magna Carta e excomungou todos os barões que participaram da rebelião.

O rei, confiante por esse apoio poderoso, tirou a máscara e voltou atrás em todos os seus compromissos. No entanto, ele rapidamente percebeu que aquelas armas espirituais, que haviam recentemente se mostrado tão potentes quando em oposição a ele, agora já não tinham valor quando colocadas em suas próprias mãos. O arcebispo Langton recusou-se a pronunciar a sentença de excomunhão. Ele foi chamado a Roma e suspenso de suas funções, mas infrutiferamente; o clero o apoiou em seu momento de desfavor e confirmou sua recusa. João tentou, sem sucesso, dividir as duas ordens – no entanto, sempre que se preparava para lutar, eles se transformavam em aliados inseparáveis.

Agora João não tinha nenhuma outra esperança senão o apoio de seus mercenários estrangeiros; fez um último esforço, e no mês de outubro de 1215 a guerra entre ele e os barões foi uma vez mais acendida. O ataque foi inesperado; os barões, subitamente surpreendidos, bateram em retirada diante do rei, e este avançou em triunfo até o Castelo de Rochester, do qual se fez senhor após um cerco que enfrentou forte resistência. Prendeu, então, o governador, William d'Albiney, um dos 25 barões nomeados para garantir o cumprimento da Carta e o capitão mais renomado entre eles. Esta foi uma perda irreparável para o grupo, e a partir daquele momento o rei não encontrou mais resistência regular. Sua tirania podia agora fartar-se de vingança; ele soltou seus assessores, e logo todo o reino estava sob os efeitos devastadores de sua raiva.

Apesar disso, alguns barões no Norte ainda resistiram bravamente, e os restos da coalizão juntaram-se a eles; porém, sentindo-se frágeis demais, eles buscaram, por sua vez, a segurança de um aliado estrangeiro. A coroa da Inglaterra foi oferecida em nome deles ao príncipe Luís, filho de Filipe Augusto, que por esse motivo enviou um exército para tentar conquistar a Inglaterra.

Luís mal tinha desembarcado quando a situação mudou completamente. João, abandonado por seus amigos e por seus soldados, perdeu em pouco tempo tudo que havia recuperado. O reino inteiro caiu em poder de seu jovem rival, e Dover foi a única cidade que permaneceu fiel ao rei. O príncipe Luís, no entanto, embora tivesse tido sucesso até aquele momento, não se estabeleceu no trono recém-adquirido. A predileção que ele invariavelmente manifestava pelos nobres franceses só poderia ser desagradável para os barões ingleses, e as confissões do conde de Melun, feitas em seu leito de morte, tiveram como resultado o afastamento de quase toda a nobreza do reino que antes apoiava Luís. Esse nobre convenceu os barões a desconfiar do rei, que, segundo ele, tinha toda a intenção de despojá-los de seus bens e distribuir suas terras entre os súditos favoritos e naturais. Essa revelação, se verdadeira ou falsa, teve um efeito poderoso na mente dos barões, e a maioria deles restabeleceu sua aliança com o rei anterior.

João tinha agora formado seu exército de infantaria, e a sorte parecia lhe prometer novos sucessos quando a morte o surpreendeu em 17 de outubro de 1216. Esse evento foi mais letal para Luís do que uma batalha perdida. O ódio que os ingleses nutriam por seu rei morreu com ele – todos se apressaram a se reagrupar em torno de seu filho mais novo. Uma deserção geral rapidamente arruinou a causa já enfraquecida do príncipe francês, que, após manter essa luta inútil por algum tempo, abandonou o trono que lhe fora oferecido unicamente em virtude da necessidade acidental dos barões ingleses, e que ele nunca teria sido capaz de obter apenas pela força de suas armas.

Palestra 8

Cartas régias de Henrique III. – Primeira carta régia de Henrique III (novembro de 1216). – Luís de França renuncia ao título à coroa, e deixa a Inglaterra. – Segunda carta régia de Henrique III (1217). – Carta da Floresta concedida por Henrique III (1217). – Confirmação das cartas régias (1225). – Revogação das cartas régias (1227). – Nova confirmação das cartas régias (1237). – Violação permanente das cartas régias. – Guerra civil. – Renascimento das cartas régias (1264). – Nova confirmação das cartas régias (1267). – Morte de Henrique III (16 de novembro de 1272).

Até aqui vimos, nas cartas régias, reconhecimentos mais ou menos claros e completos de direitos; são transações entre dois poderes rivais, um dos quais promete enquanto o outro estabelece direitos; mas não há nenhum poder para garantir que essas promessas serão mantidas fielmente e esses direitos devidamente considerados. O único freio sobre a realeza é a perspectiva de uma guerra civil que está sempre ameaçando irromper – uma solução que é incompatível com a ordem e a estabilidade, dois elementos indispensáveis a um governo livre.

Sob o reinado de Henrique III, começou a haver uma sensação de que a guerra civil era uma garantia ruim, e teve início a busca de outros meios para evitar a violação de juramentos que eram também vagamente temidos. As cartas obtidas nesse reinado ainda têm como objetivo principal a obtenção de novas concessões e promessas; mas também são evidentes os esforços para a formação de garantias, e podemos reconstituir vestígios das primeiras tentativas de estabelecer uma constituição legal e eficiente.

Esse reinado deve ser considerado sob os dois aspectos que foram indicados. Como, no momento, nosso objetivo é apenas acompanhar a história das cartas inglesas, examinaremos os fatos desse período apenas sob esse ponto de vista. Quando viermos a tratar da formação do Parlamento, buscaremos lá os primeiros esforços para a criação de uma constituição organizada.

Henrique, que era apenas uma criança quando seu pai morreu, encontrou um protetor capaz em Guilherme, conde de Pembroke, marechal da Inglaterra, então comandante dos exércitos reais. Pembroke tinha sido um servidor fiel do rei João e transferiu para o filho a amizade que dera ao pai. Seu único desejo era que Henrique sucedesse ao pai no trono, e por esse motivo a cerimônia de coroação foi realizada em Gloucester, em 28 de outubro de 1216. Mais tarde, em um conselho de barões reunidos em Bristol, em 11 de novembro, ele assumiu o título de regente e, a fim de fazer com que a causa do jovem rei fosse popular, concedeu uma nova carta em seu nome. A não ser por algumas poucas modificações, essa carta correspondia àquela outorgada pelo rei João. São omitidos todos os artigos que se referem ao estabelecimento de *escuages*, à liberdade de entrar e sair do reino, à preservação das florestas e diques e aos costumes dos condados; além disso, o artigo que concedia o direito de resistência por força armada nos casos em que o rei violasse suas promessas também foi suprimido. Essas supressões não eram, entretanto, definitivas; na própria carta afirmava-se que "os prelados e os lordes determinaram que essas coisas permanecerão em aberto até que eles tenham deliberado mais amplamente com relação a elas".*¹

Isso parece demonstrar que, à época, os barões estavam se mostrando menos exigentes que durante o reinado de João, ou melhor, que eles já não exigiam quaisquer outros interesses que não aqueles que os atingiam pessoalmente, negligenciando assim aqueles referentes às outras classes da nação.

Por mais que isso fosse assim, essa nova carta produziu o resultado que Pembroke desejara; ela finalmente rompeu o grupo que havia sido formado a favor do príncipe Luís de França e fortaleceu o partido do rei Henrique. Os franceses, no entanto, ainda tinham alguns seguidores; a cidade de Londres especialmente persistia, com uma determinação obstinada, em se manter leal a eles. Mas após

---

* O original dessa carta ainda existe nos arquivos da Catedral de Durham.

¹ Essas passagens explicam a oposição de Guizot às idéias de Rousseau sobre liberdade, representação, soberania e contrato social. Vale a pena observar que a crítica que Guizot faz de Rousseau difere, por exemplo, da de Constant. Se o último criticava o autor de *Contrato Social* por defender uma teoria imperfeita da soberania (absoluta) que ameaçava a liberdade individual, Guizot detestava o "individualismo" de Rousseau, que, a seu ver, era "destrutivo não só de todo o governo, mas também de toda a sociedade" (*HOGR*, p. 543). Ao contrário de Rousseau, Guizot acreditava que a soberania popular poderia levar ao despotismo e à anarquia, e não à liberdade. A razão, argumentou ele, é superior à vontade individual; é por isso que, para Guizot, a famosa definição de Rousseau da liberdade como obediência às leis que prescrevemos para nós mesmos estava errada. Para uma discussão abrangente do legado de Rousseau, veja Jean Roussel, *Jean-Jacques Rousseau en France après la Révolution* ('Jean-Jacques Rousseau na França pós-revolucionária') (Paris: Armand Collin, 1972).

inúmeras derrotas, eles já não podiam se manter; foi concluído um tratado entre os dois monarcas em 11 de setembro de 1217; Luís abandonou todas as suas pretensões à coroa e deixou a Inglaterra com o restante de seu grupo, e Henrique permaneceu na possessão tranqüila da soberania.

A retirada dos franceses restabeleceu a harmonia no reino, mas para torná-la mais segura e imediata foram concedidas duas outras cartas. Uma era similar à anterior, com apenas uma única modificação notável, ou seja, a decisão de que o *escuage* deveria ser arrecadado como na época de Henrique II. A outra é conhecida sob o nome de Carta da Floresta, e foi erroneamente atribuída ao rei João; ela tem um único objetivo especial e contém apenas uma série de regulamentos com relação à extensão e aos limites das florestas que pertenciam à nobreza ou à coroa.

Essas cartas foram constantemente violadas pelos agentes do poder. Durante vários anos as infrações provocaram apenas queixas parciais, mas, finalmente, no ano de 1223, o protesto tornou-se generalizado e urgente. O Conselho dos Barões foi convocado em Londres, e seus membros exigiram uma nova confirmação das cartas. Um dos conselheiros da regência, William de Briwere, ousou opor-se, dizendo que "todas essas liberdades tinham sido extorquidas do rei"; mas o arcebispo de Canterbury reprovou-o vigorosamente, dizendo que, se ele amava o rei, em todos os casos não devia aventurar-se a perturbar o reino. O jovem rei prometeu que as cartas seriam observadas a partir de então, e 12 cavaleiros foram nomeados em cada condado, para investigar quais eram, segundo os costumes antigos, os direitos do rei e as liberdades de seus súditos.

Ainda assim, novas ansiedades logo estimularam novos protestos. Desde o reinado anterior, os barões haviam mantido em confiança a maior parte dos castelos e territórios reais, e essa era a garantia principal que eles tinham de que seus tratados seriam observados. Subitamente a posse dessa garantia foi ameaçada: uma bula do papa Honório III, que declarou que Henrique seria maior de idade aos 17 anos, ordenou, ao mesmo tempo, que todos aqueles que possuíam territórios reais deviam devolvê-los ao rei. Essa bula ocasionou muita suspeita com relação às intenções de Henrique; temia-se que, ao obter a maioridade, ele revogasse as duas cartas às quais prestara juramento durante sua minoridade. O rei e seus conselheiros perceberam a necessidade de enfrentar essa situação de agitação, e em 11 de fevereiro de 1225 Henrique outorgou, voluntariamente, uma nova confirmação das cartas. Em reconhecimento a esse gesto, eles lhe concederam, como subsídio, uma quinta parte de todos os bens móveis do reino.

Mas essa acomodação mútua não durou muito. Ao cabo de dois anos, Henrique, tendo obtido sua verdadeira maioridade, revogou todas as cartas com a desculpa de que as havia concedido quando ainda não estava na posse total de seu corpo e de seu selo: "*cum nec sui corporis nec sigilli aliquam potestatem habuerit*".

Essa revogação provocou grande descontentamento. Indignados, os barões voltaram sua raiva contra o homem a quem a voz pública acusava de ser o autor desses atos: Hubert de Burgh, o grande administrador de justiça e conselheiro íntimo de Henrique. A partir daquele momento, esse ministro foi exposto aos ataques mais violentos e não deixou de ser perseguido pela raiva de seus oponentes, até que no final, em 1232, o rei cedeu à tormenta, deixou de proteger o ministro odioso e baniu-o de sua corte.

As reclamações dos barões mal haviam sido aplacadas quando Henrique, parecendo querer irritá-los novamente, cercou-se, uma vez mais, de homens odiados por seus súditos. Um deles era um estrangeiro natural de Poitou, Peter des Roches, bispo de Winchester, que passou a ser o favorito do rei depois da desonra de Hubert de Burgh. A partir daquele momento o príncipe só confiou postos e favores a estrangeiros. Não satisfeitos em drenar os tesouros do Estado, eles sobrecarregavam a população com cobranças – sua insolência não tinha limites. Quando as leis da Inglaterra eram utilizadas contra eles, retrucavam: "Não somos ingleses; não sabemos qual é o objetivo dessas leis". Os barões, indignados, exigiam justiça imediata, e em 1234, dois anos depois da desonra de Hubert de Burgh, o rei se viu obrigado a abandonar Peter des Roches e a dispensar os estrangeiros de sua corte. Mas, pouco tempo depois, quando do seu casamento com Eleanor, filha do conde de Provença, os provençais ocuparam o lugar dos naturais de Poitou, e, por sua vez, atraíram para si o ódio dos barões ingleses.

A irritação foi geral quando o rei, que precisava de dinheiro, reuniu os barões em Westminster, no mês de janeiro de 1237, para exigir deles um subsídio. Os barões responderam com uma recusa e ameaças. Henrique, alarmado, recorreu à solução que ainda não tinha perdido sua eficiência, ou seja, uma nova confirmação das cartas. Assim que essa confirmação foi concedida, ele obteve o subsídio de uma terça parte de todos os bens móveis.

Mas sua prodigalidade logo fez com que esses parcos recursos se esvaíssem; uma vez mais ele foi obrigado a recorrer a meios arbitrários e tirânicos a fim de obter dinheiro – cobranças, empréstimos forçados e um novo tipo de imposto que, pela primeira vez, foi registrado na história inglesa. É incrível, no entanto, que Henrique nunca tenha ousado arrecadar qualquer tributo geral da nação sob sua responsabilidade pessoal. Os impostos realmente públicos nunca eram coletados senão sob a sanção professada de um Conselho de Barões, e após o rei ter comprado sua boa vontade com uma nova confirmação das cartas régias.

Em 13 de maio de 1253, uma sentença de excomunhão foi solenemente pronunciada contra qualquer pessoa que infringisse as cartas reais; e, no encerramento da cerimônia, os prelados jogaram ao chão suas longas velas já apagadas, mas ainda fumegantes, exclamando: "Que as almas de todos aqueles que atraiam sobre si essa sentença cheirem mal e sejam extintas no inferno!" E o rei acrescentou: "Que Deus nos ouça! Manterei essas cartas invioladas, assim como sou homem, assim como sou cristão, assim como sou um cavaleiro, e assim como sou um rei coroado e ungido!"

Uma vez mais as cartas foram violadas, e no final percebeu-se que suas renovações constantes eram inúteis. A guerra civil foi então declarada. O conde de Leicester, à frente de um grupo de barões, tomou armas, a princípio com a intenção de limitar eficazmente a autoridade real, porém, mais tarde, desejando usurpá-la totalmente. Essa nova rebelião não tinha mais como objetivo obter a renovação das cartas, já tendia também a fundar garantias práticas dos direitos reconhecidos. Dessas garantias falarei mais detalhadamente quando vier a considerar a formação do Parlamento. No momento, contentar-me-ei em observar que o resultado da insurreição comandada pelo conde de Leicester foi uma renovação generalizada das cartas, concedida em 14 de março de 1264 – uma espécie de tratado de paz entre o rei e os barões, em que o objetivo do rei era obter deles a libertação do príncipe Eduardo, que mantinham refém.

Finalmente, três anos mais tarde, em 18 de novembro de 1267, algum tempo antes da partida do príncipe Eduardo para a Palestina, o rei, uma vez mais, confirmou as cartas no Parlamento reunido em Marlborough. Essa confirmação foi a última concedida por Henrique III; ele morreu cinco anos mais tarde, em 16 de novembro de 1272, depois de passar seu longo reinado fazendo promessas que eram a seguir violadas, renovadas, escamoteadas e então renovadas outra vez.

Palestra 9

Conclusão da história das cartas régias sob o reinado de Eduardo I. — Conflito político após a guerra civil. — O rei constantemente viola as cartas régias, sobretudo na questão de impostos. — Os barões resistem energicamente. — Eduardo confirma as cartas régias definitivamente (1298-1301). — Bula de Clemente V, solicitada por Eduardo I, anula as cartas régias. — Seu fracasso. — Morte de Eduardo I (7 de julho de 1307).

Durante os dois reinados anteriores, a luta entre a aristocracia feudal e o poder real foi, na verdade, uma guerra civil. Sob Eduardo I a luta continuou, mas deixou de ser uma guerra civil. Os barões não protestaram a favor de sua independência com uma determinação menor do que a que tinham manifestado até aquele momento, e tampouco o rei defendeu seus privilégios com menos vigor, mas nenhuma das duas partes recorreu ao uso de armas. Essa é, de um modo geral, a história de lutas importantes: começam com uma prova de força entre as duas partes rivais e, quando o problema das forças materiais é solucionado, a luta muda sua direção e sua arena; concentra-se em uma assembléia, e a parte vitoriosa não tem outro objetivo a não ser legalizar a vitória já ganha, e assim acrescentar uma validade constitucional a uma vitória material. Os debates parlamentares vêm depois da guerra civil. E quando esses debates duram um certo número de anos e recebem a sanção do tempo, pode-se dar a luta por terminada. As coisas tinham chegado a esse estágio no reinado de Eduardo I; a resistência demonstrada durante o reinado agora só era exibida no Parlamento; e, após trinta anos dessa resistência, os direitos que ela tinha tentado consagrar foram reconhecidos para sempre e relativamente respeitados.

Embora à época da morte de Henrique seu filho Eduardo estivesse na Palestina, ele foi proclamado rei sem nenhuma oposição. A capacidade que o jovem príncipe demonstrara com relação aos problemas do reino e a moderação que tinha muitas vezes exibido fizeram com que recebesse a aprovação geral. Após voltar à Inglaterra, Eduardo justificou as expectativas que se haviam criado com relação a ele; muitos abusos foram corrigidos, e uma ordem melhor foi introduzida na administração da justiça.

Examinarei rapidamente os primeiros 24 anos desse reinado, ocupados com a conquista do País de Gales e com as guerras de Eduardo na Escócia. Essas guerras foram incessantemente recomeçadas em virtude das insurreições dos escoceses. Durante todos esses anos, embora tenhamos ouvido falar de reuniões freqüentes do Parlamento, quase nada se ouve sobre cartas régias. A administração do reino, que era enérgica e justa, provocou poucas reclamações, e a atenção pública esteve absorvida nas expedições e vitórias do monarca.

Apesar disso, a necessidade de levantar subsídios com freqüência, a fim de manter os inúmeros exércitos, logo obrigou Eduardo a adotar medidas violentas e arbitrárias. Limitou a quantidade de lã que poderia ser exportada e estabeleceu uma taxa de 40 xelins sobre cada saco de lã que fosse exportado, ou seja, mais de um terço de seu valor; todo o resto da lã e das peles, que estavam prontas para serem embarcadas, foi confiscado a serviço do rei. Exigiu de cada xerife dois mil quartos de trigo, e a mesma quantidade de aveia, autorizando-os a obter o trigo e a aveia solicitados onde quer que lhes fosse possível lançar mão deles; além disso, fez com que uma grande quantidade de gado também fosse confiscada. Finalmente, desconsiderando o direito feudal, impôs a cada proprietário fundiário com uma renda de mais de 20 libras esterlinas, fosse qual fosse a natureza de seus domínios, a obrigação de ajudá-lo na guerra que estava prestes a travar na França.

A insatisfação da população e dos barões foi geral, e aumentou duplamente como conseqüência de uma fraude, a que Eduardo não hesitou em recorrer para arrecadar um subsídio que lhe fora concedido pelo Parlamento realizado em Saint Edmundsbury, no ano anterior (1296). Em vez de se contentar com o oitavo* dos bens móveis, ele presumiu que o imposto era muito maior e obrigou seus súditos a pagá-lo.

Em meio ao tumulto causado por essas medidas, Eduardo convocou seus barões em Salisbury para organizar com eles a partida e a marcha de seus exércitos. Sua intenção era enviar um de seus exércitos para a Gascônia, sob a direção de Humphrey Bohun, conde de Hereford, e de Roger Bigod, conde de Norfolk – respectiva-

---

* Um oitavo, ou um décimo etc., era um imposto em dinheiro arrecadado dos condados, das cidades grandes, dos burgos e de outras cidades pequenas, assim chamado porque era a oitava, ou décima, parte do valor que tinha sido atribuído a esses condados, cidades etc. no reinado de Guilherme I. Assim, cada cidade sabia qual era a sua contribuição. As avaliações tinham sido incluídas no Livro do Dia do Juízo (*Parliam. Hist.*, vol i. p. 83).

mente *Constable* e Lord marechal da Inglaterra* — e, pessoalmente, comandar o outro rumo a Flandres. Os dois homens, defensores enérgicos da causa nacional, recusaram a missão que lhes foi oferecida. O objetivo dessa recusa era obrigar o rei a comprar sua aquiescência com a nova promessa de confirmar as cartas, uma promessa que ele já havia feito mas que parecia não ter nenhuma pressa em cumprir. Quando Eduardo lhes deu a ordem de partir para a Gascônia, responderam que estariam prontos a segui-lo para Flandres, posto que a natureza de suas funções não lhes permitiria separar-se da pessoa do rei. "Vocês irão", disse o rei, "se eu for ou não com vocês". Hereford respondeu que ele não iria, e a isso Eduardo exclamou: "Pelo Deus eterno, senhor conde, ou o senhor vai, ou será enforcado". "Pelo Deus eterno, senhor rei", respondeu Hereford friamente, "eu nem irei, nem serei enforcado". Eduardo não se sentiu poderoso o bastante para punir essa resposta orgulhosa; e, temendo encontrar o mesmo espírito de resistência em todos os barões, abandonou sua intenção de enviar um exército para a Gascônia. Os dois condes saíram de Salisbury com seus séquitos, e o rei, após ter dado a outros dois lordes seus postos, preparou-se para embarcar para Flandres.

Mas antes de sua partida, em 12 de agosto de 1297, dirigiu a todos os xerifes do reino um tipo peculiar de manifesto, que talvez tenha sido único naquele período, o qual desejava que fosse lido diante da população reunida. Nele, o rei explicava a causa de sua briga com os dois condes, desculpava-se pelas cobranças

---

* No original, *Constable* = funcionário principal da residência ou corte reais. E *Lord Marshal* = um dos principais funcionários da residência ou corte real, normalmente encarregado dos assuntos militares do monarca. (N. T.)

que tinha feito alegando as necessidades da guerra, e pedia a seus súditos que mantivessem a paz e a ordem. Essa proclamação, ou melhor dizendo esse apelo à população, mostra o quanto o poder real já se sentia dependente do apoio da opinião pública, e esforçava-se de alguma maneira para reconhecer sua responsabilidade diante dela.

A essa desculpa por sua conduta apresentada por Eduardo, os condes de Norfolk e Hereford responderam com outro manifesto, apresentado ao rei em Winchelsea, no qual relatavam todos os erros do governo e exigiam uma reparação. Eduardo respondeu que seu conselho tinha sido dispersado, e que ele não podia atender a esses protestos até sua volta; e, com isso, seguiu adiante em sua expedição, deixando o filho como regente do reino.

Após a partida do rei, os dois condes, tendo publicado seu manifesto e recebido a resposta de Eduardo, apresentaram-se diante dos tesoureiros e barões do tesouro e os proibiram — já que eles temiam provocar uma guerra civil — de arrecadar, para o rei, o tributo de um oitavo que fora concedido pelo Parlamento em Saint Edmundsbury, afirmando que a concessão era ilegal.

Para pôr fim a essas divergências, o príncipe regente reuniu um Parlamento em Londres, no dia 10 de outubro de 1297. Os dois condes foram convidados a ocupar seus lugares na assembléia, e vieram acompanhados por um corpo de infantaria e de cavalaria de 500 pessoas, não aceitando entrar em Londres até que tivessem obtido permissão para colocar um guarda em cada portão. Exigiram uma confirmação geral das cartas e, além disso, que lhes fossem acrescentados vários itens. O príncipe regente submeteu-se a todas as exigências, e o ato de confirmação assinado por ele foi imediatamente enviado ao rei, que estava em Gante. Eduardo, após três dias para considerar o assunto, sancionou a confirmação* e concedeu uma anistia aos dois condes, que, satisfeitos com essa prova de generosidade por parte do rei, foram, subseqüentemente, para a Escócia, ajudá-lo na guerra que ele lá estava travando.

Quando Eduardo voltou à Inglaterra, os barões exigiram que ele, pessoalmente, confirmasse as cartas que lhes tinham sido concedidas. O rei evitou essas exigências e refugiou-se em Windsor. Os barões o seguiram, renovando suas demandas e suas queixas. O rei se desculpou, alegando problemas de saúde, e lhes disse que voltassem a Londres, para onde lhes enviaria uma resposta. Essa resposta foi uma nova confirmação das cartas, mas continha uma cláusula restritiva: *salvo jure coronae nostrae*.[1] Na leitura pública da carta, feita na Catedral de São Paulo, a assembléia, ouvindo que todos os seus direitos estavam definitivamente confirmados, explodiu em vívidas manifestações de alegria; mas, assim que a cláusula de restrição foi pronunciada, ouviu-se um murmúrio contínuo e violento de insatisfação de todos os lados; o povo imediatamente deixou a igreja, e os barões, irritados, voltaram para seus territórios, decididos a recorrer à força uma vez mais.

---

* Uma cópia dessa carta pode ser encontrada em uma nota no fim desta palestra. De todas as outras, ela é a mais explicitamente a favor das liberdades públicas. Foi concedida em Gante, em 5 de novembro de 1297; a carta original está preservada no Museu Britânico.
[1] Preservada a lei de nossa coroa.

Eduardo percebeu que levantara uma tempestade de opiniões contra ele, e, após inúmeros atrasos e evasões, e reclamando insolentemente que estava sendo pressionado demais, decidiu por fim convocar um Parlamento, em 6 de março de 1300, e confirmou todas as concessões que já tinha feito, sem nenhuma restrição; chegou mesmo a acrescentar novas garantias, introduzidas nos artigos chamados *articuli super chartas*. Os principais dispositivos contidos nessas emendas consistem em um regulamento, onde se prevê que as cartas deveriam ser lidas publicamente nos tribunais dos condados quatro vezes ao ano, e que três juízes, escolhidos entre os cavaleiros da corte, deveriam ser eleitos em cada tribunal de condado, responsabilizando-se pela recepção de todas as queixas relacionadas com infrações das cartas, e pronunciando as sentenças contra os infratores.

Finalmente, no ano seguinte, 1301, em um Parlamento realizado em Lincoln, Eduardo, após receber a aprovação para uma nova limitação das florestas – algo que vinha sido requisitado há muito tempo, e que foi finalmente concluído –, confirmou, uma vez mais, as cartas régias.

A partir do momento em que essa carta confirmatória foi concedida, os direitos por ela proclamados foram definitivamente reconhecidos. A luta aberta e externa cessou nesse período, embora a secreta e oculta continuasse. Eduardo suportou com impaciência o jugo que ele mesmo se impusera, e tentou se liberar dele. Não ousou, no entanto, retirar a máscara, e todos os seus esforços eram secretos. Quase no final de 1304, pediu ao papa Clemente V que o livrasse de seus juramentos. O pontífice concordou com seus desejos, e por meio de uma bula, em 5 de janeiro de 1305, declarou que todas as promessas e concessões feitas por Eduardo estavam *abolidas, anuladas e invalidadas*.*

O príncipe não ousou, como João fizera anteriormente, aproveitar-se dessa bula e, por isso, a manteve em sigilo; mas ele ainda podia recorrer a manobras secretas. Começou uma série de perseguições cruéis a todos aqueles que tinham estado à frente da confederação dos barões, e especialmente ao conde de Norfolk e ao arcebispo de Canterbury. Esses dois homens, que em anos anteriores haviam sido tão ousados e corajosos, agora demonstravam uma fraqueza que só podia ser justificada por sua idade avançada. Mas era tarde demais: a autoridade do rei já não podia fazer nada contra as cartas, e nem mesmo a fraqueza de seus antigos defensores era capaz de dar mais poder à realeza. Pouco mais tarde, a morte pôs um fim a todos os esforços de Eduardo para realizar seus projetos. Ela o surpreendeu quando se encontrava na Escócia, em 7 de julho de 1307. A partir desse momento, as cartas, apesar de todos os ataques que lhes foram feitos, permaneceram como bases sólidas dos direitos civis na Inglaterra.

ESTATUTO PUBLICADO POR EDUARDO I EM CONFIRMAÇÃO DAS CARTAS. 5 DE NOVEMBRO DE 1297

Eduardo, pela graça de Deus, rei da Inglaterra, senhor da Irlanda e duque de Guyan, a todos aqueles que ouvirem ou virem estas cartas, saúda. Saibam todos que nós, para a honra de Deus e da Santa Igreja,

---

* Uma cópia dessa bula pode ser encontrada em uma nota no final desta palestra.

e para o bem de nosso reino, concedemos que, para nós e para nossos herdeiros, a Carta de Liberdades e a Carta da Floresta, que foram feitas por aquiescência de todo o reino, à época do rei Henrique nosso pai, serão mantidas em todos os seus itens sem nenhuma violação. E desejamos que essas mesmas cartas sejam enviadas, sob nosso selo, para os juízes da floresta assim como para outros, e para todos os xerifes dos condados, e para todos os nossos outros funcionários, e para todas as cidades por todo o reino, juntamente com nossos mandados nas quais elas estão contidas; que eles façam com que as ditas cartas sejam publicadas, e que declarem à população que nós as confirmamos em todos os seus itens; e que nossos juízes, xerifes e prefeitos, e outros ministros que, sob nós, têm a lei de nossa terra para orientar, permitam que as ditas cartas, apresentadas diante deles em julgamento, em todos os seus itens, que sejam reconhecidas, a Magna Carta como o direito comum e a Carta da Floresta para a riqueza de nosso reino.

E desejamos que se qualquer julgamento for dado, daqui em diante, que seja contrário aos itens ou às cartas mencionadas por juízes, ou por quaisquer outros de nossos ministros, que julguem uma ação diante deles contra os itens das cartas, esse julgamento seja desfeito e considerado nulo.

E que as mesmas cartas sejam enviadas, sob nosso selo, para todas as catedrais por todo o reino, e que ali permaneçam e sejam lidas diante da população duas vezes ao ano.

E todos os arcebispos e bispos pronunciarão a sentença de excomunhão contra aqueles que por palavras, feitos ou conselhos façam algo contrário às cartas mencionadas, ou as violem em qualquer item, ou as anulem. E que as ditas excomunhões sejam denunciadas e publicadas duas vezes ao ano pelos ditos prelados. E se os mesmos prelados, ou qualquer deles, forem negligentes na denúncia de ditas sentenças, os arcebispos de Canterbury e de York, por enquanto, poderão forçá-los e embargar seus bens até a execução de seus deveres na forma mencionada;

E na medida em que várias pessoas de nosso reino temem que os subsídios e as tarefas que nos deram anteriormente, para nossas guerras e outros assuntos, voluntariamente e de boa vontade, seja como for que isso tenha sido feito, possam se transformar em uma obrigação para eles e seus herdeiros, porque eles podem em outra ocasião ser encontrados nos registros dos tribunais,* e o mesmo pode ocorrer com as taxas arrecadadas em todo o reino por nossos ministros, concedemos de nossa parte, e de parte de nossos herdeiros, que não faremos desses subsídios, tarefas e taxas um costume, e o mesmo com referência a qualquer outra coisa que foi feita até aqui, tenha ela sido feita pelo tribunal ou qualquer outro precedente que possa ser encontrado.

Além disso, concedemos de nossa parte e de parte de nossos herdeiros, bem como para arcebispos, bispos, abades, priores e outras pessoas da Santa Igreja, e também para condes, barões e toda a comunidade da terra, que para nenhum negócio daqui em diante nós arrecadaremos dessa forma subsídios, tarefas ou taxas, a não ser que seja com o consentimento geral do reino, e para benefício geral, a não ser no caso de subsídios e taxas já devidos e costumeiros.

E na medida em que a maior parte da comunidade desse reino se encontra angustiada com o imposto injusto sobre a lã, que é, como sabemos, um tributo de 40 xelins para cada saco de lã, e que já nos pediu que a livrássemos dela; nós, a seu pedido, claramente os eximimos e concedemos, de nossa parte e por parte de nossos herdeiros, que não arrecadaremos coisas assim sem o consentimento e a boa vontade geral; a não ser para nós e nossos herdeiros o costume de lãs, peles e couro, concedido diante da comunidade acima mencionada. Em prova de tais coisas fizemos com que essas nossas cartas sejam feitas cartas-patentes. Testemunhou, Eduardo, nosso filho, em Londres, em 10 de outubro, no vigésimo quinto ano de nosso reino.

E que seja lembrado que essa mesma carta, nos mesmos termos, palavra por palavra, foi lacrada em Flandres, sob o grande selo real, ou

---

* No original, *the Rolls* = antigo prédio na Chancery Lane em Londres, onde os registros aos cuidados do presidente do Tribunal de Recursos (*Master of the Rolls*) eram mantidos. (N. T.)

FRANÇOIS GUIZOT

seja, em Gante, no quinto dia de novembro do vigésimo quinto ano do reino de nosso acima mencionado senhor, o rei, e enviada para a Inglaterra.

CARTA DE CLEMENTE V PARA EDUARDO I

Clemente, bispo, servidor dos servidores de Deus, para nosso bem-amado filho em Jesus Cristo, Eduardo, ilustre rei da Inglaterra, com a bênção apostólica por sua saúde:

A pureza de vossa leal devoção, que é e foi uniforme e evidente em vossa atenção incansável aos desejos da Santa Sé, bem merece que a própria Santa Sé remova tudo aquilo que é hostil a vosso bem-estar, e suprima tudo aquilo que vos desagrade, e garanta para sempre para vossa majestade o gozo de todo o bem.
Soubemos recentemente, por um relato merecedor de crédito, que nos últimos tempos, quando vossa majestade estava em Flandres, e até mesmo antes de vossa chegada lá, quando vossos esforços estavam sendo usados para manter vossas prerrogativas contra vossos inimigos e rivais, que então alguns magnatas e nobres de vosso reino, e outras pessoas que são hostis a vossa autoridade, aproveitando-se da oportunidade enquanto vossa majestade estava ocupado lutando contra aqueles que eram opositores de seu governo, em outro reino, ameaçaram que, a menos que vossa majestade fizesse certas concessões de um caráter variado e injusto, tanto relacionadas com a floresta e com outros direitos, que, há um tempo imemorável, pertencem à coroa e ao posto que vossa majestade ocupa (concessões que eles já tinham inoportunamente procurado antes de vossa partida do dito reino), eles iriam conspirar contra vossa majestade, instigar a população e disseminar vários escândalos;
E que vossa majestade, tratando a conspiração deles com prudência, e desejando evitar os perigos que vos estavam pressionando, realmente

fez aquelas concessões, mais por ter sido forçado que de sua livre vontade;

E que, finalmente, quando de vossa volta a vosso reino, as guerras ainda não tendo terminado, os ditos magnatas e outros, por meio de suas sugestões importunas e presunçosas, realmente obtiveram de vossa majestade a renovação dessas concessões; e que, além disso, eles conseguiram obter de vossa majestade ordens reais para que em todas as catedrais do reino fosse pronunciada, duas vezes ao ano, uma sentença de excomunhão contra aqueles que violassem as ditas concessões, como é exposto formalmente e em detalhe nas ditas ordens, sob a autoridade do selo real;

Como, portanto, a Santa Sé Apostólica tem uma visão favorável de vosso reino, mesmo mais que de outros reinos, e tem por vossa majestade, pessoalmente, os sentimentos mais amistosos, e reconhece que todas essas concessões foram feitas e extorquidas à custa de vossa honra e em detrimento de vossa soberania real;

Portanto, pela autoridade apostólica, e por todo nosso poder, revogamos, anulamos e dissolvemos as ditas concessões e todos os seus efeitos e tudo que pode delas resultar, bem como as sentenças de excomunhão que foram ou podem vir a ser pronunciadas a fim de observá-las, ou nas ditas igrejas ou em outros lugares, nós as declaramos inválidas, nulas e sem autoridade; anulando também as ordens e cartas a que elas deram lugar; decretamos por vossa majestade e por vossos sucessores no trono da Inglaterra que nós nem estamos nem jamais estaremos obrigados a observá-las, embora vossa majestade possa ter se comprometido a isso por juramento; além do que, como vossa majestade nos garantiu no momento em que vossa coroação estava sendo celebrada, vossa majestade realmente jurou manter as honras e as prerrogativas de vossa coroa; de modo que, mesmo que vossa majestade tenha atraído para si algum castigo por esse motivo, nós vos absolvemos dele, bem como da acusação de perjúrio se ela for feita contra vossa majestade.

Para garantir a execução de nossos desejos, proibimos expressamente que nossos veneráveis irmãos, os arcebispos, bispos e outros, tanto eclesiásticos quanto seculares, que estão estabelecidos em vosso reino, façam ou tentem fazer qualquer coisa contra o teor da atual anulação, invalidação, revogação e abolição, sob pena, no caso dos arcebispos e bispos, de suspensão de suas funções e benefícios; e se eles persistirem por um mês, sob pena de excomunhão, que será, por essa única razão, pronunciada contra eles, e todos aqueles que forem cúmplices de seus desígnios.

Declaramos de antemão que todas as tentativas contra o presente decreto são nulas e inválidas.

Se, no entanto, houver algum direito pertencente aos habitantes do dito reino que eles possuam em virtude de cartas e concessões anteriores feitas por vossa majestade, não temos a intenção de retirá-las deles.

Não será permitido a absolutamente ninguém violar em qualquer detalhe, ou apenas contradizer o presente ato de invalidação, revogação, anulação e abolição.

Se alguém ousar permitir isso a si próprio, que saiba que incorrerá na indignação do Todo-Poderoso e dos benditos apóstolos Pedro e Paulo. (Rymer, *Acta Publica*, vol. ii., p. 372.)

Palestra 10

Necessidade de investigar o sentido político da palavra representação *à época em que um governo representativo começou a ser formado. — Teorias errôneas sobre esse tema. — Teoria de Rousseau, que nega a representação e insiste na soberania individual. — Teorias de escritores que tentam reconciliar o princípio de representação com o de soberania individual. — A idéia errônea de que a soberania pertence à maioria. — Verdadeira idéia de representação.*

Estudamos as instituições originais do governo anglo-saxão, pesquisamos os degraus sucessivos na história das cartas régias e da luta travada pelos barões para garantir sua confirmação pelo poder real, mas até aqui nada vimos que se assemelhe a um governo representativo. Agora, no entanto, chegamos ao ponto em que esse tipo de governo começa a aparecer. Voltaremos, então, nossa atenção para a criação do Parlamento, ou seja, para o nascimento de um sistema representativo.

À medida que abordamos essa grande questão histórica, uma questão de filosofia política se apresenta diante de nós: qual é o sentido verdadeiro e legítimo da palavra "representação" quando se refere ao governo de uma comunidade? Não devemos pular essa questão sem antes examiná-la: a história das instituições políticas já não é um mero recital de fatos. Ela deve se basear em princípios; ela nem merece o nome de ciência, nem possui autoridade científica, até que tenha sondado e colocado sob uma luz transparente aquela base primária que se encontra na razão, e da qual os fatos que ela coleta se originam. A história política não pode ser outra coisa senão filosófica; isso é exigido pelo estágio de cultura humana que a consciência da sociedade já alcançou.

Suponhamos, agora, um governo representativo, aristocrático ou democrático, monárquico ou republicano, completamente estabelecido e em ação: se alguém perguntasse a um cidadão de um Estado assim — supondo-se que ele fosse um homem de bom senso, mas que desconhecesse especulações políticas — "Por que você elege tal deputado?", ele responderia: "Porque, na consideração dos assuntos públicos, creio que ele é mais capaz do que qualquer outro de apoiar a causa a que minhas opiniões, meus sentimentos e meus interesses estão aliados".

Agora traga esse homem diante dos teóricos políticos que lidaram com representação; deixe que seu bom senso entre em contacto com os sistemas deles — a verdade logo seria confundida e obscurecida pelas falsidades da ciência.

Um senhor culto se dirigiria a ele da seguinte forma: "O que é que você fez? Ao conseguir um representante para si mesmo, você já não é mais livre — já não é, na verdade, um cidadão de um Estado livre. Liberdade significa a soberania de um homem sobre si mesmo, o direito de ser governado apenas por sua vontade individual. E a soberania não pode ser representada, simplesmente porque a vontade não pode ser representada — ou ela é a mesma coisa ou algo totalmente diferente, não há meio-termo. Quem lhe garante que seu representante, sempre e em todas as ocasiões, terá a mesma vontade que você? Certamente ele não será tão adaptável. Então, longe de ser representado, você entregou a ele sua vontade, sua soberania, sua liberdade. Você se entregou não a um representante, e sim a um senhor. E por quê? Porque você é um indivíduo indolente, cobiçoso, covarde, que dá mais atenção a seus próprios interesses pessoais que às questões públicas, que prefere pagar soldados a ir para a guerra, que prefere nomear deputados e ficar em casa a ir pessoalmente participar das deliberações de um conselho nacional".

Esta é a concepção que Rousseau tem sobre representação. Ele a considera enganosa e impossível. Segundo ele, todos os governos representativos são ilegítimos por sua própria natureza.*

Deixemos agora esse cidadão ser orientado por outros doutores que, partilhando das mesmas idéias de soberania e liberdade que aquelas mantidas por Rousseau, mas, apesar disso, acreditando em representação, tentam harmonizar essas diferentes concepções. É possível que eles lhe digam: "Realmente é verdade: a soberania reside em você mesmo, e apenas em você mesmo; mas você pode delegar sem abandoná-la; você faz isso diariamente; a seu administrador você entrega o gerenciamento de suas terras, a seu médico, o cuidado de sua saúde, e coloca seus assuntos jurídicos nas mãos de seu advogado. A vida é vasta e complicada, seu controle pessoal é insuficiente para todas as suas atividades e demandas; em todas as partes você usa outras pessoas no exercício de seu próprio poder – você emprega criados. Isso é apenas uma nova aplicação do mesmo princípio – você emprega um criado a mais. Se ele se desviar das direções que você lhe deu, se ele não

---

* *Du Contrat Social*, b. iii. c. xv.

expressar seu desejo, admitimos que ele esteja abusando de sua confiança. Quando você lhe dá seu voto, não está lhe entregando sua liberdade – por outro lado, ao recebê-lo, ele está renunciando à sua própria liberdade. O mandato que ele recebeu de você faz dele um escravo e, ao mesmo tempo, torna você livre. Nessa condição, a representação se torna legítima porque a pessoa representada não deixa de ser soberana".

O que dirá o cidadão a isso? Ele deve fazer sua escolha: tal, lhe dizem, é a natureza da representação, que, de um modo ou de outro, sempre que nomeia um deputado transforma alguém em escravo – ou de seu representante ou de si mesmo. Essa não era, de forma alguma, sua intenção; querendo viver ao mesmo tempo em liberdade e em segurança, ele se ligou, agindo de comum acordo com seus co-cidadãos, a um homem que julgava ser tão livre quanto ele, e que acreditava capaz de defender sua liberdade e de garantir sua tranqüilidade; quando deu a esse homem o seu voto, não imaginava que estaria se escravizando, ou escravizando o objeto de sua escolha. Achava que estava entrando em uma relação de aliança com ele, não de soberania ou de servidão, e só fez o que é praticamente feito todos os dias por homens que, tendo interesses que são idênticos, e não sendo capazes de administrá-los individual e diretamente, os confiam àquele indivíduo entre seus pares que parece ser o mais capaz de conduzi-los com eficiência, mostrando assim, por sua confiança, seu respeito pela superioridade dele, e preservando, ao mesmo tempo, o direito de avaliar, pela conduta daquele que elegeu, se tal superioridade é real e a confiança merecida. Considerado em si mesmo, esse é o fato de uma eleição – nem mais nem menos. O que então poderemos dizer da teoria que vem desnaturalizar o fato, dando-lhe uma importância e um significado que nunca teve na sua origem, ou na intenção ou no motivo das partes interessadas?

A fonte de toda essa confusão pode ser encontrada em uma compreensão errônea da palavra *representação*; e a palavra foi mal compreendida porque idéias falsas relativas à soberania e à liberdade foram alimentadas. Devemos, portanto, voltar às primeiras fases da investigação.

O princípio fundamental das filosofias a que nos opomos é que todos os homens são seus próprios e absolutos senhores, que a única lei legítima para o homem é sua vontade individual; em nenhum momento alguém – sejam quais forem suas qualificações – tem sobre ele qualquer direito se ele não der seu consentimento para isso. A partir desse princípio, Rousseau viu, e viu genuinamente, que, como a vontade é um fato puramente individual, então todas as representações da vontade são impossíveis. Presumindo que a vontade é a única fonte de poder legítimo que um homem exerce sobre si mesmo, segue-se que nenhum homem pode transmitir esse poder a um outro homem, pois não pode determinar que sua vontade seja transferida para outro homem e deixe de residir nele próprio. Não pode outorgar um poder que certamente envolveria o risco de ele ser obrigado a obedecer a uma outra vontade que não a sua; pois, por essa razão, ainda que não por nenhuma outra, esse poder seria ilegítimo. Toda idéia de representação, portanto, é uma ilusão, e todo poder baseado em representação é tirânico, pois um homem só se mantém livre enquanto não obedecer a nenhuma outra lei que não seja a da sua própria vontade.

A conclusão é inevitável – o único problema com Rousseau é que ele não foi longe o bastante. Se ele houvesse ido até onde isso o poderia levar, teria deixado de buscar o melhor governo, teria condenado todas as constituições e afirmado a ilegitimidade de todas as leis e de todo poder. Com efeito, de que me interessa saber que uma lei emanou ontem de minha vontade se hoje minha vontade mudou? Ontem minha vontade era a única fonte de legitimidade para a lei; por que, então, a lei deveria continuar sendo legítima quando já não é mais sancionada pela minha vontade? Será que não posso desejar mais de uma vez? A minha vontade exaure seus direitos com um único ato? E porque ela é meu único senhor, será que devo, portanto, submeter-me servilmente a leis das quais esse senhor que as fez ordena-me que me libere? Isso não passou despercebido a Rousseau: "É um absurdo", diz ele, "supor que a vontade deva se agrilhoar com correntes para o futuro".*

Isso, então, é a conseqüência do princípio quando razoavelmente levado adiante. Rousseau não viu isso, ou não ousou vê-lo; isso destrói não só todos os governos como também todas as sociedades. Impõe ao homem um isolamento absoluto e contínuo, não permite que ele contraia quaisquer obrigações, ou que se guie por qualquer lei, e traz um elemento de dissolução até no próprio seio do indivíduo, que já não pode ligar-se à sua própria natureza mais do que a qualquer outra pessoa; pois sua vontade passada, ou seja, aquilo que ele já não deseja, não tem maior direito sobre ele que a vontade de um estranho.

---

* *Du Contrat Social*, b. ii. c. i.

Rousseau pelo menos tinha momentos de dúvida quanto à aplicação de seu princípio, e só o perdeu de vista quando permanecer leal a ele significaria sacrificar todo o resto em seu nome. Mentes menos poderosas que a dele, e, portanto, menos capazes de livrar-se do jugo das necessidades sociais, acreditaram que poderiam preservar o princípio sem admitir todas as suas conseqüências. Como Rousseau, eles admitiram que, como todos os homens são os únicos senhores de si mesmos, nenhuma lei que não esteja em harmonia com sua vontade pode restringi-los — um axioma que se tornou popular sob esta forma: *Ninguém é obrigado a obedecer a leis para as quais não deu seu consentimento*. Raciocinando com um rigor lógico estrito, Rousseau teria percebido que esse axioma não deixava espaço para o poder organizado. De todas as formas, ele tinha claramente demonstrado que toda representação de poder estava condenada por tal axioma como ilegítima e ilusória. Outros teóricos políticos incumbiram-se de deduzir desse princípio a própria representação e todos os poderes para os quais ele serve de base. Dessa maneira, procederam como se segue:

Colocaram-se, sem nenhum medo, na presença de fatos existentes, decididos a regulá-los de acordo com sua conveniência, impondo, alternativamente, sobre os fatos um princípio que rejeitam, e, sobre esse princípio, conseqüências que normalmente ele não admitiria. Toma-se como dados a sociedade a ser mantida e o governo a ser construído, sem deixar de afirmar que a vontade do homem é a fonte de legitimidade para o poder. Exige-se que essa obra siga tal princípio — eles determinam que ela o faça.

Mas uma impossibilidade os confronta desde o começo: como evitar impor aos homens qualquer lei sem seu consentimento?

Como serão todas as vontades individuais consultadas em relação a cada lei específica? Rousseau não hesitou: declarou que os grandes Estados eram ilegítimos, e que era necessário dividir a sociedade em pequenas repúblicas para que, pelo menos uma vez, a vontade de cada cidadão viesse a dar seu consentimento para a lei. Mesmo que isso pudesse ser feito, o problema estaria longe de ser resolvido, para que o princípio fosse plenamente exemplificado, sejam quais forem os testes aplicados a ele. Mas, ainda assim, uma impossibilidade havia finalmente desaparecido, e a coerência lógica foi preservada. Os teóricos políticos de quem estamos falando, bem mais tímidos que Rousseau, não ousaram protestar contra a existência de grandes comunidades, mas não temeram superar a impossibilidade com a ajuda de uma nova incoerência. Embora eles não permitam que os indivíduos tenham o direito de só obedecer às leis que se harmonizem com sua vontade, substituem esse conceito pelo direito de obedecer às leis que emanam de um poder constituído por sua vontade; pensaram em homenagear o princípio baseando a legitimidade da lei na eleição do poder legislativo. Assim, a teoria da representação, isto é, da representação de vontades, reapareceu, apesar do raciocínio lógico de Rousseau: ou seja, enquanto a vontade do homem for reconhecida como a única soberania legítima para ele, se tentarmos criar um poder por meio da representação, o tipo de representação que será realmente buscado será a representação de vontades.

Mas essa teoria precisa ser levada a cabo, e reduzida à prática. Ora, após terem anulado, pelo menos com relação à criação da lei, tantas vontades individuais, o mínimo que se podia esperar é que todos fossem convocados para dar sua opinião na nomeação daqueles que serão encarregados de elaborar as leis. O sufrágio universal, portanto, era a conseqüência inevitável do princípio já tão violentamente deturpado; ele foi professado algumas vezes, mas nunca adotado realmente. Aqui, então, uma vez mais, nova impossibilidade ocasionou nova incoerência. Em lugar algum o direito de votar pelo poder legislativo pertenceu a mais que um fragmento da sociedade; as mulheres, pelo menos, sempre foram excluídas desse direito. Assim, portanto, embora a vontade tenha sido reconhecida como a única soberania legítima em todos os indivíduos, um grande número de indivíduos nunca tomou parte na criação daquela soberania artificial que a representação deu a todos.

Podemos continuar essas investigações, e encontraremos a cada passo algum novo desvio do princípio que, como se pretende, deve sempre ser respeitado como a base permanente da qual depende a formação de governos. O mais notável desses desvios é certamente a supremacia, geralmente atribuída à maioria sobre a minoria. Quem não percebe que, uma vez admitido o princípio da soberania absoluta do indivíduo sobre si mesmo, essa supremacia é totalmente falsa? E se ela é falsa, como a sociedade é possível?

Já falei o bastante, acho eu, para mostrar que esse suposto princípio é impotente quando se trata da criação legítima do governo da sociedade, e que ele deve constantemente ceder lugar à necessidade e, por fim, desaparecer completamente. Agora examinarei o mesmo princípio de outro ponto de vista. Suporei que a obra foi consumada, que foi construído um governo; e investigarei qual será a influência desse princípio sobre o governo que, afirma-se, é resultante dele, e que só foi criado pela aceitação de inúmeras incoerências. Que direito terá o governo sobre indivíduos por cuja vontade, e unicamente por ela, segundo o que se diz, ele não possui qualquer legitimidade? Aqui, como em outros lugares, é necessário que façamos referência ao princípio: ele deve determinar o direito do governo quando este foi estabelecido, exatamente como deve ter orientado sua formação.

Dois sistemas se apresentam. De acordo com o primeiro, as vontades individuais que criaram o poder legislativo não perderam, por causa disso, sua soberania inerente; elas deram a si próprias serviçais e não senhores; é bem verdade que criaram esse poder para que ele possa comandar, mas sob a condição de que ele irá obedecer. Por si mesmo, e com relação àqueles de quem recebe sua comissão, ele nada mais é que uma espécie de poder executivo, nomeado para formalizar as leis que recebeu, e constantemente subordinado àquele outro poder que permanece difuso com os indivíduos entre os quais ele residia originalmente, e que, embora sem forma e sem voz, é a única autoridade absoluta e permanentemente legítima. Com efeito, há uma soberania que não só não governa como obedece, enquanto há um governo que comanda mas não é soberano.

Segundo o outro sistema, as vontades individuais que criaram o poder legislativo e central estão, por assim dizer, absortas nele; elas abdicaram em favor do poder que as representa; e ele as representa em toda a extensão de sua soberania inerente. Isto é, obviamente, despotismo puro e simples, rigorosamente deduzido do princípio de que as vontades devem ser representadas no governo, e que na verdade foi presumida por todos os governos que emanaram dessa fonte. "*O eleito do soberano é, ele mesmo, soberano*": esta foi a declaração tanto da Convenção quanto de Napoleão; daí a destruição de toda responsabilidade no poder, e de todos os direitos pertencentes aos cidadãos. Esse certamente não era o resultado que os amigos da liberdade exigiam da representação.

O primeiro desses sistemas é o mais plausível, e ainda possui muitos defensores conscienciosos. O sistema é bom na medida em que ignora um direito inerente à soberania como posse de qualquer governo; seu erro é que ele permite que esse direito exista em outros lugares. Aqui, não examino esse sistema com relação a nenhum outro princípio que não seja aquele de onde ele diz ser derivado; e se as vontades individuais que criaram o poder legislativo estão obrigadas a obedecer a suas leis, o que acontece com esse princípio? Se dissermos que todos os homens só são livres na medida em que continuam sendo senhores de suas próprias vontades, então só serão livres em seu governo aqueles que, por uma feliz coincidência de sentimentos com seus legisladores, aprovem as leis tão plenamente como se eles próprios as tivessem elaborado; pois aquele que é obrigado a obedecer as leis, aprovando-as ou não, imediatamente perde sua soberania sobre si mesmo – sua liberdade. E se ele tem o direito de desobedecer, se a vontade do poder legislativo não tem autoridade sobre as vontades que o criaram, o que acontece com esse poder? O que acontece com o governo? O que acontece com a sociedade?

Pode parecer um gasto um tanto supérfluo de energia lógica recorrer tão freqüentemente a um princípio enquanto o poder está sendo gradativamente construído, quando vemos que esse mesmo princípio, se recorrermos a ele uma vez mais quando o negócio estiver aparentemente terminado, dá um golpe mortal nesse poder.

Tal, no entanto, deve ser o resultado, pois o princípio refutou, desde o início, o poder que resultaria dele.

Se, então, vemos que esse princípio, seguido coerentemente, só pode resultar na dissolução da sociedade ou na formação de uma tirania — se não pode levar a nenhum poder legítimo —, se ele finalmente nos faz chegar, após nossas investigações sobre uma ordem política livre e sensata, à alternativa de impossibilidade ou incoerência — não parece óbvio que devemos procurar pelo mal no próprio princípio pelo qual começamos?

Não é verdade, então, que o homem é dono absoluto de si mesmo — que sua vontade é a única lei legítima —, ou que nenhuma outra pessoa, em nenhum momento, sob quaisquer circunstâncias, tem qualquer direito sobre ele se não recebeu seu consentimento para isso. Quando os filósofos examinaram o homem por si mesmo, separado de toda a conexão com seus semelhantes, só considerando sua vida ativa em relação com seu próprio entendimento, nunca pensaram em declarar que sua vontade era para ele a única lei legítima, ou, o que dá no mesmo, que todas as ações são justas e sensatas apenas porque são voluntárias. Todos eles reconheceram que certa lei distinta da vontade individual rodeia o indivíduo — uma lei chamada de razão, ou moralidade, ou verdade, e da qual ele não pode separar sua conduta sem fazer com que o exercício de sua liberdade seja absurdo ou criminoso. Todos os sistemas, seja em que princípios possam encontrar as leis da moralidade e da razão — se falam de interesse, de sentimento, de consentimento geral ou de dever, se são espiritualistas ou materialistas em sua origem, se emanam de céticos ou de dogmáticos —, todos admitem que alguns atos são sensatos e outros insensatos, alguns justos e

FRANÇOIS GUIZOT

outros injustos, e que, se o indivíduo realmente permanecer livre para agir de acordo com a razão ou violando-a, essa liberdade não constitui nenhum direito, nem faz com que qualquer ato que seja, por si só, absurdo ou criminoso deixe de ser uma coisa ou outra simplesmente porque foi executado voluntariamente.

Mais que isso: tão logo um indivíduo disposto a agir exige de sua compreensão alguma iluminação para sua liberdade, percebe a lei que se impõe sobre ele, por si só verdadeira, e ao mesmo tempo reconhece que essa lei não é o produto de sua própria natureza individual, e que, por sua vontade, não pode nem repudiá-la nem modificá-la. Sua vontade permanece livre para obedecer ou desobedecer à sua razão; mas a razão, por sua vez, permanece independente de sua vontade, e necessariamente avalia, segundo a lei que reconheceu, a vontade que se revolta contra ela.

Assim, falando filosófica e legitimamente, o indivíduo, considerado em si mesmo, não pode dispor de si próprio arbitrariamente e de acordo com sua vontade solitária. As leis obrigatórias não são criadas ou impostas a ele por sua vontade. Ele as recebe de uma fonte superior; elas chegam a ele de uma esfera que está acima da área de sua liberdade – de uma esfera onde a liberdade não está – onde a questão a ser considerada não é se uma coisa é ou não desejada, e sim se é verdadeira ou falsa, justa ou injusta, e se está de acordo com a razão ou contra ela. Quando essas leis descem dessa esfera sublime para entrar na esfera do mundo material, são obrigadas a passar pela região onde a liberdade, que existe nos limites desses dois mundos, tem o controle; e aqui é que se questiona se o livre arbítrio do indivíduo irá ou não estar de acordo com as leis dessa razão soberana. Mas, seja qual for a decisão sobre essa questão, a soberania não abandona a razão e se anexa à vontade. Em nenhum caso plausível a vontade pode, por si só, conferir aos atos que produz o caráter de legitimidade; esses atos têm ou não têm tal característica segundo o grau de sua conformidade com a razão, com a justiça e com a verdade, e é só delas que o poder legítimo pode surgir.

Para expressar a mesma idéia de maneira diferente – o homem não tem poder absoluto sobre si mesmo em virtude de sua vontade; como ser moral e sensato, ele está sujeito – sujeito a leis que não elaborou mas que têm uma autoridade legítima sobre ele, embora, como agente livre, ele tenha o poder de se recusar a lhes dar não seu consentimento mas sua obediência.

Se examinarmos todos os sistemas filosóficos em suas bases – se nos elevarmos acima das diferenças que possam existir em suas formas –, estaremos convencidos de que não é possível encontrar ninguém que não admita o princípio que acabei de expressar. Como é então que os filósofos, quando deixam de considerar o homem como um ser isolado e o examinam em suas relações com outros homens, partiram de um princípio que não teriam ousado adotar como base de suas doutrinas morais, mas que serviu de base para suas teorias políticas? Por que razão a vontade, que, no indivíduo solitário, nunca foi elevada à posição de uma soberania absoluta e unicamente legítima, de repente se vê investida desse título e dos direitos correspondentes assim que o indivíduo é levado à presença de outros indivíduos de natureza semelhante à sua?

O fato pode ser representado da seguinte maneira: naquela mistura e colisão de indivíduos que chamamos de sociedade, os filósofos de quem falamos apoiaram-se tenazmente naquilo que, na verdade, se apresenta em primeiro lugar, ou seja, a mistura e a colisão de vontades individuais. Um verdadeiro instinto, talvez não reconhecido por eles, subitamente lhes fez lembrar que a vontade não é, por si só, e por sua constituição essencial, a soberana legítima do homem. Se ela não ocupa essa posição no indivíduo e naquilo que diz respeito a ele próprio, como pode ser elevada a tal categoria no que diz respeito a um outro indivíduo? Como é que aquilo que, em seus próprios atos, não tem nada que seja legítimo segundo a razão, simplesmente porque diz *eu desejo* poderia ter o direito de impor sua vontade como lei a outra pessoa? Nenhuma vontade, apenas porque é uma vontade, tem qualquer autoridade sobre outra vontade: isso é evidente; qualquer suposição contrária é revoltante, é força bruta e puro despotismo.

Como podem essas perplexidades ser eliminadas? Como é possível fazer com que vontades individuais cooperem entre si sem conflito, e se protejam sem dominar umas às outras? Os filósofos só descobriram um método para alcançar isso: atribuir a cada vontade uma soberania absoluta, uma total independência; declararam que cada indivíduo é dono absoluto de sua própria pessoa, isto é, elevaram todas as vontades individuais à categoria e à posição de soberania. Com isso, aquela vontade, que no homem considerado separadamente e sozinho não possui nenhum poder soberano e legítimo, foi investida desse poder no momento em que o homem é analisado em suas relações com outros homens. Assim, a resposta *minha vontade não permite*, que, dentro do próprio indivíduo, não pode estabelecer nenhum direito se for contrária às leis da razão, torna-se, fora do indivíduo, a base do direito, a razão sempre suficiente e finalmente imperiosa.

É necessário provarmos que um princípio, que, em sua aplicação ao homem considerado como um indivíduo, é evidentemente falso e destrutivo de toda moralidade e de todo o direito, terá essas mesmas características nas relações entre os homens; e que, tanto em um caso como no outro, a legitimidade da lei e do poder, isto é, de obediência ou de resistência, deriva de uma fonte bastante diferente da vontade. Dois fatos nos ajudarão no lugar de argumentos.

Quem jamais negou a legitimidade da autoridade dos pais? Ela tem seus limites e pode ser exagerada, como ocorre com qualquer outro poder humano; mas alguma vez já foi alegado que ela é ilegítima, embora a obediência da criança, a quem ela procura controlar, não seja voluntária? Um senso instintivo da verdade nesse caso evita que qualquer pessoa jamais afirme tal absurdo. Apesar disso, a vontade da criança, considerada em si mesma, não difere em nada daquela de um homem adulto; ela tem a mesma natureza, e é igualmente valiosa para o indivíduo. Aqui, então, temos uma ilustração de poder legítimo nos casos em que a obediência a ele não é voluntária. E de onde esse poder obtém sua legitimidade? Evidentemente da superioridade da razão do pai com relação à da criança, uma superioridade indicativa da posição que o pai é chamado a ocupar por uma lei acima dele, e que estabelece seu direito de assumir tal posição. Aqui, o controle legítimo não pertence à vontade da criança, que quer a razão necessária para tal controle, e nem tampouco pertence à mera vontade do pai, pois a vontade nunca pode reivindicar um direito de si mesma; ele pertence à razão, e àquele que a possui. A missão dada por Deus ao pai para ser cumprida é que ele deve ensinar a seu filho aquilo que a razão lhe ensina, e deve vergar a vontade dele diante das afirmações da razão até que o filho seja capaz de controlar sua vontade sozinho. A legitimidade do poder dos pais decorre efetivamente dessa missão, que estabelece seu direito e também determina seus limites, pois o pai não tem nenhum direito de impor à criança quaisquer leis senão as que sejam justas e sensatas. Daí as regras e processos de uma educação judiciosa, ou seja, do exercício legítimo do poder dos pais; mas o princípio de direito está na missão e na razão dos pais, e não em qualquer uma das vontades que são levadas aqui a se relacionar uma com a outra.

Deixem que eu lhes lembre de outro fato. Quando um homem é conhecido como louco ou idiota, é costume privá-lo de sua liberdade plena. Com que justificativa? Por acaso sua vontade desapareceu? Se ela é o princípio do poder legítimo, não estará sempre lá para exercer esse poder? A vontade ainda está lá, mas o verdadeiro soberano do homem, o senhor da própria vontade, a inteligência racional, abandonou aquele indivíduo. Portanto, é preciso que ela lhe seja fornecida de uma outra fonte — uma razão externa a ele mesmo deve governá-lo, já que a sua própria se tornou incapaz de controlar sua vontade.

O que é verdade com relação à criança e ao idiota é verdade também com relação ao homem em geral: o direito ao poder sempre vem da razão, nunca da vontade. Ninguém tem o direito de impor uma lei porque assim o deseja; ninguém tem direito de se recusar a se submeter à lei porque sua vontade está contra ela; a legitimidade do poder reside na conformidade de suas leis com a razão eterna

— não com a vontade do homem que exerce o poder, nem daquele que se submete ao poder.

Se, portanto, os filósofos desejassem dar um princípio de legitimidade ao poder, e restringi-lo dentro dos limites do direito, em vez de elevar todas as vontades individuais à posição de soberanas, e de rivais em soberania, deveriam trazê-las todas à condição de súditos, e nomear um soberano sobre elas. Em vez de dizer que cada homem é seu próprio senhor absoluto, e que nenhum outro homem tem qualquer direito sobre ele contra a sua vontade, deveriam proclamar que nenhum homem é senhor absoluto nem de si mesmo nem de qualquer outra pessoa, e que nenhuma ação, nenhum poder exercido por um homem sobre outro homem é legítimo se lhe falta a sanção da razão, da justiça e da verdade, que são a lei de Deus. Em uma palavra, eles deveriam, em todas as partes, proibir o poder absoluto, em vez de lhe oferecer um asilo em cada vontade individual e permitir a cada homem o direito, que ele na verdade possui, de recusar obediência a qualquer lei que não seja a lei divina, em vez de atribuir-lhe o direito, que ele na verdade não possui, de só obedecer à sua própria vontade.

Posso agora retornar à questão específica que propus no começo e decidir o que é, verdadeiramente, *representação* — e assim justificar em seu princípio, bem como em seus resultados, o sistema de governo a que esse nome se aplica.

Já não nos interessa representar vontades individuais, algo que é realmente uma impossibilidade, como Rousseau demonstrou claramente, embora ele estivesse errado em pensar que esse é o objetivo da representação. Não estamos, portanto, preocupados em escapar dessa impossibilidade e, assim, sermos incoerentes, como ocorreu com outros teóricos políticos. Essas tentativas, ilegítimas em princípio e inúteis em suas questões, são, além disso, responsáveis pelo imenso dano de enganar os homens; porque elas professam estabelecer-se sobre um princípio que constantemente violam; e, por meio de uma falsidade censurável, prometem a cada indivíduo respeito por sua vontade individual – seja ela esclarecida ou ignorante, sensata ou insensata, justa ou injusta – um respeito que, na verdade, elas não podem lhe dar, e que são necessariamente obrigadas a negar.

A verdadeira doutrina da representação é mais filosófica e mais sincera. A partir do princípio de que só a verdade, a razão e a justiça – em uma palavra, a lei divina – possuem o poder legítimo, seu raciocínio é mais ou menos assim: cada sociedade, de acordo com sua organização interior, seus antecedentes e a combinação de influências que a modificaram ou ainda a modificam, é colocada, até certo ponto, em uma situação que lhe permite compreender a verdade e a justiça como lei divina, e é, até certa medida, disposta a se conformar a essa lei. Para empregar termos menos genéricos: existe em todas as sociedades certo número de idéias justas, e de vontades em harmonia com essas idéias, que respeitam os direitos recíprocos dos homens e das relações sociais com seus resultados. Essa soma de idéias justas e vontades fiéis está dispersa entre os indivíduos que compõem a sociedade, e desigualmente difusa entre eles em virtude das causas infinitamente variadas que influenciam o desenvolvimento moral e intelectual dos homens. A grande preocupação da sociedade, portanto, é que, até o ponto em que ou a debilidade permanente ou a condição existente dos assuntos humanos permitir, esse poder de razão, justiça e verdade, que, sozinho, tem uma legitimidade inerente, e também sozinho tem o direito de exigir obediência, pode tornar-se predominante na comunidade. É evidente que o problema é coletar de todos os lados os fragmentos dispersos e incompletos desse poder que existe na sociedade, concentrá-los e, a partir deles, constituir um governo. Em outras palavras, é preciso descobrir todos os elementos do poder legítimo que estão disseminados por toda a sociedade e organizá-los em um poder real; isto é, coletar em um único foco a razão pública e a moralidade pública e, concretizando-as, conclamá-las a ocupar o poder.

Aquilo que chamamos de *representação* nada mais é que um meio de chegar a esse resultado; não é uma máquina aritmética usada para coletar e contar vontades individuais, e sim um processo natural pelo qual a razão pública, a única que tem o direito de governar a sociedade, possa ser extraída do próprio seio da sociedade. Nenhuma razão tem, na verdade, o direito de dizer, *a priori* e por si mesma, que ela é a razão da comunidade. Se afirma sê-lo, é preciso que o prove, ou seja, ela deve ser aceita por outras razões individuais capazes de avaliá-la. Se examinarmos os fatos, veremos que todas as instituições, todas as condições do sistema representativo, fluem a partir desse ponto e retornam para ele. As eleições, a transparência e a responsabilidade são alguns dos muitos testes aplicados às razões individuais que, na busca pelo poder, ou no exercício do poder, presumem ser intérpretes da razão da comunidade; alguns dos muitos meios de trazer à luz os elementos do poder legítimo, e de evitar a usurpação.

Devemos concordar que, nesse sistema — e o fato surge da necessidade de liberdade real no mundo —, a verdade e o erro, as vontades leais ou cruéis, em uma palavra, o bem e o mal que coexistem e lutam entre si, tanto na sociedade quanto no próprio indivíduo, irão muito provavelmente expressar-se; essa é a condição do mundo; esse é o resultado necessário da liberdade. Mas contra esse mal existem duas garantias: uma se encontra na transparência da luta, que sempre dá ao direito a melhor chance de sucesso, pois foi reconhecido, em todas as épocas do mundo, que o bem é amigo da luz, enquanto o mal se oculta sempre na escuridão; essa idéia, comum a todas as religiões do mundo, simboliza e indica a primeira de todas as verdades. A segunda garantia consiste na determinação de certo volume de capacidade a ser possuída por aqueles que pretendem exercer qualquer ramo do poder. No sistema de vontades representativas, nada pode justificar um limite assim, pois a vontade existe plena e total em todos os homens, e confere a todos eles um direito igual; mas a limitação flui necessariamente do princípio que atribui poder à razão, e não à vontade.

Então, para rever o curso que tomamos, o poder do homem sobre si mesmo não é nem arbitrário nem absoluto; como um ser sensato, ele é obrigado a obedecer à razão. O mesmo princípio subsiste nas relações entre os homens; nesse caso também, o poder só é legítimo na medida em que se harmoniza com a razão.

A liberdade, como ela existe no homem individual, é o poder de adaptar sua vontade à razão. Por esse motivo ela é sagrada; conseqüentemente, o direito à liberdade, nas relações entre os seres humanos, origina-se do direito de não obedecer a nada a não ser à razão.

As garantias devidas à liberdade no estado social têm, portanto, como objetivo buscar indiretamente a legitimidade do poder real, isto é, a conformidade de suas vontades àquela razão que deve governar todas as vontades, as que comandam e as que obedecem.

Portanto, nenhum poder real deve ser absoluto, e a liberdade só é garantida na medida em que o poder está obrigado a provar sua legitimidade.

O poder prova sua legitimidade, isto é, sua conformidade com a razão eterna, fazendo-se reconhecer e aceitar pela razão livre dos homens sobre os quais ele é exercido. Esse é o objetivo do sistema representativo.

Assim, longe de a representação ter sua base no direito de cooperar no exercício do poder, um direito inerente a todas as vontades individuais, ela, por outro lado, reside no princípio de que nenhuma vontade tem, em si mesma, qualquer direito ao poder, e que, seja quem for que exerça ou afirme exercer o poder, é obrigado a provar que o exerce, ou irá exercê-lo, não segundo sua própria vontade, e sim segundo a razão. Se examinarmos o sistema representativo em todas as suas formas – pois ele admite várias formas de acordo com a situação da sociedade a que está aplicado –, veremos que assim são, em todas as partes, os resultados necessários e as verdadeiras bases daquilo a que chamamos representação.[1]

---

[1] Esta palestra, um verdadeiro *tour de force*, é um dos capítulos teóricos mais importantes do livro, e pode ser considerado um esboço excelente da visão política de Guizot. Aqui ele expande o tema da "verdadeira" representação, a diferença entre razão e vontade, o objetivo do sistema representativo, o "erro" de Rousseau, o papel da transparência e da capacidade política. Para outra declaração da filosofia política de Guizot, veja seu *Philosophie politique: de la souveraineté* (*Filosofia política: sobre a soberania*). Para mais detalhes sobre a interpretação de Guizot do *Contrato Social* de Rousseau, veja n. I na p. 519.

Palestra 11

Formação de um Parlamento. — Introdução dos deputados dos condados no Parlamento. — Relações dos deputados dos condados com os grandes barões. — Parlamento de Oxford (1258). — Seus regulamentos, chamados de Atos de Oxford. — A hesitação dos deputados dos condados entre os grandes barões e a coroa.

Antes de começarmos a história das cartas régias, e após termos, por algum tempo, voltado nossa atenção para o governo anglo-normando, vimos que esse governo era composto de apenas duas grandes forças, a realeza e o Conselho dos Barões, uma assembléia central e única que partilhava o exercício do poder com o rei. Tal era a situação na qual encontramos o governo da Inglaterra sob Guilherme, o Conquistador e seus filhos. No entanto, a partir desses reinados até o de Eduardo I, uma grande mudança foi ocorrendo gradativamente; após uma luta difícil, as cartas foram afinal concedidas, e os direitos que elas proclamavam foram definitivamente reconhecidos. Se, após essa total revolução, lançarmos um olhar às instituições do país, veremos que todas elas também mudaram; perceberemos que o governo adotou uma forma nova, que foram introduzidos novos elementos, e que o Parlamento — composto, em uma de suas divisões, pelos senhores espirituais e temporais, e, na outra, pelos deputados dos condados e dos burgos – substituiu o grande Conselho dos Barões.

Essa transformação é um fato; mas como ela foi produzida? Quais foram suas causas e a forma de seu progresso? O que era o novo Parlamento após sua formação? Até que ponto e em que aspectos a introdução desses deputados mudou o caráter do governo? Estas são questões que agora deveremos considerar; e a fim de respondê-las vamos analisar e examinar os principais fatos individuais que aqui se combinam para produzir um resultado comum.

O primeiro desses fatos é a introdução dos deputados dos condados na assembléia nacional. Primeiramente, estudarei como isso ocorreu; a seguir, proporei investigações semelhantes com respeito à introdução dos representantes das cidades e dos burgos na mesma assembléia.

Duas causas contribuíram para que os deputados dos condados fossem introduzidos no Parlamento: primeira, os privilégios que pertenciam aos cavaleiros como vassalos imediatos do rei; segunda, sua interferência nos assuntos dos condados através dos tribunais dos condados.

Os vassalos imediatos do rei tinham, nessa qualidade, dois direitos básicos: que nenhuma cobrança extraordinária fosse imposta sem seu consentimento, e que tivessem um lugar no tribunal do rei para pronunciar sentenças ou tratar de assuntos públicos. Graças a essas duas circunstâncias, eram membros da assembléia geral por hereditariedade. Formavam a nação política. Tomavam parte no governo, e na determinação de cobranças públicas, como um direito pessoal.

Embora não fossem eleitos e não tivessem recebido nem nomeação, nem mandato, podemos dizer, entretanto, que esses vassalos imediatos do rei eram considerados representantes de seus próprios vassalos; e exclusivamente por conta do poder que lhes era atribuído nessa representação fictícia, eles exerciam o direito de arrecadar impostos de todos os proprietários do reino.*

Talvez eles nunca tivessem conseguido se organizar plenamente em um corpo coeso, e pouco mais tarde isso passou a ser impossível. Por um lado, surgiram entre os vassalos diretos do rei alguns barões importantes, que uniram um número considerável de feudos de cavaleiros para formar um único feudo, tornando-se, por esse motivo, muito mais poderosos; e, por outro, o número de cavaleiros menos ricos aumentou consideravelmente com a divisão de feudos, que foi, por si só, o resultado de uma enorme variedade de causas. No entanto, o direito de participar da assembléia geral e de dar sua sanção pessoal a todos os impostos extraordinários permaneceu sendo deles. Isso é formalmente reconhecido na Magna Carta, Artigo 14.

Ao mesmo tempo, esse mesmo artigo prova que existia uma desigualdade evidente entre vassalos imediatos diferentes, pois ordenava que os grandes barões fossem chamados individualmente, enquanto os outros deveriam ser convocados *en masse*, por meio dos xerifes. Essa não é a primeira vez que uma diferença semelhante na forma de convocação é observada; ela já tinha existido há algum tempo, e era usada como exemplo cada vez que o rei demanda-

---

* Isso é expressamente indicado por dois mandados, um durante o reinado de João [sem Terra], datado de 17 de fevereiro de 1208; o outro publicado por Henrique III, em 12 de julho de 1237.

va de seus vassalos o serviço militar que eles eram obrigados a lhe prestar.

Assim, no começo do século XIII, o direito de ocupar um assento na assembléia nacional pertencia a todos os vassalos imediatos do rei, mas era raramente exercido em virtude de obstáculos que aumentavam a cada dia. A assembléia estava quase que totalmente constituída pelos grandes barões.

Mas os outros vassalos, por outro lado, não renunciavam à vida política; embora sua influência ficasse cada vez mais limitada a seu próprio condado, lá, pelo menos, exerciam seus direitos e interferiam ativamente nos assuntos locais. Vemos, com freqüência, que cavaleiros eram nomeados às vezes pelo xerife, às vezes pelo próprio tribunal, para tomar sua decisão sobre assuntos relacionados com o condado. Assim, Guilherme, o Conquistador encarregou dois homens livres em cada condado de coletar e publicar as leis e costumes locais antigos. A Magna Carta prevê que doze cavaleiros serão eleitos em cada condado para investigar abusos. Esses exemplos são freqüentes nos reinados de Henrique III e Eduardo I. Dois mandados de Henrique III* provam que, naquela época, os subsídios eram avaliados não como acontecia previamente, pelos juízes em seus circuitos, e sim pelos cavaleiros eleitos no tribunal do condado. Desta forma, os cavaleiros influenciavam o governo pelas funções que exerciam em suas províncias, enquanto ao mesmo tempo preservavam, embora sem exercê-lo, o direito de participar das assembléias gerais.

Por outro lado, na medida em que foram se separando dos grandes barões, os cavaleiros que eram vassalos diretos do rei

---

* Um em 1220, outro em 1225.

uniram-se mais fortemente a uma outra categoria de homens, com cujos interesses se identificaram completamente um pouco mais tarde. Eles não eram os únicos a ocupar um lugar nos tribunais dos condados: muitos proprietários alodiais, vassalos subordinados ao rei, também participavam constantemente desses tribunais, e desempenhavam as mesmas funções judiciárias ou administrativas. O serviço no tribunal do condado era uma obrigação imposta comumente, por seu tipo de posse, a todos os proprietários alodiais, fossem eles vassalos do rei ou de qualquer outro senhor feudal. Muitos desses últimos eram bem mais ricos e poderosos que certos vassalos diretos do rei. A prática de subenfiteuse aumentava continuamente. Homens que eram apenas proprietários por *socage* tornaram-se, gradativamente, proprietários alodiais importantes ao receberem terras livres de vários nobres. Assim, um corpo de proprietários alodiais foi se formando em cada condado, e seu centro era o tribunal do condado. Ali todos eles desempenhavam as mesmas funções e exerciam os mesmos direitos, fossem quais fossem, em outros aspectos, suas relações feudais com a coroa. Vemos assim, por um lado, a dissolução da antiga assembléia geral de vassalos imediatos do rei, e, por outro, a localização de um grande número deles nos tribunais dos condados, enquanto, ao mesmo tempo, seus interesses se uniam com os dos proprietários alodiais, preparando, assim, os elementos de uma nova nação e, conseqüentemente, de uma nova ordem política.

Vejamos agora como essa nova nação manifestava sua existência, e como foi levada a uma posição central no Estado por meio da representação.

Em 1214, enquanto os barões insatisfeitos se preparavam para uma revolução, João convocou uma assembléia geral em Oxford. Os mandados do rei diziam aos xerifes que exigissem que daquela assembléia participasse um número determinado de cavaleiros armados; enquanto outros mandados* ordenavam que os seguidores dos barões deveriam se apresentar em Oxford *sem armas*, e, além disso, recomendavam que os xerifes mandassem a Oxford quatro cavaleiros aprovados por cada condado, "a fim de considerar, conosco, os assuntos de nosso reino".

Essa é a primeira indicação de cavaleiros sendo representados no Parlamento, ou seja, da admissão de certos indivíduos que pareciam agir em nome de todos.

Será que naquela época essa idéia já estava presente em suas mentes? É provável que não. Como eram esses quatro cavaleiros nomeados? Eram escolhidos pelo xerife ou eleitos pelo tribunal do condado? Esses mandados eram realmente executados? Tudo isso é incerto. Mas algo que não deixa dúvida é o objetivo e a tendência dessa inovação. O próprio conteúdo dos mandados e as circunstâncias nas quais eles foram publicados claramente indicam seu objetivo. É evidente que João queria achar, nos cavaleiros dos condados, um meio de defesa contra os barões. Como os barões já formavam uma classe, a diferença entre eles e os cavaleiros era tão grande que a tentativa de separá-los não parecia totalmente absurda, embora fossem importantes o suficiente para que o rei pudesse recorrer a eles como ajudantes poderosos.

---

* Datados de 15 de novembro de 1214.

François Guizot

Mas a tentativa de João não teve êxito. Os fatos demonstram que, na luta entre o poder real e os barões, os cavaleiros e outros proprietários alodiais defendiam a causa dos barões porque esses, ao protestarem a favor de direitos públicos, agiam não só em seu próprio interesse como também no interesse dos cavaleiros.

A luta continuou durante todo o reinado de Henrique III, e, ao longo desse período, vemos o rei tentando constantemente alienar os cavaleiros do grupo dos barões e vencê-los sozinho, enquanto os barões se esforçavam para manter os cavaleiros ligados a eles.

O que se segue é um exemplo das tentativas feitas pelo poder real. Em 1225, um dos períodos em que as cartas régias foram confirmadas por Henrique III, vemos que mandados foram dirigidos aos xerifes de oito condados, solicitando que eles conseguissem eleger, em cada um desses condados, quatro cavaleiros que deveriam se apresentar em Lincoln, onde o Conselho dos Barões estava então reunido, a fim de expor as queixas de seus condados contra os ditos xerifes, que também deveriam estar presentes para explicar-se ou defender-se. Nesse caso, não há nenhuma outra referência a não ser a assuntos locais de condados particulares, e os quatro cavaleiros não são chamados a participar de modo algum da assembléia geral; é claro que foram eleitos e enviados para lidar com os assuntos de seus condados diante do conselho central. Aqui a eleição é um fato positivo no caso, e a natureza de sua missão — protestar contra agravos locais — é um dos princípios de representação.

Em 1240, vemos a assembléia geral de barões reunindo-se em Londres, algo que nada tem de extraordinário a não ser o nome dado à assembléia pelos historiadores: é então que, ao falar sobre o evento, Matthew Paris usa, pela primeira vez, a palavra *Parlamento* (*parliamentum*).

Finalmente, em 1254, quando estava na Gasconha e precisava de dinheiro, Henrique III ordenou a convocação de um Parlamento extraordinário em Londres, a fim de exigir dele um subsídio extraordinário. Ao mesmo tempo, endereçou um mandado aos xerifes, ordenando-lhes que fizessem com que dois cavaleiros fossem eleitos no tribunal dos condados, "no lugar de cada um deles e de todos eles" (*vice omnium et singulorum eorumdem*), para deliberar sobre a ajuda a ser concedida ao rei. Aqui, então, está um exemplo prático e real de representação; deputados são eleitos, são introduzidos na assembléia, e lhes é dada uma voz deliberativa. Alguns historiadores sustentam que esses mandados não foram executados, mas sobre isso não se tem nenhuma informação satisfatória. No entanto, como é possível provar que um subsídio foi concedido ao rei, há motivos para crer que foi a assembléia, composta de barões e cavaleiros, que deu seu consentimento para tal.

Até esse momento, a grande aristocracia feudal havia mantido os cavaleiros e outros proprietários alodiais do seu lado; vemos, agora, como eles se alienaram dela e como, após terem sido durante muito tempo aliados dos barões, posteriormente se tornaram aliados do trono.

Durante o ano de 1254, em virtude da exigência de um subsídio extraordinário, uma revolta geral irrompeu no reino. Henrique III, que tinha sido enganado pelos artifícios e promessas do papa Inocêncio IV, estava envolvido em uma guerra aventureira contra Manfredo, o usurpador do trono de Nápoles – uma guerra na qual Henrique deve ter arcado com todos os custos e da qual o papa teria, sem dúvida, colhido todas as vantagens se ela tivesse obtido êxito. Mas não houve oportunidade para testar sua boa-fé, pois a guerra foi um fracasso total. Henrique, entretanto, havia contraído uma enorme dívida; sua prodigalidade e extravagância haviam esgotado seus recursos. O rei foi então forçado a recorrer a seus súditos a fim de se livrar desse problema. Essas exigências de dinheiro — que indicam como tinha evoluído o princípio de que o rei não poderia ser o único responsável por novas arrecadações de impostos — serviram como pretexto para que os barões, insatisfeitos, tomassem as armas contra seu rei. Simon de Montfort, conde de Leicester, colocou-se à frente deles, e foi declarada a guerra civil.

No entanto, a aristocracia estava cansada desses combates incessantes, que só produziam vantagens momentâneas. Os insurgentes tinham o projeto de não mais se contentar com uma vitória contra o rei; determinaram que, a partir daquele momento, não só restringiriam seus movimentos como também iriam torná-lo totalmente dependente deles. A fim de se prover de garantias, os barões que haviam obtido a Magna Carta do rei João tentaram dar legitimidade jurídica à guerra civil, se por acaso a carta fosse violada. Os barões que ditaram as leis para Henrique III foram ainda mais longe: tentaram organizar não uma resistência e sim um poder, e prover-se com garantias não na guerra civil, mas na própria constituição do governo. Não sendo capazes de conter a autoridade do rei dentro de limites justos, incumbiram-se de privá-lo totalmente dela, e de assumir, eles próprios, essa autoridade. Em resumo: substituíram o governo de um rei pelo governo de uma aristocracia.

Uma tentativa semelhante já havia sido feita em 1244, quando os barões quiseram que quatro membros importantes de seu grupo fossem admitidos no conselho do rei. A idéia era que esses quatro membros acompanhassem o rei constantemente e governassem sob seu nome. À época a tentativa fracassou, mas no período que estamos considerando agora os esforços tiveram melhores resultados. Nos Parlamentos convocados sucessivamente em 1255, 1257 e 1258, críticas violentíssimas foram feitas a Henrique III por sua prodigalidade, seus defeitos, seus empreendimentos tolos e, mais que tudo, pela violação de seus juramentos de fidelidade à Magna Carta. Intimidado, e desejoso de agradar seus barões a fim de obter deles um subsídio, Henrique prometeu corrigir os erros e reformar seu governo. Decidiu-se que essa reforma seria comandada por um Parlamento convocado em Oxford, em 11 de junho de 1258.

Essa é a primeira assembléia a receber a designação especial de Parlamento. Os barões estiveram presentes, armados e acompanhados de grande séquito; Henrique, ao contrário, não tendo tomado nenhuma precaução contra eles, viu-se seu prisioneiro. Apesar disso, eles desempenharam o papel com o qual haviam concordado, ou seja, atribuíram a responsabilidade de decidir sobre as reformas planejadas a 24 barões, 12 dos quais foram escolhidos por eles e 12 nomeados pelo rei.[1]

A esses 24 mediadores concedeu-se autoridade ilimitada, e em sua primeira ação trataram de fazer uma mudança total na forma de governo. Sua primeira preocupação foi formar o conselho do rei, e quatro barões escolhidos pela confederação ficaram encarre-

---

[1] Estas páginas contêm idéias importantes sobre a formação do Parlamento como uma instituição fundamental de governo representativo. Veja também *HOGR*, pp. 581-96, 737-800.

gados de organizá-lo. O conselho passou a ser constituído por 15 membros, dos quais pelo menos nove eram escolhidos no partido dos barões. O poder principal ficou inteiramente nas mãos desses nove e, por conseguinte, nas mãos dos barões.

Um grande número de regulamentos, conhecidos pelo nome de *Atos de Oxford*, foi decidido por essa assembléia, isto é, pelo conselho de 24 barões. Não se conseguiu encontrar nenhuma coleção completa desses regulamentos em nenhum documento autêntico. As seguintes podem ser coletadas de diferentes historiadores. Entre outras coisas, os barões exigiram:

1. Que as cartas régias fossem confirmadas;

2. Que eles próprios nomeassem, anualmente, os juízes, o tesoureiro e outros funcionários do rei;

3. Que ficassem responsáveis pela manutenção dos castelos reais;

4. Que três Parlamentos fossem convocados anualmente, nos meses de fevereiro, junho e outubro.

5. Que se nomeasse uma comissão permanente de 12 barões, que deveria estar presente nesses Parlamentos e que ajudaria o conselho real na operação de todos os negócios;

6. Que quatro cavaleiros fossem nomeados em cada condado para receber todas as queixas contra os xerifes ou outros funcionários do rei, e para prestar contas dessas queixas ao próximo Parlamento;

7. Que, no futuro, os xerifes fossem nomeados pelos tribunais dos condados;

8. E finalmente, que o rei, seu filho Eduardo, seus irmãos, os arcebispos, bispos etc. fossem obrigados, por juramento, a prometer fidelidade aos Atos de Oxford.

Decidiu-se também que o comitê de 24 barões corrigiria todos os abusos cometidos no reino e administraria, em nome do rei, as leis que fossem necessárias para esse objetivo; e depois permitiria que o governo assim regulado continuasse a proceder de uma forma ordenada.

Mas, após a dissolução do Parlamento, os barões, sob o pretexto de que ainda tinham abusos a corrigir e leis a administrar, recusaram-se a abrir mão de seu poder; e, não contentes em manter esse poder ilegalmente, utilizaram-no para sua própria vantagem. Seus atos e leis não tinham nenhum outro objetivo a não ser seu interesse pessoal. Sem percebê-lo, no entanto, estavam agindo em detrimento próprio, pois alienaram de seu partido aquela parte da população que compreendera claramente seus objetivos. Duas leis, em especial, afastaram os barões da população; uma delas tirou dos xerifes o direito de multar os barões que se recusassem a se apresentar nos tribunais dos condados, ou nos julgamentos realizados pelos juízes em circuito. A segunda decidiu que os circuitos dos juízes só ocorreriam a cada sete anos.

Essas medidas abriram os olhos do povo, que rapidamente retirou o apoio a seus autores. Um fato pode provar até que ponto sua tirania já havia sido exercida em detrimento do país. Uma comissão foi enviada ao príncipe Eduardo em nome dos bacharéis ingleses (*communitatis bachelariae Angliae*), pedindo-lhe que obrigasse os barões a terminar seu trabalho e a realizar suas promessas, assim como o rei havia cumprido as suas. O príncipe respondeu que jurara fidelidade aos Atos de Oxford e que estava decidido a manter seu juramento. Apesar disso, exigiu que os barões renunciassem a seu poder, ameaçando-os de obrigá-los a tal, e, se se recusassem, de tomar nas próprias mãos os interesses da comunidade.

O que era essa *communitas bachelariae Angliae*? Há motivos para crer que o corpo de cavaleiros dos condados se representava por esse nome. Vemos com isso que os grandes barões tinham se alienado dessa categoria de homens, e que o rei começara a atraí-los para seu partido.

Desses fatos vemos também que, além dos dois grandes poderes estabelecidos desde a antiguidade – a nobreza e a realeza –, havia surgido um terceiro poder nesse período, que alternadamente se inclinava a favor de um ou de outro dos poderes rivais, e que já exercia uma forte influência porque garantia a vitória para o partido em cujo favor se pronunciasse.

Palestra 12

Luta entre Henrique III e seu Parlamento. — Arbitragem de São Luís*. — O conde de Leicester comanda os grandes barões em sua luta contra o rei. — É derrotado e morto em Evesham (1265). — Admissão de deputados das cidades e dos burgos no Parlamento (1264). — Reação da realeza. — A memória de Leicester continua popular.

Vimos como, em meio às lutas entre a realeza e a aristocracia feudal, surgiu uma classe intermediária — um poder novo, mas já imponente — e como cada um dos dois poderes rivais sentiu a necessidade de garantir uma aliança com esse terceiro poder; agora temos que acompanhar, pelo exame de documentos autênticos, isto é, dos mandados e leis do período, o progresso dessa nova classe que, veremos, estará desempenhando um papel cada vez mais ativo no governo do país.

Vimos como os 24 barões, que tinham sido encarregados de reformar a constituição do reino, abusando do poder que lhes havia sido confiado, se recusaram, apesar do rei e do país, a renunciar à sua ditadura. Essa recusa logo provocou dissensões violentas entre eles e o rei, e a chama da guerra civil esteve a ponto de ser, uma

---

* Luís IX, rei da França, canonizado em 1297, 27 anos após sua morte. (N.T.)

vez mais, reacendida. Em 1261, Henrique enviou mandados para os vários xerifes, ordenando-lhes que lhe enviassem, para Windsor, os três cavaleiros de cada condado que tinham sido chamados a St. Albans pelo conde de Leicester e seu grupo. Esses mandados mostram claramente que o rei e os barões esforçavam-se, mais do que nunca, para conciliar-se com o grupo de cavaleiros, e que o rei tinha, então, conseguido atraí-los para seu partido.

Henrique buscou também uma outra ajuda. A seu pedido, o papa o dispensou do juramento de fidelidade aos Atos de Oxford. Livre de seus escrúpulos, Henrique, agora abertamente, rompeu seu acordo com os barões e, uma vez mais, tomou nas mãos as rédeas do governo. Em 1262, convocou um Parlamento em Westminster para que sua autoridade pudesse ser apoiada pela sanção parlamentar. Encontrou pouca oposição; desejando, no entanto, evitar que os barões tivessem qualquer motivo para uma revolta, concordou em deixar que o ajuste final de suas reivindicações fosse decidido por um árbitro. A grande reputação de São Luís como um homem sábio e justo fez com que ele fosse indicado o melhor juiz nessa disputa importante. Com isso, Henrique e seus barões concordaram em submeter-se a sua decisão.

São Luís reuniu seu grande conselho em Amiens e, depois de deliberações cuidadosas, registrou uma sentença anulando os Atos de Oxford, e determinando que o rei voltasse a ter a posse de seus castelos, assim como o direito de nomear os próprios conselheiros. Mas, igualmente cuidadoso em preservar as prerrogativas legais do povo inglês e da coroa, São Luís deu sua aprovação formal a todos os privilégios antigos, cartas e liberdades da Inglaterra, e proclamou uma anistia absoluta e recíproca para ambos os partidos.

François Guizot

A decisão mal tinha sido divulgada quando Leicester e seu partido se recusaram a se submeter a ela, e tomaram as armas com o objetivo de capturar pela força aquilo que lhes havia sido recusado pela justiça. A guerra civil recomeçou com muita animosidade, mas não durou muito. Leicester surpreendeu o exército real em Lewis, no condado de Sussex, em 14 de maio de 1264. Henrique e seu filho Eduardo, tendo sido vencidos e feitos prisioneiros, foram forçados a aceitar os termos oferecidos pelo conquistador. As condições que Leicester impôs foram severas, mas ele não assumiu a responsabilidade de introduzir as reformas que deveriam ser feitas no governo; apenas manteve o irmão e o filho do rei como reféns e deixou para o Parlamento a responsabilidade de resolver as questões políticas. As idéias sobre o respeito à autoridade legal dos Parlamentos e à ilegitimidade da força em questões relacionadas com o governo devem ter feito considerável progresso, quando vemos que o vitorioso conde de Leicester não se aventurou a organizar, sob sua própria e única responsabilidade, o plano de administração para o reino.

Por outro lado, Leicester não teve escrúpulos de exercer outros direitos, que lhe cabiam até menos do que os anteriores. Em nome do rei, que, embora aparentemente livre, continuava, na verdade, prisioneiro, Leicester governou o reino. Em cada condado, criou magistrados extraordinários, chamados de preservadores da paz, com deveres quase idênticos aos dos xerifes mas com um poder muito mais abrangente. Por ordem de Leicester, esses magistrados ficaram encarregados de organizar a eleição de quatro cavaleiros em cada condado, para serem enviados ao Parlamento que iria se reunir em Londres em junho de 1264.

Nessa reunião, o Parlamento aprovou um decreto cujo objetivo era a organização do governo. O decreto obrigava o rei a seguir, nos mínimos detalhes, as orientações de um conselho composto de nove membros, a serem nomeados por três eleitores principais: os condes de Leicester e de Gloucester e o bispo de Winchester.

Leicester continuou sendo o verdadeiro chefe do Estado. Seu poder, no entanto, foi perturbado por distúrbios alarmantes: em oposição a ele, preparativos intensos estavam sendo feitos na França. Essas tentativas não tiveram êxito, e Leicester, a fim de adiantar-se a qualquer nova oposição, buscou abertamente a proteção daquela parte da população que a cada dia se tornava mais numerosa e poderosa – a classe média. Em 14 de dezembro de 1264, convocou um Parlamento e deu-lhe toda a abrangência que foi preservada a partir de então, isto é, convocou como membros os pares, os deputados dos condados e também os dos burgos. Essa novidade tinha a intenção de obter o favor popular, e Leicester não poupou esforços para preservar esse favor. Livre da autoridade real, ele queria também livrar-se da aristocracia, cuja ajuda havia permitido que vencesse o rei. Dirigiu sua tirania contra os grandes barões que não cediam a seus caprichos. Confiscou suas terras, deixou de convocá-los para o Parlamento e irritou-os de mil maneiras, pessoalmente e em seus direitos. Mas esse era o curso irresponsável de um conquistador intoxicado pelo sucesso. Assim que o poder real e a aristocracia se juntaram contra ele, no entanto, Leicester foi obrigado a ceder. Em 28 de maio de 1266, tendo escapado da prisão, o príncipe Eduardo armou um exército contra Leicester e travou uma batalha contra ele em Evesham, em 4 de agosto. Leicester foi vencido e morreu em combate. Embora facciosa, a conduta de Leicester foi grandiosa e ousada, e por isso ele pode ser chamado de fundador do governo representativo na Inglaterra, pois, ainda que lutando em um momento contra o rei e em outro contra os barões seus rivais, Leicester intensificou o progresso da classe média, e estabeleceu para ela um lugar definitivo na assembléia nacional.

Livre da prisão com a morte de Leicester, Henrique recobrou seu poder e o usou com moderação. Vários Parlamentos foram convocados durante os últimos anos de seu reinado, mas não há provas de que os deputados dos condados e dos burgos participaram deles. Há motivos para crer que, em meio à desordem que prevaleceu no reino, o trabalho de convocá-los, sempre enfadonho e difícil, foi dispensado. O Parlamento realizado em Winchester em 8 de setembro de 1265, no qual o confisco dos bens dos rebeldes foi concedido ao rei, estava integralmente composto de prelados e barões. O mesmo ocorreu com relação ao Parlamento convocado pelo rei em Kenilworth em 22 de agosto de 1266, no qual, depois que o rigor dos confiscos se mostrou um tanto moderado, os Atos de Oxford foram anulados, mas as cartas régias solenemente confirmadas. Tampouco encontramos deputados presentes no Parlamento realizado em St. Edmundsbury em 1267; no entanto, eles foram admitidos naquele outro convocado em 1269, e realizado em Marlborough, para o qual foram chamados "os mais sábios do reino, bem como aqueles pertencentes tanto a uma categoria inferior quanto a uma categoria superior". Dois anos mais tarde, os deputados dos condados e burgos foram convocados para uma cerimônia grandiosa, a fim de transferir os restos de Eduardo, o Confessor para um túmulo que o rei fizera preparar na abadia de

Westminster. Após a cerimônia, o Parlamento se reuniu, mas não se sabe bem se nele os deputados tiveram ou não lugar. Isso, no entanto, não é uma prova contra a grande relevância já adquirida pelas cidades naquela época, nem contra o hábito – gradativamente estabelecido – de que seus deputados fossem convocados em todas as ocasiões importantes.

Esses são os fatos do reinado de Henrique III que se relacionam com a introdução de deputados dos condados no Parlamento. Nenhum ato geral, nenhum estatuto constitucional convocou-os para isso. Na verdade, a idéia de procedimentos políticos desse tipo mal existia naquela época. Nem o governo nem a população sentiam a necessidade de controlar os fatos de uma maneira geral e de estabelecê-los em uma base absoluta. A mente humana não chegara àquele estado de progresso em que a concepção de tal projeto é possível. Os fatos se desenvolvem espontaneamente, em isolamento e confusão, e de acordo com a influência das circunstâncias existentes. Podemos apresentar um sumário que exibe a natureza desse progresso, e das causas que fizeram com que a representação dos condados fosse realizada, da seguinte maneira:

Todos os vassalos do rei originalmente formavam um grupo, e tinham direito a um assento na assembléia geral.

Essa classe de proprietários dividiu-se: alguns se transformaram em grandes barões e continuaram a fazer parte da assembléia central; outros continuaram a ter apenas influência local, e por esse motivo foram se distanciando dos grandes barões, unindo-se por interesses comuns a outros proprietários livres. Os tribunais dos condados passaram a ser o ponto de convergência para essa nova classe.

François Guizot

Surgiu uma luta entre o rei e os grandes barões. Os dois grupos buscaram o apoio da classe de proprietários alodiais existente nos condados. Uma parte desses grupos preservava, como vassalos diretos do rei, o direito de ocupar um assento na assembléia central. Certamente, os grandes barões exerciam esse direito sozinhos; mas, como tinham interesse em adquirir mais autoridade e em identificar o grande Conselho de Barões com o governo, sentiram a necessidade de conquistar o grupo de proprietários alodiais que eram vassalos do rei ou seus próprios; e a idéia de fazer com que esses fossem representados por meio de uma eleição era a mais natural, na medida em que, quando havia qualquer ocasião de confiar negócios locais a certos proprietários, muitas eleições já haviam sido realizadas com esse fim nos tribunais dos condados. Assim, a centralização da alta aristocracia para resistir à autoridade real envolveu necessariamente e provocou a centralização dos proprietários inferiores, que só podiam exercer sua influência por meio da eleição.

Finalmente, o princípio segundo o qual era necessário o consentimento da população antes de qualquer imposto ser arrecadado tinha prevalecido; as cartas o estabeleciam, para vantagem dos barões com relação ao rei e dos vassalos inferiores com referência a seus senhores. Quanto mais centralizado ficava o poder, fosse nas mãos do rei ou na assembléia dos barões, tanto mais centralizado passava a ser o consentimento dos outros proprietários para a arrecadação de novos impostos. Aquilo que anteriormente tinha sido local passou a ser geral, e a centralização da aristocracia dos grandes barões envolveu a centralização da aristocracia dos proprietários livres.

Outra questão se apresenta agora para ser examinada: a admissão dos deputados das cidades e dos burgos no Parlamento.

De um modo geral, as cidades possuíam, antes da Conquista normanda, riquezas e importância consideráveis. Vimo-las participar de eventos políticos e interferir ativamente nos negócios de Estado. Os cidadãos de Londres participaram da eleição de vários reis saxões; e os de Canterbury tomaram parte, sob Ethelred II, do tribunal do condado. É, no entanto, quase certo que as cidades nunca enviaram deputados à *Wittenagemot*. Seus direitos estavam restritos àqueles dentro do círculo de seus próprios muros, e, quando participavam da política, era de uma forma acidental e irregular.

Após a Conquista normanda, as cidades decaíram e perderam sua influência, não só nos negócios gerais mas até mesmo nos direitos locais e individuais. Suas riquezas desapareceram com o comércio de onde tinham surgido, e a opressão dos conquistadores completou sua ruína.

Progressivamente elas se recuperaram, sobretudo após o reinado de Henrique II. Naquela época, direitos consideráveis começaram a lhes ser concedidos, ou melhor, a lhes ser devolvidos. O senhor do domínio no qual estavam situadas foi, a princípio, seu proprietário, e recebia tributo de seus habitantes; mas esses podiam também livrar-se desse encargo tomando a cidade em um tipo de posse análogo à *socage*, chamado de *fee-farm*. Finalmente, várias cidades obtiveram cartas de incorporação que lhes deram um sistema municipal mais ou menos livre.

O senhor, fosse ele o rei ou um barão, mantinha o direito de lhes impor taxas à vontade. Esse direito, chamado de direito de *tallage*, era, a princípio, exercido de uma forma totalmente arbitrária, em virtude da superioridade de força dos senhores; mas, à medida que essa superioridade se enfraqueceu, e as cidades, por outro lado, tornaram-se fortes o suficiente para defenderem sua independência, os senhores viram que seria necessário conciliar-se com elas. Para tirar-lhes dinheiro era preciso conceder-lhes certos privilégios; e mesmo quando elas não exigiam concessões desse tipo, lutavam contra o senhor em nome de seus próprios interesses. Especialmente no caso das cidades que ficavam nos domínios reais, e eram as mais importantes, a reivindicação de direitos se fazia com a maior veemência possível. Os juízes reais agora não tinham outra ocupação em seus circuitos a não ser obter tributos das cidades e dos burgos, deixando que aqueles com capacidade para resistir praticamente ditassem seus próprios termos, e fazendo cobranças arbitrárias dos que não estavam em condição de se defender.

Por esses motivos, a admissão dos deputados urbanos na assembléia nacional foi postergada, enquanto a admissão dos deputados dos condados era apressada. Isso ocorreu porque os condados não possuíam aquela unidade característica natural das cidades; quase não havia possibilidade de lidar separadamente e ter sucesso com proprietários espalhados por seus domínios; e, a fim de obter dinheiro deles, era preciso que estivessem unidos. O mesmo não ocorria nas cidades; o rei lidava com os habitantes separadamente, abria negociações com eles na medida em que ficavam isolados uns dos outros, e sempre os obrigava a ceder ou a lhe dar presentes, para todos os efeitos voluntariamente.

No entanto, algumas cidades adquiriram logo importância suficiente não só para ganhar e defender suas liberdades como também para participar da política geral. Entre essas cidades, Londres e as *Cinque Ports** devem ser especialmente mencionadas.

---

* As cidades de Dover, Sandwich, Romney, Hastings e Hythe eram chamadas de *Cinque Ports*.

A importância dessas cidades é demonstrada por inúmeros fatos, e vemos que, muitas vezes, seus habitantes eram chamados de *nobiles* e até de *barones*. Com efeito, seus deputados aparecem às vezes na assembléia geral antes mesmo do Parlamento de 1264, mas isso não significava a existência de um princípio geral, ou do reconhecimento de algum direito público. Houve uma diferença entre a introdução no Parlamento dos deputados dos condados e a dos deputados das cidades: no caso dos primeiros, a introdução é associada a um direito, o direito dos vassalos imediatos do rei, e, portanto, possuía, desde o princípio, um caráter de generalidade; no caso dos segundos, a introdução de deputados das cidades era separada de toda e qualquer idéia de direito, mas apenas resultado de meros fatos isolados que não estavam sequer relacionados entre si. Representantes eram concedidos a uma cidade particular, mas isso não envolvia nenhuma concessão semelhante a todas as cidades. Daí a arbitrariedade que necessariamente predominava na divisão de representação entre cidades e burgos. Daí, também, os vícios que ainda existem no sistema eleitoral da Inglaterra.* Até os dias atuais ainda existem cidades de importância considerável que não enviam nenhum deputado para a Câmara dos Comuns; e esses abusos surgem porque as eleições de cidades e burgos nunca foram organizadas de uma maneira geral, e como direitos públicos. No primeiro caso, tudo era decidido por um fato solitário, e o direito à representação ainda continuou como um direito no caso de muitos burgos e cidades, embora o fato original que deu lugar ao direito tenha desaparecido — ou seja, a importância daquela cidade ou

---

* Não devemos nos esquecer de que este curso de palestras foi ministrado em 1821, dez anos antes da aprovação da Lei da Reforma.

FRANÇOIS GUIZOT

burgo. Por meio dessas causas, o mal dos burgos corrompidos foi introduzido no sistema representativo da Inglaterra.

Apesar de tudo isso, apenas no Parlamento de 1264 vemos deputados das cidades e dos burgos surgirem em grande número no Parlamento. Não sabemos quantas cidades foram então convocadas para exercer esse direito; mas os mandados eram dirigidos a elas diretamente, e não pela intervenção dos xerifes. Essa novidade foi, sem dúvida, resultado da política do conde de Leicester. Ele tinha procurado proteção contra o rei entre os cavaleiros dos condados, e, por meio desses ajudantes, o rei e a autoridade real caíram em suas mãos; mas logo, vendo a necessidade de outro apoio contra os barões que haviam se tornado seus rivais, Leicester buscou esse apoio nas cidades e convocou-as a participar do exercício do poder. Isso tornou a memória de Leicester tão popular que o rei foi obrigado a proibir explicitamente que falassem dele como de um santo.

Devemos então situar a formação completa do Parlamento inglês no ano de 1264. Sua existência ainda era muito precária; sem se basear em nenhuma lei ou em nenhum direito público, o Parlamento era, na verdade, a criação de um tempo de dissidências. O primeiro Parlamento, do qual Leicester tinha sido o dirigente principal (o Parlamento de Oxford), foi logo chamado de Parlamento Insano — *Parliamentum insanum*. Poderíamos esperar que a nova forma do Parlamento, a presença de deputados dos condados e dos burgos, tivesse o mesmo destino que aquele por que passaram as outras instituições introduzidas por Leicester com o objetivo de organizar um governo puramente aristocrático, e que desapareceram com ele. Mas esses rudimentos de organização parlamentar eram de natureza diferente; eles eram na verdade instituições públicas que, em vez de se aliar meramente a interesses específicos, tinham por base os interesses de toda a população. Eles sobreviveram a Leicester e a suas tentativas contra o poder real, e este último foi, ele próprio, obrigado a adotá-los. Sob o reinado de Eduardo I, foram estabelecidos definitivamente, e adquiriram uma coerência e uma estabilidade capazes de impedir que fossem alvos de ataques bem-sucedidos no futuro.

Palestra 13

Evolução do Parlamento sob o reinado de Eduardo I. — Sessões freqüentes do Parlamento. — Composição diferente de Parlamentos. — Deputados dos condados e das cidades nem sempre estão presentes. — Poder discricionário do rei na convocação dos barões. — O número irregular de deputados dos condados e dos burgos.

As grandes instituições políticas geralmente originam-se sob príncipes frágeis e incapazes; em meio às convulsões que surgem em seus reinados, essas instituições são extorquidas deles. São consolidadas, no entanto, sob príncipes mais capazes, que reconhecem o quanto são necessárias e compreendem as vantagens que delas podem advir.

Isso foi o que ocorreu na Inglaterra sob Henrique III e Eduardo I. Henrique, um rei totalmente ineficiente quando se tratava de firmeza, permitiu, embora muito contra sua inclinação, que todas as concessões que lhe eram exigidas escapassem de suas mãos; seu filho, homem capaz e enérgico, em vez de pôr-se a destruir as instituições cujo nascimento fora permitido por seu pai, fez-se dono delas e transformou-as para seu próprio benefício. Eduardo I talvez não tivesse permitido que elas surgissem em seu reinado; mas, encontrando-as já em existência e sólidas, as aceitou como eram, e, em vez de temer ou de dispersar o novo Parlamento, aproveitou-se dele como um instrumento para servir e fortalecer um poder que exerceu com inteligência. Foi com a ajuda do Parlamento que Eduardo I conferiu, por assim dizer, um caráter nacional a suas guerras e conquistas – façanhas que talvez pudessem ter colocado seu povo contra ele se tivesse reinado sozinho e agido sem o apoio e controle da população.

Dois tipos de Parlamento surgiram sob Eduardo I. Um deles era composto unicamente pelos barões superiores, e parecia formar o grande conselho do rei; no outro, os deputados dos condados e dos burgos tinham assento.

Nenhuma distinção legal e estabelecida existia entre essas assembléias; suas atribuições eram quase idênticas, e muitas vezes elas exerciam os mesmos poderes. No entanto, as reuniões dos Parlamentos constituídos apenas pelos barões superiores eram mais freqüentes: ocorriam regularmente quatro vezes por ano. Os outros, ao contrário, só eram convocados em ocasiões extraordinárias, e quando se fazia necessário obter dos proprietários alodiais – fossem eles dos condados ou das cidades e burgos – algum imposto geral.

Esse, no entanto, não era o único motivo que podia levar à convocação da recém-mencionada assembléia, que, na verdade, é a única a merecer o nome de Parlamento. Sempre que surgia algum negócio cuja grande relevância exigia a concordância de um vasto número de interesses, o grande Parlamento era reunido. Por isso a abrangência de suas deliberações foi se expandindo, e ele passou a ter maior coerência.

Podemos deduzir o grau de força moral que o Parlamento já tinha adquirido nesse período pelas máximas políticas que eram geralmente admitidas. Robert of Winchelsea, arcebispo de Canterbury, falando ao papa em nome do rei e de seus barões, dirigiu a ele este sentimento extraordinário: *"É costume no reino da Inglaterra que, nos temas relacionados com a situação deste reino, o conselho de todos aqueles interessados no assunto seja consultado"*.* Não há necessidade de tomarmos esse princípio em sua aplicação mais rigorosa; não importa se de fato todos os interessados nesses assuntos eram consultados sobre eles, mas o sentimento é um testemunho do progresso que já tinha sido feito pelas idéias de um governo livre e público. Esse progresso é mais claramente demonstrado pela resposta que o próprio Eduardo deu ao clero quando este exigiu que ele rejeitasse um estatuto destinado a limitar o acúmulo de propriedade mantido sob controle póstumo: *"Esse estatuto"*, disse ele, *"foi elaborado por conselho de seus barões e, portanto, não deve ser retirado sem seu conselho"*.** Nesse caso, também o princípio estava longe de ser observado estritamente, e o próprio Eduardo, em 1281, sob sua própria autoridade, modificou vários dos estatutos que haviam sido aprovados em 1281 pelo Parlamento em Gloucester. Nada, portanto, era mais irregular e incerto do que os direitos do público e as formas de governo daquele período. Preconizavam-se princípios que só eram concretizados parcialmente na prática e que, com freqüência, eram abandonados totalmente. Mas, em meio a essa desordem aparente, grandes instituições iam se formando gradativamente; as inovações do reinado anterior passavam a ser hábitos, e esses hábitos, sancionados pelo

---

* "Consuetudo est regni Angliae quod in negotiis contingentibus statum ejusdem regni, requiritur consilium omnium quos res tangit".
** "Consilio magnatum suorum factum crat, et ideo absque eorum consilio non crat revocandum".

tempo, passavam a ser necessidades. Assim eram estabelecidos direitos.

Quanto à distinção que acabo de fazer entre as várias assembléias que se reuniam naquela época, como todas elas eram igualmente chamadas de Parlamentos e exerceram, em momentos distintos, os mais variados poderes, é difícil determinar precisamente quais devem ser consideradas Parlamentos propriamente ditos. As fronteiras que as separam são restritas e muitas vezes imperceptíveis; seria uma grande temeridade ter a pretensão de determinar qual era o verdadeiro caráter de qualquer assembléia específica, e conseqüentemente se ela deve ou não ser considerada um Parlamento. Sempre que não foi possível aos escritores *tories* atestar a presença de deputados dos condados e dos burgos por alguma prova legal ou oficial, tais como os mandados de convocação, eles negaram o fato de sua presença. Mas isso é querer ser parcial e excessivamente preciso; muitas vezes as crônicas do período suplementam a falta de mandados, e indicam que esses deputados estiveram presentes. Agora indicarei os fatos principais, omitidos por esses escritores, que provam que Parlamentos completos eram realizados com freqüência.

Enquanto Eduardo ainda estava na Palestina, um Parlamento reuniu-se em Westminster para receber um juramento de fidelidade ao novo rei das mãos do arcebispo de York, e, segundo vários historiadores, quatro cavaleiros de cada condado e quatro deputados de cada cidade foram convocados para esse Parlamento.

Ao retornar à Inglaterra, Eduardo convocou um novo Parlamento em Westminster, em 25 de abril de 1275. O preâmbulo aos estatutos decretados naquela ocasião foi preservado: ele declara que "esses estatutos foram elaborados pelo rei Eduardo sob orientação de seu conselho e com a aprovação dos arcebispos, bispos, abades, priores, barões, e *do povo do reino*".

No ano seguinte, outro Parlamento foi reunido no mesmo lugar, constituído da mesma maneira e, ao que parece, composto dos mesmos membros.

O ano de 1283 oferece muitas provas da admissão de deputados dos Comuns ao Parlamento. No mês de janeiro, duas assembléias extraordinárias foram convocadas, uma em Northampton e a outra em York, para recrutar tropas e obter os subsídios necessários para a conquista do País de Gales. Os mandados de convocação foram preservados; em um dos casos, os xerifes receberam ordens para enviar a Northampton todos os proprietários alodiais que tivessem renda superior a vinte libras esterlinas; no outro, lhes foi ordenado fazer com que fossem eleitos, em cada condado, cidade grande, burgo ou pequenas cidades mercantis (*villa mercatoria*), quatro cavaleiros e cidadãos que tivessem plenos poderes para representar "toda a comunidade". Finalmente, no mês de junho do mesmo ano, um Parlamento reuniu-se em Shrewsbury, a fim de decidir sobre o destino de David, príncipe de Gales, que fora feito prisioneiro após a conquista daquele país. Os mandados de convocação são de quatro tipos: os primeiros são endereçados individualmente a 111 condes ou barões; o segundo, aos magistrados de 21 cidades pequenas ou burgos; o terceiro ordena que os xerifes façam com que dois cavaleiros sejam eleitos para cada condado; o quarto é dirigido a 17 membros do conselho privado do rei, entre os quais estão os juízes. De 1283 a 1290 encontramos vários Parlamentos, alguns dos quais são até elogiados pelos estatutos que se originaram deles; no entanto, não há nenhuma prova de que os deputados dos condados e dos burgos estivessem presentes neles.

Mas, em 1290, Eduardo, ao voltar da França, convocou um Parlamento em Westminster, no qual a presença de alguns deputados dos condados é certa. Foi preservado um mandado, com data de 14 de junho de 1290, endereçado ao xerife da Nortúmbria, ordenando-lhe que fizesse com que *dois* ou *três* cavaleiros fossem eleitos. Há motivos para se crer que esse condado não era o único a ser assim privilegiado, e que havia outros que também mandaram deputados àquele Parlamento. Essa convocação provavelmente teve como intenção permitir aos deputados dos condados se pronunciarem com relação ao estatuto *Quia emptores terrarum*, que autorizava os proprietários dos feudos a vendê-los a seu critério, e tornava os proprietários subseqüentes vassalos diretos do senhor do feudo, ao mesmo tempo que os vendedores deixavam de sê-lo; isso eliminava a necessidade de subenfiteuse, e deve ter aumentado consideravelmente o número de vassalos diretos do rei. Os burgos não foram representados nesse Parlamento, provavelmente porque os assuntos tratados não estavam diretamente relacionados com eles.

De 1290 a 1294, encontramos vários Parlamentos em que não há nenhuma indicação da presença de deputados dos condados e dos burgos. Nesses Parlamentos, do qual só participaram os magnatas do reino, foram considerados os assuntos da Escócia. No Parlamento realizado em Westminster em outubro de 1294, só faltaram os representantes dos burgos; os deputados dos condados foram admitidos e concederam ao rei um décimo da riqueza móvel do reino.

No ano seguinte, vemos que não apenas os burgos e os condados mas até mesmo o clero inferior exerceu o direito de ser representado na grande assembléia realizada em Westminster no mês de setembro de 1295. Possuímos os mandados de convocação endereçados aos bispos e arcebispos, ordenando-lhes que fizessem com que fosse nomeado um número determinado de deputados para os colegiados e para o clero; temos também aqueles que convocam 49 condes ou barões individualmente, e aqueles que ordenam aos xerifes que façam com que dois cavaleiros sejam eleitos para cada condado e dois deputados para cada burgo no condado. Esses burgos eram cerca de 120 em número. Em seu caráter, essa assembléia foi mais geral do que qualquer outra que se reunira até então; todas as classes da sociedade tiveram acesso a ela, e podemos dizer verdadeiramente que toda a nação foi representada. Por esse motivo, normalmente consideramos que foi a partir deste ano, 1295, que se deu o estabelecimento completo e regular do Parlamento britânico.

Essa grande assembléia não atuava como um corpo único; era dividida em duas casas, uma contendo representantes leigos e outra os eclesiásticos; e não só o local de suas reuniões era diferente, seus votos também eram distintos. Os barões e cavaleiros concederam ao rei um undécimo de sua riqueza móvel; os cidadãos lhe deram um sétimo, e o clero, após longas disputas com o rei, terminou por conceder-lhe apenas um décimo, que foi a oferta feita originalmente.

O Parlamento realizado no mês de agosto de 1296 foi constituído da mesma maneira que o anterior, e os votos foram divididos de forma similar. Os barões e cavaleiros concederam apenas um dozeavo de sua propriedade móvel, e os burgueses um oitavo.

Em 1297 se realizou um Parlamento em Salisbury, mas os mandados pelo qual foi convocado se perderam; portanto, não temos nenhuma prova direta da presença dos deputados dos condados e burgos nessa assembléia; no entanto, existe ainda um mandado, do dia 30 de julho do mesmo ano, onde Eduardo afirma que as cidades e os condados lhe concederam subsídios, e essa prova indireta pode suprir a falta dos mandados de convocação.

Durante esse mesmo ano (1297) houve uma disputa entre a aristocracia e a coroa sobre a confirmação das cartas régias, e os condes de Norfolk e Hereford, em virtude de sua ousadia e firmeza, conseguiram a vitória para a causa nacional, e obtiveram do rei uma sanção completa e definitiva dos direitos e instituições cuja manutenção eles reivindicavam. Vemos nessa época que dois deputados de cada condado foram convocados para receber, das mãos do príncipe regente, aquelas cartas que haviam sido confirmadas pelo rei.

A partir do momento em que essas cartas foram definitivamente confirmadas, a convocação de deputados dos condados e burgos deixou de ser uma transação irregular e arbitrária e se tornou uma necessidade. Com isso, sua presença nos Parlamentos é demonstrada constantemente por provas autênticas.

Assim, eles foram admitidos ao Parlamento convocado em York em 15 de abril de 1298, cujos mandados de convocação estão preservados. Estiveram presentes também no Parlamento em Lincoln em 29 de dezembro de 1299. Os mandados de convocação para esse Parlamento são semelhantes àqueles que convocaram o anterior. Eles convocam os mesmos deputados que haviam estado presentes no último Parlamento, ordenando, além disso, que fossem escolhidos substitutos no lugar de algum que tivesse morrido desde então. Além disso, vemos que mandados foram endereçados aos reitores das Universidades de Oxford e Cambridge, solicitando que enviassem ao Parlamento quatro ou cinco deputados no caso de Oxford, e dois ou três no caso de Cambridge; e orientando-os para que selecionassem esses deputados entre aqueles que fossem os mais discretos e mais conhecedores da lei — *de discretioribus et in jure scripto magis expertis praedictae Universitatis.*

Finalmente, os mandados de convocação para o Parlamento realizado em Westminster em 24 de julho de 1302 são, em todos os aspectos, semelhantes aos anteriores.

Não continuarei a investigar essa série de fatos, que, daqui em diante, deixam de ser extraordinários em virtude de sua uniformidade constante. Basta dizer que todos os Parlamentos realizados durante os últimos cinco anos do reinado de Eduardo I foram da mesma natureza, e compostos dos mesmos membros. Dois desses, no entanto, merecem atenção especial. O primeiro foi realizado em Westminster em 1305. Os detalhes de sua dissolução estão preservados, bem como os que se referem à maneira como foram recebidas as petições que já o tinham inundado. O segundo é o Parlamento que se reuniu em Carlisle em 1307. Temos as listas dos bispos, abades, priores, condes, barões etc. que estiveram presentes. O número de condes ou barões chegou a 86, o de bispos e abades a 68. Além disso, houve um grande número de deputados do clero inferior, formando a Câmara Baixa da convocação eclesiástica; e havia, além disso, dois cavaleiros de cada condado, dois cidadãos de cada cidade e dois burgueses de cada burgo.

De todos esses fatos, segue-se que, se no começo do século XIV, o Parlamento ainda não estava constituído de forma moderna e definitiva, mas já tinha uma base fixa; além disso, em termos de sua composição, podemos deduzir, a partir dos fatos a que já nos referimos, os seguintes resultados:

I. O Parlamento era composto, em *primeiro* lugar, por condes ou barões leigos convocados individualmente pelo rei; em *segundo*, por arcebispos, bispos, abades e priores, também convocados individualmente; em *terceiro*, pelos deputados escolhidos entre os cavaleiros ou proprietários absolutos dos condados; em *quarto*, por deputados das cidades grandes, das cidades pequenas e dos burgos.

II. Nenhuma lei ou estatuto, nenhum direito antigo ou reconhecido, determinava quem seriam os condes, barões, abades etc. que o rei estava obrigado a convocar individualmente. Nesse aspecto, o rei agia de forma mais ou menos arbitrária, muitas vezes deixando de convocar aqueles que tinha convocado em ocasiões anteriores.*
Algumas vezes, embora raramente, essas omissões provocavam

---

* Assim, Eduardo convocou para o Parlamento de Shrewsbury (1283) 111 condes ou barões, mas para o Parlamento de Westminster (1295) só convocou 53; e dos 111 que estavam presentes em 1283, 60 estiveram ausentes em 1295. Os últimos Parlamentos de seu reinado nos dão vários exemplos de irregularidades semelhantes. Vemos, assim, nessa mesma época, que 98 próceres leigos só foram convocados uma vez para o Parlamento, e que 50 foram convocados uma, duas ou três vezes. Havia uma diferença entre os barões convocados individualmente: alguns eram convocados em virtude do tipo de posse feudal; outros, apenas em virtude do mandado de convocação, fossem ou não vassalos imediatos do rei. Esses últimos exercem no Parlamento os mesmos direitos que os primeiros, embora não pareça que apenas o fato de ter um mandado de convocação lhes conferisse um direito hereditário. Há até vários exemplos de pares eclesiásticos que eram convocados por mandados especiais, e que obtinham uma dispensa da obrigação de participar do Parlamento, provando que não tinham nenhum feudo do rei. A prática de criar barões ou pares foi introduzida mais tarde: *primeiro*, por um estatuto do Parlamento (sob Eduardo III); e *segundo*, por cartas patentes do rei (sob Ricardo II).

protestos. A importância de um nobre e de sua família era a garantia exclusiva de sua convocação para o Parlamento. Tumultos, guerras civis e confiscos evitavam que essa convocação fosse um direito incontestável e hereditário, exceto no caso de posse feudal permanente.

III. Os funcionários principais do rei, tais como juízes e membros do conselho privado, eram quase sempre convocados para o Parlamento em virtude de sua posição oficial; com efeito, quase todos eles eram condes ou barões.

IV. A convocação dos deputados dos condados e dos burgos não era uma necessidade legal ou pública; mas passou a ser uma necessidade prática em virtude do princípio segundo o qual o consenso em todos os assuntos relacionados com impostos era um direito.

V. A convocação de deputados dos condados era mais certa e regular que a dos deputados dos burgos; mais certa porque essa convocação teve origem parcialmente em um direito que até então não fora questionado, e que era preciso respeitar – ou seja, o direito que todos os vassalos imediatos tinham a um assento na assembléia geral; mais regular porque os tribunais dos condados, que eram compostos pelos mesmos elementos e possuíam os mesmos interesses, constituíam um todo uniforme e idêntico em toda a Inglaterra, de maneira que alguns não poderiam ter o privilégio da representação sem que os demais também o tivessem. Como, por outro lado, as cidades pequenas e os burgos só deviam sua admissão no Parlamento a causas diversas, sem unidade ou conexão entre si, e só eram chamados para ajudar nos assuntos que estavam relacionados a eles individualmente, a admissão de um representante de uma cidade pequena não envolvia, de modo algum, a admissão de representantes de outras cidades pequenas, e nem mesmo a continuidade desse privilégio em algum caso específico.

VI. O número de deputados das cidades pequenas e dos burgos não era fixo. O rei o determinava arbitrariamente. Apesar disso, a convocação de dois deputados para cada condado, e do mesmo número para cada burgo, foi aprovada e passou a ser regra.

VII. Por mais irregular que a convocação de deputados de burgos pudesse ser, não há motivo para pensar que o número de burgos então representados na assembléia era tão restrito como se tem presumido; tampouco há razão para achar, como tem sido afirmado por historiadores *tories*, que, originalmente, só as cidades pequenas nos territórios do rei enviavam deputados para o Parlamento. Ao contrário, essa premissa é contradita pelos fatos que provam que, além das cidades pequenas pertencentes ao domínio real, as que tinham recebido uma carta de incorporação do rei ou de algum grande barão também eram representadas; como também o eram aquelas que, sem ter recebido nenhuma carta desse tipo, eram ricas o bastante para pagar os gastos de seus deputados. No entanto, a importância de cidades específicas e a avaliação da necessidade de elas se envolverem nos negócios públicos eram, nesse aspecto, a única regra; e, na maioria das vezes, a escolha das cidades pequenas que deveriam ser representadas dependia de uma decisão arbitrária dos xerifes.

Palestra 14

Forma de eleição dos deputados dos condados e dos burgos. — Quem eram os eleitores? — Ausência de um princípio uniforme que regulamentasse as eleições nos burgos e nas cidades. — Votação aberta.

Vimos como os deputados dos condados e dos burgos foram introduzidos no Parlamento; mas ainda estamos longe de obter uma visão completa e correta do governo representativo como este existia na Inglaterra no período a que chegamos agora. Ainda precisamos descobrir por quem e de que maneira esses membros eram nomeados — em uma palavra, como era, então, o sistema eleitoral, se é que podemos usar essa expressão para denominar uma coleção de costumes e instituições isoladas desconectadas umas das outras, e quase que totalmente destituídas de qualquer generalidade ou unidade de caráter.

Os dois partidos políticos, cuja oposição e cujos debates são encontrados a cada passo no estudo das instituições inglesas, não deixaram de solucionar essa questão, cada um à sua maneira. Os *tories*, sempre dispostos a restringir os limites da liberdade pública, sustentam que a introdução dos membros dos condados no Parlamento surgiu principalmente pela impossibilidade de unir, na assembléia geral, todos os vassalos diretos do rei, os únicos que, como grupo, tinham o direito de estar presentes; e que os proprietários rurais daquela classe eram, originalmente, os únicos eleitores desses representantes. Os *whigs* afirmam, por outro lado, que todos os proprietários alodiais nos condados, fossem vassalos diretos ou indiretos do rei, sempre haviam tomado parte nessa eleição.

Buscarei a solução para essa questão exclusivamente nos fatos que se referem especificamente à introdução dos membros dos condados no Parlamento; e como essa mudança não foi resultado de circunstâncias secundárias ou imprevistas, e sim do curso natural do tempo e dos eventos, precisamos primeiro lembrar-nos dos fatos gerais que a precederam e que lhe deram origem.

Vemos que, porque um grande número de vassalos diretos do rei renunciou muito cedo à sua participação na assembléia geral em virtude de sua pouca riqueza ou influência, sua existência política passou a localizar-se no condado, e a restringir-se a seus assuntos específicos e à participação no tribunal do condado onde tais assuntos eram negociados. Os vassalos diretos do rei, no entanto, não eram as únicas pessoas interessadas nos assuntos do condado. Muitos outros proprietários absolutos, fossem eles vassalos dos grandes barões ou originalmente meros donos de *socage*, possuíam riqueza e influência consideráveis;* e como a posse legítima nesse período era quase o único árbitro de direito, não há muita dúvida de que, *a priori*, todos os proprietários alodiais de qualquer importância no condado eram admitidos nos tribunais

---

* Pode ser visto no Livro Negro do Tesouro que Godfrey Fitzwilliam, no condado de Buckingham, mantinha 27 feudos de cavaleiros do conde Walter Gifford, enquanto Guilbon Bolbech, no mesmo condado, mantinha apenas um feudo de cavaleiro do rei.

do condado para dirigir a administração da justiça e discutir seus interesses em comum.

Essas probabilidades passam a ser fatos absolutos com o testemunho da história. Está provado que os cavaleiros que eram vassalos diretos do rei não compunham os tribunais do condado sozinhos. Desde a época de Guilherme, o Conquistador até o fim do reinado de Eduardo I, um grande número de escrituras, leis, mandados e registros históricos atesta que todos os proprietários alodiais, ou quase todos, tinham um assento nesses tribunais; e que, se existiam exceções a essa regra, elas não eram, de modo algum, resultado de qualquer distinção geral entre os vassalos diretos e os vassalos indiretos do rei, e sim das condições específicas impostas às posses individuais. Pois não parece que todos os homens livres que eram proprietários estavam igualmente obrigados a apresentar-se nos tribunais dos condados, já que esse serviço era considerado um fardo, e não um privilégio.

Pode então ser considerado certo que, ou pela queda de muitos dos vassalos diretos do rei, ou pela elevação de um grande número dos vassalos simples dos nobres, havia surgido, em cada condado, um corpo de proprietários alodiais que, com referência aos assuntos do condado, e independentemente da natureza de suas relações feudais, possuíam, todos eles, a mesma importância e direitos iguais.

Os tribunais do condado, assim compostos, exerciam o direito de eleição muito tempo antes da introdução regular e definitiva de seus representantes no Parlamento. Aqui eram eleitos, às vezes, os funcionários investidos dos poderes necessários para a transação dos negócios do condado; e, às vezes, cavaleiros eram nomeados para executar as medidas do governo central, ou enviados ao Parlamento como portadores de queixas ou de representações. Exemplos de eleições desse tipo são numerosos. As cartas régias as prescreviam com freqüência, e fala-se delas continuamente nas crônicas.

Não podemos afirmar que essa nomeação de cavaleiros específicos para a transação de negócios locais particulares era sempre conduzida de maneira regular, e por uma eleição distinta. Às vezes isso era feito unicamente pelos xerifes; mas é certo que, normalmente, ela ocorria "pela comunidade do condado, com o consentimento e pelo conselho do condado, *per communitatem comitatus, de assensu et consilio comitatus*".

Deduzimos de todos esses fatos, primeiro, que, antes da introdução dos membros do condado no Parlamento, os vassalos diretos do rei, que devido à sua menor importância tinham deixado de participar da assembléia geral, não formam um corpo distinto nos tribunais do condado, ou uma classe específica de proprietários rurais investidos de direitos peculiares; mas que, ao contrário, eles estavam incorporados à classe geral de proprietários alodiais, que, na sua grande maioria, também participavam do tribunal do condado e lá exercem os mesmos direitos; e, segundo, é inquestionável que essa assembléia de proprietários alodiais tinha o hábito, em certos casos, de nomear algum de seus membros ou para o gerenciamento dos negócios do condado, ou para qualquer outro propósito.

Devemos, então, acreditar que, quando o objetivo em vista era enviar representantes do condado ao Parlamento, havia uma nova ordem para elegê-los que substituía a ordem existente? Ou, em outras palavras, que aqueles proprietários alodiais que, embora vassalos diretos do rei, estavam no mesmo nível que os outros proprietários alodiais, com relação a todas as operações do tribunal do condado, eram considerados diferentes dos outros unicamente por serem os únicos que tinham direito de eleger os membros do Parlamento? Nada é menos provável e, na verdade, nada é menos verdadeiro do que a possibilidade de haver uma desorganização desse tipo nos tribunais dos condados em épocas de eleição.

E não é nada provável porque, na situação da sociedade à época, o *status quo* quase sempre comandava. Estaremos muito enganados se esperarmos encontrar as instituições da época sob o controle de alguma regra geral, e resultando das inevitáveis conseqüências de um princípio. Não havia nenhuma regra geral ou princípio predominante. Quando surge uma nova lei, ela é o produto de fatos, não de uma teoria. Quando qualquer exigência nova é feita à sociedade, é a sociedade em sua situação vigente, e não uma sociedade sistematicamente constituída, que responde a essa demanda.

De um modo geral, os proprietários alodiais formavam o tribunal do condado em todas as ocasiões, e participavam de todos os seus atos. Que motivo poderia haver para que eles subitamente deixassem de lado um costume estabelecido, a fim de criar um privilégio a favor de certos proprietários rurais cuja posição, embora especial em alguns aspectos, não se distinguia muito da posição dos demais? Havia oportunidade para um ato tão pouco comum que não pudesse ser realizado sem subverter os costumes então em voga? Não havia nenhuma; pelo contrário, aos olhos dos proprietários rurais do condado, esse ato pareceu apenas mais uma circunstância aliada aos muitos fatos de mesma descrição já existentes; eles nunca previram toda a importância que esse fato viria a adquirir, nem todas as conseqüências a que ele iria necessariamente levar. Essa eleição de cavaleiros convocados ao Parlamento, embora um pouco mais importante que outras eleições, parecia com todas aquelas freqüentemente realizadas no tribunal do condado, e das quais todos os proprietários alodiais participavam. Por que o direito de votar nessas ocasiões deveria ter pertencido exclusivamente a alguns indivíduos específicos entre eles? Não estavam todos eles igualmente interessados, já que a maior parte dos tributos era arrecadada sobre sua propriedade pessoal, e o dever principal dos deputados era o estabelecimento de impostos? Como é possível acreditar em outra coisa a não ser que essa eleição, como qualquer outra, era realizada por todos os membros do tribunal do condado, sem distinção?

Fatos, repito, confirmam essas probabilidades. Os mandados endereçados aos xerifes pelo rei, para a eleição de membros dos condados, são concebidos nos mesmos termos que aqueles elaborados para eleições relacionadas exclusivamente com a administração de assuntos locais. Da mesma forma, eles determinam que esses cavaleiros sejam eleitos com o consentimento da comunidade do condado, *de assensu communitatis comitatus*. Além disso, as respostas dos xerifes declaram que a eleição tem sido feita "em todo o condado, por toda a comunidade do condado", *in pleno comitatu, per totam communitatem comitatus*. Sob os reinados seguintes, termos ainda mais formais foram utilizados; assim, mais ou menos na metade do reinado de Eduardo III, os mandados afirmam que a eleição deve ser realizada "de acordo com a vontade e com o consentimento dos homens do condado", *de arbitrio et consensu hominum comitatus*. Finalmente, fatos de épocas posteriores que chegaram até nós provam que todos os proprietários alodiais possuíam um direito igual de participação nessas eleições. Em 1405, um estatuto de Henrique IV, cujo objetivo era evitar certos abusos cometidos nessas ocasiões por xerifes do reinado anterior, ordena, entre outras coisas, que "todos aqueles que devem estar presentes no tribunal do condado, mesmo quando não foram devidamente convocados para tal pelo xerife, devem participar da eleição". Por fim, sob Henrique VI, como o grande número de proprietários alodiais vinha causando muitos distúrbios durante as eleições, dois estatutos (o primeiro publicado em 1429 e o segundo em 1432) limitaram o direito de voto aos proprietários alodiais que possuíssem uma renda anual de 40 xelins; essa foi a primeira e última limitação do tipo, e ainda continua a subsistir na Inglaterra.

Assim, tanto as possibilidades morais quanto os fatos históricos indicam que, desde a origem do Parlamento em sua forma atual, os representantes dos condados eram eleitos não só pelos vassalos diretos do rei, e sim por todos os proprietários alodiais, fossem eles vassalos mediatos ou imediatos, que compunham o tribunal do condado. A fim de estabelecer essa opinião definitivamente, nada nos resta a não ser examinar as provas alegadas a favor da opinião contrária. Elas podem ser reduzidas a duas: primeira, diz-se que, como só os vassalos diretos do rei tinham originalmente o direito de ocupar um assento na assembléia, e como a eleição dos cavaleiros do condado surgiu inteiramente da impossibilidade de reunir no Parlamento todos os vassalos diretos do rei, só os últimos devem ter sido os eleitores dos representantes que eram enviados em seu lugar; segunda, os vassalos dos barões há muito pediam isenção da obrigação de contribuir para o pagamento dos honorários distribuídos aos membros do condado, o que prova que eles não poderiam ter partilhado da eleição, pois, se o tivessem feito, sua reivindicação teria sido absurda. As duas provas têm o problema de serem indiretas e de dependerem de conseqüências deduzidas de fatos gerais, e não de fatos especiais e concretos tais como aqueles que acabei de aduzir em apoio à opinião contrária. Além disso, o primeiro argumento pressupõe a existência de um princípio geral e absoluto a ser seguido invariavelmente; e que os membros do condado eram convocados para o Parlamento apenas para representar os vassalos diretos do rei. Essa suposição nem é provável nem está de acordo com os fatos. Repetimos uma vez mais que não havia, à época, nenhum princípio geral, nem nenhuma regra fixa e invariável. Princípios gerais e suas conseqüências existem unicamente em uma situação calma e tranqüila da sociedade; eles são incompatíveis com população inculta e desordem contínua. Como, então, poderiam as classificações sociais e seus direitos correspondentes ter permanecido fixos e distintos em meio a essa confusão caótica? Além disso, o sistema feudal nunca exerceu um controle assim tão completo na Inglaterra, capaz de garantir alguma coisa que se assemelhasse à observância estrita de seus princípios. É verdade que o direito que todos os vassalos diretos do rei tinham de participar da assembléia central consistia em uma das fontes da representação do condado; mas quando esse direito, após ter caído em desuso, começou a reviver nas pessoas dos representantes, ele foi superado por uma circunstância mais atual e mais poderosa: a formação da classe geral de proprietários absolutos, reunindo-se no tribunal do condado e lá exercendo as mesmas funções e direitos iguais. Esse fato é incontestável; portanto, os *tories* são obrigados a reconhecer que os deputados eram eleitos por todos aqueles presentes no tribunal do condado. Mas como é que tentam escapar das conseqüências dessa confissão? Eles afirmam que só os vassalos diretos sentavam-se no tribunal do condado; uma opinião demasiado contrária à natureza das coisas, e a todos os fatos que eu trouxe à luz, para que seja necessário refutá-la.

Há uma outra dificuldade que deixa os escritores *tories* perplexos e que eles tentam, também infrutiferamente, superar. É-lhes impossível negar que sob os reinados subseqüentes ao de Eduardo I, e especialmente sob Henrique IV, todos os proprietários no condado participaram na eleição; ora, para evitar esse constrangimento, alega-se que, aproveitando-se da confusão da época, eles tinham usurpado o direito de voto, e que o estatuto de Henrique IV (em 1405) pela primeira vez legalizou esse abuso, e legalmente convocou os proprietários alodiais para a eleição de deputados. Não há nenhuma probabilidade em tal suposição, que não é apoiada por um único fato sequer. Entre os reinados de Eduardo I e Henrique IV, nada se descobriu ainda que indique a usurpação do direito eleitoral por uma parte dos proprietários alodiais que haviam permanecido, até então, alheios à eleição. Nenhum vestígio de mudança na composição dos tribunais do condado pode ser encontrado, nenhuma alteração na forma ou na linguagem dos mandados de convocação. Tudo indica, ao contrário, que as eleições continuaram a ser realizadas como anteriormente; e que o estatuto de Henrique IV não tem, evidentemente, nenhum outro objetivo senão o de evitar as práticas ilegais dos xerifes, que haviam se tornado escandalosas sob o reinado de Ricardo II. Assim, não importa a perspectiva sob a qual esse primeiro argumento for considerado: ele é totalmente sem valor.

O segundo argumento não vale muito mais. Baseia-se na suposição de que apenas aqueles que tinham voz na eleição dos representantes deveriam contribuir para o pagamento de seus salários. Ora, essa suposição é explicitamente contrariada por um mandado de Eduardo III, comprovando que mesmo dos *villani*, dos simples agricultores, que certamente não participavam da eleição, era exigida uma contribuição para o pagamento dos honorários. A suposição de que os proprietários alodiais exigiram isenção desse imposto não pode nos levar a concluir que eles não tomavam parte na eleição.

Nada há de extraordinário nessas exigências. A princípio, a função de membro do Parlamento era mais um cargo oneroso que um benefício. A pessoa eleita era obrigada a dar uma garantia como prova de que iria freqüentar a assembléia. É mencionado o caso curioso de um cavaleiro eleito que não pôde conseguir a fiança exigida; os xerifes, portanto, apoderaram-se dos bois e cavalos de sua fazenda para forçá-lo a cumprir as obrigações de seu cargo. Pouco tempo depois, para tornar o cargo menos oneroso, fizeram-no mais lucrativo, e foram concedidos honorários aos representantes. Esses honorários eram arrecadados em todo o condado, à exceção de certas imunidades específicas. Um mandado de Eduardo III prova isso claramente. É bem verdade que os vassalos dos barões, sobretudo no reinado de Eduardo III, faziam reivindicações freqüentes para obter isenção do pagamento dos salários devidos aos membros; mas essas reivindicações não tinham como base a circunstância de que eles não participavam da eleição, e sim o pretexto oriundo da lei feudal segundo o qual, como seus senhores participavam do Parlamento por seu próprio direito, isto é, em sua qualidade de pares, eles eram representados por seus próprios senhores, e não deviam pagar os salários dos representantes do condado. É evidente que tais reivindicações eram o resultado de uma confusão entre as idéias da antiga representação feudal (uma ficção que fazia com que o nobre fosse uma espécie de procurador de seus vassalos) e as idéias do novo sistema de representação. Esses fatos de modo algum provam que os vassalos dos barões não participavam da eleição dos membros do condado; tudo o que indicam é que a coleta dos salários dos membros era muito arbitrária, e controlada por costumes diferentes em cada condado; não é possível, no entanto, extrair desses fatos nenhuma conclusão sobre direitos eleitorais.

Agora que reduzi a seu justo valor os dois argumentos, o único apoio da opinião à qual me oponho é que parece quase certo que todos os proprietários alodiais participantes do tribunal do condado uniam-se na eleição dos representantes, fosse qual fosse a natureza de sua relação feudal com a coroa.

Encerradas as nossas pesquisas sobre a eleição dos membros do condado, examinemos agora como era realizada a eleição dos representantes dos burgos.

Embora nos tribunais dos condados não houvesse nenhuma regra estabelecida ou distinção sistemática que regulasse a distribuição de direitos eleitorais, havia pelo menos algo geral e idêntico nesses tribunais por toda a Inglaterra. Os condados eram distritos territoriais da mesma natureza; os tribunais dos condados, onde quer que estivessem situados, eram a mesma instituição, e os proprietários alodiais formavam uma única classe de homens. De circunstâncias que eram semelhantes praticamente em todas as regiões, é natural que viesse a surgir um sistema eleitoral também igual em todos os lugares.

Isso não era nem poderia ser assim no caso dos burgos. Em grau maior ou menor, eles tinham adquirido suas liberdades sucessivamente e sob mil formas diferentes. A situação política de uma cidade pequena não nos dá nenhum indício da situação de outras cidades, já que elas não correspondiam de modo algum umas às outras. Às vezes os direitos municipais pertenciam a uma corporação mais ou menos numerosa que mantinha a cidade sob o sistema de *fee-farm*; em outros casos, pertenciam ao corpo geral de proprietários alodiais que mantinham suas casas em *burgage-tenure*, uma espécie de sistema de posse semelhante à *socage*; outros, ainda, pertenciam ao corpo inteiro de proprietários de residências; ocasionalmente, embora não tão comum, eles pertenciam à totalidade dos habitantes. Quando algum burgo específico era convocado para enviar deputados ao Parlamento, a ninguém ocorria achar que esse novo direito fosse diferente dos seus direitos municipais, ou que o sistema eleitoral devesse ser regulado separadamente. Essa convocação referia-se ao burgo na condição em que existia, e não introduzia a mínima inovação no exercício da autoridade cívica. Os cidadãos que, em virtude de sua carta, desfrutavam do direito de administrar os assuntos do burgo também exercem o direito de nomear seus representantes. Não havia, portanto, nada geral ou uniforme à base desse novo direito, e seria impossível reduzir as eleições nas cidades e nos burgos a qualquer princípio comum. Podemos apenas examinar um número de fatos específicos e extrair deles os seguintes resultados:

I. O direito político de eleger membros do Parlamento não era diferente dos direitos municipais do burgo, e era exercido da mesma maneira e pelos mesmos cidadãos.

FRANÇOIS GUIZOT

II. Disso segue-se que a eleição era normalmente realizada pelo conselho que dirigia os interesses locais do burgo; no começo, portanto, o número de eleitores era muito limitado.

III. Nos casos em que uma corporação mantinha a cidade no sistema de *fee-farm*, ela também tinha o direito de nomear os membros do Parlamento. Essas corporações eram geralmente compostas de uns poucos indivíduos.

IV. Como os proprietários alodiais de muitos burgos faziam parte dos tribunais dos condados, um número relativamente alto das eleições de membros do burgo ocorria originalmente nesses próprios tribunais, e pelos proprietários alodiais do burgo, que eram freqüentadores habituais desses tribunais e exerciam esse poder ou por conta própria ou por autorização de seus co-cidadãos.

V. Os mandados ou ordens para a eleição de deputados eram, a princípio, endereçados diretamente aos próprios magistrados do burgo. Isso ocorreu pelo menos até 1264, que foi o período da primeira convocação de representantes de burgos de que temos notícia, sob Henrique III. Em 1283, o mesmo procedimento foi seguido por Eduardo I para a convocação do Parlamento de Shrewsbury, para o qual foram convocados os representantes de 21 burgos. Em 1295, os mandados foram dirigidos aos xerifes dos condados em que os burgos estavam situados, e a partir daquele período essa foi a forma habitual e oficial usada para convocar os burgos. Em 1352 e 1353, no entanto, Eduardo III endereçou seus mandados diretamente aos magistrados municipais, na primeira ocasião para 10 burgos, e na segunda para 38. Esses são os últimos exemplos de convocações semelhantes. Os *Cinque Ports* continuaram a ser os únicos burgos que recebiam os mandados diretamente.

Esses fatos explicam como a representação dos burgos foi tão facilmente corrompida na Inglaterra, e continua tão vergonhosa até os dias de hoje.* Em todas as cidades os direitos políticos permaneceram restritos aos órgãos municipais, que, originalmente eram formados por um círculo muito estreito. A tendência geral foi, desde então, e especialmente na época da revolução de 1640, ampliar os direitos eleitorais nos burgos, e assim tornar a eleição mais popular; mas, de modo geral, a escolha é invariavelmente feita pelos poderes municipais, organizados de acordo com suas antigas cartas de incorporação. Nos condados, os direitos eleitorais adaptaram-se a todas as vicissitudes da propriedade e foram proporcionalmente ampliados; nos burgos, permaneceram inalterados. Toda instituição que não muda é corrupta, porque em última instância é quase certo que ela estabelece privilégios em oposição à situação atual da sociedade.

Eu gostaria de poder acrescentar a essas pesquisas sobre o sistema eleitoral na Inglaterra do século XIII alguns detalhes particulares e circunstanciais, relacionados com as formas das eleições; mas nada pôde ser encontrado sobre esse tema, nem na história, nem nas leis. As leis não mencionam o assunto porque nesse estágio de civilização não se acreditava que tais coisas deviam ser reguladas ou expressas. É provável que os eleitores, que geralmente eram poucos, concordavam entre si, na presença do xerife, com respeito aos representantes que desejavam nomear; e que o xerife, por mandado, informava o Tribunal de Chancelaria da nomeação. A única circunstância importante nessa forma de eleição era o voto

---

* Antes da reforma do Parlamento em 1832.

François Guizot

aberto, que foi perpetuado até os dias atuais. Ninguém então dava importância suficiente à sua escolha para considerar necessário escondê-la.

Até o reinado de Henrique IV, não encontramos nenhuma lei relacionada com as formas de eleição. Na medida em que as eleições passaram a ser mais importantes, os xerifes, aproveitando-se da ausência de qualquer forma, assumiram a responsabilidade pelo assunto e o administraram de acordo com seus próprios interesses. A lei a que me refiro foi aprovada a fim de impedir tais abusos. Aqui, como em qualquer parte, a organização de garantias ocorreu muito tempo depois do reconhecimento e do exercício de direitos.

Palestra 15

Exame filosófico do sistema eleitoral na Inglaterra no século XIV. — O sistema foi uma conseqüência natural dos fatos. — Quem eram os eleitores? — Quatro princípios que determinam a solução dessa questão.

Os fatos mencionados em minha palestra anterior provam que o sistema eleitoral da Inglaterra no século XIV não foi definido por alguma combinação filosófica, nem por alguma intenção geral. O sistema surgiu natural e espontaneamente, dos próprios fatos. Com isso, o estudo desse sistema é mais curioso e interessante. Os tempos modernos estão cheios de ciência e de artifícios; as instituições não se desenvolvem com simplicidade e liberdade; sob o pretexto de lhes dar regularidade, as coisas são deturpadas para satisfazer a algum interesse específico, ou para acomodar uma determinada teoria. Nada dessa natureza ocorreu na formação do Parlamento britânico; a ciência não existia então, e a astúcia era desnecessária. A Câmara dos Comuns não era importante o suficiente para que o executivo se preocupasse muito com sua origem; a função de membro para um condado ou burgo não era atraente o bastante para induzir os vários interesses e partidos a dirigirem todos os seus instrumentos bélicos e todos os seus estratagemas políticos para esse fim. Eram necessários representantes do país, escolhidos pelo método eleitoral – mas essa eleição não teve oportunidade de se adaptar a uma teoria, ou de ser, de alguma maneira, artificial. Naquela situação social, o sistema eleitoral poderia ser corrupto e incompleto de mil maneiras; suas formas poderiam ser irregulares e destituídas de todas as garantias necessárias, mas seus princípios gerais seriam naturais e sólidos. Esses princípios são aquilo que me proponho a buscar e a trazer à luz nestas minhas palestras. Eles não eram conhecidos, e nem sequer pensava-se neles no século XIV, mas existiam nos fatos; pois há um motivo para cada fato, e todos estão sujeitos a certas leis. Antes de entrar no tema do antigo sistema eleitoral inglês, independentemente e por si só, devemos considerá-lo, primeiramente, em suas relações com a sociedade de um modo geral, com os poderes pelos quais ele era comandado e com as liberdades de que ele desfrutava.

Nos dias atuais, a ciência política raramente considera as questões sob esse ponto de vista, embora ele seja o primeiro e mais importante de todos; ele opera sobre a sociedade e seu governo por um processo de dissecação; ele toma todos os poderes e todos os direitos um por um, e esforça-se por definir cada um deles separadamente, e apenas com relação a si mesmo, buscando, em primeiro lugar, separá-los totalmente uns dos outros, e depois fazer com que atuem em conjunto, confinando cada um deles em sua própria esfera. Dessa maneira vimos serem enumerados o poder legislativo, o poder executivo, o poder eleitoral, o poder judiciário e o poder administrativo, e todos os esforços da ciência foram empregados para fazer com que esses poderes distintos coexistam, ao mesmo tempo em que buscam manter entre si uma distinção rigorosa, fazendo com que nunca se confundam, e nem mesmo absorvam as funções e ações uns dos outros. O mesmo sistema foi aplicado aos direitos e às liberdades dos cidadãos. É fácil aqui discernir o triunfo do entusiasmo pela análise que caracterizou o século passado. Mas a análise é um método de estudo, não de criação. O espírito de análise é científico, mas nunca político. Na política, se estivermos lidando com direitos ou com poderes, o objetivo é criar forças vitais verdadeiras, capazes de impor obediência ou de resistir à opressão. Isso nunca pode ser obtido por meio da análise; pois, na verdade, a vida atual é um assunto muito complexo, que requer a união e a fusão de uma multidão de elementos diferentes, cada um modificado e sustentado pelos demais. A análise elucida e separa em partes, mas nunca constrói. Essa verdade é demonstrada pela história política de nosso próprio tempo. Todos esses poderes e direitos, tão cuidadosamente enumerados e distinguidos pela ciência, tão estritamente encerrados dentro de limites especificados, mostraram-se, no momento da ação, destituídos de coerência, de energia e de realidade. Foi decretado que o poder legislativo deveria ser absolutamente separado do poder executivo, o poder judiciário do administrativo, o municipal do eleitoral; as liberdades e direitos foram isolados e dissecados exatamente como ocorreu com os poderes; e pouco depois todos esses direitos e poderes, incapazes de existir e de agir em sua condição isolada, centralizaram-se ou perderam-se nas mãos de um despotismo individual ou coletivo, que sozinho era poderoso e verdadeiro porque só ele era diferente de um projeto teórico ou de uma concepção científica.[1]

---

[1] Esse é um bom exemplo das idéias de Guizot sobre a divisão (separação) dos poderes. Ele acreditava que a arte da política exige a coexistência harmoniosa dos vários poderes e princípios que se limitariam e controlariam mutuamente.

Podemos afirmar sem medo que os direitos, como os poderes públicos, nunca recobrarão a realidade e a energia até que escapem dessa ciência artificial que, sob o pretexto de classificá-los, os enfraquece e invalida; até que, unidos por laços positivos, eles se baseiem uns nos outros, e se juntem para realizar os mesmos resultados. Não há dúvida de que a grande obra analítica realizada em nossa era não será infrutífera; muitas distinções bem fundamentadas e muitas limitações necessárias serão mantidas; os poderes não irão, uma vez mais, confundir-se totalmente, e nem todos os direitos ficarão concentrados. Há alguma verdade e utilidade nos resultados da dissecação social que foi realizada; mas se ela fosse perpetuada, se os direitos e os poderes permanecessem no estado de isolamento e dissolução no qual a ciência os colocou nos dias atuais, nunca teríamos nem governo, nem liberdade.

É bastante evidente que nada desse tipo ocorreu no período da formação do Parlamento britânico. A política não se revestia de um caráter tão científico, nem reivindicava tanta consideração como o faz atualmente. Era necessário reunir os homens mais importantes do reino — comerciantes, proprietários de terra e outros — para que eles pudessem contribuir em assuntos públicos específicos. Mas ninguém imaginou que isso era a criação de um novo direito ou de um novo poder. Direitos estabelecidos e poderes existentes foram chamados para exercer essa nova função e aparecer sob essa nova forma. Os proprietários alodiais, isto é, todos os proprietários de terra livres e legítimos, costumavam se reunir nos tribunais dos condados para administrar a justiça e, juntos, cuidar de seus interesses comuns; e esses tribunais dos condados eram responsáveis pela nomeação de representantes. Em cidades de alguma importância, os cidadãos, sob formas mais ou menos liberais, regulavam seus próprios assuntos, escolhiam seus próprios magistrados e exerciam em comum certos direitos e poderes; e dessas corporações municipais exigia-se que enviassem membros ao Parlamento. Assim, as assembléias que agora chamamos de colégios eleitorais nunca foram naquela época, como são agora, assembléias especiais e separadas, investidas com uma obrigação temporária, e em todos os outros aspectos não-relacionadas com a administração do país. Os tribunais dos condados e as corporações municipais, que já estavam firmemente instalados e estabelecidos, e tinham um poder inerente, eram constituídos em colégios eleitorais. Assim, desde sua origem, o sistema eleitoral estava unido com todos os direitos e instituições, e com quase todos os poderes locais e legítimos. Ele foi uma ampliação e um desenvolvimento das liberdades existentes, uma força poderosa acrescentada a outras forças anteriormente em ação e que exerciam o governo sobre outros interesses. Não se pode dizer que em um lugar havia apenas eleitores, em outro administradores, e em outro, ainda, juízes, mas sim que havia um corpo de cidadãos que participavam da administração dos assuntos locais e da distribuição da justiça, e que elegiam deputados para a negociação de assuntos gerais. É facilmente entendido que – estando assim profundamente enraizado na comunidade de uma forma geral, e intimamente ligado a todos os outros poderes – o poder eleitoral (para usar a linguagem dos dias atuais) era protegido de todos os problemas pelos quais o vimos passar, quando se empreenderam esforços para estabelecê-lo, por si só, em algum aspecto ou combinação específicos.[2]

---

[2] As idéias de Guizot sobre como deveria ser um sistema eleitoral "sólido" são merecedoras de um exame mais detalhado. Ele admira o sistema eleitoral in-

Essa então é a primeira característica do sistema eleitoral que chama nossa atenção. Não devemos hesitar em elevar essa característica a um princípio e afirmar que, quando ela não for cumprida, a eleição, isto é, o próprio governo representativo se tornará impotente, ou será importunado por tempestades constantes.

É um erro na política moderna temer o poder exageradamente, seja qual for sua forma ou situação. Ele é dividido e subdividido infinitesimalmente, até que já não exista mais, a não ser, por assim dizer, como pó. Essa não é a maneira de estabelecer a liberdade.[3] A

---

glês porque estava ligado às liberdades locais, aos direitos e aos fortes hábitos de autogoverno. Aqueles que tinham o direito ao voto, afirmava Guizot, não eram apenas eleitores, mas também cidadãos que participavam da administração dos assuntos locais; em outras palavras, o direito ao voto deve estar fundamentado nos costumes e práticas da sociedade. Por isso Guizot argumentava que não é o bastante convocar os eleitores e pedir-lhes que escolham seus representantes; em vez disso, eles devem conhecer bem uns aos outros, entender plenamente o que devem fazer e estar totalmente familiarizados com aqueles que competem pelo posto. A idéia principal é que os eleitores não devem ouvir as paixões e impulsos temporários que possam deturpar seu julgamento. Ao contrário, devem estar unidos por interesses e laços comuns. Sobre esse tópico, veja *HOGR*, pp. 634-55.

[3] A originalidade da teoria de poder de Guizot deve ser enfatizada aqui. Ele criticava aqueles liberais clássicos que queriam que o governo fosse um servidor humilde, com tarefas estritamente limitadas. Na opinião de Guizot, pedir ao Estado que seja nada mais que um árbitro passivo e impotente seria o mesmo que subverter tanto a autoridade quanto a sociedade. Acreditando nas virtudes de uma sábia astúcia política, Guizot defendia uma teoria mais sutil do poder que, supostamente, substituiria a visão negativa de poder do Estado dos liberais clássicos. Ele considerava errôneo afirmar que o poder é (intrinsecamente) um mal *a priori*, pois isso significaria não entender bem a dignidade do poder exercido apropriadamente. O que deveríamos temer, ele concluiu, não é o poder *tout court*, mas o poder que não presta contas, o poder absoluto; isso explica a necessidade de evitar que aqueles que realmente estão no poder usem sua influência para transformar seu poder *de facto* em um

liberdade não pode existir exceto pela posse de direitos, e os direitos não valem nada se não são, eles próprios, poderes – poderes vitais, fortemente constituídos. Colocar o direito de um lado e o poder de outro não é constituir um governo livre, e sim estabelecer uma tirania permanente, às vezes sob o nome de despotismo e outras sob o nome de revolução; o problema é colocar o poder em toda parte nas mãos do direito, algo que só pode ser feito organizando ou aceitando de uma vez por todas, no próprio centro do governo, e em todos os estágios de sua ação, a autoridade e a resistência. Ora, a resistência só é legítima e eficaz quando capaz, em todas as ocasiões, de opor-se à autoridade, quando a autoridade é obrigada a lidar com ela o tempo todo, a conquistar ou a ceder. O que é, então, o direito ou o poder eleitoral, se for assim chamado, quando isolado de todos os outros poderes? Seu exercício é temporário e infreqüente; é a crise de um dia imposta sobre a autoridade legítima, que pode, é verdade, ser derrotada, mas que, se escapar, está, depois, totalmente livre, e continua seu curso sem a menor obstrução, ou dorme em total segurança. Se, entretanto, o direito

---

direito inerente. Para uma exposição clara do constitucionalismo de Guizot, veja *HOGR*, pp. 688-97, onde ele fala sobre direitos individuais, a separação dos poderes e a necessidade de dividir o legislativo em duas câmaras. "Não há, então", escreve Guizot, "e não pode haver, nenhuma onipotência de direito, ou seja, um poder a que seja permitido dizer: 'isso é bom e justo porque decidi assim'; e todos os esforços da ciência política, todas as instituições, devem fazer o possível para evitar que um poder assim seja formado em algum lugar; e devem fazer com que a onipotência que existe realmente sob tantos nomes na sociedade encontre, em todas as partes, restrições e obstáculos suficientes para evitar sua transformação em uma onipotência de direito" (*ibid.*, p. 689). Um sumário excelente da teoria do poder de Guizot pode também ser encontrado em seu *Des moyens de gouvernement et d'opposition* (1821) e em *HCE*, pp. 228-45.

eleitoral é apoiado por outros direitos de ocorrência mais direta e mais freqüente, se o sistema eleitoral está intimamente entrelaçado com todo o governo, se os mesmos cidadãos que nomearam os membros interferem nos assuntos do país, sob outras formas mas pelo mesmo título, se a autoridade central precisa, em outras ocasiões, de sua concordância e de seu apoio, se ele os encontra em outros lugares também agrupados e unidos para o exercício de outras funções do poder, então todos os direitos servem de garantias uns aos outros; o sistema eleitoral já não está suspenso no ar, e torna-se difícil violá-lo em princípio, ou evitá-lo em suas conseqüências.

É impossível duvidar de que o sistema eleitoral deve sua força e sua permanência na Inglaterra a essa união íntima de direitos eleitorais, com uma multidão de outros direitos públicos e locais. Um fato, entre mil outros, é prova disso. Quando o poder central, vendo-se ameaçado pelas eleições, tentou livrar-se de sua influência, ele foi obrigado a retirar das cidades e das corporações suas cartas e suas liberdades. Sem isso nada poderia ter sido feito. Mas também por isso tudo foi atacado, e, estando a liberdade e o direito em perigo por todo o país, a nação esforçou-se não só para restabelecer a Câmara dos Comuns, mas também para recuperar uma série de outros direitos que não tinham nenhuma conexão com a eleição de representantes. É o segredo de uma boa legislação constitucional unir assim todos os direitos, de tal forma que seja impossível fragilizar qualquer um deles sem pôr todos os outros em perigo.

Essa característica do sistema eleitoral britânico também produziu, com relação às próprias eleições, outras conseqüências não menos oportunas, que indicarei dentro em pouco. Agora considerarei esse sistema propriamente dito, em sua organização interna.

Todos os elementos e leis de qualquer sistema eleitoral podem ser resumidos nestas duas perguntas: I. Em quem estão investidos os direitos eleitorais? Isto é, quem são os eleitores? II. Como são exercidos esses direitos? Isto é, quais são os modos de procedimento e as formas de eleição?

Quero reunir sucessivamente, sob essas duas perguntas, todos os fatos que se relacionam a elas no sistema eleitoral da Inglaterra do século XIV, e examinar que princípios gerais estão contidos nesses fatos.

E, em primeiro lugar, quem eram os eleitores? Havia duas classes de eleitores, da mesma forma como havia dois tipos de eleição – as eleições para os condados e as eleições para os burgos. Essa classificação não era o resultado de uma combinação sistemática ou de qualquer intenção prévia: era a expressão de um fato.

Originalmente, os cavaleiros e, um pouco mais tarde, os proprietários alodiais formavam sozinhos a nação política, e eram os únicos a ter direitos políticos. Todos gozavam do mesmo direito de participar do tribunal ou do conselho de seu senhor; politicamente, portanto, eram iguais. Quando as cidades adquiriram importância suficiente para ajudar o poder central quando necessário, e força o bastante para resistir a ele se a ocasião assim o exigisse, os habitantes tornaram-se cidadãos. Então, uma nova nação entrou verdadeiramente no Estado. Mas, ao entrar nele, ela permaneceu diferente daquela que a havia precedido. Os representantes dos burgos nunca deliberavam com os dos condados. Cada uma dessas duas classes relacionava-se com o governo unicamente sobre os assuntos de seu interesse, e aceitavam sob sua própria responsabilidade os impostos que pesavam apenas sobre ela. Originalmente não havia mais coalizão entre os representantes que entre os eleitores: a distinção era total. Não podemos dizer que havia desigualdade, porque não havia possibilidade de comparação. Elas eram simplesmente duas sociedades diferentes, representadas por seus deputados perante o mesmo governo; e a diferença da representação não surgia de qualquer outro princípio que não fosse a diferença original e genuína entre as duas sociedades.

Ora, se cada uma dessas sociedades é considerada separadamente e em si mesma, uma igualdade de direitos políticos será encontrada entre os cidadãos escolhidos para desfrutá-los. Assim como, nos condados, todos os proprietários alodiais tinham o mesmo direito de participar da eleição, nas cidades também todos os membros da corporação a que a carta fora concedida partilhavam da eleição de seus representantes.

Assim, a variedade de classes que existia na sociedade era reproduzida na representação. Mas, por um lado, as várias classes eram completamente independentes umas das outras; os cavaleiros dos condados não cobravam impostos dos cidadãos, nem os cidadãos dos cavaleiros dos condados. E tampouco nenhum desses grupos participava das eleições do outro. Por outro lado, em cada classe, o princípio da igualdade de direito prevalecia entre os cidadãos convocados para participar da eleição.

Não há nada, então, que possa ser deduzido disso capaz de indicar a existência de uma desigualdade entre os homens chamados, graças ao mesmo princípio, para participar de uma ação semelhante. Uma desigualdade assim nunca existiu na administração eleitoral da

Inglaterra no século XIV. A diferença existente resultava da própria sociedade, e permeava até o próprio centro de representação, que não apresentava um todo mais uniforme que a própria sociedade.

O verdadeiro, o único princípio geral evidente na distribuição dos direitos eleitorais, como existia então na Inglaterra, é que aquele direito advinha da capacidade, e só a ela pertencia. Isso exige alguma explicação.

Não existem dúvidas de que, nesse período, deixando de lado os barões principais, cuja importância pessoal era tal que seria necessário lidar com cada um deles individualmente, só os proprietários alodiais, o clero e os burgueses de certas cidades podiam atuar como cidadãos. Aqueles que não se encaixavam em nenhuma dessas classes eram, principalmente, agricultores pobres que trabalhavam em propriedades precárias e de segunda categoria. Entre as classes citadas se incluíam todos os homens investidos de verdadeira independência, livres para dispor de sua pessoa e de sua riqueza, e em uma posição que lhes permitia entusiasmar-se por algumas idéias de interesse social. Isso é o que constitui capacidade política. Essa capacidade varia de acordo com a época e o lugar; o mesmo grau de riqueza e de cultura não era suficiente para conferir tal capacidade em todos os lugares e sempre, mas seus elementos são constantemente os mesmos. Ela existe sempre que nos deparamos com as condições, sejam materiais ou morais, daquele grau de independência e desenvolvimento intelectual que permite a um homem, livremente e de maneira sensata, realizar o ato político que lhe pedem que desempenhe. Seguramente, considerando as massas, como elas devem ser consideradas em um assunto assim, essas condições não eram encontradas na Inglaterra no século XIV, exceto entre os proprietários alodiais, o clero e os burgueses das cidades principais. Além dessas classes, nada se encontra a não ser dependência servil e ignorância brutal. Ao convocar essas classes, então, para participar da eleição, o sistema eleitoral convocava todos os cidadãos capazes. O sistema advinha, portanto, do princípio segundo o qual a capacidade confere o direito; e, entre os cidadãos cuja capacidade era reconhecida, nenhuma desigualdade era estabelecida.

Assim, nem a soberania da maioria, nem o sufrágio universal foram originalmente a base do sistema eleitoral britânico. Onde a capacidade cessava, a limitação do direito era estabelecida. Dentro desse limite, o direito era igual para todos.

É fácil provar que esse é o único princípio sobre o qual é possível fundar um sistema eleitoral nacional e verdadeiro. Esqueçamos os fatos por um momento e consideremos a questão de um ponto de vista puramente filosófico.

Que motivo faz com que exista uma idade determinada, em todas as épocas e em todos os países, na qual se declara que um homem atingiu sua maioridade, isto é, que ele é considerado livre para administrar seus próprios negócios de acordo com sua própria vontade? Essa determinação nada mais é que a declaração do fato geral de que, em uma idade determinada, o homem é capaz de agir, livre e racionalmente, na esfera de seus interesses individuais. Será arbitrária essa declaração? Não, pois se o período de sua maioridade fosse estabelecido aos 10 anos, ou aos 40 anos, a lei seria evidentemente absurda; ela presumiria a presença da capacidade onde ela não existe, ou então não a reconheceria onde ela realmente existe — isto é, ela estaria conferindo ou suprimindo o direito erradamente.

François Guizot

É a capacidade, então, que confere o direito; e a capacidade é um fato independente da lei, que a lei não pode criar ou destruir ao seu bel-prazer, mas que deve esforçar-se para reconhecer com precisão, para que possa ao mesmo tempo reconhecer o direito que advém dela. E por que é que a capacidade confere o direito? Porque é à razão, e só à razão, que o direito é inerente. Capacidade nada mais é que a faculdade de agir de acordo com a razão.

O que é verdade sobre o indivíduo considerado em relação a seus interesses pessoais é verdade também sobre o cidadão com relação a seus interesses sociais. Aqui, também, a capacidade confere direito. Aqui, também, o direito não pode ser recusado à capacidade sem que haja injustiça. Aqui, também, a capacidade é um fato que a lei, se for justa, assegura e seleciona para associar a ele o direito.

Esse é o único princípio ao qual a limitação dos direitos eleitorais pode ser atribuída de uma maneira sensata, e foi isso que, sem intenção geral ou idéias filosóficas, a natureza das coisas e o bom senso fizeram predominar na Inglaterra no final do século XIII.

Esse princípio igualmente refuta a admissão dos incapazes, algo que daria o controle à maioria, isto é, a força material; e levaria à exclusão de alguma parte dos cidadãos capazes, o que seria uma injustiça; e levaria também à desigualdade entre capacidades, fazendo com que a menor capacidade fosse declarada suficiente, o que instituiria privilégios.

Uma vez estabelecido esse princípio, seja pela intenção esclarecida do legislador ou pelo simples poder das coisas, torna-se necessário colocá-lo em prática, ou seja, buscar e reconhecer, na sociedade, aquelas capacidades que conferem direitos. Mas por que sinais externos, suscetíveis de serem determinados pela lei, pode tal capacidade ser reconhecida? Essa é a segunda investigação que se apresenta quando a questão é estabelecer o limite dos direitos eleitorais.

É evidente que só podemos seguir adiante aqui com base em suposições, e de um caráter geral. A capacidade de atuar livre e racionalmente pela promoção de interesses sociais não é, mais do que qualquer outra disposição interna, revelada por algum sinal específico. Além disso, a lei opera sobre as massas; suas decisões serão necessariamente inexatas e, apesar disso, devem ser rigorosas. Em sua aplicação a indivíduos, poderão muitas vezes presumir a existência de capacidade onde ela não existe, e não irão discernir onde ela existe em todos os casos. Essa é a imperfeição da ciência humana; o trabalho do sábio é tentar restringir essa imperfeição a seus limites mínimos.

Nesse aspecto, o sistema eleitoral da Inglaterra foi menos imperfeito em seu começo do que em sua evolução posterior. É muito provável que, no século XIV, toda a capacidade política estivesse quase que inteiramente contida nas classes dos proprietários alodiais, no clero e nos burgueses das cidades importantes. Esse tipo de qualificação correspondia então, muito aproximadamente, aos sinais externos de capacidade. Podemos até dizer que, se o sistema representativo possuísse, à época, toda sua energia, se a assembléia de representantes tivesse tido o poder e a importância para se tornar a mola principal do governo e o objeto da ambição individual, logo se perceberia que as condições legais da capacidade incluíam uma multidão de indivíduos nos quais a capacidade não existia verdadeiramente. Como muitos daqueles que possuíam o direito de participar das eleições não participavam delas, a inconveniência de tanta amplitude não foi sentida no começo. O princípio permaneceu intacto porque não produziu todos os seus frutos. Quando a Câmara dos Comuns ocupou um lugar superior no Estado, tornou-se necessário restringir o direito eleitoral, exigindo que, para votar, os próprios proprietários alodiais tivessem uma renda anual de 40 xelins. A ação do Parlamento no governo e, por conseguinte, a importância dos direitos eleitorais, superaram em muito a inteligência e a independência de muitos dos homens a quem os antigos costumes tinham atribuído esses direitos. Disso surgiu a limitação estabelecida pelo Parlamento sob Henrique IV. A partir daquele período, o progresso da sociedade e as mudanças que ocorreram na condição da propriedade e na indústria alteraram, nesse aspecto, a precisão e, portanto, a excelência do sistema eleitoral. Os sinais jurídicos de capacidade eleitoral permanecem os mesmos com relação ao direito, mas, na verdade, eles mudaram. Anteriormente, os proprietários alodiais eram os únicos donos de terra considerados verdadeiramente livres e capazes de exercer direitos políticos; à época, os foreiros ou enfiteutas eram um pouco melhores que os *villani*, mas isso há muito deixou de ser assim; embora a distinção legal ainda subsista, ela é apenas nominal: as terras foreiras são propriedades tão livres, tão seguras e tão absolutamente hereditárias quanto as propriedades de domínio absoluto ou alodiais. O título de proprietário alodial já não é, como antes, o único que designa um dono de terras capaz de exercer direitos políticos. A lei, em sua descrição das características externas da capacidade eleitoral, já não corresponde real e verdadeiramente aos fatos sociais. Essa inconveniência não é muito grande em termos práticos, porque há poucos foreiros, de qualquer importância, que não tenham uma propriedade alodial cujo aluguel é de 40 xelins. No entanto, ela é real, pois mantém uma distinção entre as propriedades com relação aos direitos eleitorais, que não tem como base nenhuma diferença real entre a natureza das propriedades e a capacidade de seus donos. O sistema tornou-se muito mais corrupto com relação aos direitos eleitorais nos burgos. Aqui os sinais externos pelos quais a lei intenta reconhecer a capacidade estão se tornando, em muitos casos, totalmente falsos. A importância de cidades específicas e o desenvolvimento material ou intelectual de seus habitantes foram, originalmente, a causa que fez com que lhes conferissem direitos eleitorais. A capacidade estava presente; o direito a seguia. Agora o princípio desapareceu; existem alguns burgos destituídos de importância cujos habitantes não têm nem riqueza, nem independência; a capacidade já não está mais lá, mas, apesar disso, o direito ainda continua. Podemos supor que o nome do burgo, sua localização ou seus muros são os sinais de uma capacidade eleitoral que deveria residir lá para sempre – que o privilégio estava associado às pedras. Por outro lado, há outras cidades que no século XIV não teriam deixado de obter seus direitos eleitorais porque, na verdade, as capacidades de seus cidadãos teriam sido reconhecidas, e que, no entanto, não possuíam esses direitos.

Assim, um princípio, originalmente eqüitativo, deixou de sê-lo porque se empreenderam esforços para impedir o progresso de seus efeitos; ou melhor, o próprio princípio pereceu, e grande parte do sistema eleitoral da Inglaterra nada mais é que uma violação dele.

Com isso podemos ver que, se o princípio que associa direito a capacidade na questão da eleição é universal em sua natureza e suscetível de aplicação constante, as condições dessa capacidade e os sinais externos pelos quais ela deve ser reconhecida são essencialmente variáveis, e nunca podem ser restritos aos termos de uma lei sem pôr em perigo a existência do próprio princípio. Os problemas dos direitos eleitorais, mesmo nos primeiros momentos da existência do Parlamento, demonstram isso. No início, os direitos políticos pertenciam unicamente aos proprietários alodiais. Quem poderia racionalmente ter procurado deputados e eleitores naqueles burgos devastados, abandonados em sua maior parte pelos antigos moradores, habitados unicamente por umas poucas famílias pobres, cuja condição e idéias não eram muito superiores àquelas dos camponeses mais miseráveis?

Algumas cidades se ergueram outra vez e foram repovoadas; o comércio trouxe consigo a riqueza, a riqueza levou à importância social e ao desenvolvimento das mentes. Representantes deviam surgir desses grupos, pois certamente havia eleitores. Novas capacidades se formaram e se manifestaram por meio de novos sintomas. Ao mesmo tempo, ou pouco tempo depois, o número de proprietários alodiais aumentou com a divisão dos feudos, muitos dentre eles caíram para uma condição muito inferior àquela dos antigos proprietários alodiais e já não possuíam a mesma independência. Manterão eles os mesmos direitos quando sua capacidade já não é a mesma? Não, a necessidade faz com que cada um saiba seu valor; o mero título de proprietário alodial já não é um sinal correto de capacidade eleitoral. Busca-se outro, e a condição de um aluguel de 40 xelins começa a fazer parte das leis. Assim, sem nenhuma violação, e mesmo pela autoridade do princípio, as condições e sinais de capacidade eleitoral variam de acordo com o verdadeiro estado da sociedade. É só quando essa parte do sistema eleitoral torna-se invariável que o princípio começará a ser violado.

Então seria inútil e perigoso tentar regular, *a priori* e para sempre, essa parte do sistema eleitoral de um povo livre. A determinação das condições de capacidade e as características externas que a revelam não possuem, pela própria natureza das coisas, nenhum caráter universal ou permanente. E não só é desnecessário tentar estabelecê-las como também as leis devem se opor a qualquer prescrição imutável com relação a elas. Quanto mais numerosas e flexíveis forem as características legais da capacidade eleitoral, menos será necessário temer esse perigo. Se, por exemplo, o imposto territorial fosse regulado e estabelecido de uma vez por todas, como gostaríamos que ocorresse, esse imposto por si só seria um sinal incorreto de capacidade eleitoral, pois ele não acompanharia as vicissitudes da propriedade; ao contrário, enfeudaria a própria terra com o direito de eleição; o aluguel consistiria em uma indicação melhor, porque mais flexível. Se, em vez de atribuir direitos eleitorais por nome e para sempre a um burgo específico, as leis inglesas os tivessem conferido a todas as cidades cuja população atingisse um certo limite, ou àquelas cuja renda chegasse a uma certa quantia, a representação dos burgos, em vez de se tornar corrupta, teria acompanhado as mudanças e o progresso da verdadeira capacidade política. Poderíamos multiplicar esses exemplos e provar de mil maneiras que o melhor é nem adotar um único sinal legal de capacidade eleitoral, nem colocar esse sinal fora do alcance dos problemas da sociedade.

Em suma, podemos deduzir, de nosso exame do sistema eleitoral da Inglaterra no século XIV, essas três conclusões: I. O direito deve ser co-extensivo à capacidade de eleição judiciosa, pois ele é sua fonte. II. As condições de capacidade eleitoral devem variar de acordo com a época, o lugar, a situação interna da sociedade, a inteligência pública etc. III. As características prescritas pelas leis, como as que declaram o cumprimento das condições de capacidade eleitoral, não devem nem ser totalmente imutáveis, nem originar-se inteiramente de fatos puramente materiais.[4]

---

[4] Esta palestra e a seguinte (16) são particularmente importantes para se compreenderem as idéias de Guizot sobre a relação entre capacidade política e governo representativo. Ele estava ansioso para deixar claro que seria perigoso e inútil tentar regular de uma vez por todas as condições e os sinais de capacidade eleitoral, porque essas qualificações mudam à medida que novas capacidades surgem e se impõem. O ponto principal é que a capacidade confere direito, já que a capacidade é um fato independente da lei, e que a lei não pode destruir nem ignorar. Vale a pena observar, também, que, na opinião de Guizot, as superioridades individuais que vão buscar um lugar no governo *não* devem obtê-lo para seu interesse pessoal, e sim sempre seguir aquilo que o interesse público e o bem comum ditam (*HOGR*, p. 685-89). Na visão de Guizot, representantes devem ser aqueles mais capazes de descobrir por meio de suas deliberações comuns, e traduzir na prática os ditames da razão, da verdade e da justiça (veja também *ibid.*, pp. 645-49). Sua capacidade deve, no entanto, ser constantemente legitimada e provada diante de toda a nação.

Palestra 16

Tema da palestra. — Continuação do exame filosófico do sistema eleitoral na Inglaterra no século XIV. — Características das eleições. — Exame do princípio de eleição direta ou indireta.

Passo agora para a segunda das grandes questões suscitadas por todo sistema eleitoral. Quais são os procedimentos e formas da eleição? Muitas outras questões estão envolvidas nessa primeira, e elas podem ser divididas em duas categorias: a primeira relaciona-se com a forma de reunir os eleitores; a segunda, com seu modo operacional depois de reunidos.

A relação íntima do sistema eleitoral com o exercício de outros direitos e poderes políticos gerou, na Inglaterra, conseqüências amplas e muito vantajosas com referência à forma de reunir os eleitores.

Originalmente a eleição dos representantes dos condados não exigia nenhuma convocação especial e extraordinária dos eleitores. Em momentos indicados, eles iam até o tribunal do condado para cumprir as funções das quais tinham sido encarregados, e, nessas ocasiões, elegiam seus representantes. Os primeiros mandados endereçados aos xerifes diziam: *Quod eligi facias in proximo comitatu*, "você elegerá no próximo tribunal do condado".

Quando a importância da Câmara dos Comuns havia transferido uma importância correspondente para a eleição de seus membros — e a necessidade de evitar os abusos resultantes das eleições realizadas, por assim dizer, casualmente, e sem que ninguém recebesse nenhum aviso sobre o assunto, começou a ser percebida — a eleição foi anunciada em todo o país por meio de uma proclamação que convocava todos os eleitores, e indicava a hora e o local da convocação do Parlamento. Com isso, a eleição passou a ser um ato especial e solene; mas era sempre conduzida no tribunal do condado, e em uma de suas reuniões periódicas.

Mais tarde, ao longo do tempo, com as mudanças no sistema judicial e o desenvolvimento de todas as instituições, os tribunais dos condados deixaram de manter aquela posição que ocupavam anteriormente na Inglaterra. Sua jurisdição é agora rara e muito limitada; a maior parte dos proprietários alodiais nunca freqüenta as reuniões, e elas já não têm nenhuma importância considerável. Nos dias atuais, o único objetivo importante de qualquer assembléia de proprietários alodiais nesses tribunais é a eleição de representantes, mas as circunscrições continuam sendo as mesmas: relações freqüentes ainda existem entre os proprietários alodiais dos condados; o tribunal do condado ainda é seu núcleo — ele é hoje o colégio eleitoral, e essa é sua única característica importante; mas o colégio eleitoral ainda é o antigo tribunal do condado.

O grande resultado político de todos esses fatos é que a eleição de representantes nunca foi, e não é, obra de uma assembléia de homens convocados extraordinária e arbitrariamente para esse objetivo, entre os quais nenhum outro laço subsiste, e que não possuem interesses comuns regulares e habituais; ela é, sim, fruto de relações antigas, de influências constantes e experimentadas entre homens que estão também ligados na transação e posse de assuntos, funções, direitos e interesses comuns. Ao examinar a questão em si mesma, nos convenceremos, muito em breve, de que essa é a única maneira de garantir legitimidade nas eleições, e adequação e autoridade nos representantes eleitos.

O objetivo da eleição é, evidentemente, conseguir os homens mais capazes e mais confiáveis no país. É um plano para descobrir e trazer à luz a aristocracia verdadeira e legítima, que é livremente aceita pelas massas sobre as quais seu poder será exercido. Para realizar esse objetivo não basta convocar os eleitores e lhes dizer: "Escolham quem vocês quiserem"; ao contrário, eles devem ter a oportunidade de entender minuciosamente qual é seu papel, e de, juntos, entrar em acordo sobre como desempenhá-lo. Se eles não se conhecem, e tampouco estão familiarizados com os homens que pedem seus votos, o objetivo é evidentemente frustrado. Teremos eleições que nem resultarão em uma escolha livre nem representarão os desejos reais dos eleitores.

A eleição é por sua natureza um ato súbito que não deixa muita oportunidade para deliberação. Se esse ato não está conectado com os hábitos e ações anteriores dos eleitores, se não é, de alguma forma, resultado de muita deliberação anterior, e a expressão de sua opinião habitual, será fácil demais pegar de surpresa os eleitores, ou induzi-los a ouvir apenas o entusiasmo do momento; e a eleição será deficiente em sinceridade ou em nacionalidade. Se, ao contrário, os homens que se reuniram para eleger um representante há muito estão unidos por interesses comuns; se estão acostumados a realizar negócios entre si; se a eleição, em vez de tirá-los da esfera habitual em que suas vidas se passam, sua atividade é manifestada e seus pensamentos intercambiados, apenas os reúne no centro dessa esfera, para obter a manifestação, o sumário de suas opiniões e desejos e a influência natural que exercem uns sobre os outros, então a eleição pode ser, e normalmente será, tanto racional quanto sincera.

Toda aquela parte do sistema eleitoral que se relaciona com a reunião dos eleitores deve, então, ter como base o respeito por influências e relações naturais. A eleição precisa reunir os eleitores naquele centro para o qual eles são normalmente atraídos por seus outros interesses. Influências bastante experimentadas e livremente aceitas constituem uma sociedade verdadeira e legítima entre homens. Em vez de temê-las, é só nelas que devemos buscar o desejo verdadeiro da sociedade. Todos os métodos para unir os eleitores que venham anular ou destruir essas influências falsificam as eleições e fazem com que elas sigam na direção oposta de seu objetivo desejado: quanto menos a assembléia eleitoral for extraordinária, mais ela será adaptada à existência regular e constante daqueles que a compõem, e mais facilmente irá atingir seu objetivo legítimo. Só nesses termos podem existir colégios eleitorais que façam o que desejam, e que saibam o que estão fazendo; só nesses termos podem existir representantes que exerçam sobre os eleitores uma influência sólida e salutar.

A manutenção de influências naturais e, através disso, a sinceridade das eleições não foram a única conseqüência positiva da identidade original das assembléias eleitorais e dos tribunais dos condados.

Sendo esses tribunais o centro de uma abundância de interesses administrativos, judiciais ou outros, presididos pelos próprios interessados, parece impossível que as fronteiras do distrito ao qual estavam relacionados pudessem ser muito extensas, pois isso se tornaria muito inconveniente para os homens que freqüentemente iam até eles. A divisão da Inglaterra em condados não foi um evento sistemático, e por isso apresenta algumas irregularidades marcantes. Mas a força dos eventos impediu que a maioria dos condados abrangesse um território muito extenso. Essa vantagem é mantida no sistema eleitoral. As conexões e idéias da grande maioria dos cidadãos não se estendem além de uma certa esfera material; e é somente dentro dos limites dessa esfera que eles estão realmente familiarizados com os vários assuntos, e atuam com base em seu próprio conhecimento. Se a eleição está a uma distância muito grande, eles deixam de ser agentes esclarecidos e livres e se transformam em instrumentos. Ora, como, segundo o desejo e o julgamento dos cidadãos, a escolha é imprescindível, seria absurdo retirar deles, ao mesmo tempo, as condições necessárias de razão e liberdade. Há sempre, então, um limite além do qual não se pode estender a convocação eleitoral, e esse limite é em si próprio um fato, que resulta da maneira com que homens e interesses estão agrupados, nas divisões e subdivisões do país. Ele deve ser grande o suficiente para que a eleição produza representantes capazes de cumprir sua missão pública, e reduzido o bastante para garantir que o maior número de cidadãos envolvidos na eleição possa agir com discernimento e liberdade. Se as eleições fossem realizadas na Inglaterra de acordo com os centos, elas produziriam, talvez, representantes obscuros e ignorantes; se fossem por dioceses episcopais, elas com certeza anulariam uma grande parte do corpo eleitoral. A circunstância material da necessidade de uma remoção distante é de menor conseqüência. A desordem moral que resultaria de limites amplos demais é muito mais séria.

Mais: a extensão de direitos políticos não está menos interessada nisso do que a excelência dos resultados da eleição. É desejável ampliar a esfera de seus direitos, desde que isso seja admitido pela condição imperiosa da capacidade. Ora, a capacidade depende de uma abundância de causas. Um homem perfeitamente capaz de uma escolha prudente dentro de um raio de oito quilômetros de sua residência torna-se absolutamente incapaz de fazer o mesmo se o raio for ampliado para 30 quilômetros; no primeiro caso, ele teve o uso pleno de sua razão e de sua liberdade; no segundo, ele perdeu esse uso. Se, então, multiplicarmos sensatamente o número de eleitores, não devemos colocar o centro eleitoral muito distante dos pontos da circunferência de onde alguns terão que sair para chegar lá. Em tudo isso, devemos prosseguir até certo ponto por suposições, buscando apenas resultados gerais; mas o princípio é invariavelmente o mesmo. A eleição deve ser realizada por eleitores capazes de escolher sabiamente, e deve fornecer, naqueles que são eleitos, homens capazes de compreender minuciosamente os interesses a serem administrados. Essas são as duas exigências entre as quais os limites das fronteiras eleitorais precisam ser buscados, sujeitos sempre à condição de nunca determinar essas fronteiras de maneira arbitrária, para evitar que se rompam os hábitos e se destrua o estado natural e permanente da sociedade. De um modo geral, em tempos passados, a divisão em condados alcançou esses dois objetivos na Inglaterra.

Definidas as fronteiras de acordo com o agrupamento natural dos cidadãos, e estando os eleitores reunidos, o que desejamos que eles façam?

Apenas os costumes, e nenhum padrão advindo da população, da riqueza ou de qualquer outra causa, ordenaram que na Inglaterra só dois membros sejam eleitos em cada distrito, à exceção de alguns poucos lugares. Esse costume provavelmente teve origem na impossibilidade que existia anteriormente de encontrar nos burgos, e até mesmo nos condados, um número maior de homens capazes e dispostos a incumbir-se de missão tão pouco desejada. Viu-se que, em várias ocasiões, eram necessários três ou quatro cavaleiros dos tribunais dos condados. O número foi logo reduzido para dois, e esse fato tornou-se a lei geral. Seja qual for seu princípio histórico, esse fato contém um princípio racional, qual seja, que a eleição só é sólida e só é boa quando o número de representantes a serem eleitos é muito pequeno.

Ninguém jamais negou que a lei fundamental de todas as eleições é que os eleitores façam o que desejam, e entendam o que estão fazendo. Na prática, no entanto, isso é muitas vezes esquecido. É esquecido quando os eleitores, reunindo-se apenas por um tempo muito curto, são obrigados a escolher mais de uma ou duas pessoas. O grande mérito da eleição é que ela deve partir do eleitor, e que, por parte dele, seja uma escolha legítima, um ato tanto de julgamento quanto de vontade. Sem dúvida, nenhuma vontade ou julgamento alheio pode de qualquer forma ser legitimamente imposto sobre o eleitor; embora ele possa sempre aceitar ou rejeitar aquilo que lhe é proposto, isso não é suficiente; o eleitor deve ser colocado em uma posição tal que seu julgamento pessoal, seu próprio desejo, não só estejam livres como também estimulados para se manifestarem em seu verdadeiro caráter. O exercício desse julgamento e desse desejo não deve ser apenas possível; ele não pode ser muito difícil. Ora, recai-se nesse erro quando, em vez de um ou dois nomes, é exigida toda uma lista de nomes. O eleitor é quase sempre incapaz de completar essa lista sozinho, e com a ajuda de seu próprio discernimento cai sob o domínio de combinações que ele suporta em vez de aceitar; pois ele não possui o conhecimento necessário para julgar corretamente quais são o objetivo e a conseqüência de tudo aquilo. Quem ignora que quase todos os eleitores, em um caso assim, são incapazes de incluir em sua lista mais de um ou dois nomes que verdadeiramente conhecem e realmente desejam? A escolha do restante é feita para ele, e ele os escreve em confiança, ou por complacência. E quem faz a escolha? O partido a quem o eleitor pertence. Ora, a influência do partido, como qualquer outra influência, só é boa enquanto exercida sobre aqueles que podem formar uma opinião justa sobre ela, e não a ela se submeter cegamente. O despotismo do espírito partidário não é melhor que qualquer outro despotismo, e toda boa legislação deveria intentar preservar os cidadãos de seu controle. Nas eleições, como em qualquer outro ato, podem entrar a leviandade, a falta de consideração ou a paixão; mas a lei não está obrigada a respeitar ou a facilitar essas disposições. Ao contrário, ela deve lutar para evitar que elas obtenham qualquer resultado; e pelo próprio processo da eleição ela deveria, tanto quanto possível, garantir ao cidadão o exercício de seu julgamento, bem como a independência de seu desejo. Não é necessário repelir todas as influências ou declará-las ilegítimas *a priori*. Toda eleição é o resultado de influências, e seria loucura tentar isolar o eleitor sob o pretexto de obter sua opinião e desejo sem tendenciosidades. Isso seria esquecer que o homem é um ser racional e livre; e que a razão é chamada a debater, e a liberdade, a escolher. A solidez da eleição surge precisamente do conflito de influências. A lei deve permitir que essas influências atinjam o eleitor, e lhe concedam todos os meios naturais de atuar sobre seu julgamento; mas não pode entregá-lo a isso sem nenhuma defesa. Ela deve tomar certas precauções contra a fraqueza humana, e a mais eficaz dessas precauções será não exigir do eleitor nada que ele não seja capaz de desempenhar com verdadeira espontaneidade de ação. Com o cidadão assim entregue a si próprio, todas as influências podem atuar sobre ele: elas podem talvez induzi-lo a abandonar o nome de que ele gostava por outro que sequer conhecia antes; mas elas precisarão pelo menos exercer maiores esforços para conquistar sua razão, ou submeter sua vontade. Ora, é certo que elas devem ser obrigadas a fazer esses esforços, e que seria péssimo se conseguissem obter uma concordância apenas em virtude da leviandade, precipitação ou ignorância, pois a conseqüência dessa concordância significaria dar ao país um representante que o próprio eleitor não desejaria se tivesse sido capaz de, ao nomeá-lo, fazer pleno uso de sua razão.

Quando investigamos as causas que introduziram em certos países, na questão das eleições, um costume tão contrário aos verdadeiros interesses da liberdade, e que nunca é seguido nos lugares onde a liberdade realmente foi introduzida na prática da vida política, percebemos que esse costume se originou, ao menos em parte, do princípio ruim no qual todo o sistema eleitoral foi baseado. Os direitos eleitorais foram isolados de outros direitos e constituídos separadamente; as assembléias eleitorais não foram relacionadas de forma alguma com outros assuntos públicos, com a administração local ou com interesses comuns e permanentes. Essas assembléias tornaram-se reuniões solenes e extraordinárias, de muito pouca duração. Os limites eleitorais foram, em geral, exageradamente ampliados; daí surgiu a necessidade de subitamente reunir todo o grupo de eleitores, de dissolver essa reunião quase que imediatamente e, ao mesmo tempo, de exigir deles a escolha de representantes demais. Na Inglaterra, a votação fica aberta pelo menos por quinze dias para a eleição de um ou dois membros. Cada pessoa vota quando lhe é mais conveniente. Na América, as outras formas são ainda mais amenas e livres. No sistema que predominou entre nós, ao contrário, tudo é súbito e precipitado; tudo é feito *en masse*, e por massas de pessoas cuja razão e liberdade estão em grande medida impossibilitadas de atuar, pela pressa e pela amplitude da operação. Daí também se originou o esquema da cédula e de uma maioria absoluta, conseqüências que inevitavelmente fluem de uma eleição rápida e numerosa; já em outros lugares, o sistema de uma pluralidade relativa e há muito contestada dá à opinião pública a calma para selecionar e a liberdade para manifestar sua escolha. E daí, finalmente, surge a necessidade de um escritório eleitoral, que confia antecipadamente à maioria a inspeção de todas as operações eleitorais, e assim lança dúvidas sobre a autenticidade dos resultados. Quando a liberdade pode ser encontrada em todas as partes, quando todos os direitos estão conectados e se sustentam mutuamente, quando a transparência é verdadeira e está presente universalmente, sempre haverá magistrados independentes a quem a direção e a superintendência das eleições possam ser confiadas; e então não haverá necessidade de colocá-las sob a influência do espírito partidário, a fim de retirá-las da sempre suspeita influência da autoridade superior.

    Esses detalhes estão relacionados com as formas das operações eleitorais; mas, como seus vícios se originam dos princípios gerais que as regulam, foi necessário apontar essa conexão.

FRANÇOIS GUIZOT

A eleição direta foi a prática constante na Inglaterra, e a América adotou o mesmo sistema. Foi diferente na maioria dos países europeus onde o governo representativo se estabeleceu em nossa época. Esse é um dos fatos mais importantes que o sistema eleitoral britânico coloca diante de nossos olhos. Nesse sistema, a eleição direta foi a conseqüência natural da idéia que então predominava com relação aos direitos políticos. Esses direitos não só não eram compartilhados por todos como nem sequer eram distribuídos sistematicamente, ou de acordo com um plano geral. Eram reconhecidos sempre que a capacidade de exercê-los era encontrada na prática. Graças à importância dos proprietários alodiais e dos cidadãos, a eles foi concedido o direito de interferência nos assuntos públicos. Eles exerciam o direito de intervir quando os assuntos eram relacionados com sua pessoa. Não podendo exercer esse direito pessoalmente, elegiam representantes. No espírito da época, esse direito de eleição correspondia exatamente ao direito — também exercido pelos barões poderosos — de serem representados no Parlamento por agentes delegados. Por ser grande a importância individual de um barão poderoso, seu procurador era individual. Os proprietários alodiais e os cidadãos também possuíam um direito individual, mas não a mesma importância, e, portanto, tinham apenas um procurador para muitos deles. Mas, fundamentalmente, a representação era baseada no mesmo princípio — os direitos individuais dos eleitores de debater sobre os assuntos que lhes interessassem, e de apoiá-los se isso lhes conviesse.

Desse ponto de vista, é fácil entender por que a eleição direta predominou e por que nenhuma outra idéia surgiu na mente da população. Todas as eleições indiretas, todos os novos intermediários colocados entre o Parlamento e o eleitor teriam parecido ser – e na verdade teriam sido – uma diminuição do direito, um enfraquecimento da importância e da intervenção política dos eleitores.

A eleição direta, então, é a idéia simples, o sistema original e natural do governo representativo quando esse governo representativo é, ele próprio, o produto espontâneo de seu verdadeiro princípio – isto é, quando direitos políticos provêm da capacidade.

Ao considerar essa forma de eleição sob um ponto de vista puramente filosófico, e no quanto ela respeita não apenas os eleitores mas a sociedade em geral, será que ela continua sendo preferível a qualquer outra combinação mais artificial?

É necessário examiná-la primeiramente em sua relação com o princípio racional de governo representativo; e, em segundo lugar, em seus resultados práticos.

Em uma palestra anterior, estabelecemos o princípio racional do governo representativo. Com razão, esse princípio afirma que a verdadeira soberania é a da justiça; e que nenhuma lei é legítima se não se adapta à justiça e à verdade, isto é, à lei divina. Com efeito, esse princípio reconhece que nenhum homem, ou nenhum conjunto de homens, melhor dizendo, nenhuma força terrestre, está plenamente consciente e constantemente desejoso da razão, da justiça e da verdade – da verdadeira lei. Conectando esse direito e esse fato, a inferência é de que devemos sempre exigir dos poderes públicos que realmente exercem a soberania que em todas as ocasiões busquem a verdadeira lei, a única fonte de autoridade legítima, e até obrigá-los a tal.

O objetivo do sistema representativo, em seus elementos gerais, bem como em todos os detalhes de sua organização, é, então, coletar e concentrar todos os elementos racionais que existem espalhados na sociedade e aplicá-los a seu governo.

Segue-se daí, necessariamente, que os representantes devem ser os homens mais capazes de: 1. Descobrir, por meio de sua deliberação conjunta, a lei da razão, a verdade que, em todas as ocasiões, tanto as menores quanto as maiores, existe, e deve ser a base da decisão; e 2. Impor o reconhecimento e a observância, pelos cidadãos em geral, dessa lei, uma vez que ela tenha sido descoberta e expressa.

A fim de encontrar e garantir os homens mais capazes de realizar essa missão, isto é, os bons representantes, é necessário obrigar aqueles que assim se julgam, ou professam sê-lo, a provar sua capacidade, e a obter reconhecimento e concordância por parte dos homens que, por sua vez, são capazes de formular um julgamento sobre essa capacidade, isto é, sobre a capacidade individual de qualquer homem que aspire a se tornar um representante. É assim que o poder legítimo se manifesta, e é assim que, no fato da eleição filosoficamente considerado, esse poder é exercido por aqueles que o possuem, e aceito por aqueles que o reconhecem.

Ora, há uma certa relação, um certo laço, entre a capacidade de ser [um bom representante ou outra coisa] e a capacidade de reconhecer o homem que possui a capacidade de ser. Isso é um fato continuamente exemplificado no mundo. O homem corajoso estimula a segui-lo aqueles que podem se associar à sua bravura. O homem habilidoso obtém obediência daqueles que são capazes de compreender sua habilidade. O homem sábio atrai a crença daqueles que são capazes de apreciar seu conhecimento. Toda superioridade possui uma certa esfera de atração na qual atua, e reúne à sua volta inferioridades reais que têm, no entanto, a condição para sentir e aceitar sua ação.

Tal esfera não é, de forma alguma, ilimitada. Esse também é um fato simples e evidente. A relação que conecta a superioridade com as inferioridades pelas quais ela é reconhecida, por se tratar de uma relação puramente intelectual, não pode existir onde não exista também um grau suficiente de conhecimento e de inteligência para formar a conexão. Um homem que seja muito apropriado para reconhecer a superioridade capaz de deliberar sobre os assuntos da comunidade pode não ser apropriado para distinguir e indicar, por meio de seu voto, uma pessoa que seja capaz de deliberar sobre os assuntos do Estado. Há, então, algumas inferioridades destituídas de todas as verdadeiras relações com certas superioridades, as quais, se são invocadas para distinguir entre elas, não seriam capazes de fazê-lo, ou chegariam à conclusão mais incorreta possível.

O limite no qual a faculdade deixa de reconhecer e aceitar a superioridade que constitui a capacidade de ser um bom deputado é aquele no qual o direito de eleição deveria cessar; pois é aqui que a capacidade de ser um bom eleitor também cessa.

Acima desse limite, o direito de eleição existe somente em virtude da real existência da capacidade de reconhecer a capacidade superior que é procurada. Abaixo dele, não existe direito.

Disso resulta, filosoficamente, a necessidade da eleição direta. Evidentemente é desejável que se obtenha aquilo que se busca. Ora, o que se busca é um bom representante. A capacidade superior, aquela do representante, é necessariamente, portanto, a condição primordial, o ponto de partida de toda a operação. Obteremos essa capacidade superior exigindo seu reconhecimento por parte de todas aquelas capacidades que, embora inferiores, estejam em uma relação natural com ela. Se, ao contrário, começamos por eleger os eleitores, qual será o resultado? Teremos de realizar uma operação análoga à precedente, mas o ponto de partida é alterado, e a condição geral é rebaixada. Toma-se como base a capacidade do eleitor, isto é, a capacidade inferior àquela que desejamos definitivamente obter; e necessariamente nos dirigimos às capacidades ainda mais inferiores, e bastante inapropriadas para nos conduzir, mesmo sob essa forma, até o resultado mais elevado a que queremos chegar; pois sendo a capacidade do eleitor somente a habilidade de selecionar um bom representante, seria necessário estar em uma posição que permitisse compreender a última condição para só então compreender a primeira, algo que nunca pode ocorrer.

A eleição indireta, portanto, considerada em si mesma, deprecia o princípio original bem como o objetivo último do governo representativo, e degrada sua natureza. Considerado em seus resultados práticos, porém, e independentemente de todos os princípios gerais, esse sistema parece igualmente insatisfatório.

Em primeiro lugar, consideramos como ponto pacífico ser desejável que, em geral, a eleição de representantes não se constitua em obra de um número muito reduzido de eleitores. Quando as assembléias eleitorais são muito limitadas, não só a eleição é deficiente quanto à ação e energia que sustentam a vida política na sociedade, e mais tarde contribuem, em grande medida, para o próprio poder do representante, mas também os interesses gerais, as idéias abrangentes e as opiniões públicas deixam de ser o motivo e o poder regulador. Formam-se círculos sociais íntimos – no lugar de partidos políticos, surgem intrigas pessoais; e estabelece-se uma luta entre interesses, opiniões e relações que são quase individuais em sua natureza. A eleição não é menos disputada, mas é menos nacional, e seus resultados têm o mesmo defeito.

A partir, então, desse ponto, ou seja, de que assembléias eleitorais devem ser suficientemente numerosas para evitar que as individualidades consigam facilmente controlá-las, procuro descobrir como, pela eleição indireta, esse fim pode ser alcançado de uma forma racional.

Só há duas hipóteses possíveis: os limites territoriais, dentro dos quais a assembléia encarregada da nomeação dos eleitores se formará, ou serão muito estreitos ou terão uma amplitude considerável. Na Inglaterra, por exemplo, seriam necessários eleitores dos décimos ou dos centos, que correspondem muito aproximadamente às *comunas* e aos *cantões*. Se esses limites são muito estreitos, e só for necessário selecionar um número muito pequeno de cada um – dois eleitores, por exemplo –, é provável que alguns desses eleitores venham a ser de categoria muito inferior.

As verdadeiras capacidades eleitorais não são de modo algum distribuídas igualmente entre as comunidades; uma comunidade pode possuir 20 ou 30 delas, enquanto outra pode conter só umas poucas, ou talvez nenhuma. E isso é o que ocorre com a maioria. Se de cada distrito exige-se que forneça o mesmo – ou quase o mesmo – número de eleitores, estaremos deturpando violentamente a realidade. Muitos dos incapazes serão convocados; muitos dos capazes serão excluídos; e, finalmente, uma assembléia eleitoral será constituída, mas pouco adaptada para uma escolha sábia de representantes. Se, ao contrário, for exigido de cada distrito que designe um número de eleitores proporcionais à sua importância, à sua população e à riqueza e inteligência que ali estão concentradas, então, nos lugares onde o número a ser escolhido é considerável, já não haverá uma escolha verdadeira.

Ficou demonstrado que as eleições, quando são numerosas e simultâneas, perdem seu caráter. Haverá listas de eleitores preparadas por influências externas, ou de partidos ou do poder, que serão adotadas ou rejeitadas sem discernimento ou liberdade. Nesse aspecto, a experiência em todas as partes confirmou as previsões da razão.

Se os distritos convocados para nomear os eleitores forem muito amplos, uma alternativa se apresenta: ou cada um deles será requisitado a escolher apenas um número pequeno, e então o objetivo será frustrado, pois a assembléia que terá por dever eleger os representantes será muito pequena; ou um grande número de eleitores será requisitado de cada distrito, e então ocorrerá a inconveniência anteriormente apontada.

Mesmo deixando que se esgotem todas as combinações possíveis de eleição indireta, não se achará uma única que possa finalmente fornecer, para a eleição de representantes, assembléia suficientemente numerosa e, ao mesmo tempo, formada com discernimento e liberdade. Nesse sistema, os dois resultados se excluem mutuamente.

Em continuação, volto-me agora para outra prática perversa, relacionada a esse sistema, que não é menos séria que aquelas que acabo de indicar.

O objetivo do governo representativo é colocar publicamente em proximidade e contato os principais interesses e as várias opiniões que dividem a sociedade, e lutam pela supremacia, com a justa confiança de que de seus debates resultarão a identificação e a adoção de leis e medidas mais apropriadas para o país em geral. Esse objetivo só é alcançado com o triunfo da verdadeira maioria – sendo a minoria constantemente ouvida com respeito.

Se a maioria é desalojada por meio de artifícios, há falsidade. Se a minoria é retirada da luta *a priori*, há opressão. Em ambos os casos o governo representativo é corrompido.

Todas as leis constituintes dessa forma de governo têm, então, que cumprir duas condições fundamentais: primeira, assegurar a manifestação e o triunfo da verdadeira maioria; e, segunda, garantir a intervenção e os esforços desagrilhoados da minoria.

Essas duas condições são tão essenciais para as leis que regulam a forma da eleição de representantes quanto para aquelas que presidem os debates das assembléias deliberativas. Em nenhum dos dois casos deve haver falsidade ou tirania.

Um sistema eleitoral que anulasse antecipadamente – com relação ao resultado final das eleições, isto é, com relação à formação da assembléia deliberativa – a influência e a participação da minoria destruiria o governo representativo, e seria tão fatal para a própria maioria quanto qualquer lei que, na assembléia deliberativa, condenasse a minoria ao silêncio.

É esse, até certo ponto, o resultado da eleição indireta.

Na eleição direta, e supondo-se que o limite de capacidade eleitoral tenha sido estabelecido por lei de maneira racional – ou seja, naquele ponto em que a verdadeira capacidade realmente cessa – todos os cidadãos cuja posição social, riqueza ou inteligência os colocam acima do limite são igualmente convocados para se unirem na escolha dos representantes. Nenhuma investigação é feita com referência às opiniões ou aos interesses que eles defendem. O resultado da eleição fará com que seja conhecida a verdadeira maioria; mas, independente do que venha a ser tal resultado, não haverá motivo para reclamações: o processo terá sido concluído, e todos terão participado equitativamente dele.

A eleição indireta, ao contrário, realiza, de antemão, uma purgação minuciosa das capacidades eleitorais, e elimina um certo número, unicamente com base nas opiniões ou interesses que eles possam ter. Ela se intromete na esfera dessas capacidades a fim de excluir uma parte da minoria, para poder dar à maioria uma força artificial e, assim, destruir a verdadeira expressão da opinião geral. Devemos proclamar bem alto contra uma lei que diga, *a priori*: "Todos os homens, ou apenas uma terça ou quarta parte dos homens, associados a tal interesse ou a tal opinião, serão excluídos de participar da eleição de representantes, sejam quais forem sua importância e posição social". Isso é precisamente o que é feito, *a posteriori*, pela eleição indireta; e por esse meio ela introduz uma verdadeira desordem no governo representativo, pois cria um instrumento de tirania para benefício da maioria. Pode até acontecer, e exemplos disso não faltam, que a eleição indireta, quando assim utilizada para eliminar uma grande parte das capacidades eleitorais naturais, se volte contra a própria maioria, e coloque o poder na minoria. Uma suposição irá explicar essa idéia: se no século XIV tivesse sido decretado na Inglaterra que "os foreiros e os vilões [*villani*] deveriam unir-se na nomeação dos eleitores dos membros do Parlamento", não é evidente que sua escolha recairia nos senhores cujas terras eles alugavam ou cultivavam sob qualquer título específico? E que os habitantes das cidades, os cidadãos, teriam sido quase que absolutamente excluídos da Câmara dos Comuns? Assim, essa parte da nação, que já havia alcançado tanta importância, se veria privada do exercício de direitos políticos por um sistema que recomendava, como sua única justificativa, a extensão desses direitos para um número maior de indivíduos.

Essa é, com efeito, a verdadeira origem da eleição indireta. Ela provém da soberania dos números, e do sufrágio universal; e como é impossível reduzir esses dois princípios à prática, tenta-se manter alguma sombra de sua existência. O princípio do governo representativo é violado, sua natureza degradada, e o direito de eleição enfraquecido, para que uma aderência coerente a uma doutrina errônea possa, ao que tudo indica, ser mantida. Quem pode deixar de perceber que um sistema assim deve necessariamente debilitar a eleição, e que a realidade e a energia só podem ser preservadas pelo sistema de eleição direta? Todas as ações cujo resultado é distante e incerto inspiram pouco interesse; e os mesmos homens que, em conjunto, irão demonstrar grande discernimento e animação na escolha de seus funcionários municipais dariam seu voto, cega e friamente, a eleitores subseqüentes que jamais seguirão suas idéias em um futuro no qual interferem tão pouco. Essa pretensa homenagem à vontade não esclarecida o suficiente para ser confiada com uma participação maior de influência na escolha de representantes, no fundo, nada mais é que charlatanismo miserável e adulação hipócrita; e sob uma simulada extensão de direitos políticos estão escondidos a restrição, a mutilação e o enfraquecimento desses direitos na esfera em que eles realmente existem, e na qual podem ser exercidos em toda a sua plenitude e com resultado total.

François Guizot

A verdadeira maneira de difundir a vida política em todas as direções, e de interessar um número tão grande quanto possível de cidadãos nas questões do Estado, não é fazer com que todos se juntem nos mesmos atos, embora possam não ser igualmente capazes de desempenhá-los; e sim conferir-lhes todos aqueles direitos que eles são capazes de exercer. Os direitos não valem nada a menos que sejam plenos, diretos e eficazes. Em lugar de perverter os direitos políticos enfraquecendo-os, sob o pretexto de dar-lhes difusão, deixemos que as liberdades locais existam em todas as partes, garantidas por direitos reais. Assim, o próprio sistema eleitoral irá se tornar muito mais poderoso do que se tornaria sob um sistema de pretenso sufrágio universal.

O último fato importante a ser observado no sistema eleitoral da Inglaterra no século XIV é o voto aberto. Alguns tentaram considerar isso um princípio absoluto de aplicação constante; mas nós achamos que não deve ser considerado assim. O único princípio absoluto nesse assunto é que a eleição deve ser livre, e expressar verdadeiramente as idéias e os desejos reais dos eleitores. Se o voto aberto restringe seriamente a liberdade das eleições e perverte seus resultados, deveria ser abolido. Não há dúvida de que tal condição é um argumento sobre a fraqueza da liberdade e a timidez da moral, e prova que uma parte da sociedade está em conflito com influências das quais teme se desfazer, embora deseje ardentemente se livrar delas. Esse é um fato melancólico, mas é um fato que só a liberdade, tornando-se produtiva com o tempo, pode destruir. É bem verdade que a votação aberta nas eleições, assim como nos debates das assembléias deliberativas, é a conseqüência natural do governo representativo. É bem verdade que há um grau de vergonha associado à liberdade se ela reivindica sigilo para si própria enquanto impõe transparência ao poder. Essa liberdade que só pode atacar ainda é muito frágil; pois o verdadeiro poder da liberdade consiste em sua defesa ousada e na admissão de seus direitos. Certamente há má vontade nas queixas de sovinice e atraso com que o poder concede direitos, quando a dissimulação é necessária para o exercício de direitos já concedidos. Mas quando é aplicada à prática a razão considera, pelo menos por algum tempo, nada mais que os fatos; e o mais imperioso de todos os princípios é a necessidade. Impor a votação aberta quando ela iria prejudicar a liberdade da eleição seria abrir mão da própria liberdade geral que, pouco tempo depois, deve necessariamente estabelecer a votação aberta.

Para resumir o que eu disse: quase todos os princípios fundamentais de um sistema eleitoral livre e racional podem ser encontrados no sistema eleitoral da Inglaterra no século XIV, a saber: a concessão de direitos eleitorais com base na capacidade; união muito próxima dos direitos eleitorais com todos os outros direitos; consideração de influências e relações naturais; ausência de todas as combinações arbitrárias e artificiais na formação e nos procedimentos das assembléias eleitorais; limitação prudente do número a ser escolhido por cada assembléia; eleição direta e votação aberta. Todos esses elementos estão presentes, e isso graças à circunstância decisiva de que o sistema eleitoral e o próprio governo representativo na Inglaterra foram o resultado simples e natural de fatos, a conseqüência e o desenvolvimento de liberdades anteriores reais e poderosas que serviram como suas bases, e que guardaram e alimentaram em seu seio as raízes da árvore que deve a eles seu crescimento.[1]

Por outra circunstância igualmente decisiva, esse sistema, apesar de tão nacional e espontâneo em sua origem, tornou-se corrupto, pelo menos em parte, e parece necessitar de correção até os dias de hoje. Talvez permaneça inflexível devido ao seu próprio poder: ele só seguiu à distância as vicissitudes e o progresso das condições sociais. Hoje, ele protege os restos daqueles abusos contra os quais, a princípio e durante muito tempo, foi dirigido; e, no entanto, a reforma desses abusos, seja por que meios e em que período possa ser realizada, será o fruto das instituições, hábitos, princípios e sentimentos que esse sistema estabeleceu.

---

[1] Trata-se de uma declaração clara das idéias de Guizot sobre o que é necessário para um bom governo: união de direito eleitoral com outros direitos; inclusão de "superioridades naturais" na direção dos assuntos políticos; prudência política na promoção de reformas; eleições diretas; concessão de direitos eleitorais segundo a capacidade política. Essa era, com efeito, a teoria *juste milieu* de Guizot, um terreno intermediário e cauteloso entre o ideal da Revolução e a Reação. Como escreveu ele em suas *Mémoirs*: "Ce fut à ce mélange d'élévation philosophique et de modération politique, à ce respect rationnel des droits et des faits divers, à ces doctrines à la fois nouvelles et conservatrices, antirévolutionnaires sans être rétrogrades et modestes au fond, quoique souvent hautaines dans leur langage, que les doctrinaires dûrent leur importance comme leur nom. (...) Les doctrinaires répondaient à un besoin réel et profond quoique obscurément senti des esprits en France, ils avaient à coeur l'honneur intellectuel comme le bon ordre de la société, leurs idées se présentaient comme propres à régénerer en même temps qu'à clore la Révolution". (Guizot, *Mémoirs*, vol. I, pp. 157-58.)

Palestra 17

Origem da divisão do Parlamento inglês em duas câmaras. — Sua constituição original. — Reprodução da classificação da sociedade no Parlamento. — Causas que levaram os representantes dos condados a se separar dos barões, e a formar coalizões com os representantes dos burgos. — Efeitos dessa coalizão. — Divisão do Parlamento em duas câmaras no século XIV.

Até o momento voltamos nossa atenção unicamente para os elementos que compunham o Parlamento, e para os procedimentos que ocorreram no período de sua formação, isto é, para o processo da eleição. Agora temos que considerar outra questão: devemos investigar quais eram a constituição e a organização interna e externa do Parlamento assim composto.

No começo do século XIV, o Parlamento não estava dividido, como no presente, em Câmara dos Lordes e Câmara dos Comuns, nem tampouco consistia em um único órgão. Os relatos sobre a data em que adotou a forma atual variam. Carte fixa essa data no 17º ano do reinado de Eduardo III (1344); os autores da História Parlamentar, no sexto ano do mesmo reinado (1333); o Sr. Hallam, no primeiro ano do reinado de Eduardo III (1327) ou, talvez, no oitavo ano do reinado de Eduardo II (1315).

O motivo principal para essa diversidade de opiniões são as várias circunstâncias com que os diferentes autores relacionam o fato da união dos membros dos condados e dos burgos em uma única assembléia. Alguns deduzem que esse fato se deu na data em que ambos se reuniram pela primeira vez em uma única assembléia; outros, no período de sua deliberação comum; e outros, ainda, na união de seus votos sobre a mesma questão. E, na medida em que essas circunstâncias ocorreram em um Parlamento específico, independentemente dos outros, o período em que o Parlamento existiu pela primeira vez é adiantado ou atrasado segundo a circunstância considerada decisiva nesse respeito. Seja lá como for, podemos afirmar que a divisão do Parlamento em duas câmaras – uma compreendendo os Lordes ou grandes barões convocados individualmente, a outra com todos os representantes eleitos dos condados e dos burgos, e as duas câmaras deliberando e votando juntas em todos os assuntos – não foi realizada definitivamente até mais ou menos a metade do século XIV. É necessário trilhar os passos que levaram gradativamente à realização desse fato. Só assim poderemos compreender minuciosamente sua natureza e suas causas.

Como vimos, a princípio todos os vassalos imediatos do rei tinham o mesmo direito de ir ao Parlamento e de tomar parte em suas deliberações. Simples cavaleiros, portanto, quando iam ao Parlamento, reuniam-se, deliberavam e votavam com os grandes barões.

Quando a eleição foi substituída por esse direito individual no caso dos cavaleiros dos condados, e apenas àqueles que haviam sido eleitos pelos tribunais dos condados foi permitido participar das reuniões do Parlamento, eles ainda continuaram a ser membros da classe a que tinham pertencido anteriormente. Embora eleitos e delegados não só por aqueles cavaleiros que eram vassalos imediatos do rei, mas também por todos os proprietários alodiais de seu condado, continuaram a reunir-se, a deliberar e a votar junto com os grandes barões que eram convocados individualmente.

Os representantes dos burgos, ao contrário, cuja presença no Parlamento era uma circunstância nova (que não estava relacionada a nenhum direito anterior que tivesse passado a ser exercido sob uma nova forma), formaram um assembléia distinta a partir de sua primeira ida ao Parlamento, sentando-se separadamente, deliberando e votando por conta própria, e totalmente isolados tanto dos cavaleiros dos condados quanto dos grandes barões.

Essa separação é evidente nos votos do Parlamento desse período. No Parlamento realizado em Westminster sob Eduardo I, em 1295, os condes, os barões e os cavaleiros dos condados concederam ao rei a undécima parte de sua propriedade pessoal, o clero, a décima parte, e os cidadãos e burgueses, a sétima parte. Em 1296, os primeiros concederam a duodécima parte, e os últimos, a oitava. Em 1305, os primeiros deram a trigésima parte, e o clero, os cidadãos e os burgueses, a vigésima parte. Sob Eduardo II, em 1308, os barões e cavaleiros concederam a vigésima parte, o clero, a décima quinta parte, e os cidadãos e burgueses, também a décima quinta parte. Sob Eduardo III, em 1333, os cavaleiros dos condados concederam a décima quinta parte – o mesmo que os prelados e os nobres –, e os cidadãos e burgueses, a décima parte; e, no entanto, os registros do Parlamento expressamente declaram que os cavaleiros dos condados e os burgueses deliberaram em comum. Em 1341, os prelados, os condes e barões, por um lado, e os cavaleiros dos condados, por outro, concederam um nono de suas ovelhas, cordeiros e velocinos; e os burgueses, um nono de toda sua propriedade pessoal. Em 1345, os cavaleiros dos condados concederam duas décimas quintas partes, e os burgueses, uma quinta parte; os lordes não concederam nada, mas prometeram seguir o rei pessoalmente. Assim, em um período posterior, os cavaleiros dos condados já não votavam de acordo com os lordes, e ainda votavam separadamente dos burgueses.

Em 1347, os comuns, sem distinção, concederam duas décimas quintas partes, a serem arrecadadas em dois anos nas cidades, nos burgos, nos antigos domínios da coroa e nos condados. Nesse período, então, a fusão dos dois elementos da Câmara dos Comuns se completou; e essa fusão continuou para sempre, embora sejam encontrados alguns exemplos de impostos especiais, votados somente pelos representantes das cidades e dos burgos em casos alfandegários, especialmente em 1373.

A separação original, então, foi entre os representantes dos condados e os dos burgos. A lembrança do direito feudal aliou os representantes dos condados aos grandes barões durante mais de 50 anos. Essa separação não foi limitada unicamente à votação de provisões. Tudo indica, embora não seja possível prová-lo por nenhuma evidência escrita, que os cavaleiros dos condados e os representantes dos burgos já não deliberavam juntos sobre outros assuntos, legislativos ou não, que interessassem apenas a um dos dois grupos. Quando interesses comerciais estavam em jogo, o rei e seu conselho os discutiam unicamente com os representantes das cidades e dos burgos. Assim, há motivo para se acreditar que o estatuto intitulado *The Statute of Acton-Burnel*, aprovado em 1283, foi promulgado dessa forma apenas por um conselho dos representantes do burgo, que se reuniram com esse objetivo em Acton-Burnel, enquanto os cavaleiros dos condados reuniam-se com os grandes barões em Shrewsbury, para assistir ao julgamento de David, príncipe de Gales, então prisioneiro. A separação das duas classes de representantes podia, portanto, ser levada a esse ponto, com cada categoria reunindo-se em uma cidade diferente, embora as cidades fossem vizinhas.

Quando se reuniam na mesma cidade, e, especialmente, em Westminster, todos os membros do Parlamento se juntavam, provavelmente na mesma câmara; mas os grandes barões e os cavaleiros dos condados ocupavam a parte superior, e os representantes dos burgos a parte inferior da câmara.

Existia uma distinção mesmo entre os membros dos burgos. Até o reinado de Eduardo III, os representantes dos burgos que formavam parte do antigo domínio da coroa constituíam uma classe separada, e votavam provisões diferentes.

A divisão do Parlamento, então, longe de ter-se originado nas formas que predominaram 50 anos mais tarde, surgiu de princípios totalmente diferentes. Não existia à época nenhuma noção de verdadeiros interesses gerais e de uma representação nacional. Os interesses particulares que eram importantes o suficiente para participarem do governo intervinham nele unicamente em seu próprio benefício, e lidavam separadamente com seus próprios assuntos. Se a questão a ser considerada estivesse exclusivamente relacionada com os temas que pareciam interessar aos barões – e para as quais o rei necessitava, apenas, de sua ajuda – eles se reuniam e deliberavam.

Se a questão fosse relacionada com modificações na natureza ou no modo de transmissão da propriedade territorial feudal, eram convocados os cavaleiros dos condados; e foi assim que o estatuto *Quia emptores* foi promulgado sob Eduardo I. Se interesses comerciais estivessem em jogo, o rei tratava deles unicamente com os representantes dos burgos. Nesses vários casos, como na questão de provisões, a deliberação e o voto dos vários grupos de membros do Parlamento eram diferentes. Esses grupos eram formados segundo seus interesses comuns, e um não participava dos assuntos dos outros; nesse período, só muito raramente – provavelmente nunca – houve algum assunto que tivesse uma importância geral o suficiente para que fosse comum a todos, e fizesse com que todos os grupos fossem convocados para deliberar e votar juntos.

Assim, a classificação da sociedade era perpetuada no Parlamento, e era o verdadeiro princípio da divisão entre os parlamentares.

Essa situação não continuou por muito tempo porque a própria classificação da sociedade em que se tinha originado também tendia a ser abolida. Os membros dos condados não podiam deixar de se separar dos grandes barões e juntar-se aos representantes dos burgos. E isso, pelos seguintes motivos:

O fato de os cavaleiros dos condados terem, por algum tempo, continuado a se reunir e a votar com os grandes barões foi apenas o resultado de uma velha associação, uma relíquia da antiga paridade de sua posição feudal. Essa igualdade já havia recebido uma forte restrição com a substituição do direito individual de presença pela eleição. A causa que provocara tal mudança continuava a operar; as disparidades de importância e de riqueza entre os grandes barões e os simples cavaleiros dos condados continuaram aumentando; a lembrança do direito político feudal foi enfraquecendo; e a posição social dos cavaleiros dos condados ia, a cada dia, se diferenciando mais da posição dos grandes barões. Sua posição parlamentar não podia deixar de seguir o mesmo curso. Todas as coisas se combinavam para separá-los cada vez mais.

Ao mesmo tempo, todas as circunstâncias tendiam a associar os representantes dos condados com os dos burgos. Os dois grupos tinham a mesma origem e freqüentavam o Parlamento em nome do mesmo título – a eleição. Os laços que haviam associado as eleições dos condados ao direito feudal foram se enfraquecendo progressivamente. Além disso, as duas classes de deputados também tinham certos interesses locais em comum. Esses interesses muitas vezes eram idênticos ou da mesma natureza. Os habitantes das cidades situados em um condado e os proprietários rurais do condado estavam muitas vezes envolvidos nos mesmos assuntos, e freqüentemente nutriam os mesmos ressentimentos e desejos. Além disso, o tribunal do condado era um centro comum onde eles habitualmente se reuniam. Tanto as eleições dos condados quanto as dos burgos normalmente eram realizadas nesses tribunais. Assim, enquanto certas causas iam separando cada vez mais os cavaleiros dos condados dos grandes barões, outras causas os aproximavam mais intimamente dos representantes dos burgos. A analogia das posições sociais naturalmente apressou a fusão das posições parlamentares.

Por fim, os grandes barões haviam constituído, e ainda constituíam, o conselho principal do rei, e muitas vezes reuniam-se a seu redor nessa função, independentemente de qualquer convocação dos deputados eleitos. Em virtude de sua importância pessoal, envolviam-se também nos assuntos públicos e participavam do governo de uma forma regular e permanente. Os representantes dos condados e dos burgos, ao contrário, só interferiam na administração dos assuntos públicos ocasionalmente, em certos casos específicos. Possuíam direitos e liberdades, mas não governavam, não competiam uns com os outros pelo governo e nem estavam constantemente associados a ele. Sua posição política era, nesse aspecto, a mesma, e, portanto, muito diferente da dos grandes barões. Todas as coisas tendiam, então, a distingui-los daquela última classe, e a uni-los entre si.

A constituição do Parlamento em sua forma atual é resultado de todas as causas acima. Ela foi realizada na metade do século XIV, embora alguns casos de separação entre os dois elementos da Câmara dos Comuns possam ser encontrados subseqüentemente. Mas esses casos logo desapareceram, e a união se completou. Um único fato permaneceu, e este foi a superioridade em importância e influência dos representantes dos condados – a despeito da inferioridade habitual de seus números – sobre os representantes dos burgos. Esse fato, à exceção de apenas uns poucos intervalos, pode ser encontrado durante todo o curso da história do Parlamento.

Assim foram realizadas, por um lado, a separação entre a Câmara dos Pares e a dos Comuns e, por outro, a união dos vários elementos da Câmara dos Comuns em uma única assembléia, composta de membros que exercem os mesmos direitos e votavam em comum em todas as ocasiões.

Esse é o grande fato que decidiu o destino político da Inglaterra. Os deputados dos burgos, por si sós, jamais teriam tido o poder e a importância suficientes para formarem uma Câmara dos Comuns capaz de resistir às vezes ao rei, outras aos grandes barões, e de obter uma influência cada vez maior nos assuntos públicos. Mas a aristocracia, ou melhor, a nação feudal, estando dividida em duas partes, e a nova nação que ia se formando nas cidades tendo se combinado com os proprietários alodiais dos condados onde estavam essas cidades, fez com que surgisse dessa combinação uma Câmara dos Comuns competente e poderosa. Agora havia um grande órgão da nação que era independente tanto do rei quanto dos grandes nobres. Aconteceu também que o rei não podia, como na França, fazer uso dos Comuns para eliminar os direitos e privilégios políticos do antigo sistema feudal sem substituí-los por novas liberdades. No continente, a emancipação dos Comuns definitivamente levou ao poder absoluto. Na Inglaterra, como uma parte da classe feudal uniu-se aos Comuns, os dois grupos se juntaram para defender suas liberdades. Por outro lado, a coroa, apoiada pelos grandes barões que não tinham a esperança de estabelecer-se como pequenas soberanias independentes em seus próprios domínios, tinha poder suficiente para se defender. Por conseguinte, os grandes barões foram obrigados a arregimentar-se à volta do trono. Não é verdade, embora constantemente reiterado, que a aristocracia e o povo fizeram uma causa comum na Inglaterra contra o poder real, e que a liberdade inglesa surgiu dessa circunstância. Mas é verdade que, como a divisão da aristocracia feudal aumentou prodigiosamente o poder dos Comuns, as liberdades populares logo tiveram meios de resistência suficientes, e, ao mesmo tempo, o poder real também recebeu apoio suficiente.

Assim, considerando-se a divisão do Parlamento em duas câmaras sob o ponto de vista histórico, vemos como ela foi realizada e como favoreceu o estabelecimento da liberdade popular. Será, então, que isso é tudo? Esse fato e seus resultados serão meros acidentes que surgem das circunstâncias peculiares à Inglaterra, e à situação em que a sociedade estava no século XIV? Ou será que essa divisão do poder legislativo em duas câmaras é uma forma constitucional intrinsecamente boa, e, em todas as partes, está bem fundamentada na razão, assim como, na Inglaterra, foi baseada nas necessidades da época? Essa questão deve ser examinada para que possamos apreciar adequadamente a influência que essa forma exerceu no desenvolvimento do sistema constitucional na Inglaterra, e entender suas causas corretamente.

Palestra 18

Exame da divisão do poder legislativo em duas câmaras. — Diversidade das idéias sobre esse tema. — Princípio fundamental da escola filosófica. — Fonte de seus erros. — Características da escola histórica. — Causa da divisão do Parlamento inglês em duas câmaras. — Derivação dessa divisão do princípio fundamental de governo representativo. — Seu mérito prático.

A fim de avaliar a divisão do poder legislativo em duas câmaras e julgar o seu mérito, devemos primeiro separá-la de certas características específicas e puramente locais que não lhe são essencialmente inerentes; e que, na Inglaterra, foram associadas a causas que não podem ser encontradas em todas as épocas e em todos os lugares. Não foram poucos os autores que incorreram em erros sérios – não só sobre esta questão como sobre muitas outras – porque deixaram de dar esse passo no começo. Alguns formaram seu juízo sobre tal instituição baseando-se inteiramente em apenas algumas das causas que levaram a seu estabelecimento na Inglaterra do século XIV; e como, de um modo geral, eles não aprovavam nem essas causas nem seus efeitos, e tinham má opinião da situação social da qual faziam parte, condenaram a própria instituição, parecendo crer que ela foi resultado apenas daquela situação social, e que não poderia nunca ser separada dela.

Outros, ao contrário, impressionados com as razões gerais que podem ser alegadas a favor da instituição, ou com os bons efeitos que ela produziu na Inglaterra e em outros lugares, adotaram-na exatamente naquela forma específica em que ela foi introduzida entre nossos vizinhos por sua condição social antiga, afirmando que todas as características que ela apresentava naquela condição social são suas características essenciais, e até a constituem. Assim, a instituição foi censurada, algumas vezes, em virtude de fatos específicos que acompanharam seu estabelecimento e se combinaram para produzi-la, e às vezes esses fatos e suas conseqüências especiais foram adotados como princípios, simplesmente porque foram associados a uma instituição considerada intrinsecamente boa. Esses dois modos de avaliação, ambos igualmente errôneos, caracterizam as duas escolas que podem ser claramente chamadas de escola filosófica e escola histórica. Como esse método duplo de considerar as questões políticas as deturpou, às vezes em um sentido e outras em outro, parece-me que seria útil oferecer algumas observações gerais sobre o tema, que podem mais tarde ser aplicadas a essa questão particular com que estamos agora nos ocupando.

Uma idéia reina na escola filosófica — a do direito. O direito é constantemente considerado tanto como seu ponto de partida quanto como sua meta. Mas o próprio direito precisa ser investigado; antes de adotá-lo como princípio ou persegui-lo como objetivo, precisamos saber o que é. Para descobrir o direito, a escola filosófica normalmente se restringe ao indivíduo. Usando o ser humano, ela o considera isoladamente e em si mesmo, como um ser racional e livre, e deduz, de um exame de sua natureza, aquilo que ela denomina seus direitos. Uma vez de posse desses direitos, alega-se que eles são uma exigência da justiça e da razão, que devem ser aplicadas aos fatos sociais como a única regra racional e moral pela qual esses fatos devem ser avaliados, se só uma avaliação for necessária – ou instituídos, se o objetivo é instituir o governo.

A escola histórica está presa a outra idéia – a do fato. É claro que, quando tem algum senso comum, ela não nega a importância do direito; chega até a propor o direito como sua meta, mas nunca o adota como seu ponto de partida. Fato é a base para a qual tudo é levado: e como os fatos não podem ser considerados isoladamente, como estão todos ligados uns aos outros, e como o próprio passado é um fato com o qual os fatos do presente estão conectados, ela professa um grande respeito pelo passado, e só admite o direito se ele for baseado em fatos anteriores; ou, pelo menos, essa escola procura estabelecer o direito apenas aproximando-o intimamente dos fatos, e esforçando-se para deduzi-lo desses fatos. São esses os pontos de vista – não exclusivamente, porque isso não seria possível, mas primordialmente – das duas escolas. Quanto há de verdadeiro e de errôneo em cada uma delas? Isto é, o que está incompleto nas duas?

A escola filosófica tem razão de adotar o direito não só como seu fim mas também como seu ponto de partida. Está certa em afirmar que uma instituição não é boa simplesmente porque existe ou existiu, e que há princípios racionais segundo os quais todas as instituições devem ser avaliadas, e direitos que são superiores a todos os fatos – direitos que não podem ser violados, a menos que os fatos que os violam sejam ilegítimos, embora reais, e até poderosos.

Mas, embora correta ao apoiar-se nessa base, que é sua característica principal, a escola filosófica muitas vezes erra quando tenta ir mais adiante. Dizemos que erra, filosoficamente falando, e independentemente de todas as idéias de aplicação e perigo prático.

Seus dois erros principais, em minha opinião, são os seguintes: I. Suas pesquisas sobre direito estão mal orientadas; e II. Ela confunde as condições sob as quais o direito pode ser realizado.

Não é considerando o homem isoladamente, em sua única natureza e individualidade, que seus direitos podem ser descobertos. A idéia de direito implica a de relação. O direito só pode ser declarado quando a relação está estabelecida. A existência de uma conexão, de uma aproximação, em uma palavra, de sociedade, está implícita na própria palavra *direito*. O direito se origina com a sociedade. E isso não quer dizer que a sociedade, em sua origem, criou o direito por uma convenção arbitrária. Assim como a verdade existia antes de o homem conhecê-la, assim também o direito existe antes de ser realizado na sociedade. Ele é a regra legítima e racional da sociedade, a cada passo de seu desenvolvimento e em cada momento de sua existência. As regras existem antes de sua aplicação; elas existiriam mesmo que nunca fossem aplicadas. O homem não as faz. Como ser racional, ele é capaz de descobri-las e de entendê-las. Como ser livre, ele pode obedecê-las ou violá-las; mas se as desconhecer, ou, conhecendo-as, violá-las, a realidade delas, até o ponto em que são regras, isto é, sua realidade racional e moral, é independente dele, superior e anterior à sua ignorância ou a seu conhecimento, ao respeito ou à indiferença com os quais ele as trata. Estabelecendo então esse princípio — por um lado, de que aquela regra virtualmente existe antes da relação ou da sociedade a que ela corresponde e, por outro, de que ela não é manifestada e declarada até que a sociedade seja estabelecida, isto é, só pode ser aplicada quando a sociedade realmente existe – perguntamos: o que é esse direito e como ele pode ser descoberto?

O direito, considerado em si mesmo, é a regra que cada indivíduo está moralmente obrigado a observar e respeitar, em suas relações com outro indivíduo; ou seja, o limite moral no qual sua liberdade legal é interrompida e cessa em sua ação sobre aquele outro indivíduo; ou, em outras palavras, o direito de um homem é o limite além do qual a vontade de outro homem não pode ser moralmente exercida sobre ele na relação que os une.

Nada pode ser mais certo do que isto: todo homem em sociedade tem o direito de esperar que esse limite seja mantido e respeitado com relação a si mesmo por outros homens e pela própria sociedade. Esse é o direito original e inalterável que ele possui em virtude da dignidade de sua natureza. Se a escola filosófica tivesse se restringido a estabelecer esse princípio, estaria perfeitamente correta e teria lembrado à sociedade a verdadeira regra moral. Mas ela tentou ir mais além; tentou determinar, *a priori* e de uma forma geral, o limite exato em cada caso em que a vontade de um indivíduo sobre o outro, ou da sociedade sobre os indivíduos, deixa de ser legítima. Ela não se contentou em estabelecer o direito como um princípio, mas considerou-se capaz de enumerar todos os direitos sociais *a priori*, e de reduzi-los a certas fórmulas gerais que deveriam incluí-los a todos, e que pudessem assim ser aplicadas a toda e qualquer relação que a sociedade dá à luz. Com isso, ela foi levada a não notar muitos direitos concretos, e a criar muitos direitos falsos que não têm nenhuma realidade. Se é verdade, como estabelecemos, que o direito é a regra legítima de uma relação, está claro que a relação deve ser conhecida antes que o direito que deve governá-la possa ser compreendido. Ora, relações sociais, sejam elas entre um ser humano e outro, ou entre um deles e vários outros, não são nem simples nem idênticas. Elas são infinitamente multiplicadas, variadas e entrelaçadas; e o direito muda com a relação. Um exemplo explicará melhor o que queremos dizer. Selecionaremos a mais simples e natural das relações sociais, aquela de um pai com seu filho. Ninguém terá a coragem de afirmar que aqui não existe direito, ou seja, que o pai e a criança não têm quaisquer direitos respectivos a serem mutuamente observados, e que apenas suas vontades devem arbitrariamente regular suas relações recíprocas. No começo, enquanto a criança é desprovida de razão, sua vontade tem pouco ou nenhum direito; o direito pertence inteiramente à vontade paterna, que, mesmo assim, só é, sem dúvida, legítima até o ponto em que está de acordo com a razão, mas que não é e não pode ser subordinada à vontade da criança sobre a qual ela é exercida, e a qual ela orienta. À medida que a razão se desenvolve na criança, o direito da vontade do pai torna-se restrito; esse direito sempre advém do mesmo princípio e deve ser exercido de acordo com a mesma lei; mas ele já não se estende até o mesmo limite, e modifica-se, tornando-se mais estreito a cada dia que passa, com o progresso do desenvolvimento intelectual e moral da criança, até a idade em que, finalmente, a criança, tendo se tornado um adulto, se encontra em uma relação totalmente diferente com seu pai — uma relação que é controlada por outro direito, isto é, em que o direito paterno está encerrado dentro de limites inteiramente diferentes, e já não é exercido da mesma maneira.

Se, na mais simples das relações sociais, o direito, embora imutável em seu princípio, sofre tantas vicissitudes em sua aplicação

— se o limite em que ele pára é alterado tão continuamente, de acordo com a mudança na natureza e no caráter da relação —, isso ocorrerá em um nível ainda muito maior no caso de todas as outras relações sociais, infinitamente mais mutáveis e complexas. Todos os dias direitos antigos irão extinguir-se; todos os dias surgirão novos direitos; isto é, várias aplicações do princípio de direito serão feitas diariamente; e, nas inúmeras relações que constituem a sociedade, cada ocasião irá gerar variações nos limites em que o direito — de uma das partes ou da outra — cessa.

Não é, então, uma simples questão de determinar o direito, nem isso pode ser feito de uma vez por todas e de acordo com certas fórmulas gerais. Ou essas fórmulas terão que ser reduzidas a essa verdade dominante — ou seja, que nenhuma vontade, seja aquela de um homem sobre outro, da sociedade sobre o indivíduo ou do indivíduo sobre a sociedade, deve ser exercida de uma forma contrária à justiça e à razão —, ou então essas fórmulas são inúteis; isto é, elas se limitam a expressar o princípio de direito ou a tentar sem sucesso enumerar e regular *a priori* todas as suas aplicações.

Nisso consiste o primeiro erro da escola filosófica, que, orgulhosa de ter restabelecido o princípio de direito (um assunto, aliás, de enorme importância), a partir daí considerou-se capaz de, continuando o mesmo processo, reconhecer e definir todos os direitos; ou seja, todas as aplicações do princípio às relações sociais, uma tentativa extremamente perigosa porque impossível. Não é dado ao homem o poder de discernir, de antemão e num relance, toda a extensão das leis racionais que devem regular as relações dos seres humanos entre si e com a sociedade em geral. Sem dúvida, em cada uma dessas relações, e em todas as vicissitudes que elas possam sofrer, há um princípio que é sua regra legítima e que determina os direitos; e é esse princípio que deve ser descoberto. Mas é na própria relação, sobre a qual esse princípio deve ter controle, que ele está contido e pode ser descoberto; ele está intimamente conectado com a natureza e o objetivo dessa relação, e esses são os primeiros dados que devem ser estudados, a fim de chegarmos ao conhecimento desse princípio. A escola filosófica quase que constantemente negligencia essa tarefa. Em vez de se dedicar à descoberta dos verdadeiros direitos que correspondem às várias relações sociais, ela arbitrariamente constrói direitos enquanto presume deduzi-los do princípio geral e original de direito; uma tentativa que é o oposto do filosófico, pois direitos especiais são aplicações, não conseqüências logicamente deduzidas desse princípio; que é perfeitamente exibido em cada caso particular, mas que não contém em si mesmo todos os elementos ou todos os dados necessários para a descoberta do direito em todos os casos.

O segundo erro da escola filosófica é o de confundir as condições sob as quais o direito pode ser realizado, ou seja, sob as quais ele se torna associado aos fatos a fim de regulá-los.

Diz-se, há muito tempo, que dois poderes – o direito e a força, a verdade e o erro, o bem e o mal – disputam o controle do mundo. O que, no entanto, não se diz com a mesma freqüência, embora não seja menos verdadeiro, é que o disputam porque o possuem simultaneamente, porque coexistem nele em todas as partes e ao mesmo tempo. Esses dois poderes, tão opostos em sua natureza, nunca estão separados; na verdade, eles se encontram e se misturam em tudo, formando, por sua coexistência e por seu conflito, aquele tipo de unidade impura e turbulenta que é a condição do ser humano na terra, e que é reproduzida na sociedade, bem como nos indivíduos. Todos os fatos mundanos têm essa característica. Não há nenhum que seja completamente destituído de verdade, de justiça e de bondade. Nenhum que seja total e puramente correto, bom ou verdadeiro. A presença simultânea, e ao mesmo tempo a luta entre a força e o direito, forma o fato original e predominante que é reproduzido em todos os outros fatos.

A escola filosófica normalmente perde de vista essa fusão íntima e inevitável de força e direito em tudo que existe e que ocorre sobre a terra. Como esses dois poderes são hostis, ela acha que estão separados. Quando reconhece alguma grande violação de direito em uma instituição, em um poder ou em uma relação social, ela conclui que o direito está totalmente ausente daquilo; e imagina, ao mesmo tempo, que, se ela puder apoderar-se desse fato, e moldá-lo e regulá-lo de acordo com sua própria vontade, garantirá o controle inquestionável do direito naquele fato. Daí o desprezo, poderíamos até dizer o ódio, com o qual ela avalia e trata os fatos. Daí, também, a violência com a qual tenta impor sobre eles aquelas regras e formas que a seus olhos constituem direitos: que consideração é devida àquilo que é apenas obra do poder? Que sacrifícios não são devidos para obter aquilo que será o triunfo do direito e da razão? E quanto mais firme for a mente e mais enérgico o caráter desses pensadores, mais eles serão controlados e mais mal orientados por esse método de considerar as coisas humanas. Os fatos passados e presentes não merecem tanto desprezo, e tampouco os fatos futuros merecem tanta confiança. Nós aqui não adotamos as idéias dos céticos, nem consideraríamos todos os fatos igualmente bons ou maus, e igualmente investidos ou destituídos de razão e direito.

Nada pode ser mais contrário à nossa opinião. Nós acreditamos firmemente na realidade e na legitimidade do direito em sua luta contra a força, e também na utilidade e até na obrigação moral de apoiar o direito em seu combate eterno mas progressivo. Só pedimos que, nessa luta, nada seja esquecido e nada confundido; e que ataques indiscriminados não sejam feitos. Pedimos que, porque um fato pode conter muitos elementos ilegítimos, não se pressuponha, porém, que ele não contém nada mais, pois isso não ocorre assim. O direito existe mais ou menos em todos os lugares, e em todos os lugares o direito deve ser respeitado. Há também maior ou menor falsidade e incompletude na idéia especulativa que formamos para nós mesmos do direito, e haverá força e violência injustas utilizadas na luta em que se faz com que essa idéia prevaleça, e nos novos fatos que resultarão desse triunfo. Isso não quer dizer que o combate deva ser suspenso, ou que o triunfo não deva ser perseguido. Só é necessário verdadeiramente reconhecer a condição das coisas humanas, e nunca perdê-la de vista, se a questão tiver a ver com um juízo ou com uma ação.

É isso que a escola filosófica só aceita raramente. Considerando o direito como ponto de partida, e também como objetivo, ela esquece que o fato subsiste entre estes dois extremos — fatos reais e existentes, dados independentes; uma condição a que, por necessidade imperativa, ela deve se submeter quando busca a ampliação do direito, já que esses fatos são os próprios assuntos a que o direito deve ser aplicado. Essa escola começa negligenciando um dos elementos fundamentais do problema a ser solucionado; cai em um sonho e constrói fatos imaginários, enquanto deveria estar operando com fatos reais. E, quando forçada a abandonar hipóteses e a lidar com realidades, ela se torna irritada com os obstáculos que encontra, e irracionalmente condena os fatos que os lançam em seu caminho. Assim, por desejar impossibilidades, ela é levada a esquecer uma parte daquilo que é realmente verdadeiro. A sociedade, em todas as épocas, desvia-se mais ou menos do tipo geral de direito; isto é, os fatos que constituem sua condição material e moral são mais ou menos regulados segundo o direito, e também se tornam, em maior ou menor grau, suscetíveis de receber uma forma mais absoluta, uma regra mais perfeita, e de se adaptar contínua e mais intimamente à razão e à verdade; e isso é o que deve ser estudado e compreendido perfeitamente antes de se julgar esses fatos, ou de esforçar-se por realizar sua mudança e melhoria. A perfeição é o objetivo da natureza humana e da sociedade humana; a perfeição é a lei de sua existência, mas a imperfeição é sua condição. A escola filosófica não aceita essa condição. E, com isso, é desencaminhada em suas tentativas de atingir a perfeição, e até em sua própria idéia da perfeição a que ela aspira.

A escola histórica possui outras características e comete erros diferentes. Com um extremo respeito pelos fatos, ela se permite ser facilmente induzida a atribuir a eles méritos indevidos; a ver neles mais razão e justiça, ou seja, mais *direito*, do que eles realmente contêm, e a resistir até à tentativa mais tímida de julgá-los e regulá-los de acordo com princípios mais de acordo com a razão geral. Ela até tende a negar esses princípios, e a sustentar que não existe nenhum tipo de direito racional e invariável que o ser humano possa usar como guia em seus esforços ou em suas opiniões: um erro de grande magnitude, e suficiente para colocar essa escola, filosoficamente falando, em uma categoria subordinada.

O que, então, é a perfeição, se não existe uma perfeição ideal a que possamos aspirar? O que é o progresso de direitos reais, se não há nenhum direito racional para compreendê-los a todos? O que é a mente humana, se ela é incapaz de penetrar mais além das realidades existentes em seu conhecimento desse direito racional? E como ela pode julgá-los a não ser comparando-os com esse tipo sublime, do qual ela nunca pode se apoderar plenamente, mas que não pode negar sem renunciar a si própria e perder todas as regras estabelecidas e os fios que a guiam? Não há dúvida de que os fatos exigem respeito porque são uma condição, uma necessidade; e merecem esse respeito porque sempre contêm uma certa medida de direito. Mas o julgamento nunca deve ser escravizado por eles, nem deve atribuir legitimidade absoluta à realidade. É, então, tão difícil perceber que o mal é mal mesmo quando é poderoso e inevitável? A escola histórica constantemente tenta evitar essa confissão. Ela tenta explicar todas as instituições e abster-se de julgá-las, como se a explicação e o julgamento não fossem dois atos distintos, que não possuem nenhum direito um sobre o outro. Ela nunca tolera a instituição de uma comparação entre o verdadeiro estado de qualquer sociedade e o estado racional da sociedade em geral; como se o real, ou até o possível, fosse o limite da razão; como se, quando julga, a razão devesse ser privada de autoridade, porque quando aplicada é obrigada a passar por condições, e a ceder diante de obstáculos que não pode vencer. A escola histórica estaria perfeitamente correta se se limitasse ao estudo cuidadoso dos fatos, trazendo à luz aquela porção de direito que eles contêm, e buscando o grau de perfeição que são capazes de receber, e se se restringisse a afirmar que não é fácil distinguir direitos reais, que é injusto condenar fatos *en masse*, e impossível e perigoso negligenciá-los totalmente. Mas quando ela decide legitimar fatos por outros fatos; quando se recusa a aplicar a lei invariável de justiça e direito racional a todos, ela abandona todos os princípios e cai em uma espécie de fatalismo absurdo e vergonhoso, e deserda o ser humano e a sociedade daquilo que é mais puro em sua natureza, mais legítimo em suas pretensões e mais nobre em suas aspirações.

Em suma, a escola filosófica possui o mérito de reconhecer em todas as partes o princípio de direito, e de adotá-lo como a regra imutável de seu julgamento dos fatos. Seus erros têm como base o pouco conhecimento dos fatos, um conhecimento que é imperfeito e impulsivo; e em não aceitar que os fatos possuem um poder que é inseparável deles, e que sempre contêm um grau de legitimidade. A escola histórica tem melhor conhecimento dos fatos, aprecia suas causas e conseqüências mais equitativamente, realiza uma análise mais fiel de seus elementos e chega a um conhecimento mais preciso de direitos particulares, bem como a uma avaliação mais justa de reformas praticáveis. Mas é deficiente com relação aos princípios gerais e estabelecidos: seus julgamentos flutuam de acordo com a sorte; e, com isso, ela quase sempre hesita em chegar a uma conclusão e nunca consegue satisfazer a mente, algo que a escola filosófica, ao contrário, sempre faz muito fortemente, arriscando-se a induzi-la em erro.

Insistimos nas características distintas e nos erros opostos dessas duas escolas porque isso aparece constantemente quando estamos investigando como as instituições e os fatos sociais foram avaliados e compreendidos. Demos um exemplo disso quando indicamos os dois pontos de vista sob os quais a divisão do poder legislativo em duas câmaras foi comumente considerada. A escola histórica aprova essa divisão e a recomenda; mas muitas vezes ela baseia seus motivos em fatos ilegítimos, e apóia-se exageradamente nas formas que essa instituição assumiu no passado, enquanto se abstém de associar-se a qualquer princípio rigoroso e racional. A escola filosófica afirma, há muito, e vários de seus discípulos ainda acreditam nisso, que essa é uma instituição acidental e arbitrária, que não é baseada na razão e na própria natureza das coisas.

Consideremos agora a própria instituição, após tê-la desvencilhado daquilo que, na Inglaterra, se referiu apenas à sua origem verdadeira e às circunstâncias locais em cujo meio ela surgiu.

Não há dúvida de que a imensa desigualdade de riqueza e de crédito — em uma palavra, de poder e de importância social — que existia entre os grandes barões e as outras classes políticas da nação, fossem eles proprietários alodiais ou burgueses, foi, na Inglaterra, a única razão para a instituição da Câmara dos Lordes. Nenhuma combinação política ou idéia de direito público teve qualquer coisa a ver com sua formação. A importância pessoal de certo número de indivíduos, neste caso, criou seu direito. A ordem política é necessariamente a expressão, o reflexo, da ordem social. Principalmente nesse estágio da civilização, o poder é indisputavelmente transmitido da sociedade para o governo. Houve uma Câmara dos Lordes porque havia homens que, não podendo sequer ser comparados aos demais, não poderiam continuar sendo confundidos com eles, nem exercer apenas os mesmos direitos, sem possuir um grau maior de autoridade.

À mesma causa devem ser atribuídas várias das características principais da Câmara dos Lordes; a transmissão hereditária de importância social, riqueza e poder (resultado do sistema feudal no que se refere à propriedade) levou consigo a herança de importância política. Isso fica claro quando se observa que, originalmente, os únicos pares hereditários eram os barões por posse feudal. O direito hereditário originalmente não pertencia aos *barões por mandado*; embora convocados individualmente para a Câmara Alta, eles exerciam, quando tomavam parte em suas atividades, os mesmos direitos. As funções judiciárias da Câmara dos Lordes também tiveram a mesma origem. A princípio, pertenciam à assembléia geral dos vassalos diretos do rei. Quando a maioria desses vassalos deixou de freqüentar essa assembléia, os grandes barões, que passaram a ser os únicos a freqüentá-la, continuaram a exercer praticamente todas as suas funções, e especialmente sua autoridade jurídica. E continuaram a ser donos desses direitos quando os cavaleiros regressaram ao Parlamento por meio de eleições. Assim, um direito que originalmente pertencia à assembléia geral da nação política foi concentrado na Câmara dos Lordes, pelo menos em todos os casos que não fossem influenciados pelas novas jurisdições instituídas pelo rei. Ao examinar nos mínimos detalhes o papel político desempenhado agora na Inglaterra pela Câmara dos Lordes, veremos que um grande número de suas atribuições é apenas o resultado de fatos antigos, que elas não são inerentes à própria instituição mas apenas originárias da posição social dos grandes barões; e, ao mesmo tempo, perceberemos também que todos esses fatos estão relacionados com o fato geral e original da grande desigualdade que então subsistia entre os grandes barões e os cidadãos.

Como essa desigualdade realmente existia e não podia deixar de ressurgir no governo, foi uma sorte para a Inglaterra o fato de ela ter adotado a forma de Câmara dos Lordes. A desigualdade nunca é mais opressiva e fatal do que quando é exibida apenas em seu próprio benefício e por interesse individual. Essa é a conseqüência invariável quando as categorias superiores são dispersas pelo país, e entram em contato direto ou ficam diante de seus inferiores. Se, em vez de unir-se na Câmara dos Lordes para exercer, como membros daquela assembléia, o poder que possuíam sobre a sociedade, os grandes barões tivessem permanecido em suas propriedades, sua superioridade e seu poder teriam caído pesadamente sobre todos os seus vassalos e agricultores, e a emancipação social seria retardada por muito mais tempo. Cada barão, então, teria que lidar unicamente com seus inferiores. Na Câmara dos Lordes, ao contrário, ele precisava lidar com seus semelhantes; e, para conseguir influenciar aquela assembléia e realizar sua vontade, era obrigado a recorrer a discussões, à apresentação de razões públicas, e a constituir-se como expoente de algum interesse superior a seu próprio interesse pessoal, e de opiniões em cuja defesa seria possível que os homens se unissem. Assim, homens que, se isolados em seus domínios, teriam atuado apenas sobre inferiores e para seu próprio interesse, foram forçados, ao se encontrarem, a atuar sobre seus semelhantes e para o interesse das massas, de cujo apoio necessitavam para aumentar seu poder nas lutas freqüentes que essa nova situação lhes impunha. Assim, pelo único fato de sua concentração, a alta aristocracia feudal mudou seu caráter quase sem sentir. Cada um de seus membros originalmente possuía direitos advindos totalmente de seu próprio poder, e ele ia à Câmara dos Lordes para exercê-lo unicamente em seu próprio interesse; mas, quando se viam um na presença do outro, todos esses interesses individuais sentiam a necessidade de buscar novos meios de obter crédito e autoridade em outros lugares que não em si próprios. Os poderes pessoais eram obrigados a se fundir em um poder público. Uma assembléia composta de superioridades individuais, interessadas unicamente em preservar e aumentar seu poder, foi gradativamente se convertendo em instituição nacional, obrigada a se adaptar, em muitos pontos, ao interesse de todos. Como tive ocasião de dizer em outro local, um dos maiores vícios do sistema feudal foi localizar a soberania e levá-la a todos os lugares, por assim dizer, até a porta daqueles sobre quem ela era exercida. A formação da Câmara dos Lordes enfraqueceu esse mal na Inglaterra, e dessa forma, pelo menos do ponto de vista político, deu um golpe mortal no feudalismo.

Além disso, os grandes barões assim congregados em um órgão tinham o poder e o dever de defender em comum seus direitos e liberdades contra o poder real; e sua resistência, em vez de consistir em uma série de guerras isoladas, como ocorreu na França, imediatamente adotou o caráter de uma resistência coletiva e verdadeiramente política, baseada em certos princípios gerais de direito e liberdade. Ora, há algo de contagioso, nesses princípios e em sua linguagem, que logo se estende além dos limites dentro dos quais estavam encerrados originalmente. Direito invoca direito, liberdade gera liberdade. As demandas e a resistência dos grandes barões provocaram demandas e resistência semelhantes nas outras classes da nação. Sem a concentração da alta aristocracia na Câmara dos Lordes, a Câmara dos Comuns provavelmente nunca teria sido formada. De todos esses fatos emana a conseqüência de que, quando existe grande desigualdade na sociedade entre as várias classes de cidadãos, não só é natural mas também útil para o progresso da justiça e da liberdade que a classe superior seja convocada e concentrada em um grande poder público, no qual as superioridades individuais são colocadas em um nível mais elevado que o do interesse pessoal; elas aprendem a lidar com seus semelhantes, a enfrentar oposição, e a dar um exemplo de defesa de liberdades e de direitos; ao passo que, ao se expor de alguma maneira à visão de toda a nação, elas sentem, apenas em virtude desse fato, a necessidade de se adaptarem, até certo ponto, às opiniões, sentimentos e interesses daquela nação.

Mas podemos dizer também que uma desigualdade social de magnitude suficiente para ocasionar a formação de um poder assim não é nem um fato universal, nem por si só uma coisa boa e desejável; e, sob esse ponto de vista, a Câmara dos Lordes, como constituída na Inglaterra, foi simplesmente um remédio para um mal. Não pode haver dúvida de que a imensa quantidade de terra, riqueza e poder concreto que pertencia aos grandes barões e a obtenção de todas essas vantagens sociais foram resultado da violência, e opostas tanto à tendência interna quanto aos princípios racionais da sociedade como um todo. Se, então, a divisão do poder legislativo em duas câmaras origina-se apenas dessas causas, ela pode, em certos casos, ser inevitável e até benéfica; mas, nos lugares onde essas causas não são encontradas, nada recomendaria essa divisão ou consideraria sua ausência um motivo de pesar. A distribuição eqüitativa e natural das vantagens sociais, sua rápida circulação, a livre competição de direitos e poderes — esse é o objetivo, e também a lei racional da condição social. Uma instituição que, em si mesma e por natureza, é contrária a esse objetivo e deprecia essa lei não contém nada que estimule sua adoção se não for imposta pela necessidade.

Será esse o caso com relação à divisão do poder legislativo em duas câmaras, deixando de lado aquelas características particulares que, na Câmara dos Lordes inglesa, se originaram unicamente de fatos locais e acidentais, e que não podem ser atribuídas a causas racionais de validade universal?

Antes de considerar essa questão em sua relação com o princípio fundamental do governo representativo, são necessárias algumas observações.

Não é verdade, de forma alguma, que as desigualdades semelhantes àquelas que produziram a preponderância dos grandes barões na Inglaterra, e uma classificação permanente da sociedade de acordo com esses fatos, são condições naturais do estado social. A Providência nem sempre vende seus benefícios a um preço tão alto para a raça humana, e não fez com que a própria existência da sociedade dependesse dessa classificação, dessa constituição imutável de privilégio. A razão deve acreditar, e os fatos provar, que a sociedade não só pode subsistir como estará até melhor em outra situação; em uma situação em que o princípio da livre competição exerce mais controle, e em que as várias classes sociais são quase aliadas. É certo, no entanto, que há, na sociedade, duas tendências igualmente legítimas em seu princípio, e igualmente salutares em seus efeitos, embora em oposição permanente uma à outra. A primeira é a tendência à produção de desigualdade; e a outra, a tendência a manter ou a restaurar a igualdade entre indivíduos. Ambas são naturais e indestrutíveis: este é um fato que não exige prova, já que o aspecto do mundo o exibe em todas as partes; se olharmos para dentro, as perceberemos em nós mesmos. Quem não deseja, em um ou outro aspecto, estar acima de seus semelhantes? E quem também não quer, em algum particular, rebaixar os que lhe são superiores à igualdade consigo mesmo? Essas duas tendências, consideradas em seu princípio, são igualmente legítimas; uma está ligada ao direito das superioridades naturais que existem tanto na ordem moral quanto na ordem física do universo; a outra, ao direito de todo ser humano àquela justiça que preconiza que nenhuma força arbitrária o prive de quaisquer das vantagens sociais que ele possui, ou possa adquirir, sem ajuda e sem prejudicar a seus semelhantes. Evitar que as superioridades naturais se manifestem, e exerçam o poder que lhes pertence, é criar uma desigualdade violenta e mutilar a raça humana em suas partes mais nobres. Escravizar os seres humanos com relação àqueles direitos que são comuns a todos, em virtude da semelhança de sua natureza, a leis desiguais, impostas ou mantidas pela força, é insultar a natureza humana e esquecer sua dignidade imperecível. Enfim, essas duas tendências são igualmente salutares em seus efeitos; sem a primeira, a sociedade seria inerte e sem vida; sem a segunda, só a força dominaria, e o direito seria suprimido para sempre. Ao considerá-las com relação àquilo que é legítimo e moral em cada uma delas, perguntemo-nos o que é essa tendência à desigualdade senão o desejo de nos erguermos, de ampliar nossa influência, e de trazer à luz e realizar o triunfo daquela porção de poder moral naturalmente colocada pela vontade de Deus, o Criador, em cada indivíduo particular. E não é esse impulso que constitui a vida e determina o progresso da espécie humana? Por outro lado, o que é essa tendência à igualdade senão resistência à força, a desejos arbitrários caprichosos, e a vontade de só prestar obediência à justiça e à verdadeira lei? Sem dúvida, nessas duas tendências, as partes ruins e as partes boas de nossa natureza se manifestam: há uma nódoa de insolência no desejo de auto-elevação, e de inveja na paixão por igualdade. A injustiça e a violência podem ser utilizadas ou para degradar superiores ou para sobrepujar os semelhantes; mas nesse conflito do bem e do mal que, em todas as partes, é a condição humana, não é menos verdade que as duas tendências de que falo constituem o próprio princípio da vida social, a causa dupla que faz a espécie humana avançar na carreira de aperfeiçoamento, que a leva de volta quando se desvia em seu caminho, e a estimula a ir adiante quando poderes ou vontades obstinados tentam impedir seu progresso.

A tendência à desigualdade é, então, um fato inevitável em si mesmo, legítimo em seu princípio e salutar em seus efeitos, se for controlada pela lei da competição, isto é, se estiver em uma luta permanente e livre com a tendência à igualdade, que, na ordem da Providência, parece ser o fato destinado a contrabalançá-la. Em todos os países, sempre surgirá e existirá um certo número de superioridades individuais, que buscarão no governo um lugar semelhante ao que ocupam na sociedade. Esses indivíduos não devem obter essa posição por interesse pessoal, nem estendê-lo além daquilo que se harmoniza com o interesse público; nem devem retê-lo por mais tempo do que a duração da posse do título que os levou a assumir esse posto – isto é, sua verdadeira importância –, nem devem preservar esse título por meios que violem o princípio da livre competição e a manutenção dos direitos comuns a todos. Tudo isso é indubitável, mas, se for permitido, ainda assim permanecerá a necessidade de introduzir e concentrar entre os poderes superiores todas as grandes superioridades do país, a fim de envolvê-las na transação dos negócios públicos e na defesa dos interesses gerais.

Este, como vimos, é o único objetivo do sistema representativo: sua intenção é descobrir e concentrar as superioridades naturais e reais do país, a fim de aplicá-las a seu governo. Ora, será que é uma boa coisa em si mesma, e que está de acordo com o princípio fundamental desse sistema, aplicar apenas um método para procurar essas superioridades e juntá-las todas em uma única urna de votação? Ou seja, elas devem estar unidas em uma única assembléia, formada sob as mesmas condições, após os mesmos testes e da mesma maneira? Agora chegamos ao âmago da questão.

O princípio do sistema representativo é a destruição de toda a soberania do direito permanente, isto é, de todo o poder absoluto sobre a terra. A questão do que agora chamamos de *onipotência* sempre foi debatida, em todas as épocas. Se entendemos isso como um poder realmente definitivo, nos termos de leis estabelecidas, um poder assim sempre existe na sociedade, sob uma variedade de nomes e formas; pois onde quer que exista um assunto para ser decidido e terminado, deve existir um poder para decidi-lo e terminá-lo. Assim, na família, o pai exerce o poder de determinar definitivamente, em certos particulares, a conduta e o destino de seus filhos; em um município bem organizado, o conselho municipal promulga definitivamente o orçamento local; nos julgamentos civis, certos tribunais pronunciam o julgamento final nos casos submetidos à sua decisão; e, no sistema político, a onipotência eleitoral pertence aos eleitores. O poder definitivo é assim disseminado por todo o estado social, e é encontrado em todas as partes, necessariamente. Isso implica que um poder deve existir, em algum lugar, que possua a onipotência por direito, isto é, que tenha o direito de fazer qualquer coisa que queira? Esse seria o poder absoluto; e é o projeto formal do sistema representativo, bem como o objetivo de todas as suas instituições, precaver-se contra a existência de tal poder, e esforçar-se para que todos os poderes sejam submetidos a determinadas avaliações, encontrem obstáculos, sofram oposição e, enfim, sejam privados do controle até que tenham provado sua legitimidade, ou apresentado uma razão para presumi-la.

Não há, então – e não pode haver –, nenhuma onipotência de direito, ou seja, um poder a que seja permitido dizer: "isso é bom e justo porque decidi assim"; e todos os esforços da ciência política, todas as instituições, devem fazer o possível para evitar que um poder assim seja formado em algum lugar; e devem fazer com que a onipotência, que realmente existe sob tantos nomes na sociedade, encontre, em todas as partes, restrições e obstáculos suficientes para evitar que se converta em uma onipotência de direito.

Até que seja atingida a cúpula da sociedade, e enquanto só forem constituídos aqueles poderes sobre os quais foram colocados outros poderes permanentes com o objetivo de controlá-los, e com poder para impor sua autoridade, esse objetivo parece fácil de ser alcançado.

O poder judiciário, o poder municipal e todos os poderes de segunda categoria podem ser definitivos sem muito perigo, porque, se aqueles que os possuem abusam deles de uma forma que possa se tornar fatal, o poder legislativo ou o executivo estarão lá para reprimi-los. Mas devemos necessariamente chegar, por fim, ao poder supremo, àquele poder que supervisiona todos os demais e que não é, ele próprio, governado ou limitado por nenhum poder visível e constituído. Será que o direito de onipotência pertence a esse poder? Certamente não, seja qual for sua forma ou nome. No entanto, ele estará sempre inclinado a aspirar a essa onipotência, e será capaz de apoderar-se dela, pois no sistema político ele possui essa onipotência e não pode ser privado disso; com referência aos interesses gerais, bem como aos interesses locais e particulares, um poder definitivo é uma necessidade.

Aqui, então, toda a presciência do político deve ser manifestada: ele irá necessitar de toda a sua arte e de todos os seus esforços para evitar que a onipotência na prática afirme sua legitimidade inerente, e que o poder definitivo se torne poder absoluto.

Tenta-se assegurar esse resultado por uma variedade de meios: I. reconhecendo os direitos individuais dos cidadãos – cujo efeito é supervisionar, controlar e limitar esse poder supremo central e constantemente submetê-lo à lei da razão e da justiça à qual ele deve estar subordinado; esse é o objetivo dos júris, da liberdade de imprensa e da transparência de todos os tipos. II. constituindo, de uma forma distinta e independente, os poderes principais de segunda categoria, tais como o poder judiciário e o poder municipal; de uma maneira tal que esses, sendo eles próprios controlados e reprimidos, quando necessário, pelo poder central, possam, por sua vez, controlá-lo e reprimi-lo se ele tentar se tornar absoluto. III. organizando o próprio poder central de uma forma que dificulte a usurpação da onipotência legítima por parte desse poder, e que garanta que ele irá encontrar, em seu próprio meio, o tipo de oposição e de obstáculos que não lhe permitirão obter a onipotência na prática, a não ser sob condições trabalhosas, cuja superação daria motivo para presumir que ele, realmente, atua de acordo com a razão e a justiça, ou seja, que possui legitimidade.

Essa última descrição de meios é a única relacionada com a questão que ora ocupa nossa atenção. A divisão do poder legislativo em duas câmaras tem precisamente esse objetivo. É voltada contra a fácil aquisição de onipotência real na cúpula do sistema social e, conseqüentemente, contra a transformação da onipotência real em onipotência legítima. Portanto, está de acordo com o princípio fundamental do sistema representativo, e é uma conseqüência necessária dele.

Por que não é desejável que os poderes legislativo e executivo, isto é, que todo o poder supremo esteja concentrado em um único homem ou em uma única assembléia? Por que a tirania sempre surge dessas duas formas de governo? Porque está na natureza das coisas que um poder que não tem nenhum semelhante se considere o soberano legítimo, e logo passe a ser absoluto. Isso ocorreu em democracias, aristocracias e monarquias; sempre que o poder soberano foi realmente concedido a um único homem, ou a um único grupo de homens, aquele homem ou aquele grupo presumiu ser o soberano legítimo; e mais ou menos com freqüência, e com maior ou menor violência, exerceu o despotismo.

A arte da política, o segredo da liberdade, é, então, fornecer igualdade a todos os poderes para os quais não é possível fornecer superiores. Esse é o princípio que deve predominar na organização do governo central; pois somente nesses termos poderemos evitar o estabelecimento do despotismo no centro do Estado.

Ora, se o poder legislativo é confiado a uma única assembléia e o poder executivo a um único homem, ou se o poder legislativo for dividido entre uma assembléia e o poder executivo, é possível que cada um desses poderes tenha força e coerência suficientes para aceitar a igualdade necessária entre eles, ou seja, garantir que nenhum dos dois irá se tornar o único e inquestionável poder soberano? Um exemplo desses nunca foi observado: sempre que o poder central foi assim constituído, ocorreu uma luta que resultou, dependendo da época, na extinção ou do poder executivo pela assembléia legislativa, ou da assembléia legislativa pelo poder executivo. Alguns países foram governados por uma única assembléia; outros, por várias assembléias, algumas das quais foram aristocráticas e outras democráticas; todas competiram umas com as outras pela soberania. Essas várias formas de governo levaram ou à tirania ou a turbulências contínuas, mas, apesar disso, perduraram. Porém um governo no qual a assembléia legislativa e o poder executivo permaneceram separados, preservando sua personalidade e sua independência e restringindo-se mutuamente, é um fenômeno que não tem precedentes, nem na antiguidade nem nos tempos modernos. Um desses poderes sempre sucumbiu rapidamente, ou foi logo reduzido a um estado de subordinação e dependência que o tornou insignificante, pelo menos com relação aos objetivos essenciais para os quais foi instituído.

Isso não poderia deixar de ocorrer. A igualdade entre poderes totalmente diferentes, ou em sua natureza ou em seus meios de obter poder ou credibilidade, é impossível. O domínio de uma pessoa, ou seja, a forma puramente monárquica de governo, extrai seu vigor e seus meios de ação de certas aptidões da natureza humana e de certas condições da sociedade. O governo pleno e exclusivo de uma única assembléia extrai a mesma coisa de outras aptidões e de outras circunstâncias sociais; dependendo da predominância de um ou outro grupo de circunstâncias, reis aboliram assembléias e assembléias destronaram reis. Mas a coexistência desses dois sistemas de governo, quando eles se confrontam e atuam em uma oposição direta, é impossível. Nesse caso, eles não atuam como um limite mútuo, e sim travam uma guerra de extermínio; por isso, um evento assim só foi conhecido em situações revolucionárias, e é possível que tenha sido uma condição inevitável nessas épocas. Mas tais eventos sempre envolveram uma dessas duas formas de despotismo, e nunca se tornaram a base para um governo livre e harmonioso.

Quando admitimos que a divisão do poder central é indispensável para evitar toda a usurpação da onipotência legítima, ou pelo menos para fazer com que essa usurpação seja infreqüente e difícil, necessariamente conclui-se que essa divisão deve ser realizada de tal maneira que os poderes dela resultantes sejam capazes de uma coexistência harmoniosa, ou seja, de controlar-se e limitar-se mutuamente e de obrigar um ao outro a buscar, juntamente, aquela razão, verdade e justiça que devem regular sua vontade e reger suas ações. É essencial que nenhum desses poderes se eleve tão acima dos outros que isso lhe permita livrar-se de seu jugo; pois a excelência do sistema consiste, precisamente, em sua dependência mútua e nos esforços para obter a unanimidade que essa dependência lhes impõe. Ora, não pode haver dependência mútua a não ser entre poderes que estejam investidos de certo grau de independência, e com força suficiente para mantê-la.

A divisão do poder central, ou da soberania real, entre o poder executivo e duas assembléias legislativas é, portanto, estritamente derivada do princípio fundamental do sistema representativo; ou, melhor, é a única forma constitucional que corresponde plenamente a esse princípio e garante sua manutenção, já que essa é a única forma que, ao fornecer igualdade para poderes que não admitem superiores, evita que eles reivindiquem e usurpem a soberania legítima, isto é, o poder absoluto.

Por que essa verdade foi esquecida com tanta freqüência? Por que essa forma constitucional foi tantas vezes repudiada por homens que, apesar disso, desejavam estabelecer um governo representativo? Porque eles esqueceram o princípio dessa forma de governo. No momento mesmo em que estavam direcionando seus esforços contra o poder absoluto, imaginaram que ele existia legitimamente em alguma parte; e o atribuíram à própria sociedade – a toda a população. Demonstraram, assim, que lhes faltavam coerência e coragem em sua oposição ao poder absoluto; e, ou não sabiam onde ele se encontrava, ou não ousaram persegui-lo; nem deixá-lo sem abrigo; nem denunciá-lo e bani-lo sob todos os nomes e formas possíveis em que se encontrasse. Assim, admitindo a existência de um único soberano, natural e eternamente legítimo, eles foram também obrigados a admitir uma representação concentrada dessa soberania não-dividida. A soberania do povo, assim compreendida, necessariamente leva consigo a unidade do poder legislativo; e quando a tirania surgiu dela, quando as lições da experiência levaram os homens a buscar outras combinações, quando foi considerado correto dividir a assembléia legislativa, isso foi feito com a segurança de que tal passo era contrário ao princípio do governo representativo, mas necessário; de que princípios não podem ser seguidos rigorosamente e de que é preciso acreditar na teoria, mas não praticá-la. Essa linguagem é um insulto à verdade, pois a verdade nunca contém o mal; e quando o mal aparece em algum lugar, ele não emerge da verdade, e sim do erro. Se as conseqüências de um princípio são fatais, não é porque o princípio, embora verdadeiro em si mesmo, não seja aplicável, e sim porque ele não é realmente verdadeiro. Disseram os defensores do direito divino: há apenas um Deus; portanto, deveria haver apenas um rei; e todo o poder pertence a ele porque ele é o representante de Deus. Os defensores da soberania do povo dizem: há apenas um povo; portanto, deve haver apenas uma assembléia legislativa, pois ela representa o povo. O erro é o mesmo nos dois casos, e em cada caso leva igualmente ao despotismo. É certo que só há um Deus; mas Deus não existe em lugar algum na terra, pois nenhum homem nem o povo inteiro é Deus, nenhum dos dois conhece sua lei perfeitamente, ou a deseja constantemente. Nenhum poder real, então, deve ser concentrado, pois a unidade do poder existente supõe a plenitude do poder legítimo que ninguém possui ou pode possuir.

Então, longe de a divisão do poder legislativo ser um desvio dos princípios da liberdade política, ela está, ao contrário, em perfeita harmonia com esses princípios, e está especialmente direcionada contra o estabelecimento do poder absoluto.

Tendo assim estabelecido o princípio, seria fácil considerá-lo na prática e demonstrar seus bons efeitos. Seria fácil provar que ele é indispensável para que se compreenda a responsabilidade do poder executivo; para frear a ambição desordenada, e fazer com que todo tipo de superioridade seja voltado para o benefício do Estado; para evitar que as instituições fundamentais, os direitos públicos dos cidadãos, e todos os mais altos ramos da legislação, venham a ser tratados como simples medidas do governo, e sujeitos à instabilidade da experiência política. Mas essas considerações me levariam longe demais; eu gostaria de estabelecer essa forma constitucional em princípio, porque é devido à falta de tais bases que ela há muito vem sendo olhada com desconfiança e com dúvida por muitos homens esclarecidos. Sua utilidade jamais é contestada; seus bons resultados são reconhecidos; mas os homens normalmente não sabem como é possível fazer com que ela esteja de acordo com os princípios gerais de um governo livre; e percebeu-se, não sem razão, que esses princípios seriam enfraquecidos por qualquer desvio deles. Em épocas em que a espécie humana está sujeita a influências regenerativas, o empirismo nunca é o espírito dominante; o homem então exige alguns princípios racionais e rigorosos que possam fornecer uma solução para todas as dificuldades; e ele desconfia da experiência quando acha que seus conselhos estão em desacordo com aqueles axiomas originais que sua razão adotou firmemente. Essa é nossa disposição natural: não a lamentemos, ela é característica de todas as grandes épocas; então, é necessário apenas examinar rigidamente os próprios princípios, e garantir a predominância exclusiva daquelas idéias que verdadeiramente a merecem.

Há ainda uma segunda questão a ser considerada: verificar como a divisão do poder legislativo em duas câmaras deve ser realizada, qual deve ser o modo de formação e quais são as atribuições e as relações das duas assembléias. Isso, pelo menos em grande parte, é uma questão de circunstâncias, cuja solução depende quase que totalmente da situação da sociedade, de sua constituição interna e da maneira pela qual a riqueza, a influência e a inteligência estão distribuídas; isso fica bastante evidente pelo que eu disse sobre as causas que levaram à formação da Câmara dos Lordes na Inglaterra. É claro, por exemplo, que aqueles países onde não havia uma desigualdade como a existente então entre as várias classes sociais não seriam adequados para uma divisão do poder legislativo com base nas mesmas idéias, apresentando as mesmas características e acarretando as mesmas conseqüências. Talvez a única idéia geral que possa ser estabelecida *a priori* sobre esse assunto é que as duas assembléias não devem ter a mesma origem, nem ser constituídas da mesma maneira; em outras palavras, elas não devem ser exatamente iguais. Se o fossem, o objetivo de sua separação seria frustrado, porque sua semelhança destruiria a independência mútua que é a condição de sua utilidade.

Palestra 19

Poder e atribuições do Parlamento britânico no século XIV. — Em sua origem, e após o término de seu desenvolvimento, o Parlamento manteve o nome de Grande Conselho do reino. — Diferença entre suas atribuições e seu verdadeiro poder nesses dois períodos. — Absorção de quase todo o governo pela coroa; retomada gradativa de sua influência por parte do Parlamento.

Na Inglaterra, o primeiro nome dado à assembléia sucedida pelo Parlamento foi, como vimos, o de Grande Conselho, o conselho comum do reino — *magnum commune consilium regni*. Nos dois últimos séculos, o mesmo nome foi dado ao próprio Parlamento com o objetivo de indicar claramente a natureza de sua interferência no governo e o papel que nele desempenha. O Parlamento é chamado de grande conselho nacional: o rei governa no Parlamento, isto é, sob a orientação e com a anuência do grande conselho da nação.

Assim, também na origem do governo britânico, e desde que ele atingiu seu pleno desenvolvimento, a mesma idéia esteve associada à assembléia, ou à união das grandes assembléias públicas; e foram ambas designadas com a mesma palavra.

Nesses dois períodos, o Parlamento, ou a assembléia correspondente que o precedeu, na verdade nunca foi, e, realmente, não poderia ter sido, considerada um poder especial, separado do governo propriamente dito – um acessório restrito em sua atuação a um número determinado de assuntos ou emergências. O próprio governo tinha essa assembléia como base, e nela se concentravam – e dela eram chamados a atuar – todos os poderes superiores.

Na origem dos Estados modernos, e especialmente no da Inglaterra, as pessoas estavam longe de achar que o único direito pleno do conjunto de cidadãos capazes, da nação política, era o de aprovar a imposição de impostos; e que, nos demais casos, eles estavam sujeitos a uma autoridade independente, e não tinham nenhuma autorização para interferir, direta ou indiretamente, nos assuntos gerais do Estado. A seu ver, fossem quais fossem esses assuntos, eram assuntos seus, e eles sempre se ocupavam deles quando sua importância naturalmente exigia sua intervenção. Isso é testemunhado pela história da *Wittenagemot* saxã, pelo *Magnum Consilium* anglo-normando e por todas as assembléias nacionais dos povos germânicos nos primeiros períodos de sua existência. Essas assembléias eram verdadeiramente o grande conselho nacional, deliberando e tomando decisões sobre os assuntos da nação de comum acordo com o rei.

Invariavelmente, todas as vezes que o sistema representativo alcançou suas grandes vitórias, e produziu seus frutos essenciais, ele recorreu a esse sistema; e voltou, com efeito, a seu ponto de partida. Apesar de todas as várias limitações aparentes, o poder do Parlamento abrangeu tudo, e exerceu uma influência mais ou menos imediata – mas na verdade decisiva – sobre todas as questões do Estado. O Parlamento, uma vez mais, tornou-se o grande conselho nacional onde todos os interesses nacionais eram debatidos e regulamentados, às vezes mediante deliberação anterior, outras vezes pelos expedientes responsáveis.

Quando essa primeira e última condição de governos livres foi reconhecida, percebemos que é possível encontrar uma condição intermediária muito diferente, em que o Parlamento, embora às vezes chamado de grande conselho nacional, não exerce quaisquer de suas funções, não interfere de maneira permanente em assuntos políticos e, em resumo, não é a sede e o instrumento habitual do governo. Durante todo esse período, o governo separa-se do Parlamento e tem como base o poder real, ao redor do qual estão agrupados os membros principais da grande aristocracia. O Parlamento é necessário em certos casos, mas não é o centro, o foco, da ação política. Ele exerce direitos, defende suas liberdades e luta por sua extensão; mas não influencia o governo de uma forma decisiva; e princípios que pertencem unicamente à monarquia absoluta coexistem com a convocação mais ou menos freqüente dos representantes da nação.

Essa foi a situação do Parlamento britânico desde sua formação no século XIII até quase o final do século XVII. Foi somente no fim do século XVII que ele retomou todas as características do grande conselho nacional e tornou-se, uma vez mais, a sede de todo o governo.

No século XIV, o Parlamento britânico não era, então, nem aquilo que as assembléias públicas dos povos germânicos tinham sido originalmente, nem o que é nos dias atuais. Para compreender de forma adequada quais eram, naquela época, a natureza de seu poder e a abrangência de sua influência, devemos acompanhar o progresso dos eventos.

A deliberação comum sobre negócios comuns é o princípio, bem como a forma mais simples, da liberdade política. Esse princípio existia plenamente na primeira infância das nações modernas. A assembléia nacional era o grande conselho onde se negociavam assuntos públicos de todos os tipos. O rei, o chefe natural desse conselho, tinha o dever de convocá-lo e de seguir sua orientação.

Em virtude da dispersão da nação por um território extenso, o grande conselho nacional também se dispersou, e não podia ser reunido; durante algum tempo, no entanto, ele manteve sua forma antiga e a extensão total de seus antigos direitos; mas o poder está associado a presença contínua, e o grande conselho raramente ocorria. Seus números rapidamente se reduziram, e muito em breve ele passou a ser composto unicamente de grandes proprietários a quem a riqueza, a importância política e aquela ambição que aumenta com o crescimento do poder levavam a se reunirem com freqüência ao redor do rei. O governo, que antes tinha sua sede no grande conselho nacional, agora residia unicamente nesse novo conselho, formado pelo rei e pelos grandes barões, que a cada dia se distanciavam mais do corpo da nação. As mesmas palavras continuavam a ser usadas: o rei sempre governava com seu grande conselho; mas esse conselho já não era a mesma assembléia; o governo e o corpo da nação haviam se separado.

O rei tentava se livrar dos grandes barões e governar sozinho; eles resistiam; e, na luta em que se envolveram pela defesa de suas liberdades ou pela preservação de sua influência no governo central, foram obrigados a procurar o apoio do corpo da nação, dos proprietários alodiais e dos burgueses. O resultado dessa luta foi benéfico para a liberdade: os proprietários alodiais e os burgueses, que tinham se tornado quase alheios ao governo central, renovaram sua conexão com ele graças à formação do Parlamento; e esse grande conselho do rei, que durante dois séculos vinha se contraindo continuamente, começou a se expandir uma vez mais.

Mas, quando regressaram, os novos cidadãos estavam longe de ocupar o mesmo lugar que seus antepassados haviam ocupado. O desenvolvimento da desigualdade é sempre o primeiro resultado do progresso da condição social. A realeza tinha expandido e fortalecido seu poder; ela agora existia por si mesma, poderosa e independente, e reivindicava vários direitos proporcionais à sua própria força. O mesmo ocorria com os grandes barões, que também estavam fortes e independentes. Se tivesse sido possível congregar em uma única assembléia todos os descendentes daqueles antigos saxões e normandos que haviam, originalmente, formado o grande conselho comum, um espetáculo muito diferente teria sido apresentado. Em vez de encontrar uma assembléia de guerreiros, que certamente não desfrutavam de uma igualdade perfeita, mas que eram suficientemente iguais para que cada um pudesse preservar sua importância pessoal e considerar-se em condição de defendê-la; em vez de ver um chefe à sua frente, que não se distinguia o bastante dos homens mais importantes dentre eles para que pudesse ser poderoso sem seu apoio, haveria um rei investido de grande riqueza e poder, barões poderosos seguidos por uma multidão de pessoas quase que totalmente dependentes deles, e um grupo de cidadãos obrigados a unir-se, e a agir coletivamente para recuperar alguma influência sobre aquelas medidas que lhes interessavam mais diretamente. Nessa nova composição da sociedade e da assembléia nacional, os deputados dos condados e dos burgos estavam muito longe de ter a pretensão de associar-se com o governo propriamente dito, ou de achar que podiam controlar ou dirigir o poder central em todos os assuntos públicos; vários séculos se passaram necessariamente antes que suas idéias pudessem adquirir tanta generalidade, e sua interferência no Parlamento se tornasse tão abrangente. Eles se reuniam ali com o único objetivo de defender a si próprios, e àqueles a quem representavam, contra os abusos mais gritantes do poder, contra a invasão violenta e arbitrária de suas pessoas e de suas posses. Discutir as exigências de provisões que lhes eram impostas, e apresentar suas reivindicações ao governo contra os atos mais perigosos de injustiça dos agentes do rei ou dos grandes nobres, constituíam toda sua missão, e, a seu ver, a extensão total de seus direitos. Sua importância pessoal era muito insignificante e sua atividade intelectual por demais limitada para que eles pudessem se imaginar sendo convocados para discutir e organizar os assuntos gerais do Estado. Resistiam ao poder quando este os atacava diretamente ou lhes exigia grandes sacrifícios; mas a realeza e suas prerrogativas, o conselho ordinário do rei e suas medidas com relação à legislação, à paz e à guerra, ou à política em geral, em uma palavra, ao governo propriamente dito, estavam totalmente além de sua interferência. Eles não tinham o poder, ou até mesmo o desejo, de envolver-se com esses assuntos; tudo era discutido e decidido entre o rei, seus ministros e os grandes nobres, naturalmente chamados para participar desses assuntos pela superioridade e importância de sua posição social.

Seria inútil procurar, no Parlamento do século XIV, a antiga assembléia dos guerreiros saxões e normandos e o Parlamento então existente. Não que os fatos tenham sido deturpados, em absoluto.

FRANÇOIS GUIZOT

O que ocorrera é que uma nova sociedade fora formada, e ela só podia produzir uma ordem política de acordo com seu próprio caráter. Uma grande desigualdade predominava, e essa desigualdade reaparecia naturalmente entre os poderes aos quais dava luz. A unidade original e simples que existia em uma comunidade inculta havia desaparecido; e a sábia unidade, que a condição da sociedade civilizada pode alcançar graças à difusão da riqueza e da inteligência, ainda estava muito distante. Havia um rei, uma Câmara dos Lordes e uma Câmara dos Comuns; mas não havia um Parlamento no sentido político que hoje é associado a essa palavra.

A coexistência permanente da realeza e de um grande conselho público, que atravessa todas essas vicissitudes de governo e de liberdade, é um fato importante. Esse conselho, formado a princípio pela assembléia geral da nação, e mais tarde limitado aos grandes barões, rapidamente admitindo em seu círculo os representantes de outras condições sociais, sempre foi, na Inglaterra, o órgão principal do governo central. A monarquia inglesa nunca conseguiu se isolar e se emancipar dele. Esse conselho foi reduzido ou ampliado em virtude das mudanças que ocorreram na sociedade; mas ele sempre determinou a condição e a forma da monarquia. A liberdade popular, por assim dizer, sempre manteve uma base no poder central; a nação nunca foi completamente excluída da participação em seus próprios assuntos. O progresso do Parlamento foi o progresso do próprio governo. Não importa se a Câmara dos Comuns foi frágil e ineficaz em sua origem; o que importa é que ela existiu e fez parte do conselho do rei; ela estava sempre presente para aproveitar, em alguma medida, todas as oportunidades de ampliar sua influência e de engrandecer sua posição e o papel que tinha que desempenhar. No século XIV, seu poder era muito limitado, suas atribuições muito restritas e sua intervenção nos assuntos públicos muito infreqüente; mas era impossível que não aumentasse diariamente. Com efeito, ela realmente aumentou e muito, a partir do reinado de Eduardo I até o de Henrique VI. Durante as guerras das Rosas Vermelha e Branca, a grande aristocracia feudal se destruiu com suas disputas. Quando Henrique VII subiu ao trono, já não existia um corpo de grandes barões capaz de oferecer uma resistência armada ao poder real. A Câmara dos Comuns, embora fortalecida, ainda não emergira de sua condição de inferioridade, e foi incapaz de ocupar o lugar dos grandes barões na resistência à realeza. Daí o despotismo dos Tudors no século XVI, o único período em que as máximas do poder absoluto predominaram na Inglaterra; mas, até mesmo naquele século, a Câmara dos Comuns foi penetrando dia a dia e cada vez mais no governo, até que seu poder foi revelado plenamente com a grande Revolução do século XVII.

Acabo de lhes dar uma visão do que ocorreu entre o período da formação definitiva do Parlamento britânico e aquele no qual ele buscou obter controle total. Em nossas próximas palestras, examinaremos as fases principais do desenvolvimento desse grande governo durante aqueles três séculos.

Palestra 20

Situação e atribuições do Parlamento durante o reinado de Eduardo II (1307-1327). — Império dos favoritos. — Luta dos barões contra os favoritos. — Facções aristocráticas. — Petições ao rei. — Formas de deliberação sobre esse tema. — Deposição de Eduardo II.

Para explicar a maneira pela qual o Parlamento britânico foi formado, achei necessário, até agora, acompanhar a história passo a passo — entrar em todos os detalhes e coletar todos os fatos que possam servir como provas ou de sua existência, ou de sua participação nos assuntos públicos. Agora tenho outro objetivo a alcançar, e, portanto, devo seguir outro curso. O Parlamento agora está definitivamente formado; e se eu fosse continuar narrando todos os fatos a ele relacionados, e mantendo um registro, por assim dizer, de todos os seus atos, teria que escrever a história do país, e não a de suas instituições. O que estou buscando descrever é o desenvolvimento do governo representativo; e tentarei evitar todas as questões que não estejam relacionadas com esse objetivo. O alcance que o Parlamento obteve, as revoluções que sofreu — em uma palavra, sua vida individual e interna, serão o tema a que nossa atenção se dirigirá.

Ao considerar o reinado de Eduardo I de um ponto de vista político, é evidente que, apesar das agitações pelas quais passou, houve, durante aquele reinado, alguma integridade e unidade no exercício do poder. Eduardo era um príncipe firme e capaz, que sabia bem como unir e dirigir as várias forças sociais; nele, o Estado tinha um centro e um chefe. Sob Eduardo II, o governo inglês perdeu aquela solidez e unidade; nenhuma vontade inteligente e determinada o presidia; a nação não tinha um único ponto ao redor do qual podia se arregimentar; o barbante que segurava o embrulho havia se rompido; todas as forças e todas as paixões eram manifestadas de forma aleatória, e entravam em conflito em virtude dos interesses de indivíduos ou facções.

Numa situação assim, o que poderia ser o Parlamento? Nada, ou quase nada, além de instrumento dessas mesmas facções. O grupo de barões era, então – e continuou a ser por muito tempo – a parte preponderante da assembléia: os Comuns, embora, algumas vezes, fortes o suficiente para se defenderem quando seus próprios interesses estavam em jogo, não eram poderosos o bastante para interferirem, de uma maneira decisiva, nos assuntos públicos e para se tornarem o núcleo do governo. Todos os assuntos, portanto, eram ajustados entre a corte e os barões, ou melhor, entre as várias facções em que estava dividido o grupo dos barões. Os Comuns subiam no vagão de um ou de outro partido, para dar a seus triunfos alternativos a aparência de uma adesão nacional, mas sem nunca determinar o curso dos eventos, ou sequer modificá-los de uma maneira eficaz. O poder supremo e o país eram vítimas dos conflitos e dissidências da alta aristocracia.

François Guizot

Para demonstrar claramente que essa era a situação das instituições e do governo central nesse período, basta referirmo-nos aos três eventos mais importantes desse reinado.

O primeiro desses eventos foi o conflito que os barões ingleses mantiveram contra o rei, com relação a um favorito, Piers Gaveston, que, apesar do conselho de seu pai, Eduardo II insistia em manter sob sua confiança. O favorito e seus seguidores absorviam todo o poder e todos os benefícios da corte; e, em 1311, os barões, desejando sua parte nessas riquezas e favores, após terem tentado todos os outros meios para derrubar o favorito, exigiram sua demissão com armas nas mãos. É evidente que essa iniciativa não tinha a intenção de promover nem os interesses do povo nem os do rei: era uma revolta de cortesãos. Eles lutaram não para assegurar a inviolabilidade das cartas régias ou dos direitos, e sim para obter os empregos e os tesouros de um favorito. Apesar disso, fizeram o possível para dar um tom nacional a essa rebelião. Os planos e medidas do grande Parlamento rebelde realizado em Oxford durante o reinado de Henrique III foram revividos; administradores especiais, os *Lords Ordainers** foram nomeados para reformar o Estado; eles tentaram conquistar o apoio da população com a abolição de uns poucos abusos; promulgaram um decreto pelo qual só os donos de propriedade fundiária poderiam nomear xerifes; restringiram o direito que a coroa tinha de receber provisões, e proibiram todas as concessões de cartas-patentes reais ordenando a suspensão do curso normal da justiça. Mas essas foram apenas aparências externas,

---

* Membros de uma comissão de 21 barões e bispos nomeados em 1310 para elaborar regulamentos visando a melhorar a administração do reino. (N. T.)

cuja intenção era esconder o egoísmo e egocentrismo dos grandes barões; seu único objetivo era tornarem-se donos da autoridade real, do direito de dar ordens aos funcionários principais do Estado e das rendas da coroa. Executaram Gaveston e apossaram-se de todo o poder. Os representantes dos condados e dos burgos presentes no Parlamento pelo qual esses atos foram executados deram seu consentimento; mas eles eram meros seguidores da rebelião, e não possuíam nenhuma influência sobre o governo. Os grandes barões, que vieram para o Parlamento armados e acompanhados de suas tropas, tinham o gerenciamento de tudo em suas próprias mãos.

Eduardo conseguiu escapar da tutela imposta pela coalizão dos barões, mas acabou sob o controle de dois favoritos novos, Hugh le Despencer, ou Spencer, e seu filho. A ascendência desses dois cortesãos provocou contra eles uma tempestade semelhante à que tinha derrubado Gaveston. A nova rebelião que irrompeu em 1321 é o segundo evento notável desse reinado. Sua primeira manifestação foi uma sentença pronunciada contra os dois Spencers pelos grandes barões do reino. Eles a pronunciaram apenas com sua própria autoridade, sem a contribuição dos Comuns ou do rei, e, ao mesmo tempo, obrigaram o rei a conceder-lhes – e a seus seguidores – uma anistia; pouco tempo depois, teve início uma guerra civil, e os barões confederados foram vencidos. Eduardo convocou um Parlamento em York, em 1322, do qual os Comuns participaram, e que rejeitou, em primeiro lugar, a sentença contra os dois Spencers e, depois, todos os regulamentos aprovados pelos *Lords Ordainers* em 1311 e 1312, considerando-os contrários aos direitos do rei e às leis e costumes do país. Assim, quem quer que prevalecesse – a corte ou os rebeldes –, o Parlamento sempre sancionava seu triunfo, evitando apenas o recurso, sempre disponível, da guerra civil, o único meio verdadeiro de chegar a uma decisão.

Além disso, é evidente que as riquezas acumuladas graças aos favores da corte e ao exercício do poder real eram um objeto constante de inveja e dissensão. A petição apresentada ao rei em 1322 por Hugh Spencer pai contra os barões que o haviam condenado explica que eles tinham devastado 63 de suas propriedades rurais ou domínios, em 15 condados diferentes, que tinham levado 28 mil ovelhas, 22 mil cabeças de gado, duas colheitas – uma de seus estábulos e celeiros e outra de milho ainda no pé – 600 cavalos, uma grande quantidade de provisões de todos os tipos e armaduras completas para equipar 200 homens; e que, além disso, tinham causado prejuízos, em seus castelos e terras, que alcançavam a soma de 30 mil libras esterlinas. Tal era então a riqueza de um grande barão inglês; e nisso residia uma fonte inesgotável de rebeliões.

Um terceiro evento, a deposição de Eduardo II, apresenta um espetáculo da mesma natureza que a das duas ocorrências precedentes. A deposição foi resultado de uma nova confederação dos barões, à frente da qual a rainha Isabella se colocara. Um Parlamento, convocado em Westminster em 7 de janeiro de 1327, declarou a incapacidade do rei, então prisioneiro no Castelo de Kenilworth. Uma delegação, composta de quatro bispos, dois condes, quatro barões, três deputados de cada condado e vários burgueses de Londres, das *Cinque Ports* e de outras cidades, foi enviada para comunicar-lhe a resolução do Parlamento e renunciar formalmente ao juramento de lealdade. Essa delegação recebeu de Eduardo II sua abdicação em favor de seu filho Eduardo III, então com quatorze anos de idade, sob cujo nome a facção dominante tinha esperança de controlar o poder supremo em seu próprio benefício.

Apesar da interferência dos Comuns nesse ato e nos precedentes, é claro que toda a questão foi administrada entre as facções da aristocracia influenciadas por interesses pessoais, e beneficiando-se da incapacidade do rei para se apropriarem do governo e de todas as suas vantagens. Não há nada que indique qualquer progresso das instituições políticas e das liberdades nacionais. O governo dos barões, após cenas como essas, foi ainda mais arbitrário e opressivo que o do rei.

Apesar disso, é extraordinário que, em todas essas ocorrências, a sanção do Parlamento sempre tenha sido considerada necessária, e a única forma de pôr um fim e legalizar os atos de violência. O Parlamento, ou pelo menos a Câmara dos Comuns, era apenas um instrumento passivo nessa questão, mas já se achava impossível dispensar a sua contribuição. Ora, como é parte da natureza desse instrumento servir à causa das liberdades públicas e levar, mais cedo ou mais tarde, à sua ampliação, todas as circunstâncias que aumentaram sua importância e determinaram sua necessidade podem ser consideradas um progresso do sistema representativo.

Agora introduzirei, para sua atenção, os principais fatos parlamentares desse período, e investigarei em que aspectos os princípios de um governo livre se manifestaram ou foram introduzidos neles.

Foi nessa época que o Parlamento se tornou, decisivamente, o centro ao qual eram dirigidos todos os pedidos de reformas de abusos, a reparação de agravos, a modificação de leis, em resumo, todos os tipos de petições; ele teve essa característica desde sua origem, mas em menor medida. Quando o Parlamento, ou melhor, o grupo dos barões reunidos no Parlamento, começou uma vez mais a atuar como o grande conselho do rei, um vasto número de petições que anteriormente nunca tinham sido feitas, ou que tinham sido dirigidas unicamente ao rei, começou a ser dirigido ao rei no Parlamento, e passou a ser tema de deliberações em suas reuniões. Assim, no Parlamento realizado em Westminster, em 1315, vemos que foram apresentadas 268 petições.

Essas petições eram de dois tipos. Algumas eram apresentadas pelos Comuns ao rei em conselho, e referiam-se a reivindicações ou queixas de interesse geral. Outras eram apresentadas por indivíduos, corporações ou cidades, e referiam-se a interesses privados ou locais. A primeira classe deu origem ao direito de iniciativa; a segunda, ao direito de petição. As duas classes eram dirigidas ao rei, em quem o poder legítimo residia; e a ele, por esse motivo, cabia não só prover as necessidades gerais do Estado como também fazer justiça aos interesses especiais.

Na abertura de cada Parlamento, estabelecia-se um certo número de dias para o recebimento de petições. E um certo número de pessoas, principalmente juízes ou conselheiros do rei, era nomeado para recebê-las, investigar sua natureza, classificá-las de acordo com seus objetivos, separar aquelas que iriam formar o tema de discussão do próprio Parlamento, e, finalmente, apresentá-las ao Parlamento. Essa discussão estava quase que limitada à Casa dos Barões, que, supostamente, formavam um grande conselho intermediário entre o conselho privado do rei e o Parlamento como um todo. Os barões, quando reunidos no conselho privado, deliberavam e tomavam decisões relativas aos pedidos dos Comuns relacionados com assuntos de interesse geral. Se esses pedidos se referiam a determinadas queixas contra abusos do exercício do poder real, ou contra a conduta dos xerifes, por exemplo, o rei as respondia em seu próprio nome e sozinho, após ter ouvido a orientação de seu conselho privado, dos juízes ou dos barões, dependendo das circunstâncias. Se as petições solicitavam alguma interpretação ou declaração sobre a lei existente, a resposta era dada da mesma maneira. Quando sugeriam a promulgação de uma nova lei, o rei, se julgava conveniente, propunha essa lei ao Parlamento; mas no princípio isso raramente ocorria; e, uma vez apresentada a petição, normalmente os Comuns já não tinham mais nada a fazer com respeito ao assunto até receber a resposta do rei.

Quanto às petições originárias de indivíduos ou de grupos não-relacionados com o Parlamento, e que se referiam unicamente a assuntos de interesse privado, a reunião do Parlamento apenas era escolhida como a ocasião de sua apresentação, porque era o período mais favorável para obter uma resposta. O conselho real tomava decisões sobre todas as petições que não exigiam a intervenção dos barões ou da totalidade do Parlamento.

A apresentação de petições nesse período é, portanto, um fato muito complexo, relacionado não somente com o direito de petição às Câmaras do Parlamento, mas também com o direito de petição ao governo de um modo geral, com o direito de iniciativa, com a jurisdição das Câmaras do Parlamento, em suma, com uma série de instituições essenciais para o sistema representativo que aqui precisam ser consideradas separadamente. Nessa afluência de petições de todos os tipos, que incitavam à ação poderes muito diferentes então exercidos indiscriminadamente, todas essas instituições essenciais já existiam, mas em um estado confuso e embrionário. Essa confusão original foi, sem dúvida, uma das causas principais da universalidade do poder do Parlamento britânico. Não podemos agora examinar todas as instituições que surgiram dessa fonte, e progressivamente foram descartadas, assumindo uma forma distinta. A questão do direito de petição, no sentido que lhe é associado nos dias atuais, por si só merece ser cuidadosamente examinada, e será o tema de nossa próxima palestra.

Um fato específico demonstra o progresso que os Comuns estavam começando a fazer com relação à compreensão de seu poder e de seus direitos. Não há dúvida de que, originalmente, a votação das provisões sempre lhes dava uma oportunidade de obter algumas concessões, ou a reparação de seus agravos; isso é provado pela história das cartas inglesas. Mas, em 1309, quando concederam a Eduardo II uma vigésima parte de seus bens móveis, expressamente anexaram a condição de que "o rei deve levar em consideração, e deve conceder-lhes a reparação de certos agravos dos quais eles tiveram que se queixar".* Esses agravos existiam há

---

* Esses agravos eram 11, quais sejam: 1. Que os fornecedores do rei tiravam todos os tipos de provisões sem dar nenhuma garantia com relação ao pagamento; 2. Que impostos adicionais tinham sido instituídos sobre vinho, tecidos e outros produtos importados do estrangeiro; 3. Que, dada a desvalorização da moeda, o valor de todos os produtos básicos havia subido; 4. Que os administradores e marechais do domicílio real faziam cobranças que eles não reconheciam como verdadeiras; 5. E que exerciam sua autoridade além do *verge*, ou seja, um circuito de doze léguas ao redor da pessoa do rei; 6. Que nenhum escriturário fora nomeado, como havia ocorrido sob o rei anterior, para receber as petições dos Comuns no Parlamento; 7 Que os funcionários nomeados para tirar artigos para o uso do rei, nas feiras e mercados, tiravam mais do que deviam, e lucravam com o excedente; 8. Que, em processos civis,

muito tempo, e foram perpetuados por um período considerável; mas os comuns tinham começado a olhá-los de frente e a insistir, ano após ano, que deviam ser reparados; e que só sob essa condição eles iriam conceder as provisões.

Um estatuto aprovado em 1322 pelo Parlamento de York, que revogou a sentença contra os dois Spencers, declarou que "a partir deste momento todas as leis relacionadas com a situação da coroa, ou do reino e do povo, devem ser tratadas, concedidas e estabelecidas no Parlamento pelo rei, por meio de e com o comum acordo dos prelados, condes, barões e comunidade do reino". Esse é um reconhecimento formal do direito dos Comuns de interferirem na legislação do país e em todos os grandes assuntos públicos.

Muitos especialistas em direito ingleses dão grande importância a esse estatuto e o consideram o primeiro ato que oficialmente sancionou o princípio fundamental do governo britânico. A meu ver, essa importância parece exagerada. O princípio enunciado pelo estatuto já havia sido posto em prática em muitas ocasiões anteriores, e não havia à época um conhecimento suficientemente claro daquilo que constituía tema de legislação nem um interesse geral em obter conformidade a essa legislação na prática. Portanto, está longe de ser verdade que os Comuns, a partir desse momento, sempre

---

não deixavam que os homens obtivessem seu direito por mandados sob o selo privado; 9. Que delinqüentes escapavam à punição por seus crimes em virtude da facilidade com que eram obtidas cartas de perdão; 10. Que os guardas dos castelos mantinham as petições comuns em seus portões sem nenhuma autoridade; e 11. Que os funcionários encarregados da reversão de bens sem herdeiros ao senhor feudal ou à coroa desapossavam os homens de suas heranças, embora eles tivessem recorrido aos tribunais do rei. – *Rot. Parl.* i. 441.

François Guizot

exerceram o poder que lhes foi atribuído por esse estatuto. Apesar de tudo isso, a exposição oficial do princípio indica progresso nas idéias da época.

Esses foram os fatos principais do reinado de Eduardo II com relação à condição e ação do Parlamento. Eles não continham muitas novidades importantes, mas anunciavam a consolidação e o progresso natural das instituições definitivamente estabelecidas sob Eduardo I. Escritores *tories*, defendendo a preponderância da influência exercida pelos grandes barões durante o reinado de Eduardo II, tentaram lançar dúvidas até sobre a presença dos Comuns em vários dos Parlamentos desse período. Escritores *whigs*, por sua vez, tentam deduzir, das provas existentes sobre a presença dos Comuns, um argumento a favor de sua grande importância e participação decisiva nos eventos. Os primeiros estão errados quando negam a presença dos Comuns no Parlamento apenas porque não conseguiram encontrar quaisquer mandados de convocação endereçados aos xerifes, pois existem mandados que ordenam o pagamento de salários dos representantes para quase todos os Parlamentos desse período. Os últimos deduzem conseqüências muito amplas da mera presença dos Comuns no Parlamento; não há dúvida de que a alta aristocracia, que ocupava a Câmaras dos Lordes, administrava e dirigia os assuntos quase que totalmente sozinha nessa época. O progresso da liberdade não é assim tão rápido; o mais importante é que ele seja seguro. Daquele momento em diante ele foi seguro, e desenvolveu-se enormemente durante os dois reinados seguintes.

Palestra 21

Sobre as petições durante o início do governo representativo. – Regras sobre o tema. – Transformação do direito de petição das Casas do Parlamento em direito de proposição e iniciativa. – Petições deixam de ser endereçadas ao rei, e são apresentadas ao Parlamento. – Origem do direito de investigação. – Necessidade de o governo representativo ser completo. – Artifícios e abusos gerados pelo direito de petição.

Examinar as circunstâncias que ocorrem no nascimento de uma instituição é um excelente meio de se conhecer a sua natureza. Nesses períodos iniciais, os eventos são simples e surgem espontaneamente. Ainda não foi empreendido, então, nenhum esforço para evitá-los ou para mudar sua natureza, e a situação da sociedade não é complexa o suficiente para fazer com que se torne impossível alcançar o objetivo a que aspiramos, a não ser por meios sutis e indiretos.

Para dizer a verdade, em que consiste o direito de petição? É o direito de exigir a reparação de um agravo, ou de expressar um desejo. Naturalmente, essa exigência deve ser dirigida ao poder capaz de satisfazer aquele desejo ou de reparar aquele agravo – ou seja, que tenha a autoridade e o poder suficientes para conceder o que foi requisitado na petição.

Por esse motivo, no século XIV, todas as petições, quer fossem originadas das duas Casas do Parlamento ou de indivíduos não relacionados com essas Casas, quer fossem referentes a interesses gerais ou privados, eram endereçadas ao rei. Ninguém sequer imaginava que seria possível dirigir uma petição às próprias Casas; o rei governava; nele residiam tanto o direito quanto o poder de reparar agravos públicos ou privados, e de satisfazer as reivindicações da nação. A ele recorriam, sempre que precisavam, os barões, os Comuns, as corporações e os cidadãos.

O rei governava em seu conselho; e, de todos os seus conselhos, o Parlamento era o mais proeminente e o mais abrangente. Em certos casos, o conselho e a aquiescência do Parlamento, como um todo ou em parte, eram necessários para o exercício da autoridade real. A reunião do Parlamento, portanto, era a oportunidade natural para a apresentação de todas as petições. Era, por assim dizer, o momento em que a nação e o governo se encontravam frente a frente, ou para deliberar em conjunto sobre os assuntos que exigiam sua concordância, ou para fazer aquelas exigências recíprocas de que ambos necessitavam. Os cidadãos privados, naturalmente, aproveitavam-se dessa oportunidade para apresentar suas próprias petições, ou porque a cooperação dos grandes poderes do Estado era necessária para conceder-lhes o que pediam, ou porque elas se referiam a pedidos cuja decisão cabia unicamente ao rei, mas para os quais a atenção real seria direcionada com maior eficiência, pois os requerentes poderiam receber o apoio do patrocínio dos barões ou deputados reunidos em conselho com o rei.

Em todos os casos, era ao rei em seu conselho, isto é, ao próprio governo, que as petições eram dirigidas; e, em vez de serem as

Casas do Parlamento que, após havê-las recebido e examinado, as enviavam ao governo para uma decisão, era o rei que, por meio de funcionários especialmente nomeados para essa função, as recebia e examinava, e depois chamava a atenção das duas Casas para aquelas petições cujos pedidos ele não poderia satisfazer sem a sanção delas. Todas as queixas e pedidos eram, assim, enviados diretamente ao poder a quem fora confiado o dever de chegar a uma decisão definitiva com relação a eles; e as Casas do Parlamento só interferiam subseqüentemente em certos casos, e mesmo assim como um conselho necessário.

Esse era o fato original e natural. O progresso do sistema representativo, no entanto, mudou completamente seu curso e seu caráter.

Vimos que, no século XIV, as petições eram de dois tipos: primeiro, aquelas elaboradas ou apresentadas ao rei por uma das Casas ou por ambas, e relacionadas com agravos de uma natureza mais ou menos geral; segundo, aquelas dirigidas ao rei por corporações e cidadãos, e relacionadas com interesses coletivos ou privados. A partir deste momento, não teremos nada mais a ver com a primeira categoria de petições. Com relação às petições oriundas das Casas do Parlamento, elas se transformaram em um direito de iniciativa, mais ou menos eficaz e direto. Esse direito, sua importância e suas formas dão origem a questões de um caráter completamente distinto. Nos dias atuais, só as queixas ou pedidos dirigidos por cidadãos privados às autoridades legislativas é que recebem o nome de petições.

Agora já não há nenhuma outra questão sobre o direito de dirigir esses pedidos ao próprio poder executivo — ao governo propriamente dito. Ninguém pensa em contestar o direito dos cidadãos de buscar dessa forma a reparação de seus agravos, ou a satisfação de seus desejos. Não que esse direito, em si mesmo tão simples e incontestável, não tenha assumido algumas vezes grande importância política e, por esse motivo, provocado discussões acirradas. Em 1680, Carlos II, por ter deixado de convocar o Parlamento durante vários anos, foi alvo de um grande número de petições exigindo que o convocasse. O rei, por meio de uma proclamação, declarou os requerentes sediciosos e recusou-se a receber as petições; mas, quando o Parlamento finalmente se reuniu, a Câmara dos Comuns promulgou, em 27 de outubro de 1680: "1. Que é, e sempre foi, um direito indubitável dos súditos da Inglaterra dirigir petições ao rei para a convocação e reunião de Parlamentos e para a reparação de agravos. 2. Que considerar essas petições uma violação do dever, e representá-las a sua majestade como sendo indisciplinadas ou sediciosas, é trair a liberdade do súdito, e contribuir para o propósito de subverter a antiga constituição legal deste reino, e introduzir um poder arbitrário. 3. Que seja nomeada uma comissão para investigar todas aquelas pessoas que ofenderam o direito dos súditos".*

Só uma situação de crise poderia levar a uma tentativa desse tipo de destruir o direito mais natural dos cidadãos – o direito de dirigir-se ao próprio governo para comunicar-lhe seus desejos –, e a Carta, com muita razão, nem o sancionou, nem o limitou. O direito ao qual ela deu sua sanção, e que é o único hoje a receber o nome de *direito de petição*, é o direito de recorrer às duas Casas do

---

* *Parliamentary History*, vol. iv. p. 1174.

Parlamento para pedir sua interferência, ou em assunto de legislação geral, ou para a reparação de agravos privados. A questão agora sob nossa consideração está restrita a esse direito. Devemos investigar como ele foi introduzido no sistema representativo de governo, e se existe uma correspondência entre as várias formas que esse direito assumiu sucessivamente e os vários estágios do desenvolvimento desse sistema.

Na verdade, esse direito não existia no século XIV; ou seja, ninguém pensava em exercê-lo ou em exigi-lo. As Casas do Parlamento, e particularmente a Câmara dos Comuns, eram elas próprias o grande requerente público. Tinham trabalho bastante com a apresentação e os esforços para obter a recepção de suas próprias demandas sem incorrer na tarefa de interferir em nome de interesses privados, que, à época, eram tratados geralmente com muito menos consideração. Além disso, as Casas eram muito pouco ligadas ao governo para que lhes fosse possível intrometer-se com os detalhes de sua atuação. Não eram nem a sede nem o centro do poder, e se reuniam por um período muito curto. As respostas do rei aos pedidos das Casas eram dadas, normalmente, só na sessão seguinte. Em tal situação, era natural que as petições privadas fossem diretamente para o rei em conselho, pois só daquela fonte se podia esperar alguma reparação.

Quando as Casas haviam adquirido maior importância, reuniam-se por períodos mais longos e interferiam em todos os assuntos públicos – quando, enfim, estavam de posse plena e segura de seus direitos fundamentais, elas começaram a usá-los na prática, em vez de limitar seus esforços à defesa de sua existência – quando, em resumo, tinham adquirido, na opinião pública e na realidade, a consistência de poderes públicos associados ao governo do Estado, passou a ser natural que lhes fossem apresentadas as petições contra os abusos ou erros do governo que elas eram indicadas para controlar. O direito de petição às Casas do Parlamento foi então considerado conseqüência natural do direito de petição ao rei. O Parlamento foi sempre considerado e chamado de o grande conselho do rei. É bem verdade que esse conselho estava habitualmente em oposição e em conflito com o governo do rei, que ainda continuava externo ao conselho, e tentava se livrar de seu controle: mas as antigas tradições mantinham sua influência; as queixas eram feitas a uma parte do governo contra os agravos cometidos pela outra parte. A nova forma de apresentar petições, portanto, não pareceu extraordinária, e não se fez nenhuma tentativa para autorizá-la ou proibi-la. Ela começou a ser usada sem oposição.*

---

* O Sr. Hallam acredita que a interferência dos Comuns com relação a petições referentes aos assuntos de interesse privado originou-se unicamente de seu desejo de reprimir os abusos do Conselho Privado. "A partir dos primeiros anos de Henrique V", diz ele, "embora, a meu ver, não antes disso, os Comuns começaram a se interessar pelas petições de indivíduos para os Lordes ou para o Conselho... Muitos dos pedidos designados para eles eram do tipo que não poderia ser concedido sem transcender os limites da lei. Uma inquietude justa com relação aos abusos do conselho do rei já tinha sido manifestada há muito tempo pelos Comuns; e, vendo que seus protestos eram ineficazes, eles tomaram medidas para evitar essas usurpações do poder legislativo, introduzindo sua própria aprovação para petições privadas. Essas agora eram apresentadas pelas mãos dos Comuns, e em muitos casos eram aprovadas na forma de estatutos, com a aprovação expressa de todas as partes da legislatura. Essa foi a origem de projetos de lei privados, que ocuparam a maior parte dos registros nos Parlamentos de Henrique V e Henrique VI". (*Middle Ages*, de Hallam, vol ii. p. 224.)
A partir do reinado de Eduardo III (1322) ou, como acha o Sr. Hallam, do reinado de Eduardo II (1310), vemos cada uma das duas Casas, na abertura da sessão, nomear uma comissão com a função não só de receber mas também

Mas, quando essa prática foi introduzida, as próprias Casas do Parlamento tinham passado por grandes mudanças em termos de formas, e se desenvolvido consideravelmente com relação a sua constituição interna, procedimentos e privilégios. Em vez dessas petições que, no começo, elas estavam acostumadas a apresentar ao rei, havia agora o direito de iniciativa, e esse direito pertencia a todos os membros das duas Casas do Parlamento, que podiam exercê-lo apenas apresentando, com tais formalidades e atrasos requeridos pelo costume, qualquer moção que, em sua opinião, fosse adequada para ocupar a assembléia. O direito de iniciativa estava relacionado com o direito de investigar todos os fatos, ou atos, que parecessem à Casa importantes o suficiente para induzi-la a desejar um conhecimento mais detalhado deles, e depois adotar uma resolução com relação a eles, de acusação ou de censura, ou simplesmente declarar sua opinião. Chegando diante das Casas investidas de tais direitos, as petições necessariamente tomaram um caminho diferente daquele que teriam tomado se esses direitos não existissem. E, em primeiro lugar, passou a ser normal que elas fossem apresentadas por um membro. Esse costume não foi,

---

de examinar as petições, a fim de investigar a veracidade dos fatos declarados, antes que as petições passassem a ser tema das deliberações do Parlamento. (*Parliamentary History*, vol. i. p. 230.) Não se sabe ao certo se as comissões recebiam diretamente as petições endereçadas ao rei em conselho ou se aquelas que caíam sob a jurisdição do Parlamento lhe eram enviadas pelos funcionários do rei. Em 1410, vemos o caso de uma petição privada, dirigida aos Comuns, e transmitida por eles ao rei, com sua recomendação. (Relatório dos Lordes Comissários, p. 362.) Para a forma de apresentação das petições, tanto as dirigidas ao Conselho Privado quanto à Câmara dos Lordes, veja a dissertação de Hallam sobre o Conselho Privado, no segundo volume de sua *History of the Middle Ages*.

originalmente, uma precaução contra o abuso do direito de petição, mas a forma natural de seu exercício. À medida que todos os membros gozavam do direito de chamar a atenção da Casa para qualquer assunto específico, por meio de uma moção, é natural que eles devessem fazer uso desse direito sempre que se tornassem expositores, para a Casa, da demanda de seus constituintes ou de seus amigos. Por esses meios, eles adquiriram uma autoridade que de outra forma não teriam tido; a Casa foi, assim, forçada a deliberar não sobre a petição, mas sobre a moção do membro que a havia apresentado, e que tinha baseado nela uma proposta – ou para uma investigação, ou para um discurso, ou para uma denúncia, ou para uma lei, ou para qualquer outro ato que a Casa tinha o direito de realizar. E, fosse qual fosse essa moção, ela era sujeita a todas as formalidades e a todos os atrasos que, em todas as ocasiões, eram parte dos procedimentos dos debates e das deliberações da assembléia.

Assim investidas com todos os direitos necessários para exercer sobre o governo, de uma maneira ou de outra, a influência que realmente lhes pertencia, as Casas do Parlamento inglês consideravam as petições que lhes eram apresentadas apenas uma oportunidade de exercer essa influência em virtude desses direitos. Não agiam como uma espécie de patrono, colocado entre os requerentes e o governo, do qual a reparação do agravo era definitivamente exigida; nem enviavam a petição ao governo com um pós-escrito seu para pedir a aprovação de qualquer ato cuja execução elas não eram capazes de supervisionar nem exigir. Após a apresentação, já não tinham nada a ver com a petição; se a moção que produzira fosse adotada, começava, então, um ato da própria Casa, realizado com todas as formalidades normais e finalizado com uma resolução, especialmente sua, que colocava o governo diante de uma opinião ou desejo discutido detalhadamente, e expressado pela assembléia que partilhava com ele o exercício do poder supremo na nação.

Quando, graças a um novo avanço, o governo se viu finalmente obrigado a estabelecer seu lugar dentro das Casas do Parlamento, quando elas se tornaram uma vez mais o grande conselho nacional que discutia e decidia os assuntos públicos publicamente, as petições também voltaram a seu estado natural, à sua condição original – isto é, sendo dirigidas às Casas do Parlamento, elas eram dirigidas ao rei em conselho, ao próprio governo, que consistia no poder real, cercado pela maioria parlamentar, e obrigado a justificar seus desejos e atos contra os ataques da oposição, que participava do mesmo conselho, em virtude do mesmo título e com os mesmos direitos. Qual foi a conseqüência disso? Todas as petições, quando convertidas em moção por um membro da Casa, faziam surgir um combate regular, conduzido de acordo com as formalidades habituais, entre o ministério e a oposição. O desfecho desse conflito decidia plenamente o destino da petição, ou seja, o resultado a que ela queria chegar; ela não precisava ir a nenhum outro lugar em busca de uma solução; a Casa nem se comprometia frivolamente, nem dava seu veredicto inconseqüentemente; e, com a exceção do caso de um recurso à nova Casa após uma dissolução, todos os seus atos, depois de realizados em obediência àquelas formalidades que são testemunho de sua maturidade, alcançavam diretamente seu objetivo.

Esse foi o caminho percorrido pelo direito de petição na Inglaterra. Intimamente relacionado com todo o sistema de governo representativo, ele acompanhou o ritmo do progresso desse sistema, adaptando-se a seus vários estágios sucessivos, e mantendo-se no mesmo nível dos outros direitos de assembléias deliberativas. Assim, ele foi levado de volta à sua verdadeira natureza, que é proclamar e afirmar incessantemente, no próprio centro do governo, os agravos e as reivindicações dos cidadãos, a fim de garantir, após uma deliberação madura, a reparação dos primeiros e a satisfação das últimas.

Não digo que esse resultado fosse sempre obtido na Inglaterra; outras causas conseguiram, em alguns aspectos, neutralizar a virtude natural do governo representativo, e impedir que ele produzisse todos os seus resultados legítimos. Apenas digo que o direito de petição assumiu, nesse país, uma forma sensata, e que, não fosse pela ação de causas que realizaram uma mudança geral do sistema, ele teria, por aquele meio, atingido o objetivo que seus defensores deveriam propor a si mesmos.

Iremos agora investigar o que deve acontecer em uma situação diferente, quando o governo representativo, embora talvez menos alterado em certos particulares, é, apesar disso, muito menos completo. Veremos como o direito de petição pode introduzir desordem entre os poderes públicos de um Estado e, ainda assim, permanecer quase ilusório.

Essa é a hipótese em que me baseio. Suponho as Casas do Parlamento investidas, por direito, de grande poder, associadas na legislação do país, votando impostos, recebendo relatórios da administração da renda do Estado, levando a cabo suas discussões em público e gozando de muita liberdade nesses debates. Não há dúvida de que, na opinião pública, elas serão creditadas com a missão e o poder de obter a reparação de todos os agravos e a satisfação de todas as reivindicações legítimas, e de obrigar o poder executivo a agir, em todas as ocasiões, de acordo com a justiça, com as leis e com os interesses gerais do país. É da ação das Casas do Parlamento que o público e o cidadão esperam tudo o que desejam ou a que aspiram; e é em sua direção que irão voltar o olhar para obter tudo isso.

Sendo essa a disposição de espírito do público, se tais Casas não possuírem o direito de iniciativa, ou o direito de investigação, ou qualquer jurisdição positiva externa – se não está em seu poder iniciar alguma coisa e perseguir seus próprios objetivos –, em uma palavra, se seus meios de ação direta se acham muito abaixo de sua missão oficial e da expectativa do povo, qual será a conseqüência?

É evidente que tanto as Casas quanto o público irão buscar meios indiretos de exercer essa influência que lhes pertence por direito, e que lhes foi atribuída na prática. E se o direito de petição tiver sido solenemente sancionado, eles irão recorrer a ele para ocupar o lugar de direitos deficientes, e através dele os membros das Casas irão lutar para obter esse controle sobre o governo em sua totalidade, um controle que o governo se sentiu inclinado a tirar deles.

Quem não pode ver, por exemplo, que o direito de petição é um verdadeiro direito de iniciativa, já que seu resultado é introduzir nas Casas do Parlamento questões que o governo não trouxe à tona, e provocar discussões a que o governo não deu início? Assim, o direito de iniciativa, embora negado aos membros das Casas, pertence a todos os cidadãos, ao primeiro que chegar, até mesmo a um nome fictício. O escolhido de um grande número de cidadãos pode não incitar seus colegas a discutir com ele uma questão solenemente proposta; mas se deixar a Casa, se abandonar seu caráter de representante e assumir o de requerente, ele tem o poder de fazê-lo, e o cidadão mais humilde possui ele próprio esse poder. Assim, em vez de uma iniciativa, cuja utilidade e propriedade seriam garantidas pelo caráter e pela posição dos membros das Casas, há uma iniciativa substituta que não é protegida por nenhuma garantia, e que não impõe qualquer obrigação moral sobre o homem que a pratica, já que este homem não é parte do poder público que ele coloca em movimento.

E, na medida em que esse poder ocupa uma posição muito elevada na opinião pública, já que supostamente tem a missão e o poder de solucionar todos os males, sua interferência será requisitada em todos os tipos de assuntos: ele será chamado a deliberar sobre assuntos que são totalmente alheios às suas atribuições; e, mais tarde, seus requerentes ficarão surpresos ao descobrir que, na prática, seu poder é muito limitado se comparado à imensidão de direitos dos quais ele supostamente desfrutaria.

Logo se sentirá que há uma certa confusão nessa situação, e se empreenderão esforços para solucionar o problema. Serão impostas restrições, se possível, a essa iniciativa universal. A solução seria apresentada espontaneamente se todos os membros das assembléias legislativas tivessem o direito de propor as moções que julgassem adequadas. Nesse caso, começaria a ser obrigatório, como ocorreu na Inglaterra, que todas as petições fossem apresentadas por um membro, e que viessem a ser tema de uma moção proposta por esse membro. Assim, os próprios membros exerceriam sobre as petições aquele tipo de censura do qual é impossível livrá-las. Na ausência dessa censura, inventa-se outro tipo: as petições são enviadas para uma comissão *ad hoc*, nomeada para examiná-las *a priori*, e para chamar a atenção da Casa para aquelas que parecem merecê-la. Mas a quem pertence essa censura? À maioria parlamentar que nomeia a comissão. Isso é o contrário da ordem natural das coisas. As petições quase sempre pertencem à minoria. A minoria as apresenta e as apóia. A minoria é, por conseguinte, colocada, nesse aspecto, à vontade da maioria, cuja censura pode tornar-se uma forma de tirania; ao passo que, se o direito de iniciativa pertencesse a todos os membros, uma censura legítima seria estabelecida, censura que impediria que uma quantidade enorme de petições inapropriadas fosse produzida, e que não rejeitaria nem adiaria nenhuma daquelas que fossem realmente importantes.

Após o primeiro passo no exercício do direito, ou seja, após a apresentação de petições, é o momento de sua discussão. Se elas pudessem ser introduzidas por um único membro, essa discussão estaria sujeita a todos os atrasos e formalidades exigidos pelos procedimentos devidos nos debates legislativos. Uma primeira moção, por exemplo, sugeriria que a petição deveria ser lida; uma segunda, que ela fosse impressa; uma terceira, que ela formasse o tema de uma investigação, ou de um discurso à coroa, ou de uma lei. Durante esse processo, os fatos seriam elucidados e opiniões seriam formadas; e um conflito só ocorreria entre a minoria e a maioria se esta última se recusasse formalmente a conceder a justiça pedida, ou a satisfazer o desejo expresso. No outro sistema, ao contrário, o debate será precipitado e confuso; a Casa e o governo precisam adotar sua resolução em poucos minutos, muitas vezes sem compreender totalmente o que estão pedindo um do outro, ou recusando um ao outro. As petições se sucedem e se acumulam com uma rapidez que às vezes produz violência, e outras indiferença; e o próprio direito de petição torna-se assim um motivo para desordem, ou é tratado com uma espécie de leviandade ou desprezo que o compromete nas câmaras legislativas, e compromete as próprias Câmaras aos olhos da opinião pública.

A forma pela qual as petições são introduzidas nas Câmaras não é a única causa da corrupção desse modo de deliberação; a ausência do direito de investigação também contribui muito para isso. Todas as petições recebidas por uma das Câmaras exigem uma resolução por parte dessa Câmara; portanto, não é uma exceção que as Câmaras sejam privadas dos meios de adotar essa resolução com pleno conhecimento da causa. É um grande defeito do governo representativo que, levando, como necessariamente leva, à organização sistemática e ao conflito permanente dos partidos, ele normalmente divida a verdade em duas partes, e estimule os homens a nunca considerar mais que um lado da questão, e a ver apenas metade das idéias ou fatos em que devem se basear para tomar sua decisão. Sem dúvida, é um sistema exagerado e parcial, e, até certo ponto, esse mal é inevitável. Todos os meios para reduzi-lo, portanto, são de grande importância. Ora, o método mais eficaz, inquestionavelmente, é obrigar as opiniões contrárias a se unir, em certas ocasiões, em uma busca comum pela verdade. Esse é o efeito do direito de investigação. Quando essas opiniões atingem o momento de decisão sem terem sido postas em contato ou se familiarizado umas com a outras, sem terem sido impelidas a comunicar mutuamente os motivos e os fatos, sua resolução será principalmente ditada pelo espírito partidário, e por compromissos anteriores que não sofreram nenhuma necessidade de modificar esse espírito. Por outro lado, tudo que coloque a minoria e a maioria frente a frente, antes do momento em que devem aparecer em público e pronunciar sua decisão, tira-as momentaneamente de sua esfera habitual e leva-as a ampliar suas idéias ou corrigi-las. Isso ocorre especialmente com relação aos fatos. É extremamente inconveniente que todas as comunicações desse tipo só possam ser feitas na tribuna, e em meio ao combate decisivo; pois então elas são rejeitadas, e raramente influenciam a decisão. Assim, como a ausência do direito de investigação deixa os partidos em sua ignorância natural e em sua crueza original, ela é prejudicial não só para as resoluções especiais das assembléias deliberativas como também para a própria sensatez de seus procedimentos gerais.

Além disso, quando falta o direito de investigação, sua ausência é preenchida por um substituto, exatamente como ocorre quando o direito de iniciativa é substituído pelo direito de petição. Como é impossível fazer uma investigação séria e completa de qualquer tipo específico de abuso que possa ter-se introduzido no governo, queixas especiais são sugeridas e se multiplicam. Ora, o direito de petição não é mais competente que o direito de iniciativa para substituir o direito de investigação. A revelação de abusos ou agravos que ele ocasiona é, pela própria natureza das coisas, cheia de confusões e de erros; os assuntos raramente são apresentados sem preconceito e com profundidade. E, no entanto, pela própria razão de que não há meios de entrar em detalhes e examiná-los em todos os seus pontos de vista, as pessoas são involuntariamente levadas a confiar nessas queixas. Nunca as demandas apresentadas pela própria Câmara dos Comuns foram tão numerosas e tão veementes quanto naqueles momentos em que só estava autorizada a dirigi-las ao rei, e em que as demandas não podiam ser investigadas minuciosamente pelos próprios membros da Casa, nem resumidas em um conjunto de fatos acompanhados de provas satisfatórias.

Finalmente, quando o sistema representativo de governo está completo, e suprido com todos os direitos e todos os meios de ação de que necessita para realizar seus objetivos, o direito de petição nada mais é que o direito de chamar a atenção das Casas do Parlamento, por meio de um de seus membros, para qualquer questão específica ou qualquer ato do poder governante. Quando essa primeira provocação ocorria por meio de petição, essa petição já havia alcançado seu objetivo; nada mais era necessário senão uma discussão e a resolução da própria Casa, que ocorria de acordo com as formalidades ordinárias, como se ela tivesse se originado na própria assembléia, e independentemente de todas as relações com o mundo externo. Assim, o exercício de um direito que deveria pertencer a todos os cidadãos é reconciliado com a dignidade do poder público da nação, e com a maturidade adequada a seus atos. Então, todos os agravos podem solicitar uma reparação, todos os desejos podem ser expressos sem dar lugar a qualquer desordem, qualquer precipitação ou qualquer subversão do procedimento dos grandes órgãos deliberativos. Quando, ao contrário, esses próprios órgãos deliberativos são privados dos direitos e dos instrumentos de ação necessários para a realização de seu objetivo, o direito de petição torna-se um meio irregular e muitas vezes violento pelo qual o público e as câmaras legislativas tentam suprir suas deficiências. E então esse direito, por todas as práticas a que se presta, e pelo modo de deliberação condenável que envolve, cria, por sua vez, novas irregularidades, que os homens tentam solucionar impondo ao próprio direito restrições ou empecilhos que seriam completamente inúteis se as câmaras legislativas estivessem investidas de todos os meios de ação que lhes eram devidos. A liberdade política tem isso em comum com a ciência de um modo geral: ela é mais perigosa quando está incompleta. A história do Parlamento britânico prova isso a cada passo.

Palestra 22

Situação do Parlamento sob Eduardo III – Expansão do poder dos Comuns – Sua resistência ao rei. – Regularidade da convocação do Parlamento. – Medidas tomadas para a segurança de suas deliberações. – Divisão do Parlamento em duas Casas. – O presidente da Câmara dos Comuns. – Firmeza da Câmara dos Comuns para manter seu direito de subvencionar impostos. – Relatórios feitos pelo governo sobre a coleta de impostos. – Apropriação dos fundos concedidos pelo Parlamento. – Legislação parlamentar. – Diferença entre estatutos e ordenações.

Até aqui só vimos lutas políticas entre o rei e seus barões, ou entre facções rivais da aristocracia; os Comuns só apareceram como uma categoria secundária; por enquanto, ainda não exerceram quase nenhuma influência direta sobre os assuntos gerais, ou sobre o governo propriamente dito; ou, se ocasionalmente interferiram na administração do país, foi apenas como auxiliares ou como instrumento de alguma facção específica.

O reinado de Eduardo III apresenta um aspecto distinto: o conflito entre o rei e os barões termina, e toda a grande aristocracia parece estar agrupada ao redor do trono; mas, ao mesmo tempo, os Comuns se unem para formar uma instituição, independente e poderosa em si mesma. Eles não aspiram a tomar o poder supremo das mãos do rei e dos barões; não teriam força suficiente para tal, e nem nutrem nenhuma idéia a esse respeito; mas resistem a todas as interferências a esses direitos que estão começando a conhecer e a valorizar; adquiriram uma consciência de sua própria importância e sabem que todos os assuntos públicos recaem sob sua competência. Finalmente, ou por suas petições, ou por seus debates com referência à tributação, eles obtêm, a cada dia, uma participação maior no governo, exercem controle sobre assuntos dos quais, 50 anos antes, não tinham nem ouvido falar, e tornam-se, em uma palavra, parte integrante e quase indispensável do grande conselho nacional e de toda a máquina política.

Assim, enquanto até aqui o aspecto político da Inglaterra era o conflito dos grandes barões com o rei, a partir do reinado de Eduardo III a resistência dos Comuns ao governo do rei, geralmente formado e sustentado pelos barões, passa a ser o grande fato da história. Não é destituído de intenção que uso, aqui, as palavras *conflito* e *resistência*. No primeiro período, com efeito, os barões lutavam não só para defender seus direitos, mas para atacar o poder supremo e impor seu próprio governo sobre o rei. Por isso, esse conflito não foi outra coisa senão uma guerra civil permanente. Durante o segundo período, porém, isso já não era assim; não ouvimos mais falar de revoltas e de guerras civis. Sob Eduardo III, pelo menos, os Comuns não se armam para atacar o governo pela força; ao contrário, usam a resistência política, e constantemente protestam contra os abusos e as arbitrariedades do poder central. Em vez de dirigir seus ataques contra o próprio rei, eles lançam a culpa em seus ministros, e começam a afirmar e a popularizar os princípios de responsabilidade parlamentar. Por fim, separam-se totalmente dos grandes barões, agem por conta própria e tornam-se os verdadeiros depositários das promessas de liberdades públicas.

Essa foi uma grande revolução que abriu caminho para todas as outras. Quanto mais minuciosamente examinarmos os eventos do reinado de Eduardo III, mais evidência encontraremos dessa mudança importante. Quanto a mim, contentar-me-ei em fazer um rápido resumo dessas provas, recapitulando os fatos mais gerais que caracterizam esse reinado.

O primeiro desses fatos é a regularidade, anteriormente sem precedentes, com que o Parlamento é convocado. Uma medida foi adotada com esse fim em 1312, durante o reinado de Eduardo II, pelos *Lords Ordainers*. Subseqüentemente, encontramos dois estatutos relacionados com a convocação dessa assembléia, um dos quais aprovado em 1331 e o outro em 1362. Finalmente, em 1377, no último ano do reinado de Eduardo III, os próprios Comuns requisitaram por petição que as sessões do Parlamento ocorressem regularmente todos os anos. É curioso comparar essa petição com as requisições endereçadas ao rei, sob reinados anteriores, pelos membros da Câmara dos Comuns, pedindo para serem dispensados de servir no Parlamento. Agora eles começavam a sentir que sua missão não era um peso, e sim um direito.

Durante o reinado de Eduardo III, podemos enumerar 48 sessões do Parlamento, o que significa que houve praticamente uma sessão por ano.

Além disso, o Parlamento não só se organizava para que fosse convocado regularmente como, ao mesmo tempo, tomava medidas para garantir a segurança de suas deliberações. Em 1332, uma proclamação real proibiu o uso de cotas de malha, e que as pessoas portassem quaisquer outras armas ofensivas ou defensivas nas cidades em que o Parlamento estivesse se reunindo. Foram também proibidos todos os jogos e diversões que pudessem perturbar as deliberações da assembléia. A recorrência freqüente desse tipo de proclamações indica a formação de uma assembléia regular.

É também durante o reinado de Eduardo III, em 1313, que ouvimos pela primeira vez falar do Parlamento dividido em duas Casas. Segundo os documentos históricos daquele ano, os prelados, condes e barões, por um lado, e os representantes dos condados e dos burgos, por outro, reuniram-se em Westminster, os primeiros na Câmara Branca e os últimos na Câmara Pintada, e deliberaram assim sobre a questão da paz com a França.

Finalmente, é também no fim desse reinado, em 1377, que os registros do Parlamento mencionam pela primeira vez o presidente da Câmara dos Comuns; Sir Thomas Hungerford é a primeira pessoa a quem esse título foi conferido. Antes disso, a Casa costumava selecionar um dos membros sempre que fosse necessário que alguém falasse em seu nome, ou ao rei ou ao Parlamento como um todo; e foi provavelmente em 1377 que ela começou a nomear seu presidente para a sessão inteira, e desde seu início.

Afirma-se que, durante esse reinado e em períodos anteriores, todas as sessões do Parlamento envolviam uma nova eleição; e que o direito de estender a jurisdição de um Parlamento para o próximo não era competência do rei. Isto é um erro. Era necessário que houvesse uma sessão do Parlamento anualmente, mas o mesmo não se aplicava às eleições. O seguinte fato é prova disso: o Parlamento realizado sob Eduardo I em 1300 recomeçou sua sessão em 1301. Os mandados convocavam os deputados do ano anterior, exceto nos casos em que uma nova eleição fosse necessária em virtude de morte ou de incapacidade absoluta para servir. Em 1305, o rei descontinuou a sessão do Parlamento em 21 de março e permitiu que os deputados voltassem para casa, *"Issint qu'ils reveignent prestement et sanz délai, quele houre qu'ils soient autrefoi remandez"* — "sob condição de que voltem prontamente e sem atraso, no momento em que possam ser chamados novamente". Em 1312, durante o reinado de Eduardo II, o Parlamento se separou após haver-se reunido por dois meses, e no mesmo dia o rei endereçou mandados aos xerifes, ordenando-lhes que enviassem "os mesmos cavaleiros e burgueses — *eosdem milites et cives*" a Westminster, no próximo dia 2 de novembro, "para o mesmo Parlamento que achamos que deve ser continuado lá — *ad idem Parliamentum quod ibidem duximus continuandum*". Esse Parlamento assim estendido realmente se reuniu de 2 de novembro até 18 de dezembro, e depois foi dissolvido. Em 1329, durante o reinado de Eduardo III, o Parlamento que se reuniu em Salisbury, de 15 a 31 de outubro, foi transferido para Westminster, onde realizou uma segunda sessão, de 10 a 22 de fevereiro de 1330. Deparamo-nos com casos semelhantes em 1333 e 1372. Portanto, os Parlamentos não eram eleitos anualmente, e o direito de prorrogação estava em pleno vigor.

Assim foi desenvolvida e regulamentada a constituição interna do Parlamento; e assim, em vez de ser apenas uma reunião acidental, limitada à realização de um único objetivo, ele gradativamente assumiu a consistência de uma assembléia política de dever periódico.

Um segundo fato geral, que serve para apoiar as idéias aqui apresentadas, é a votação de impostos. Não há, talvez, nenhum reinado com tantos casos de impostos arbitrários e ilegais quanto o de Eduardo III, e, no entanto, também não há nenhum outro que tenha contribuído mais fortemente para garantir o princípio de que impostos são legítimos apenas quando concedidos livremente. O rei com freqüência esquecia esse princípio na prática, porque era pressionado por necessidades, criadas em parte por suas guerras, e em parte pela má administração de suas rendas. O reinado inteiro foi gasto com esforços para recuperar, sob formas mais ou menos indiretas, o direito de arrecadar impostos de seus súditos quando bem quisesse; mas os Comuns, por sua vez, nunca deixaram de protestar contra esses esforços, às vezes associando a revogação de um imposto arbitrário à concessão de um subsídio legal, às vezes tentando introduzir o princípio da necessidade de aprovação em todos aqueles meios pelos quais o rei tentava evitá-lo. Graças à sua perseverança, os projetos do poder foram, se nem sempre frustrados, pelo menos desmascarados, e com isso tornaram-se impotentes para o futuro.

Casos desse conflito são inúmeros nos Parlamentos realizados nos anos de 1333, 1340, 1347, 1348 e 1349, que são, de um modo geral, cheios de queixas dos Comuns, exigindo a abolição ou diminuição de impostos injustos e ilegais que haviam sido instituídos sem sua aprovação. A todas essas demandas o rei respondia, às vezes com uma recusa formal, às vezes com referência a uma aprovação que lhe tinha sido concedida pelos Lordes, e às vezes com uma garantia de que o imposto não seria arrecadado durante muito tempo; mas, se os Comuns ameaçavam recusar-lhe novos subsídios, ele se sentia obrigado a satisfazer essas demandas por meio de algumas novas concessões.

François Guizot

E não foi apenas mantendo mão firme no caso da votação de impostos que a Câmara dos Comuns garantiu seus direitos; ela também os estendeu além da concessão de subsídios em duas ocasiões importantes. Em 1340, o Parlamento, suspeitando que uma parte dos subsídios votados por ele não havia sido repassada para o tesoureiro real, nomeou certas pessoas para receber as contas dos cobradores de impostos, e exigiu que elas dessem um recibo pelo pagamento de tudo que recebiam. Esse é o primeiro caso de prestação de contas dada ao Parlamento com relação a impostos; ele desejava garantir a fidelidade dos recibos, e assim deu o primeiro passo para afirmar os direitos de receber uma prestação de contas do uso dos fundos, ou seja, dos gastos. Em 1354, vemos o despertar de outro direito parlamentar, o da apropriação de fundos públicos. O Parlamento, ao estabelecer um imposto sobre a lã, acrescentou a seu voto a condição de que o dinheiro resultante desse subsídio deveria ser utilizado para os gastos da guerra então em curso, e não para qualquer outro objetivo.

Afinal de contas, não é de surpreender que o rei e seu Parlamento estivessem constantemente em conflito com relação a subsídios, e mutuamente ocasionassem problemas, com erros contábeis constantes. À época, não havia meios de avaliar os recibos e os gastos *a priori*. O rei se envolvia em um gasto sem saber quanto seria o total; e o Parlamento votava um subsídio sem saber o que produziria. Em 1371, o Parlamento concedeu um subsídio de 50 mil libras esterlinas, para ser arrecadado à razão de 22 xelins e três *pennies* em cada paróquia, pressupondo a existência de 45 mil paróquias na Inglaterra. Descobriu-se, no entanto, que havia apenas nove mil. O rei convocou um grande conselho, para o qual convidou apenas a metade dos deputados do último Parlamento, um de cada condado e burgo, "para evitar gastos – *ad parcendum sumptibus*". O assunto foi apresentado ao conselho, que ordenou a cobrança em cada paróquia de 116 xelins, em vez de 22 xelins e três *pennies*, a fim de levantar a soma de 50 mil libras. É certo que esse erro foi necessariamente acompanhado de muita confusão.

O terceiro fato geral que prova o aumento de importância do Parlamento nesse período é sua participação na legislação. Quando abrimos uma coleção de estatutos desse reinado, encontramos no cabeçalho de cada estatuto uma das seguintes fórmulas: "*A la requeste de la commune de son roïalme par lor pétitions mises devant lui et son conseil, par assent des prélats, comtes, barons, et autres grantz, au dit Parlement assemblés*" etc.* Ou: "*Par assent des prélats, comtes et barons, et de tote la commune du roïalme, au dit Parlament assemblés*" etc.† Às vezes o estatuto começa com estas palavras: "*Ce sont les choses que notre seigneur le roi, les prélats, seignours, et la commune ont ordiné en ce présent Parlement*".‡

Todas essas fórmulas expressam a participação da Câmara dos Comuns na legislação do país; e provam, como já observei, que essa participação era geralmente exercida pela apresentação de petições ao rei; os Lordes deliberavam sobre essas petições, que eram, mais tarde, convertidas em estatutos pelo rei, sem que tivessem sido

---

* "A pedido dos comuns de seu reino, por suas petições apresentadas diante dele e de seu conselho, e com a concordância dos prelados, condes, barões, e outros nobres, no dito Parlamento reunido".
† Pela concordância dos prelados, condes e barões, e de todos os comuns do reino, no dito Parlamento reunido."
‡ "Essas são as coisas que nosso senhor o rei, os prelados, lordes, e os comuns ordenaram neste presente Parlamento".

devolvidas à Câmara dos Comuns para receber seu assentimento expresso sob a forma de estatutos. Com isso, como os Comuns não interfeririam na promulgação de estatutos por nenhum voto direto, suas petições era freqüentemente alteradas e mutiladas; e os estatutos, que eram elaborados ou pelos juízes ou pelos membros do conselho privado, nem sempre transmitiam fielmente o seu significado. Foi provavelmente com o objetivo de solucionar esse inconveniente que, no Parlamento de 1341, certo número de prelados, barões e conselheiros reais, com 12 cavaleiros dos condados e seis burgueses, foi nomeado como uma comissão, cujo objetivo era converter em estatutos aquelas petições que originavam medidas de legislação geral.

Mas nem todas as petições dos Comuns transformavam-se em estatutos; muitas vezes elas apenas produziam ordenações. Várias dissertações foram escritas sobre a distinção entre os atos legislativos designados por essas duas palavras. Afirmava-se que as ordenações eram emitidas só pelo rei, seguindo o conselho dos Lordes, mas sem a contribuição dos Comuns. Originalmente essa distinção era incorreta, já que a maioria das ordenações era emitida, assim como os estatutos eram promulgados, por requisição dos Comuns. Então, em 1364, como o Parlamento quis aprovar leis suntuárias, o rei perguntou a ambas as Casas, por intermédio do tesoureiro, "se essas matérias sobre as quais elas haviam concordado seriam tratadas por meio de uma ordenação ou de um estatuto". E elas responderam: "Por meio de uma ordenação, para que as Casas possam emendá-las à vontade".* Desta resposta foi inferido, aparentemente com

---

* *Parliamentary History*, vol. i. p. 128.

muita razão, que a natureza dos estatutos seria perpétua, enquanto as ordenações eram apenas temporárias.

As ordenações não eram inscritas, como os estatutos, nos registros do Parlamento; possuíam um caráter menos solene, embora seu objetivo muitas vezes tivesse a ver com assuntos igualmente legislativos e de igual interesse geral, tais como a aprovação de jurisdição ou de penalidades. Não é mais fácil distinguir com clareza ordenações de estatutos do que distinguir os grandes conselhos dos Parlamentos propriamente ditos. A única coisa que posso dizer é que a essa classe de medidas legislativas eram atribuídas menos importância e estabilidade.

Medidas legislativas nem sempre eram adotadas em virtude de petições dos Comuns; o rei também exerce o direito de iniciativa, não só em questões de impostos mas com referência a todos os outros temas de interesse geral. Assim, em 1333, Sir Jeffrey Scroop, de Markham, na presença do rei, e por ordem dele, informou aos prelados, condes, barões e outros nobres sobre os tumultos cometidos no país por bandos de saqueadores armados, apontou a necessidade de reprimir esses ultrajes, e lhes pediu que sugerissem ao rei as medidas que considerassem adequadas para concretizar esse objetivo. Com isso, os prelados abandonaram a assembléia dizendo que não lhes cabia deliberar sobre um tema como aquele. Os outros nobres deliberaram entre si, e propuseram ao rei uma série de regulamentos para a manutenção da paz pública. Esses regulamentos foram lidos na presença dos nobres, dos cavaleiros dos condados e "dos comuns – *genz du commun*", que concordaram com elas, e, em conseqüência disso, foram adotadas as medidas necessárias. Um dos resultados dessa deliberação foi a restauração dos *Conservadores da Paz*, que haviam sido temporariamente nomeados pelo conde de Leicester durante o reinado de Henrique III, e que foram os precursores dos juízes de paz.

Enfim, é fácil imaginar que, no século XIV, as pessoas tinham uma idéia meio confusa com relação ao que era ou não era matéria para legislação; afinal, em nossos próprios dias, não só achamos mas formalmente admitimos que é impossível estabelecer essa fronteira *a priori*, de uma forma filosófica e absoluta.

Palestra 23

Continuação da história da evolução da Câmara dos Comuns do Parlamento durante o reinado de Eduardo III. – Sua interferência em questões de guerra e paz e na administração interna do reino. – Sua resistência à influência do papa e do clero nacional nos assuntos temporais. – Primeiros esforços dos Comuns para reprimir abusos nas eleições. – Primeiros sinais da função dos comitês das duas Casas na investigação de certas questões comuns.

Não foi apenas em questões de impostos e de legislação de um modo geral que a Câmara dos Comuns, durante o reinado de Eduardo III, ampliou e consolidou seus direitos. Sua interferência na administração dos assuntos públicos, nas políticas propriamente ditas, alcançou nesse período um desenvolvimento sem precedentes, e um caráter totalmente novo. Ela realmente começou a tomar parte no governo do Estado. Isso é demonstrado por uma quantidade de fatos.

Primeiro, nas questões de guerra e paz, sua intervenção se tornou, nesse período, habitual e quase que indispensável. O Sr. Hallam parece ter cometido um erro com relação a esse assunto; sua opinião é que, no século XIV, o rei só desejava que os Comuns interferissem em questões desse tipo para que pudesse lançar a responsabilidade sobre eles, mas que eles constantemente se recusavam a assumir essa responsabilidade. Acho que tal afirmação é incorreta. No século XIV, os Comuns muitas vezes buscavam e exerciam esse poder, e aceitavam a responsabilidade concomitante; e sempre ganhavam muito com isso. Os fatos principais são os seguintes: em 1328, durante a menoridade de Eduardo, e enquanto Mortimer reinava em seu nome, o tratado de paz com a Escócia, que livrava totalmente esse reino de toda a subordinação feudal à Inglaterra, foi concluído com a concordância do Parlamento. Os Comuns são mencionados expressamente; e podemos supor que Mortimer estava ansioso que isso ocorresse para cobrir sua própria responsabilidade por um tratado vergonhoso. Em 1331, Eduardo consultou o Parlamento sobre a questão de paz ou de guerra com a França em virtude de suas propriedades continentais; e também sobre a viagem que ele projetava fazer à Irlanda. O Parlamento deu sua opinião a favor da paz e da ida do rei à Irlanda. E, em 1336, incitou o rei a declarar guerra contra a Escócia, afirmando "que o rei já não podia, com honra, aceitar as afrontas e os agravos feitos diariamente a ele e a seus súditos pelos escoceses".* Em 1341, após as primeiras vitórias de Eduardo na França, o Parlamento o pressionou para que continuasse a guerra, e concedeu-lhe altos subsídios; e todas as classes sociais se movimentaram para apoiar o rei em um conflito que se tornara nacional. Em 1343, o Parlamento foi convocado para examinar e aconselhar sobre qual seria a melhor atitude no estado de coisas vigente, especialmente com relação ao tratado então concluído pelo rei com seu inimigo, o rei da França. Sir Bartholomew Burghersh disse ao Parlamento que, "como a guerra

---

* *Parliamentary History*, vol. i. p. 93.

começou em virtude do conselho conjunto dos prelados, dos nobres e dos Comuns, o rei não pode falar de paz, ou fazer a paz, sem um acordo semelhante"*. As duas Casas deliberaram separadamente, e opinaram que o rei devia fazer a paz se pudesse obter um tratado que fosse honroso e vantajoso para ele e seus amigos; mas, em caso contrário, os Comuns declararam que o rei deveria tentar manter a luta com toda a força a seu alcance. Em 1344, quando o tratado com o rei da França foi violado por este último, o Parlamento, ao ser consultado, manifestou o desejo de paz, mas achou que esta só podia ser obtida se a guerra fosse levada a cabo com energia, e aprovou grandes subsídios com esse objetivo. Em 1348, a guerra havia se tornado um problema cada vez maior; todos os subsídios demonstraram ser insuficientes; e o rei, uma vez mais, consultou o Parlamento "com relação à guerra empreendida com seu assentimento". Os Comuns, percebendo que tinham se excedido um pouco em sua linguagem, agora demonstraram uma reserva maior, e responderam "que não podiam dar nenhum conselho referente à guerra, e que pediam para ser desculpados com relação a isso; e que o rei seria aconselhado por seus nobres e seu conselho, e o que estes determinassem os Comuns aceitariam, confirmariam e estabeleceriam".† Em 1354, o camareiro-mor, por ordem do rei, informou ao Parlamento "que havia muita esperança de estabelecer a paz entre a Inglaterra e a França, mas que o rei não iria concluir nada sem o assentimento de seus Lordes e dos Comuns. E por isso lhes perguntava, em nome do rei, se eles consentiriam e concordariam com a paz se esta fosse estabelecida por um tratado". A

---

* *Ibid.*, p. 106.
† *Ibid.*, p. 115.

isso os Comuns responderam primeiramente "que, com relação ao estabelecimento desse tratado, tudo aquilo que o rei e seu conselho concordassem, eles também concordariam"; mas quando lhes perguntaram outra vez "se concordavam com uma paz permanente, se esta pudesse ser alcançada", todos gritaram unanimemente: "Sim! Sim!"* Finalmente, em 25 de janeiro de 1361, tendo a paz sido concluída pelo tratado de Bretigny, o Parlamento foi convocado, o tratado foi submetido à sua inspeção e recebeu sua aprovação, e no dia 31 uma cerimônia solene foi realizada na catedral de Westminster, na qual todos os membros do Parlamento, tanto Lordes quanto Comuns, individualmente juraram, diante do altar, que iriam observar a paz.

Em 1368, as negociações com a Escócia foram submetidas à consideração do Parlamento; o rei da Escócia, David Bruce, ofereceu a paz sob a condição de que sua coroa fosse dispensada de prestar qualquer homenagem ao rei da Inglaterra. Os Lordes e os Comuns responderam "que eles não podiam concordar com nenhuma paz, de qualquer forma, sem que isso significasse deserdar o rei, seus herdeiros e a coroa que eles próprios tinham jurado preservar, e, que, portanto, deveriam aconselhá-lo a não dar atenção a propostas semelhantes".† E, com isso, aprovaram altos subsídios para continuar a guerra.

Em 1369, o rei consultou o Parlamento para saber se deveria recomeçar a guerra com a França, já que as condições do último tratado não haviam sido cumpridas; o Parlamento aconselhou-o a fazê-lo, e aprovou mais subsídios.

---

* *Ibid.*, p. 122.
† *Parliamentary History*, vol. i. p. 131.

Esses fatos demonstram a intervenção mais direta e constante dos Comuns nas questões de paz e guerra. E eles tampouco tentaram evitar essa responsabilidade nos casos em que a guerra tivesse sucesso e fosse nacional. Quando os subsídios se tornavam excessivos, a Casa manifestava maior reserva em dar sua opinião *a priori*. Quando a sorte virou decididamente contra Eduardo III, no final de seu reinado, os Comuns, como veremos a seguir, aproveitaram-se do direito de intervenção que tinham adquirido para se apoderar também do direito de impugnar os ministros a quem atribuíam os infortúnios da época. Tudo isso segue o curso natural das coisas, e demonstra claramente a influência cada vez maior dos Comuns em questões políticas.

Com relação à administração interna do país, seu progresso não foi menos perceptível. Até o reinado de Eduardo III, todas as tentativas de intromissão no governo central tinham se originado com os barões; foram eles que, sob Henrique III e Eduardo II, se apoderaram do direito de nomear para as funções públicas principais e de dispor das rendas do Estado. Em 1342, os Comuns aventuraram-se a tomar uma iniciativa semelhante, embora menos direta e arrogante em sua natureza, mas em busca do mesmo objetivo por meios mais regulares e mais bem escolhidos. Aproveitando-se das necessidades do rei, que estava, então, destituído de recursos e totalmente impossibilitado de continuar a guerra com a França, eles lhe apresentaram as seguintes petições: I. "Que seja assegurado que uma comissão possa ouvir a prestação de contas daqueles que receberam lãs, dinheiros ou outra ajuda para o rei, e que os mesmos sejam registrados na tesouraria". O rei concordou com isso, sob a condição de que o tesoureiro e o barão mais importante fossem membros da comissão. 2. "Que o ministro das Finanças e outros funcionários do Estado possam ser escolhidos em um Parlamento aberto, e que prestem juramento público de que irão observar as leis do país e a Magna Carta". O rei também concordou com isso, mas com as seguintes restrições: "Que, se algum desses postos, pela morte ou outra falta do ocupante, ficar desocupado, a escolha do novo ocupante será unicamente do rei, que para isso terá a anuência de seu conselho; mas que todos esses funcionários prestarão juramento no próximo Parlamento, de acordo com a petição; e que em todos os Parlamentos seguintes o rei retomará em suas mãos todos esses postos, para que os ditos funcionários fiquem responsáveis por responder a todas as objeções".* Essas decisões foram imediatamente convertidas em estatutos. O ministro das Finanças e o tesoureiro, com os juízes e outros funcionários da coroa, foram obrigados a jurar sobre a cruz de Canterbury que observariam esses estatutos. O ministro das Finanças, o tesoureiro e vários juízes protestaram contra esse ato, que julgaram ser contrário ao seu primeiro juramento e às leis do reino; seu protesto foi registrado nos anais do Parlamento, mas, apesar disso, o estatuto foi definitivamente aprovado. Os Comuns tinham agora o reconhecimento mais formal da responsabilidade dos ministros para com o Parlamento. Só em virtude das necessidades prementes do rei é que haviam conseguido o assentimento real. Mal fora dissolvido o Parlamento quando o rei, por sua própria autoridade e só por ela, revogou formalmente o estatuto, através de mandados endereçados a todos os xerifes; e é uma circunstância extremamente peculiar que um ato tão ilegal

---

* *Parliamentary History,* vol. i. p. 104.

não tenha incitado nenhuma manifestação, e que o estatuto tenha sido revogado pelo próprio Parlamento no ano seguinte.

A própria tentativa, no entanto, representou um grande passo. Ela demonstra que duas idéias fundamentais já ocupavam a mente dos representantes dos Comuns: primeira, que o Parlamento devia exercer alguma influência sobre a escolha dos ministros do rei; segunda, que esses ministros deviam ser responsáveis perante o Parlamento por sua conduta. Com relação ao primeiro ponto, os Comuns do século XIV usaram um método muito ruim para obtê-lo, afirmando que sua influência sobre a escolha dos agentes do poder supremo deveria ser direta, e interferindo diretamente na nomeação de ministros; com isso eles enfraqueceram enormemente – ou até mesmo destruíram por completo – a responsabilidade ministerial; e o progresso do governo representativo demonstrou que só a influência indireta, exercida nessas questões por uma maioria no Parlamento, é admissível e eficaz. Mas foi uma grande coisa para os Comuns terem alcançado um crescimento que lhes permitiu nutrir uma idéia assim de seus próprios direitos. Eles recuperaram o exercício desses direitos, com maior sucesso, no final do reinado. O rei estava velho e frágil; seus exércitos não tinham mais sucesso em lugar algum; em sua corte, os abusos se multiplicavam; apenas um de seus filhos, o duque de Lancaster, desfrutava de sua boa vontade, e abusava dela; uma mulher, chamada Alice Perers ou Pierce, tinha uma influência vergonhosa sobre ele, e a usava principalmente para dar apoio aos interesses de seus amigos nos tribunais de justiça. Era comum vê-la sentada no recinto dos tribunais judiciários, intimidando com sua presença os juízes que já importunara com suas solicitações. Na mesma época, espalhou-se o boato de que o duque de Lancaster tinha a intenção de ser declarado herdeiro da coroa, em detrimento do jovem filho do Príncipe Negro, que estava então moribundo, e era muito querido por toda a nação. Foi convocado um Parlamento em 1376; e um grupo poderoso nas duas Casas pronunciou-se contra os ministros do rei. Na Câmara Alta, o próprio Príncipe Negro comandou o ataque, e na Câmara Baixa a oposição foi comandada por Peter de la Mare. Os Comuns exigiam que o conselho do rei fosse ampliado e tivesse mais 10 ou 12 membros, prelados, lordes ou outros; que nenhum assunto importante fosse decidido sem o assentimento de quatro ou seis deles; e, finalmente, que todos os funcionários da coroa jurassem que não receberiam nenhum presente, emolumento ou recompensa além de seus salários e gastos legítimos. O rei concordou com todas essas demandas, sob a condição de que ele próprio nomeasse os novos conselheiros, e que fosse permitido ao ministro das Finanças, ao tesoureiro e ao guardião do Selo Privado cumprirem as obrigações de seus postos sem a interferência dos Comuns. Estes, em seguida, tentaram conseguir que os juízes de paz em cada condado fossem nomeados pelos lordes e cavaleiros daquele condado no Parlamento, e que não pudessem ser removidos sem seu consentimento; mas o rei se recusou a conceder isso. Os Comuns continuaram a queixar-se dos maus conselheiros reais, atribuindo-lhes a culpa pela má sorte do rei, pela dilapidação dos subsídios, e assim por diante. Finalmente, com a idéia de aplicar de imediato os princípios que afirmavam, primeiramente impugnaram os lordes Latimer e Nevil, que ocupavam funções no domicílio real, e quatro comerciantes de Londres, chamados Lyon, Ellis, Peachey e Bury, que eram coletores dos subsídios reais. Essa acusação deu resultado: os acusados foram declarados inapropriados para qualquer tipo de emprego público e banidos do tribunal e do conselho, e tiveram a propriedade confiscada. Quanto a Alice Perers, os Comuns também a atacaram, e o rei foi obrigado a emitir a seguinte ordem: "Como queixas foram trazidas ao rei de que algumas mulheres tentaram obter causas e ações no tribunal do rei, ajudando uma das partes do processo sem causa legítima,* e por dinheiro ou recompensa, coisa que desagrada o rei, o rei proíbe que qualquer mulher faça isso daqui em diante, e em particular Alice Perers, sob pena de perder por confisco tudo aquilo que a dita Alice pode perder, e de ser banida do reino".†

Nada do tipo fora tentado anteriormente pelos Comuns. Esse Parlamento se reuniu de fins de abril até 6 de julho de 1376, ou seja, por um período mais longo que qualquer outro anterior; o número de suas petições ao rei chegou a 223, e todos os seus atos foram tão populares que ele recebeu o nome de Parlamento Bom.

Mas a situação dos Comuns não lhes permitiria manter um sucesso assim tão brilhante sem alguma ajuda; em grande parte, seu triunfo se devera à cooperação do Príncipe Negro e de seu partido na Câmara Alta; e o Príncipe Negro morreu antes do fim da sessão do Parlamento. O rei, colocando a coroa na cabeça de seu filho Ricardo, dissipou muitos temores. Foi convocado um novo Parlamento em 27 de janeiro de 1377, e um dos primeiros atos do novo rei foi solicitar a revogação da sentença pronunciada

---

* No original *"by way of maintenance"* — A tradução da expressão (arcaica) no NSOED é "ação de ajudar uma das partes em um processo sem causa legítima". (N. T.)
† *Rot. Parl.* ii. 329.

no ano anterior contra Lord Latimer e Alice Perers; esse pedido foi concedido. Apenas seis ou sete dos cavaleiros que haviam sido membros do Parlamento anterior participaram do Parlamento novo; e Peter de la Mare estava preso. Apesar disso, o novo Parlamento manteve os direitos adquiridos em vários aspectos: insistiu para que houvesse uma apropriação adequada dos subsídios, para que fosse feita uma prestação de contas dos recibos e assim por diante. A morte de Eduardo III, em 21 de junho de 1377, pôs um fim à luta que provavelmente estava prestes a começar, uma vez mais, entre os Comuns e os conselheiros da coroa.

Além dessa intervenção da Câmara dos Comuns nos assuntos gerais do Estado, alguns fatos específicos demonstram o progresso que sua influência fazia em todos os aspectos, e que merecem ser mencionados a essa altura.

I. Os Comuns começaram a resistir, energicamente, tanto ao poder que o papa ainda presumia exercer na Inglaterra quanto à influência interna do próprio clero inglês. Em 1343, protestaram contra o direito que o papa reivindicava de nomear estrangeiros para certos benefícios eclesiásticos vagos, e contra outros abusos do mesmo tipo. Pediram a ajuda de Sua Majestade e dos lordes para expulsar o poder papal do reino, e endereçaram ao próprio papa uma carta cheia de protestos indignados. Anteriormente, só os barões haviam interferido ativamente em assuntos desse tipo. Em 1366, o rei informou ao Parlamento que o papa tinha a intenção de reunir-se com ele em Avignon, para prestar homenagem à coroa, segundo os termos do tratado concluído com o rei João, e também para pagar o tributo prometido naquela ocasião. Os

Lordes por um lado e os Comuns por outro responderam que o rei João não tinha nenhum direito de contratar compromissos assim, sem o assentimento do Parlamento, e incitaram o rei a recusar-se a obedecer à citação do papa, prometendo apoiá-lo com todo seu poder. Em 1371, os Comuns queixaram-se de que os postos mais altos do Estado estavam ocupados por eclesiásticos, para grande prejuízo do rei e do Estado, e pediram que no futuro eles fossem excluídos daqueles postos, deixando ao rei o direito de escolher seus funcionários, desde que fossem leigos. Finalmente, em 1377, exigiram que nenhuma ordenação ou estatuto fosse promulgado sobre uma petição do clero sem o consentimento dos Comuns; e que os Comuns não fossem obrigados a obedecer a nenhuma das constituições que o clero pudesse fazer em seu próprio benefício e sem seu consentimento, já que o clero não era obrigado a obedecer aos estatutos ou às ordenações do rei para os quais não tivesse dado seu consentimento. Esse conflito entre os representantes nacionais e o clero logo se tornou um hábito permanente, que contribuiu fortemente, no século XVI, para a introdução da Reforma.

II. Em 1337, o Parlamento voltou sua atenção para a proteção da indústria nacional. Proibiu a exportação de lãs inglesas, e deu fortes incentivos a tecelões estrangeiros que quisessem tornar-se residentes na Inglaterra. Esses regulamentos caíram logo em desuso em virtude das guerras com a França, mas eles demonstram o desejo do Parlamento de envolver-se com todos os assuntos de interesse público.

III. Foi durante esse reinado que, pela primeira vez, vemos o Parlamento manifestando ansiedade sobre os abusos cometidos nas eleições, e tentando evitar sua recorrência. Em 1372, uma ordenação, aprovada por sugestão e conselho dos Comuns, proibiu a eleição de xerifes enquanto estivessem ocupando suas funções, e também de advogados, já que eles faziam uso de sua autoridade para beneficiar sua própria eleição, e depois só cuidavam de seus interesses privados.*

IV. Finalmente, é sob esse reinado que primeiro vemos comitês das duas Casas unindo-se para investigar certas questões em comum, e depois relatando o resultado das investigações às suas respectivas Casas. É extraordinário que esse uso, tão necessário para facilitar o progresso do sistema representativo e para conseguir delibera-

---

* A influência do rei nas eleições foi demonstrada a essa época de uma forma direta, ou quase. Dois editos de Eduardo III, aprovados com um intervalo de mais de 40 anos, provam isso. O primeiro, datado de 3 de novembro de 1330, termina assim: "E porque, anteriormente, vários cavaleiros, representantes dos condados, eram pessoas de má índole que mantinham falsas brigas, e não podiam suportar que nossos bons súditos mostrassem os agravos do povo, nem os assuntos que deveriam ser reparados no Parlamento, para grande prejuízo nosso e de nossos súditos; – nós, portanto, encarregamos e ordenamos que os senhores façam com que sejam eleitos, com o comum acordo de seu condado, dois dos cavaleiros mais adequados e mais suficientes, ou sargentos do dito condado, que sejam menos suspeitos de má índole, ou mantenedores comuns de partidos, para serem [membros] do nosso dito Parlamento, segundo a forma do nosso mandado que os senhores têm em seu poder. Isso esperamos que os senhores farão, pois assim evitarão nossa raiva e nossa indignação". (*Parl. Hist.* vol. i. p. 84.) Esse mandado foi emitido na época em que o jovem rei tinha acabado de se livrar do jugo de Mortimer e de sua facção. O segundo mandado, datado de 1373, ordena que os xerifes "façam com que sejam escolhidos dois cavaleiros armados, ou os mais merecedores, honestos e discretos escudeiros desse condado, os mais peritos em proezas com armas, e nenhum outro; e de cada cidade dois cidadãos, de cada burgo dois burgueses, discretos e suficientes, e que tenham a maior habilidade em transporte marítimo e comércio". – *Parl. Hist.* vol. i. p. 137.

ções eficientes, tenha surgido precisamente no período em que o Parlamento se dividiu em duas Casas. Foi a conseqüência natural de sua combinação anterior em uma única assembléia. Não houve nenhum plano regular e constante com relação à maneira como esses comitês eram formados. Às vezes o próprio rei nomeava certo número de lordes, e convidava os Comuns a escolher certo número de seus próprios membros para que os consultassem; e às vezes cada Casa nomeava seu próprio comitê.

É extraordinário que a maioria das sessões parlamentares desse reinado começa com a confirmação da Magna Carta e da Carta da Floresta, que foram sempre consideradas a base dos direitos e liberdades públicas, e também violadas com freqüência suficiente para tornar necessário renovar sua concessão incessantemente.

Todos esses fatos demonstram o imenso progresso feito pelo governo representativo em geral, e pela Câmara dos Comuns em particular, durante o curso desse reinado.

Palestra 24

Situação do Parlamento sob Ricardo II. — Luta entre a realeza absoluta e o governo parlamentar. — Origem da lista civil. — Expansão da responsabilidade dos ministros. — Evolução das declarações sobre a utilização da renda pública. — Os Comuns invadem os direitos do governo. — Reação contra o controle dos Comuns. — Violência e queda de Ricardo II. — Evolução das máximas e práticas essenciais do governo representativo.

É digno de nota, na história da Inglaterra, o fato de que, entre os anos 1216 e 1399, um monarca capaz sempre foi sucedido por um incapaz, e vice-versa. Essa circunstância provou ser muito favorável para o estabelecimento de instituições livres, já que, com essa alternância, não havia tempo suficiente nem para que essas instituições se submetessem totalmente ao jugo de um despotismo enérgico nem para que se dissolvessem em anarquia.

O reinado de Ricardo II não apresenta, como o de Eduardo III, o espetáculo da luta dos Comuns em defesa de seus direitos e na tentativa de expandi-los. Isso ocorreu porque a luta era contra um poder real que incessantemente tentava evadir-se desses direitos, já que eles colocavam em xeque sua autoridade, mas que também era suficientemente astuto para perceber que ele próprio precisava da ajuda do povo, e não podia arriscar-se a lutar contra seus representantes. Durante o reinado de Ricardo, o conflito assumiu um caráter mais geral, e envolvia principalmente atos especiais ou ocasionais de resistência. A questão em debate, então, era se o rei iria governar segundo o conselho, e sob o controle de seu Parlamento, ou se governaria sozinho e de uma maneira quase arbitrária. Um conflito direto surgiu entre o governo parlamentar e o governo puramente real; um conflito violento, cheio de iniquidades recíprocas, mas no qual a questão entre liberdade em geral e poder absoluto foi formulada mais clara e completamente do que nunca.

Os reveses dessa luta são amplamente demonstrados pelos fatos. O reinado de Ricardo II pode ser dividido em duas partes. De 1377 a 1389, o governo era parlamentar, ou seja, o Parlamento exercia o controle supremo, e realmente dirigia todos os assuntos públicos, apesar das tentativas de resistência por parte do rei e de seus favoritos. De 1389 a 1399, a situação sofreu uma mudança, e o rei, progressivamente, recuperou o controle. Não que o Parlamento tivesse abandonado ou perdido todos os seus direitos, pois o direito de votar os impostos, sobretudo, foi corajosamente mantido e, até certo ponto, respeitado. Mas, de um modo geral, o governo era arbitrário, e o rei, sozinho, determinava o curso dos eventos. O Parlamento, que perdera sua influência predominante, só interferia como instrumento. Essa situação era contrária aos desejos e instintos do país, e terminou com um evento trágico. Ricardo foi deposto por um exilado proscrito, que desembarcou na Inglaterra com sessenta homens e descobriu que tanto o Parlamento quanto a nação como um todo estavam dispostos a apoiá-lo, e não a se opor a ele. A deposição de Ricardo e a ascensão da Casa de Lancaster

FRANÇOIS GUIZOT

foram realizadas à força, mas com uma força apoiada por aquela adesão poderosa que o silêncio e a imobilidade da população dão aos empreendimentos cujo fim é derrubar um governo odiado ou menosprezado.

Tal foi o aspecto geral desse reinado. Não gastarei muito tempo dando detalhes dos eventos; apenas selecionarei e trarei à luz aqueles fatos que se relacionam com a condição das instituições públicas do país, e que demonstram a veracidade daquilo que acabei de afirmar.

Como os senhores já viram, durante os últimos anos do reinado de Eduardo III a influência dos Comuns no governo havia aumentado rapidamente; e a continuidade desse progresso foi beneficiada pela menoridade de Ricardo II. Sessenta anos antes, a menoridade do rei teria colocado o Estado sob o controle de alguma facção de barões; mas, durante a última metade do século XIV, os Comuns tomavam a iniciativa em todas as situações, e diziam claramente como achavam que o governo devia ser administrado.

Um primeiro Parlamento foi convocado no mês de setembro de 1377. Peter de la Mare, anteriormente líder da oposição, foi libertado da prisão e escolhido para presidente da Câmara dos Comuns. Três lordes selecionados pelos Comuns foram nomeados para deliberar com essa Casa sobre as necessidades públicas. Três propostas foram submetidas pelos Comuns ao rei e aos lordes: I. A formação de um conselho de governo; 2. A nomeação de "homens de constituição virtuosa e honesta" para guardar a pessoa do rei, orientar sua educação, e garantir "que os gastos do domicílio real seriam cobertos pelas rendas da coroa, de maneira que aquilo que tivesse sido concedido para guerras fosse gasto só dessa forma";

3. A observância estrita do direito comum e dos estatutos do reino, "para que eles não fossem anulados pela excentricidade de ninguém mais além do rei".* Os Lordes aprovaram a primeira proposta, rejeitaram a primeira parte da segunda, por considerá-la severa demais e por achar que também interferia sobremaneira com a liberdade da pessoa do rei; prometeram deliberar sobre a segunda parte com os altos funcionários do domicílio real e, sem hesitação, aprovaram a terceira proposta.

A segunda dessas propostas contém o germe da distinção entre a lista civil e os impostos aprovados para os gastos públicos. Os Comuns aprovaram um subsídio, após o estabelecimento da administração. Foi decidido que o dinheiro assim arrecadado ficaria sob os cuidados de tesoureiros especiais, que deveriam prestar contas de seus recibos e desembolsos, de acordo com as ordens do rei e do conselho. Dois comerciantes de Londres, William Walworth e John Philpot, foram nomeados pelo rei para essa função.

Várias outras petições foram apresentadas por esse Parlamento: 1. Que os maus conselheiros do falecido rei Eduardo fossem afastados dos conselhos reais — o que foi concedido. 2. Que, durante a menoridade do rei, todos os ministros e outros altos funcionários do Estado pudessem ser nomeados pelo Parlamento; e que, se um posto ficasse desocupado, quando o Parlamento não estivesse em reunião, o novo ocupante deveria ser nomeado pelo conselho do rei, sujeito à aprovação do Parlamento seguinte — o que foi concedido no caso dos funcionários mais altos, mas recusado com relação aos de menor importância. 3. Que o Parlamento fosse realizado

---

* *Parliamentary History*, vol. i. p. 160.

uma vez por ano – em resposta a essa petição, foi prometido que "os estatutos elaborados com esse objetivo serão observados e mantidos".* É evidente que, em todos esses assuntos, a iniciativa e a direção geral do governo pertenciam aos Comuns.

Em 25 de abril de 1378, um segundo Parlamento se reuniu, e votou um imposto individual, já que o rei tinha dívidas de empréstimos. O ministro das Finanças concluiu seu discurso dizendo que os tesoureiros estavam preparados para prestar contas de todos os gastos passados e prováveis.

Em 20 de outubro de 1378, um terceiro Parlamento se reuniu, e foi exigido um novo subsídio. Os Comuns afirmaram que o rei não devia estar precisando de nenhum, e que se havia prometido não criar nenhum novo imposto por um longo período. O ministro das Finanças, Richard le Scroop, negou que qualquer promessa desse tipo tivesse sido feita, e debates longos e violentos foram empreendidos com relação a essa questão. Os Comuns exigiram receber uma prestação de contas demonstrando como fora gasto o último subsídio. O ministro afirmou que eles não tinham o direito de exigir tal coisa, mas finalmente cedeu, sob o protesto de que isso não deveria abrir um precedente. Dessa forma, os Comuns examinaram as contas.

A seguir, os Comuns solicitaram que cinco ou seis lordes ou prelados fossem enviados para deliberar com eles a respeito dos encargos públicos. Aspiravam a que sua instituição passasse a ser o centro das deliberações, e pretendiam considerar os lordes apenas como parte do conselho do rei. Os lordes recusaram o pedido e

---

* *Parliamentary History*, vol. i. pp. 161,162.

propuseram que, segundo os costumes antigos, cada Casa nomeasse um número de seus membros para deliberar juntos. A sugestão foi adotada, e um subsídio foi aprovado. Os Comuns solicitaram também a nomeação de tesoureiros especiais para receber e desembolsar suas rendas. Isso foi concedido.

Em 15 de janeiro de 1380, foi realizado um quarto Parlamento, com o objetivo de exigir novos subsídios, que se fizeram necessários em virtude das guerras com a França e com a Escócia, das rebeliões na Gasconha, e por outras causas. O ministro concluiu seu discurso dizendo "que os lordes do grande conselho estavam prontos para apresentar aos Comuns os recibos das últimas concessões de subsídios, e os desembolsos das mesmas".

Os Comuns pediram: I. Que os conselheiros cedidos ao rei quando este subiu ao trono fossem despedidos (provavelmente por suspeitar que eles tivessem sido desleais na administração da renda pública); 2. Que os cinco funcionários principais do Estado não fossem substituídos até o Parlamento seguinte; 3. Que se formasse uma comissão para fazer um levantamento e examinar, em todos os seus tribunais e palácios, o estado do domicílio do rei e os gastos e recibos em todos os postos – o que foi concedido, e foi criada uma comissão, composta de seis lordes e seis membros da Câmara dos Comuns; 4 Que alguns dos barões mais discretos fossem colocados ao redor do rei, a fim de dar respostas inteligentes aos ministros estrangeiros. Somente um barão, o conde de Warwick, foi nomeado com esse fim. Um subsídio foi então aprovado.

Em novembro de 1380, reuniu-se um quinto Parlamento para a votação de novos subsídios; surgiu então uma longa discussão entre os Comuns e os Lordes com relação à quantia. Foi pedida uma soma fixa de 16 mil libras; para atender o pedido, os Comuns aprovaram um imposto individual de 15 *groats*,* a ser arrecadado de todas as pessoas acima de 15 anos de idade, exceto mendigos; e anexaram a seu voto a condição de que os ricos deveriam ajudar os pobres a pagar o imposto. Os Comuns, além disso, votaram que "nenhum cavaleiro, cidadão ou burguês do Parlamento atual seja coletor desse dinheiro" — aparentemente para evitar qualquer suspeita de parcialidade na sua tributação. Uma violenta insurreição popular irrompeu em conseqüência desse imposto; a fim de subjugá-la, o rei foi forçado a fazer promessas de uma anistia geral.

Em 14 de setembro de 1382, reuniu-se um sexto Parlamento; mas foi adiado em virtude de uma briga entre o duque de Lancaster e o conde de Nortúmbria, que tinham vindo ao Parlamento armados, e com um séquito numeroso. A importância desses grandes barões era tal que o Parlamento não pôde se reunir até que o rei promovesse a reconciliação entre eles. Esse Parlamento foi extremamente tumultuado, já que não sabia o que fazer para acalmar os distúrbios no país. A carta de alforria que havia sido extorquida do rei foi revogada. Os Comuns acusaram o mau governo do rei de ter provocado a insurreição, e apresentaram um quadro melancólico do estado deplorável da população. Por conseguinte, foi nomeado um comitê de investigação. Os Comuns se recusaram a conceder um subsídio, baseando sua recusa na disposição para rebeliões que havia no país naquele momento. O rei declarou que não daria a anistia a todas as ofensas cometidas durante a última insurreição,

---

* *Groat* = moeda de prata inglesa equivalente a quatro *pennies*. (N. T.)

a menos que lhe fosse concedido um subsídio; e, sob a influência de tal ameaça, os Comuns cederam.

Na abertura desse Parlamento, os Comuns pediram que os prelados, os lordes temporais, os cavaleiros, os juízes, em uma palavra, as várias categorias do reino examinassem, cada uma em sua própria classe, as acusações a serem ser feitas; e que deveriam apresentá-las aos Comuns, que deliberariam sobre elas. Foi uma tentativa dos Comuns de se tornarem uma assembléia soberana e unida; mas o rei manteve o costume antigo, que exigia que os Comuns deliberassem primeiro, e depois comunicassem suas propostas ao rei e aos lordes.

Esse Parlamento foi adiado duas vezes: de 15 de dezembro de 1382 para 15 de janeiro de 1383, e de novo dessa última data para 7 de maio do mesmo ano.

Sete sessões do Parlamento foram realizadas entre 7 de maio de 1383 e 1º de outubro de 1386. O rei tentou se livrar do controle do Parlamento. Em 1383, ele despediu um ministro das Finanças muito popular, Richard le Scroop, por ter se recusado a ratificar algumas doações de propriedades que haviam sido confiscadas pela coroa. Durante o mesmo ano, o clero obteve do rei um estatuto violento contra os Lollards ou seguidores de Wickliffe. Os Comuns queixaram-se disso, dizendo que o estatuto era ilegítimo, que nunca havia sido aprovado por eles, e que "não era sua intenção se aliarem, nem eles nem seus sucessores, aos prelados, não mais do que seus antecessores se haviam aliado a eles no passado". Com isso, exigiram e obtiveram a revogação do estatuto. No entanto, após sua partida, o ato de revogação foi abandonado, e o estatuto mantido.

FRANÇOIS GUIZOT

Também em 1383, o rei aprovou o pedido dos Comuns para deliberarem com uma comissão de lordes cujos nomes eles especificaram, mas acrescentou que era unicamente dele a competência de nomear os lordes que julgasse adequados para enviar a tais conferências. No mesmo Parlamento, os Comuns rogaram ao rei "que colocasse os funcionários mais discretos e mais valiosos a seu redor", e que organizasse seu domicílio de tal forma que suas rendas pudessem ser bem administradas, e se provassem suficientes para satisfazer suas necessidades. O rei respondeu que convocaria para si as pessoas que lhe conviessem, e que organizaria seu domicílio segundo a orientação de seu conselho. Em 1386, os Comuns pediram que a situação do domicílio do rei fosse examinada anualmente pelo ministro das Finanças, pelo tesoureiro e pelo guardião do Selo Privado; e que eles fossem autorizados a reformar os abusos ali encontrados. O rei respondeu que ordenaria um exame quando bem quisesse. Os Comuns, a seguir, perguntaram quem eram os ministros e funcionários principais do Estado que o rei tinha a intenção de colocar à frente de seus negócios. O rei respondeu que tinha funcionários suficientes naquele momento, e que os substituiria quando lhe aprouvesse. Todos esses fatos indicam um esforço, por parte do rei e de seu conselho, de se livrar do controle do Parlamento. Na medida em que esse desejo se tornou aparente, os Comuns ficaram, em certos aspectos, mais tímidos e reservados. Em 1383, o rei os consultou para saber se devia marchar ele próprio à frente de seu exército contra a França; e eles responderam que não era de sua competência decidir sobre tal questão, mas que ela devia ser enviada para o conselho. Em 1385, foram consultados sobre a questão da paz ou da guerra com a França, e recusaram-se a dar sua opinião. O rei insistiu, exigindo uma resposta, mas tudo que conseguiu obter deles foi que, "se eles estivessem no lugar do rei, prefeririam a paz". Todas as circunstâncias, dos dois lados, indicavam uma separação iminente, ou pelo menos um afastamento progressivo. O rei estava desejoso de escapar da orientação do Parlamento; e o Parlamento recusava-se a partilhar a responsabilidade com o conselho do rei.

Ricardo estava sob o controle de dois favoritos, Robert de Vere, marquês de Dublin, e Michael de la Pole, conde de Suffolk. Com isso o governo era palaciano, extravagante, destrutivo, e reivindicava o direito de exercer uma autoridade arbitrária, insolente e frívola. O tom arrogante do ministro Suffolk foi extremamente ofensivo em seus discursos na abertura do Parlamento de 1384 e 1385. Os Comuns podiam suportar o governo (embora muitas vezes tirânico) de um conselho de barões com muito mais disposição do que o de um bando de favoritos da corte. Afinal, a alta aristocracia feudal estava profundamente enraizada nas associações do país, mas a arrogância e a frivolidade de favoritos eram inexprimivelmente ofensivas para o povo. A tempestade irrompeu no Parlamento que se reuniu em 1º de outubro de 1386. Os Comuns, "unanimemente", impugnaram o conde de Suffolk. O rei retirou-se para Eltham. As duas Casas enviaram mensageiros até ele para pedir a demissão do tesoureiro e do ministro das Finanças. Com relação a esse último, disseram, tinham assuntos a resolver que não poderiam ser tratados com segurança enquanto ele continuasse em seu posto. O rei mandou uma resposta evasiva; o Parlamento declarou que não faria nada enquanto o rei estivesse ausente, e o conde de Suffolk continuou como ministro. O rei propôs que enviassem 40 cavaleiros de seu grupo para deliberar com ele. O Parlamento recusou. Após uma correspondência longa e peculiar, o rei foi obrigado a ceder e a escolher novos ministros.

Muitas foram as dúvidas lançadas sobre esses fatos, especialmente sobre a correspondência do rei com o Parlamento. Knyghton é o único historiador que a registra, mas há motivos para se crer que ela é autêntica. O conde de Suffolk foi impugnado e condenado. As acusações feitas contra ele não eram muito sérias, em termos de crimes penais, mas muito importantes se consideradas como abusos no governo. Uma comissão de 11 lordes foi nomeada pelo Parlamento para organizar todos os assuntos públicos, e para governar em concordância com o rei. O Parlamento promulgou as penalidades de alta traição contra qualquer pessoa que aconselhasse o rei a não seguir os conselhos dessa comissão, e obrigou o rei a confirmar essas resoluções por cartas-patentes. O rei, por sua vez, protestou em pleno Parlamento, de viva voz, "que desejaria que nenhum dano fosse feito a ele ou a sua coroa por qualquer iniciativa tomada naquele Parlamento; mas que as prerrogativas e liberdades do Parlamento deveriam ser asseguradas e preservadas".

Em 1387, o rei viajou por todo o oeste e o norte da Inglaterra; e reuniu em Nottingham um conselho composto de partidários de seus favoritos. Perguntou também aos xerifes dos condados vizinhos que forças eles poderiam recrutar para ajudá-lo, caso ele achasse necessário opor-se ao comitê dos 11 lordes. Os xerifes responderam que o povo estava convencido de que os lordes eram amigos do rei, e desejavam o bem-estar do país, e que, portanto, só poderiam encontrar algumas poucas pessoas que estivessem dispostas a pegar em armas contra eles. O rei então ordenou aos xerifes que elegessem, para o próximo Parlamento, somente aquelas pessoas que ele nomeasse. Eles responderam que não podiam comprometer-se a garantir a eleição de quaisquer pessoas senão daquelas de quem o povo gostasse. O rei então convocou os juízes para que fossem a Nottingham, e lhes propôs várias questões relacionadas com os direitos e prerrogativas da coroa. Os juízes, ou intimidados ou orientados por Sir Robert Tressillian, deram respostas que tendiam a estabelecer o poder arbitrário do rei, e a livrar seu governo do controle do Parlamento. Esse era o objetivo claro de toda essa luta.

Começou então a dissensão entre o rei e os lordes. Foi convocado um Parlamento. O rei inseriu em seus mandados uma ordem visando a convocar outra vez aquelas pessoas que eram *debatis modernis magis indifferentes*,[1] mas foi logo obrigado a excluir essa cláusula, e a declará-la ilegal em novos mandados. O Parlamento reuniu-se em 3 de fevereiro de 1388, e precaveu-se para garantir que só ele deveria decidir sobre todos os assuntos públicos importantes, e que não deveria ser dissolvido após ter votado um subsídio. Cinco lordes, chamados de apelantes, apresentaram uma acusação contra os favoritos do rei e contra os juízes. Na verdade, essa acusação encobria, sob as formas de procedimento jurídico, um grande conflito partidário. A Câmara Alta declarou que, em ocasiões assim tão sérias, só o Parlamento poderia julgar, e que não estava obrigado por nenhuma das leis que regulavam os procedimentos de outros tribunais. Dezoito pessoas foram condenadas, a maioria à morte, e muitas delas à revelia. O Parlamento, após permanecer reunido por cinco meses, dissolveu-se. Foi chamado de *Parlamento Maravilhoso*,

---

[1] Que estavam indiferentes aos debates de então.

e também de *Parlamento Implacável*. Ele tivera o cuidado de declarar que a condenação dos conselheiros e juízes favoritos de nenhuma maneira desacreditava o próprio rei.

A autoridade do comitê de 11 lordes sobre o governo foi exercida sem oposição durante um ano. Em maio de 1389, o rei reuniu seu conselho e declarou que, tendo atingido a maioridade, era capaz de governar sua herança sozinho, e que não era apropriado que estivesse em uma situação pior que a de todos os súditos em seus domínios, capazes de dispor de seus próprios bens livremente. "Como todos sabem," disse ele, "durante vários anos eu vivi sob sua guarda, e lhes agradeço por todo o trabalho que tiveram por minha causa; mas, agora que atingi a maioridade, estou decidido a não continuar sob tutelagem, e sim a tomar em minhas mãos o governo de meu reino, e nomear ou revogar meus ministros e outros funcionários de acordo com a minha vontade". Trocou então o ministro das Finanças, substituiu outros funcionários importantes e exonerou de seu conselho vários dos 11 lordes.

Aqui começou a segunda fase desse reinado – a época da reação contra o Parlamento. Sabe-se muito pouco sobre as causas que colocaram Ricardo II em uma posição capaz de realizar uma revolução assim; mas, provavelmente, ele foi encorajado a fazê-lo pela divisão no comitê dos 11 lordes, e pelo mau uso que alguns deles tinham feito de seu poder. A princípio, o rei e seu novo conselho governaram com prudência, e manifestaram muito respeito pelo Parlamento. Em 16 de janeiro de 1390, foi convocado um Parlamento. Os novos ministros pediram demissão de seus postos, e submeteram sua conduta ao escrutínio parlamentar. O Parlamento declarou que não via motivo para queixas, e os ministros reassumiram suas funções. Sete parlamentos se realizaram entre 1390 e 1397. Eles foram ficando cada vez mais tímidos e dóceis, e a autoridade do rei assumiu um caráter cada vez mais amplo e arbitrário. São estes os principais fatos que caracterizaram essa reação:

Em 1391, o Parlamento garantiu ao rei que a realeza e as prerrogativas de sua coroa permaneceriam para sempre intactas e invioláveis; que, se elas fossem de alguma maneira infringidas, o Parlamento seria reformado; e que o rei deveria desfrutar de tanta liberdade quanto qualquer um de seus antecessores; "discurso esse que pareceu a nosso senhor, o rei, honesto e sensato", e ele concordou com seu teor. Em 1391 e 1392, o Parlamento admitiu que o rei tinha o poder para dispensar-se da observância de certos estatutos em assuntos eclesiásticos, sob a condição de que, por essa razão, tais estatutos não fossem considerados revogados. Em 1392, o rei, tendo se irritado com a cidade, de Londres, tirou dela suas liberdades e prendeu seus magistrados; mas pouco tempo depois restaurou as liberdades da cidade, e lhe impôs uma multa de mil libras esterlinas. Em 1394, os juízes que tinham sido banidos para a Irlanda pelo Parlamento de 1388 foram chamados de volta. Em 1397, foi apresentado na Câmara dos Comuns um projeto de lei propondo que todos os gastos exagerados deveriam ser evitados no domicílio real; e que os bispos e as senhoras que não tinham nada a fazer na corte não deviam ter permissão para residir ali. O rei exasperou-se com esse projeto de lei mesmo antes que lhe fosse apresentado, e disse, na Câmara Alta, "que o projeto se voltava contra aquelas liberdades e direitos de que seus progenitores haviam desfrutado, e que ele estava decidido a defender e a manter". Ordenou, então, aos lordes que informassem os Comuns de sua resolução, e mandou que o duque de Lancaster dissesse a Sir John Bussy, presidente dos Comuns, que lhe informasse que membro apresentara o projeto de lei no Parlamento. Os Comuns se assustaram, e humildemente pediram o perdão do rei. Em uma conferência, colocaram o projeto de lei nas mãos do rei e lhe entregaram o membro que o havia proposto, Thomas Haxey. O rei os perdoou, e o próprio Parlamento declarou Haxey culpado de traição. O clero lhe salvou a vida, afirmando que ele era um de seus membros – o que prova que nessa época os eclesiásticos não eram excluídos do Parlamento.

Em setembro de 1397, Ricardo II finalmente julgou-se na posição de assumir a plenitude de seu poder, de anular tudo que se fizera em 1388 para limitar sua autoridade e de vingar-se de seus agravos.

Foi convocado um Parlamento. Seus membros tinham tomado todos os cuidados possíveis para garantir sua docilidade. Os xerifes haviam sido substituídos; e todos os tipos de procedimentos foram adotados para influenciar as eleições. A guarda real era formada por várias tropas. O Parlamento foi aberto com grande solenidade. O ministro das Finanças, o bispo de Exeter, escolheu o texto de seu discurso: *Rex unus erit omnibus*.[2] Os eventos que se seguiram se enquadram totalmente a esses preâmbulos. Todos os atos do Parlamento de 1388 foram revogados, e seus autores acusados de traição; cinco deles foram condenados à morte. O líder principal da oposição, o duque de Gloucester, foi assassinado na prisão em

---

[2] Haverá um rei entre nós.

Calais, após ter sido obrigado a reconhecer seus crimes passados em uma confissão em que se acusou de ter "limitado a liberdade do rei". Depois dessas condenações, o mesmo Parlamento realizou uma segunda sessão em Shrewsbury, na qual as respostas dos juízes em 1387 foram declaradas boas e legítimas, e precisamente as mesmas medidas que tinham sido usadas pelo Parlamento de 1388, para garantir a observância de suas próprias resoluções, foram tomadas para assegurar que as novas decisões fossem invioláveis. Essas duas sessões duraram 16 dias. Menos de dois anos mais tarde, Ricardo foi deposto.

No entanto, ele se considerava bem protegido de uma contingência assim; pois tomara todos os tipos de precauções para estabelecer o poder que tinha acabado de recuperar. O Parlamento lhe havia concedido, vitaliciamente, os impostos sobre lãs e peles, apenas sob a condição de que essa concessão não fosse tomada como um precedente pelos sucessores do rei. Como várias das petições e outros assuntos apresentados ao Parlamento, durante sua última sessão, não tinham sido totalmente completados, o Parlamento, ao se dissolver, nomeou um comitê permanente de 12 lordes e seis membros da Câmara dos Comuns, a quem transferiu seus poderes de regular e decidir, de comum acordo com o rei, todos os assuntos da vida pública. Ricardo então permaneceu rodeado pelos homens que haviam acabado de ajudá-lo a recuperar o poder arbitrário; e, embora a missão desse comitê estivesse restrita à solução daqueles assuntos que o Parlamento não tivera tempo de tratar, ele não hesitou em apoderar-se de todo o governo. De comum acordo com o rei, promulgou ordenações, e considerou culpada de alta traição – e alvo das punições correspondentes – qualquer pessoa que tentasse resistir à sua autoridade; e impôs a todos os lordes a obrigação, sob juramento, de respeitar e manter tudo aquilo que o comitê promulgasse. Todos os poderes do Parlamento foram, assim, usurpados por esse comitê. Afrontas privadas se acrescentaram a essa usurpação geral; apesar da anistia que tinha sido proclamada, até mesmo pelo último Parlamento, Ricardo continuou a vingar-se dos defensores do Parlamento de 1388. Exigiu dinheiro de 17 condados sob a justificativa de que haviam tomado parte na rebelião; e obrigou cidadãos ricos a assinar cheques em branco — cujo valor ele preenchia como lhe aprouvesse — a fim de se livrarem de processos onde eram acusados de traição.

Atos assim não poderiam deixar de produzir ódio e indignação gerais; e uma causa acidental provocou sua manifestação. Havia uma disputa entre os duques de Hereford e de Norfolk, que o último Parlamento deixara para ser resolvida pelo rei e seu comitê. Decidiu-se que um único combate entre os dois duques teria lugar em Coventry; mas o rei antecipou o duelo e baniu os dois duques, um por dez anos e o outro por toda a vida. Através de cartas-patentes, ele expressamente autorizou o duque de Hereford a abrir um processo, durante seu exílio, para receber qualquer propriedade que lhe fosse legada. Em 1399, João de Gaunt, duque de Lancaster e pai de Hereford, morreu. O rei e seu comitê anularam as cartas-patentes e confiscaram a propriedade do duque de Lancaster. Ricardo então partiu para a Irlanda. Em 4 de julho de 1399, o duque de Hereford, que se tornara duque de Lancaster com a morte de seu pai, desembarcou na Inglaterra. Ele agiu com rapidez, e, quando Ricardo voltou à Inglaterra, viu-se abandonado e foi preso. Em seu nome, convocou-se um Parlamento para 30 de setembro. Ricardo abdicou. Dirigiu-se contra ele uma acusação com 33 artigos, e sua deposição foi pronunciada pelo Parlamento. Henrique de Lancaster reivindicou a coroa em virtude de um pretenso direito sangüíneo. Ela lhe foi concedida em 6 de agosto de 1399, e novos mandados foram promulgados para a convocação de um Parlamento em seis dias. Isso se mostrou impossível, e então o mesmo Parlamento reuniu-se outra vez, e passou a ser o Parlamento de Henrique IV. Ricardo, que ficara preso no Castelo de Pomfret, foi executado em 23 de outubro de 1399.

Como no caso da deposição de Eduardo II, essa catástrofe real resultou da violência reinante; mas, no caso de Ricardo, a paixão e a opinião pública desempenharam um papel muito maior. Empreenderam-se esforços para dar a esses atos de violência uma aparência de regularidade constitucional, e o progresso do governo parlamentar pode ser percebido até mesmo em seus trágicos arrebatamentos.

Tais foram, de um ponto de vista político, o caráter e o progresso desse reinado. Uns poucos fatos específicos merecem nossa atenção:

1. A ampliação da prática de empréstimos obrigatórios. Em 1378, apresentou-se uma petição com vistas a que nenhuma pessoa fosse obrigada a emprestar dinheiro ao rei. A petição foi concedida. Apesar disso, em 1386, um mandado, dirigido a vários habitantes de Boston, incita-os a fazer com que todas as pessoas com propriedades de valor superior a 20 libras contribuíssem para o empréstimo de 200 libras que a cidade prometera conceder ao rei, e que seria recebido no lugar de parte dos subsídios do presente Parlamento.

2. O princípio de apropriação de subsídios tornou-se cada vez mais predominante.

3. Os Comuns esforçaram-se para garantir que suas petições não seriam alteradas quando aprovadas e transformadas em estatutos. Em 1382, pediram a comunicação de uma das ordenações do rei antes que fosse registrada; e insistiram que alguns de seus membros deveriam estar presentes durante a preparação dos anais. O caso de Thomas Haxey nos dá motivo para crer que, durante esse reinado, começou a prática de fazer com que os projetos de lei fossem discutidos e adotados pelas duas Câmaras, antes de serem submetidos à sanção do rei. Apesar disso, em 1382, quando a Câmara dos Comuns solicitou a opinião da Câmara dos Lordes sobre uma questão que então ocupava sua atenção, os Lordes responderam que o costume antigo exigia que os Comuns primeiro comunicassem sua opinião ao rei e aos lordes reunidos. Esse próprio fato, no entanto, demonstra que a forma atual de iniciativa estava prestes a ser introduzida.

4. Em 1384, a cidade de Shaftesbury dirigiu uma petição ao rei, aos Lordes e aos Comuns, contra o xerife de Dorsetshire, que tinha feito um relatório falso de uma eleição e excluído o nome da pessoa que realmente se elegera. Não sabemos qual foi o resultado dessa petição, mas esse é o primeiro caso da intervenção oficial dos Comuns na questão de eleições contestadas. Só três exemplos de petições semelhantes foram vistos anteriormente, quais sejam, sob Eduardo II, em 1319, sob Eduardo III, em 1363, e sob Ricardo II, em 1384. Até então, só o rei examinava a petição e a enviava a julgamento para os tribunais comuns.

5. Em 1382, um estatuto ordenou, sob pena de multa ou outra punição, que todos os Lordes e deputados dos Comuns deveriam ir ao Parlamento sempre que convocados; e que todos os xerifes tinham que fazer com que todas as eleições devidas e costumeiras fossem realizadas, sem omitir um só burgo ou cidade.

Esses atos específicos, bem como o curso geral dos eventos, atestam o progresso das máximas e práticas constitucionais.

Palestra 25

Sumário da história do Parlamento desde a morte de Ricardo II até a acessão da Casa dos Stuarts. – Evolução das formas de procedimento e dos privilégios do Parlamento. – Liberdade de expressão nas duas Casas. – Inviolabilidade dos membros do Parlamento. – Poder judiciário da Câmara dos Lordes. – Decadência do Parlamento durante as guerras das Rosas e sob a dinastia Tudor. – Causas dessa decadência e da expansão da autoridade real, de Henrique VII até Elizabeth. – Conclusão.

É impossível compreender todo o alcance do caráter e da influência dos grandes eventos. Algumas ocorrências, que buscam ordem e liberdade para o presente, abrem caminho para a tirania e para o tumulto no futuro; enquanto outras, ao contrário, estabelecem o poder absoluto no começo e, subseqüentemente, produzem plena liberdade política. Não podemos deixar de nos impressionar com essa reflexão quando consideramos a incrível diferença existente entre os resultados imediatos e as conseqüências remotas da deposição de Ricardo II. Ela livrou a Inglaterra de um governo arbitrário, insolente e turbulento; mas, 60 anos mais tarde, fez surgir as guerras das Rosas Vermelha e Branca, e todas aquelas cruéis desordens internas que facilitaram o estabelecimento do despotismo Tudor, de tal forma que a decadência das liberdades inglesas, de 1461 a 1640, teve como fonte primordial o evento que, em 1399, consolidara seu triunfo.

Ao considerar o caráter geral da situação do governo de 1399 a 1461, sob os três primeiros reis da Casa de Lancaster, Henrique IV, Henrique V e Henrique VI, temos de admitir que esse período não se destacou nem por sua estabilidade, nem pelo progresso das instituições. Durante esse período, o Parlamento não obteve nenhuma daquelas vitórias extraordinárias que distinguiram os reinados de Eduardo III e de Ricardo II. Nenhum direito realmente novo e nenhuma garantia fundamental desconhecida anteriormente foram acrescentados àqueles já existentes. Tampouco o poder arbitrário voltou a assumir a ofensiva e obteve vantagem; e a coroa e o Parlamento não se envolveram em nenhum sério conflito calculado para comprometer a existência de uma das duas partes, ou principalmente para mudar o grau de sua importância política. Na verdade, a tarefa desse período foi a regularização dos resultados das lutas anteriores. O Parlamento exerceu, sem muita oposição, o direito pelo qual lutara durante o século XIV, qual seja, a votação de impostos, a apropriação dos subsídios, a investigação das contas públicas, a intervenção na legislatura e a impugnação dos altos funcionários da coroa. Os reis, embora muitas vezes buscando evitar a aplicação desses direitos, nunca os ignoraram completamente, ou ousaram desafiá-los abertamente. A máquina política quase não foi alterada; mas, embora ela não tenha sofrido mudanças revolucionárias, conseguiu desenvolvimentos importantes em sua organização interna. Buscaram-se melhorias práticas, que foram alcançadas; outras conseqüências derivaram de princípios estabelecidos; e essa época se destaca mais pelas várias melhorias nos procedimentos do governo parlamentar do que pela conquista de grandes direitos, ou pela formação de instituições fundamentais.

A constituição interna do Parlamento, especialmente no decorrer do período, fez um progresso importante; podemos datar dessa época, com algum grau de precisão, suas formas de procedimento principais e seus privilégios mais essenciais.

Entre esses últimos, um dos mais essenciais é, sem dúvida, a liberdade de expressão. Durante o reinado de Henrique IV, vemos o presidente da Câmara dos Comuns exigindo esse direito do rei na abertura de todas as sessões. Um dos primeiros atos do primeiro Parlamento realizado durante esse reinado, em 1399, foi a revogação da sentença pronunciada contra Thomas Haxey, no reinado de Ricardo II. Todas as circunstâncias mostram que, sob Henrique IV, os Comuns tiveram maior liberdade de expressão do que haviam tido antes. Na verdade, isso foi até tema de um elogio especial a Sir John Tibetot, presidente do Parlamento de 1406. O rei logo manifestou extrema desconfiança da ampliação dada a esse direito, provavelmente exercido com toda a rudeza que caracterizava as maneiras da época. Em 1410, ele disse aos Comuns que esperava que eles não usassem mais aquela linguagem inapropriada, e que agissem com moderação. Em 1411, após o presidente, Sir Thomas Chaucer, ter feito a solicitação costumeira na abertura da sessão, o rei respondeu que permitiria que os comuns falassem como outros antes o tinham feito, mas que "não aceitaria a introdução de nenhuma novidade, e desfrutaria de sua prerrogativa". O presidente pediu três dias para apresentar uma resposta por escrito a essa observação, e depois replicou "que não desejava nenhum outro protesto além daquele que outros presidentes tinham feito; e que, se falasse qualquer coisa que desagradasse ao rei, isso poderia ser imputado unicamente à sua ignorância, e não aos Comuns como instituição".* E com isso o rei concordou.

Não encontramos nenhum infração da liberdade de expressão desfrutada pelos Comuns até o Parlamento de 1455, quando um deputado de Bristol, Thomas Young, queixou-se de ter sido detido e colocado na Torre, seis anos antes, em virtude de uma moção que apresentara na Câmara. O objetivo dessa moção havia sido declarar que, como o rei não tinha filhos, o duque de York era o herdeiro legítimo do trono. Os Comuns transmitiram sua petição para os Lordes, e o rei ordenou ao seu conselho que fizesse o que considerasse adequado em nome do requerente.

Em todas as transações oficiais entre o rei e os Lordes, o presidente era o porta-voz da Câmara dos Comuns, e era para ele, principalmente, que a liberdade de expressão era solicitada. Ele atuava em nome e a favor da Câmara, em quase todas as ocasiões. Em 1406 vemo-lo dando seu assentimento, nessa capacidade, para o ato que regulamentava a sucessão da coroa.

A inviolabilidade dos membros do Parlamento era um direito não menos importante que a liberdade de expressão. As antigas leis saxãs davam proteção e segurança aos membros da *Wittenagemot*, na ida até o local da reunião e na volta à casa, contanto que eles não fossem ladrões e bandidos notórios. A partir da formação

---

* *Parliamentary History*, vol. i. p. 313.

do novo Parlamento, o mesmo direito foi reivindicado pelos seus membros, que, quando iam negociar assuntos relacionados com o rei em seu conselho nacional, por isenção especial, não poderiam ser presos nem incomodados. Em 1403, Sir Thomas Brooke foi ao Parlamento como representante do condado de Somerset; e um membro de seu séquito, Richard Cheddre, foi maltratado e surrado por John Salage. Um estatuto ordenou que Salage pagasse por danos duplos a Cheddre, segundo a sentença da divisão do Supremo Tribunal presidida pelo monarca;* e, "além disso, é concedido, pelo dito Parlamento, que o mesmo será feito no futuro, em casos semelhantes". Essa circunstância provocou uma petição dos Comuns, rogando que todos os lordes, cavaleiros, cidadãos e burgueses que fossem ao Parlamento e permanecessem lá pudessem estar, assim como seus seguidores e empregados domésticos, sob a proteção e defesa especial do rei, até que voltassem para casa; e que eles não poderiam ser detidos por dívidas, contratos ou processos, nem presos de qualquer forma durante esse período, sob pena de uma multa a ser paga ao rei, além de indenização à pessoa ofendida. O rei respondeu que tomaria providências para esse fim. O estatuto de 1403 foi renovado em 1433, durante o reinado de Henrique VI.

Em 1430, foi apresentada uma queixa à Câmara dos Comuns em virtude da prisão, por dívidas, de William Lake, empregado de William Mildred, um dos membros por Londres. Lake foi liberado graças a um ato especial do Parlamento.

---

* No original, *Court of Queen's Bench* – divisão do Supremo Tribunal (anteriormente um tribunal presidido pelo monarca). (N. T.)

Em 1453, os Comuns queixaram-se ao rei e aos Lordes a respeito da prisão de Thomas Thorpe, seu presidente, detido por dívidas em uma ação judicial impetrada pelo duque de York. Os Lordes passaram o assunto para os juízes, que responderam por intermédio de Sir John Fortescue: "que não era seu papel julgar as ações do Parlamento, cujos membros eram juízes e legisladores eles próprios; e que, embora houvesse vários mandados suspendendo o privilégio do Parlamento, levados aos tribunais, não havia um mandado geral que suprimisse todos os procedimentos. Pois, se houvesse, iria parecer que o Supremo Tribunal do Parlamento, que administrava toda a justiça e a igualdade, estaria obstruindo o processo do direito comum, e assim deixando a parte querelante sem solução, na medida em que as ações do direito comum não podem ser decididas definitivamente no Parlamento; mas, se qualquer membro do Parlamento fosse detido por casos que não os de traição, delito grave ou manutenção de paz*, ou por um julgamento anterior diante do Parlamento, era normal que essa pessoa fosse absolvida dessa detenção, e liberada para cumprir sua obrigação no Parlamento".†

Apesar dessa resposta dos juízes, os Lordes decidiram que Thorpe deveria permanecer preso; e ordenaram aos Comuns, em nome do rei, que elegessem outro presidente, o que se fez. Mas isso foi uma briga entre partidos; Thorpe estava associado à Casa de Lancaster, e o duque de York encontrava-se então em um momento de ascendência. O privilégio existia, mas ainda de uma forma precária, e

---

* No original, *surety of peace* – compromisso assumido pelas partes litigantes de manter a paz entre elas. (N. T.)
† *Parliamentary or Constitutional History of England*, vol. ii. p. 287.

em todos os casos havia sempre necessidade de um ato especial do Parlamento para garantir que ele seria posto em prática.

Foi também durante esse período que o direito de iniciativa parlamentar suplantou o direito de petição. Já observamos os abusos originários da iniciativa que a Câmara dos Comuns exercia por meio de suas petições; e que as petições nem sempre eram reproduzidas fielmente nos estatutos que eles tinham sugerido. Vimos também que esforços haviam sido feitos pelos Comuns para prevenir esses truques. Em 1414, durante o reinado de Henrique V, eles se queixaram disso em uma petição especial, a que o rei respondeu prometendo que, no futuro, os estatutos corresponderiam exatamente às petições concedidas. Mas essa garantia era muito frágil, e os Comuns já tinham começado a obter garantias mais eficazes, acostumando-se a elaborar, na forma de projetos de lei completos, os estatutos que haviam sugerido anteriormente por meio de petições; esses projetos de lei eram enviados à Câmara dos Lordes para que fossem discutidos e adotados por ela, antes de serem apresentados ao rei, que então nada mais tinha a fazer senão dar ou recusar sua sanção. É impossível indicar com precisão o período em que essa mudança importante ocorreu, pois ela foi obtida gradativamente, e não se fez notar pelos historiadores da época. O uso de petições coexistiu durante algum tempo com o de projetos de lei. O seguintes fatos indicam a evolução da mudança. Sob Ricardo II, em 1382 (e já me referi a isso), os Comuns tentaram obter a opinião dos Lordes sobre certa questão antes de levá-la ao conhecimento do rei. A tentativa foi rejeitada pelos Lordes, que apostaram sua honra em não se separar do rei e em receber, simultaneamente e em comum acordo com ele, as propostas dos Comuns. A iniciativa completa das Casas do Parlamento surgiu, natural e necessariamente, da votação de impostos. Originalmente, como vimos, cada classe de deputados votava apenas aqueles impostos que iriam pesar especialmente sobre eles próprios; e os cavaleiros do condado deliberavam e votavam sobre esse assunto com os Lordes. Quando os cavaleiros do condado se associaram plenamente aos deputados dos burgos – quando a Câmara dos Comuns deliberava e votava, como um único órgão, os mesmos impostos –, fez-se necessário que os votos nesses assuntos recebessem a aprovação dos Lordes, que também teriam que sofrer as conseqüências. Os projetos de lei aprovados com relação aos subsídios foram, a partir daí, discutidos e votados pelas duas Câmaras antes de serem apresentados ao rei; e a iniciativa, em sua forma daquela época, foi assim plenamente estabelecida nesse caso particular. Em 1407, um incidente fora do comum trouxe à luz essa forma de procedimento, deu-lhe sanção final e, ao mesmo tempo, extraiu dela dois outros direitos parlamentares de grande importância. Em conseqüência de um debate que surgiu entre a Câmara dos Lordes e a Câmara dos Comuns, com relação à iniciativa dos subsídios, três princípios foram reconhecidos e permaneceram firmemente estabelecidos desde então: 1. A iniciativa parlamentar em sua forma atual; 2. A iniciativa exclusiva dos Comuns na questão de subsídios; 3. O direito das Câmaras, de que o rei não teria nenhum conhecimento do tema de suas deliberações até que elas tivessem chegado a uma decisão, e estivessem em uma posição que lhes permitisse apresentar diante dele essa decisão como sendo o desejo dos Lordes e dos Comuns, no Parlamento reunido.

FRANÇOIS GUIZOT

Era natural que aquilo que começou a ser praticado no caso dos subsídios logo se estendesse a todos os outros assuntos; e que as propostas, do Parlamento, fosse qual fosse seu objetivo, chegasse ao rei como originárias das duas Câmaras, e não apenas como petições de uma delas. O Sr. Hallam afirma, sem dar quaisquer detalhes, que essa prática se generalizou durante o reinado de Henrique VI, e é desse período que ele data a divisão real da legislatura em três ramificações. Estou inclinado a pensar que essa prática começou em data anterior, embora só raramente tivesse sido posta em prática; e é certo, em virtude da própria constituição do Parlamento à época, que ela não se tornou constante e geral até mais tarde.

Em 1406, vejo os Comuns exigindo, pela voz de seu presidente, Sir John Tibetot, o direito de retirar seus projetos de lei da Câmara dos Lordes, em qualquer estágio da deliberação sobre eles, a fim de introduzir emendas; isso foi concedido. Os Comuns já tinham, portanto, o hábito de ocasionalmente elaborar suas petições na forma de projetos de lei, e de passá-las pela Câmara dos Lordes antes de apresentá-las ao rei.

Nesse período, a Câmara dos Lordes ainda era considerada o grande conselho do rei, e uma espécie de intermediário entre o conselho privado e o Parlamento como um todo; e várias propostas sobre assuntos do governo, e mesmo da legislação, ainda se originavam só dos Comuns, e eram apresentadas, na forma de petições, ao rei e aos Lordes. A prática de iniciativa por meio de projetos de lei adotada por ambas as Câmaras não podia, portanto, ter sido geral. Os períodos da menoridade ou da ausência do rei tendiam cada vez mais a dar um caráter de grande conselho de governo à Câmara dos Lordes. Com isso, essas épocas, e especialmente o reinado de

Henrique VI, têm uma grande quantidade de propostas ou petições dos Comuns para os Lordes. Foi em um período posterior, quando o rei e seu conselho privado haviam recuperado um poder mais independente do que aquele desfrutado por seus antecessores – isto é, sob a dinastia Tudor –, que a Câmara Alta se separou totalmente do governo propriamente dito, e se encontrou, com relação ao rei, quase na mesma posição que a Câmara dos Comuns. Só então é que a prática de procedimentos por meio de projetos de leis discutidos em ambas as Câmaras, antes de serem apresentados ao rei, assume um caráter permanente e geral, isto é, que a iniciativa parlamentar substitui definitivamente o direito de petição individual de cada Câmara, especialmente o dos Comuns.

Com relação à ordem dos debates no Parlamento, era costume antigo que o rei não respondesse às petições dos Comuns até o último dia da sessão; o que tornava impossível que a concessão dos subsídios dependesse das respostas do rei. Eles tentaram reverter essa ordem, provavelmente durante o reinado de Ricardo II; pois a sexta questão que ele propôs aos juízes foi se, quando o rei chamasse a atenção do Parlamento para qualquer assunto, o Parlamento poderia tratar de outros temas antes de tomar as decisões sobre as propostas do rei. Os juízes responderam que tal procedimento era um ato de traição. Como as respostas dos juízes de Ricardo II foram declaradas ilegítimas no Parlamento de 1399, o *dictum* anterior foi incluído na condenação geral. Com isso, em 1401, os Comuns afirmaram não ser seu costume conceder qualquer subsídio até que o rei tivesse respondido às suas petições, e exigiram que esse curso fosse seguido. O rei disse que iria deliberar sobre o assunto com os Lordes, e no último dia da sessão respondeu "que esse uso jamais fora conhecido, mas que eles deveriam decidir sobre todos os outros assuntos antes de suas petições serem respondidas; e que o rei não tinha intenção de mudar essa ordenação". Não vemos que os Comuns então resistissem, ou tentassem buscar o reconhecimento, de uma maneira geral, do princípio que afirmavam. Mas esse princípio foi muitas vezes colocado em prática em parlamentos subseqüentes, e o rei se viu obrigado a não colocar obstáculos em seu caminho. Em 1407, o Parlamento abriu em 20 de outubro. Em 9 e 14 de novembro, os Comuns se apresentaram diante do rei, explicaram suas inúmeras queixas, receberam a resposta dele e não concederam quaisquer subsídios até o dia 22 de dezembro. Em 1410, o Parlamento reuniu-se em 27 de janeiro; e só em 9 de maio, depois de ter obtido explicações sobre vários pontos, entre eles a exoneração de dois membros do conselho privado, foi que concedeu um subsídio. Essa prática tornou-se quase que permanente durante o reinado de Henrique VI. Encontramos prova evidente disso no Parlamento realizado em novembro de 1455. Os Comuns enviaram porta-vozes para exigir dos Lordes a nomeação de um Protetor para o reino, em virtude da imbecilidade de Henrique VI; e o arcebispo de Canterbury exortou os Lordes a darem uma resposta definitiva, "pois sabe-se bem que os Comuns não prestarão nenhuma atenção a quaisquer assuntos do Parlamento, até que obtenham uma resposta e alguma satisfação com relação a seu pedido".

O princípio tinha, portanto, se tornado um fato, e era aceito de maneira geral como fato.

Foi também no decorrer desse período que as eleições para o Parlamento, e seus direitos na questão de eleições, começaram a ser regulamentados. Quando tratei da formação do Parlamento, já sugeri que o sistema eleitoral havia sido estabelecido definitivamente pelos estatutos de Henrique IV, em 1405, e de Henrique VI, em 1429 e 1432. Muitos fatos provam que, nessa data, a importância da Câmara dos Comuns se tornara tão imensa que as eleições já estavam sendo objeto de fraudes freqüentes. Vários estatutos de distribuição de ordens do dia, durante o reinado de Henrique VI, foram aprovados para evitar essas fraudes, e para regulamentar o procedimento pelo qual elas deveriam ser investigadas e punidas. Então, também, pela primeira vez, vemos condições impostas na escolha dos eleitores. O antigo espírito de instituições eleitorais exigia que as pessoas eleitas fossem habitantes do condado ou da cidade que tinham sido escolhidos para representar. Isso se converteu em lei expressa por um estatuto de Henrique V em 1413, que foi renovado por um estatuto de Henrique VI em 1444; mas a lei caíra em desuso pela força das circunstâncias, sem nunca ter sido formalmente revogada.

O julgamento das eleições continuava a pertencer, durante esse período, aos Lordes e ao conselho do rei, que eram muitas vezes estimulados a exercer essa prerrogativa pelas petições dos Comuns.

Também nesse período foi declarado que o poder judiciário, que originalmente pertencia ao Parlamento inteiro, passaria a pertencer exclusivamente à Câmara dos Lordes. Essa declaração foi feita em 1399, por sugestão dos próprios Comuns, e enunciada pelo arcebispo de Canterbury: "Que os Comuns eram apenas requerentes, e que todo julgamento pertencia ao rei e aos Lordes; a não ser no caso de estatutos, concessão de subsídios e coisas semelhantes".

A partir desse período, os Comuns, quando desejavam interferir em julgamentos de outra forma que não fosse por impugnação, eram obrigados a se valer de decretos de proscrição ou de perda de direitos civis. Esse plano foi adotado no caso do duque de Suffolk em 1450, e com muita freqüência depois disso.

Esses são os sinais mais notáveis do progresso realizado, durante esse período, pela constituição e pelas formas do Parlamento. Se agora considerarmos o Parlamento já não por si mesmo, e em seus procedimentos internos, mas em suas relações com o governo propriamente dito, veremos que seus direitos e influência nas questões de tributação, legislação e administração pública eram os mesmos que ele havia obtido sob Eduardo III e Ricardo II, e que apenas passara a exercê-los com maior confiança e com menos oposição. Henrique IV tentou mais de uma vez resistir ao poder da Câmara dos Comuns; mas ela o tinha colocado no trono, e por isso sentia-se capaz de confiná-lo dentro dos limites de sua autoridade. Em 1404, ela exigiu dele a demissão de quatro funcionários de seu domicílio; e ele respondeu, com singular humildade, "que não sabia de nenhum motivo pelo qual eles devessem ser demitidos, mas, como os Lordes e os Comuns achavam que isso era do interesse do reino e em seu próprio benefício, ele os demitiria, e faria o mesmo no futuro com qualquer ministro que atraísse para si o ódio de seu povo". Em 1406, os Comuns submeteram à aprovação do rei 30 artigos que, diziam eles, haviam sido elaborados para garantir a melhor administração dos negócios públicos; e exigiram também que os funcionários do rei jurassem que iriam observá-los. Esses artigos, embora de natureza temporária, tinham como objetivo reprimir muitos dos abusos existentes e restringir a prerrogativa real em certos aspectos. O rei achou que não podia recusar seu assentimento. Quase no fim de seu reinado, no entanto, Henrique IV pareceu mais corajoso e menos disposto a ceder sem resistência ao controle do Parlamento; mas sua morte evitou conflitos mais sérios. A glória de Henrique V e sua paixão pelas guerras contra a França ocuparam seu reinado, que foi um tanto breve; o Parlamento o apoiou em todas as suas iniciativas, e chegou mesmo a lhe conceder, em 1415, um subsídio vitalício, com o poder para usá-lo arbitrariamente e como bem lhe aprouvesse. Durante a menoridade de Henrique VI, ou melhor, durante toda aquela parte de seu reinado que não foi manchada pela guerra civil – e foi realmente uma longa menoridade –, o poder do Parlamento chegou a seu ápice e tomou conta de todo o governo. Todos os assuntos eram decididos entre os Lordes e os Comuns; mas ainda era cedo demais para que a nação, assim abandonada à sua própria direção, desse a si própria um governo regular. Facções violentas surgiram na aristocracia, e a Câmara dos Comuns não estava em condição de reprimi-las. O grande desenvolvimento de instituições e liberdades públicas, que havia começado sob o rei João e continuado com a mesma regularidade a partir do reinado de Eduardo III, foi subitamente interrompido, e a Inglaterra mergulhou na anarquia violenta das guerras das Rosas Vermelha e Branca, e só emergiu para tombar sob o despotismo da Casa dos Tudors.

 Como é possível que instituições já tão fortes e ativas, pelo menos em aparência, tenham decaído tão rapidamente? Como é possível que o governo parlamentar, que parecia ter todos os seus direitos e princípios essenciais, tenha feito uma pausa em seu progresso e se submetido, por mais de um século, ao governo de uma monarquia quase absoluta? Agora que cheguei à conclusão deste curso de palestras, não posso investigar com os senhores as causas desse fato aparentemente peculiar; mas eles podem ser percebidos em um outro fato bastante extraordinário – na analogia que prevalece entre a história da Inglaterra e a história da França nesse período. Na França, também, durante os séculos XIV e XV, vemos algo parecido com tentativas de criar um governo representativo; esses ensaios incoerentes e superficiais foram seguidos das guerras religiosas, da Liga e dos grandes tumultos do século XVI; a ordem não foi restaurada, e a França não recuperou tranqüilidade e vigor até o estabelecimento do poder absoluto pelo cardeal Richelieu e Luís XIV, e pela eliminação do poder político daquela antiga aristocracia feudal que não tinha sido capaz nem de buscar para o país, nem de assumir para si própria, no governo da França, uma posição legítima e duradoura.

Na Inglaterra, como acabamos de ver, o governo representativo, originando-se nos séculos XIII e XIV, não se limitou a ensaios incoerentes e frágeis; ao contrário, estabeleceu-se sobre bases essenciais, e rapidamente conseguiu obter um desenvolvimento considerável. Os conflitos sanguinários pela sucessão do trono, as dissensões prolongadas das Rosas Vermelha e Branca, subitamente puseram um fim ao seu progresso. Exatamente como na França, a partir do reinado de Luís XI, nada ouvimos sobre tentativas de estabelecerem instituições livres, e também na Inglaterra, durante os reinados de Eduardo IV e Ricardo III, o Parlamento não teve nenhuma história. Nos intervalos da guerra civil, ele aparece apenas como instrumento de vingança do partido vitorioso, e para aprovar decretos de proscrição ou de perda de direitos civis contra os líderes da facção perdedora. Foram votados uns poucos impostos, mas esse foi o único de seus direitos que ele ainda manteve, e mesmo esse foi evitado com a prática de *Benevolences*, ou doações aparentemente voluntárias, e na realidade compulsórias, das quais encontramos uns poucos exemplos em épocas anteriores, mas que foram muito ampliadas sob Eduardo IV. Finalmente, mais de uma vez vários anos se passaram sem que fosse convocado um Parlamento, especialmente entre 1477 e 1482; essa suspensão não tinha tido precedentes desde 1327.

As guerras civis do século XV, no entanto, são apenas a causa superficial e, por assim dizer, externa dessa decadência súbita do governo representativo na Inglaterra; a fim de descobrir sua verdadeira causa, devemos nos aprofundar mais nas condições da sociedade.

Até esse período, as três grandes forças na sociedade inglesa – o poder real, a aristocracia e os Comuns – haviam mantido relações íntimas e contínuas entre si, e tinham servido uma à outra, ou como obstáculo, ou como instrumento para o sucesso. Foi com a ajuda dos grandes barões que os Comuns se tornaram capazes de obter suas liberdades. O poder real, embora forte por si mesmo, foi, apesar disso, algumas vezes obrigado a recorrer aos barões e outras vezes aos Comuns. Da concorrência política entre essas três grandes forças sociais, e das vicissitudes de suas alianças e êxitos, resultou a evolução do governo representativo. A liberdade só pode ser estabelecida quando não existe, no Estado, nenhum poder constituído suficientemente preponderante para usurpar a autoridade absoluta.[1]

Na última metade do século XV, o equilíbrio dessas três forças terminou. De uma certa forma, o poder real desapareceu em virtude da imbecilidade de Henrique VI e, mais tarde, pela incerteza do direito de sucessão à coroa. O governo caiu nas mãos da alta aristocracia, que se encontrava dividida e envolvida em suas lutas internas. Os Comuns não estavam em condição de desempenhar o papel de mediadores entre essas facções terríveis, e de lhes impor o respeito pela ordem pública. Os cavaleiros dos condados seguiam os grandes barões, de quem ainda eram dependentes e com quem ainda estavam ligados por uma variedade de laços; e as cidades, abandonadas à sua própria sorte, não podiam fazer nada, e eram levadas pela corrente geral. Nessa situação de desordem e violência, os Comuns desapareceram, ou, pelo menos, se não foram aniquilados materialmente, perderam seu poder político. A alta aristocracia criou sua própria dissolução; muitas famílias importantes foram destruídas, e muitas mais se arruinaram. Henrique VII, em sua aces-

---

[1] Esse é ainda outro exemplo da ênfase que Guizot dá ao antagonismo e à competição em uma sociedade livre. Os senhores se lembrarão de que, para Guizot, era o equilíbrio entre os vários poderes políticos e princípios de organização social que tinha levado à preservação e ao fortalecimento da liberdade na Inglaterra. Ele conclui sua investigação histórica argumentando que a liberdade só pode ser estabelecida quando não há um único poder capaz de sufocar o desenvolvimento dos demais, a ponto de usurpar a autoridade e de se tornar absoluto. A mesma idéia pode ser encontrada em *HCE*: "Nada, a não ser a liberdade geral de todos os direitos, todos os interesses e todas as opiniões, a livre manifestação e a coexistência legal de todas essas forças, pode jamais restringir cada força e cada poder dentro de seus limites legítimos, e evitar que ela ultrapasse os limites dos demais" (*HCE*, p. 244).

são, só encontrou os destroços daquela nobreza que fizera tremer seus antecessores. Os grandes barões, cansados de seus próprios excessos e despojados de grande parte de seus recursos, já não desejavam, ou já não eram capazes de continuar aquela luta contra o poder real, comandada por seus ancestrais desde os dias do rei João. Por esse lado, portanto, o poder real já não tinha antagonistas poderosos. Pelo outro, os Comuns, debilitados e enfraquecidos pela guerra civil, não estavam em condição de ocupar o lugar da alta aristocracia na luta contra a autoridade real. Eles tinham participado no governo como seguidores dos nobres; e, quando se viram parados quase que sozinhos na presença da coroa, nem sequer lhes ocorreu que essa interferência era um direito seu; portanto, contentaram-se em defender uns poucos direitos especiais, particularmente com relação à aprovação dos grandes subsídios; e, em outros aspectos, permitiram-se ser governados. De tudo isso surgiram o governo de Henrique VIII e, em um período posterior, o de Elizabeth.

Mais de um século foi necessário para permitir que os Comuns ingleses – revigorados e fortalecidos, de um ponto de vista material, pelos longos anos de ordem e prosperidade, e, de um ponto de vista moral, pela reforma da religião – adquirissem importância social e dignidade intelectual suficientes para se colocarem, por sua vez, à frente da resistência ao despotismo, levando a antiga aristocracia atrás de si. Essa grande revolução na situação da sociedade ocorreu no reinado de Carlos I, e determinou a revolução política que, após 50 anos de conflito, finalmente estabeleceu o governo representativo na Inglaterra.

FIM

François Guizot

Índice Remissivo

A

abades: *ver* religião e Igreja
Adalhard, abade de Corbia, 299
adalid, 413-15
Adela, esposa de Estêvão, conde de Blois, 453
Adriano, imperador, 328
Aécio, patrício de Gália, 89, 317
aedilis, 344, 346, 347
aerarium, 222, 223
Ágila, rei visigodo, 362
alamanos, 180
alanos, 90, 91, 358, 359
Alarico, rei visigodo, 180
Alarico II, rei visigodo, 180, 360, 361, 370
Albiney, William d', 514
Alboim, 92
Alexandre, o Grande, 171
Alexandre, papa, 458
alfaqueque, 413, 416
Alfredo, rei da Inglaterra, 95, 104, 114, 118, 119, 132, 470
Allen, John, 405n9
almocaden, 413, 416
almogavars, 424
Alonso, o Sábio, 412-14
Amalarico, rei visigodo, 361, 362
América (Estados Unidos da), processo eleitoral na, 644, 645
Anastácio, imperador, 181
Andely, tratado de, 228, 231, 265
anglo-saxões, 92-97, 441, 442, 702, 705-07; cidades dos, 121, 130; classes sociais entre, 101-08; corporações ou associações, 115, 116; cortes, 116; dissolução, tendência à, 467, 468; feudalismo e, 103, 104; Heptarquia dos, 91, 93-95, 120; invasão da Inglaterra por, 91, 92; invasões dinamarquesas, 95, 96; monarquia dos, 127, 129, 130; resistência dos bretões aos, 317; revoltas contra os normandos, 449, 450; subdivisões territoriais,

113-18; terras herdadas só por homens (sálicas), 212; tribunais, 117, 118; *wehrgeld*, 261; *Wittenagemot*, 120-30, 172, 390, 399, 441, 467, 468, 476, 479, 702, 788

Aniano, referendário de Alarico, 361; ver também Breviarium Aniani

Anselmo, arcebispo de Canterbury, 477

antiqua noviter emendata, 371

antrustiões (ou *leudes*), vassalos feudais, 263-68, 271, 274, 278, 292, 295, 298, 396, 398

apocrisiário, 301

Aquitânia, reino de, 91-181, 185, 201, 202, 359

Arcádio, imperador, 87, 87n

arianismo, 362-64

Arimanni (depois Hermanni), 270

aristocracia: anglo-normanda, 483; barões, como classe especial de vassalos, 481-85, 562; cavaleiros e proprietários alodiais *versus*, 567-73; dissolução em soberanias independentes, 308-11; Eduardo I e a, 527-32; Eduardo, o Confessor e a, 96; etimologia do termo, 152, 153; francos, 188, 189, 197, 198-200, 205; governo pela, 151-57; Henrique III e a, 518-24, 569-73; Império Romano, classes privilegiadas do, 339-41, 395; João sem Terra, rei da Inglaterra, luta contra, 503-06; *leudes* como, 264-66, 278; Luís, o Piedoso, e, 201, 202; Magna Carta, artigos de interesse da, 508-10, 512; monarquia *versus*, 274, 275, 708, 741-43, 802; normanda, 469-71; *officium palatinum* dos visigodos, 370, 395-99; *status* hereditário depois de Carlos Magno, 289; terras beneficiárias garantidas pela, 234-39; *thanes* como, 102

Armórica e armoricanos, 88, 89, 93, 180

Artur, duque da Bretanha, 502, 503

Artur, rei da Bretanha, 94

assassinatos, legislação dos visigodos sobre 384-87; *wehrgeld*, 259-62

assessores, 117, 118, 403

associações ou corporações, 115, 116

Atanagildo, rei visigodo, 362

Ataulfo, líder visigodo, 358

Atheling, Edgar, 451, 467

Athelstane, rei da Inglaterra, 117, 121, 130

Átila, rei huno, 179, 359

atos administrativos, 473-75; centralização, tendência à, 473-75; intervenções parlamentares,

751, 755-60, 767-84; natureza
dos, 473
Augusto, imperador, 86, 90,
223, 326
Aureliano, imperador, 178
Austrásia, 184-89, 191, 219
Avito, *magister militiae*, 359

B

bacharéis ingleses (*communitatis bachelariae Angliae*), 572, 573
Barante, Prosper de, 11n3, 352n2
bárbaros: *ver* tribos germânicas
Barões, Conselho dos, 441, 442, 444, 473-82, 523, 581; assembléia de 1201 (ou 1204) em Oxford, 503-05; assembléia de 1214 em Oxford, 566-67; assembléia de 1215 em Stamford, 506; assembléia de 1215 em Wallingford, 507; assembléia de 1225 em Lincoln, 567; assembléia de 1240 em Londres, 567; coalização, tendência à, 490-92; Conferência de Runnymead, 505; Henrique III, cartas de, 518, 520, 521; irregularidade do, 480; João sem Terra sob o, 503, 504-06; Magna Carta, poderes garantidos pela, 512, 563-64; Parlamento substitui o, 561, 562; poderes do, 487-88, 572

barões (ingleses) como classe especial de vassalos, 480-85, 498, 499, 667, 712, 715
bascos, 362, 365
bávaros, 259, 260, 278
Beaumount, Gustave de, 14
Becket, Thomas, arcebispo de Canterbury, 455, 458, 459, 478
Bélgica, 223, 224
Belisário, general, 91
benefícios, 222, 224, 225, 227-37, 239-44
Berry, assassinato do duque de, 13
Bertrade, esposa de Pepino, o Breve, 192
Bigod, Roger: *ver* Norfolk, conde de
bispos: *ver* religião e Igreja
Bohun, Humphrey: *ver* Hereford, conde de
Bolbech, Guilbon, 600n
Bolingbroke, Henry, duque de Hereford: *ver* Henrique IV, rei da Inglaterra
Bonald, Louis de, 332n
Bonaparte, Napoleão, 12, 474, 549
Bonifácio, bispo de Mayence, 192
Bourbons, restauração dos, 12, 16, 17, 30n20, 445n3
Bracton, Henry de, 443
Brady, 476
Bretanha: *ver* Inglaterra
bretões, 447

Breviarium Aniani, 361, 370, 406, 407, 409, 410; *ver também* Aniano
Briwere, William de, 520
Broglie, Gabriel de, 11n3, 30n20
Broglie, Victor de, 11n3
Brooke, Sir Thomas, 789
Bruce, David, rei dos escoceses, 754
Brunilda, rainha, 187, 188, 362
Burckhardt, bispo de Wurtzburgo, 192
burgage-tenure, 610
Burgh, Hubert de, 521, 522
Burghersh, Sir Bartholomew, 752
burgos: *ver* cidades e burgos
burguesia: *ver* classe média
Burnet, bispo, 433
Bury, mercador de Londres, 758
Bussy, Sir John, 779

C

Câmara dos Comuns: administração e ministros do rei, intervenção na, 751, 754-60, 767-84; deputados dos condados, seu ingresso na, 562-73, 577, 578, 591-98, 661, 662-65; divisão do Parlamento em duas Casas, origem da, 511, 593, 594, 659-99, 742; divisão dos poderes, importância da, 443, 444; governo do Estado, envolvimento da, 751-63; guerra e paz, intervenção em questões de, 751-54; importância, aumento na, 615, 635, 739; legislação, participação na, 746-49; Perers (ou Pierce), Alice, ataque à, 757-60; reinado de Eduardo II, situação da, 709-19; reinado de Eduardo III, situação da, 739-63; resistência ao papado e ao clero na, 760-61; resistência ao poder monárquico pela, 741; Revolução inglesa e, 708; presidente (*speaker*) da, 742, 767, 779, 787, 788; união das Câmaras para considerar certas questões em comum, 762-63; *Wittenagemot*, origens na, 130

Câmara dos Deputados (França), pluralidade dos poderes na, 146

Câmara dos Lordes: direito hereditário para integrar a, 596, 682; divisão do Parlamento em duas Casas, origem da, 511, 593, 594, 659-99, 742; eleições, julgamento de, 795; interesses dos barões do século XIV, 665, 666; lancastrianos, ainda vistos como grande conselho do rei sob a, 793-94; origens e características da, 682-99; poder judiciário do Parlamento restrito à, 796; no reinado de Eduardo II, situação da, 709-19; união das

Câmaras para considerar certas questões em comum, 762-63; *Wittenagemot*, origens na, 130

Câmara dos Pares (França), pluralidade de poderes na, 146

Cambridge, Universidade de: envio de deputados ao Parlamento, 595

Canuto, o Grande, rei da Inglaterra, 95

capacidade: classes sociais e, 623-27; conceito de, 352n2; crianças, limitações na liberdade delas segundo a, 554, 555, 674; eleição, direito de, 625-33, 640, 648, 650, 654; incapacitados, limitações da liberdade dos, 555; teoria de Guizot sobre a, 128n1, 352n2, 633n1; variedade de condições da, 502, 503, 629-33

Capeto, Hugo, 197, 203, 205, 211, 292, 308

Carlos I, rei da Inglaterra, 174, 802

Carlos II, rei da Inglaterra, 174, 724

Carlomano de Haspengau (patriarca da família Pepino), 189

Carlomano, filho de Carlos Martel e irmão de Pepino, o Breve, 191, 229

Carlomano, rei de França, filho de Luís, o Gago, 299

Carlos Magno (ou Carlos, o Grande), filho de Pepino, o Breve, 191, 196-204, 225, 257, 264, 307, 308, 311; assembléias convocadas por, 288, 298-305; e os benefícios, 228-33, 236, 237, 240, 241; divisão dos domínios para os filhos, 184; governo de, 283-95; imposição do serviço militar, 218, 219, 221; instituições livres, aparentemente revividas por, 283, 287-89; *leudes* e, 264, 265, 267, 271, 274, 275; normandos no reinado de, 203; reinado de, 198-201; tendência à centralização, 195; *wehrgeld*, 261

Carlos Martel, 190, 191, 229, 230, 234, 240, 287, 288

Carlos, o Calvo, 202, 203, 219, 221, 225, 229, 230, 232, 233, 237, 241, 289, 307

Carlos, o Gordo, 197, 204

Carlos, o Simples, 204

carolíngios, 189, 195-97, 280, 283, 287, 292, 298, 308, 391, 399

Carta da Floresta, 512, 513, 520, 533, 763

Carta Magna: *ver* Magna Carta

cartas dos francos, 271

Carte, 476, 659

cartas régias, 494-98, 505-08, 517-24, 528-37, 561, 570; estatuto de Eduardo I confirmando as, 532-35

centenarius/centenarii, 118, 119, 276, 401
centgrafen, 276
ceorls (homens livres), 101, 105-07, 120
Champs de Mars e de Mai, 173, 297, 298, 390, 391, 394, 399
chancelaria: mandados de, 486; tribunal de, 612
Chararich, líder franco, 223
chartularii, 271
Chaucer, Sir Thomas, 787
Cheddre, Richard, 789
Childeberto I, filho de Clóvis, 183
Childeberto II, rei merovíngio, 185, 228, 234, 264, 265
Childerico I, rei merovíngio, 179, 180
Childerico III, rei merovíngio, 191, 292
Chilperico, rei merovíngio, 187, 219, 234
Chindasvinto, rei visigodo, 231, 365-67, 370, 371, 398, 410, 423
Chintila, rei visigodo, 365
cidades e burgos: anglo-saxões, 121, 130; conquistas normandas e, 582; eleição de representantes, 599, 606-08, 612; Inglaterra, desenvolvimento de cidades na, 461, 481; Magna Carta, cláusulas referentes a, 511; Parlamento, representantes chegam ao, 562, 579, 583-86, 591-98, 661, 662-66; taxação, 582
címbrios, 90, 90n
Cinque Ports, 713; importância política cedo adquirida, 583, 583n
civitates faederatae, 322
Cixilone, filha de Ervigo, 367
Clarendon, Concílio de, 455-59, 478
Clarendon, Lord (Edward Hyde), 433
clarissimi, 339-41
classe média: Guizot, defensor da, 24-25; Parlamento inglês e chegada da, 578; sistema municipal romano e destruição da, 319, 348
Clemente V, papa, 531, 535
clero: *ver* religião e Igreja
Clódio, líder franco, 179
Clodomiro, filho de Clóvis, 183
Clotário I, filho de Clóvis, 183, 184, 187
Clotário II, rei merovíngio, 184, 185, 187, 188
Clotilda, rainha merovíngia, 231
Clóvis I, líder franco e rei merovíngio, 91, 179, 180-87, 195, 223, 225, 360

Clóvis II, rei merovíngio, 184, 187, 219
Codex: Alaricianus, Gregorianus, Hermogenianus, Theodosianus, 361
Coere, 320, 321, 336
Coke, Sir Edward, 412
coloniae, 321
comerciantes, cláusulas da Magna Carta referentes aos, 511
comitia de Roma, 321, 322, 325, 326
comitre, 413, 416
Commune Concilium, 476
communitas bachelariae Angliae, 573
compurgação/compurgadores (testemunhas), 118, 417, 419-22
Comuns, Câmara dos: *ver* Câmara dos Comuns
Concilium/Concilium regni, 476
condados: anglo-normandos, 484, 485; anglo-saxões, 114-18; deputados de condados ao Parlamento, introdução dos, 562-70, 577, 579, 591-98, 661-64; eleições dos representantes parlamentares, 599-612; francos, 277-81
condes (francos), 276-79
conjuratores, 277
Conquista normanda da Inglaterra, 95-97, 447-49, 463-71; aristocracia, efeito sobre, 469, 470; assembléias de homens livres, efeito sobre, 118; cidades e burgos, 582; feudalismo e, 467-70; hierarquia de pessoas introduzida na Inglaterra pela, 102-05, 113; instituições anglo-saxônicas, efeito sobre, 463-71; similaridade entre anglo-saxões e normandos, 463-66
conselho privado inglês (*privy council*), 476, 591, 715, 726n, 793, 795
Conservadores da Paz, 749
Constâncio, imperador, 178
Constant, Benjamin, 10, 10n2, 20, 519n1
Constantino, imperador, 178, 329, 330, 333, 335, 363, 396
Constitutiones Imperiales, 361
contrato social, críticas de Guizot à idéia de, 20, 132n2, 139, 519n1, 541-46, 560n1
corporações ou associações, 115, 116
Corral, Luis Diez del, 11n3, 30n20
Cortes, atos das, 412, 423
Craiutu, Aurelian, 11n3, 84n5, 148n3
crime, legislação dos visigodos sobre, 384-87; *wehrgeld*, 259-62
cristianismo: *ver* religião e Igreja
Cromwell, Oliver, 63
Cruzadas, 450, 451, 460, 461
cunhagem de moeda, 126, 133, 496

curator reipublicae, 346
curatores, 347, 348
cúria, 324, 342-44, 357, 408, 411
Curia de more, 476, 477
curiais, 324, 339-44, 353-56
Curia regis, 476-78, 486

D

Dagoberto I, rei merovíngio, 184, 187, 364, 365
Damiron, Jean-Philibert, 11n3
danegeld, 485, 497, 498, 500
Daru, 173n
Davi, rei hebreu, 293
David, príncipe de Gales, 591
De caede et morte hominum, 384
decanus e *decanus ruralis*, 114, 276, 401
decuriões, 324, 331, 332, 334-36, 343, 407, 409
defensores, 347, 348, 401, 407, 410
denariales, 270, 271
De ordine Palatii (Sobre a ordem do Palácio), 299-304
desequilíbrio dos poderes, efeito do, 800-02
desigualdade/igualdade, 159, 166-67, 312, 682-87, 694
Despencer, Hugh le, o Velho e o Jovem: *ver* Spencer
despotismo: *ver* poder absoluto
dinamarqueses, invasões na Inglaterra, 95-96

Diocleciano, imperador romano, 327, 330, 396
direito social, princípio do, 140
dissolução, tendência à: dos anglo-saxões, 467-68; dos reinos francos, 183-85, 197-206
dízimos (*tithings*), anglo-saxões, 114-18; francos, 276-78
Dublin, marquês de: *ver* Vere, Robert de
duques (francos), 277-79
duumvir, 344, 346, 408

E

Eadmer, historiador e teólogo inglês, 451, 477
Edinburgh Review, 405n9; artigo sobre os visigodos, 406, 411-25
Eduardo I, rei da Inglaterra, 484, 491, 494, 524, 525-37, 561, 564, 571, 577, 578, 586, 587-95, 607, 611, 661, 664, 708, 710, 719, 726n, 742
Eduardo II, rei da Inglaterra, 659, 661, 710-19, 726n, 741, 755, 782
Eduardo III, rei da Inglaterra, 449, 604, 608, 611, 659, 661, 663, 713, 739-43, 760, 765, 767, 786, 798
Eduardo IV, rei da Inglaterra, 799
Eduardo, o Confessor, rei da Inglaterra, 96, 105, 119, 448,

453, 467, 470, 497, 498, 506, 579
Eduardo, príncipe de Gales, o Príncipe Negro (filho de Eduardo III), 758, 759
Egberto, rei de Wessex, 94
Égica, Flávio, rei visigodo, 367, 371, 412
Egídio, mestre da milícia romana em Soissons, 179
Eginhard, 228
Eleanor de Guienne, rainha da Inglaterra, esposa de Henrique II, 454
Eleanor, esposa de Henrique III, 522
eleição direta, 645-49, 652
eleição indireta, 649-54
Elizabeth I, rainha da Inglaterra, 802
Ellis, mercador de Londres, 758
Ely, bispo de, 460
Emma, esposa de Raul, rei dos francos, 204
empréstimos obrigatórios, 782
"Enrichissez-vous", 24, 24n
época bárbara, 72, 430
épocas das instituições políticas na Europa, 73-78, 430-33
Ervigo, rei visigodo, 367
Escócia e escoceses, 88, 93, 94, 526, 592, 752-54

escola filosófica sobre a divisão do Parlamento, 669-81
escravidão, 100, 107, 246, 258, 261, 385-86
escuage, 484, 499, 504, 508-09
Espanha: corporações e associações, 115; Império Romano, queda do, 91, 92, 317, 357-58; visigodos e: *ver* visigodos
Estados Gerais, 350
Estêvão, rei da Inglaterra (neto de Guilherme, o Conquistador), 453, 454, 480, 490, 498
Estêvão, conde de Blois, 453
Estêvão III, papa, 192, 198
Ethelred II, rei saxão, 582
Etichon, cunhado de Luís, o Piedoso, 242, 256
Eudes, duque de Aquitânia, 185
Eudes, rei dos francos, 204, 231
Eurico, rei visigodo, 241, 360, 361, 363, 370, 371
excomunhão de reis, 378
Exeter, bispo de, ministro das Finanças de Ricardo II, 779

F

Faguet, Émile, 9
família como origem da sociedade, 139
Favila, duque de Biscaia, 367
fee-farm, 582, 610, 611

Ferdinando, o Santo, 371
fidei commissus, 328
fijo d'algo, 418
Filipe Augusto, rei da França, 504, 514
fiscus, 223
Fitz-Walter, Robert, 507
Fitzwilliam, Godfrey, 600n
Flandres, 223
Flávio Égica: *ver* Égica, Flávio
Florence de Worcester, 479
Fontaines, Godfrey of (Godefridus de Fontibus), 231
Fontenay, batalha de, 202
foreiros/terras foreiras, 629
Fortescue, Sir John, 443, 790
Forum judicum (*Fuero juzgo*), 367, 368, 370-72, 382-85, 401, 403, 405, 406, 409-11, 421, 424
Francia Romana, 187
Francia Teutonica, 187
francos, 91, 92; aristocracia, 189, 197, 198-201, 204; arranjos jurídicos, 276-81; carolíngios, 189, 195-97, 280, 283, 287, 292, 298, 308, 391, 399; classes sociais, 251-72; conquistas de Clóvis, 91, 179-83; divisão do território levando ao poder real, 183-84, 197-206; Império Romano e os, 178-80, 188, 266; instituições centralizadas, 195, 196; *Champs de Mars e de Mai*, 173, 298, 390, 391, 394, 399; invasão da Gália, 178, 179, 207, 211-14, 243, 309, 317; normandos nos reinados carolíngios, 203-05; origens dos, 177, 186; Pepino, o Breve, e família Pepino, 184, 189, 190, 191, 192, 196-97, 225, 229-30, 231, 287, 292, 298; período merovíngio, 183-97, 217, 218, 278, 280, 283, 287, 292, 298, 308; primeiros chefes, 177-82, 182; proprietários de terras, 277-81; visigodos e, 180, 183, 360, 362, 364, 365; *wehrgeld*, 259-62; *ver também mandantes individuais*
francos ripuários, 212, 260, 271
francos sálios, 178, 259, 260
freda (multas), 279
Fredegunda, concubina do rei merovíngio Sigeberto, 187
frísios, 260
Fuero juzgo: *ver Forum judicum*
Fuero Viejo, 417
Fulrad, abade de St. Denis, 192

G

Gaio, 408
Gales, conquista inglesa de, 526, 591
Gália Narbonense, 88, 89

Gaunt, João de: *ver* Lancaster, duque de
Gaveston, Piers, 711, 712
Geoffrey, duque da Bretanha, 454
Gesalico, rei visigodo, 361
Gibbon, Edward, 432
Gifford, Walter, 600n
Gloucester, conde de, 578
Gloucester, duque de, 779
Godwin, conde de, 96, 105, 467
Gontran, 228, 264, 265
Gordiano, imperador romano, 178
governo representativo: condições e características necessárias ao, 168-75, 440; Conselho dos Barões, não encontrado no, 481; críticas de Guizot à idéia de Rousseau quanto ao, 20, 519n1, 541, 556; definição de, premissas fundamentais, 22-24; desenvolvimento na Inglaterra, 431, 441-45, 800-02; épocas das instituições políticas na Europa, 73-78; governo democrático comparado com, 157-66; liberdade e representação vistas como antagônicas, 540-43; não admite o poder absoluto, 440, 690; pluralidade dos poderes no, 144-47, 440; princípios "verdadeiros" do, segundo Guizot, 21-23, 123, 123n, 135-49, 160-66, 283, 284, 439, 440, 539-60, 646, 657; responsabilidade como característica-chave do, 440; Revolução inglesa, restauração do, 802; tribos germânicas do século V até o X, não existência entre elas do, 313; unidade e pluralidade do, 144, 145; universalidade da idéia na Europa, 69-71; vontade ou direito individual e o, 540-56; *Wittenagemot* não encarado como, 121-22
governos democráticos, 157-66
Grã-Bretanha: *ver* Inglaterra
Grafen, 276
Grande Carta: *ver* Magna Carta
Grande Conselho (*Magnum Concilium*), 476, 701, 702, 703; *ver também* Barões, Conselho dos
Gregório I, o Grande, papa, 364
Gregório IV, papa, 201
Gregório VII, papa, 449
Grisella, esposa de Rollo, o Normando, 204
Grisons, Suíça, 115
guerra civil, inglesa: *ver* Revolução inglesa
guerra e paz, intervenção da Câmara dos Comuns em questões de, 751-55

guerras das Rosas Vermelha e Branca, 708, 785, 798-99

Guilherme I da Normandia, rei da Inglaterra, 96, 103, 113, 119, 448-50, 452, 470, 478, 481, 485, 489, 491, 494, 495, 527n, 561, 564, 601; *ver também* Conquista normanda da Inglaterra

Guilherme II, Rufus, rei da Inglaterra, 450, 451, 461, 477, 478, 490, 495, 496

Guilherme, conde de Poitou e duque de Guienne, 450

Guizot, François-Pierre-Guillaume: capacidade política, teoria da, 633nI, 656; carreira política de, 12-15, 30-33; ciência política, crítica da, 616-19; classe média, defensor da, 24, 25; capacidade política, teoria da, 352n2; contrato social, críticas à idéia de, 20, 139, 519nI, 541-46; detalhes biográficos, 11-16; embaixador em Londres, 15; escritos de, 13, 14, 16, 27, 560nI; filosofia política de, 18, 19, 23, 25, 560nI; gabinete Soult-Guizot, 15; historiador, carreira como, 13-15, 24; idéias de Rousseau, críticas às, 20, 139, 519nI, 541-46, 556, 560nI; *juste milieu*, teoria do bom governo, 58nI, 657nI; opiniões filosóficas de, 18, 19; ordem social e política, importância para o pensamento de Guizot da relação entre, 84n5, 100nI; palestras proferidas por, 14, 27, 29; pioneiro do método histórico, 19-20; pioneiro dos tópicos históricos, 14, 19, 20; poderes, teoria dos, 620-22; princípios do governo representativo, 289-90; princípios "verdadeiros" do governo representativo, 21-23, 135-49, 160-66, 283, 284, 439, 440, 539-60, 646, 657; protestantismo de, 11, 16; representante mais famoso do grupo dos doutrinários, 11; vontade ou direito individual, crítica ao conceito de, 20, 23, 121, 122, 130, 139, 144, 158, 166, 246-48, 283-89, 518, 541-56, 560nI, 657nI, 670-73

Gundemar, 364

Gustavus Vasa, 95

H

haereditas, 212

Hale, 476

Hallam, Henry, 659, 726n, 751, 793

Haroldo, rei da Inglaterra, 96, 448, 449, 467

Harrington, 64
Haxey, Thomas, 779, 783, 787
Heinnecius, Johann Gotlieb, 403
Helvídio Prisco, 80
Hengist, líder anglo-saxão, 91, 94
Henrique I, rei da Inglaterra, 451, 452, 489, 490, 496, 497, 505, 506
Henrique II, rei da Inglaterra, 453-59, 477, 478, 480, 485, 489, 511, 520
Henrique III, rei da Inglaterra, 441, 443, 517-24, 526, 563n, 564, 567, 568, 575-80, 587, 611, 711, 749, 752
Henrique IV, rei da França, 95
Henrique IV, rei da Inglaterra (antes Hereford, Henry Bolingbroke, duque de), 443, 478, 607, 613, 766, 782, 786, 795, 797
Henrique V, rei da Inglaterra, 726n, 786, 791, 795, 798
Henrique VI, rei da Inglaterra, 605, 708, 726n, 786, 789, 793, 795, 798, 801
Henrique VII, rei da Inglaterra, 708, 801
Henrique VIII, rei da Inglaterra, 802
Henrique, sobrinho de Luís, o Piedoso, 242
Heptarquia anglo-saxã, 91, 93-95, 120

Heráclio, imperador, 364
Hereford, Henry Bolingbroke, duque de: *ver* Henrique IV, rei da Inglaterra
Hereford, Humphrey Bohun, conde de, *Constable* da Inglaterra, 527-29, 594
Heretogs, 132
Hermanni: *ver* Arimanni
Hermenegildo, filho de Leovigildo, 363
Heródoto, 431
hérulos, 91
Hincmar, arcebispo de Rheims, 288, 288n2, 298, 299
história: filosófica, 432-34; poética, 431, 432; prática, 433-36; saxã, 477
Homero, 432, 434
homicídios: *ver* assassinatos
homines ecclesiastici, 271
homines regii, 271
honorati, 408
Honório, imperador, 87, 87n, 88, 330, 358
Honório III, papa, 521
Horsa, líder anglo-saxão, 91
Hugo Capeto: *ver* Capeto, Hugo
Hugo, o Grande, duque de França, 204
Hullmann, Dr., 209, 213, 223
Hume, David, 94, 432

Hungerford, Sir Thomas, 742
hunos, 359

I

Idade Média, sobrevivência da lei gótica durante a, 406-25
Igreja: *ver* religião e Igreja
Ilíada, 182
Império Romano: cidadania no, 320-22; classes sociais, 339-49; contribuição do despotismo para a queda do, 316-18, 325-37; francos e, 178-80, 188, 266; liberdade e, 327-30; membros do Senado, 339, 341; nações conquistadas pelo, tratamento dispensado às, 318-20; queda do, 86-92, 317, 356; religião e Igreja, 192, 193, 316-37, 339-41, 356; tribos germânicas, incursões das, 316-18, 330, 337; visigodos, 91, 92, 363, 365; *ver também imperadores individuais*
impostos: *ver* taxação
imunidade/inviolabilidade dos membros do Parlamento, 788-90
Ina, rei, 107
incapacitados, limitações da liberdade dos, 555
indústria de lãs e de tecidos, proteção do Parlamento à, 761

Inglaterra: anglo-normandos, 447-92, 561, 703, 704-05; Casas do Parlamento: *ver* Câmara dos Lordes e Câmara dos Comuns; cidades e burgos, desenvolvimento de, 461, 482; comparação entre França e, 128n1; conselho privado, 476, 591, 715, 726n, 793, 795; esboço histórico desde a Conquista normanda até Ricardo II, 447-61; feudalismo na, 467-70, 483-92; França comparada com, 799; governo representativo, desenvolvimento do, 431, 440-45, 799-802; guerras das Rosas, 708; invasões dinamarquesas, 95; período anglo-saxão: *ver* anglo-saxões; processo eleitoral na moderna, 645; *ver também mandantes individuais*
iniciativa, direito parlamentar à, 726, 731, 791-95
Inocêncio III, papa, 504, 513
Inocêncio IV, papa, 568
irenarchae, 347
Irlanda, conquista inglesa da, 459, 499
Irving, Washington, 368n
Isabela, rainha da Inglaterra, esposa de Eduardo II, 713

J

Janíçaros turcos, 141
Jean, nobre franco, 231, 232, 236
João sem Terra, rei da Inglaterra, 460, 461, 480, 491, 494, 501-15, 518-20, 563n, 566, 567, 569, 760, 761, 798, 802; *ver também* Magna Carta
Johnson, Douglas, 11n3, 30n20
Jordan, Camille, 11n3
Jouffroy, Theodore, 11n3
judeus, massacre inglês dos, 460; visigodos e, 364, 367
judices (ou *grafen*), 276
Judith, esposa de Luís, o Piedoso, 242
Juliano, conde, 368, 368n
Juliano, imperador, 65, 178, 335
Júlio César, imperador romano, 447
juste milieu, teoria do bom governo, 19, 58n1, 65n1
justiça e processos judiciais: anglo-normandos, 478, 485, 486; Câmara dos Lordes, poder judiciário restrito à, 796; classe social e a, 101; feudalismo e, 313; francos, 277, 281; leis visigodas, 231, 241, 361, 363, 368, 369-87, 401-25; Magna Carta, 509; poder do governo com, 474, 475; sistema municipal romano, 324, 348; sistema visigodo, 401-05; *Wittenagemot* e, 127, 129
Justiniano, imperador, 347

K

Kant, Immanuel, 82n4
Knyghton, 775

L

La Cava, filha do conde Juliano, 368
Lake, William, 789
Lancaster, Casa de, 767, 782, 786, 790
Lancaster, João de Gaunt, duque de (filho de Eduardo III), 757, 758, 771, 779, 781
Langton, Stephen, cardeal arcebispo, 504, 505, 514
Languedoc, terras alodiais sobreviventes ao feudalismo, 242
Lara, Dom Molrique de, 419
Latimer, Lord, 758, 760
Leicester, Simon de Montfort, conde de, 523, 569, 576-79, 585, 749
Lei das Grandes Escolas, 15
lei divina, 142, 372-77, 556
lei pública, 373-74
Leo, o Filósofo, imperador, 336
Leofric, duque de Mércia, 467
Leovigildo, rei visigodo, 358, 362, 363, 371

leudes: ver antrustiões
lex antiqua (visigodos), 241
lex talionis, 379
liberdade: cartas (na Inglaterra) consideradas bases da, 763; Conquista normanda, efeito sobre as instituições anglo-saxônicas, 466, 471; crianças, limitações da, 83, 84, 554, 555, 674; críticas de Guizot às idéias de Rousseau sobre, 20, 519n1; definida, 559; demandas da, 80-84; desequilíbrio dos poderes, efeito sobre, 800, 801; direitos e liberdades indispensáveis a cada um, 349-56; divisão de poderes e, 441-43, 693, 695, 697, 800-02; garantia da, 559; história, estudo da, 433, 434; incapacitados, limitações na sua, 555; incompleta, mais perigosa quando, 736; *leudes versus* homens livres, 264-65; liberdade social *versus* independência individual, 283-88; poder necessário para a, 620, 694, 697; processo eleitoral derivado das liberdades existentes, 619; representação vista como contrária à, 541-42; sistema municipal romano, 349-56; vontade ou direito individual, crítica de Guizot ao conceito de, 20, 23, 121, 122, 130, 139, 144, 158, 166, 246-48, 283-89, 518, 541-46, 670-73
liberdade de expressão, 787, 788
liberi homines, 480
líderes militares, nomeação de, 413
Liuva I, rei visigodo, 362
Liuva II, rei visigodo, 364
Lívio, 321
Lollards, seguidores de John Wickliffe, 772
lombardos, 92, 173, 192, 198, 212, 228, 241, 243, 270, 370, 384, 390
Lords Ordainers, 711, 712, 741
Lordes, Câmara dos: ver Câmara dos Lordes
Lotário, filho de Luís, o Piedoso, 202n
Luís de França, príncipe (depois Luís VIII), 514, 515, 519, 520
Luís Filipe, rei da França, 15
Luís, o Gago, 299
Luís, o Germânico, 202n, 204, 228
Luís, o Piedoso, 184, 197, 201-03, 215, 221, 228, 231-33, 237, 267, 278, 289, 307
Luís V, rei da França, 292, 293
Luís IX, rei da França: ver São Luís
Luís XI, rei da França, 799
Luís XIV, 205, 474
Luís XVIII, rei da França, 12

Lupus, duque, 266
Lyon, mercador de Londres, 758

M

Mabillon, Jean, 231
Mably, Gabriel Bonnot de, 234, 240
Magna Carta: artigos de interesse da aristocracia, 508, 512; barões, poderes garantidos pela, 512, 563; cláusulas referentes aos comerciantes, 511; cláusulas referentes às cidades e burgos, 511; concessão na Conferência de Runymead, 507; Guizot e a, 493n1; justiça e processos judiciais, 509; prevê eleição de cavaleiros para investigar abusos, 564; religião e Igreja e a, 508
magnates, 480
Magnum Concilium: ver Grande Conselho
Magn-Wulfus, irmão do duque Lupus, 266
Maistre, Joseph de, 332
mallum, 276, 400, 400n4
Malmesbury, Guilherme de, 477
Manfredo, rei de Nápoles, 568
Mannert, Konrad, 266
Marculf, 212, 212n2, 213, 228, 231, 234, 236, 241, 264, 279
Mare, Peter de la, 758, 760, 767
Mariana, Juan de, abade, 405, 405n9, 406
Mário, imperador, 90, 90n
Marx, Karl, 15
Matilde, rainha da Inglaterra, esposa de Henrique I, 451
Matilde, rainha da Inglaterra, filha de Henrique I, 452, 453
Mauclerc, Guilherme de, 506
Maurício, imperador, 364
Mellon, Stanley, 17n8
Melun, conde de, 515
Meroveu, líder franco, 179
Metz, reino merovíngio de, 183, 185
milites, 480
Mill, John Stuart, 15
millenarius/millenarii, 401
ministeriales, 301
missi dominici, 200, 218, 275, 289
Molina, carta de, 419
monarquia: anglo-normanda, 483-92; anglo-saxã, 126, 129-33; aristocracia *versus*, 274, 275, 708, 740; assembléias coexistentes com, 707, 708; assembléias convocadas pela, 129, 130; Carlos Magno, poder sob a, 274, 288, 295-97; cavaleiros e proprietários alodiais *versus*, 567-73; Clóvis, monarquia francesa vista como

estabelecida por, 182, 183; deposição de Eduardo III, 713; domínio real, público/controle privado da, 127, 223; excomunhão de reis, 378; feudalismo *versus*, 308-11; francos, 275, 278-81, 289-95; ministros da, tentativas de controlá-los, 755-60; monarquia constitucional, época da, 74, 430; petições ao rei se tornam petições ao Parlamento, 715, 716, 721-26; petições da Câmara dos Comuns aos reis e lordes, 794-98; petições do Parlamento ao rei, 716, 717, 721-24, 794-98; resistência da Câmara dos Comuns à, 740; *status* hereditário, 291, 362, 378, 379-83, 566; suporte religioso para a autoridade da, 294, 295; visigodos, 358-68, 374, 378, 380-83, 389-425

Montesquieu, Charles Louis de Secondat, barão de la Brède e de, 20, 70, 70n2, 137, 137n1, 213, 224, 227, 229, 265

Montfort, Simon de: *ver* Leicester, conde de

Montlosier, conde de, 257, 265, 271

Mortaigne, Robert de, 470

Mortimer, Edmund, conde de March, 752, 762n

Morton, conde de, 479

movimentos doutrinários, 11, 12

Mowbray, Thomas: *ver* Norfolk, duque de

mulheres: compurgação permitida para, 419; eleição, excluídas das, 547; terras alodiais, herança de, 213-14

munera, 346, 347

municipium/municipia, 322-24, 336, 342, 343, 345, 347, 348

N

Napoleão Bonaparte, 12, 474, 549

Nennius, 94

Nerva, imperador romano, 327

Nêustria, 185-89, 204

Nevil, Lord, 758

Nibelungos, Canção dos, 182

nobres: *ver* aristocracia

Norfolk, Roger Bigod, conde de (*Lord Marshall* da Inglaterra), 470, 527, 529, 532, 594,

Norfolk, Thomas Mowbray, duque de, 478, 781

Northampton, Conselho de, 478

Nortúmbria, Henry Percy, conde de, 771

numerarius, 401

O

Odoacro, 91
officium palatinum, dos visigodos, 370, 395-99, 423
opinião da minoria, respeito pela, 547, 652, 653
Orleans, reino merovíngio de, 90, 183, 185, 359
ostrogodos, 180, 360, 361, 399
Oxford, assembléia de 1214 em, 566
Oxford, Atos de, 571-79
Oxford, Parlamento de, 570, 585, 711
Oxford, Universidade de: envio de deputados ao Parlamento, 595

P

palatinos, 302
Pandectas, 443
papado: *ver* religião e Igreja; *e também papas individuais*
Paris, Mathew, 512, 568
Paris, reino merovíngio de, 183, 185
Parlamento: *ver* Barões, Conselho dos; Câmara dos Comuns; Câmara dos Lordes; Grande Conselho
Parlamento Bom, 759
Parlamento de Henrique IV, 782
Parlamento Insano (*Parliamentum insanum*), 585
Parlamento Longo, 174
Parlamento Maravilhoso, 776, 777
partidos políticos, 642
Pascal, Blaise, 144, 145n2, 172, 440
Pauli Sententiae, 361
Pavia, assembléia dos lombardos em, 173, 390
paz e guerra, intervenção da Câmara dos Comuns em questões de, 751-55
Peachey, mercador de Londres, 758
Pedro, o Terceiro, 412
Pelágio, 423
Pembroke, Guilherme, conde de, marechal da Inglaterra, 518, 519
Pepino, filho de Carlos Magno, 267
Pepino, o Breve (e família Pepino), 184, 189, 190-92, 196, 197, 202n, 224, 225, 229, 230, 231, 287, 288, 292, 298
Percy, Henry: *ver* Nortúmbria, conde de
Perers (ou Pierce), Alice, 757, 759, 760
Philpot, John, comerciante de Londres, 768
pictos, 88, 94, 117
placita generalia (dos visigodos), 390, 391, 400
placitum, 276, 400
plaid (tribunal), 276, 277
Plantageneta: Geoffrey, conde de Anjou, 452, 454; monarquia,

fundação da, 453, 454; *ver também monarcas da dinastia Plantageneta*
Platão, 64
pluralidade de poderes, 144-46, 435-40
poder absoluto: a grande revolução inglesa derrubando o, 802; aceitação do, 143, 487, 488; desquilíbrio dos poderes levando ao, 800, 801; divisão dos poderes interferindo no, 441, 442, 693-95, 800, 801; época da monarquia pura, 74, 75, 430; estado social e ascensão do, 287; governo representativo não admitindo o, 439-41, 690; Império Romano, contribuição do despotismo para a queda, 316-18, 325-37; moderação universal do, 140-42; monarquia Tudor, 798, 801; não-limitado entre os visigodos, 395-99; resistência parlamentar ao, 765-84; vontade ou direito individual, crítica de Guizot ao conceito absolutista de, 20, 23, 121, 122, 130, 139, 144, 158, 166, 246-48, 283-89, 518, 541-56, 670-73
poder executivo, 474
poderes eclesiásticos: *ver* religião e Igreja

Pole, Michael de la: *ver* Suffolk, conde de
populi liberi, 322
Pouthas, C.-H., 11n3, 30n20
praefecturae, 321
precaria, 190-91, 229-30
Príncipe Negro: *ver* Eduardo, príncipe de Gales
Probo, imperador, 90, 178
proceres, 366, 396, 398, 480
processos judiciais: *ver* justiça e processos judiciais
protestantismo: Guizot e, 11, 16; Lollards, seguidores de John Wickliffe, 772; reforma da religião, papel da, 802
provinciae, 322

Q

quingentenarius, 401

R

Ragnachar, líder franco, 180, 223
Rathimburgi, 270
Raul, rei dos francos, 204
Réboul, Pierre, 129n1
Recaredo I, rei visigodo, 363, 364, 371
Recaredo II, rei visigodo, 364
Recesvinto, rei visigodo, 366, 370, 410
Rechiar, rei dos suevos, 360

Reforma religiosa, efeitos da, 802; ver também protestantismo
regedor, 117-19
reges amici, 322
religião e Igreja: anglo-saxões, 103, 114, 120, 127-28; Barões, Conselho dos, atenção aos poderes eclesiásticos no, 481; Câmara dos Comuns, resistência ao papado e ao clero, 760-61; carolíngios e, 190-93, 196-202, 229-30; Clarendon, Concílio de, 455-59; estatuto contra os seguidores de John Wickliffe (Lollards), 772; Henrique I da Inglaterra, brigas com o clero, 453; Henrique II da Inglaterra e Thomas Becket, 455-61, 499; Império Romano e, 192-93, 316, 337-40, 356, 492; João sem Terra, brigas com o clero, 503, 504, 507; judeus, Espanha visigoda e os, 364, 367; judeus, massacre inglês dos, 460; lei divina, conceito de, 142; *leudes*, bispos e abades como, 266-68; Luís, o Piedoso, e, 201, 202; Magna Carta, artigos de interesse da, 508; paganismo e cristianismo, 57, 65; Parlamento, clero convocado ao, 593, 596; poder político do papado para fazer e destituir reis, 192, 193, 198; poder político, clero como, 377-80, 390-94; predominância política do clero na Espanha visigoda, 377-80; Reforma, 802; *Wittenagemot*, controle da, 127, 128

Rémusat, Charles de, 11n3, 84n5
Renomer, líder franco, 180
República de Veneza, 156, 173
resistência italiana às invasões germânicas, 317
responsabilidade como característica-chave do governo representativo, 440
Revolução de Julho, 15
Revolução inglesa: Câmara dos Comuns e, 708; estudo histórico e, 433; governo representativo, restauração do, 802
Revue française, 157n1
Rhegino, 290
Ricabodo, vassalo, 231
Ricardo Coração de Leão, rei da Inglaterra, 460, 478, 491, 500, 501, 511
Ricardo II, rei da Inglaterra, 596n, 607, 759, 765-83, 785, 787, 791, 794, 797
Ricardo III, rei da Inglaterra, 799
Richelieu, Armand-Jean de Plessis, cardeal e duque de, 474, 799

Robert of Winchelsea, arcebispo de Canterbury, 588
Roberto, duque da Normandia, 450-52, 497
Roberto, nobre franco, 291
Roberto, o Forte, 203, 204
Robertson, William, 432
Roches, Peter des, bispo de Winchester, 522
Roderico/Rodrigo, rei visigodo, 367, 368
Rollo, líder normando, 204
Rom-Wulfus, bispo de Rheims, 266
Rosanvallon, Pierre, 11n3, 30n20
Rossi, Pellegrino, 11n3
Rousseau, Jean-Jacques, 20, 23, 139, 519n1, 541, 543-46, 556, 560n1
Roussel, Jean, 519n1
Royer-Collard, Pierre-Paul, 11n3, 12
Rússia, tribos tártaras na, 179

S

Saint Rémy (São Remígio), 180
Salage, John, 789
Santo Eduardo, 451
São Luís (Luís IX, rei da França), 575, 576
sarmacianos, 178n1
sarracenos: janíçaros turcos, 141; visigodos e, 368, 398, 422-25

Savigny, Karl Friedrich von, 269, 405n9, 406, 407, 409-12
saxões: *ver* anglo-saxões
scabini, 289
scribae, 347
Scroop, Richard le, 769, 772
Scroop, Sir Jeffrey, de Markham, 748
Sempere y Guarinos, Juan, 405n9
Senado de Roma, membros do, 339, 340
Serre, Hercule de, 11n3
serviço, dever de: *escuage* pelo serviço pessoal, 499, 508, 510, 518, 520; *leudes* (ou antrustiões), 264; terras beneficiárias como obrigação para, 236
servientes, 480
Sétimo Severo, imperador, 329
Siágrio, rei dos romanos em Soissons, 179, 180
Sidônio Apolinário, poeta latino, 360
Siedentop, Larry, 11n3, 14n4
Sigeberto, rei de Colônia, 180, 181, 223
Sigeberto, rei merovíngio, 184
Siggo, nobre franco, 234
Sirmond, padre Jacques, 361
Sisebuto, rei visigodo, 364
Sisenando, rei visigodo, 365
Sismondi, Jean Charles Léonard Simonde de, 181, 181n3

sistemas municipais em geral: *ver* cidades e burgos
Siward, duque de Nortúmbria, 467
soberanos: *ver* monarquia
socage, 452, 483, 484, 565, 582, 600, 610
sociedades tribais germânicas: *ver* tribos germânicas
soc-men (vassalos feudais), 107
Soissons: antiga base franca de poder, 179-80; reino merovíngio em, 183-85
Soult-Guizot, gabinete, 15
Spencer, Hugh, o Velho e o Jovem, 712, 713, 718
Staël, Madame de, 20, 445n3
subsídios: *ver* taxação
Suetônio, historiador latino, 326
suevos, 91, 180, 358, 359, 360, 362, 363
Suffolk, Michael de la Pole, conde de, 774
sufrágio universal, 547, 626, 645, 654, 655
Suintila, rei visigodo, 364-65
susceptor, 347

T

tabelliones, 347
tabularii, 271
Tácito, 106, 120, 179, 222
tallage, 582

taxação: anglo-normanda, 483-85, 499, 501, 522; empréstimos forçados, 782; garantia dos subsídios condicionada à solução dos agravos, 717, 794-95; gerada pela *Wittenagemot*, 126; por Henrique III, 568; princípio do consentimento da, 581-82, 744; sob Eduardo I, 527; sob Eduardo III, 744-46; votação parlamentar da, 744-46, 766-72, 782, 791-95
Teodeberto, rei merovíngio, 219
Teodorico, rei ostrogodo, 180, 399
Teodorico I, filho de Clóvis, 180, 183, 186, 359
Teodorico II, rei visigodo, 218, 359, 360
Teodósio, o Grande, 86, 87
terras externas (*outlands*), 107
terras herdadas só por homens (sálicas), 212
terras internas (*inlands*), 107, 212
terras tributárias, 211, 243-46, 251
Tesouro, Tribunal do, 485, 486
testemunhas: *ver* compurgação/ compurgadores
Têudis, rei visigodo, 362
Teudiselo, rei visigodo, 362
Teutfredo, duque de Córdoba, 367
Teutfredo, nobre franco, 232
teutões, 90n

thanes (proprietários de terra), 101-103, 105, 107, 108, 120, 122
Theodoricianae leges, 360
thingrafen (ou *tungini*), 276
Thorpe, Thomas, 790
Tibetot, Sir John, 787, 793
tinfadus, 401
tirania: *ver* poder absoluto
Tocqueville, Alexis de, 10, 12, 14, 15, 100n1, 128n1
Toledo, concílios de, 363-68, 370, 375, 378-83, 390-94, 399, 405, 406, 422, 424
tories, 466, 477, 590, 607
Torismundo, rei visigodo, 359
Trajano, imperador romano, 327
Trasea, 80
Tressillian, Sir Robert, 776
tribos germânicas: alamanos, 180; alanos, 90, 91, 358, 359; anglo-saxãs: *ver* anglo-saxões; Armórica e armoricanos, 88, 89, 93, 180; burgúndios, 91, 180, 183, 207, 211, 212, 212n2, 260, 261, 279, 315, 360, 361; francos: *ver* francos; hunos, 359; Império Romano e as, 316-19, 330, 337, 338; lombardos, 92, 173, 192, 198, 212, 228, 241, 243, 270, 370, 384, 390; sarmacianos, 178n1; suevos, 91, 180, 358, 359, 360, 363; visigodos: *ver* visigodos; *wehrgeld*, 259-62
tribunais, 477
Tucídides, 433
Tudor, dinastia, 708, 785, 794, 798
Tulga, rei visigodo, 365
tungini: ver *thingrafen*
Turner, Sharon, 89, 89n, 94

U

unidade: civilização européia, 429; pluralidade e, 144-46, 440
universidades, envio de deputados ao Parlamento, 595

V

Vália, rei visigodo, 358
Vamba, rei visigodo, 366, 367, 379, 398
vândalos, 90, 91, 358, 359
vascônios, 362
Vere, Robert de, marquês de Dublin, 774
Vesci, Eustace de, 505
vicarii, 276
vida pública e estudo da história, 437-39
Villèle, governo conservador de, 13
vilões, ou camponeses feudais (*villeins* ou *villanis*), 99, 107, 511, 608, 629, 653
visigodos, 357, 425; arianismo, 363, 364; assembléias de, 363, 390-

91, 394; eleição dos reis, 361, 366, 378, 380-83; Gália e, 207, 368-62; Idade Média, sobrevivência da lei gótica na Espanha durante a, 413-25; instituições, 389-425; Islã e, 366, 398, 412-25; *lex antiqua*, 241; máximas e instituições romanas, continuação da predominância, 395, 398, 399, 406-25; o Império Romano e os, 90, 92, 364, 365; *officium palatinum* dos, 396-99; os francos e, 180, 183, 360, 362, 363, 365; poder absoluto não limitado entre os, 390-99; predominância política do clero, 377-80, 392-94; proprietários e propriedade de terra, 400, 401; religião e Igreja, 315-17, 362, 363, 366, 367, 392-94; sistema jurídico, 401-04; sistema municipal, romano, 406-25; terras alodiais, 212; terras dos beneficiários, 230; transferência da monarquia da Gália para a Espanha, 361; *ver também* Toledo, concílios de
Vitalis, Ordericus, 478
Vitiza, rei visigodo, 367
vontade ou direito individual, crítica de Guizot a, 20, 23, 121, 122, 130, 139, 144, 158, 166, 246-48, 283-89, 518, 541, 556, 670-73
Vortigern, chefe dos bretões, 94
voto secreto, 655-56

W

Walworth, William, comerciante de Londres, 768
wapentakes, 114
Warrenne, conde de, 470
Warwick, conde de, 770
Washington, George, 16
wehrgeld, 265-69
whigs, 466, 477, 480, 719
Wickliffe, John, 772
Winchester, bispo de, 578
Wittenagemot, 113, 120, 121, 123, 125-30, 133, 174, 390, 399, 400, 441, 467, 476, 479, 582, 702, 788
Worcester, Florence de, 479

Y

York, arcebispo de, 478, 479
York, duque de, 788, 790
Young, Thomas, 788

Z

Zacarias, papa, 192, 198

Coleção LibertyClassics

OBRAS JÁ PUBLICADAS

Política
Johannes Althusius

Democracia e liderança
Irving Babbitt

Cartas
Jacob Burckhardt

A lógica da liberdade — reflexões e réplicas
Michael Polanyi

Ensaios morais, políticos e literários
David Hume

A perfectibilidade do homem
John Passmore

Sobre a história e outros ensaios
Michael Oakeshott

Os limites da ação do estado
Wilhelm von Humboldt

O homem racional — uma interpretação moderna da ética aristotélica
Henry B. Veatch

História como história da liberdade
Benedetto Croce

Os deveres do homem e do cidadão de acordo com as leis do direito natural
Samuel Pufendorf

Princípios de política aplicáveis a todos os governos
Benjamin Constant

A crise do século XVII — religião, a Reforma e mudança social
Hugh Trevor-Roper

Impresso nas oficinas da
SERMOGRAF - ARTES GRÁFICAS E EDITORA LTDA.
Rua São Sebastião, 199 - Petrópolis - RJ
Tel.: (24)2237-3769